本書爲國家社會科學基金青年項目"敦煌吐魯番道教文獻綜合研究"（項目批准號：16CZS005）結項成果。

郜同麟 ◎ 著

抅技道文
——敦煌吐魯番道教文獻研究

中国社会科学出版社

圖書在版編目(CIP)數據

拘校道文:敦煌吐魯番道教文獻研究/郜同麟著. —北京:中國社會科學出版社,2023.5(2024.2重印)

ISBN 978-7-5227-1726-5

Ⅰ.①拘… Ⅱ.①郜… Ⅲ.①敦煌學—道藏—文獻工作—研究—吐魯番地區 Ⅳ.①B951

中國國家版本館 CIP 數據核字(2023)第 072215 號

出 版 人	趙劍英
責任編輯	郭曉鴻
特約編輯	杜若佳
責任校對	朱妍潔
責任印製	戴　寬

出　　版	中國社會科學出版社
社　　址	北京鼓樓西大街甲 158 號
郵　　編	100720
網　　址	http://www.csspw.cn
發 行 部	010-84083685
門 市 部	010-84029450
經　　銷	新華書店及其他書店

印　　刷	北京明恒達印務有限公司
裝　　訂	廊坊市廣陽區廣增裝訂廠
版　　次	2023 年 5 月第 1 版
印　　次	2024 年 2 月第 2 次印刷

開　　本	710×1000　1/16
印　　張	33.5
插　　頁	2
字　　數	501 千字
定　　價	178.00 元

凡購買中國社會科學出版社圖書,如有質量問題請與本社營銷中心聯繫調換
電話:010-84083683
版權所有　侵權必究

序

許建平

  同麟寄來他的新書《拘校道文——敦煌吐魯番道教文獻研究》的清樣，讓我寫一個序。他在"後記"中説，因爲我讓他做敦煌道經，所以就跳進了道經研究這個"大坑"裏。同麟做道經研究，確實是被我逼的。不過，我當時自己也是被逼急了。我負責的教育部基地重大項目"敦煌子部文獻匯輯集校"，其中道教文獻在子部裏占很大的份量，我大致估算，得有100多萬字。但原來的承擔者因爲某些個人原因退出，而這時，項目已經進行了五年，已有好幾位子項目的承擔者交來了初稿。彼時，同麟已到中國社科院文學所工作，研究時間相對比較充裕一些，能有時間完成這個艱巨任務的，我想也就他比較合適了，於是就請他來承擔這部分工作。

  我當時想，王卡《敦煌道教文獻研究——綜述·目録·索引》著録了800多件敦煌道經寫本，應該已經一網打盡了。只要以此爲線索，把這些道經寫本全部校録即可。而道經校録相對於敦煌儒家經典來説，一是傳世道經的版本少，異文少，校勘成果少；二是敦煌道經中佚經占了很大的比例，其異文與校勘成果更少。所以我以爲，敦煌道經文獻的整理相對來説不太複雜，可以較快地完成。

  但同麟的研究證明我原先的想法是錯誤的。王卡此書出版後，《國家圖書館藏敦煌遺書》《敦煌祕笈》等陸續出版，這其中有些道經寫卷王先生未曾寓目。另外還有一些寫卷王先生未能比定出經名，特別是《英藏敦煌文獻》與《俄藏敦煌文獻》後面部分的碎片。另外，

拘校道文

同麟還從 IDP 網站上找到了好幾件《英藏敦煌文獻》漏收的道經碎片，如 S.11931v、S.12074A、S.12074B。這些同麟已經列成一張表格，置於本書第 100—102 頁。其他還有不少糾正前賢定名、綴合之誤和新綴合的寫卷，均已載本書第一章《敦煌吐魯番道教文獻拾補》。至此，已公佈的敦煌、吐魯番寫本中的道教文獻寫本的收集，同麟的工作可以說基本上已收集完備。余欣《東京大學附屬圖書館藏吐魯番出土文獻考略》(《敦煌研究》2010 年第 4 期)一文中提到一件 5 行的疑似道經殘片，未見本書提及，不知是否爲道經寫本。對寫卷卷號的收集、定名、綴合，這只是整理敦煌文獻的第一步工作。隨着整理工作的推進，越來越多的問題被發現，越來越多的問題需要解決，於是就有了國家社科基金項目"敦煌吐魯番道教文獻綜合研究"，本書是同麟此一項目的最終成果。

從本書的內容來看，我以爲有兩個特點需要特別予以關注。

一是以綱絜領。本書共分七章，第一章已如上述。其餘六章的內容分別爲寫本學、道經的文本演變、道教徒造經、佛道經因襲關係、道教文範以及道教文獻對語言文字研究的價值。這六章看上去似乎是互不相關的專題，會使人誤以爲是論文的結集。其實這裏面是有一條主線貫穿在那兒的，即從文本演變的角度看待道經文獻中的相關問題。文本演變研究是當今文獻學界的"新潮流"，對典籍文本的研究從歷史發展的角度予以考察，探尋它如何在傳承過程中流變，怎麼樣成爲最終的定本的。第三至第六章，從章名即可知其內容與文本演變有關。第二章第二節"《太上洞玄靈寶天尊名》新探"，雖然談的是道經文本的復原，但文中根據《太上慈悲九幽拔罪懺》《太上慈悲道場消災九幽懺》兩部道經對於禮天尊與禮真人的前後順序及真人人數的記載、每卷對應多組天尊名的格式，推定它們即是因襲《太上洞玄靈寶天尊名》而來，從而考定敦煌寫本《太上洞玄靈寶天尊名》五個殘卷的連綴次序及十方天尊的排序，實際上也是從文本演變角度考察的結果。第七章"敦煌道教文獻與語言文字研究"，其中的難詞考釋、文字校勘，自然與道經文本的演變息息相關。至於用詞彙與音韻來考證道經的成書時代，那更是直接從文本演變角度來二是考證精細，並且善於從細微處發現問題。如第二章關於道經寫本上著錄的"千字文帙號"的研究。P.2337號寫卷的包首題及首題下都有一個"土"字，前賢認爲跟佛經寫卷一樣，也是千字文帙號。但方廣錩教授曾經考證，《大藏經》帙號在武宗會昌廢佛時尚未產生。而道經寫卷基本上是陷蕃前的寫本，居然已有帙號，未免驚人。經過考證，同麟認爲這是收集道經的寺院宮觀的簡稱，P.2337號上的"土"即指浄土寺。P.2004《老子化胡經》卷十首題下的"土"字亦指浄土寺，S.11026A《太清高聖玉晨太上大道君列紀》包首題下的"白"則指敦煌道觀白鶴觀。據榮新江教授研究，藏經洞文物的主體是佛教寺院三界寺的收藏品。而這件P.2337號道經寫本却是浄土寺的收藏品，由此可知寺院有收集道經的傳統。寺院收集道經，其中一個原因應該就是用來閱讀。佛教徒閱讀道經的目的自然不是信仰，而是爲了在佛道論爭中占據上峰。畢竟要反駁對方，首先就要先徹底瞭解它。據此就可以解釋，那些攻擊道教的佛教徒爲何精熟道教經典。書中對於道經個案的研究，如"《九真中經》新考"，利用《道藏》本異文及《紫文行事決》《雲笈七籤》引文，通過文本間的詳細比較，鈎稽出《九真中經》被竄改的痕跡。又如對十卷本《老子化胡經》各卷成書時代的研究，尤以其中卷一的研究，更爲精彩。《化胡經》中列舉了西域諸國王，同麟通過《唐會要》卷七三及《舊唐書·地理志》《新唐書·地理志》所載進行比勘考證，論定《化胡經》卷一成書於8世紀，爲前人的研究提供了確切的時代證據。

同麟從我攻讀碩士學位，他的碩士論文爲《〈春秋左傳正義〉引經研究》，在文獻校勘、版本、語言文字以及經學文獻方面有很好的基礎。後來的博士論文《宋前文獻引〈春秋〉研究》就是循着此一路徑而作的，並於2015年由中國社會科學出版社出版。古籍研究所的"中華禮藏"項目上馬後，我負責其中《周禮》與《禮記》部分。雖然《禮記正義》已有多個點校整理本，但學界反映，仍有不足，於是我把重新點校《禮記正義》的任務交給了同麟。新點校本出版後，社會反響很好，並於2022年11月獲得了"宋雲彬古籍整理青年獎"。去年，同麟申報的"《禮記正義》生成演變研究"又獲批2022年國家社科基金項目，看來，在不久的將來，我們又可以看到同麟精彩的研究成果。

2023年元宵節於浙江大學古籍研究所

凡　　例

一、本書引用佛、道藏較多，爲省繁冗，不用脚注標示出處。本書所引佛經，如無特別説明，均引自《大正新脩大藏經》，引文後以括注"Ta, p. b"的形式標明第 a 册第 b 頁。本書所引道經，如無特別説明，均引自《道藏》（文物出版社、上海書店、天津古籍出版社 1988 年版），引文後以括注"Da, p. b"的形式標明第 a 册第 b 頁。

二、道經原名較長，本書在引用時或用簡稱。一般在每節首次引用時用全稱，第二次以後酌情用簡稱。

三、除《大正藏》和《道藏》外，本書採用頁下注形式標示出處。本書所引著作只標作者、書名及頁碼，完整出版信息在書末"參考文獻"中標出。

四、本書引用敦煌文獻編號，使用學術界通行的簡稱，現説明如下：

BD——中國國家圖書館藏敦煌文獻北敦編號

P.——法國國家圖書館藏敦煌文獻伯希和編號

S.——英國國家圖書館藏敦煌文獻斯坦因編號

英印——印度事務部圖書館（現已併入英國國家圖書館）藏敦煌漢文寫本編號

Дх——俄羅斯科學院東方研究所聖彼得堡分所藏敦煌漢文寫本敦煌編號

北大——《北京大學藏敦煌文獻》編號

敦研——《甘肅藏敦煌文獻》敦煌研究院藏敦煌文獻編號

津藝——《天津市藝術博物館藏敦煌文獻》編號

上圖——《上海圖書館藏敦煌吐魯番文獻》編號

浙敦——《浙藏敦煌文獻》編號

臺北——《敦煌卷子》影印臺灣"中央"圖書館藏敦煌文獻編號

中國書店——《中國書店藏敦煌文獻》編號

石谷風——《晉魏隋唐殘墨》所收石谷風藏品

中村——《台東區立書道博物館所藏中村不折舊藏禹域墨書集成》編號

羽——《敦煌秘笈》影印日本杏雨書屋藏敦煌文獻羽田亨編號

京都——京都國立博物館藏敦煌文獻編號

龍谷大學——龍谷大學藏敦煌文獻編號

Ch——德國國家圖書館藏吐魯番漢文文獻編號

SyrHT——德國國家圖書館藏敘利亞文文書編號

MIK Ⅲ——德國印度藝術博物館藏吐魯番文獻編號

大谷——龍谷大學藏大谷文書編號

殘影——出口常順《高昌殘影》編號

卷背文書，本書在編號後加 v 表示。

五、如果兩件或多件寫卷可以直接綴合，則在編號間加"＋"表示；若本爲一卷，但無法直接綴合，則在編號間加"→"表示。

六、本書對敦煌吐魯番文獻的錄文，據傳世本擬補的，擬補的文字用方圍框出。無擬補的錄文，原卷缺字用"□"號表示，缺幾字用幾個"□"；不能確定缺字字數者，上部殘缺時用"▭"號，下部殘缺時用"▭"號，中部殘缺時用"▭"號；模糊不清無法錄出或殘存偏旁者用"☒"號表示，缺幾字用幾個"☒"號；錯字在後括注正字，如果校改依據不是十分充足，在括注的改字後加"？"標識，原卷本身有校改符號的據以直接改正；脱字據上下文或文義補出時外加﹝　﹞號，確定有脱文但無法補出時，用"﹝□﹞"表示之；衍文用"{ }"標出。

七、本書所引敦煌道教文獻的題名，主要參考了王卡《敦煌道教文獻研究——綜述·目錄·索引》一書，並根據寫卷實際情況，參考 P. 2861 + P. 2256 "靈寶經目録"、P. 2337《三洞奉道科誡經·法次儀品》等早期文獻做了調整。

　　八、本書引用前賢時彦的觀點較多，爲省繁冗，一律用姓名稱呼，不加"先生""教授"等稱謂，還望見諒。

目　　錄

前　言 ……………………………………………………………（1）

第一章　敦煌吐魯番道教文獻拾補 …………………………（1）
　第一節　敦煌道教文獻拾補 …………………………………（1）
　第二節　吐魯番道教文獻敘錄 ………………………………（34）
　第三節　敦煌吐魯番道教文獻題名、綴合匡謬 ……………（81）
　附　《敦煌道教文獻研究·目録篇》未收敦煌文獻表 ……（100）

第二章　敦煌道經寫本形態及復原研究 ……………………（103）
　第一節　談敦煌道經中的所謂"千字文帙號" ……………（103）
　第二節　《太上洞玄靈寶天尊名》新探 ……………………（109）

第三章　層累的文本：中古道經的生成與演進 ……………（116）
　第一節　《太上洞玄靈寶諸天内音自然玉字》新考 ………（117）
　第二節　《九真中經》新考 …………………………………（130）
　第三節　《洞真高上玉帝大洞雌一玉檢五老寶經》新考 …（144）

第四章　據目造經：中古道經的一種生成方式 ……………（159）
　第一節　關於 P. 2861 + P. 2256 "靈寶經目録"的幾個問題 ……（160）
　第二節　《太上洞玄靈寶智慧罪根上品大戒經》新探 ……（190）
　第三節　《靈書紫文經》新考 ………………………………（200）

第四節 《老子中經》新探 …………………………………（224）

第五章 道釋相激：佛道關係視域中的敦煌道教文獻研究 ……（252）
　第一節 從敦煌吐魯番文獻看中古道經對佛經的
　　　　 因襲與揚棄 …………………………………………（252）
　第二節 《天尊說隨願往生罪福報對次說預修科文
　　　　 妙經》初探 …………………………………………（302）
　第三節 十卷本《老子化胡經》新考 ……………………（316）
　第四節 S.2081《太上靈寶老子化胡妙經》考論 ………（334）

第六章 敦煌道教文範研究 ………………………………（349）
　第一節 從敦煌文獻看道教齋文的生成與演變 …………（350）
　附　　 P.3562v《道家雜齋文》錄文 ……………………（378）
　第二節 S.4652→P.4965"金籙齋上香章表"研究 ………（387）

第七章 敦煌道教文獻與語言文字研究 …………………（404）
　第一節 敦煌道教文獻漢語史研究價值舉隅 ……………（404）
　第二節 語言文字研究與敦煌道教文獻斷代 ……………（438）
　第三節 語言文字研究與敦煌道教文獻校勘 ……………（450）

參考文獻 …………………………………………………（484）

卷號索引 …………………………………………………（501）

經名索引 …………………………………………………（507）

後　記 ……………………………………………………（514）

前　言

　　"拘校道文"是《太平經》中的成句。《太平經》卷四一《件古文名書訣第五十五》云："如都拘校道文經書，及衆賢書文，及衆人口中善辭訣事，盡記善者，都合聚之，致一間處，都畢竟，迺與衆賢明大德共訣之，以類更相微明，去其復重，次其辭文而記置之。"①"拘校"即是"勾校"。本書正是在"勾校"敦煌吐魯番道教文獻中發現的問題。

　　敦煌藏經洞被發現後，伯希和、羅振玉等最早一批接觸敦煌文獻的學者都注意到了其中有一些道教經典，姜亮夫、陳國符等學者都曾爲敦煌道教文獻做過簡單的編目。但由於敦煌寫卷不易披覽，道教研究也不太受重視，在20世紀50年代以前幾乎没有多少對敦煌道教文獻深入研究的論著。日本學者在五六十年代開始系統地研究這批道教文獻，其中最爲突出的便是大淵忍爾。大淵在1960年出版了《敦煌道經目録》，後又增補修訂爲《敦煌道經目録編》。該書盡最大可能收集了當時所知的敦煌吐魯番道教文獻，做了分類、綴合和題名的工作，並做了詳細的校勘。後王卡《敦煌道教文獻研究——綜述·目録·索引》又做出了更爲完備的目録。但限於條件，二氏的目録還稍有遺漏。爲了"都合聚之"的目標，筆者又對此前的敦煌吐魯番道教文獻目録做了增補工作，這便是本書第一章的主要内容。筆者對目前已公佈的敦煌吐魯番文獻做了一番普查工作後，共增補三十餘件前人未發

---

① 王明編：《太平經合校》，第85頁。

現的道教文獻碎片，糾正了若干前人的定名、綴合錯誤。因前人對德國、日本藏吐魯番道教文獻的著録較爲分散，也都有些遺漏，本書爲這兩批文書做了完整的敘録，並附帶論述了三件前人少有提及的中國藏吐魯番道教文獻。

敦煌寫本有一些不同於後世刻本的形態，學者們已對此有過不少研究，包括敦煌道教文獻的紙張、行款、墨色、字體、符號等。但有個别道經的特殊形態引起了學者的普遍誤解，本書第二章第一節即對此做了澄清。有幾件敦煌道經的包首題①、卷題下有"土""白"等標識文字，有些學者認爲這是"千字文帙號"。但標注有"土"字的經書相加有二十卷左右，且性質相差較大，不太可能放在同一經帙中；佛經採用千字文帙號是唐末五代時的做法，抄寫於唐代中期以前的道經不太可能早用此法；另外道經在唐代還未形成比較完備的藏經系統，其經書未必有通行的編號。由於這些原因，這類標識文字不可能是"千字文帙號"。經過分析，這類文字其實是收集經卷的寺院、宫觀的簡稱，"土"便是浄土寺的簡稱。由此可知，佛教寺院有收集道經的傳統，這可能是爲了利用紙張，也可能是爲了閲讀。這一發現可以解釋爲何在敦煌藏經洞這一三界寺的倉庫中可以發現道教文獻，也可以解釋唐代攻擊道教的佛教徒爲何對道經如此精熟。

敦煌藏經洞發現了不少道教佚經，其中有些佚經在傳世文獻中完全不見蹤影，這爲我們了解中古道教提供了不少新材料。這些佚經很多都有殘缺，盡最大可能地復原其本貌對這些道經的研究是大有裨益的。本書第二章第二節即以《太上洞玄靈寶天尊名》爲例，説明了如何利用紙背文獻、相關文獻以及殘卷本身的内容來擬測佚經的原貌。

前言開頭所引的那段《太平經》前文説要"拘校上古中古下古道書"，如果將筆者校讀敦煌道教文獻的工作與這句話相比附的話，"上古道書"便是敦煌藏經洞所出文獻，"中古道書"指《無上秘要》《雲笈七籤》等書中的引文，"下古道書"則是指《正統道藏》所收文獻。

---

① 按照中村30號《三洞奉道科誡經》的記載，這種寫於卷首紙背的題目應稱"外題"。本書暫從學術界通行做法稱之爲"包首題"。

將三者對勘"勾校",會有許多有趣的發現。其中一個發現便是,同一部經書在不同時代竟有不同的面貌。也就是說,部分現存道經是多重内容層次疊加的結果。本書第三章便是對這一問題的舉例説明。

對於《太上洞玄靈寳諸天内音自然玉字》,P. 2861 + P. 2256 "靈寳經目録" 稱該經原爲一卷,後被分爲兩卷,該經在《正統道藏》中則被分爲四卷。傳統認爲這只是分卷的細化,但本書第三章第一節經過分析發現,該經卷一的授受科儀應爲後補,卷三、卷四對"大梵隱語"的疏釋在南北朝中期可能也還没有形成。實際上該經最初可能只有描述"大梵隱語"的"玉訣",晉宋之際又造作了"序",約在南北朝中後期又增加了對"大梵隱語"的疏解。

第三章第二節考察了《九真中經》的文本層次。P. 2751《紫文行事決》引用的《九真中經》可能代表了該經的早期面貌。約在南北朝中前期,有道教徒(有一定可能是《真誥》卷十九提到的王靈期)依據當時常見的上清經對《九真中經》做了改動。約在南北朝後期,關於奔日月的内容也被增補進來,形成了《九真中經》的卷下。

第三章第三節考察了《洞真高上玉帝大洞雌一玉檢五老寳經》。有學者認爲這部經書是層累地編造而成,至唐宋時方定型。但本書考察敦煌本和道書引文發現,南北朝所見該經已與今傳本相差不大。有些學者認爲是該經母本的《大洞金華玉經》反而是改編《雌一玉檢五老寳經》而成。早期道書所引《雌一玉檢五老寳經》還有不見於今本的佚文,主要是一些靈驗故事。這説明早期道經可能有在經末附靈驗故事的撰作方式。另外,不少上清經是在《雌一玉檢五老寳經》的基礎上造作而成,這展現了整個上清經係"層累"的過程。

學術界對 P. 2861 + P. 2256 "靈寳經目録" 的研究已非常多,但仍有很大爭議。其中以小林正美的研究引起的爭議最大。本書第四章第一節即對關於 P. 2861 + P. 2256 "靈寳經目録" 的一些爭議提出了新的意見。小林根據陸修靜《靈寳經目序》中"出者三分"的話,認爲陸修靜在元嘉十四年(437)所撰《靈寳經目》所收的靈寳經只有三十六卷的十分之三,這與 P. 2861 + P. 2256 "靈寳經目録" 的數目不合,因此認爲 P. 2861 + P. 2256 "靈寳經目録" 代表的是陸修靜在泰始七年

(471）所撰目錄的面貌。無論贊同還是反對小林氏的學者，都接受了他對"出者三分"的解釋。但在古代漢語中，"三分"並没有"十分之三"的意思，"出者三分"不可能指所出經書的數量，而是指靈寶經出世後被分爲三份流傳。那麽元嘉十四年目和泰始七年目未必有多大區別，"靈寶經目錄"中著錄的道經其成書年代也應早於陸修静。

除此之外，本書還認爲，"元始舊經"和"仙公新經"的區别主要在於是否著錄於"舊目"，兩者間未必有一個明確的界限。《靈寶經目序》所説的"僞目三十五卷"僅是一部"僞目"，不是指僞經的目錄。這個"僞目"和陸修静目錄的卷數一致，都是道教徒數字崇拜的遊戲而已。P. 2861＋P. 2256"靈寶經目錄"所提到的"卷目"並不是一部書，而是陸修静實際看到的道經卷題。該目中所説的"未出一卷"是《太上洞玄靈寶智慧罪根上品》二卷中有一卷未出，而不是有學者認爲的《太上洞玄靈寶智慧上品大戒》。

通過對 P. 2861＋P. 2256"靈寶經目錄"的分析可知，道教目錄有"有目無經"的奇怪現象。P. 2861＋P. 2256"靈寶經目錄"中有不少經書"未出"，陸修静《靈寶經目序》中也提到了一份"僞目"，《真誥》卷五所載上清經目錄中也有不少"未出"。既然有這麼多"虛目"，於是便有好事者據目造經。第四章接下來的三節即舉例説明了這一問題。

《太上洞玄靈寶智慧罪根上品》在 P. 2861＋P. 2256"靈寶經目錄"中稱有一卷未出，於是便有好事者造作了卷下。今本該經的卷下與卷上有明顯的抵牾，且有因襲其他經書的痕跡，顯然是後世造作的。

"靈書紫文"在《真誥》卷五中是一類上清經的總稱，在較早的上清經中多用來指《洞真高上玉帝大洞雌一玉檢五老寶經》。約在南北朝前期，道教徒綜合了當時飲日氣、月精以及拘魂制魄的法術，造作了原始的《靈書紫文經》，P. 2751《紫文行事決》所引當即該經的較早形態。該經在流傳過程中又不停被改造、增補，BD11193 號是該經殘片，其原經可能是迥異於今本的一種經書。保存在《正統道藏》中的《靈書紫文經》僅是歷史上多種"靈書紫文經"中的一種而已。另外，該經還與《後聖道君列紀》一直相互糾纏、相互競爭。

前　言

　　學術界對《老子中經》的成書時代有爭議，但該經其實應該是南北朝時形成了《老子》有一個"中經"的觀念之後才造作的經典。該經中可能有一些早期的材料，但成書應不早於劉宋。又因該經是在"中經"的觀念形成之後才造作的，歷史上可能存在過多種樣貌的"老子中經"，流傳至今的也僅是其中一種而已。

　　陸修静在《靈寶經目序》中説：

　　　　頃者以來，經文紛互，似非相亂。或是舊目所載，或自篇章所見，新舊五十五卷，學士宗竟，鮮有甄別。余先未悉，亦是求者一人。既加尋覽，甫悟參差。或删破上清，或採摶餘經，或造立序説，或迴換篇目，裨益句章，作其符圖。或以充舊典，或别置盟戒。文字僻左，音韵不屬，辭趣煩猥，義味淺鄙，顛倒舛錯，事無次序。①

　　將道經的敦煌本、傳世本和相關引文對照之後，可以發現道經作僞、增補的主要手段就是陸修静提到的幾種方法，如《無上秘要》卷十所引的"洞玄智慧罪根"吸收了上清經的酆都山觀念，這便是"删破上清"，《罪根經》卷下大量吸收《法輪經》《明真科》等早期靈寶經，這便是"採摶餘經"，《内音玉字》幾種不同的"序"便是"造立序説"，《靈書紫文經》《老子中經》都是"採摶餘經"而"以充舊典"，《内音玉字》卷一的盟誓文便是"别置盟戒"，《九真中經》改動後的咒語造成了"音韵不屬"。這批敦煌遺珍生動地展示了中古道經形成、演變的過程。通過"拘校上古中古下古道書"，確實可以爲研究早期道教發展史提供全新的視角。

　　學術界對佛道論争的研究已非常多，但從對敦煌道教文獻的校讀中還可以發現新的問題。本書第五章即從文獻研究的角度分析中古時期的佛道關係。《太平經》已偶見對佛經的化用，早期靈寶經更是大量借用佛教的詞彙、觀念。南北朝後期至唐初，有道教徒將大量的佛

---

① 《雲笈七籤》，第52頁。

經改造爲道經，改造的方法包括改換詞語、改偈語爲散文、删除不易改造的內容、上下文綜合、增加內容、誤讀等。這種改竄佛經的做法引起了佛教界的激烈攻擊。迫於來自佛教的壓力，唐代道士開始修改早期的道經，修改的主要方法是改換佛教術語或將佛教術語中國化。敦煌道教文獻有不少在佛教術語上塗抹雌黄的痕跡，將我們直接帶回道經修改的歷史現場。

第五章的後三節考察了三種敦煌道經中所體現的佛道關係。《天尊説隨願往生罪福報對次説預修科文妙經》是以《佛説灌頂經》第十一、十二卷爲基礎，雜糅多種佛教、道教經典和觀念而成的。該經從佛教那裏繼承來了七七齋、預修、往生净土等觀念，又影響了後世的道教經典和儀式。十卷本《老子化胡經》卷一、卷二應作於唐代前期，卷一中有大量佛教譯經中的印度地名，卷二把剛興起不久的佛教密宗、禪宗以及祆教、景教、摩尼教都當作攻擊對象；卷八、卷十則作於北魏後期，卷八中體現出對農民起義軍常借用的净土信仰的擔憂。S.2081《太上靈寶老子化胡妙經》則當作於唐高宗至武周時，該經受到南北朝道經的深刻影響，也大量吸收了佛教的天界觀、世界觀和彌勒下生思想，並且對佛教非常友好，是武則天佛道並重宗教政策的體現。

除了經典之外，敦煌藏經洞還發現多件道教儀式文範。將這些文範與道教齋儀、文人撰作的道教文書對比，可以對道教儀式以及道教文書的研究提供幫助。本書第六章即是在這方面做的探索。

分析敦煌和傳世的道教齋儀，可以發現最早一批靈寶齋儀中並沒有讀齋詞的環節，在南北朝後期的齋儀文獻中提到了讀詞，但所讀的主要是齋主在齋會前寫給法師的"投詞"。"齋詞"正是從"投詞"演變而來，這一演變過程受到了佛教的極大影響。P.3562v《道教雜齋文》所載齋文結構與佛教齋文非常接近，其應用場合應該也是受佛教影響形成的"午齋儀（中齋儀）"之類的齋供儀式。傳世的道教齋詞與P.3562v結構有些類似，但大多有配合儀式用的格式套語，且對早期道教傳統有不同程度的繼承。宋代的青詞與唐五代齋詞相比，既有對道教傳統的回歸，也有創新，但舊有的齋文格式仍然在中下層流傳。

S.4652、P.4965爲同一寫卷之裂，原爲金籙齋上香章表。從其中

前　言

文辭推測，這兩件寫卷應寫於唐高宗後期。從這兩件寫卷可以推知金籙齋上香章表的基本結構，即先在上香之前啓請，然後三次上香並發願，分別爲皇家陵廟、皇帝皇后、太子諸王公主祈福。每次上香後先有爲衆生歸依大道的套語，然後再爲皇家祈福，最後有類似"今故燒香……與道合真"的套語。

　　道教文獻中有不少特殊的字詞用法，近二十多年來也有不少語言學者注意到相關問題。但學術界往往對敦煌本道教文獻重視不夠，尤其較少注意敦煌本與傳世本的異文。敦煌本與傳世本道教文獻的異文有助於考釋新詞新義，展示了語言文字發展的線索，提供了聯綿詞的不同形式，揭示了道教術語的詞源，還展示了特殊的構詞法，因此這批文獻蘊含了極爲豐富的漢語史研究價值。反過來，通過對文字、詞彙、音韻的研究，可以爲道教文獻斷代提供依據，可以輔助道教文獻的校勘整理。本書第七章便論述了敦煌道教文獻研究與語言文字研究之間的相互作用。

　　敦煌吐魯番道教文獻有八百餘件，數量不是特別大，但其中却包含了極爲豐富的内容，研究這一課題需要具備宗教史、歷史學、文獻學等多方面的知識儲備。筆者從事相關研究已近十年，但仍時常因知識匱乏而感到力不從心。這本小書是"因陋就簡"地就自己能力所及做的一點小小探索，借以說明"拘校道文"確實可以推進道教成書過程、佛道關係史、道教儀式史、語言學等方面的研究。因筆者能力實在有限，書中肯定有很多錯誤，懇請方家多多批評指正。書中對前賢時彦時有商榷，行文中難免有不恭之處，但筆者只是想把相關問題搞清，並無不敬之意，還望各位先生多包涵。

第一章 敦煌吐魯番道教文獻拾補

自20世紀30年代以來，中外不少學者先後爲敦煌藏經洞發現的道經寫卷編目。陳垣《敦煌劫餘錄》已將當時北平圖書館藏敦煌道經匯集一處①。姜亮夫《敦煌所見道教佚經考》應是最早的敦煌道經專科目錄②。陳國符將《敦煌劫餘錄》所載道經、向達《倫敦所藏敦煌卷子經眼目錄》和王重民抄錄的法藏敦煌道經目錄匯集在一起③。吉岡義豐、大淵忍爾等分別做了更加完備的目錄④。最後，王卡《敦煌道教文獻研究——綜述·目錄·索引》（以下簡稱"《敦煌道教文獻研究》"或"王書"）集各家之大成，成爲目前最爲完備的敦煌道經目錄。但由於某些原因，該書仍未將所有敦煌道經收羅齊備。至於吐魯番出土道教文獻，一直没有很好的目錄。王書以附錄的形式收錄了當時能找到的吐魯番道教文獻，但限於條件，其中還有大量遺漏。本章即補充幾十種王書失收的敦煌道教文獻，爲吐魯番道教文獻做敘錄，並糾正前人的一些定名、綴合失誤。

第一節 敦煌道教文獻拾補

王卡《敦煌道教文獻研究》失收的道經主要有兩種類型：一爲王

---

① 陳垣：《敦煌劫餘錄》，《敦煌叢刊初集》第四冊，第1231—1237頁。
② 見《敦煌學論文集》，《姜亮夫全集》第十三冊。據文前姜先生夫人陶秋英女士所作之序，該文撰於抗戰期間。
③ 見陳國符《道藏源流考》，第201—225頁。
④ 分別見［日］吉岡義豐《スタィソ將來大英博物館藏敦煌文獻目錄——道教の部》、［日］大淵忍爾《敦煌道經目錄編》。

書出版時尚未公佈的材料，如S.6981以後的英藏敦煌文獻碎片、中村不折及杏雨書屋所藏敦煌文獻等；二爲一些小碎片。對於中村不折、杏雨書屋所藏敦煌道經，《中村不折舊藏禹域墨書集成》《敦煌秘籍》多已給出正確定名，另外周西波《中村不折舊藏敦煌道經考述》[①]、劉永明《日本杏雨書屋藏敦煌道教及相關文獻研讀劄記》[②]、吕德廷《〈敦煌秘籍〉部分佛教與道教文書定名》[③]等又分别作了補充。葉貴良《〈俄藏敦煌文獻〉道經殘卷考述》[④]、王卡《〈敦煌道教文獻研究·目録〉補正》[⑤]等又對王書失收的敦煌道經碎片作了增補。本書又新發現數十件敦煌道經殘片，分述於下。

（一）BD16088 《洞真太上説智慧消魔真經》

BD16088，小殘片，四周殘損，起"松子後於"，至"丹房之裏"，共4殘行，有界欄。本卷各家目録未著録，《國圖》題名"道教文獻（擬）"。本卷内容與《洞真太上説智慧消魔真經》卷一的内容大致相近，但有異文，今姑擬題"洞真太上説智慧消魔真經"。敦煌文獻中另外有一件殘片，即S.5840，内容也見於《洞真太上説智慧消魔真經》卷一，但筆跡與本卷不同，當非同卷。也有可能這兩件寫卷都是其他道書徵引《洞真太上説智慧消魔真經》或其他相關道書的文字。今據《正統道藏》補全，録文於下：

1. 可終朝而考矣 松子後於霍山中學 上詣金
2. 闕受書爲太虚 真人是宿有真名於上 清也
3. 智慧經一名太 素洞經或名素慧傳凡 有七
4. 卷藏於玉清之 闕高上虚皇丹房之裏 矣常

《正統道藏》本《智慧消魔經》首行作"松子後於大霍山中道成"（D33，p.597），與本卷稍有不同。古時多處山均名"霍山"，《山海經》

---

① 見《敦煌學》第二十七輯，2008年。
② 見《敦煌學輯刊》2010年第3期。
③ 見［日］高田时雄主編《敦煌寫本研究年報》第八號，2014年。
④ 見浙江省博物館等編《浙江與敦煌學》，浙江古籍出版社2004年版。
⑤ 見《敦煌學輯刊》2007年第3期。

卷五"又北四十里，曰霍山"，郭璞注："今平陽永安縣、廬江潛縣、晉安羅江縣、河南鞏縣皆有霍山。"① 道教文獻中提到"大霍山"似多指羅江霍山，如《真誥》卷十三《稽神樞》："羅江大霍有洞臺，中有五色隱芝。"原注："此則南真及司命所任之處也。"② 文獻中亦有簡稱"霍山"者③。《道藏》本作"大霍山"，或即爲與廬江霍山相區別而加"大"字。

（二）Дx6478　《洞玄靈寶長夜之府九幽玉匱明真科》

Дx6478，小碎片，首尾及下部殘損，起"爲地上靈神"之"神"字，至"無復人身"之"復"字，共7殘行。《俄藏》未定名，各家未著録該卷，今考定爲《洞玄靈寶長夜之府九幽玉匱明真科》殘片。敦煌文獻中有多件《明真科》寫卷，但該殘片筆跡與這些寫本均有不同，那麽本件碎片也有可能是某種道教類書引用《明真科》的殘片。今據《正統道藏》本《洞玄靈寶長夜之府九幽玉匱明真科》補全，録文於下：

1. 神 生世何緣死爲衆聖策駕雲中生世何緣
2. 死升福堂 衣食自然生世何緣死昇南宫
3. 即生人中生 世何緣死入地獄長夜無窮生
4. 世何緣死受楚 毒萬痛加身生世何緣死不
5. 得食餓鬼之中 生世何緣死受分離破裂身
6. 形生世何緣死 充囚徒流曳三官生世何緣
7. 死 入濩湯无復 人身生世何緣死循劍樹風

（三）P.2406＋S.11931v　《太上洞玄靈寶明真經科儀》

P.2406，卷首微損，尾部殘缺，首題"太上洞玄靈寶明真經科儀"，起卷首"飛天人曰九幽玉匱拔度死魂罪對上品"，至"爲寶經之

---

① 《山海經》，第53頁。
② 《真誥》，第230頁。
③ 參魏斌《"山中"的六朝史》，第152—153頁。

信"之"之"字，共9紙239行，行約17字。背抄《佛名經》。該卷內容見於《正統道藏》本《洞玄靈寶長夜之府九幽玉匱明真科》，王卡認爲"太上洞玄靈寶明真經科儀"是品題，非是①。該卷實爲《洞玄靈寶長夜之府九幽玉匱明真科》的略出本。

　　S.11931v，小碎片，首尾及下部殘損，起"爲學仙之信"之"仙"字上半殘畫，至"文繒五"，共4殘行。正面抄《佛名經》。《英藏》未收錄本卷，各家目錄未著錄。該卷內容見於《洞玄靈寶長夜之府九幽玉匱明真科》。

　　S.11931v內容正爲P.2406卷尾上部殘缺部分，兩卷正背文字連續，筆跡一致，裂縫殘字吻合，可以直接綴合，綴合圖見下。因此，S.11931v應從P.2406題名爲"太上洞玄靈寶明真經科儀"。

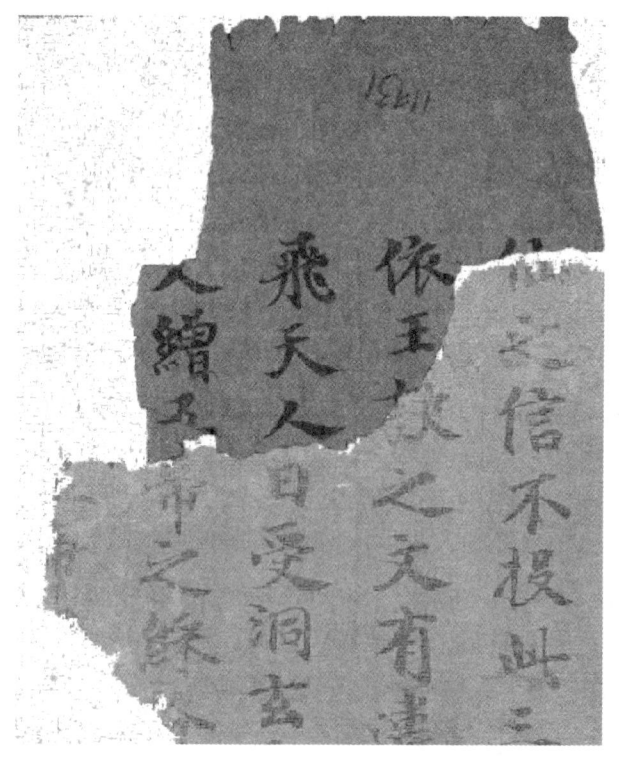

---

① 詳參本章第三節。

第一章 敦煌吐魯番道教文獻拾補

（四）Дx7072＋Дx4974　《太上洞玄靈寶真文度人本行妙經》

Дx7072，小碎片，四周殘損，起"大作功德"之"大"字左半，至"紫光曲照齋"，存經文12殘行。王卡已考定該件爲《太上洞玄靈寶真文度人本行妙經》殘片。

Дx4974，小碎片，首尾及上部殘損，起"那臺正於室內行香礼願"之"正"字，至"无由得往"之"由"字，存經文5殘行。《俄藏》未定名，各家未著錄。今考本件寫卷內容見於P.3022v《太上洞玄靈寶真文度人本行妙經》第64—68行以及P.t.560v《太上洞玄靈寶真文度人本行妙經》第3—7行，因此應爲《太上洞玄靈寶真文度人本行妙經》殘卷。

Дx7072與Дx4974筆跡相近，文字連續，Дx7072之"齋"字左下角殘墨恰見於Дx4974。因此兩件寫卷可以直接綴合，綴合圖見下。

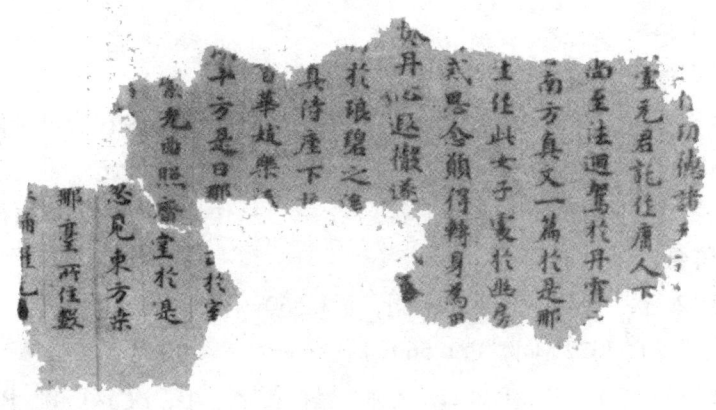

今據P.3022v補全，錄文於下：

1. 土豐民盛普天長存 大作功德諸天 所稱名
2. 標上清南極上靈紫 虛元君託作庸人下 世
3. 教化見那臺貞潔好 尚至法迴駕於丹霍 之
4. 阿授那臺靈寶赤書 南方真文一篇於是那
5. 臺志厲殊勤自謂一 生作此女子處於幽房

· 5 ·

6. 无由得道因長齋持 戒思念願得轉身爲男

7. 晨夕慊慊恒无怠 惓丹心遐徹遂 致感通上

8. 真下降元始天尊時 於琅碧之溪 扶搖之丘

9. 坐長林枯菜之下衆 真侍座下校 倉元寶錄

10. 靈寶真文諸天交灌 香華妓樂流 精月水无

11. 鞅數種光明洞達映 朗十方是日那 臺正於室

12. 内行香礼願見有五色 紫光曲照齋堂於是

13. 心悟疑是不常仍出登墻四望 忽見東方桒

14. 林之下華光奕奕非可勝名去 那臺所住數

15. 百里中隔閡湯谷滄海之口心懷 踊躍无由

校記：

第7行，"惓"，P.3022v作"倦"。

第8行，P.3022v"碧之溪"三字左半殘泐，據本卷恰可補缺。"扶搖"，P.3022v無"搖"字，《無上秘要》卷十五、《上清道寶經》卷三作"扶搖"，《雲笈七籤》卷一○一作"扶瑶"。今據行款及《無上秘要》補"搖"字。

第12行，"照"，P.3022v同，P.t.560v作"映"。

"是"，P.3022v同，P.t.560v脫。

第15行，"湯谷"，P.3022v殘泐，殘存首字上半，次字下半，P.t.560v作"陽谷"。

（五）Дx6928　《太上消魔寶真安志智慧本願大戒上品》（擬）

Дx6928，小碎片，首尾及上部殘損，首行存少量殘墨，次爲一空行，後存"願飄眇/祖生天"兩行六字，而後又爲一空行。該卷《俄藏》未定名，各家未著錄。今按，"願飄眇/祖生天"見於道教齋儀中常見的"禮經咒"第二首，首行殘墨則爲"禮經咒"第一首"魔並敬"三字左半殘墨。多種道經都有該"禮經咒"，但《太上消魔寶真安志智慧本願大戒上品》似爲最早見者，今姑定名爲《太上消魔寶真

第一章 敦煌吐魯番道教文獻拾補

安志慧本願大戒上品》。今據 P.2468 號《太上消魔寶真安志慧本願大戒上品》擬補，錄文於下：

1. 遣所欲淡泊正炁停蕭然神静默天魔並敬
2. 護世世受大福
3. 鬱鬱家國盛濟濟經道興天人同期願飄眇
4. 入大乘因心立福田靡靡法輪升七祖生天
5. 堂我身白日騰

（六）Дx18532　《宿命因緣經》（擬）

Дx18532，小碎片，僅存包首題"□宿命因緣經"。《正統道藏》洞玄部本文類有《太上洞玄靈寶宿命因緣明經》，洞神部本文類有《太上說轉輪五道宿命因緣經》，未知是否即此經。P.2861"靈寶經目錄"有"宿命因緣一卷，未出"。本卷或即陸修靜之後造作的"宿命因緣經"。

（七）Дx5652　《仙公請問本行因緣眾聖難》

Дx5652，首尾殘損，起"及尸解托形滅度者"之"形"以下三字左半，至"獲玉巢許"，共10行，行17字。葉貴良《〈俄藏敦煌文獻〉道經殘卷考述》認定本卷爲道經，但未能定名，今考定爲《眾聖難》殘卷，見於 P.2454《仙公請問本行因緣眾聖難經》第28—37行。P.2724 寫卷與本卷筆跡相近，可能本爲同卷。今據 P.2454 擬補，錄文如下：

1. 形滅渡者多顯迹於世國人所稱名書經傳
2. 者少矣時仙人有姓紀字法成仙公指之曰
3. 彼即我前世弟子也其未見宿命之根耳吾
4. 能令汝達前世時事也法成曰惟惟天尊須
5. 臾乃悟叉手作礼弟子闇塞未識本行願垂
6. 愍矣仙公曰昔帝堯之世汝隨我入嵩高山
7. 學道汝志小望速每幾吾虛誕所期遼遠所

· 7 ·

8. 行難行復歎許由巢甫絶尚箕山能辞堯禪
9. 交奢之悔亦所未安常勸汝學上清道其於
10. 不從雖飲海不得滿腹徒叩石不獲玉巢許

校記：

第1行，第三字本卷殘存"氵"旁，P. 2454作"度"，本卷此處應爲"渡"字，蓋"度"受上"滅"字類化影響而訛。

第2行，"時"字P. 2454殘泐，據本卷恰可補足。

第4行，"惟惟"，P. 2454作"唯唯"。

第5行，"臾"，本卷原作"浿"，即"臾"字受"須"（俗寫作"湏"）影響類化出的訛形。P. 2454作"臾"。

第6行，"公曰"，P. 2454殘泐，據本卷恰可補足。

第7行，"幾"，P. 2454作"譏"，是。

第8行，"箕"，P. 2454作俗寫"箕"。

（八）Дх18031　《太上洞玄靈寶中元玉京玄都大獻經》

Дх18031，小碎片，四周殘損，《俄藏》未定名，各家未著錄。本卷存"濁亂/道穢慢三"兩行六字，當即《太上洞玄靈寶中元玉京玄都大獻經》"濁亂五神……欺師罔道，穢慢三光"一段的内容。

（九）Дх8201　《太上洞玄靈寶昇玄内教經》卷三

Дх8201，小碎片，四周殘損，共存4殘行。首行存一"艮"旁及少量殘墨，至"太上彈指叩齒"之"叩"字。該卷《俄藏》未定名，葉貴良《〈俄藏敦煌文獻〉道經殘卷考述》認定爲道經，但未能定名。今考本卷内容見於P. 2391《太上洞玄靈寶昇玄内教經》卷三第62—65行，且行款與P. 2391一致，應爲《昇玄經》卷三殘卷。今據P. 2391補全，録文於下：

1. 當見神尊所爲不可 限 量
2. 大士善勝 白太上曰唯願神 尊見真一妙行
3. 所成功德 感動施爲令此衆 會見所未見聞
4. 所未聞於時 太上彈指叩 齒應時十方廓然

（十）S.12074A→Дx2008＋Дx1888＋Дx2063→S.12074B《太上洞玄靈寶昇玄內教經》卷八

S.12074A，小碎片，首尾及下部殘損，起"吐經施禁"，至"結罪注滿酆都"，存經文5行。《英藏》未收該卷，各家未著録。該卷內容見於 P.2474《太上洞玄靈寶昇玄內教經》卷八第81—85行。

S.12074B，小碎片，首尾及下部殘損，起"不遭三徒苦"，至"德救度"，共存經文5行。《英藏》未收該卷，各家未著録。該卷內容見於 P.2474《太上洞玄靈寶昇玄內教經》卷八第121—125行。

此二卷筆跡與 Дx2008＋Дx1888＋Дx2063《太上洞玄靈寶昇玄內教經》卷八相同，當本爲同卷，但不能直接綴合。S.12074A 與 Дx2008 之間蓋殘缺 6 行，Дx2063 至 S.12074B 間蓋殘缺 7 行。與 Дx2008＋Дx1888＋Дx2063 情況相似，S.12074A、S.12074B 與 P.2474 有較多的異文，今據 P.2474 補全，録文於下：

1. 吐經施禁 誡辞參三洞書方便説權教得道在滅度
2. 法輪同一歸斷絶俗中汙 致得成佛者歸升於玄路
3. 難有愚癡人執競各云殊相與論 勝負計校於精麁
4. 未知真妙理同入於虛无終不得 真性謂近乃遠舒
5. 既无一言中結罪注酆都
（中略）
6. 不遭三徒苦不入於 鬼囧吾見如此輩以念痛心誠
7. 故開玄玄門宗奉於是 榮
8. 道言人生受竿長 短精麁明闇貴賤賢愚皆
9. 以三命吉凶定人生死 之根人能積善行功立
10. 德救度 帝王國主天下民人供養无上靈寶

校記：

第3行，"人"，P.2474 作"輩"；"執競各云殊"，P.2474 作"識佛不存吾"。

第4行，"終"，P. 2474作"衆"。

第6行，"徒"，P. 2474作"塗"。

這些異文中，特別值得注意的是第3行，P. 2474作"識佛不存吾"，而S. 12074A作"執競各云殊"。有不少早期道經大量使用佛教名詞，或襲用其義，或借此攻擊佛教。但隋至唐初，佛、道之間進行了多次論爭，佛教界多抓住道經襲用佛經這一弱點。因此，大約在唐初，不少道經經過了一次大改動，主要是删改其中的佛教術語。P. 2474和S. 12074A之間的這一異文，正是這一運動的體現。由此可推知，S. 12074A第2行"致得成佛者"一句也必與P. 2474有異。

（十一）Дx517 + Дx10195　《太上洞玄靈寶昇玄内教經》

Дx517，首尾及下部殘缺，起"以位相尊"，至"解其深義"，殘存經文29行，有界欄。該卷内容見於《無上秘要》卷七、《道典論》卷三、《要修科儀戒律鈔》卷一引《昇玄經》，大淵忍爾據之考定該卷為《昇玄經》殘卷①。萬毅又推測本卷為《昇玄經》卷四②。

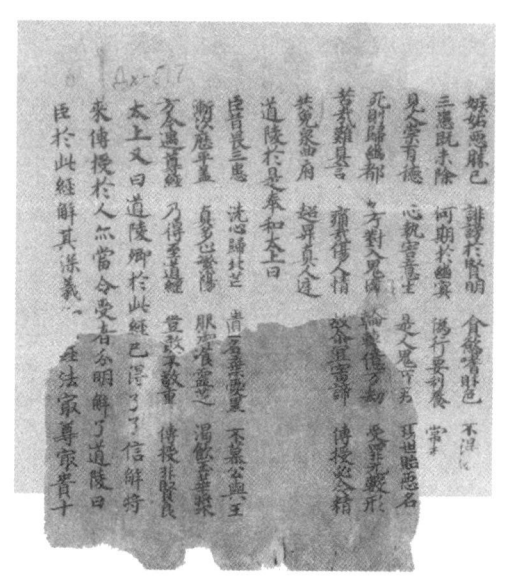

---

① ［日］大淵忍爾:《敦煌道經目録編》，第317—318頁。
② 見萬毅《敦煌本道教〈昇玄内教經〉的文本順序》，《敦煌研究》2000年第4期。

第一章　敦煌吐魯番道教文獻拾補

Дx10195，小碎片，首尾及上部殘損，起"疾現世貽惡名"，至"最尊最貴十"，共存經文9殘行，並有兩個空行。該卷《俄藏》未定名，葉貴良《〈俄藏敦煌文獻〉道經殘卷考述》認爲該卷爲道經，但未能定名。今按，Дx517、Дx10195 裂縫吻合，可以直接綴合，綴合圖見上。兩卷綴合後，太上道君、張道陵相和歌辭大致完整，與《無上秘要》卷七、《道典論》卷三、《要修科儀戒律鈔》卷一引《昇玄經》的內容大致相近。

（十二）BD8410v　《太上業報因緣經》卷八

BD8410v，爲 BD8410 的裱補紙，小殘片，前後及上部殘損，起"鬱單无量"，至"天氣下"，共3殘行。各家目錄未著錄本卷，《國圖》擬題"道教九天"。今考其內容見於京都252號《太上業報因緣經》卷八第10—12行，當爲《業報因緣經》殘片。今據京都252號寫卷補全，錄文於下：

1. 中三氣潛凝九天冥運一月爲胞 鬱單无量
2. 天氣下浹身中二月爲胎上上禪 善无量壽
3. 天氣下浹身中三月魂具梵監須延 天氣下

（十三）Дx7243＋Дx4809　《太上業報因緣經》卷九

Дx7243，小碎片，前後及上部殘損，僅存經文"蕩其中人物无有遺／學道證真"兩行。王卡著錄該件，但未定名[①]。石立善考定爲《業報因緣經》[②]。

Дx4809，小碎片，首尾碎損，起"無光無象"之"光"字，至"高亦如之"之"如"字，共9行。各家未著錄該卷，本卷見於 P.3026《太上業報因緣經》卷九第3—11行。

Дx7243 與 Дx4809 筆跡相近，文字連續，Дx4809 首行"大"字右半恰見於 Дx7243，兩件可以直接綴合，綴合圖見下。

今據 P.3026 補全，錄文於下：

[①] 王卡：《敦煌道教文獻研究——綜述·目錄·索引》，第245頁。
[②] 石立善：《敦煌寫本失題道經五種定名》，載《百年敦煌文獻整理研究國際學術研討會論文集》，2010年。

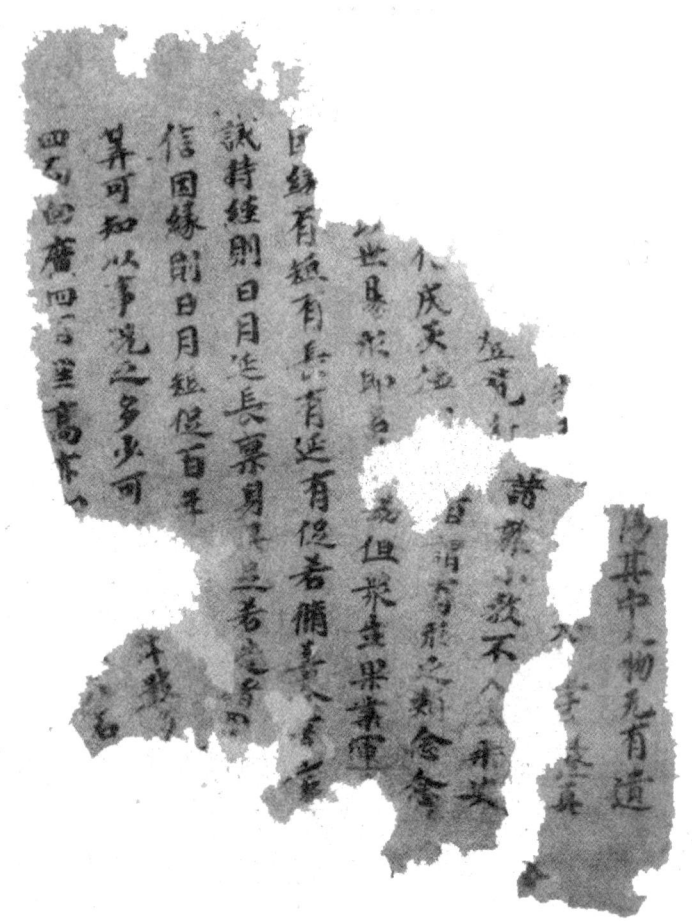

1. 六地火水風灾燒除漂蕩其中人物无有遺
2. 餘窅窅冥冥無光無象三洞大法學道證真
3. 龍駕下迎悉登梵行諸雜小教不入大乘與
4. 劫同淪化成灰燼小劫者謂有形之類念念
5. 無常改世易形即名爲劫但衆生果業運遇
6. 因緣有短有長有延有促若脩善念道奉
7. 誠持經則日月延長稟身具足若造諸罪業不

8. 信因緣則日月短促百年 不滿 年數多 少非
9. 筹可知以事況之多少可 得有一 大石 正方
10. 四面面廣四百里高亦如 之飛天持一物如

（十四）Дx643　《神人所説三元威儀觀行經》卷二

Дx643，首尾殘缺，起"衣被破壞，當給与"之"當"字，至"一者，當數往"之"者"字，共6行。各家未著録該卷，《俄藏》誤題名作"依師法"。本卷見於P.2410《神人所説三元威儀觀行經》卷二第146—151行，且與P.2410行款一致，當即《神人所説三元威儀觀行經》殘卷。該卷與S.5308字體頗似，或本爲同卷。今據P.2410補全，録文於下：

1. 示八者病疾當占視九者衣被破壞 當給与
2. 十者若有去心不得留難十一者當相視人十
3. 二者當隨方便所往十三者來有所問當答讓
4. 十四者欲澆灑地常當謙卑十五者有過不得
5. 言我不復與卿語是爲依師法
6. 道士爲人弟子事師有十事何等爲 十一者

（十五）S.10906　《太上洞玄靈寶天尊名》卷下

S.10906，僅存經卷的包首部分，有包首題"天尊名經卷下"，應即《太上洞玄靈寶天尊名》卷下的包首。敦煌本《太上洞玄靈寶天尊名》應爲三卷本，BD1218→P.3755→BD4047→BD3818爲上卷，BD11751爲下卷[①]。本件可能即是BD11751的包首。

（十六）S.10936　《太上元陽經》卷六

S.10936，僅存經卷的包首部分，有包首題"太上元陽經卷六"。包首題上有模仿佛經形制的"八"字形標識。下有一字，當爲收藏寺院的簡稱，但殘泐較多，無法識認。除本件外，敦煌文獻中共發現五件《太上元陽經》寫卷，其中S.482據尾題知爲卷一，S.3016據尾題

---

① 詳參本書第二章第二節。

知爲卷十。P. 2450 雖與《正統道藏》本《太上靈寶元陽妙經》卷四相合，但無法確定在敦煌本中的卷次。P. 2366 和臺北 4717 內容重合，爲同一卷，據 P. 2366 首題，知其爲"觀山品第十六"，但也無法確定卷次。本件應爲 P. 2450、P. 2366、臺北 4717 三件中某一件的包首。

（十七）S. 13248 + S. 12268 + S. 12950 + S. 13615 + S. 13581 《老子道德經》

S. 13248，小殘片，四周殘缺，共存殘文 4 行，首行存"三咽液"三字，爲《太極隱訣》的內容，後一行無文字，次三行爲《道德經》第一章的內容。王卡將此件比定爲《道德經》寫卷。

S. 12268，小殘片，首尾及上部殘缺，共存殘文 5 行，首行存"三也"二字，爲《太極隱訣》的內容，後一行無文字，次三行爲《道德經》第一章的內容，次一行無文字，尾行存"善之"二字，爲《道德經》第二章的內容。各家未著錄。該卷與 S. 13248 裂縫殘字吻合，可以直接綴合。

S. 12950，小殘片，首尾及上部殘缺，起《道德經》第二章"善之爲善"之次"善"字，至第二章章末字數的"十"字，共存經文 5 行。各家未著錄。S. 12950 與 S. 12268 文字連續，可以直接綴合。

S. 13581，小殘片，四周殘缺，存文字兩行，首行爲"是以"二字，次行爲"作而"二字。S. 13581 與 S. 12950 文字接續，行款相同，筆跡、紙質相近，應爲同卷。各家未著錄。

S. 13615，小殘片，四周殘缺，存文字 4 行，唯第二行"相"、第三行"隨"可識，餘皆殘墨。S. 13615 與 S. 13581 文字接續，末行殘劃恰與 S. 13581 末行"作"字相合。S. 13615 與 S. 12950 等行款相同，筆跡、紙質相近，應爲同卷。各家未著錄。

以上五件寫卷可以直接綴合，綴合圖如下。

今據 P. 2370《道德經》寫卷補全，錄文如下：

1. 口訣讀經五百言輒叩齒 三咽液三也

2. 道經上

3. 道可道非常道名可名 非常名无名萬物

第一章　敦煌吐魯番道教文獻拾補

4. 母有名萬物母常无欲觀其妙常有欲觀所

5. 曒此兩者同出而異名同謂之玄玄之有玄衆

6. 妙之門 五十四字

7. 天下皆知美之爲美斯惡已皆知善之爲善

8. 斯不善已有无相生難易相成長短相形高

9. 下相傾音聲相和先後相隨是以聖人治處

10. 无爲之事行不言之教萬物作而不爲始爲

11. 而不恃成功不處夫唯不處是以不去 八十三字

　　王卡將 S.13248 歸於"有字數注記抄本"①，朱大星稱"據《英藏》第 14 册頁 135 所載此卷影本，似未見標記章節字數，故將其列入未標字數白文本"②。S.13248 未存章節末部分，故有以上爭議，但從 S.12950 末行的"十"字看，該卷是有章節字數注記的。

---

① 王卡：《敦煌道教文獻研究——綜述·目録·索引》，第 161 頁。
② 朱大星：《敦煌本〈老子〉研究》，第 59 頁。

拘校道文

值得注意的是，本卷第3行"无名萬物"一句無論如何也無法讀通，應該有訛誤。第5行"玄之又玄"之"又"作"有"，也是其他寫卷中未見的情況。該卷前有《序訣》，應爲道士傳經的文本，但錯誤這樣多，似乎是不可想象的。因此，本卷很可能是抄錯廢棄的殘葉。王卡謂S.13248"筆跡酷似S.0798，疑原係同抄本"，但仔細比較兩卷，字形還是有較大差距。如上所論，此件可能是廢棄的殘紙，很可能並沒有較完整的長卷能與之綴合。

（十八）S.12946 + S.12698 + P.2396　《太上妙法本相經》

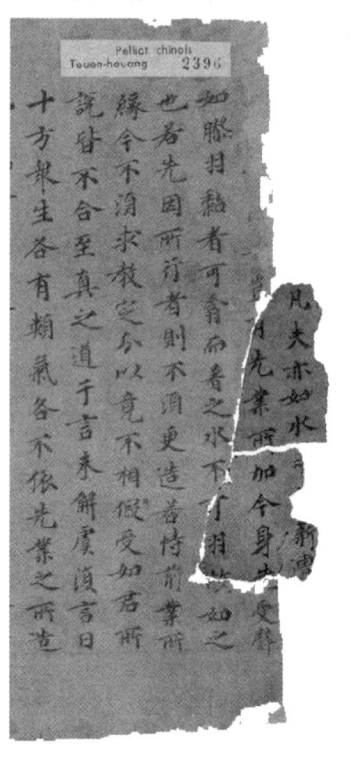

S.12946，小殘片，四周殘損，存"凡夫亦如水／有先業所"兩殘行。各家未著錄該卷。

S.12698，小殘片，四周殘損，起一"中"字左半，至"羽"字及"故"字上半，存經文3殘行。各家未著錄該卷。

以上兩件與P.2396《太上妙法本相經》裂縫殘字吻合，S.12946的"有"字，S.12698的"可""故""先"等字，均與P.2396卷首的殘墨相合。因此，S.12946、S.12698均爲《太上妙法本相經》殘卷，且可與P.2396直接綴合，綴合圖見左。

拼合後，S.12946 + S.12698 + P.2396的首句恰可與《正統道藏》本《太上妙法本相經》對應，今據之補全，將前四行錄文如下：

1. 隨流而去一切 凡夫亦如水中 之 薪遭 教則
2. 達不遭則去 豈有先業所加今身先受譬
3. 如膠羽黏者可禽而著之水不可羽故如之
4. 也若先因所行者則不須更造若恃前業所

校記：

第 2 行，次"先"字，《道藏》本作"而"。"譬"字至第 4 行"也"字，《道藏》本無此句。

王卡認爲 P. 3675 與 P. 2396 紙質筆跡相同，文字内容銜接，其説非是，詳參本章第三節。

（十九）S. 12800＋S. 2122　《太上妙法本相經》卷二十一

S. 12800，小碎片，前後及上部殘損，存"天/尊昇/舌珊瑚連/尊説是"4 行 10 字，及其他少量殘畫。各家未著録該卷。

S. 2122，首缺尾全，尾題"太上妙法本相經廣説普粜捨品第廿一"。起一"金"旁及"玉"字，至卷末，存經文 366 行，尾題一行，行約 17 字。

S. 12800 與 S. 2122 裂縫吻合，前者末行"尊説是"三字左半恰見於 S. 2122 卷首，二件原爲同卷，可以直接綴合，綴合圖見下。兩件綴合後存經文 368 行，尾題一行。

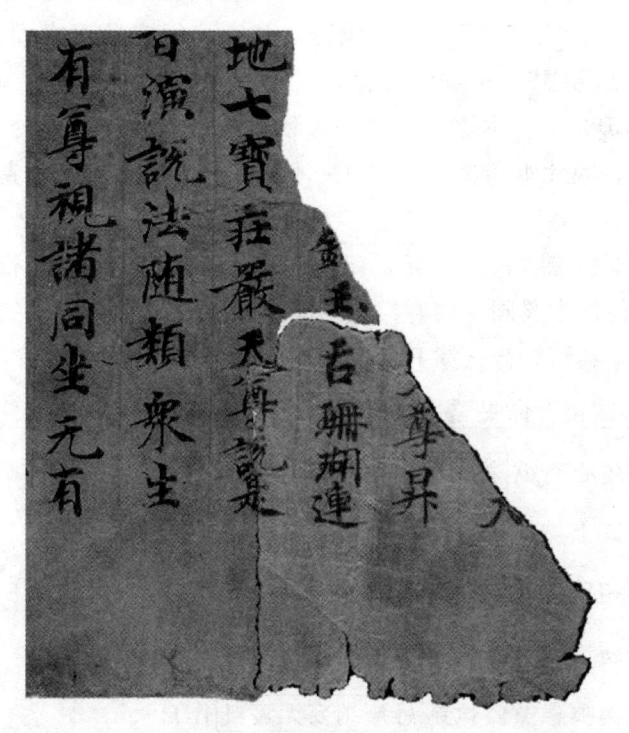

■ 拘校道文

  因本卷内容不見於《正統道藏》，無法補全缺損部分。但由 S.12800 "☑（天）尊昇"來看，應指天尊昇座講法，那麽前面殘缺的内容應該不多。敦煌藏經洞出土的較爲正式的寫經一般每紙二十八行，但第一紙一般僅抄二十六行，卷端空兩行，第三行抄寫卷題。S.2122 首紙存二十一行，那麽在"☑（天）尊昇"一行之前大約應殘缺經文三行及一行首題。

  （二十）BD12139→BD10466　《太玄真一本際經》卷一

  BD12139，首尾及上部殘損，起"若有衆生"之"若"字左半殘畫，至"國名"二字，共 8 殘行，每行僅存一二字。各家目録未著録本卷，《國圖》擬名"待考佛經"。今考本卷内容見於《太玄真一本際經》卷一，行款與 P.2453、BD8246《本際經》卷一大致相同，本卷内容見於 P.2453 第 24—31 行，因此本卷爲《太玄真一本際經》卷一殘卷。

  BD10466，首尾及下部殘損，起"若有衆生"之"衆"字左半，至"五苦八難三"，共 6 殘行。各家目録未著録本卷，《國圖》擬名"待考佛經"。本卷内容見於《太玄真一本際經》卷一，行款與 P.2453、BD8246《本際經》卷一大致相同，本卷内容見於 P.2453 第 25—30 行，因此本卷爲《太玄真一本際經》卷一殘卷。本卷"民"字缺筆。

  以上兩卷筆跡相近，BD12139 每行行末與 BD10466 次行行首文字連續，兩件當本爲同一寫卷，但不能直接綴合，每行中間約殘泐六七字。今將兩卷綴合後，據 P.2453 補全，録文於下：

1. 容端正壽命長遠是故此國名爲淨土若有
2. 衆生心有欲著飄浪生死流轉世間所感之
3. 土其土穢雜瓦石丘墟荊棘毒草禽獸虎狼
4. 更相殘害所有人民諸惡遍造具三毒心作
5. 十惡業躭著聲色愛樂世間諸不善法耶淫
6. 放蕩嗔恚煞盜執見愚癡綺妄无實自作自

7. 受̄如影隨形五苦八難三 災九厄无常逼 惱

8. 不得自在形相卑陋壽无定年是故此 國名

校記：

第2行，"欲"，本卷殘存左半"谷"旁，從"谷"旁尺寸看，此處應爲"欲"字，P.2453、BD8246作"慾"，P.3371、P.2392、BD11762 + BD11191亦作"欲"。

第3行，"瓦"，本卷及BD8246寫作"凡"形，其他各卷皆作"瓦"。俗寫"瓦"近於"凡"，今徑錄作"瓦"。

第5行，"耶淫"，P.2453、BD8246、BD11762 + BD11191同，P.3371、P.2392作"邪婬"。

第6行，"嗔恚煞盜"，P.2453、BD8246同，P.2392、BD11762 + BD11191作"嗔恚殺盜"，P.3371作"瞋恚殺盜"。

第8行，"國"，P.3371、BD11762 + BD11191同，P.2392、BD8246、P.2453作"土"。

由以上對比可知，BD12139→BD10466與各卷都略有差異，應爲一相對獨立的文本系統。

（二一）P.4836　《太玄真一本際經》卷二

P.4836，首尾及上部殘損，起"一者狐疑未解故問"之"者"字左下，至"若人勸言"之"若人"二字，共20行，內容見於P.2393《太玄真一本際經》卷二《付囑品》。《法藏》已題名"太玄真一本際妙經"，但大淵忍爾《敦煌道經目錄編》、王書均缺載此件，不知何故。該卷行款與P.3785、P.3235v相同，內容見於P.3785第49—68行。今據P.3785補全，錄文於下：

1. 善欲之心天尊曰善哉上相問有二種一 者

2. 狐疑未解故問二爲一切未解者問 上相已

3. 於久遠劫來善解妙門通達正 法已入道界

4. 沐浴法流並觀空有善知廣 略說法之要爲

5. 衆生故方便啟請夫說法 者有二種相一略

· 19 ·

6. 二廣爲鈍根者亦略亦廣 但開一門故名爲

7. 略若多說者智不堪 故於一事中分別說故

8. 名之爲廣以其難悟指 掌慇懃故名爲廣爲

9. 利根者亦有廣略備開 法門是名爲廣智力

10. 堪故不須曲碎而能具解 粗釋一隅故名爲

11. 略我爲皇人處中而說初 學下根理所未究

12. 上相慈愍爲來世人啓請分別 今當廣示言

13. 善欲者承宿習因自然而發信敬 之念願樂

14. 三寶欲求出世厭惡世間一切衆 生凡所爲

15. 作皆因欲生若欲行善則能趣善 欲行惡者

16. 便造惡事是欲所本由根利鈍福 果之人禀

17. 炁純和其根利故能生善欲鈍根罪 報受氣

18. 濁辱其根闇鈍則生惡欲習欲增積成 性不

19. 移是名分別善欲之相青童君曰云何復 名

20. 近於善友天尊曰友亦二種有敗有成 若人

校記：

第7行，"説"，S. 3135、P. 2422、P. 3785、中村 95、S. 2618、P. 3235v 同，P. 2393、P. 2359、P. 2475、P. 2367 作"解説"。

第8行，"慇懃"，P. 3785、中村 95、S. 2618 同，P. 2393、P. 2359、S. 3135、P. 2475、P. 2367 作"殷勤"，P. 2422、P. 3235v 作"慇勤"。

從行款及文字差異看，P. 4836 與 P. 3785 較爲相近，應屬同一寫本系統。

(二二) Дx8750A 《太玄真一本際經》卷六

Дx8750A，小殘片，四周殘損，起"並皆痊愈"之"愈"字下半，至"秘要曉示"，共 5 殘行。各家未著錄該卷，今考該卷內容見於 P. 2860《太玄真一本際經》卷六第 183—187 行，是爲《本際經》寫卷。該卷筆跡與 P. 3310 稍似，或係同卷。今據 P. 2860 補全，錄文於下：

1. 痾並皆痊愈无復憂患盲者視見啞者能言
2. 跛躄得申資寶生長陰陽和順百姓懽歌於
3. 是大王即勑特達汝等前生万劫有幸功過
4. 於我得見天尊慈顔委囑必當能解微妙經
5. 義我欲令汝開宣秘要曉示國人其可以不

（二三）S. 12361 + S. 12734　《太玄真一本際經》卷六

S. 12361，小殘片，首尾及上部殘損，起"豪賤長幼"之"賤"字右下殘畫，至"前遣之信"之"信"字右部殘畫，共 7 殘行。《英藏》題名"道經"，王卡考定爲《本際經》卷六。

S. 12734，小殘片，首尾及上部殘損，起"言語未畢"之"未畢"二字殘墨，至"施礼候迎"之"花""礼"二字右側殘墨，共存經文 4 殘行。各家未著録該卷。

S. 12361、S. 12734 筆跡相似，文字連續，S. 12734 卷首"遣之"二字恰與 S. 12361 卷末殘畫吻合，兩件可以直接綴合，綴合圖見下。

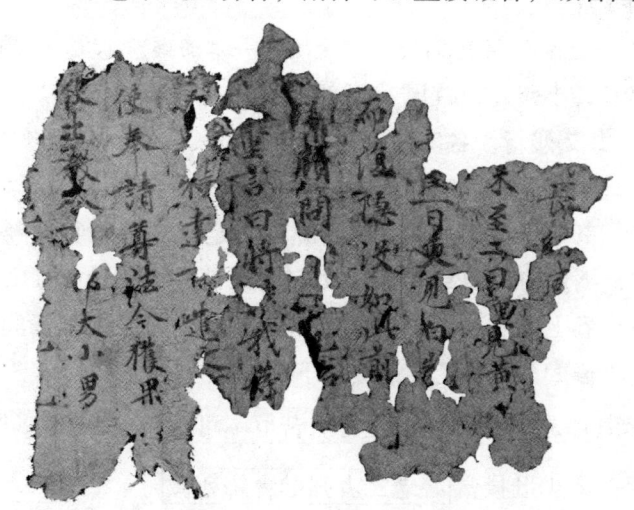

拘校道文

兩卷綴合後存經文 10 殘行，見於 P. 2860 第 165—174 行，現據之補全，録文於下：

1. 鬱經三時頃君臣大小豪賤長幼咸皆覩見憘
2. 懼屛營莫知所由須臾隱没未至二日重見黄
3. 色微妙之光亦二時間仍復隱没未至一日更見白光
4. 鮮明晃曜无可取譬不盈一時而復隱没如此前
5. 後六時光明王意自念謂言妖眚顧問臣下已沾
6. 利益重疾蒙輕深災薄歇王重言曰將非我等
7. 歸心得所獲法利邪言語未畢特達前遣之信
8. 即便還至上報大王王所命使奉請尊法今獲果
9. 遂不久當至王大驚憘即便出教令一切中大小男
10. 女各浄心意嚴餙家宅及以巷路燒香散花施礼

由以上録文可知，本卷行款並非一行十七字的標準抄經格式，而是十八至二十一字不等，這與現在已知的《本際經》卷六寫卷均不相同，應是遊離於主流之外的一種寫本，或爲某種不知名類書引用《本際經》的殘片。

（二四）Дx9107 + Дx9123　《太玄真一本際經》卷七（擬）

Дx9107，小殘片，首尾及下部殘損，起"學道真是"，至"芙蓉得此經"，共 7 殘行。各家未著録該卷。

Дx9123，小殘片，四周殘損，起"精所爲自任"，至"高仙也"，共 3 殘行。王卡《敦煌道教文獻研究》考定爲《本際經》卷七寫卷。

今按，兩件碎片筆跡相近，文字大致連續，與津藝116《太玄真一本際經》卷七寫卷相比，均文字稍有節略，則二件本爲同一寫卷之裂。今據津藝116號補足，録文於下。

1. 學道真是佳事人生於世皆有苦厄不可常　　Дx9107
2. 保一者少壯後當必老二者强健會歸死滅

3. 三者六親歡樂會當 別離四者財寶積聚理

4. 當分散芙蓉聞説五 情欣踊叩頭自博願見

5. 成就免脱苦厄如蒙 所請學習不倦道士於

6. 是即授芙蓉太玄 真一本際妙經勸令脩習

7. 勤誦芙蓉得此經 已晨夕誦念數盈万遍神

8. 靈感通召鬼使神制伏魔 精所爲自任後詣　Дx9123

9. 南浮洞天見南極元君君 又賜芙蓉神策虎

10. 文无上妙經即轉身爲男成 高仙也

校記：

第3行，"歡"，津藝116號作"懽"；"會當"，津藝116號作"不久"。

第5行，"免脱"，津藝116號作"得免"。

第6行，津藝116號於"授芙蓉太玄真一本際妙經"後有"勸令脩習，勿生猒倦，晝夜讀誦，冀當冥祐"一段，Дx9107僅"勤誦"二字，當有大量節略。

第7行，"得此"，津藝116號作"既受"。

第8行，"後詣"及其後兩行，津藝116號作："於尒之後，更詣南浮洞天，見南極元君，進復資益，果敢啓請，元君仍即賜芙蓉神策虎文无上妙經，即得轉身爲男，白日飛行，遂成高仙。"

由此可見，Дx9107+Дx9123有大量節略，且與津藝116號有很多異文，很可能是某道教類書殘片，但現存文獻再無與該卷相近之文，今姑題爲"《太玄真一本際經》卷七"。

（二五）BD9852　《太玄真一本際經》卷八

BD9852，首尾殘缺，起"而爲凡夫"之"凡"字左半，至"无由能達"，共6行，行17字。各家未著録該卷，《國圖》擬題"待考佛典"。本卷内容見於羽613《太玄真一本際經》卷八第124—130行，當爲《本際經》卷八殘卷。今據羽613補全，録文於下：

1. 凡 夫在顛倒城煩惱垢重 鄣清净心要須衆

2. 行以自調伏心意柔軟次入真空了空不空

3. 乃名善解若无衆行資發正明无由能得暗

4. 會真道若但脩習諸有功勤不學中道无實

5. 智慧不能正趣徑到道場如彼盲人弱喪之

6. 者雖資足力欲至居家不知路逕无由能達

（二六）Дx9027　《太玄真一本際經》卷九

Дx9027，首尾及上部殘損，起"稱爲物始"之"稱"字左下，至"亦名爲心"之"爲"字，共12殘行，各家未著錄。本卷内容見於P.3280《太玄真一本際經》卷九第25—37行，應爲《本際經》卷九寫卷。今據P.3280補全，録文於下：

1. 待假名稱爲物始用涉能生又爲迹本動寂

2. 用殊出没牙表語嘿相須帝君又問如是

3. 本身能生万物即是万物之本始者此與神

4. 本有何差別太上答曰源其實體无有二相

5. 何以故俱畢竟故無始終故不可説故以善方

6. 便亦得言異所謂神本是妄想初一念之心

7. 能爲一切生死根本以是初心念念想續衆

8. 生業果輪轉無窮是名識初亦名神本言

9. 本身者即是道性清浄之心能爲一切出世

10. 法之根本故故名爲本如是真性非心不

11. 心非色不色无緣慮故非無常故故言非心

12. 能生心故无不知故亦名爲心无所導故故

校記：

第2行，"牙"，P.3280作"互"，是。

第9行，P.3280"出世"上多"世間"二字。佛經中多言"一切世間、出世間法"，或類似表述，如《大方廣佛華嚴經》卷五一："如來智慧亦復如是，爲一切世間出世間智所依。"（T10，p. 271）《本際經》此段論述當係佛教影響下的產物，因此 Дx9027 當脫 "世間" 或一 "世" 字。

第 10 行，"根" 上似殘泐三字，疑 "出世" 下多一 "間" 字。P. 3280 重 "故名爲本" 之 "本" 字，當誤。

（二七）S. 12802 + 北大 179　《太玄真一本際經》卷十

S. 12802，小碎片，四周殘損，起 "飛散芬芳"，至 "生" 字，共存經文 3 殘行。各家未著錄該卷。

北大 179，首殘尾缺，起 "尒時，棄俗馳往歸依" 之 "尒" 字左半殘畫，至 "天尊說是"，共 22 行，行約 17 字。《北大》題名 "太玄真一本際經顯明功德品"。

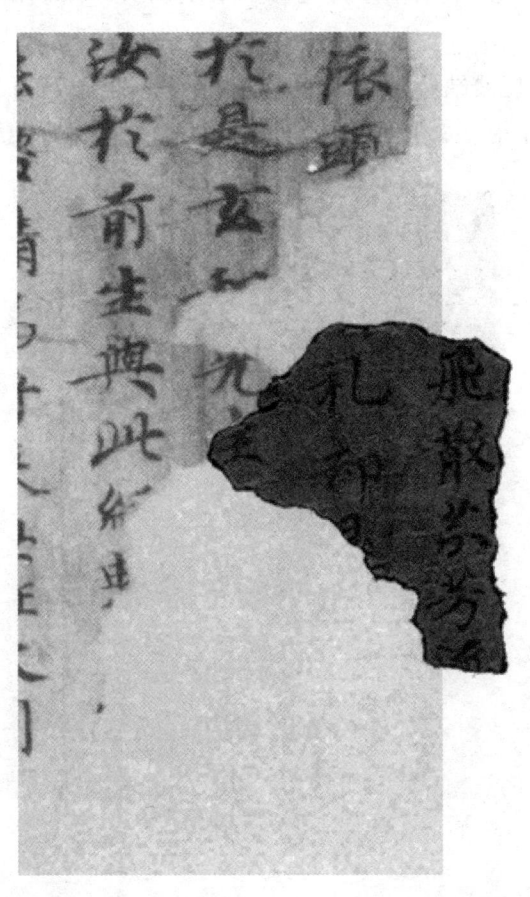

拘校道文

S.12802、北大179文字連續，S.12802末行的殘畫恰與北大179次行"先生"二字吻合，二卷可以直接綴合，綴合圖見前。兩件綴合後起"飛散芬芳"，至"天尊説是"，共存經文23行。

本件内容見 S.2999 第119—131行，今據之補全，將前四行録文於下：

1. 上光明晃曜遍照一山香花 飛散芬芳流 溢
2. 尒時棄俗馳往歸 依頭 腦頂 礼却退一面安
3. 心定志渴仰微言於是玄 和 先生 仍授此經汝
4. 即受持脩行讀誦汝於前生與此經典 深有

（二八）S.8076 + S.9047 + S.12896 + S.13675C　《洞淵神呪經》卷二十

S.8076，首尾殘缺，起"來下滿其中國"，至"三百万丈中有"，共21行，行約十七字，有界欄。《英藏》題名"洞淵神咒經卷二十"。

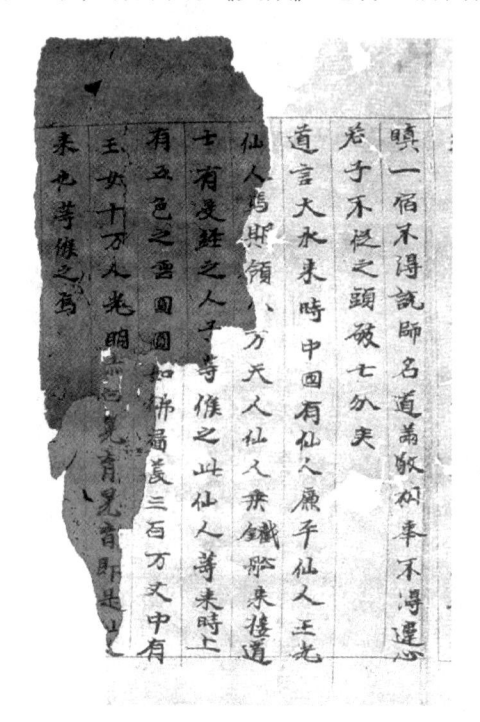

第一章　敦煌吐魯番道教文獻拾補

S.9047，小殘片，首尾及下部殘缺，起"仙人"，至"等侯之焉"，共5行，有界欄。榮目、《英藏》定名爲"失題道經"。王卡考定爲《太上洞淵神呪經》殘卷。

S.12896，小殘片，四周殘缺，首行存"如佛骲"三字左側殘墨，次行存"晃育晃育即是仙"7字。各家未著錄該件。

S.13675C，小殘片，僅存"赤白"二字。各家未著錄本件。

S.8076、S.9047殘縫殘字吻合，可以直接綴合，王卡《敦煌道教文獻研究》已綴合二件寫卷。S.12896首行殘墨恰與S.8076尾行殘字相合，亦可與S.8076、S.9047綴合。S.13675C"赤白"二字恰可補S.9047、S.12896中間的破洞，且"赤"字恰與S.12896殘存的墨點吻合。四件綴合後存經文23行，綴合圖見上。

（二九）Дх10182＋Дх6046　《太上一乘海空智藏經》卷三

Дх10182，碎片，首尾及下部殘損，起"爲其次師"之"爲"字，至"清池悉皆甘美"之"皆"字，共9殘行。該卷《俄藏》未定名，葉貴良《〈俄藏敦煌文獻〉道經殘卷考述》考定爲《海空經》。

Дх6046，碎片，首尾及下部殘損，起"諸泉清池"之"池"字"氵"旁，至"諸子中有"，共10殘行，背抄《四分律》疏釋，葉貴良《〈俄藏敦煌文獻〉道經殘卷考述》誤將本卷定名爲《本際經》卷六寫卷，今考定爲《海空經》卷三寫卷。

Дх10182與Дх6046裂縫殘字吻合，可以直接綴合，綴合圖見下。兩件綴合後共存經文18行，內容見《正統道藏》第1冊第632頁中欄第4行至下欄第1行。另外，BD5417與本卷筆跡相近，可能本爲同一寫卷。

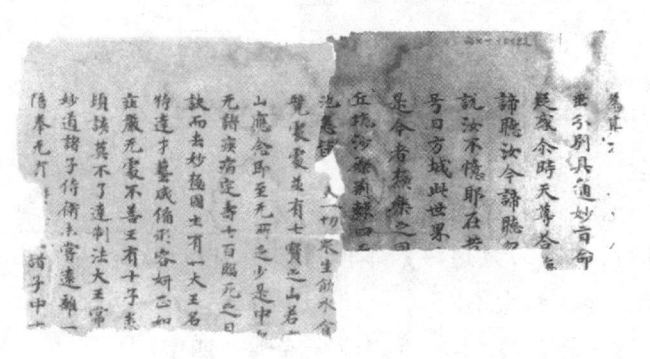

拘校道文

今據《道藏》本《太上一乘海空智藏經》卷三補全，錄文於下：

1. 爲其 次師我等今者願聞因緣唯願天尊更
2. 垂分別具通妙旨命 諸大衆悉皆照了无復
3. 疑惑尒時天尊荅海 空智藏言汝今
4. 諦聽汝今諦聽勿 得懈怠我當爲汝委曲陳
5. 說汝不憶耶在昔 過去萬八千劫有一世界
6. 号曰方城此世界 中有一王都號曰妙極即
7. 是今者極樂之國 方城世界土地平正无有
8. 丘坑沙礫荊棘四面 清潔世界純植甘果諸泉清
9. 池悉皆 甘 美一切衆生飲水食 果无有争
10. 競處處並有七寶之山若 有欲求者往詣此
11. 山應念即至无所乏少是中 衆生快樂自在
12. 无諸疾病定壽七百臨死之日 自詣塚間分
13. 訣而去妙極國土有一大王名 曰制法聰明
14. 特達才藝咸備形容妍正如 圓滿月福德
15. 莊嚴无處不善王有十子悉 皆朗叡衆伎
16. 頓該莫不了達制法大王常 以日中談說
17. 妙道諸子侍衛未嘗遠離一 切人民悉皆
18. 陪奉无有 懈倦是 諸子中 有一王子名曰

校記：

第2行，"命"，《道藏》本作"令"。

第3行，"荅"，《道藏》本作"告"。以行款計，Дх10182此行當與《道藏》本有較大不同。

第4行，《道藏》本不重"汝今諦聽"四字。

第 9 行，依行款，Дx10182 此行當與《道藏》本有較大不同。

第 10 行，《道藏》本無"若"字。

第 13 行，"訣"，《道藏》本作"袂"，是。

　　　　　"極"，《道藏》本作"樂"。

第 15 行，"十"，《道藏》本作"千"。

第 16 行，"常"，《道藏》本作"嘗"。

第 17 行，"遠"，《道藏》本作"違"。

（三十）S.11969　《無上秘要》卷五四

S.11969 共有 ABCD 四種編號，共十餘枚碎片，主要爲揭下的裱補紙。《英藏》影印件不太清楚，且遺漏了一件碎片，今據 IDP 彩圖分述如下：

S.11969AA，爲寫卷最下部，存"宮削/堂衣食"五字。

S.11969AB，存"生未生/水火千/香自歸"九字，其中"香自歸"三字被粘去，僅存淡墨，而此三字見於 S.11969AF 背。

S.11969AC，存"上升天/得道真"六字。

S.11969AD，首行上部存墨點，下部存一"扌"旁，次行存一"艹"旁及"女青"二字。該號首行殘畫恰爲 S.11969AE 次行"靈"字、"拔"字左側殘墨。

S.11969AE，首行存"東方"二字左半，次行存"靈官拔"三字右半。該號首行恰與 S.11969AF 次行二字可以拼合。

S.11969AF，首行存"寶青紋"三字，次行存"東方"二字右半。卷背粘有"香自歸"三字。

S.11969B，正面爲習字雜寫，背面除中部大塊紙無字外，尚有三件裱補碎片。上部一件（以下稱"S.11969BV1"）爲寫卷最下部，存"拔出/宗室/子天下/一切衆/万害/尊大"六行。右下殘片（以下稱"S.11969BV2"）爲寫卷最上部，存"同/次/言/同"四行。左下殘片（以下稱"S.11969BV3"）亦爲寫卷最上部，存"德/第/從/臣/長"五行。

S.11969C 正面爲習字雜寫，背面無字。

S.11969DA，存"上香畢/方起周/爲同法/之府死"四行，"上香畢"前爲一空行。

拘校道文

　　S.11969DB，首行存"畢"字下半，及"解結叩"三字，次行爲"弟子"二字，第三行爲一空行，末行爲存"甲九"二字淡墨。

　　S.11969DC，爲兩件碎片拼結而成，上半（以下稱"S.11969DC1"）存"所行元/痛備/天无解"三行，下半（以下稱"S.11969DC2"）存"入无形"及"向九拜"兩行文字，兩行間爲一空行。

　　S.11969DD，爲寫卷最下部，存"結九"二字。

　　S.11969DE，存"九祖父/度及家/子支流弟"三字。該件應爲一張紙的最後部，故末行後有爲粘接保留的空白。

　　以上碎片，《英藏》或題名"習字"，或題名"失題道經"，或題名"殘片"。王卡《敦煌道教文獻研究》考定 S.11969A、S.11969D 兩號中九件碎片内容見於《無上秘要》卷五四所引《下元黃籙簡文經》，因此題名爲"洞玄靈寶下元黃籙簡文威儀經"。

　　今按，敦煌文獻中目前共發現五件"下元黃籙簡文靈仙品"，即 P.3148、P.3663、Дх158、BD14841L、BD14841K，這五件寫卷筆跡相同，後三件還可以直接綴合，應當均爲同一寫卷之裂。但仔細比對，S.11969 諸碎片的筆跡與以上五件寫卷明顯不同。另外，五件"下元黃籙簡文靈仙品"體例相同，每段前均有"下元黃籙簡文靈仙品曰：××威儀"，但 S.11969 諸碎片綴合後，無論如何也放不下此類套語。如 S.11969DC2 兩行間夾一空行（下錄文第13行），顯爲兩段内容，但次段段首無法塞入前列套語。

　　實際上，S.11969 諸碎片綴合後，文字與《無上秘要》卷五四大致相同，這些碎片應爲《無上秘要》殘片。另外這些碎片的筆跡也與 P.2861、P.2602 等《無上秘要》寫卷相近，可能正是馬處幽、馬抱一叔侄所抄《無上秘要》殘片。今據《正統道藏》本《無上秘要》綴合各碎片，並錄文如下：

1. 德 得道之後昇入无形與道合真
2. 第 三 上香畢 師弟子一時左回三上十方香
3. 從 東 方起周 下方如上法還西面向東祝曰
4. 臣 今 爲同法 某甲拔度九祖父母九幽玉匱

第一章 敦煌吐魯番道教文獻拾補

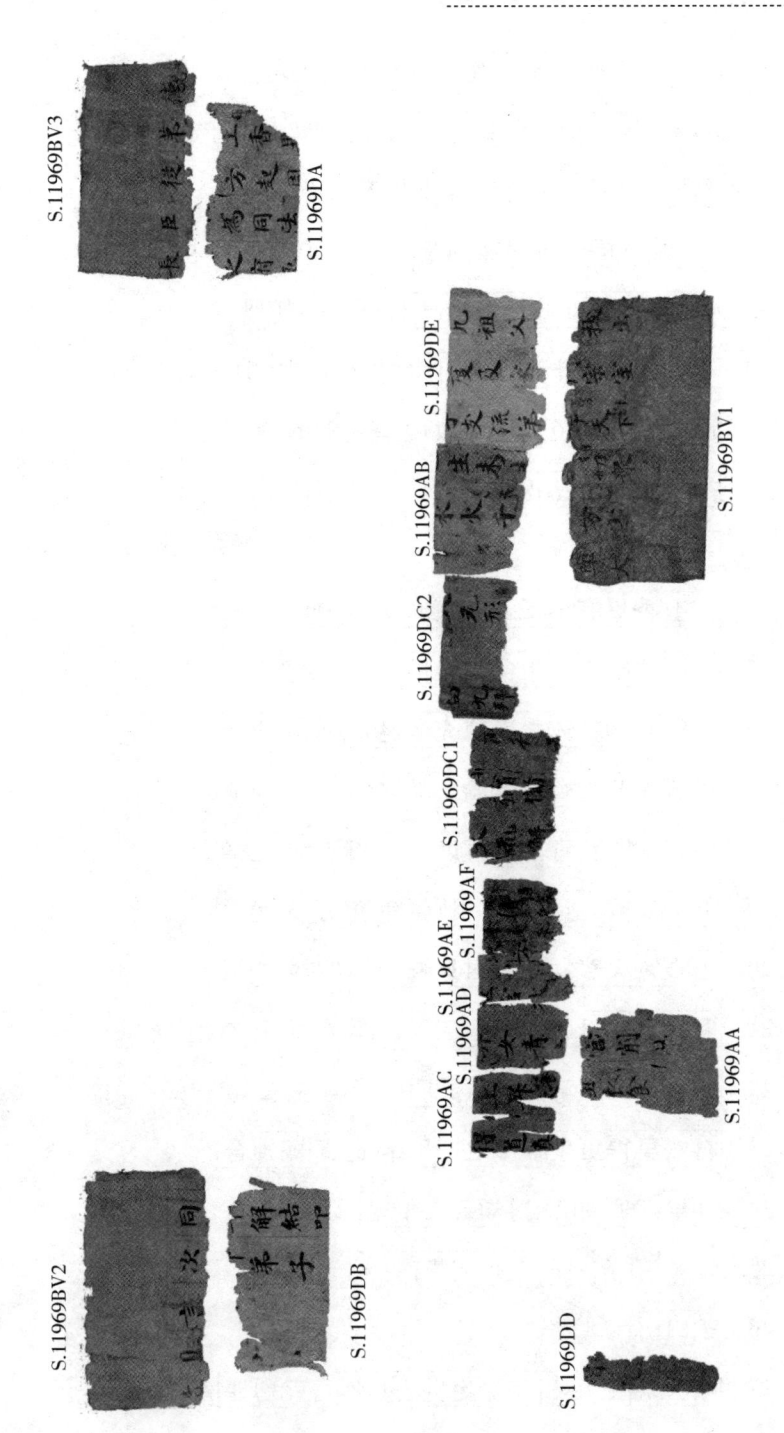

5. 長夜之府死魂惡對宿身罪根功德開度建
6. 齋燒香請謝十方願爲某甲九祖父母拔出
7. 憂苦上昇天堂甲身早得仙度及家門宗室
8. 九親姻族國中吏民諸同學支流弟子天下
9. 人民蝡飛蠢動蚑行蛕息已生未生一切眾
10. 生並得免離十苦八難五毒水火千灾万害
11. 賊役鬼氣刑厄之中今故燒香自歸師尊大
12. 聖衆至真之德得道之後昇入无形與道合
13. 真
14. 三上香畢師弟子一時東向九拜師長跪言
15. 曰同法某甲九祖父母生世之日所行元惡
16. 罪結九幽長夜之府魂充考撻諸痛備嬰形
17. 體毀悴苦毒難任長淪萬劫終天无解今依
18. 盟真王匱女青上宮拔度科品齋青紋之繒
19. 九十尺或九尺金龍一枚歸命東方无極太
20. 上靈寶天尊九炁天君東鄉諸靈官拔贖某
21. 家九祖父母惡對罪根三界司筭女青上宮削
22. 除罪録開度窮魂身入光明上昇天堂衣食
23. 自然早得更生福慶之門甲得道真與神合
24. 同畢解結叩頭搏頰各九十過
25. 次師弟子一時左行向東南一十二拜長跪
26. 言曰
27. 同法某甲九祖父母生世之日所行元惡罪結九

校記：

第8行，該卷"支"字上殘存"子"之下半，或即"學"字。《道藏》本《無上秘要》此處作"同學師友、恩流弟子"，該卷或有脫誤。

第14行，《道藏》本《無上秘要》"三上香畢"後提行書"謝十方"小標題。從本卷殘存文字看，應無小標題。BD5520《無上秘要》卷五二有小標題，《道藏》本《無上秘要》則無。可見敦煌本與《道藏》本《無上秘要》在有無小標題方面差異較大。

（三一）羽589-16 "失題道經"

羽589-16，小殘片，首尾及上部殘損，起"也皆知善"，至"易耳行欲"，共4殘行。《敦煌秘笈》題名"不知題經論"。該卷引《道德經》，且有"成道"等語，則當爲道經，今錄文於下：

1. ▢也。皆智善之爲善，斯不善已。惡
2. ▢必行惡，冀天不知，天咲也。有
3. ▢能生人，人无惡行，生氣歸
4. ▢☒（自？）成道，欲成人，易耳。行欲

（三二）Дx3790 "失題道經"

Дx3790，小碎片，四周殘損，僅存4殘行。各家未著錄該卷。觀該卷有"無上大道""大道"等詞，可能是道經殘片。今據《俄藏》錄文於下：

1. ▢☒无上大道聽此☒▢
2. ▢大丈夫。如是三過，自▢
3. ▢其婦方始還家。明曰門▢
4. ▢☒（殘？）大道☒（心？）人▢

（三三）Дx4336 "失題道經"

Дx4336，首缺尾殘，起"有智慧光"，至"即作念言願諸"，共7行，行17字。觀卷中"助道揚化"云云，則當是佚道經。葉貴良亦收錄該卷。本卷形式上與《太上洞玄靈寶真一勸戒法輪妙經》的部分內容以及《正統道藏》洞真部戒律類所載《太清五十八願文》略爲接近，仔細分析內容，似是模仿佛經《華嚴經·淨行品》而作。P.2366《太上元陽經》亦改造《華嚴經》而成，則本卷有一定可能是《太上

元陽經》殘卷。今據《俄藏》錄文於下：

1. 有智慧光。卅五者，若見國主，即作念言，願諸
2. 衆生，常處尊貴，不著五欲。卅六者，若見諸王，
3. 即作念言，願諸衆生，自在縱任，多有法力。卅
4. 七者，若見大臣，即作念言，願諸衆生，擁護正
5. 法，助道揚化。卅八者，若見行師，即☐☐☐☐（作念言，願）
6. 諸衆生，破驕慢賊，殺煩☐☐☐
7. ☐（幄？）即作念言，☐☐（願諸）☐☐☐

（三四）Дx8789 "失題道書"

Дx8789，小碎片，四周殘損，存經文6殘行。卷中有"長生不死""學仙之法"等文，又引《莊子》，則當係道書。卷中"若至殩"字體較大，則本卷也有可能是某部經書的注本。今據《俄藏》錄文於下：

1. ☐☐☐☐力屈則竭因☐☐☐
2. ☐☐☐也。此是虛得名☐（美？）☐☐☐☐☐
3. ☐☐☐欲學仙，望長生不死，結成上熟（？），長生☐（久？）視☐。若至殩，此☐☐☐
4. ☐☐☐思慮無已。願學仙之法，須絕思慮，去生煞。武帝勞心苦☐☐☐
5. ☐☐☐有也。此《養生主》云以有崖之智隨無崖☐☐☐
6. ☐☐☐☐亦☐☐☐

第二節　吐魯番道教文獻敘錄

19世紀末20世紀初，俄國、德國、英國、日本等國家派遣探險家對中國新疆地區進行多次"考察"活動，在吐魯番及周邊地區發掘了大量的古代寫本和刻本殘片。20世紀二三十年代，黃文弼等學者到西北地區考察，在吐魯番地區也收購了一些出土文書。1959年以後，考古部門對吐魯番的古墓群、古遺址進行了多次科學考古，發現了大量的古代文書。這一系列文書被統稱爲"吐魯番文書"。在吐魯番文書中，佛經及社會經濟文書佔主要部分，其中也有少量的道教文獻。

第一章　敦煌吐魯番道教文獻拾補

大淵忍爾和王卡的目錄中收錄了少量吐魯番出土的道經，但限於條件，還有很多遺漏。爲吐魯番文書編目的一些學者，如榮新江、陳國燦、張娜麗等，識別出部分道教文獻，但這些成果一方面較爲零散，另一方面也還不齊備。鑒於此，本書即對德國、日本所藏吐魯番道教文獻做了敘錄。旅順博物館所藏吐魯番道教文獻已有趙洋所做的比較完備的工作，本書僅對中國其他單位散見的吐魯番道經做敘錄。

一　德國藏吐魯番道教文獻敘錄

20世紀初，德國人格倫威德爾（A. Grünwedel）、勒柯克（A. von Le Coq）率隊對新疆地區進行了四次考察，共獲取了上萬件古代文獻殘片。這些文獻中，以佛教文書爲主的宗教文獻占主要部分，其中也包括少量道教文獻。因這部分文獻過去不容易見到，相關研究成果並不太多。涉及德藏吐魯番道教文獻的研究，筆者目前所見僅大淵忍爾、榮新江、王卡、劉屹等數家而已[①]。其中榮新江《吐魯番文書總目（歐美收藏卷）》（以下簡稱"《榮目》"）最晚出，對多數德藏吐魯番文獻都已給出了正確的題名。近期，大部分德藏吐魯番文獻已通過IDP網站公佈，筆者將這些文獻翻覽一遍，發現《榮目》對少量道教文獻題名有誤，或誤將道教文獻認作佛教文獻，或誤將佛教文獻認作道教文獻，或本可綴合而沒有綴合。因此，本書爲德藏吐魯番道教文獻做一敘錄，力求給出正確的題名，並更正《榮目》幾種錯誤的文獻題名；對有敦煌本、傳世本可資對比的，詳加校勘；沒有其他版本可以對校的，則努力考證其內容及文獻原貌。

（一）Ch243 + Ch286　《太上真一本際經》卷八

Ch243，原編號 T Ⅲ T514，首尾及下部殘損，起"元始正身"，至"因非果"三字右半，共6殘行。

[①] 見［日］大淵忍爾《敦煌道經目錄編》；榮新江《柏林通訊》，載《學術集林》卷十；榮新江《德國吐魯番收集品中的漢文典籍與文書》，載《華學》第三卷；榮新江《唐代西州的道教》，載《敦煌吐魯番研究》第四卷；榮新江《吐魯番文書總目（歐美收藏卷）》；王卡《敦煌道教文獻研究——綜述・目錄・索引》；劉屹《評〈敦煌道教文獻研究——綜述・目錄・索引〉》，載《敦煌吐魯番研究》第九卷。

拘校道文

Ch286，原編號 TⅡ1178，首尾及下部殘損，起"云何乃問天尊"，至"深非因果義何故今"，共7殘行。

兩件殘片文字連續，裂縫殘字吻合，可以直接綴合，綴合後共存經文8行。從筆跡看，這兩件殘片應爲唐前期寫本。榮新江引萬毅已比定此二件，並已綴合①。這兩件殘片的內容見於羽613號《太玄真一本際經》卷八，今據之補足，錄文於下：

1. 元始正身 非因非果非脩非得等道界性同
2. 虛空相云何乃問天尊 正因夫因生法名之
3. 爲果本无今有有必還 无是破壞相非常住
4. 法元始身者非造作法 非生因生亦非生果
5. 无始无終无生无滅 是常是實以是義故非
6. 因非果於是帝君 及諸大衆稽首道前同聲
7. 請曰唯願道君勿入 諸法實相之門說是甚
8. 深非因果義何以故今 世界五濁衆生鈍根

校記：

第8行，"今"，羽613及P.3674皆作"此"。

（二）Ch349→Ch1002　《太上洞玄靈寶无量度人上品妙經》

Ch349，原編號 TⅡT2052，首尾及上部殘損，存有下欄線，起"大聖"，至"聖无"，存經文4殘行，每行存2字，背抄佚道經，正、背均有朱筆句讀。

Ch1002，原編號 TⅡT1005，首尾殘缺，有上下欄線，存經文8行，起"淵通元洞天"，至"三十二天三十二帝諸天隱諱諸"。該卷中有折痕，似原爲經折裝，本件存一個折葉。背抄佚道經，正、背均有朱筆句讀。

兩件殘片正、背筆跡相近，應爲同一寫本。《榮目》已比定二件題名，並指出同屬一個寫本。從抄寫行款推測，Ch349與Ch1002間約

---

① 見榮新江《唐代西州的道教》，載《敦煌吐魯番研究》第四卷，第138頁。

缺失9個折葉72行。敦煌本與傳世本《太上洞玄靈寶無量度人上品妙經》有一些異文，本卷文字與敦煌本較爲接近。今據P. 2606號寫卷補足，錄文於下：

1. 方无極飛天神王長生 大聖
2. 无量度人東北无極飛 天神
3. 王長生大聖无量度人 東南
4. 无極飛天神王長生大 聖无

（中間殘缺）

5. 淵通元洞天　帝梵行觀生
6. 太文翰寵妙成天　帝那育醜瑛
7. 太素秀樂禁上天　帝龍羅覺長
8. 太虛无上常融天　帝總監鬼神
9. 太釋玉隆騰勝天　帝眇眇行元
10. 龍變梵度天　玄運上玄玄
11. 太極平育賈奕天　帝大擇法門
12. 三十二天三十二帝諸天隱諱諸

校記：

第10行，"玄"，P. 2606作"帝"，是。

（三）Ch349v→Ch1002v　佚名道經

這兩件抄於前述兩件卷背。Ch349v，首尾及上部殘損，有下部雙欄線，存經文5行，並有一個空行。

Ch1002v，首尾殘缺，上下雙欄線，存經文10行，行15字，有朱筆句讀，另有符籙一枚。

《榮目》謂這兩件殘片爲刻本，顯非。兩件殘片均明顯可以看出上下欄線係筆勾畫而成，並非版框。這兩件碎片的內容不見於《正統道藏》和敦煌文獻，今錄文於下（爲方便排版，原文的符籙改爲橫置），並略做考證。

1. ☐魔自
2. ☐身增

3. ▢▨（男？）子善

4. ▢▨（离？）墻

5. ▢ 堀諸

（中間殘缺）

6. 時司命十二月建遷移真神，駕乘黑

7. 車、黑馬，將黑從者，遷移速出宅外空閑

8. 之地。諸神歡喜，受天尊教旨，頂禮而去。

中央闕神

修造大吉

9. 天尊告地神內外、百官九府遷移速出

10. 天道之方："令弟子興工修補，起造屋舍，

11. 除故造新，改更竈焙，平治基土，填渠塞

12. 穴，安置床座，門戶井竈，碓磑倉庫，廁櫃

13. 欄櫪。若不禁固，有違干悮者，頭破作

14. 七分，身不得完。"諸神歡喜，受

15. 天尊教旨，頂禮而去。

該文書以"天尊"爲傳經主體，中有一枚符籙，其中還有"百官九府"之類的道經常見詞，這都表明這應該是一部道教經典的殘本，但其內容完全不見於其他文獻。從第6行"司命十二月建遷移真神"來看，全經內容大約是將十二月與"後天十二宮"相配，從而講述每月禁忌。"後天十二宮"是隨佛教傳入的一種星占術，在中土大約始見於唐代西天竺僧金俱吒譯的《七曜攘災訣》[1]，該經除述七曜、二十八宿外，另有"十二宮"，即命宮、財宮、兄弟、田宅、男女、僮僕、

---

[1] 詳參鄭玉敏《傳入與發展——西方星占宮位制在古代中國》，碩士學位論文，中國科學技術大學，2016年，第25頁。

妻妾、疾病、遷移、福相、困窮、官位（T21，pp. 427–428）。這一星占體系可能在唐代已廣泛傳播，P. 4071《星占書》中即有相關的占卜方術。大約在宋代，這一占卜方法被道教吸收。傅洞真《太上玄靈北斗本命延生經》注（D17，p. 84）以及原題甯全真、林靈真編《靈寶領教濟度金書》卷三二〇（D8，p. 822）都提到這十二宮。

這件吐魯番道經恐怕也應是宋代以後造做的經典，該經顯然吸收了"後天十二宮"的内容，但並不言"宮"，而代之以"某真神"。該經以"遷移"配十二月，稱遷移真神"駕乘黑車、黑馬，將黑從者"，則以五行之水配之，而所配符籙又是"中央鬬神"。這都是該經不易索解之處。另外，該經提到的"速出""中央鬬神"等概念也不見於其他文獻，還需要進一步的研究。

（四）Ch353　佚名道教儀範

Ch353，原編號 TⅢT161，烏絲欄，四周殘損，存經文6殘行，從筆跡看，應係唐代前期寫本。《榮目》題名"道經"。今按，該件前五行與《上清太極隱注玉經寶訣》（D6，p. 643）和《洞玄靈寶道學科儀·制法服品》（D24，p. 768）部分内容相近，且全件内容均與道教法服有關，那麼該卷可能是某種佚名道教儀範。文書末行引《道德經》，那麼本件也可能是某種道教類書。今據《上清太極隱注玉經寶訣》擬補，錄文於下：

1. □□寶瓔珞師□□
2. 以酬往德也兆勿慕世之冠冕捨於道士
3. 陋服也世服雖目下榮耀不免於死道士
4. 麤衣帔而升仙升仙被服天衣天衣著身
5. 令人飛仙乘虛也□□
6. □□（道德）經云披褐懷☒（玉）□□

《上清太極隱注玉經寶訣》云："今道士讀經，勤苦於法事，麤其帔服，後得道之日，天帝授子離羅九光之帔，天寶纓絡飛仙法服，以酬往德也。兆勿慕世之冠冕，捨於道士陋服也。世服雖目下榮耀，不免於死，道士麤衣法服而昇仙，被服天衣矣。天衣著身，令人能飛仙乘虛也。"（D6，p. 643）由此可以大致推測本件文書上下文內容。

（五）MIK Ⅲ 7484→Ch759　《太上洞玄靈寶無量度人上品妙經》

MIK Ⅲ 7484，原編號 T Ⅲ S96，烏絲欄，首尾殘損，存經文 13 行，另有一行無字，背爲繪畫草稿。劉屹已比定此件爲《太上洞玄靈寶無量度人上品妙經》寫卷①。榮新江《柏林通訊》又云："背縫有朱印，文曰'涼州都督府之印'，顯然是唐朝官頒定本。"

Ch759，原編號 T Ⅲ So 90.55，烏絲欄，前後及上部殘損，起"行香誦"至"无"，共存經文 9 殘行，背面爲繪畫草稿。《榮目》題名"佛典殘片"，非是，實爲道經《太上洞玄靈寶無量度人上品妙經》。

此兩件出土地均爲勝金口，正面筆跡相近，行款相同，背面內容相關，應本爲同一寫卷，但不能直接綴合，中間應殘缺 11 行。今據 P.2606 寫卷補足，錄文於下：

1. 此三界之上飛空之中魔王歌音音參洞章
2. 誦之百遍名度南宮誦之千遍魔王保迎万
3. 遍道備飛昇太空過度三界位登仙公有聞
4. 靈音魔王敬形勑制地祇侍衛送迎拔出地
5. 户五苦八難七祖升遷永離鬼官魂度朱陵
6. 受練更生是謂无量普度无窮有秘上天文
7. 諸天共所崇泄慢墮地獄禍及七祖翁
8. 道言此二章並是諸天上帝及至靈魔王隱
9. 秘之音皆是大梵之言非世上常辭言无韻
10. 麗曲无華宛故謂玄澳難可尋詳上天所寶
11. 秘於玄都紫微上宮依玄科四万劫一傳若
12. 有至人齎金寶質心依舊格告盟十天然後
13. 而付焉
14. 道言夫天地運度亦有否終日月五星亦有

---

① 見榮新江《柏林通訊》（《學術集林》卷十，第 384 頁）引述。

（中間殘缺 11 行）

15. 兵革四興亦當脩齋 行香誦 經疫毒流行兆
16. 民死傷亦當脩 齋行香誦經師友 命過亦當
17. 脩齋行香誦經 夫齋誡誦經功德甚重上 消
18. 天灾保鎮帝王下 攘毒害以度兆民生死受
19. 賴其福難勝故曰 无量普度天人
20. 道言凡有是經能爲 天地帝主兆民行是功
21. 德有灾之日發心行齋 燒香誦經十過皆諸
22. 天記名万神侍衛右別至 人剋得 爲聖君金
23. 闕之臣諸天記人功過豪分 无 失天中魔王

校記：

第 1 行，"魔"字存最左撇画的末端，"王"字存左半，"歌"字存最上一横画。

第 10 行，"澳"，敦煌各本均作"奥"。

第 12 行，"舊"，P. 2606、S. 63、P. 2466、S. 3106、P. 2651、P. 2458 均作"具"，唯 S. 5315 號及張即之本①、四注本②同此本作"舊"。

"盟"，S. 5315 作"明"，前引其他各本均作"盟"。

從與敦煌本的對校來看，該本與唐代通行的版本似乎有些差異。另外，Ch759 於"民"字不缺筆、改字，不如 P. 2606、P. 2651 避諱嚴謹，那麼榮新江所謂"唐朝官頒定本"的結論似乎還值得商榷。

（六）Ch773v 《南華真經注疏》

Ch773v，原編號 TⅡ1510，烏絲欄，四周殘損，起"受形情"，至"亦不知歸"，存經文 9 殘行，背抄《解夢書》。《榮目》題名"《莊子疏·齊物論篇》（成玄英）"。此件錄《莊子》經文及成玄英疏，今據

---

① 張即之本，指《中華再造善本叢書》影印故宮博物院藏宋張即之寫本。
② 四注本，指《正統道藏》洞真部玉訣類所收北宋道士陳景元編《元始無量度人上品妙經四注》（D2, p. 187）。

■ 拘校道文

中華書局整理本《南華真經注疏》① 擬補，校錄於下：

1. 夫稟受形情，各有崖量，不可改愚以爲智，安得易醜以爲妍？是故形性一成，

2. 終不中塗亡失。適可守其分内，待盡天年矣！與物相刃相靡，其行盡

3. 如馳而莫之能止，不亦悲乎！ 刃，逆也。靡，順也。羣品云云，銳情逐境。

4. 境既有逆有順，心便執是執非。行有終年，速如馳驟。唯知貪境，曾無止

5. 息。格量理物，深可悲傷。終身役役而不見其成功。夫物浮

6. 競，知足者稀，故得此不休，復逐於彼。所以終身疲役，没命貪殘，持影

7. 繫風，功成何日！ 苶然疲役而不知其所歸，可不哀邪。苶然，疲頓

8. 貌也。而所好情篤，勞役心靈，形魂既弊，苶然困苦。直以信心，好

9. 此貪競，責其意謂，亦不知歸。愚癡之甚，深可哀歎。 人謂之不

校記：

第1行，"情"，今本作"性"。吐魯番本作"情"，可能因前文"如求得其情而不得"之"情"字而誤。

"崖"，今本作"涯"。

第2行，"塗"，今本作"途"。

---

① 《南華真經注疏》，第30—31頁。

·42·

第 5 行,"理物",今本作"物理"。

第 9 行,"歸",今本作"所歸"。

(七) Ch935　《太上洞玄靈寶昇玄內教經》卷二

Ch935,原編號 TⅡ2032,烏絲欄,首尾及上部殘損,首兩行無字,後殘存經文兩行。本件內容見於 P.2445《太上洞玄靈寶昇玄內教經》卷二第 3—4 行,榮新江已給出正確定名①。今據 P.2445 號補足,錄文於下:

1. 天官地官水官山官陵官 日官月官星官

2. 龍官鬼官仙官靈官黃赤 官真一官三

值得注意的是該件無字的前兩行。據 P.2445,本件內容已是卷首,"日官月官星官"前一行應有"依書破之,兩邊書會中央,分券法如右"一句。但依本件行款,這一句話可抄至行末,不當前兩行無文字。P.2445"中央"與"分券"中間空兩格,疑本件寫卷原將"依書破之,兩邊書會中央"抄一行,"分券法如右"抄一行。由本件寫卷可以看出《太上洞玄靈寶昇玄內教經》的不同書寫形式。

(八) Ch1025 + Ch1607　塗炭齋齋儀(擬)

Ch1025,原編號 TⅡ1532,烏絲欄,首尾及下部殘損,存經文 12 行,背面文字內容不明,可能是佛教發願文或齋文。

Ch1607,原編號 TⅡT1265,烏絲欄,四周殘損,存經文 3 行,背面書不易辨認的佛教文書。

兩件碎片正、背字跡相近,Ch1607 第 1 行"悉"字右下角殘墨恰見於 Ch1025 第 8 行,Ch1607 第 3 行"得"字右上殘墨恰見於 Ch1025 第 10 行,因此二件可以直接綴合,綴合後存經文 12 行。綴合圖見下。

此兩件《榮目》均題名"佛典殘片",非是,實乃某種道教齋儀的懺悔部分,今錄文於下,並略作考證。

1. ▨▨▭ ②

---

① 榮新江:《柏林通訊》,載《學術集林》卷十,第 396 頁。
② 該卷首行首字存左半"亻"旁,次字存左半"忄"旁,以下尚有殘墨,但完全不能辨認。

拘校道文

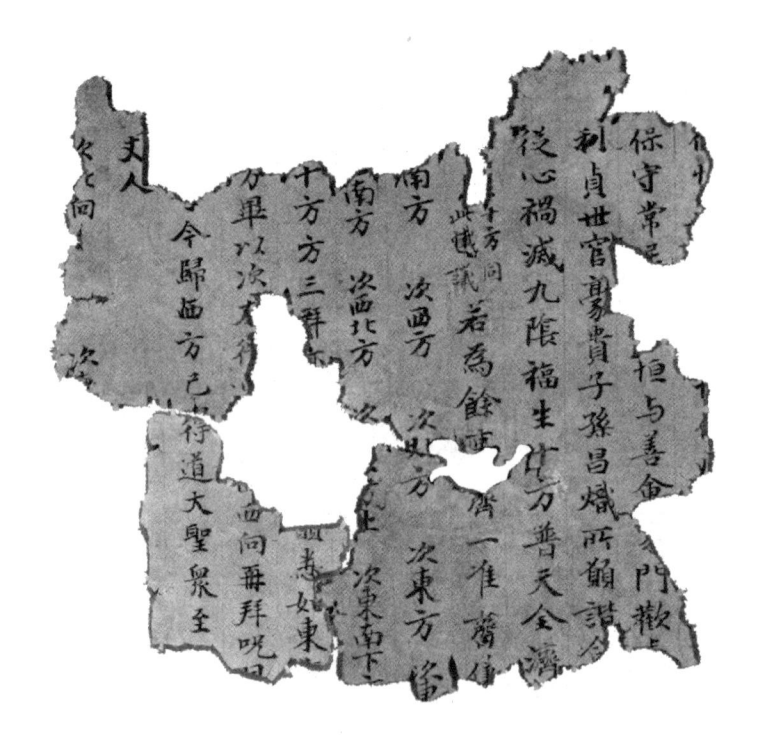

2. 保守常☐（居）☐☐恒与善☐（會）☐（家）門歡☐（喜?）☐☐

3. 利貞世宦豪貴子孫昌熾所願諧合☐☐

4. 從心禍滅九陰福生十方普天全濟☐☐

5. ☐☐ ^十方同_此懺議 若爲餘事齊一准齋儀 ☐☐

6. ☐（次）南方　次西方　次北方　次東［北］方　次東☐☐（南方）

7. ☐☐（次西）南方　次西北方　次☐☐（西北）上方　次東南下☐（方）

8. ☐（禮?）十方方三拜☐（亦?）☐☐☐（願?）悉如東☐（方?）☐

9. ☐方畢，以次☐（左）☐（行?）☐☐☐西向再拜呪☐（曰）☐

10. ☐☐（等?）今歸西方已得道大聖衆至☐☐

11. 丈人

第一章　敦煌吐魯番道教文獻拾補

12. 次北向　次☒（東？）□□

唐代以前的道教齋儀有三皇齋、塗炭齋、明真齋、三元齋、金籙齋、黃籙齋、洞淵神咒齋等諸名目。根據敦煌文獻所保存的道教齋儀及《無上秘要》卷四九至卷五七所引述的諸齋儀，可將唐以前道教齋儀的懺悔部分分爲以下幾類：

（1）十方懺，次序爲東、南、西、北、東北、東南、西南、西北、上、下，採取這種方式的有《無上秘要》卷五一所載盟真齋、卷五三所載金籙齋，P. 2406《太上洞玄靈寶明真經科儀》，Дx5628 + BD2983 + P. 3484《太上洞淵三昧神咒大齋儀》。

（2）十方懺，次序爲北、東北、東、東南、南、西南、西、西北、上、下，採取這種方式的爲《無上秘要》卷四八所載靈寶齋宿啓儀。P. 3282→S. 6841 + BD15636 + P. 2455《自然齋儀》宿啓儀僅稱"十方懺"，不言具體次序，應該也是採取的這種方式。

（3）東、東南、南、西南、西、西北、北、東北、下、上、日、月、星、五岳、水官、三寶神經，採用這種方式的爲《無上秘要》卷五二所載三元齋、卷五三所載黃籙齋。P. 3148→P. 3663→Дx158 + BD14841L + BD14841K《太上洞玄靈寶黃籙簡文三元威儀自然真經》存北、東北、下、上、日、月、星、東岳數方，可知其懺悔方位次序與《無上秘要》同。

（4）天皇、地皇、人皇加四方，四方次序爲東、北、西、南，採用這種方式的爲《無上秘要》卷四九所載三皇齋。

（5）上、下、北、西、東、南、中央，採用這種方式的爲《無上秘要》卷五七所載太真上元齋。

（6）上、下、西北、北、東北、東、東南、南、西南、西、中央太歲，採用這種方式的爲《無上秘要》卷五五所載太真下元齋。

（7）第一種十方加四方，四方次序爲西、北、東、南，採用這種方式的爲《無上秘要》卷五十所載塗炭齋。

（8）第一種十方加四方、中央，採用這種方式的爲《無上秘要》卷五六所載太真中元齋。

本文書前8行爲十方懺，而後第9—11行又轉向西方，可知當爲前述（7）（8）兩種情況中的一種，即應爲塗炭齋或太真中元齋。

《無上秘要》卷五六《太青中元齋品》云："爲學之本，當先修中元齋直之法，以贖己身積滯之愆，解過於太真，謝罪於三元。宿愆既散，高上降真，書名玄圖，克成上仙。"① 該卷又載太真中元齋懺悔文的發願部分稱："賜臣學道得道，求仙得仙，飛行太空，騰景九天，七世父母免離三塗，上昇南宮，被受天尊濟度之恩。"② 可知太真中元齋主要爲解過謝罪以求仙，這與本文懺悔文求福的主題並不相合。

BD14841H《太上業報因緣經》卷五云："塗炭者，牢獄疾病，考責幽魂，苦痛難堪，万救无效，投告首寫，生死愆尤，解其急厄，最爲第一。"可知塗炭齋主爲解厄求福。《無上秘要》卷五十載塗炭齋四方懺文云："存亡罪結，一切和釋，道氣覆蓋，幽顯開濟，人口安休，尊卑萬福，門戶清茂，福祚所歸，常居吉慶，善緣悉會，不墮三惡，所願者合。"③ 這與本文書第2—4行的懺悔文非常相近。因此，本文書很有可能即是已佚的塗炭齋齋儀。

確定該文書的性質後，便可分析其具體內容。其前五行當爲東方懺文，大概內容當與《無上秘要》卷五十所載塗炭齋懺文相近。第6—7行爲其餘九方次序，從前面所分析的各齋儀十方懺次序來看，第6行的"東方"當作"東北方"，文書誤脫一字。第8行說明十方懺悔均如東方。第9—11行則爲歸命西方的儀式及呪語，從其他齋儀擬測，呪語當作"男官祭酒等今歸西方已得道大聖衆、至真諸君丈人"。第12行則述歸命其餘三方次序。

如果本書結論可信的話，那麼此件文書乃留存至今的唯一一件塗炭齋齋儀，這對研究中古道教儀式意義重大。

（九）Ch1331v 佚名道經

Ch1331v，原編號T Ⅱ 346，烏絲欄，四周殘損，存經文3行，正面抄《周易》筮法。此件《榮目》題名"佛典殘片"，疑非，似當爲

---

① 《無上秘要》，第875頁。
② 《無上秘要》，第878—879頁。
③ 《無上秘要》，第810頁。

佚名道經。今録文於下，略作考證。

1. ▭☒（訴？）若涉輕易即☒壽命此▭
2. ▭慎勿傳之
3. ▭☒之☒☒也綿綿☒▭

本殘片第 1 行"若涉輕易，即☒壽命"，第 2 行"慎勿傳之"，都是早期道經的常用話語。如 S.238《金真玉光八景飛經》："洩露宣傳，妄與非真，道則遠也，禍滅兆身。"P.2409《太上玉佩金鐺太極金書上經》："此高上秘道，輕宣靈文，七祖充責，己身謝殃。"S.1605《太上洞玄靈寶真一勸戒法輪妙經》："輕傳漏慢，考滅爾身。"類似之例極多，不煩再舉，《無上秘要》卷三十三專門有"輕傳受罰品"①，可以參看。這與佛教以受持、讀誦、流通佛經有無量功德的觀念完全不同。因此，此件殘片實爲道經，但因保留文字太少，已無法確定具體屬哪一部道經。

（十）Ch2401 《太上洞玄靈寶三十二天天尊應號經》（擬）

Ch2401，原編號 TⅡT2070，烏絲欄，首缺尾殘，下部殘損，存經文 10 行。大淵忍爾《敦煌道經目録編》著録該件，但未定名②。王卡《敦煌道教文獻研究》認爲該卷與《正統道藏》本《太上洞玄靈寶三十二天天尊應號經》"文句體例近似，但天尊名已缺佚"，從而定名爲《太上洞玄靈寶三十二天天尊應號經》，並有録文③。爲方便論述，本書重新據《太上洞玄靈寶三十二天天尊應號經》擬補録文於下，所補內容與王卡略有不同。

1. 男女積行所犯剖胎破 卵殺害衆生之罪爲
2. 南方十直之神太一八神 使者司命司録定
3. 其罪目上奏天曹歷世 纏結不能解脱罪繫
4. 顯定極風天南方無極 世界靈官之府玉匱
5. 之函下拷鄷都惡鳥啄 睛地獄歷劫辛苦

---

① 《無上秘要》，第 495 頁。
② ［日］大淵忍爾：《敦煌道經目録編》，第 957 頁。
③ 王卡：《敦煌道教文獻研究——綜述・目録・索引》，第 129 頁。

6. 無由解脱衆惡並履望返 何期如此之罪咸乞

7. 滅除五道披散三塗開 □□□□□□□□

8. 爲隨心之詣衣食自然 上賴天尊大慈之惠

9. 下奬男女歸命之誠

10. 顯定極風天玉京玄臺 □□□□□□□□

大谷 4667 號殘片僅存兩行，文字亦與《太上洞玄靈寶三十二天天尊應號經》相合，筆跡與 Ch2401 相近，當本爲同卷。

保存在《正統道藏》中的《太上洞玄靈寶三十二天天尊應號經》並不完整，該經大概原有二十六卷，目前僅存卷十二和卷二二的部分殘文（D24，pp. 698－706）①，但由此亦可見出該經懺悔文的基本形式。從《正統道藏》中該經經名及 Ch2401 第 4 行、第 10 行中"顯定極風天"字樣來看，該經依三十二天排列懺悔文。但依《洞玄靈寶諸天内音自然玉字》，"顯定極風天"屬西方，Ch2401 第 4 行何以稱"顯定極風天南方無極 [世界]"？觀《太上洞玄靈寶三十二天天尊應號經》卷十二爲"清明何童天"的懺悔文，"清明何童天"屬東方，但該卷中既有"清明何童天東方无極世界"，又有"清明何童天南方无極世界"。由此可知，《太上洞玄靈寶三十二天天尊應號經》並非四方各八天的天界結構，而是每天均與四方或五方相配②。因此，《太上洞玄靈寶三十二天天尊應號經》每天至少應有四百天尊名，王卡稱該經"三界三十二天各有二百位天尊名號"的説法可能是有問題的。這樣，《太上洞玄靈寶三十二天天尊應號經》便至少有一萬二千八百天尊名，則該經卷帙極爲龐大。在唐初是否存在這樣卷帙龐大、結構整飭的道經，還是很有疑問的③。

---

① 需要説明的是，《正統道藏》中該經的卷次是否準確可能還有疑問，"清明何童天"在三十二天中排第三，何以竟排至第十二卷？

② 《道藏》本《太上洞玄靈寶三十二天天尊應號經》第十二卷有"東方九氣天""南方三氣天"。五方有如此配者，如《元始五老赤書玉篇真文天書經》；四方也有這樣的相配方法，參《洞玄靈寶諸天内音自然玉字》。因此無法確定該經是四方還是五方。

③ 可相對比的是，BD1218→P. 3755→BD4047→BD3818《太上洞玄靈寶天尊名》分爲三卷，僅千五百天尊名。詳參本書第二章。

第一章　敦煌吐魯番道教文獻拾補

在敦煌文獻中有一種《天尊説隨願往生罪福報對次説預脩科文妙經》，《正統道藏》所收《太上慈悲九幽拔罪懺》的懺悔部分恰與之相合。也就是説，《太上慈悲九幽拔罪懺》是以天尊名與《天尊説隨願往生罪福報對次説預脩科文妙經》相配做成的經典①。那麽，《太上洞玄靈寶三十二天天尊應號經》很可能與之類似，也是將 Ch2401 的原本道經與天尊名號相配做成的。但在目前條件下，這種猜測無法證實，今姑題名"《太上洞玄靈寶三十二天天尊應號經》（擬）"。

（十一）Ch3095　《太上洞玄靈寶昇玄内教經》卷七

Ch3095，原編號 T Ⅱ T1007，烏絲欄，首尾殘損，存經文 12 行，背抄《觀世音如意心輪最勝秘蜜無礙陁羅尼别行》。榮新江已比定該卷爲《太上洞玄靈寶昇玄内教經》卷七②，今據津藝 176 號《太上洞玄靈寶昇玄内教經》卷七補足，録文於下：

1. 人情凶弊或於便宜動謀 賊害財 是身雛何
2. 用財爲有而 不積當種福地空堂清室名爲
3. 仙家有此五者不可一犯喻如履冰之險蹈
4. 空之危罪定考至而不覺知賢者坐起卧息
5. 深用自誡身无反動福報明矣若有不信之
6. 人毀疑經法不從五行者現世殃至吾今所
7. 言所説真實不虛傳授之始必得其人道陵
8. 拜首唯諾奉行
9. 道言吾觀十方將諸來世人道士男女天下
10. 人民輩奉道專者万无一人何故言之下世
11. 彫薄時俗使民競相華尚貪榮富貴仁義不
12. 行權詐爲智父子相欺君臣相殆傳相囑託

校記：

---

① 詳參本書第五章第二節。
② 榮新江：《柏林通訊》，載《學術集林》卷十，第 396 頁。

第 1 行，"財"後之字，從殘墨看不似"是"字，可能更像"爲"字，《道藏》本作"爲"。

第 9 行，"吾觀十方將諸來世人"，津藝 176 號及 P.3341 均無"十"字，此本有"十"字，與《道藏》本同。《道藏》本"人"作"人民"，此本作"人"，與敦煌本同。

"男女"，敦煌二本此二字下均有"至學之士"四字，《道藏》本則有"賢善持戒及"五字，此本二字緊接以"天下"，與敦煌本、《道藏》本均不同。

第 11 行，"使"，敦煌本、《道藏》本均作"吏"，此本當誤。

第 12 行，"傳"，敦煌本同，《道藏》本作"轉"。"轉相"之"轉"，敦煌本此卷皆寫作"傳"，此本亦作"傳"，可見與敦煌本關係密切。

由此可見，此本與敦煌本比較接近，但又有不同，呈現了《太上洞玄靈寶昇玄內教經》另一種文本形態。

（十二）Ch3521　《洞玄靈寶長夜之府九幽玉匱明真科》

Ch3521，原編號 TⅢM173，烏絲欄，四周殘損，存經文 7 行，另有一行無字。《榮目》題名"佛典殘片"。按，本件內容見於 P.2730《洞玄靈寶長夜之府九幽玉匱明真科》第 103—110 行，當爲《明真科》殘片。今據 P.2730 擬補，錄文於下：

1. 掠楚毒難言身體爛壞無復人形万劫當還
2. 生邊夷之國有人之形無人之情永失人道
3. 長淪罪門流曳五苦八難之中不得開度憶
4. 劫無還
5. 明真科曰无極世界男女之人生世慳貪唯
6. 欲益己不念施人割奪四輩人神爲怨唉食
7. 无厭自饒一身死受惡對爲餓鬼畜生吞火
8. 食炭恒不得充身體燋立無復鬼形流曳塗

校記：

第2行，"失"，P. 2730、P. 2442同，《道藏》本作"去"。

第3行，"憶"，敦煌本、《道藏》本皆作"億"。此本誤。

第6行，"人神爲怨"，此本"人"字僅存右捺之半，敦煌本作"人神爲怨"，《道藏》本作"神人爲冤"。

第8行，"鬼"，敦煌本同，《道藏》本作"人"。

（十三）Ch5646 《三百六十應感天尊輔化秘籙》

Ch5646，無原編號，清代刻本卷子，首題"三百六十應感天尊輔化秘籙"，接以12行文字："大清國/道/原命 年 月 日 時/（空行）/元令節之辰恭叩/福地龍虎山/天師大真人門下拜受/三元三官□（輔）化赦罪秘笈（籙）/伏願/三官台前指示超昇之路/冥司案下免除拷挍之刑一如/帝令。"次爲四色道教版畫。從第二紙開始，爲三百六十天尊名，上爲天尊名，下爲天尊畫像，每紙三十六天尊，共十紙三百六十天尊。劉屹《評〈敦煌道教文獻研究：綜述·目録·索引〉》一文中已提到該文書①。本卷天尊名大致與《正統道藏》洞玄部威儀類所收《太上靈寶上元天官消愆滅罪懺》《太上靈寶中元地官消愆滅罪懺》《太上靈寶下元水官消愆滅罪懺》（D9，pp. 875-884。以下分別簡稱"上元懺""中元懺""下元懺"）的天尊名相對應，現對照如下（以第一天尊爲第1行）：

第1行，"上元賜福"，《上元懺》作"上元九炁"。

第8行，"元微自在"，《上元懺》"元"作"玄"。此本避清聖祖諱。下"金定元通""洞暢高元"等同。

第15行，"宏通保命"，《上元懺》"宏"作"弘"。此本可能是避清高宗諱。下"含宏品量""興宏德化"等同。

第28行，"普明浄愛"，《上元懺》"明"作"光"。《老子像名經》卷九亦作"明"（D11，p. 462）。

第41行，"元德定顧"，《上元懺》作"玄德定願"，與《老子像名經》卷九同。

---

① 劉屹：《經典與歷史——敦煌道經研究論集》，第330頁。

第 49 行，"開明指要"，《上元懺》"指"作"旨"，與《老子像名經》卷九同。

第 57 行，"無極元妙"，《上元懺》作"無極玄微"，與《老子像名經》卷九同。

第 61 行，"上清玉鎮"，《上元懺》"鎮"作"真"。

第 81 行，"始皇好芒"，《上元懺》作"始黃孝芒"，與《太上洞玄靈寶無量度人上品妙經》（以下簡稱"度人經"）一致。

第 82 行，"翁仲浮容"，《上元懺》"仲"作"重"，與《度人經》一致。

第 91 行，"太釋玉龍"，《上元懺》"龍"作"隆"，與《度人經》一致。

第 94 行，"華林註算"，《上元懺》"註"作"主"。

第 119 行，"時刻昇仙"，《上元懺》"仙"作"遷"。

第 121 行，"中元赦罪"，《中元懺》作"中元真宰"。

第 122 行，"高聖元通"，《中元懺》作"高勝玄通"。

第 123 行，"元元妙誕"，《中元懺》作"玄元誕妙"，與《老子像名經》卷九同。

第 137 行，"常在虛極"，《中元懺》"在"作"住"，《老子像名經》卷九作"常住虛假"。

第 153 行，"清微證惡"，《中元懺》作"清微澄悟"，與《老子像名經》卷九同。

第 158 行，"光照萬變"，《中元懺》"照"作"相"，與《老子像名經》卷九同。

第 176 行，"智德無疑"，《中元懺》"疑"作"礙"，《老子像名經》卷九作"等"。

第 214 行，"全身護命"，《中元懺》"身"作"生"。

第 234 行，"恩念三塗"，《中元懺》作"思念三徒"。

第 238 行，"真靜應物天尊"，《中元懺》在"變化飛空天尊"上。

第 241 行，"下元解厄"，《下元懺》作"下元水官"。

第 254 行，"法體緣通"，《下元懺》"通"作"成"。

第 271 行，"幽元不測"，《下元懺》"元"作"源"。

第 274 行，"默念無爲天尊"，《下元懺》在"留教廣度天尊"上。

第 280 行，"攝跡歸空"，《下元懺》"空"作"本"。

第 281 行，"遊行太空天尊"，《下元懺》在"離合自然天尊"上。

第 284 行，"隨機開化"，《下元懺》"化"作"悟"。

第 292 行，"功德上善"，《下元懺》"德"作"能"。

第 305 行，"清净至海"，《下元懺》"至"作"智"。

第 308 行，"功業無邊"，《下元懺》"邊"作"過"。

第 329 行，"梵化修練"，《下元懺》"練"作"功"。

第 330 行，"洞鑒無量"，《下元懺》作"洞鑑無礙"。

第 340 行，"無最道服"，《下元懺》作"無量道眼"。

第 352 行，"紫盦元皇"，《下元懺》"盦"作"極"。

第 355 行，"五刧轉輪"，《下元懺》作"五劫輪轉"。

第 358 行，"永出上生"，《下元懺》作"永出生死"。

由以上對比可知，吐魯番本與三部道經的異文多是文字訛誤、避諱造成的。差别較大的僅有三元主神的名號，但那也僅爲異名而已，宋陳伀《太上説玄天大聖真武本傳神呪妙經》注卷一引《因緣經》云："上元宫主一品九炁賜福天官紫微大帝……中元宫主二品七炁赦罪地官清虚大帝……下元宫主三品五炁解厄水官扶桑大帝。"（D17, p. 98）實際上，兩者還有共同的異文，如早期道教就已存在的三十二天，Ch5646 和《上元懺》都有與主流道經不同的異文；上元、中元部分天尊名係襲用《老子像名經》，Ch5646 和《上元懺》《中元懺》與《老子像名經》部分異文相同。這都説明二者應存在一定的淵源關係。

三百六十應感天尊的説法在宋元以來的道經中經常出現[1]，但《道藏》中僅《上元懺》《中元懺》《下元懺》三部經中列出其名號。從這件文書可以看出這一觀念在民間流傳之盛。

---

[1] 如《元始天尊説三官寶號經》（D2, p. 36）、《太上無極總真文昌大洞仙經》卷二（D1, p. 505）、《廣成儀制投告上元符簡集》、《廣成儀制投告中元符簡集》、《廣成儀制投告下元符簡集》（《藏外道書》第 13 册，第 97—111 頁），等等。

拘校道文

（十四）Ch5641　清代道教執照

Ch5641，無原編號，清代印本，共一紙21行，另有大小印章兩枚，爲清代以張天師名義發給道教徒的執照。劉屹認爲該件亦爲《三百六十應感天尊輔化秘籙》[①]，恐非。二件文書的紙質、字形均不相似。另據 IDP 提供的信息，Ch5646 高 34.8 釐米，Ch5641 高 24.6 釐米，二者大小懸殊，不太可能是同一種文獻。但本件文書也提到了三百六十應感天尊，很可能是與 Ch5646 搭配使用的文書。現錄文於下：

1. 上元一百二十應感天尊各司曹府護爲給付
2. 　　名下，賜福大千世界之内，錄籍十方國土之中，福被萬
3. 　　靈，主衆生善惡，無妄之災，救拔幽苦，羣生是賴。
4. 中元一百二十應感天尊各司曹府護爲給付
5. 　　名下，赦罪千條之孽障，錄籍禍福之名，法源浩大而能
6. 　　離九幽，浩劫垂光而能消萬罪。
7. 下元一百二十應感天尊各司曹府護爲給付
8. 　　名下，解除舊過之愆尤，增添新報之祥光，功圓果
9. 　　滿，萬劫皆滅，力濟無窮，真符告下。
10. 　右依
11. 玉格奏封
12. 　　　　　　　　　　　　　　　爲職，仍差
13. 天兵官將出入匡扶，景福千祥，一如
14. 帝令。
15. 　　　　　　　給付　　　　　執照
16. 　　　　　　寶籙初頒瀚墨香
17. 　　　　　　幽明兩度兆禎祥
18. 　　　　　　三元輔化災殃脱
19. 　　　　　　從此身名達上方
20. 大清　　　　年　　□　　十五　　　　日給
21. 正一嗣教大真☒（人）□□天師張　　　告行

---

① 劉屹：《經典與歷史——敦煌道經研究論集》，第330頁。

· 54 ·

第一章　敦煌吐魯番道教文獻拾補

該文書前9行與《萬曆續道藏》所收《太上三元賜福赦罪解厄消災延生保命妙經》所載"三官諸咒寶誥"（D34，p.734）內容相近，且本文書有明顯因刪減致文義不通的地方。

（十五）Ch/So10334　靈寶經目

Ch/So10334，小殘片，烏絲欄，前後及下部殘損，存經文3殘行，背面爲粟特文文書。該卷文字與P.2861號"靈寶經目"內容相合，劉屹《六朝道教古靈寶經的歷史學研究》一書對本件文書已有詳細研究①，可參考。

（十六）Ch/So18255　《太上洞玄靈寶真文度人本行妙經》

Ch/So18255，小殘片，烏絲欄，前後及上部殘損，存經文5殘行，背面爲粟特文文書。該卷文字見於《無上秘要》卷四七引"洞玄本行妙經"，據P.2861號"靈寶經目"，知此經全名當爲"太上洞玄靈寶真文度人本行妙經"。該經今佚，敦煌文獻中有五件殘本。今據《無上秘要》補全，錄文於下：

1. 天使其主蜀山千歲樹精恒 給其中食其樹
2. 茂盛暑夏之月有精進賢者 三人經過依樹
3. 而息賢者歎曰此樹雖涼日 已向中何由得
4. 食此人於樹空中曰當爲賢 者供設中食無
5. 所爲憂須臾食至賢者共食食竟言曰 我今

（十七）SyrHT3→n296　《太玄真一本際經》卷三（擬）

SyrHT3，原編號TⅡB66 No17，首尾及下部殘損，起"重科條防"至"向生尊"三字右半，共8殘行，背面爲敘利亞文書。

n296，原編號TⅡB66 No18，首尾及下部殘損，起"一乘道"三字左半，至"圓通眼照"四字右半，共8殘行，背面爲敘利亞文書。

兩件文書筆跡相同，背面文字相關，原爲同件文書，但文字不連續，不能直接綴合。陳懷宇《從兩件德藏吐魯番文書看景教與道教之關

---

① 劉屹：《六朝道教古靈寶經的歷史學研究》，第245—249頁。

拘校道文

係》對這兩件文書做了深入研究①。陳文指出這兩件寫卷的内容與《太平御覽》卷六七三所引《太微黄書經》②及《太玄真一本際經》卷三相近，但與兩者都有異文。陳氏認爲《太平御覽》那段内容並非全部引自《太微黄書經》，而是《太微黄書經》、《太上洞玄靈寶諸天内音自然玉字》和《本際經》雜糅的文字，所以認爲這兩件寫卷爲別本《本際經》卷三。陳説頗有道理，但也不能排除這兩件寫卷是其他佚道書的可能。

陳文對該文書已有録文，但稍有問題。現據《太平御覽》卷六七三及 P.2795《本際經》卷三擬補，録文於下。爲求行款整齊，擬補的文字根據《太平御覽》和《本際經》卷三做了一些調整，僅供參考。

1. 重科條防檢 過失威儀者具示齋戒奉法俯
2. 仰進止容式軌 範節度方法者衆聖著述丹
3. 藥秘要神草靈 芝柔金水玉修養之道術數者
4. 明辨思神存真念 道齋心虚志遊空飛步餐吸
5. 元和導引三光練 質化形仙度之法記傳者衆
6. 載述學業得 道成真證果衆事之跡讚頌者衆
7. 聖之辞巧餙章句稱揚 正道令物信樂發起迴
8. 向生尊 重心章表者師資授受妙寶奇文登壇
9. 告盟啓誓傳度悔謝請福關告之辞此十二事
10. 揔統衆法一切意趣无不備周化引三乘入
11. 一乘 道既從明師禀受尊教具得要訣聞已
12. 思惟洞解玄妙通 達明了覺悟俗境皆非真實
13. 分析觀察知世俗相 皆悉空寂入无相門離
14. 愛染心斷滅煩惱到 解脱地詣長壽宫常住

---

① 載《三夷教研究——林悟殊先生古稀紀念論文集》，第290—311頁。
② 《太平御覽》，第3000頁。

15. 清净自在无礙 安隱快樂非身離身亦不不
16. 身而以一形周 遍六道現一切相隨類色像
17. 非心離心亦 非非心而以一念了一切法以
18. 圓通眼照 道真性深達緣起了法本源解裳

（十八）Ch1344　佚名道教文獻（存疑）

Ch1344，原編號 T Ⅱ 1404，前後及上部殘損，存經文 4 行。《榮目》題名"殘文"，IDP 題名"墓誌銘"，恐皆有未當。今疑該卷爲道家仙方或本草著作。今錄文於下：

1. ☐ 命廿歲常
2. ☐ 者能言
3. ☐ 以遠行一
4. ☐ 名結縷者

第 4 行之"結縷"應爲一種植物，《爾雅·釋草》"傅，橫目"，郭璞注："一名結縷，俗謂之鼓筝草。"① 《漢書·司馬相如傳》"布結縷"，顏師古注："結縷蔓生，著地之處皆生細根，如綖相結，故名結縷，今俗呼鼓筝草。"② 第 3 行的"遠行"，也是道家仙方中常見的一種"功效"，如《太上靈寶五符序》卷中"神仙服食青梁米方"："即欲入山遠行，一飡之，足支十日不食。"又："日食三丸，令人不饑，渴即飲水，可以遠行千里以上，不饑渴矣。"（D6，pp. 334-335）第 2 行"者能言"，大約應是"瘖者能言"或"啞者能言"，在道教文獻中常用來指誦經、仙術的靈驗，如 P.2391《太上洞玄靈寶昇玄內教經》卷三："盲者得視，聾者得聽，啞者能言，跛躃得申，癃殘百病，皆得除愈。"類似之例較多，不煩再舉。總之，本件殘片極似道家仙方類著作。

二　日本藏吐魯番道教文獻敘錄

日藏吐魯番文獻的主要來源是"大谷探險隊"收集品，另有一些

---

① 《十三經注疏》，第 5717 頁。
② 《漢書》，第 2555 頁。

拘校道文

民間收集品。這些文獻主要收藏於龍谷大學。除此之外，東京台東區立書道博物館、日本静嘉堂文庫、大阪四天王寺等單位也有少量吐魯番文獻。大淵忍爾《敦煌道經目錄編》，陳國燦、劉安志《吐魯番文書總目（日本收藏卷）》，王卡《敦煌道教文獻研究》及張娜麗的幾篇論文均著錄了部分日藏吐魯番道教文獻，但由於當時這批文獻不易見，因此各家均有失收或誤題問題。現龍谷大學藏大谷文書已在IDP公佈，中村不折舊藏文書已有圖版公佈，因此本書對目前已公佈的日藏吐魯番道教文獻重作敘錄如下：

（一）大谷3289 《太上洞玄靈寶真文度人本行妙經》

大谷3289號，小殘片，首尾及下部殘缺，起"魂林中錫元"，至"映意甚憐"，共6殘行。背抄鎮宅禳鬼類方術書。大淵忍爾著錄該卷，稱："雖然是赤書，但在《元始五老赤書》《赤書玉訣》中好像都沒有出現過。也許是《靈寶經》的殘卷。"[①] 張娜麗題作"'南極尊神紀'斷片"[②]。陳國燦、王卡定名爲《太上洞玄靈寶真文度人本行妙經》。該卷内容見於P. t. 560v《太上洞玄靈寶真文度人本行妙經》卷末及《雲笈七籤》卷一〇一。王卡曾對本卷作錄文[③]，但僅據《雲笈七籤》，本卷文字與P. t. 560v更爲接近。但本件末行P. t. 560v已殘，現據P. t. 560v及《雲笈七籤》補全，錄文於下：

1. 魂林中錫元 氏玉寶元靈元老帝号即賞靈
2. 寶赤書中天真 文一篇五符亦捻係君焉
3. 道言西方七寶 金門晧靈皇老君者本乃靈
4. 鳳鳥之子也靈 鳳以呵羅天中生於衛羅大
5. 堂世界衛羅國 王取而育之王有長女字曰
6. 妃 映意甚憐 愛常與共戲於是靈鳳常以兩

---

① ［日］大淵忍爾：《敦煌道經目錄編》，第960頁。
② ［日］張娜麗：《西域発見の文字資料［四］——「大谷文書集成」參読後劄記》，《學苑・総合教育セソタ》第764號，2004年5月。
③ 王卡：《敦煌道教文獻研究——綜述・目錄・索引》，第98頁。

· 58 ·

（二）大谷3528　《太上洞玄靈寶真文度人本行妙經》

大谷3528號，小殘片，四周殘損，文字多被剝離，現存經文5行。背面文書有"木在壇"等字樣，應爲方術書。各家未給出該件題名。該卷文書與《無上秘要》卷十五，《雲笈七籤》卷八六、卷一〇一所引《洞玄本行經》"五靈玄老君"故事文字大致相合。因此該卷應即爲《太上洞玄靈寶真文度人本行妙經》殘卷。此前吐魯番文書中發現《太上洞玄靈寶真文度人本行妙經》8件①，該件文書正、背文字與大谷3289、大谷5050、大谷5790均大致相近，應爲同卷。現據《雲笈七籤》卷八六擬補，録文於下：

1. 名度 其魂神於朱陵之宫帝遣金翅大鳥常
2. 敷兩翼 以覆其尸七百年中形體不灰至水
3. 劫改運洪災滔天水捧其尸漂於無涯水過之
4. 後敷 明尸 落貝胄耶渠初默天鬱單之國北
5. 壟玄 丘卅年中又經山火火行燔燒尸形尸

（三）大谷4085　《太玄真一本際經》卷五

大谷4085號，小殘片，首尾及下部殘損，起"指授時諸"，至"光同塵"，存經文10行。《大谷文書集成》題名"道教典籍斷片"②，陳目考定爲《太玄真一本際經》卷五殘片③，王卡給出了準確的録文④，均可參考。

（四）大谷4395　《太上洞玄靈寶昇玄內教經》卷九

大谷4395號，小殘片，首尾及下部殘損，起"自鼻犯不得教令"，至"第八誡曰足不得"，共3殘行。《大谷文書集成》題名"道教關係文書"⑤，陳目考定爲《太上洞玄靈寶昇玄內教經》殘片⑥，王卡進一

---

① 詳參趙洋《唐代西州道經的流佈》，《中華文史論叢》2017年第3期。
② 《大谷文書集成》第2册，録文第199頁。
③ 陳國燦、劉安志主編：《吐魯番文書總目（日本收藏卷）》，第233頁。
④ 王卡：《敦煌道教文獻研究——綜述·目錄·索引》，第204頁。
⑤ 《大谷文書集成》第2册，録文第246頁。
⑥ 陳國燦、劉安志主編：《吐魯番文書總目（日本收藏卷）》，第259頁。

步指出是《太上洞玄靈寶昇玄內教經》卷九,並給出了準確的錄文①,可參考。

(五) 大谷4399 《十戒經》

大谷4399號,小殘片,首尾及下部殘損,起"與人臣",至"與人夫言",共存經文4殘行。張娜麗考定本卷爲《十戒經》寫卷。敦煌本《十戒經》多與《道德經》抄在一起,並有盟誓文,爲入道弟子受盟儀式中用的文本,本卷可能也屬此性質。

(六) 大谷4410 《太上洞玄靈寶昇玄內教經》卷一(擬)

大谷4410號,小殘片,四周殘損,共存經文兩殘行,另卷首有少量殘墨。《大谷文書集成》題名"道教關係文書"②,趙洋以"夫入道登"四字見於 P.2466 號《大道通玄要》卷五引"昇玄內教卷第一",考定爲《太上洞玄靈寶昇玄內教經》卷一寫卷③,其説或是。今錄文於下:

1. ▢▢(諸)仙皆斂手答言▢▢
2. ▢▢夫入▢(道)▢(登)▢▢

(七) 大谷4451 《太上洞玄靈寶真文度人本行妙經》(擬)

大谷4451號,小殘片,四周殘損,存經文4殘行,背面書某方術類文獻。現將該卷錄文如下,並略做考辨:

1. ▢▢煩怨▢▢
2. ▢▢獵人緣山尋▢▢
3. ▢▢▢鬱勃女▢▢
4. ▢▢往就女▢▢

從殘文推測,該卷的敘事模式與《太上洞玄靈寶真文度人本行妙經》一致,即某王有女,突然悟道,離家修道,王心"煩怨";後有"獵人"偶然遇到修道的王女,見到了神跡("▢鬱勃""往就女")。可相對比的,如 P.3022v、P.t.560v《太上洞玄靈寶真文度人本行妙經》所載那臺故事:"以朱靈元年,歲在丙午,誕於丹童龍羅衛天洞

---

① 王卡:《敦煌道教文獻研究——綜述·目錄·索引》,第124頁。
② 《大谷文書集成》第2册,錄文第249頁。
③ 趙洋:《新見旅順博物館藏吐魯番道經敘錄》,載《敦煌吐魯番研究》第十七卷。

明玉國朱霍之阿，改姓洪，諱那臺……於是那臺志厲殊勤，自謂一生作此女子，處於幽房，无由得道。因長齋持戒，思念願得轉身爲男，晨夕慊慊，恒无怠倦。丹心遐徹，遂致感通上真下降……言畢，便從墙上投身擲空，命赴倉海極淵之中，紛然無落，即爲水帝神王以五色飛龍捧接。"又如《雲笈七籤》卷一〇二"南極尊神紀"條引《洞玄本行經》："南極尊神者，本姓皇字度明，乃閻浮黎國宛王之女也……志極山水，訪及神仙。逼限宮禁，津路無緣。志操不樂，心自愁煎。王意憐憨，慰諭百端。問女意故，女終不言，淚落如雨，切無一歡……王知其意，乃於宮中爲踊土作山……度明棄於宮殿，登臺樓身，遮遏道徑，人不得通。單影獨宿一十二年，積感昊蒼。天帝君遣朱宮玉女二十四人，乘雲駕鳳，下迎度明。當去之夕，天起大風雨，雷電激揚，地舍旋轉，驚動一國。王大振懼，莫知所從。天曉分光，失去山臺，不見其女。"[①] 除敘事方式相近外，該卷正、背與大谷3289號、大谷3528號、大谷5050號、大谷5790號均筆跡相近。因此，該件殘片很可能即《太上洞玄靈寶真文度人本行妙經》殘片。

（八）大谷4470A 《太上洞玄靈寶真文度人本行妙經》（擬）

大谷4470A號，小殘片，四周殘損，存經文3殘行。下部粘貼殘存三字的小紙片，背有殘文三行。現錄文如下：

1. ☐ 五篇真 ☒ ☐
2. ☐ 得上升 ☐
3. ☐ 宮 ☐

第1行"五篇真"下殘存一點一橫，應即"文"字殘畫。"靈寶五篇真文"是所謂的"天文"，是整個靈寶經的基礎[②]，早期古靈寶經中多有提及，如P.2730《洞玄靈寶長夜之府九幽玉匱明真科》："帝主國土灾疾兵寇、危急厄難，當丹書靈寶真文五篇於中夜（庭），五案置五方，一案請一篇真文。"P.2606《太上洞玄靈寶无量度人上品妙

[①] 《雲笈七籤》，第2216頁。
[②] 關於此問題，可參［日］小林正美《六朝道教史研究》，第118頁；王承文《敦煌古靈寶經與晉唐道教》，第754—759頁；王皓月《再論〈靈寶經〉之中"元始舊經"的含義》，《世界宗教研究》2014年第2期。

經》:"元始安鎮,敷落五篇。赤書玉字,八威龍文。"P.2865《太上靈寶洞玄滅度五練生尸經》:"中元天中南浮梨世界,有道士姓王,字度明。少出遊學,從屠真公受五篇文升仙之傳。"類似之例極多,不煩再舉。第 2 行"得上升",應即上升南宫、上升玉京之類。因此,本卷必爲道教靈寶類佚經。

值得注意的是,該卷正、背文字與大谷 3289、大谷 3528、大谷 4451、大谷 5050、大谷 5790 等《太上洞玄靈寶真文度人本行妙經》殘片均筆跡相近。據 P.3022v、P.t.560v《太上洞玄靈寶真文度人本行妙經》以及《雲笈七籤》卷一〇一引"洞玄本行經",五方"老君"得錫號之時,天尊即賞以"五篇真文"之一篇。如 P.t.560v《太上洞玄靈寶真文度人本行妙經》載東方老君事云:"以開光元年,於弥梵羅臺霄絶寥丘飛元雲根之都,滄霞九靈之墟,元始又錫安寶華林青靈始老帝君,即賞《靈寶赤書九炁青天真文》篇。"P.3022v 卷首又云:"元始天尊以我因緣之勳,錫我太上之号,封鬱悦那林昌玉臺天帝王,位登高聖,治玄都玉京。實由我身尊承大法靈寶真文,世世不絶,廣度天人。"可知《太上洞玄靈寶真文度人本行妙經》非常重視"五篇真文"。因此,從殘片中提到"五篇真文",以及筆跡與大谷 3289 等殘片相近來看,該卷很可能是《太上洞玄靈寶真文度人本行妙經》。從文意推測,該殘片可能在某一故事的結尾部分,即某人得賜"五篇真文"後昇仙。

(九)大谷 4667 《太上洞玄靈寶三十二天天尊應號經》(擬)

大谷 4667 號,小殘片,四周殘損,存經文三行,首行存"此之罪"三字,次行存"自然逍遥"四字,第三行存"歸依"二字右半,行間有婆羅迷文字。該經與《正統道藏》太平部所收《太上洞玄靈寶

第一章　敦煌吐魯番道教文獻拾補

三十二天天尊應號經》文字相合，現據復原於上。

德藏 Ch2401 寫卷亦與《太上洞玄靈寶三十二天天尊應號經》文字相合，且與本件寫卷筆跡相近，當係同卷。詳參前 Ch2401 條敘錄。

（十）大谷 4859v + 大谷 4974　《天尊說隨願往生罪福報對次說預脩科文妙經》

大谷 4859 號，小碎片，四周殘損，存經文 1 行，正面存"左手右手並"五字，背面書"首作礼上白天"六字，下有兩點殘墨，應即"尊"字上部。此卷背後上下補全當即"稽首作礼，上白天尊"一句，顯係道經。

大谷 4974 號，小碎片，四周殘損，但可見上欄綫，存經文 3 行，背抄不知名文書。該卷文字見於 P.2868 號《天尊說隨願往生罪福報對次說預脩科文妙經》。

以上兩件殘片正、背筆跡一致，大谷 4974 號"者"字右側墨點殘存於大谷 4859 號卷背左下角，大谷 4974 號卷背的"五"字下橫左半恰在大谷 4859 號右側，因此兩件殘片可以直接綴合，正背綴合圖如下：

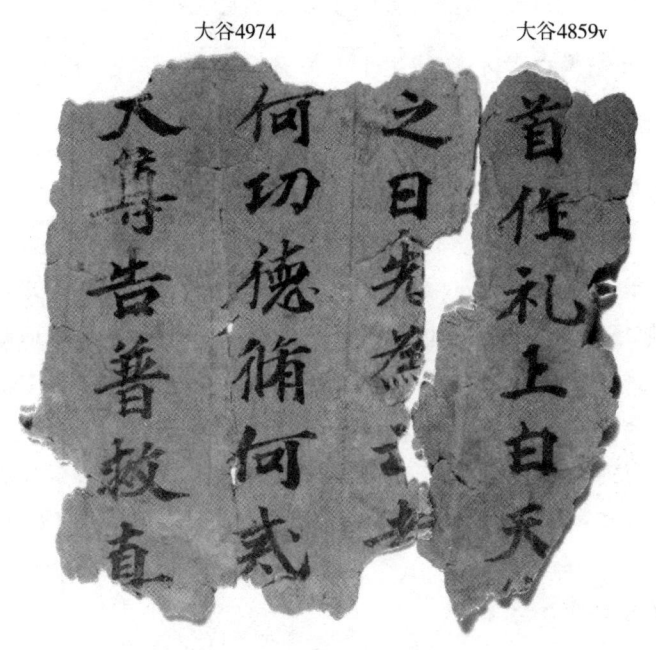

大谷 4974　　　　　　　　　　大谷 4859v

拘校道文

大谷4859　　　　　　　　　大谷4974v

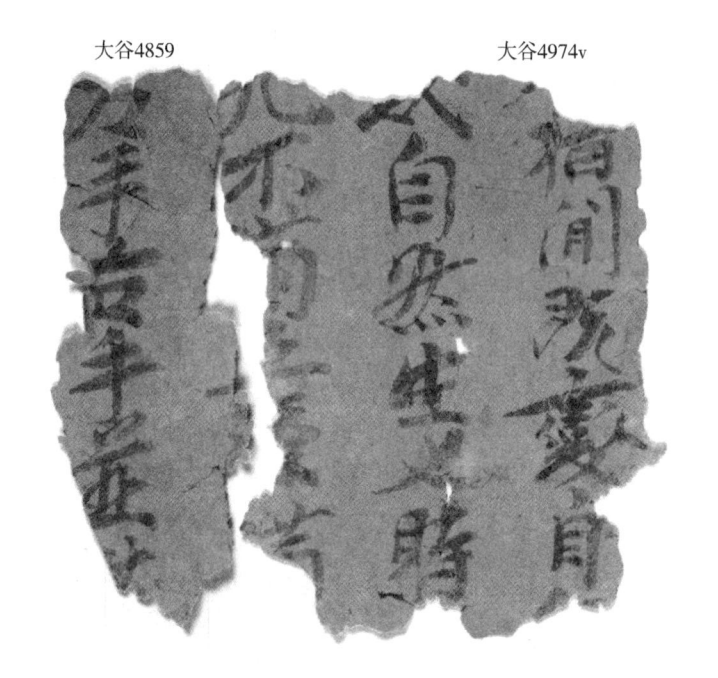

今據 P.2868 號補全，錄文於下：

1. 首作礼上白天 尊言所有四輩弟子若臨終
2. 之日先爲亡者 心願往生十方快樂之國作
3. 何功德脩何戒 行作何方救而得往生
4. 天尊告普救真 人曰汝能愍念四輩弟子及

該卷行款與 P.2868 一致，兩卷當爲同源。《天尊説隨願往生罪福報對次説預脩科文妙經》是道教借用佛教預修生七齋儀式造作的經典①。預修儀式在後世受到正統道士的批判，所以《正統道藏》中保存的與預修儀式相關的經典很少，僅《太上慈悲九幽拔罪懺》《靈寶領教濟度金書》等少數幾種文獻曾有提及。這可能也是《天尊説隨願往生罪福報對次説預脩科文妙經》亡佚的原因。敦煌文獻中存此經四件，吐魯番文獻中也有此經發現，這似說明該經在唐代前期流傳較廣，

---

① 詳參本書第五章第二節。

道教的預修齋應是當時普遍施行的一種儀式。

（十一）大谷5005　《太上洞玄靈寶真文度人本行妙經》（擬）

大谷5005號，小碎片，四周殘損，存經文兩殘行。背抄不知名文書，有"苗字叵/此曰"字樣。現錄文於下，並略作考證：

1. ▢門▢
2. ▢帝七炁素▢（天）▢

該件文書第二行的"帝七炁素天"當即"白帝七炁素天"。靈寶類經典有四天或五天與顏色、數字相配的觀念，《雲笈七籤》卷二一："今言四天者，東方有九氣青天，南方有三氣丹天，西方有七氣素天，北方有五氣玄天。"① 這一觀念在早期靈寶經中大量出現，《元始五老赤書玉篇真文天書經》《太上洞玄靈寶赤書玉訣妙經》《洞玄靈寶諸天內音自然玉字》《太上靈寶洞玄滅度五練生尸經》等均有相關描述。因此，該殘片當爲早期靈寶類經典。

細審該件文書筆跡，正、背與大谷3289、大谷3528、大谷4451、大谷4470A、大谷5790等《太上洞玄靈寶真文度人本行妙經》寫卷均基本一致。如該件"七"字與大谷3289號"西方七寶"之"七"寫法一致；該件卷背"字"字，與大谷3289背"字"及大谷3528背"子"字均相近。因此，該件應爲《太上洞玄靈寶真文度人本行妙經》殘片。

P.3022v、P.t.560v《太上洞玄靈寶真文度人本行妙經》主要保存了該經卷首及東方、南方、中央、西方"老君"的本生故事，《無上秘要》卷十五及《雲笈七籤》卷一〇一、一〇二保存了該經較多內容，除五方"老君"外，還有"南極尊神""赤明天帝"本生故事。由本卷出現"白帝七炁素天"來看，《太上洞玄靈寶真文度人本行妙經》可能還有四方或五方天君的本生故事。Дx6447《太上洞玄靈寶真文度人本行妙經》殘片保存的兩段內容又見於《無上秘要》卷四七和《要修科儀戒律鈔》卷二，講述了奉受是經及修齋的功效，大約爲全經結尾的"流通分"。綜合這幾件殘片及文獻引文，可以看出《太上

---

① 《雲笈七籤》，第494頁。

洞玄靈寶真文度人本行妙經》全經的大致樣貌。

（十二）大谷5050　《太上洞玄靈寶真文度人本行妙經》

大谷5050號，小碎片，四周殘損，存經文5行。背抄不知名文書，有"符""曰神"等字樣，當爲數術類文書。該卷內容見於《一切道經音義妙門由起》所引《靈寶真文度人本行經》（D24，p. 732），趙洋《唐代西州道經的流佈》一文已指出該件爲《太上洞玄靈寶真文度人本行妙經》寫卷。該件正、背筆跡與大谷3289號、大谷3528號、大谷5790號等均相近，當均爲同一寫卷之裂。現據《一切道經音義妙門由起》補全，錄文於下：

1. 嶽九宮飛仙 神仙地 仙無億之數皆是後學
2. 積業 所致或生而篤好 身建大功施惠布德
3. 脩奉經戒 勳名徹天以成 真人或先身有慶
4. 福流今生因緣 宿命以得 神仙諸是學者大
5. 受經業供養三寶或見 世 飛騰周旋空虛或

（十三）大谷5161　《太上業報因緣經》卷四

大谷5161號，小碎片，四周殘損，存經文"度群品夏"一行4字，背面文書存"中有諸居士"5字，當係佛經。該卷當即《太上洞玄靈寶業報因緣經》卷四《持齋品》"立夏日，元始遣好生度命天尊，將始丹天君、神仙兵馬無量等衆，教化人間，開度群品；夏至日，元始遣玄真万福天尊，將丹靈真老帝君、神仙兵馬無量聖衆，教化人間，開度衆生"一段。吐魯番文獻中曾發現《太上業報因緣經》卷一、卷六、卷八、卷九殘片，其中《高昌殘影》236號《太上業報因緣經》卷八寫卷與本件筆跡頗爲相近，或本爲同一系統的寫卷。

（十四）大谷5383A＋大谷5383B＋大谷5384　《太上洞玄靈寶無量度人上品妙經》

大谷5383A號，小碎片，四周殘損，起"能齋而誦之者"之"齋"，至"故誦之致飛天下觀"之"至"字右半，共存經文6行，背抄不知名文書。

大谷 5383B 號，小碎片，四周殘損，僅存"辟/音也"2 行 3 字，背有不知名文書。

大谷 5384 號，小碎片，前後及上部殘損，起"天真皇人昔書其文以爲正音"之"昔"字，至"无所不成"之"不"字，共存經文 5 行，並有一行無文字，背書籍帳類文書。

以上三件文書文字連續、裂縫文字吻合，可以直接綴合，綴合後存經文 7 行。綴合圖見下。趙洋《唐代西州道經的流佈》一文已比定此三件文書爲《太上洞玄靈寶無量度人上品妙經》。

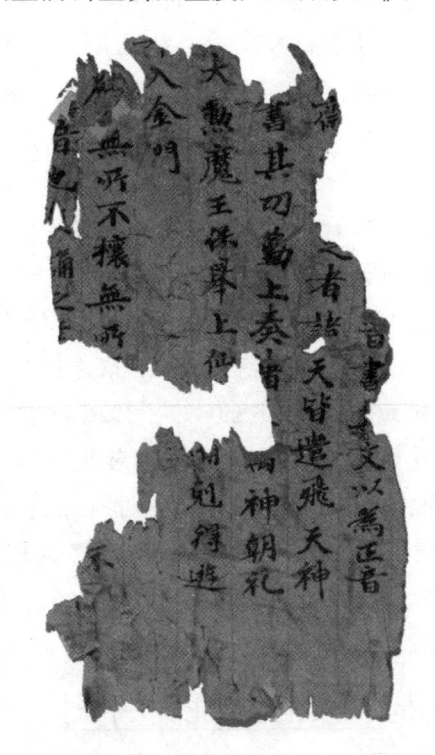

該卷内容見於《太上洞玄靈寶無量度人上品妙經》卷尾部分，且文字、行款與 P. 2606 號寫卷比較接近。今據 P. 2606 補全，録文於下：

1. 皆廣長一丈天真皇人 昔書 其 文以爲正音
2. 有知其音能 齋 而誦 之者諸天皆遣飛天神
3. 王下觀其身 書其功勤上奏諸 天 萬神朝礼

4. 地祇侍門 大勳魔王保舉上仙 道 備剋得遊

5. 行三界 升入金門

6. 此音無所不 辟無所不攘無所 不度无所 不

7. 成天真自然之 音也 故 誦之致 飛天下觀上

（十五）大谷5790　《太上洞玄靈寶真文度人本行妙經》

大谷5790號，小碎片，前後及上部殘損，起"踴土作山"之"踴"字，至"地舍"之"舍"字，共存經文6殘行，背抄數術類文書。該卷內容見於《雲笈七籤》卷一〇二所引《洞玄本行經》，正、背筆跡與大谷3289相近，原爲同抄本。張娜麗、陳國燦均已給出正確定名，王卡有錄文①，可參考。

（十六）大谷8103　《唐玄宗道德真經疏》

大谷8103號，小碎片，前後及下部殘損，起"此亦標也"，至"化驗可知尒"，共7殘行。《西域考古圖譜》收錄該件，題名"唐鈔道書斷片"，《大谷文書集成》同②。陳國燦題名"佚名氏《道德經注》殘片"，且云："乃《道德經》第57章之注疏，但注者不詳。"③王卡云："筆跡及書寫格式近似S.0477、3926抄本，但注文不見於今本《河上章句》。注者待考。"④王卡《〈敦煌道教文獻研究·目録〉補正》考定爲《唐玄宗道德真經疏》⑤。今按，此卷內容見於《正統道藏》洞神部玉訣類所收的《唐玄宗御製道德真經疏》卷八（D11，p.793），實即該書。今據《正統道藏》補全，錄文於下：

1. 此亦標也有道 之君無爲而理夫無爲則無

2. 事無事則不煩 不煩則百姓自化而天下太

3. 平矣　吾何 以知天下之然哉以此

---

① 王卡：《敦煌道教文獻研究——綜述·目録·索引》，第98頁。
② 《大谷文書集成》第3册，錄文第238頁。
③ 陳國燦、劉安志主編：《吐魯番文書總目（日本收藏卷）》，第444頁。
④ 王卡：《敦煌道教文獻研究——綜述·目録·索引》，第170頁。
⑤ 王卡：《〈敦煌道教文獻研究·目録〉補正》，《敦煌學輯刊》2007年第3期。

4. 吾何以知發問也 其然猶如是也以此答也

5. 老君詳問我何以 知取天下必須無事無爲

6. 以此文云多忌諱 則人彌貧我無爲則人自

7. 化驗可知尒

校記：

第6行，"以此文云多忌諱"，《道藏》本作"以下文云天下多忌諱"。

《舊唐書·玄宗紀》載天寶十四載（755）冬十月"甲午，頒《御注老子》并《義疏》於天下"①。此件文書應抄寫於此時或之後。在唐玄宗頒行《道德真經疏》一個月後，安禄山自幽州起兵。爲征討安史之亂，唐王朝將隴西駐軍徵召至長安周邊，河隴空虛，吐蕃趁機佔領了河西走廊。《舊唐書·吐蕃傳》："及潼關失守，河洛阻兵，於是盡徵河隴、朔方之將鎮兵入靖國難，謂之行營。曩時軍營邊州無備預矣。乾元之後，吐蕃乘我間隙，日蹙邊城，或爲虜掠傷殺，或轉死溝壑。數年之後，鳳翔之西，邠州之北，盡蕃戎之境，湮没者數十州。"② 此時西州與唐王朝中央的聯繫多已中斷，此件文書流入西州也應在河隴陷蕃之前。因此，這件文書的抄寫時間大約在天寶十四載之後的數年之内。數年之内，一種文獻能從長安流傳至遥遠的西州，由此也可見出唐代的行政效率之高以及對西域控制之强。

（十七）大谷8104　《洞淵神呪經》卷六

大谷8104號，小碎片，前後及下部殘缺，上部微損，起"自今以去"之"今"字左半，至"取人小口、老人"之"老"字右半，共存經文12殘行。該卷"國"寫作"圀"，則當爲武周之後寫卷。《西域考古圖譜》收録該件，題名"唐鈔道書斷片"。大淵忍爾已考定該件爲《洞淵神呪經》卷六，並有校記③。該卷文字與S.930寫卷相近，兹據S.930補全，録文於下：

---

① 《舊唐書》，第230頁。
② 《舊唐書》，第5236頁。
③ ［日］大淵忍爾：《敦煌道經目録編》，第717頁。

■ 拘校道文

1. 自今以去汝等鬼王攝汝鬼兵不去者汝死
2. 頭破作卅八分矣
3. 道言甲戌之年有赤壁鬼鬼身長八千丈卅
4. 九万億人爲一群化爲大魚魚長七丈二尺
5. 三寸者化爲飛鳥百万而飛飛行天下行卒死
6. 之炁令天下兵起犯人刑獄口舌妄來門門
7. 病痛此鬼等所爲鬼王怨珠急攝汝下兵自
8. 今以後斥走万里若不去者汝等頭破作三
9. 千分矣
10. 道言甲午之旬年中國有黄牛鬼鬼王名赤
11. 石領馳則赤頭烏九千万人入人宅中取人
12. 小口老人行万種病病炁重多土公雲中自

校記：

第5行，"飛行"，S.930作"飛"，無"行"字。

第6行，"犯人"，《道藏》本同，S.930作"死入"。

第7行，"此鬼等所爲"，S.930作"此鬼等也"。

"鬼王怨珠"，S.930"珠"作"朱"。

第8行，"若不去者"，S.930無"若"字。

（十八）大谷8105　《太上洞玄靈寶自然至真九天生神章》

大谷8105號，小碎片，前後及上部殘缺，起"府府開度受生魂"，至"冥期趣道場"之"期"字右半，共存經文6行，另有一行無文字。《西域考古圖譜》收錄該件，題名"唐鈔道書斷片"，《大谷文書集成》同[①]。張娜麗考定爲《太上洞玄靈寶自然至真九天生神章》[②]。敦煌 P.4659

---

① 《大谷文書集成》第3冊，錄文第238頁。
② ［日］張娜麗：《西域発見の文字資料［四］——「大谷文書集成」參讀後劄記》，《學苑・總合教育センタ》第764號，2004年5月。

第一章　敦煌吐魯番道教文獻拾補

亦存《太上洞玄靈寶自然至真九天生神章》，但文字與此件有差異。《正統道藏》洞玄部本文類《洞玄靈寶自然九天生神章經》與本件文字更爲接近（D5，p. 847），今據之補全，録文如下：

1. 黄旗无英命靈旛攝召長 夜府開度受生魂
2. 公子輔黄寧捴録具形神 玉章洞幽虚五轉天
3. 地分炁練元藏府紫户自 生仙數周衆真會
4. 啓陽應感繁玉女灌五香 聖母慶万年三界
5. 並歡樂稽首禮天尊
6. 洞元化應聲天生神章第六帝 真靈府命元高真冲融之炁
7. 應聲無欲界霄映冠十方迴化 輪无影 冥 期

校記：

第2行，"玉章洞幽虚"，P.4659"幽"作"玄"。

第3行，"生仙"，P.4659"生"作"成"。

（十九）大谷8111　《老子道德經序訣》

大谷8111號，小碎片，前後及下部殘缺，起"詔命諸王公大臣"之"命"字左半，至"問之公曰道尊"，共4殘行。《西域考古圖譜》收録該件，誤題名作"唐鈔神仙傳斷片"，大淵忍爾考定爲《老子道德經序訣》①。本件内容見於敦煌S.75號，今據之補全，録文於下：

1. 命諸王公大 臣州牧二千石朝直衆官皆令
2. 誦之有所不解 數句時天下莫能通者聞侍
3. 郎説河上公誦 老子乃遣詔使賫所不了義
4. 問之公曰道尊 德貴非可遥問也文帝即駕

（二十）大谷8116　《太上洞玄靈寶五篇真文赤書》

大谷8116號，小碎片，四周殘損，起"右少陰之氣"，至"百六

---

① ［日］大淵忍爾：《敦煌道經目録編》，第640頁。

乘九"，存經文兩殘行。《大谷文書集成》題名"唐鈔古書斷片"。今按，本件內容見於《正統道藏》洞真部本文類所收《元始五老赤書玉篇真文天書經》卷上（D1，p. 782），當即該經。據《三洞奉道科誡營始》，該經在南北朝時名《太上洞玄靈寶五篇真文赤書》，今即據之定名。趙洋又將該件與旅博藏 LM20-1507-1086 和 LM20-1520-36-12 綴合①。今據《正統道藏》本《元始五老赤書玉篇真文天書經》補全，錄文於下：

1. 右少陰之氣化生太陰五氣 玄天主小劫亥
2. 大劫子陽炁 之極百六乘九 黑帝行佩此文

（二一）大谷 8120 《道德經河上公章句》

大谷 8120 號，小碎片，前後及上部殘缺，起經文"常以靜勝牝"，至注文"各欲得其所"之"所"字右半，共存經文 6 殘行。《西域考古圖譜》收錄該件，題名作"唐鈔古書斷片"。武內義雄《老子の研究》考定爲《老子河上公章句》。今據中華書局點校本《老子道德經河上公章句》補全，錄文於下：

1. 牝 常以靜勝牝 女所以能屈於男者陰勝陽也
2. 以其安靜不先求也 以靜爲 陰道以安靜爲謙下也 下 故大國以下
3. 小國則取小國小 國以下大國則取於
4. 大國 能謙下之則常有之此言國無大小能執謙畜人則無過失也 或下而取或下而 取 下者謂大國以下小國小國以下大國更以義相
5. 取 大國不過欲兼畜人 大國小國 不可失則兼并而牧畜之也 小國不過欲
6. 人事人 人爲臣僕 夫兩者各得其所欲大者宜 爲下 大國小國各欲得其所

校記：

第 1 行，經文"勝牝"，誤，今本作"勝牡"。

第 3 行，"取於"，今本無"於"字。

---

① 趙洋：《唐代西州道經的流佈》，《中華文史論叢》2017 年第 3 期。

第一章　敦煌吐魯番道教文獻拾補

第4行，依行款此行字數不當如此之多，可能本卷有脱漏，或與傳世本有較大不同。

第5行，注"不可失"，今本作"不失下"。

第6行，經文"下"，本卷爲朱筆補入。

（二二）殘影236號　《太上業報因緣經》卷八

殘影236號，首尾殘缺，起"馬珍玩名衣上服"，至"諸天童子四"，共存經文9行。本卷爲出口常順舊藏吐魯番文獻，影版見出口常順《高昌殘影》。該卷内容見於《正統道藏》洞玄部本文類之《太上洞玄靈寶業報因緣經》卷八以及京都252號、P.2362號等敦煌寫卷。該卷文字與敦煌本基本一致，與《道藏》本稍有差異。藤枝晃《トルフアン出土仏典の研究——高昌殘影釈録》一書中有録文及與《道藏》本的校勘①，可參考。

（二三）殘影237號　《道德經河上公章句》

殘影237號，首尾及上部殘損，並有少量碎片，起經文"不知其名"，至"地法天"之注"天澹泊"，共存經文8殘行。本卷亦爲出口常順舊藏吐魯番文獻，内容爲《道德經》第25章章句。藤枝晃已有録文，可參考。

（二四）中村174-2-8、10　《老子道德經序訣》

中村174第二册《六朝寫經殘字册》編號8和編號10的兩枚小殘片，爲吐峪溝出土寫經，均首尾及下部殘缺。兩件寫卷可以直接綴合，綴合後存經文7行，見於S.75號第21—27行。包曉悦已做了定名、綴合和録文工作②，可參看。敦煌文獻中《老子道德經序訣》皆鈔於《道德經》之前，本件可能也是某種《道德經》寫卷的殘片。

（二五）中村174-3-1　《老子道德經》

中村174第三册《六朝經殘紙册》編號1的左部殘片，爲《道德經》第55—56章殘片，係吐峪溝出土寫經。原册上有題名"老子"，

———

① ［日］藤枝晃：《トルフアン出土仏典の研究——高昌殘影釈録》，第138頁。
② 包曉悦：《日本書道博物館藏敦煌吐魯番"寫經殘片册"的文獻價值》，《文獻》2015年第5期。

並補全了殘缺部分的文字。

（二六）中村174－3－2、3　《太上洞玄靈寶昇玄内教经》卷一

中村174第三册《六朝經殘紙册》編號2和編號3的四枚小殘片，爲吐峪溝出土寫經，均前後殘缺，均有一行無文字，且文字連續。第一枚起"鬼魅"二字左旁，至"貧遇寶"，共6行；第二枚起"我所見"至"憐愍不得"，共6行；第三枚首行無文字，起"類或有貧困"，至"巾褐"，共6行；第四枚起"奢侈除"，至"言食肉病"，共5行。各家未著録此四件，原册題名"律部"。今按，這四件殘片的内容見於P.2466《大道通玄要》卷五引《昇玄内教經》卷一，因此當定名爲"《太上洞玄靈寶昇玄内教經》卷一"。敦煌文獻中尚未發現《昇玄經》卷一寫卷。吐魯番文書中除此外發現一件《昇玄經》卷一，即大谷4410，很可能與本件同卷，大谷4410在前，與本件之間相隔約五行。今據《中村》録文，以P.2466補全，録文於下：

1. 五當念此身穢惡如怨賊如鬼魅思
2. 欲離得道真形
3. 六當勤脩福業使不斷絶
4. 七當忍苦不勞莫生疲厭
5. 八當求好朋友明經學者以爲知識
6. 九當尊經敬師如貧遇寶
7. 十當願一切民人蠕動之類同我所見
8. 俱得離苦
9. 十一不虧異學求其長短
10. 十二若異學脩善道者可訪異同冀
11. 或有益
12. 十三若見異道長短便生憐愍不得
13. 譏抃稱傳其惡

14. 十四當思一切生生之 類或有貧困孤
15. 獨疾病牢獄憂 厄苦痛飢寒熱惱
16. 不安者念欲令安
17. 十五勸人脩善勿 以耶術恐動百姓
18. 十六除去餙好服御 巾褐
19. 十七車床小屋容身而已不得 奢侈除
20. 病及遊行寄住就請
21. 十八當離色慾无 畜妻妾
22. 十九當生慈心不食生生有命者肉若
23. 病亦不得食若世 有良衣言食肉病

（二七）中村 174–5–12 《老子道德經序訣》

中村 174 號第 5 册《北涼寫經殘紙册》第 12 頁左下角殘片，爲吐峪溝出土寫經，四周殘損，共存經文 4 殘行。游自勇比定爲《老子道德經序訣》殘片，且認爲該件與旅順博物館一件及前述大谷文書一件、書道博物館兩件本爲同卷①，或是。今據 P.2435 號補全，録文於下：

1. 家親見真人教以口訣云此 文道之 祖宗也
2. 誦詠万遍夷心注玄者皆必 昇仙尤 尊是書
3. 日夕朝拜朝拜願念具如靈 寶法 矣學仙君
4. 子宜弘之焉仙公常秘此言无 應 仙之相好

（二八）中村 174–5–16 《洞玄靈寶長夜之府九幽玉匱明真科》

中村 174 號第 5 册《北涼寫經殘紙册》第 16 頁右下角的小碎片，爲吐峪溝出土寫經，四周殘損，起"三摞"，至"命太上"，共 5 殘行。各家未著録該卷，《中村》無題名，今考定爲《明真科》殘片。今據 P.2442《明真科》寫卷補全，録文於下：

---

① 游自勇：《吐魯番所出〈老子道德經〉及其相關寫本》，《中華文史論叢》2017 年第 3 期。

拘校道文

1. 次又 三揲 香呪曰臣今故燒香願以是功德
2. 爲帝 主國王君 臣吏民受道法師父母尊親
3. 同學 門人隱 居山林學真諸道士賢者願各
4. 得其 道歸身歸 神歸命大道臣首體投地
5. 歸 命太上 三尊願以是功德歸流帝主國王君

（二九）有鄰館藏"道教書"

陳國燦、劉安志《吐魯番文書總目（日本收藏卷）》著錄①，但圖版、錄文均未見，姑存疑。

三　中國藏吐魯番道教文獻拾補

中國藏吐魯番文獻，一部分爲"大谷探險隊"留在中國的收集品，主要在旅順博物館、國家博物館等機構，趙洋《新見旅順博物館藏吐魯番道經敘錄》②批露了旅順博物館的藏品；一部分爲20世紀50年代以來歷次考古發掘出的文書，主要藏在新疆博物館、吐魯番文管所等機構，多已公佈照片。筆者翻閱了目前已公佈的中國藏吐魯番文書，發現少量道教文獻，現介紹如下。

（一）國家博物館藏本　失名道經

國家博物館藏"北朝'有言寧生天竺'寫經殘卷"，圖版見《中國歷史博物館藏法書大觀》第十一卷《晉唐寫經・晉唐文書》③。該卷首尾殘損，起"▢（安）有言寧生天竺"，至"宦婦不敢戾恐"，共18行，有界欄。據僅存之一整行計，行約17字。《中國歷史博物館藏法書大觀》書末說明稱該卷從書法上看，似北涼寫卷④。爲方便論述，現錄文如下：

1. ▢▢▢▢　▢（安）有言寧生天竺入▢（邊？）▢▢▢

---

① 陳國燦、劉安志主編：《吐魯番文書總目（日本收藏卷）》，第601頁。
② 載《敦煌吐魯番研究》第十七卷。
③ 《中國歷史博物館藏法書大觀》第十一卷，第69頁。
④ 《中國歷史博物館藏法書大觀》第十一卷，第215頁。

2. ▢▢何以故？秦地作諸邪（？）行，不▢▢▢
3. ▢▢▢（福，得）生天。天福盡，墮地獄。地獄出，復生邊▢▢
4. 造惡逆，生天竺。礼義備具，犯小過▢▢▢
5. 罪畢，還得人身，生乎中國。明信罪福▢▢
6. ▢是故勝秦▢生。　又問：若婦有▢▢
7. ▢（男？）輒便打之，云何？答：打婦不孝▢▢
8. ▢▢若枉打奴婢畜生，亦入地獄▢▢
9. ▢▢（若？）有過狀，以理語之。語之不改▢▢
10. ▢▢▢須臾，還喜如故，當▢▢
11. ▢▢乃與鬪争，相打作罪也。結怨後世，非▢▢
12. ▢（也？）。婦人有十種力，婿不敢打。一者，姓望。二者，有▢
13. 兄弟。三者，父母富。四者，面首端。五者，手妓（技）巧。
14. ▢（六）者，▢▢（作？）飯▢▢時与婿。七者，能与北舍
15. ▢取往來，看待夫婿朋友知識▢▢
16. ▢九者，男兒巢（勇）健。十者，浄潔貞▢▢
17. ▢▢▢（耳？）若伏，不能庞向男子▢▢
18. ▢▢▢宦婦不敢戾，恐▢▢

該卷前6行因殘損無法確知其意，但大意當是駁斥當時佛教徒言天竺勝美、當生天竺的言論。《牟子理惑論》云："所以生天竺者，天地之中處其中和也。"① 這應該代表了當時佛教徒的一般想法。而該卷認爲秦地之人作諸邪行、造諸惡逆方生天竺。如此貶抑天竺，顯然應是與佛教對立的道教言論。

該卷第3行有明顯的轉世思想，則應是受佛教影響的產物。秦地人作惡墮地獄，後復生邊夷的輪轉序列，與靈寶經非常相近。如《太上洞玄靈寶諸天内音自然玉字》卷四："惡對緣生，而作無道，非人所行，不敬天地……死循劍樹，足踐刀山……千劫受苦，乃得還生邊夷之中，雖有人形，而無人情。"（D2，p. 561）P. 2730《洞玄靈寶長夜之府九幽玉匱明真科》云："無極世界，男女之人，生世身行，發

---

① 《弘明集校箋》，第13頁。

心舉意，恒惡爲先……死受惡對，牛頭獸身，晝夜考掠，楚毒難言，身體爛壞，无復人形。万劫當還，生邊夷之國，有人之形，無人之情。"又如 S. 1605《太上玄一眞人說三途五苦勸誡經》："斯罪人也，其人前身所行不道，違負師命，輕忽三寶……万劫當還生邊夷之國，有人之形，无人之情。"由此可見，該卷有着鮮明的道教特色。而該卷將天竺置於邊夷之下，更突顯了道教對佛教的激烈攻擊。

道教一般以死魂生天、生身延命爲修道的目標。如《太上洞玄靈寶智慧本願大戒上品經》："凡人雖不能學仙道，皆得受五千文禮敬，以致無爲之道，在世保延性命，家門安樂，死徑生天堂，不更三官地獄囚徒中也。"（D6，p. 159）是道教徒死生天堂後，便長享福報，不再經地獄。也有少數道經提到死魂生天后復受輪轉，但總是由天堂轉生富貴之家。如《太上洞玄靈寶諸天內音自然玉字》卷四："……而受滅度，徑上天堂，逍遥歡樂，衣食自然。二十四年，更生貴門，受炁智慧，五心開聰。"（D2，p. 562）《太上洞玄靈寶業報因緣》卷二《善對品》稱："今世作帝王國主者，從累劫修齋奉戒，廣種福田……命終之後，得生快樂天宫，天衣掛體，食祿自然。從劫至劫，受天福盡，下降人間，常生帝王人家，作如是福田中來。"（D6，p. 85）如本卷這樣因福盡而由天堂徑入地獄的觀點，在道經中極爲罕見。

本卷第 6 行以下闡述了道教的婦女觀，即不可枉打婦女奴婢。正如有些學者所指出的，在中國儒教、佛教、道教三種基本教義之中，道教在觀念上對女性最抱善意[1]。道經中頗有一些男女、貴賤平等的觀念，如《太平經》卷八十六《來善集三道文書訣一百二十七》："凡民臣奴婢，皆得生於天，長於地，得見養理於帝王。"[2] 卷九十六："神、真、仙、道、聖、賢、凡民、奴、婢，此九人有真信忠誠，有善真道樂，來爲德君輔者，悉問其能而仕之。"[3]《洞真太上太霄琅書》

---

[1] 戴思博（Catherine Despeux）、孔麗維（Livia Kohn）有《道教中的女性》（*Women in Daoism*, University of Hawaii Press, 2005）一書，可參看。姚平主編《當代西方漢學研究集萃·宗教史卷》收有該書前言。
[2] 王明編：《太平經合校》，第 321 頁。
[3] 王明編：《太平經合校》，第 417 頁。

第一章　敦煌吐魯番道教文獻拾補

卷四《擇師訣》："所以人無貴賤，道在則尊，尊道貴德，必崇其人，其人體道，含德厚淳，雖是女子，男亦師之。父師其子，君師其臣，奴婢僕使，僮客夷蠻，道之所在，緣之所遭，高下雖殊，皆當師事。"（D33，p. 665）《要修科儀戒律鈔》卷十三引《千真科》："男見女子入道，受老君自然法已，即須敬禮，依法引接。"（D6，p. 987）《太平經》還指出了女性的重要地位，卷三十五《分别貧富法第四十一》："今天下失道以來，多賤女子，而反賊殺之，令使女子少於男，故使陰氣絕，不與天地法相應。"[①] 有些道經中也記載了毆打奴婢的報應，如 P.2454《仙公請問本行因緣衆聖難經》："苦酷奴婢，死入地獄，徒考三官。罪竟，後生爲下使，視人氣息，伏事自效，動得鞭笞，憨苦荼炭，靡所不履。"

《老君音誦誡經》中稱："男女籙生及道民，家有奴婢，不得唤奴婢，當呼字。若有過事，不得縱橫撲打，但以理呼在前，語甲乙：'汝有此事，應得杖罰，令受之。'若責數，奴婢自當紀罪，無有怨恨之心。"（D18，p. 214）這與本卷第9行"有過狀，以理語之"之説大致相當。一般認爲《老君音誦誡經》爲寇謙之《雲中音誦新科之誡》的殘卷[②]，那麽本卷可能與北朝天師道存在某種聯繫。

（二）80TBI079a→80TBI：060b　　《通玄真經·九守》

80TBI079a，小殘片，首尾及上部殘缺，存文字4殘行，又有一行無文字。

80TBI：060b，小殘片，首尾及上部四周殘缺，存文字5殘行。

以上兩件爲1980—1981年在柏孜克里克千佛洞清理出的文書碎片，内容見於《文子》，即《通玄真經》。《吐魯番柏孜克里克石窟出土漢文佛教典籍》一書已做出正確定名[③]。該書以爲兩件可以直接綴合，其綴合圖似乎也認爲兩件裂縫殘字可以拼合[④]，但兩件之中實缺

[①] 王明編：《太平經合校》，第34頁。
[②] 參楊聯昇《老君音誦誡經校釋——略論南北朝時代的道教清整運動》（《"中研院"歷史語言研究所集刊》第28本上，1956年）、《道藏提要》第342頁。
[③] 《吐魯番柏孜克里克石窟出土漢文佛教典籍》，第328頁。
[④] 《吐魯番柏孜克里克石窟出土漢文佛教典籍》，第376頁。

一行，80TBI079a 卷末殘留的墨點並非 80TBI：060b"五"字的殘缺部分。今據王利器《文子疏義》本補全，録文於下：

1. 精神之户牖血氣者五藏之使候故耳
2. 目淫於聲色即五藏動摇而不定血氣
3. 滔蕩而不休精神馳騁而不守禍福之
4. 至雖如丘山无由識之矣故聖人愛而
5. 不越
6. 聖人誠使耳目精明玄達无所誘慕意
7. 氣无失清静而少嗜欲五藏便寧精神
8. 内守形骸而不越即觀乎往世之外來
9. 事之内禍福之間何足見也故其出彌
10. 遠者其知彌少以言精神之不可使外
11. 淫也故五色亂目使目不明五音入耳

校記：

第 10 行，今本無"之"字。

由以上録文可知，本件每行 15 字，與一般經卷每行 17 字的行款不同。

（三）2002TJI：034a　《太上中道妙法蓮華經》（擬）

2002TJI：034a，小殘片，四周殘缺，存文字兩行，另首尾各有一行文字殘畫。該卷爲 2002 年交河故城大佛寺出土，據《新獲吐魯番出土文獻》，屬高昌郡至唐西州時期的寫本。《新獲吐魯番出土文獻》將該卷題名爲"佛典殘片"，但該件文書不見於《大正藏》，却與《萬曆續道藏》中所收的《太上中道妙法蓮華經》卷八《天地物象品》文字大致相合。今據《萬曆續道藏》擬補，録文於下：

1. 諸惡受持讀誦妙法蓮華經隨心所願得生
2. 其中亦有無量七寶宮殿男女身長廿五里壽命廿五萬歲衣食

3. 自然無所乏少須彌山上名忉利天 此天第一

4. 壽命一劫其中天人身長二十五里一切皆受

前揭録文第2行"萬"字前之殘墨頗似"五"字，"歲"字後殘畫亦似"衣"字。第3行"此"上殘存二字右側殘畫，亦與"利天"二字相合。另外，第3行"此"字左側殘畫亦似"一"字。唯一無法相合的是第2行文字太多，行款不符，或原本無"亦有無量七寶宮殿"八字。因此該卷的文字可能與今本《太上中道妙法蓮華經》有較大差異，該卷是否爲《太上中道妙法蓮華經》也無法確定。

《太上中道妙法蓮華經》係模仿佛經造作的道教經典，但該經的時代一直無法確定。如果該卷確係該經的話，便可確定該經的成書下限在唐代中期。

第三節　敦煌吐魯番道教文獻題名、綴合匡謬

在敦煌吐魯番道教文獻的收集、著録方面，前人已做出了許多成果，其中以王卡《敦煌道教文獻研究》一書最爲全面。但王書仍有部分題名和綴合錯誤，王卡《〈敦煌道教文獻研究·目録〉補正》[①]、石立善《敦煌寫本失題道經五種定名》、劉屹《評〈敦煌道教文獻研究：綜述·目録·索引〉》[②] 等都做了一些補正。本節對前人未曾涉及的王書及其他學者論述中可能的題名、綴合錯誤提出新的看法。

一　題名錯誤

（一）Дx556　《太上洞玄靈寶智慧上品大戒經》

Дx556，大淵忍爾《敦煌道經目録編》、《俄藏》均題名爲《太上洞玄靈寶赤書玉訣》，王書題名爲《太上洞玄靈寶赤書玉訣妙經》。劉屹認爲："對比 Дx.556 與 P.2461《太上洞玄靈寶智慧上品大戒經》的書法，

[①] 王卡：《〈敦煌道教文獻研究·目録〉補正》，《敦煌學輯刊》2007年第3期。
[②] 原載《敦煌吐魯番研究》第九卷，兹據《經典與歷史——敦煌道經研究論集》。

拘校道文

有很大的相似性。同一抄手抄寫兩遍《太上洞玄靈寶智慧上品大戒經》的可能性也是存在的。所以，我傾向於認爲：與其將Дx.556比定爲《赤書玉訣妙經》，不如說它更有可能是《太上洞玄靈寶智慧上品大戒經》的殘片，至少不能認定它就只能是《赤書玉訣經》。"① 今按，本卷的内容爲十二可從戒的第二至第八戒。十二可從戒，見於《太上洞玄靈寶赤書玉訣妙經》卷上、《太上洞真智慧上品大誡》、《太上洞玄靈寶智慧罪根上品大戒經》卷上、《無上秘要》卷四六等。Дx556與P.2461行款完全相同，字形亦相近，如"令人法牆""牆"皆作"墻"，"斷俗因緣"之"斷"皆作"断"，"無嫉无害无惡"，首"無"字皆作"無"，後二"無"皆作"无"。另外，Дx556卷末"无惡"後當爲紙縫，而P.2461"无惡"後亦爲紙縫。由此可知二卷同源。因此Дx556應爲《太上洞玄靈寶智慧上品大戒》，而非《赤書玉訣經》。另外，本卷筆跡與P.2461並不完全相同，P.2461字體稍呈向右上傾斜狀，而本卷則較爲平正。本卷筆跡與P.2358似稍近，或二件本爲同卷。

（二）P.2730 《九幽玉匱罪福緣對拔度上品》

P.2730，首殘尾全，尾題"九幽玉匱罪福緣對拔度上品"，共9紙237行。王卡謂本卷尾題"是原經中品題，並非卷尾題，其後缺大段經文"②。但原卷該題前後均有空行，而道經寫本於品題前後多不空行，該卷前品題"長夜之府九幽玉匱明真科"前後亦無空行。疑本卷至此已是卷尾，可能是《明真經》的一種略出本。大淵忍爾云："P2730、P2406是獨立的經卷……我們可以認爲，現在的明真科大概的全貌從很久以前開始就被稱爲《明真科經》了。不過，正如由P2406及P2370所知，也存在著其中一部單獨流傳的情況。"③ 其說當是。

（三）P.2406 《太上洞玄靈寶明真經科儀》

P.2406，卷首微損，尾部殘缺，首題"太上洞玄靈寶明真經科儀"，共9紙239行。關於首題，王卡謂："此係原經中的品題，並非

---

① 見劉屹《敦煌道經與中古道教》，第196頁。
② 王卡：《敦煌道教文獻研究——綜述·目錄·索引》，第95頁。
③ ［日］大淵忍爾：《敦煌道經目錄編》，第85頁。

全經的卷首題。按《道藏》本及其他敦煌抄本均無此品題，當係後人妄加。"今按，道經出於分派或神化的目的，經題往往冠以"太上洞玄靈寶"等字樣，而品題中一般不加；且此卷卷題字體偏大，與正文不同，亦與一般經書的品題體式不同。因此，本書疑此"太上洞玄靈寶明真經科儀"即爲該卷卷題。

法琳《辯正論》卷二引"明真儀"（T52，p. 497），其内容正見於此《太上洞玄靈寶明真經科儀》。P. 2626《佛法東流傳》載"岠岳道士桓文度等七十人"所將經書有"明真科齋儀一部"。《漢法本内傳》雖爲南北朝晚期佛教徒爲護教杜撰的作品①，但其中所提的道經名稱大多有所依憑。從中可知南北朝末期可能確有單行的明真科齋儀，應即如 P. 2406 一樣爲《洞玄靈寶長夜之府九幽玉匱明真科》的略出本。

（四）中村 176 – 15　《無上秘要》卷五

中村 176《流沙碎金册》第 15 頁左上小碎片，首尾及下部殘損，起"兆已道合"，至"玄液爲道之"五字右半殘畫，共 6 殘行。周西波《中村不折舊藏敦煌道經考述》認爲本卷爲《洞真太一帝君太丹隱書洞真玄經》殘片。本卷内容確實見於《太丹隱書》，但敦煌文獻中並未見其他《太丹隱書》寫卷，本卷内容也見於《無上秘要》卷五《人品》，且本卷與 Дx169 + Дx170、Дx2623《無上秘要》卷五寫卷筆跡相同，因此本卷應爲《無上秘要》卷五殘片。

（五）Дx11606　"三洞科"（擬）

Дx11606，殘片，首尾及下部殘損，起"明鏡君"，至"起靖館宫堂弟十一"，共 13 行，有界欄。本卷主要内容爲道士照鏡之法，與《正統道藏》正一部之《上清明鑒要經》、《洞玄靈寶道士明鏡法》、太平部之《洞玄靈寶道學科儀》卷下、《雲笈七籤》卷四八《老君明照法》文字相合，但文字均有出入。卷末"經曰"一段及"起靖館宫堂弟十一"的品題不見於現存各經。

王卡認爲本卷筆跡與 S. 3863 同，又曰："按此殘片末行有小標題

---

① 關於《漢法本内傳》的成書時間及性質問題，可參劉林魁《佛教僞史〈漢法本内傳〉與佛道論争》，《雲南社會科學》2009 年第 2 期。

'起靖館宫堂第十一'。考唐道士王懸河編《三洞珠囊》卷六、《上清道類事相》卷一，均引述'三洞科起靖館宫堂品第十一'佚文。據此推測，此殘片前 12 行經文當即《三洞奉道科誡經》第十明鏡要經品，與 S.3863 原屬同卷並在其前。"劉屹《敦煌道經與中古道教》通過本卷體例與《三洞奉道科誡》不同，"起靖館宫堂"亦與現存《三洞奉道科誡營始》中的"置觀品"重複，認爲"三洞科"與《三洞奉道科誡儀範》不同①，其説是。

今按，首先，本卷與 S.3863 筆跡不似，如本卷"無"字皆作"炁"，而 S.3863 皆寫作"無"，極爲規範；又如本卷"堂"字作"堂"，"土"旁有綴筆，且上橫較長，而 S.3863 作"堂"，也爲規範字形；再如本卷"面"字作"面"，而 S.3863 則作"面"。由此可見，兩件寫卷用字不同，筆跡不同，本非同卷。

其次，敦煌文獻中有品題的《三洞奉道科誡經》有兩件，即 P.3682 及 P.2337，其品題均獨佔一行，而本卷卷尾的"起靖館宫堂弟十一"却空兩格接抄于正文之下。P.3682 及 P.2337 品題均爲"道科誡某品"，而本卷品題無"道科誡"字樣。敦煌本各《三洞奉道科誡經》寫卷每條均以"科曰"起首，而本卷無此體例。可見本卷與現有的《三洞奉道科誡經》體例不一。

最後，"三洞科"的稱謂，僅見於《三洞珠囊》及《上清道類事相》，兩處引文大致相同，並見於朱法滿《要修科儀戒律鈔》卷十所引《玄都律》。可見《三洞珠囊》及《上清道類事相》恐怕均是轉引自《玄都律》，王懸河未必見到過"三洞科"。没有其他經文的佐證，今已無法確定"三洞科"的全名是什麽，但恐怕並非《三洞奉道科誡經》。

總之，本卷未必是《三洞奉道科誡經》佚文，據現有資料難以斷定其經名，今據《三洞珠囊》擬題作"三洞科"。

（六）BD10266　"道教文範"

BD10266，小碎片，前後及下部殘損，存 5 殘行。《國圖》擬題"待考道經"，王書亦著録於"失題道經"。其實這應是一件道教文範

---

① 見劉屹《敦煌道經與中古道教》，第 370 頁。

殘片，爲方便論述，先録文於下：

1. □□□□□□罔□（極？）□□□□
2. 露壇霞（遐）敞，皇觀宏開，鴛□□□
3. 珍檢（？），絢紫府以騰文，望八景而虔□□
4. 蛩巖馭氣，宣遊金闕之□□□
5. □□□□□□，業契仙圖□□□

其中，第1行有"罔極"字樣，似爲説明齋會齋意的文字，且當與喪事有關；第2行"露壇霞敞，皇觀宏開"、第3行"絢紫府以騰文"似描摹齋會現場，即相當於齋文的"道場"部分；第5行"業契仙圖"似爲對人的祝愿，即相當於齋文的"莊嚴"部分①。從"皇觀宏開"看，這應是爲皇家舉行的齋會，那麼該殘片可能是某位皇室成員忌辰的齋會文範。其實類似的文字在敦煌佛教齋文中也能找到，如S.5637某文書集之《諸色篇第七》所載《睿宗大聖皇帝忌》云："厥今宏開玉殿，廣豎幢幡……於是鹿園遐敞，雞岫横臨。"又如S.5639《武德歎》："秉文秉武，爲紫府之良才；盡忠盡貞，作元戎之心腹。"此類文字皆可爲證。另外，這件文書與S.10576、S.10605筆跡頗似，很可能原爲同一寫卷②。

（七）羽704R "道教雜方術"

羽704R，首尾殘缺，存2紙41行。《敦煌秘籍》題名"絶粒方"。按，該卷前13行爲"絶粒方"，第14行題"吐納"，以下述道家吐納、服氣之法，則《敦煌秘籍》之題名不確。該卷最後11行與P.3043重合，但兩卷體例稍有不同，未必爲同書。P.3043於吐納法後，又抄"休糧方""妙香丸子方"。

（八）羽673R "金録齋十方懺文範"（擬）

羽673R，首尾殘缺，共1紙24行。《敦煌秘籍》題名"道教願文"，吕德廷曰："相同文字見於P.2989（P.T.0781）第90—113行。大淵忍爾《敦煌道經目録編》將P.2989擬名爲《靈寶金録齋儀》，羽

---

① 關於道教齋文的形式，可參本書第六章第一節。
② 關於S.10605，詳參本書第六章第二節。

673 亦可從之。"① 按，該卷與 S.3071 筆跡相同，文字連續，可以直接綴合，兩件寫卷的內容均見於 P.2989。王卡謂 S.3071 與日本國會圖書館藏 WB32（3）寫卷原系同抄本，則本件寫本當亦屬該卷。這組寫卷，大淵忍爾題名"靈寶金籙齋儀"，王卡題名"靈寶金籙齋懺方儀"。但這組寫卷並無關於儀式的內容，僅一組文範而已，故今題名"金籙齋十方懺文範"②。

（九）P.4690P1 + P.4690P10 + P.4690P3 "老君七十二相八十一好"（擬）

此 3 枚碎片，各家目錄未著錄，《法藏》題名"殘片"，《敦煌遺書總目索引新編》題"殘文書"，謂"似靈驗記一類的文字"③，石東梅《敦煌遺書中珍貴的唐人寫本〈三洞珠囊〉》④ 認爲 P.4690P1、P.4690P3 爲《三洞珠囊》卷八《相好品》寫卷。今按，P.4690P10 亦可與這兩件殘片綴合，綴合圖見下。該卷內容爲老君七十二相八十一好，與《三洞珠囊》卷八文字相近，但略有差異，尤其是"頭上"前之"獸"字及末行之"暎"字，均爲《三洞珠囊》所無。另外，P.4690P6 與前揭三件殘片筆跡亦相類，但内容完全不見於《三洞珠囊》。關於老君相好的内容在多種道經中出現，如《三洞珠囊》所引的《法輪經》《老子化胡經》等。在敦煌遺書中尚未發現《三洞珠囊》其他寫卷的情況下，似乎很難確定該卷即爲《三洞珠囊》。今姑擬題作"老君七十二相八十一好"，校錄於下：

1. ☐☐（徵），腹有白☐，頤有☐☐，☐（項）有三約，鶴素
2. ☐☐☐，手把十方，指有玉甲，身有綠毛，背
3. ☐有偃骨，心有九孔，外有錦文，臍深一寸，腹
4. ☐☐（綿），脚方如矩，雙☐法輪，足蹈二五，指有乾
5. ☐☐滋☐血，外尒（示）☐☐☐長丈二，遍躰鮮香，行
6. ☐☐步，動若龍趍，此七十二相☐☐☐

---

① 吕德廷：《〈敦煌秘籍〉部分佛教與道教文書定名》，《敦煌寫本研究年報》第八號。
② 詳參本書第六章第二節。
③ 敦煌研究院編：《敦煌遺書總目索引新編》，第 323 頁。
④ 載《文物與收藏》2013 年第 5 期。

7. ▯▯獸，頭上朱▯（雀）▯▯
8. ▯▯▯▯（化？）暎▯▯▯

二 綴合失誤

前人對敦煌道教文獻綴合已做了許多工作，但也有少量失綴、誤綴的情況。前文已提到一些應綴而未綴的碎片，本小節則列舉了前人若干組失綴或誤綴的敦煌道教文獻。

（一）Дх1893＋羽589–13→京都253號 《太上洞玄靈寶妙經衆篇序章》

羽589–13，首尾殘損，起"於九靈"，至"之宗撫念"，共存經文4行。《敦煌秘籍》題名"不知題序文一片"，吕德廷爲該卷擬題作《元始五老赤書玉篇真文天書經》。

Дх1893，首尾殘損，起"玉寶之殿"，至"關受生玄"，共存經文9行。大淵忍爾《敦煌道經目録編》題名"太上洞玄靈寶五篇真文赤書"[1]，

---

[1] ［日］大淵忍爾：《敦煌道經目録編》，第2頁。

拘校道文

《俄藏》從之。王書擬名"元始五老赤書玉篇真文天書經"①。

今按，羽589－13卷首之"於九靈之"等數字右側殘墨均見於Дх1893卷尾，二者可以直接綴合，綴合後可得經文12行，綴合圖見下。

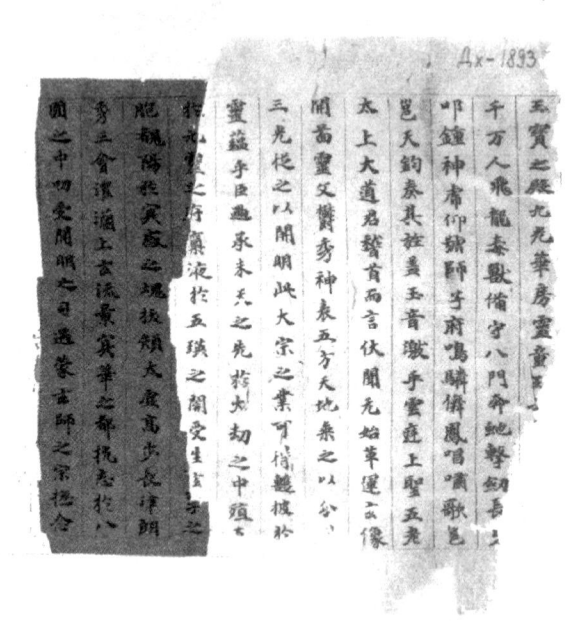

京都博物館藏本253號，首缺尾全，尾題"太上洞玄靈寶妙經衆篇序章"。卷末有題記："承聖三年三月七日，道士朱世元書。"卷末又有李盛鐸"德化李氏凡將閣珍藏"印章。

王書謂Дх1893紙質、筆跡與京都253號相同，可能是同抄本，其説是，三件寫卷筆跡、行款一致。且據兩者行款排比，羽589－13與京都253號中間恰缺九整行。敦煌文獻中無其他《元始五老赤書玉篇真文天書經》殘片，Дх1893、羽589－13是《元始五老赤書玉篇真文天書經》的可能性也不是太大。因此Дх1893＋羽589－13應爲《太上洞玄靈寶妙經衆篇序章》寫卷。又，大淵忍爾《敦煌道經目錄編》謂"藤枝晃博士對本鈔本（引者按，指京都253號）的真僞問題

---

① 《正統道藏》洞真部本文類作"元始五老赤書玉篇真文天書經"，《三洞奉道科戒營始》卷四則作"太上洞玄靈寶五篇真文赤書"，二者異名。

· 88 ·

持有疑問"①。從俄羅斯藏有本卷殘片來看，京都253號是藏經洞出土之物，這應該是沒有疑問的。

（二）Дx4887＋S.6659　《太上洞玄靈寶妙經衆篇序章》

Дx4887，首尾殘損，起"十二者冬"，至"年反少少"，共6行，行17字。該卷《俄藏》無題名，葉貴良《〈俄藏敦煌文獻〉道經殘卷考述》題名《太上洞玄靈寶五篇真文赤書》，其説非。

S.6659，首缺尾全，尾題"衆篇序經"，存經文416行，起"年不老"，至卷末。烏絲欄，行17字。大淵忍爾《敦煌道經目録編》據京都博物館藏253寫卷尾題題名"太上洞玄靈寶妙經衆篇序章"②，是。

今按，以上兩卷文字連續，Дx4887卷末"者老年"三字左半殘墨見S.6659卷首，可知兩卷可直接綴合，因此Дx4887也應題名爲"太上洞玄靈寶妙經衆篇序章"。綴合圖如下：

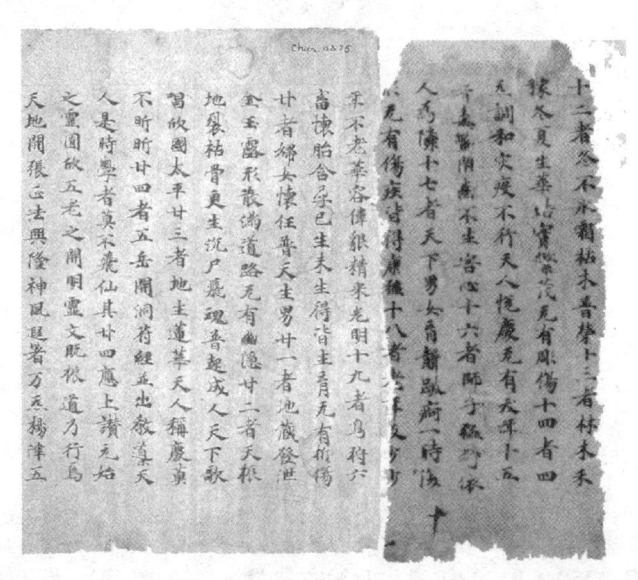

（三）Дx5452＋Дx5385＋Дx5392　《太上洞玄靈寶昇玄内教經》卷九

Дx5452，小碎片，四周殘損，起"言善惡呪"，至"終身奉行是吾大"，殘存6行。該卷背抄齋文、《永安寺詩》等佛教文書。勝義

---

① ［日］大淵忍爾：《敦煌道經目録編》，第177頁。
② ［日］大淵忍爾：《敦煌道經目録編》，第155頁。

■ 拘校道文

《〈俄藏敦煌文獻〉第十二册校讀記（上）》①認爲"是片似爲道教經典"，王卡《敦煌道教文獻研究》考定爲《昇玄內教經》卷九寫卷。

Дх5385＋Дх5392，《俄藏》已拼合二件。兩件拼合後，首尾及上部殘損，起"手不得煞害衆生"之"不"字，至"知無憂爲泰"之"泰"字右上，共58行。卷背抄《四分律》及佛教徒詩作等。該卷《俄藏》未定名，勝義《〈俄藏敦煌文獻〉第十二册校讀記（上）》認爲似爲道教典籍，葉貴良《〈俄藏敦煌文獻〉道經殘卷考述》、周西波《俄藏敦煌道經略考》②考定爲《昇玄內教經》卷九寫卷，但均未與Дх5452綴合。今按，Дх5385卷首"煞"字與Дх5452卷末殘畫恰相吻合，且三卷正背筆跡均同，文字連續，可以直接綴合，綴合圖見下。

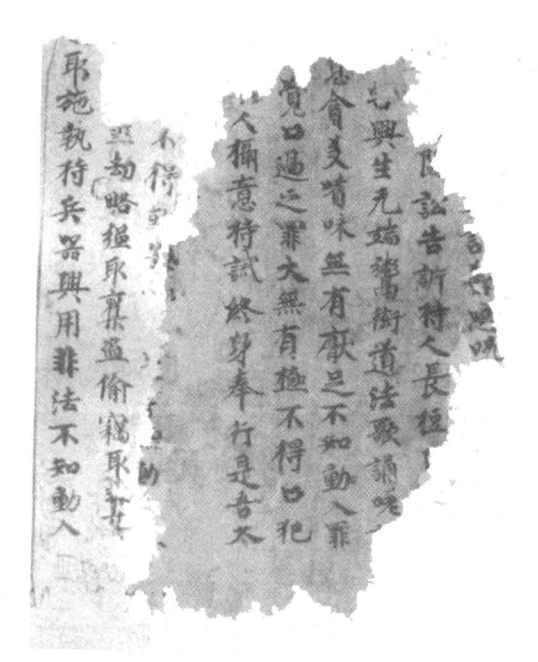

今據P.2750＋P.2430《太上洞玄靈寶昇玄內教經》卷九補全，將Дх5452及Дх5385前三行錄文於下：

1. 第三誡曰口不得妄言善惡呪咀罵詈欺詆

---

① 見《戒幢佛學》第二卷，第644頁。
② 載［俄］波波娃、劉屹主編《敦煌學：第二個百年的研究視角與問題》。

2. 忘語幻惑兩舌 鬭訟告訴持人長短 自作是

3. 非生灾造 害興生無端嚳衒道法歌誦嗟 詠

4. 吟嘯歎 息貪美嗜味無有厭足不知動入罪

5. 網不能自 覺口過之罪大無有極不得口犯

6. 不得教令 於人攝意持誡終身奉行是吾太

7. 上太一第三誡也

8. 第四誡曰 手不得煞 害衆生蚑行蠕 動 含血

9. 之屬皆不得 煞劫略强取奪盜偷竊取非其

10. 物拾遺 取施執持兵器興用非法不知動入

（四）P. 2355、S. 10714

這兩件寫卷均爲《太上洞玄靈寶無量度人上品妙經》寫卷，王書謂"兩件裂縫殘字吻合，原屬同抄本"。今按，P. 2355、S. 10714 皆存"極瑶天帝"之"天帝"二字，皆有"太安"之"太"字的橫畫及捺畫；又依 P. 2355 行款，"極瑶天帝""太安皇崖"均爲行末，而 S. 10714 此四字下猶存殘字；又兩卷"天""帝""太"等字寫法均有較大不同。可知二卷行款、筆跡不同，文字有重合，絕非同抄本，不可綴合。

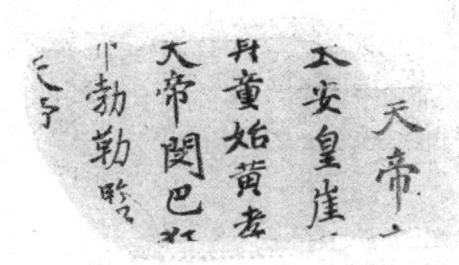

S. 10714 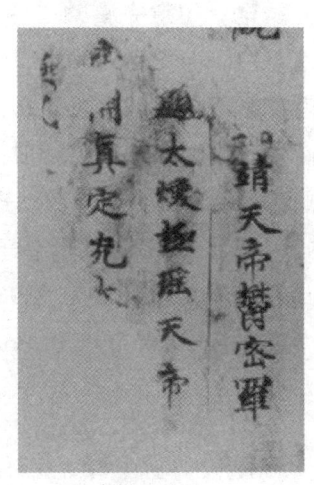　　　　　　P. 2355 卷尾

拘校道文

（五）P. 2396、P. 3675

大淵忍爾《敦煌道經目録編》考定 P. 2396 爲《太上妙法本相經》寫卷①。P. 3675，《法藏》題名"雲笈七籤卷九十語要部連珠"，《敦煌遺書總目索引新編》題名"殘道書"，大淵忍爾謂"從它與《道德經》極其相近這一點來看，有可能是《妙真經》的殘卷"②。王卡謂 P. 3675 與 P. 2396 "兩件紙質筆跡相同，文字内容銜接，原係同一抄本"③。

今按，敦煌藏經洞出土文書，時代可考的最晚一件寫卷抄于宋咸平五年（1002），而張君房於天聖五年（1027）前後始撰成《雲笈七籤》進上，九年後西夏佔領敦煌。在這短短的九年内，《雲笈七籤》是否能流傳到與中原王朝關係不那麼緊密的敦煌，可能還有疑問。另外，敦煌藏經洞的封閉時間一直有爭議，有學者認爲約在1006年黑韓王朝攻滅于闐國後，還有的學者認爲在道真去世時，若其說成立，這又遠早於《雲笈七籤》的成書時間。另外，P. 3675 内容雖大部分見於《雲笈七籤》卷九十，但首二行、末四行及中間一些内容均爲該書所不見。總之，《法藏》題名爲"雲笈七籤卷九十語要部連珠"是不合適的。

王卡認爲 P. 3675 與 P. 2396 紙質筆跡相同，文字内容銜接。但 P. 2396 "乎"字皆寫作"于"形，P. 3675 "何益王命乎"之"乎"仍作"乎"形，是二者用字不同。P. 2396 以"故不思叵議，而不可測"結尾，句意完整，"測"字下雖有一字之空，但據殘泐情況看，應爲空白。而 P. 3675 以"形而對應"起首，並不成句，可見二者文字内容亦不銜接。另外，P. 3675 中如"未（物）或益之而損，［損］之而益""損之有（又）損，以至於無爲""去彼取此，天之道""天道無親，唯與善人""成功遂之，天之道""質直若揄（渝）""攘而無臂"等，大量化用《老子》中的語句，這在 P. 2396 中是没有的。由此可見，P. 3675 與 P. 2396 絶非同一寫卷。

實際上，P. 3675 與 P. 3362、Дх1630D、Дх2763 均有部分文字見於《雲

---

① ［日］大淵忍爾：《敦煌道經目録編》，第803頁。
② ［日］大淵忍爾：《敦煌道經目録編》，第958頁。
③ 王卡：《敦煌道教文獻研究——綜述・目録・索引》，第117頁。

笈七籤》卷九十，當本屬同一經典。但 P.3675 與另三件寫卷筆跡不同，當非同卷。從《雲笈七籤》的文字次序來看，P.3675 的內容應在 Дx2763 和 P.3362 之間。王卡將 P.3675 與 P.2396 綴合雖不確，但 P.3675、P.3362 等寫卷行文與《本相經》相近，而 P.3362 卷中 "好淫與淫，其淫唯昏" 等語，與 P.2429《本相經》卷五 "貪媱與媱，終亡乃止；嗜酒與酒，禍不知變" 句意相近，則此經或與《本相經》有某種關係。

（六）P.3091、Дx15486

Дx15486，小碎片，僅存 "願天尊" 3 字，"願" 字上半殘泐。王書謂本卷 "楷書精美，筆跡同 P.3091，殘存 '願天尊告' 四字，是 P.3091 第 2 行下端脫落殘字"，因而題名 "太上妙法本相經"。今按，從 Дx15486 "尊" 下殘畫來看，似非 "告" 字。P.3091《本相經》有界欄，而 Дx15486 則似無界欄。又，Дx15486 "天" 字筆法亦與 P.3091 不同，該卷 "天" 字作 "天"，捺筆略上挑，P.3091 作 "天"，捺筆下壓。可見 Дx15486 與 P.3091 並非同一寫本，不可綴合。佛、道均有 "天尊" 之稱，僅憑 "願天尊" 三字也難以斷定即爲道經。

（七）S.9764V＋S.1645、S.861

三件寫卷均爲《太上業報因緣經》卷九寫卷。王書謂 S.861 "背書佛經"，今據 IDP 彩圖，該卷背部並無文字。王卡又謂 S.861 "與 S.9764V＋1645 原係同一鈔本，但不直接連續"。今按，S.1645 背鈔佛教戒律，而 S.861 背部並無文字；S.1645 寫卷 "二十" 皆作 "廿"，"翔" 皆作 "祥"，而 S.861 皆作 "二十" "翔"，是兩件寫卷用字不同；另外，兩卷筆跡亦有明顯不同。是 S.861 與 S.9764V＋S.1645 絕非同一鈔本。S.861 用字、筆跡與 P.2387《業報因緣經》卷六寫卷極相近，疑兩者爲同一系統的鈔本。

（八）P.2959、敦研 376

P.2959 爲《洞淵神呪經》卷二寫卷。敦研 376，《甘藏》原題名 "道經"，王書謂 "此殘片經文內容及文體均同《洞淵經》，筆跡亦近似 P.2959，疑即該卷前或卷後之缺文。" 今按，敦研 376 與 P.2959，無論內容還是筆跡，均有較大不同。敦研 376 稱 "尊師哀愍，天宮遣吾下化"，則該文的主語神格較低，而《洞淵神呪經》全經主語均爲 "道"，與此顯然不同。《洞淵神呪經》主旨是袪魔治病，修仙的思想不明顯，而敦研376稱令衆生"入諸仙境界"，與《洞淵神呪經》亦顯然不同。P.2959寫卷雖無首尾題，但卷尾有大段空白，且截作圭首形，可知卷尾不殘。P.2959與《道藏》本《洞淵神呪經》卷二大致相當，據《道藏》本，P.2959卷首僅殘一行，可知敦研376當非P.2959缺文。另外，敦研376與P.2959筆跡也有較大差異，如敦研376"哀"皆作"㦱"，中部"口"之下橫較長，而P.2959則作"哀"，較爲規範；又如敦研376"魂"字作"𩲡"，而P.2959則作"魂"。由此可知，敦研376並非《洞淵神呪經》殘片，與P.2959絕非同一寫卷。因此，將敦研376題名爲"失題道經"是較爲穩妥的辦法。

（九）P.3344、S.6009v

兩卷同爲《老子十方像名經》，王書謂兩卷"筆跡及紙質縱幅相近，原係同一抄本，但不直接連續"，其説非。S.6009v正面抄佛教文獻，而P.3344背面無字。又，P.3344"虛"字皆寫作"虛"，而S.6009v作"虛"，兩卷用字不同。是P.3344、S.6009v絕非同一抄本。而S.6009v字體、用字與S.1513更爲接近，正面空白處均偶有雜寫，且卷背均抄佛經疏釋，或本爲同一寫卷。

三　誤認作道經的其他文獻

王書、《榮目》等目錄中，有少量被誤認爲道經的佛經和其他文獻，前人已做了不少修正，但尚有少量問題還未被廓清，現一一辨明如下。

（一）Дx769　《七佛八菩薩所説大陀羅尼神呪經》

Дx769，小碎片，前後及下部殘損，存9殘行，《俄藏》題名"佛經"，王書認爲本卷爲《老子化胡經》，並與S.6963綴合。今按，Дx769與S.6963筆跡不同，裂縫殘字亦不吻合。考Дx769實爲佛經《七佛八菩薩所説大陀羅尼神呪經》殘片，與《老子化胡經》無關。今據《大正藏》本《七佛八菩薩所説大陀羅尼神呪經》補全，錄文於下：

1. 不登能 使豐熟隣國侵境悉能穰却大臣

2. 謀返 惡心即滅疾病劫起悉能穰之疫鬼入

第一章　敦煌吐魯番道教文獻拾補

3. 國能駞遺之刀兵劫起能摧滅之此陀羅尼
4. 力攘灾消怪無量無邊若廣説者窮劫不
5. 盡此陀羅尼句七十二億諸佛所説神呪
6. 第二式佛所説陀羅尼名胡穌多晉言除
7. 一切欝蒸熱惱此陀羅尼句七十二億諸佛
8. 所説神呪
9. 陀摩帝那遮波兜帝那　奢副奢副帝那

（二）S.12609　《佛説八陽神呪經》

S.12609，小碎片，前後及上部殘損，存經文 9 殘行。該卷王卡擬名爲《老君安宅八陽經》，並謂"内容大致與《道藏》所引《老君説安宅八陽經》相同，但文字頗有出入"①。今按，該卷實爲佛教僞經《佛説八陽神呪經》的殘片。本卷内容見於 S.252《佛説八陽神呪經》寫卷，但文字稍有不同，今據之補全，録文於下：

1. 復次无礙菩薩若有善男子善女人等興有爲法先讀
2. 此經三遍築墻動土安立宅舍南堂北堂東序西
3. 序厨舍客屋門户井竈碓磑庫藏六畜蘭圂日遊月煞將軍
4. 太歲黄幡豹尾五土地神青龍白虎朱雀玄武六
5. 甲禁諱十二諸神土慰伏龍一切鬼魅皆悉隱藏遠
6. 迸四方形銷影滅不敢爲害甚大吉利獲福无量善
7. 男子興功之後堂舍永安屋宅牢固富貴吉昌不求
8. 自得若遠行從軍使官興生甚得宜利門興人富
9. 百子千孫父慈子孝男忠女貞兄恭弟順夫妻和睦信

據行款推測，本卷第 2—3 行可能比 S.252 少一句。

---

① 王卡：《敦煌道教文獻研究——綜述・目録・索引》，第 190 頁。

· 95 ·

另外，S.12140，王卡《敦煌道教文獻研究》認爲與此卷爲同抄本，其實爲佛教僞經《佛説善惡因果經》，王卡《〈敦煌道教文獻研究·目錄〉補正》已做了修正。

（三）BD110v　《佛説八陽神咒經》

BD110v，小碎片，前後及上部殘損，係 BD110 卷背的裱補紙，存經文 4 殘行。《國圖》擬題"鎮宅文"，王書未載此經，王卡《〈敦煌道教文獻研究·目錄〉補正》題名爲"老君安宅八陽經"。今按，此卷實爲佛教僞經《佛説八陽神咒經》殘卷。本卷內容見於 S.252《佛説八陽神咒經》寫卷，今據之補全，錄文於下：

1. 北堂東序西序厨舍 客屋門户井竈碓磑庫
2. 藏六畜蘭圈日遊月 煞將軍太歲黃幡豹
3. 尾五土地神青龍白 虎朱雀玄武六甲禁諱
4. 十二諸神土尉伏龍一 切鬼魅皆悉隱藏遠

王書中著錄中兩件"老君安宅八陽經"，即 S.12609 及 S.12140，前已論其非是。王卡《〈敦煌道教文獻研究·目錄〉補正》一文增補的 BD110v 亦是佛經。可見敦煌寫本中並無所謂"老君説安宅八陽經"寫卷。

（四）S.12029　《百行章》

S.12029，小碎片，首尾上下均殘，存經文 4 殘行。王書謂該卷筆跡酷似 Дx1630D＋Дx2763，"原當是同殘片，本件似應在前"，因而題名爲《太上妙法本相經》①。今按，本卷與前述兩件俄藏寫卷筆跡明顯不同，本卷楷書極工整，而俄藏兩號寫卷字品較差。個別字的寫法，兩者也有較大不同，如"不"字，本卷寫作"不"，上橫較短，右點較長，而前述俄藏寫卷皆寫作"不"，上橫較長，而右點較短；又如"而"字，本卷寫作"而"，中間兩豎平行而右豎較長，前述俄藏寫卷則作"而"，中間兩豎有相對之勢。

此卷實爲《百行章》殘片，本卷爲第五十二章，內容見於 S.1920。另外，S.12031、S.13698 等可與本卷綴合。現據 S.1920 補全，將本卷

---

① 王卡：《敦煌道教文獻研究——綜述·目錄·索引》，第 120 頁。

第一章 敦煌吐魯番道教文獻拾補

錄文於下：

1. 容止無則治家不成言不及語誰爲稱名
2. 故云君子不重則不威唯須自嚴正察
3. 獄須問罪不易不人心險隔山等山河或
4. 帶罪之徒而致死免無衍之類辯拙而入

（五）S. 12187　《佛說灌頂經》卷十二

S. 12187，小殘片，首尾及上部殘損，存 10 殘行，其中 1 行無字，末行僅有殘畫。《英藏》題名"失名道經"，王書則以爲該卷與 S. 10284、P. 2456 等《大道通玄要》寫卷筆跡相同，因而題名《大道通玄要》。今按，此卷實爲《佛說灌頂經》卷十二殘片。今據《大正藏》補全，錄文於下：

1. 福祚欲望長生終不能得愚癡迷惑信耶倒見死
2. 入地獄展轉其中無解脫時是名九橫
3. 救脫菩薩語阿難言其世間人痿黄之病困篤著
4. 床求生不得求死不得考楚萬端此病人者或其前
5. 世造作惡業罪過所招殃咎所引故使然也
6. 救脫菩薩語阿難言閻羅王者主領世間名籍之記
7. 若人爲惡作諸非法無孝順心造作五逆破滅三
8. 寶無君臣法又有衆生不持五戒不信正法設
9. 有受者多所毀犯於是地下鬼神及伺候者奏上五官

（六）Дx7570　《佛說灌頂經》卷十二

Дx7570，小碎片，四周殘損，存經文 3 殘行，王書著錄爲"失題道經"。今按，此卷實爲《佛說灌頂經》卷十二殘片。今據《大正藏》補全，錄文於下：

1. ……無不解脫憂苦者也……

· 97 ·

2. ……索眼與眼乞妻與妻……

3. ……即發无上正真道意……

（七）Дx6626A　《佛説咒魅經》

Дx6626A，殘片，四周殘損，存經文5行。王書著録該卷於"失題道經"類，謂"内容似上清經"。今按，本卷實爲佛教僞經《佛説咒魅經》，較爲完整的寫卷見 S. 418、S. 2088、S. 3852 等。今據 S. 3852 補全，録文於下：

1. 著本主万罪千殃去自滅亡急去三千六百一

2. 十里止不得久停

3. 今當請東方青帝神王來食魅人肝

4. 今當請南方赤帝神王來食魅人心

5. 今當請西方白帝神王來食魅人肺

（八）Ch130　《善惡因果經》

Ch130，原編號 TⅢT531，首尾及上部殘損，存經文7行，《榮目》題名"道經"。今按，該殘片實爲佛教僞經《善惡因果經》，敦煌文獻中存該經53件①。道經《太上業報因緣經》卷二《善對品》、《洞玄靈寶三洞奉道科戒營始》卷一的部分内容與此形式相近，但文字不同，《榮目》蓋因此而誤。今據 P. 2055 號《善惡因果經》補足，録文於下：

1. 爲人脛領者從見佛不禮捉手打領中來爲人

2. 短項者從見尊長縮頭走避中來爲人心痛病者

3. 從斫刺衆生身體中來爲人癩病從枉取他物中

4. 來爲人氣嗽從冬月與人冷食中來爲人無男

5. 女者從煞他諸鳥子中來爲人饒兒息者從喜

6. 養生物命中來爲人長命者從慈心中來爲人

---

① 詳參曹凌《中國佛教疑僞經綜録》，第322頁。

7. 短命者從煞生中來爲人大富者從布施中來

（九）Ch1245v　失題佛教文獻

Ch1245v，原編號 T Ⅱ T4004，四周殘損，字體較草，存文 6 行，正面書不知名佛典。《榮目》題名"道教文獻"，IDP 則直接題名"化胡經"，恐皆非。今錄文於下，略作討論。

1 ☐☒志孔周兩德☐
2 ☐☒域況乎我☒（巍）☐
3 ☐海而渡☐
4 ☐☒（故）能威揚☐
5 ☐☒（弘）宣而遣滯☒（雖）☐
6 ☐☒（西）乘周王☒五光☐

這件文書的第 4—5 行乃引《大唐中興三藏聖教序》。該序敦煌文獻中有多件，S. 462 號此二句作："故能威揚沙劫，化被塵區，玉豪舒耀而除昏，金口弘宣而遣滯。"道教文獻引用唐中宗爲佛教所做序文的可能性似乎不大，這恐怕還是一件佛教文獻。至於該文兩次提到"周"，可能與佛教徒將佛誕與《左傳·莊公七年》"夜明"相附會有關①。

（十）Ch3023　《佛説灌頂經》卷十二

Ch3023，原編號 T Ⅱ 3099，烏絲欄，首尾及上部殘損，存經文 6 行。《榮目》題名"道經（？）"，非，實爲《佛説灌頂經》卷十二（T21，p. 535），今據《大正藏》補全，錄文於下。

1. 者橫有口舌三者橫遭縣官四者身羸無福
2. 又持戒不完橫爲鬼神之所得便五者橫爲
3. 劫賊所剥六者橫爲水火災飄七者橫爲雜
4. 類禽獸所噉八者橫爲怨讎符書厭禱耶神
5. 牽引未得其福但受其殃先亡牽引亦名橫

---

① 此説在南北時期流行很廣，如《文選》卷五九王巾《頭陁寺碑文》李善注引顧微《吳縣記》曰："魯莊七年，夜明，佛生之日也。"（第812頁）《玉燭寶典》卷四也有很大篇幅闡述此説（第287—289頁）。

· 99 ·

6. 死九者有病不治又不修 福湯藥不 順針炙

附 《敦煌道教文獻研究·目錄篇》未收敦煌文獻表

卷號	題名
BD08410	太上業報因緣經卷八
BD08430	太上一乘海空智藏經卷六
BD09399	太上洞玄靈寶無量度人上品妙經
BD09852	太玄真一本際經卷八
BD10466	太玄真一本際經卷一
BD11191	太玄真一本際經卷一
BD12139	太玄真一本際經卷一
BD15701	太玄真一本際經卷二
BD15783	無上秘要
BD16098	失題道經
BD16088	洞真太上説智慧消魔真經
BD16051A	太上業報因緣經卷十
BD16271	太上洞玄靈寶消魔保真安志智慧本願大戒上品經
BD16559	太上靈寶智慧罪根上品戒
S.10600	無上秘要
S.10906	太上洞玄靈寶天尊名經卷下
S.10936	太上元陽經卷六
S.11931	太上洞玄靈寶明真經科儀
S.12074A	太上洞玄靈寶昇玄內教經卷八
S.12074B	太上洞玄靈寶昇玄內教經卷八
S.12268	道德經
S.12698	太上妙法本相經
S.12734	太玄真一本際經卷六
S.12800	太上妙法本相經卷二十一
S.12802	太玄真一本際經卷十

第一章　敦煌吐魯番道教文獻拾補

续表

卷號	題名
S.12896	洞淵神呪經卷二十
S.12946	太上妙法本相經
S.12950	道德經
S.13581	道德經
S.13615	道德經
S.13675C	洞淵神呪經卷二十
Дx643	神人所説三元威儀觀行經
Дx4169	太上洞玄靈寶無量度人上品妙經
Дx4809	太上業報因緣經卷九
Дx4887	太上洞玄靈寶妙經衆篇序章
Дx5385	太上洞玄靈寶昇玄内教經卷九
Дx5392	太上洞玄靈寶昇玄内教經卷九
Дx5652	仙人請問本行因緣衆聖難經
Дx6478	洞玄靈寶長夜之府九幽玉匱明真科
Дx6928	太上洞玄靈寶消魔保真安志智慧本願大戒上品經
Дx8201	太上洞玄靈寶昇玄内教經卷三
Дx10195	太上洞玄靈寶昇玄内教經（卷次待定）
Дx10872	洞淵神呪經卷四
Дx18031	太上洞玄靈寶中元玉京玄都大獻經
Дx18532	宿命因緣經
羽3R	洞玄靈寶天尊説十戒經
羽393	太玄真一本際經疏（擬）
羽410	太玄真一本際經疏（擬）
羽414	太玄真一本際經疏（擬）
羽589-13	太上洞玄靈寶妙經衆篇序章
羽589-16	失題道經
羽704R	道家雜方術（擬）
羽718R	太玄真一本際經卷四
中村30	三洞奉道科誡經
中村95	太玄真一本際經卷二

拘校道文

续表

卷號	題名
中村 105	陶公傳儀（擬）
中村 173	太玄真一本際經卷五
中村 176	無上秘要卷五

第二章 敦煌道經寫本形態及復原研究

關於敦煌吐魯番道經寫本的形態問題，前人已做了不少研究，王卡《敦煌道教文獻研究——綜述・目録・索引》考察了敦煌道教文獻的文獻來源、抄寫緣由、抄經人以及與唐開元道藏的關係等問題。朱大星《敦煌本〈老子〉研究》考察了敦煌本《老子》寫卷的紙張行款、書法字體、抄寫符號、傳本系統、來源、流傳等問題。此外，如趙洋《唐代西州道經的流佈》[1]、吴羽《敦煌所出〈十戒經〉盟文中朱筆的宗教意義——兼論晉唐道經的保存與流傳》[2] 等均對相關問題做了論述。

本書前文也對部分道經的分合問題做了論述，並更正了前人的一些錯誤定名。本章則主要關注以下問題：敦煌道經中是否存在"千字文帙號"，是否成藏？如何利用現存的殘卷推測敦煌道經的原貌？

第一節 談敦煌道經中的所謂"千字文帙號"

故宫博物院藏有一件敦煌道經，包首題"慈善孝子報恩成道經第一"，首題"慈善孝子報恩成道經序品第一"，尾題"報恩成道經卷第一"，卷末有題記："天寶十二載六月　日，白鶴觀爲　皇帝敬寫。"該卷於首題下有一"土"字。另外，P.2337號寫卷，包首題"三洞奉

---

[1] 《中華文史論叢》2017年第3期。
[2] 《敦煌吐魯番研究》第十六卷。

道科誡儀範卷第五"，首題"三洞奉道科誡儀範卷第五　金明七真撰"，包首題及首題下都有一"土"字。不少學者認爲這一"土"字都是所謂的"千字文帙號"，如王卡稱："唐代道經寫本也應如佛經分帙包裹。雖然尚未發現包裝道經的帙袱，但有些經卷上有帙號。例如故宫博物院藏《慈善孝子報恩成道經》，卷軸外包首上題寫經名，下端有一'土'字，當即帙號。"① 鄭阿財云："今所得見的敦煌道經寫卷，少見經帙字暑，也許因爲大半爲殘卷。不過法藏 P2337《三洞奉道科誡儀範》首題作：'三洞奉道科誡儀範卷第五　金明七真撰　土'有經帙字暑，而且也是《千字文》的'土'字。據此'土'字當是經帙千字文字暑無疑。若此，則顯示本卷寫經是入藏的。"② 許蔚亦云："需要注意的是，《序品第一》卷軸包首及卷首均見有墨筆楷書千字書'土'字帙號，書風與寫卷正文一致，表明《慈善孝子報恩成道經》爲正式入藏之道典。"③

如果前面提的幾種敦煌道經的"土"字確爲千字文帙號，那麽這無疑是道藏編撰史上的重大發現。但這一觀點却有很大的問題。

首先，據榮新江的研究，敦煌經卷每一帙的容量平均爲十二卷左右④。方廣錩則認爲每五或十卷左右合爲一帙⑤。道教也有經帙這一形制，《正統道藏》本《三洞奉道科戒營始》卷三《法具品》："凡經，每一部或五卷、十卷，皆須著襲。"（D24，p.753）可見道經每帙的容量與佛經相近。敦煌道經首題下有"土"字的，除前面提到的《慈善孝子報恩成道經》和 P.2337《三洞奉道科誡儀範》卷五外，還有 P.2004《老子化胡經》卷十。就敦煌文獻中所存而論，《慈善孝子報恩成道經》至少四卷，《三洞奉道科誡儀範》至少五卷，《老子化胡經》至少十卷，三部經相加將近二十卷，不可能裝入同一經帙。更何

---

① 王卡：《敦煌道教文獻研究——綜述·目録·索引》，第25頁。
② 鄭阿財：《敦煌本〈慈善孝子報恩成道經〉考論》，載《敦煌學國際研討會論文集》，第137頁。
③ 許蔚：《〈慈善孝子報恩成道經〉的成立年代及相關問題》，《敦煌研究》2014年第4期。
④ 榮新江：《敦煌學十八講》，第77—78頁。
⑤ 方廣錩：《中國寫本大藏經研究》，第420頁。

况這三部經在道經分類中並非同類，更不大可能裝入同一經帙中。

其次，根據方廣錩的研究，漢文大藏經的帙號在會昌廢佛（845年）前尚未産生①，大約産生于晚唐，流傳至敦煌可能要到五代時②。敦煌道經多數抄寫于敦煌陷蕃（786年前後）之前。如果前述"土"字爲千字文帙號，那麼道教以千字文標誌帙號竟早於佛教數十年甚至上百年。敦煌寫本中抄寫于9世紀初的佛教目録還在使用經名帙號、偈頌帙號等早期形式，而同一地區的道經早已使用千字文帙號，這未免有些太不可思議。

最後，"土"字在《千字文》中排第582位，而據《文獻通考》卷二二四引宋《三朝國史志》稱："東漢後道教始著，而真仙經誥別出焉。唐開元中，列其書爲藏，目曰《三洞瓊綱》，總三千七百四十四卷。"③如前所論，敦煌經卷平均每帙爲十卷左右，用千字文作帙號也不過只能排到三百多號。除非道經每帙都是五六卷的小帙，不然唐代總共三千七百四十四卷道經，無論如何也不會裝入五百多個經帙，帙號不可能編到"土"字。可與此相對比的是，道宣《大唐内典録·入藏録》共收經三千三百六十一卷，與《三洞瓊綱》數目相近，却僅分爲三百二十六帙。另據《道藏經目録》，《正統道藏》5305卷，也僅編至"英"字號（第480號）。

另外，鄭阿財認爲"按卷軸包首與首題'《慈善孝子報恩成道經第一》'下的'土'字，與經文體一致，不似後人所加"。實際上，該卷與P.2337、P.2004字體各異，而三卷的"土"字却大致相近。與此形成鮮明對比的是，同爲白鶴觀寫經，京都博物館252號《太上業報因緣經》卷八筆跡與故宫博物院藏本大致相近，却並没有所謂"千字文帙號"。因此，這類文字無論如何也不能作爲是否"入藏"的標誌。

---

① 方廣錩：《中國寫本大藏經研究》，第483頁。
② 方廣錩：《中國寫本大藏經研究》，第512頁。
③ 馬端臨：《文獻通考》，第1802頁。關於《三洞瓊綱》所收經目的卷數，有三説，詳參陳國符《道藏源流考》，第118—119頁。筆者認爲此三千七百四十四卷一説最爲可靠，首先因爲這是宋代國史的記録，而後世徐鉉、王欽若等校正道經可能都參考了《三洞瓊綱》，其記録應較可靠。其次，北周時道士上經目有二千四十卷，至開元時增加一千餘卷，還有可能。若如《太上黃籙齋儀》《道藏尊經歷代綱目》等書所載，開元道藏有五千、七千多卷，較北周增加兩三倍，這似乎不太可能。

■ 拘校道文

那麼，這一"土"字究竟是什麼意思呢？

如前所論，P.2004《老子化胡經》卷十的首題下也有"土"字，而該卷卷末有"淨土寺藏經"鈐印。那麼這個"土"字很可能是"淨土寺"的簡稱。寫經卷題、包首題下注明收藏地簡稱，這在敦煌文獻中極爲常見，如 S.11065《大般若波羅蜜多經》卷卅二包首下所書"界"字即指三界寺，S.11077《大般若波羅蜜多經》卷第五十八包首下所書"修"字即指靈修寺，S.11079《大般若經》卷第六十二包首下所書"恩"即指報恩寺，S.11154《大般若波羅蜜多經》卷第二百五十包首下所書"開"即指開元寺。此類之例至夥，不煩多舉。

除了前揭三個道經寫卷外，還有幾件敦煌道經包首題下有注記。S.11026A《☒（太）清☒高聖玉晨太上大道君☒☒（列紀）》包首題下書"白"字。這裏的"白"很有可能即指敦煌道觀白鶴觀。S.10918《太上業報因緣經》卷八包首題下有"真"字，天理大學藏《太玄真一本際經》卷十包首題下有"殿"字①，除此之外，S.10936《太上元陽經》卷六包首題下亦有一字，但大半殘泐，已無法辨認。其中的"真""殿"等字恐怕也都是收藏這些經卷的寺院、宮觀的簡稱，但具體所指均已不可考。

道教較早已有編制藏經的意識。《洞玄靈寶三洞奉道科誡營始》卷二《寫經品》稱："夫經皆須作藏。凡藏二種，一者總藏，二者別藏。總藏者，三洞四輔同作一藏，上下或左右前後作重級，各安題目'三洞寶經藏'。別藏者，三洞四輔各作一藏……皆明題目，以相甄別，若次安之。若各藏，如並藏法，皆安經臺，或天尊殿當陽左右間，左三洞，右四輔。每藏皆作臺舉之，不得正爾頓地。巾帕裹蘊如法。"（D24，p.749）規定非常細緻，從中可知道藏需要專門的貯藏場所，並有一定的外在標誌。又 P.2337《三洞奉道科誡經》卷五《法次儀》稱："道士、女官所受經誡法録，皆依目抄寫，裝潢入藏，置經堂、靜室，或閣。"② 可見道藏的編

---

① 原卷未見，此據王三慶《日本天理大學天理圖書館典藏之敦煌寫卷》一文（載《第二屆敦煌學國際研討會論文集》）。

② 《道藏》本亦有此文，但有部分異文，如"裝潢"作"裝褙"，顯然已是後世竄改過的面貌，故本書用敦煌本。

第二章　敦煌道經寫本形態及復原研究

排亦應依據一定的經目。這與佛教大藏經的含義已很接近①。從這個角度說，宮觀收藏的道經都應該算作是"入藏"的。甚至如《十戒經》《道德經》等師徒授受的文本，因爲也是屬"所受經誡法錄"，也應"裝潢入藏"。但這裏的"藏"因人、因地而異，討論是否"入藏"也沒有實際意義。

目前所知的最早的官方道藏應即唐開元道藏，關於這一問題，學者已做了比較多的討論②。前面所引幾位學者所說的"入藏"當即指是否在開元道藏之中。但敦煌道經中僅有極少量的寫卷可以確定爲官頒道藏寫本。S.1513《老子像名經》前有唐玄宗《一切道經序》，顯然是道藏中的零本。P.2457《閱紫錄儀三年一說》卷末題記"奉爲開元神武皇帝寫一切經"的字樣，應爲官頒道藏。除此之外，其他寫本很難確定是否爲官頒道藏中的零卷。P.3725《唐玄宗老子道德經注》卷末題記有李林甫監修的字樣，王卡即據此以爲肯定會收入"一切經"③，但之所以有李林甫監修，恐怕還是因爲這是唐玄宗"御制"的《道德經》注，與是否是道藏無關。P.2380《通玄真經》卷末題記有"内出錢七千貫敬寫"的字樣，但也無法確定這次寫的是否是"一切經"全藏。吐魯番MIK Ⅲ 7484《太上洞玄靈寶無量度人上品妙經》紙背有"涼州都督府之印"的印章，榮新江據此認爲該卷"顯然是唐朝官頒定本"④，王卡又進而認爲是分送諸道採訪使的道藏⑤。但該件與Ch759爲同卷，而Ch759"民"字不避諱，且該卷與六種敦煌寫卷文字均有所不同⑥，這都表明該卷恐怕不是"官頒定本"。P.2257《太上大道玉清經》卷二、京都252《太上業報因緣經》卷八、故宮藏《慈善孝子報恩成道經》卷一卷末都有"白鶴觀爲皇帝敬寫"的字樣，但没有校勘者的銜名，與P.2457格式不同，恐怕也不是官方頒定的道藏。

---

① 關於佛教大藏經，本書借鑒了方廣錩的定義，參《中國寫本大藏經研究》，第10頁。
② 參陳國符《道藏源流考》，第112頁。
③ 王卡：《敦煌道教文獻研究——綜述·目錄·索引》，第24頁。
④ 榮新江：《柏林通訊》，載《學術集林》卷十，第384頁。
⑤ 王卡：《敦煌道教文獻研究——綜述·目錄·索引》，第24頁。
⑥ 詳本書第一章第二節。

拘校道文

　　如前文所引《文獻通考》，開元編制道藏的一個重要副產品即道藏目錄《三洞瓊綱》。本節開頭所引幾位學者討論的"入藏"，應該主要指是否收入這類道藏目錄，亦即是否納入了唐代官方的道藏體系中。但《三洞瓊綱》是否如《大唐内典錄》《開元釋教錄》等佛經目錄一樣對全國各地的藏經結構產生深遠影響，恐怕還有疑問。這主要有以下幾點理由：首先，《開元釋教錄》確定佛教大藏經結構後，佛藏的卷數雖會有一定幅度的變動，但變動不大。道藏的卷數究竟有多少，三處文獻有三種不同的説法[①]。在開元道藏之後，道藏的卷目也有很大的變動。杜光庭《太上黄籙齋儀》卷五二："玄宗著《瓊綱經目》，凡七千三百卷。復有《玉緯別目》，記傳疏論相兼九千餘卷。尋值二胡猾夏，正教凌遲，兩京秘藏，多遇焚燒。上元年中，所收經籙六千餘卷。至大曆年，申甫先生海内搜揚，京師繕寫，又及七千卷。長慶之後，咸通之間，兩街所寫，纔五千三百卷。近屬巨寇凌犯，大駕南巡，兩都煙煤，六合榛棘，真宫道宇，所在凋零，玉笈琅函，十無三二。余屬兹艱會，漂寓成都，扈蹕還京，淹留未幾，再爲搜捃，備涉艱難。新舊經誥，僅三千卷，未獲編次。"（D9，p.346）從中可見道藏的卷數變化非常大，這不像是一個規範化的道藏的面貌。其次，敦煌文獻中有大量的佛教經錄，包括藏經錄、點勘錄等[②]，這與佛教大藏經的規範化管理有很大關係。但敦煌文獻中從未發現單獨的道經目錄。最後，道經的授受與道教法階有很大關係，需要到一定位階才能抄寫、讀誦一定的經典，因此可能只有極少數道士才有資格獲得全部道經，這極大地制約了道教大藏經的傳播，道藏目錄的影響因此可能也非常有限。

　　總之，敦煌道經首題下如"土""白"等標識文字並非"千字文帙號"，而是貯藏地的簡稱，這類文字也不能作爲是否"入藏"的標誌。敦煌文獻中有少量的官頒道藏零本。但唐代敦煌地區是否有完整系統的道藏，《三洞瓊綱》等道藏目錄是否對全國道藏的編制產生重

---

① 參陳國符《道藏源流考》，第118—119頁。
② 參方廣錩《敦煌佛教經錄輯校》。

大影響，都還很有疑問。

第二節 《太上洞玄靈寶天尊名》新探

在敦煌文獻中有一大批道教文獻，其中有一種《太上洞玄靈寶天尊名》（以下簡稱"《天尊名》"），不見於《正統道藏》。大淵忍爾《敦煌道經目録編》著録該經有四件，即 BD1218（北 8447/列 18）、P. 3755、BD4047（北 8468/麗 47）、BD3818（北 7244/金 18）（爲行文方便，以下所稱"四件寫卷""四件"即指此四件寫卷）。王卡《敦煌道教文獻研究》又發現一件，即 BD11751。

目前對該經研究最爲深入的是王惠民《〈太上洞玄靈寶天尊名〉初探》①一文。該文排定了各件次序，揭示了該經在道教發展史上的重要意義，並指出該經對《佛名經》《華嚴經》等佛經的因襲。筆者大致同意王文所排定的次序，但對該文所擬測的《天尊名》原貌不敢苟同，現擬對《天尊名》原貌做一新的討論。

一 從卷背文獻看四件寫卷間的缺佚情況

王惠民排定了四件寫卷的次序，即 BD1218→P. 3755→BD4047→BD3818。王卡又認爲這四件寫卷原爲同一抄本。其結論都是可信的，但他們都對四件寫卷卷背所抄的佛教文獻未給予足夠重視。

這四件卷背均爲佛經疏釋，施萍婷《敦煌遺書總目索引新編》（以下簡稱"《施目》"）P. 3755v 題名"佛經注釋"，BD1218v 題名"佛經論疏"，BD3818v（《施目》誤爲正面）題名"百法明門論疏"，BD4047v 題名"唯識論疏"。《法藏敦煌文獻》P. 3755v 題名"佛經論釋"。王卡將 P. 3755v 題名爲"大乘四法經疏釋"。《國家圖書館藏敦煌文獻》BD1218v、BD3818v 均題名爲"大乘百法明門論開宗義記釋"，BD4047v 題名"大乘百法明門開宗義決疏"。

據四件寫卷卷背所引經文，這四號寫卷均爲曇曠《大乘百法明門

---

① 載《道家文化研究》第十三輯。

論開宗義記》的疏釋。這正證明了王卡等學者關於前四件本爲同一抄本的推測。另外，這也爲排定四件寫卷次序及推測缺失内容提供了依據。

曇曠《大乘百法明門論開宗義記》久已亡佚，敦煌文獻中有多種抄本，如P. 2180、S. 1923、S. 2651、P. 2161等，《大正藏》第八十五卷有錄文。今據《大正藏》錄文，比定各卷次序如下：

BD1218v開端云："顯者，明。瑜伽師地者，是其梵語。"這正釋《大乘百法明門論開宗義記》"顯近緣者……所緣不離瑜伽師地"一段。該段在《大乘百法明門論開宗義記》開端，距卷首不過數百字。這正與BD1218爲《天尊名》卷首相應。

BD1218v末端倒數第二行云"前後相望者……"，此正釋《大乘百法明門論開宗義記》"具如五法，前後相望"一句。P. 3755v開端云："勝義宗是，依經中'宗應理圓實'是。"此釋"今此論者，即大乘中應理圓實究竟宗"，距BD1218v卷末所釋"前後相望"句不過百餘字。可見BD1218與P. 3755中間遺失的文字並不太多。

P. 3755v末端倒數第三行云"本事經者，説過去弟子……"，此釋《大乘百法明門論開宗義記》"譬喻本事生，廣希法論義"的偈語。BD4047v首行云"先果後因中廣說諸觀門也"，此釋"二者觀行，如四諦等先果後因次第觀故"，距P. 3755v卷末所釋句三千餘字。可見P. 3755與BD4047間恐怕遺失了較多文字。王惠民認爲兩卷基本相接，恐不確。

BD4047v卷末倒數第七行云"所變根種於他有情者，弟八變根及種子……"，此釋"若第八識所變身土，可互受用，更互爲質，所變根種於他有情，無受用理，不互爲質"。BD3818v卷首第九行云"增上緣者，謂若有法——有體之法——有勝勢用者……"，此釋"四增上緣，謂若有法有勝勢用"，距BD4047v卷末所釋僅數十字。BD4047v卷末及BD3818v卷首十餘行所釋當即這中間的數十字。可見BD4047與BD3818文字基本上接續，中間文字若有遺失，數量也極少。王惠民認爲二卷中間"祇缺失二位天尊名"，其説或是。

由此可見，王惠民所排定的四件寫卷次序是可信的，他認爲各卷間缺失內容不多恐不確。BD1218 與 P.3755 中間略有缺文，BD4047 與 BD3818 基本接續，而 P.3755 與 BD4047 間遺失了較多文字。BD3818 卷末有"天尊曰"一段，與上文體例不同，且文意有重複（如"以不淨手，即捉經卷"即與 BD4048"以不淨手把捉經卷"相同），很可能是卷末對全卷的總結。

二　從道教儀範看《天尊名》的方位次序

這四件寫卷中出現的帶有方位的天尊名僅有兩項，即 P.3755 中提到的"北方玄上玉晨天尊"和 BD4047 中提到的"北方度仙上聖天尊"。出現兩個"北方"，這當然是比較可疑的，王惠民對此有大段的論證：

> 值得留意的一個問題是，P3755 號之第 40 行為"至心歸命北方玄上玉宸天尊，至心歸命太極天尊"，而北圖 8468 號之第 24 行又是"至心歸命北方度仙上聖天尊"，一經中不可能有兩個北方天尊，需作一辨別……結合前文所考文 P3755 號第 1—39 行為全經的"序品"，而第 40 行起的其他天尊又大都與《賢門經》之東方天尊相同，我們認為 P3755 號第 40 行"至心歸命北方玄上玉宸天尊"當係"至心歸命東方玉寶皇上天尊"（或相當內容）之誤，至少此處"北方"必為"東方"之誤。

但王氏改"北方"為"東方"，證據並不充分。道教文獻中，各方天尊名大致是固定的，不太可能有"東方玄上玉晨天尊"出現。而《太上慈悲九幽拔罪懺》卷八，《無上秘要》卷三十五、四十八引《金籙經》，卷三十七、三十九引《靈寶經》等，"度仙上聖天尊"均為東北方天尊。可見是 BD4047 誤脫了一個"東"字，而非 P.3755 有訛誤。

王惠民認為《天尊名》應與《太上洞真賢門經》一樣，是依東、南、西、北、上、下六方禮懺。如果王氏所校錯誤的話，這自然是不成立的。除此之外，這一結論還有不少疑點。首先，此四件寫卷中出現了七組禮天尊文，為何只有兩組以方位天尊起首？其次，依王氏所定的次序，BD4047 的"北方"（其實應是"東北方"）組天尊名下應只有兩組天尊名，爲何現在看到的有三組？再次，若僅禮六方天尊，每組天尊名約五十個，六方不過三百餘，與 P.3755 號中提到的"十方一千五百天尊名字"相差太多。即使有十方天尊，依王氏所定一組爲一方的體例來計算，總共也不過五百餘。因此，我們有必須重新審視這一結論的合理性。

現有的道教文獻中，關於十方天尊的內容非常多，其次序主要有以下幾種。

（一）東方玉寶皇上天尊、南方玄真萬福天尊、西方太妙至極天尊、北方玄上玉晨（或作"宸"）天尊、東北方度仙上聖天尊、東南方好生度命天尊、西南方太靈虛皇天尊、西北方無量太華天尊、上方玉虛明皇天尊、下方真皇洞神天尊。採此次序的道經較多，如《太上三十六部尊經·太清境中精經》（D1，pp. 603－604），《太上靈寶朝天謝罪大懺》（D3，pp. 463－510），《太上洞玄靈寶救苦妙經》（D6，p. 283），《無上黃籙大齋立成儀》卷二五《飈旛儀》（D9，p. 527）、卷三九《圖式門》（D9，p. 602），《太上慈悲道場滅罪水懺》卷下（D10，p. 128），《太上洞玄靈寶天關經》（D19，p. 926），《洞玄靈寶三洞奉道科戒營始》卷六《常朝儀》（D24，p. 762），《道門科範大全集》卷八《消災道場儀》（D31，p. 775），等等。

（二）北方、東北、東方、東南、南方、西南、西方、西北、上方、下方。採用這種次序的主要是早期的道教齋儀，如《無上秘要》卷三五《授度齋辭宿啓儀品》、卷三七《授道德五千文儀品》、卷三九《授洞玄真文儀品》、卷四八《靈寶齋宿啓儀品》等①。

（三）東方、東南、南方、西南、西方、西北、北方、東北、上方、下方。採用這種次序的有《無上黃籙大齋立成儀》卷二四《九幽神燈儀》（D9，pp. 522－524）、《太上慈悲道場消災九幽懺》（D10，pp. 18－90）、《太上慈悲九幽拔罪懺》（D10，pp. 90－121）、《太上正一法文經》（D28，p. 412）等。

---

① 《無上秘要》，第541—542、558—559、579、770—771 頁。

如上所述，BD1218 爲《天尊名》的卷首，P. 3755 與之相接，P. 3755 中首先出現的"北方"一組天尊名就應是第一組天尊名。那麼《天尊名》的次序更可能符合前述的第（二）種次序。如果這樣的話，"北方"組與"東北方"組中間的至少兩組天尊名，及"東北方"組後的三組天尊名又是怎麼回事？"東方"以下的天尊又在哪裏？

其中第二個問題最好回答。王惠民認爲現有的七組天尊名就可對應六方，他顯然沒有注意到 BD1218 首行的卷題"太上洞玄靈寶天尊名卷上"。既稱"卷上"，那麼《天尊名》至少有兩卷，至多有三卷。如果卷上已備足六方，卷下又如何安排？因此筆者認爲：前四件爲同一寫卷之裂，爲《天尊名》卷上的內容，僅有北方、東北方兩方天尊名。《天尊名》全經大概有三卷，卷中、卷下各有四方天尊。卷上因有序，故僅有兩方天尊。S. 10906 存經卷的包首部分，有包首題"天尊名經卷下"，則即本經卷下的包首。王卡所發現的 BD11751 寫卷首行稱"至心歸命西北方无量大華"，很可能即是該經卷下的殘片。

三 《天尊名》原貌擬測

王惠民認爲《天尊名》與《正統道藏》洞真部本文類的《太上洞真賢門經》相近，主要理由有兩點，一是 P. 3755 中的一段話與《賢門經》經首相近，二是兩經天尊名有相近之處。這顯然是正確的，《賢門經》確實有明顯因襲《天尊名》的痕跡。但兩經方位次序不同，形式上也有較大差異。

需要注意的是，P. 3755 "如是作礼"下有一段夾行注："其礼五十後，著二大真人稱礼，不可思議。各三稱。"是依例當在禮懺每組天尊後禮二真人三遍。BD3818 中間一組天尊名後有"至心歸命大慈大悲救脫真人，至心歸命大慈大悲大慧真人，二真人各三稱"幾句，正保留了這一形式，其他各組可能都已省略了。

筆者發現，《道藏》中的《太上慈悲九幽拔罪懺》和託名葛玄編的《太上慈悲道場消災九幽懺》也保留了這一形式。如《太上慈悲道場消災九幽懺》卷一首組天尊名後有"志心敬禮海空智藏真人，志心敬禮普得妙行真人，志心敬禮大慈救苦真人，志心敬禮大悲拔罪真人"。雖改二真人爲四真人，但正保留了禮天尊後禮真人的形式。與此相近，《太上慈悲九幽拔罪懺》卷一第一組天尊名後有"志心朝禮大慈大悲救苦真人，志心朝禮大慈大悲大惠真人，志心朝禮大慈大悲拔難真人，志心朝禮大慈大悲定惠真人，志心朝禮大慈大悲濟苦真人，志心朝禮大慈大悲上生真人"，則爲六真人。另外，《太上慈悲九幽拔罪懺》和《太上慈悲道場消災九幽懺》都採用了前述的第（三）種十方次序，這與《天尊名》所用第（二）種是非常相近的。

特別值得注意的是，《太上慈悲九幽拔罪懺》各卷（對應各方）均有兩組天尊名，而《太上慈悲道場消災九幽懺》各卷則有三至五組天尊名。因此，我們有理由相信，《天尊名》也應與這兩種經相近，各方均有多組天尊名，如東北方即有四組，北方至少有三組。前文由卷背内容推測出 P.3755 與 BD4047 中間應有較多文字缺失，那麼很可能北方也有四組天尊名。由此也可以推測，《天尊名》十方各有四組左右的天尊，每組五十左右，那麼總數達到甚至超過 P.3755 所説的"千五百天尊"應該是没有問題的。

關於"千五百天尊"，有一條材料也值得我們注意。《道門經法相承次序》卷中載潘師正答唐高宗曰："無始以來，劫數久遠，聖人應號，亦復無邊……即事可顯者，千五百天尊，名別錄隨進。"（D24, p.790）可見當時確有千五百天尊的名錄。因此筆者懷疑《天尊名》經很可能即依據潘師正的名錄並仿造《佛名經》而成。那麼該經應該是 7—8 世紀的產物。當然，"十方"與"千五百"都是從佛經中借來，僧祐《出三藏記集》卷四便載有"千五百佛名一卷"[1]，僧祐雖未見經本，但當時應已成書，敦煌文獻中即有數種《十方千五百佛名經》[2]，《天尊名》便應是在這類佛經的影響下造作出來的。

綜上所述，本書認爲，大淵忍爾所著錄的四件《太上洞玄靈寶天尊名》寫卷本爲一卷，即該經上卷，全經應有三卷。該經上卷僅

---

[1] 《出三藏記集》，第184頁。
[2] 可參曹凌《敦煌本〈十方千五百佛名經〉雜考》，《敦煌研究》2014年第4期。

北方、東北方兩方天尊，全經十方天尊應依北方、東北、東方、東南、南方、西南、西方、西北、上方、下方的次序，各方應有四組左右的天尊，每組五十個天尊左右，總數應與 P. 3755 所説的 "千五百" 相合。

第三章　層累的文本：中古道經的生成与演進

　　目錄著錄是文獻斷代的重要依據，道教研究界也往往將 P. 2861 + P. 2256 所載"靈寶經目"[①]、《真誥》卷五所載《道授》等古經目作爲道經斷代的依據。這一方法當然有其合理性，但需要考慮這些道經在流傳過程中是否會有被增删改編的情況。大淵忍爾認爲："除了一些較長的經文如《神咒經》和較爲流行的經文如《度人經》、還有較爲特殊的經文如《老子道德經序訣》等，其他經文一經形成，在流傳過程中並没有太大的變化。雖然有一些輕微的改變，但無論是有意的還是無意的，都是由抄録引起。"[②] 但將《正統道藏》所收的道經與敦煌本以及類書引文對比，可以發現不少中古道經在流傳過程中被不斷地增删、竄改，體現出非常複雜的文本層次。只有將這些"文本地層"分析清楚，才能更真實地描繪出南北朝道教發展的軌跡。

　　本章選取了三例作個案研究，它們分别代表了"文本層累"的三種形式：《太上洞玄靈寶諸天内音自然玉字》由一卷到兩卷再到四卷，不斷增加新的内容並調整各部分的次序；《九真中經》被後世道士據《大洞真經》等主流上清經做了改造；《洞真高上玉帝大洞雌一玉檢五老寶經》丢失了部分内容，且後世在《洞真高上玉帝大洞雌一玉檢五

[①] 關於這件文書的定名，學界還有不同意見。爲方便行文，本書在使用其前半部分的目録時，直接稱"靈寶經目録"。關於 P. 2861 + P. 2256 的研究史，劉屹《六朝道教古靈寶經的歷史學研究》第 182—185 頁有詳細的梳理，可參考。

[②] ［日］大淵忍爾：《論古靈寶經》，載《道家文化研究》第十三輯，第 495—496 頁。

第三章 層累的文本:中古道經的生成與演進

老寶經》的基礎上逐漸"層累",形成一個龐大的經系。

第一節 《太上洞玄靈寶諸天内音自然玉字》新考

《正統道藏》洞真部玉訣類收有《太上洞玄靈寶諸天内音自然玉字》(以下簡稱《内音玉字》)四卷(D2, p.532)①。敦煌文獻中有該經兩件,即Дx5913和P.2431,兩件寫卷筆跡相同,行款一致,本爲同一抄本②。該經屬"元始舊經",P.2861+P.2256"靈寶經目錄"即著錄該經:"諸天内音玉字一卷,已出。今分爲二卷,上,卷目云《太上洞玄靈寶諸天内音自然玉字上》;下,卷目云《太上洞玄靈寶諸天内音自然玉字下》。"P.2337《三洞奉道科誡儀範·法次儀》(即《正統道藏》中的《洞玄靈寶三洞奉道科戒營始》)中亦載"《太上洞玄靈寶諸天内音玉字》上下二卷"。

因爲有源自陸修靜的"靈寶經目錄"的著錄,學者一般認爲此經的成書時代在晉宋之際。如《道藏提要》認爲此經"出劉宋前"③,王承文認爲此經爲葛巢甫本人所撰④,蕭登福認爲"此書應成書於晉,是晉世葛巢甫靈寶派之要籍"⑤,王皓月認爲此經"成書在425至432年之間"⑥。

關於此經的文本問題,大淵忍爾《論古靈寶經》認爲南北朝時期已分爲四卷,大淵氏還根據《三洞珠囊》中有《道藏》本中不見的引文,認爲"很可能在《道藏》版本中有所遺落"⑦。施舟人主編的《道藏通考》繼承了這一觀點⑧。劉屹指出《道藏》本最後一段有關西

---

① 本節引用該經較多,爲省煩冗,以下不再一一標注出處。
② 王卡已綴合兩件寫卷,詳參氏著《敦煌道教文獻研究——綜述·目錄·索引》,第94頁。
③ 《道藏提要》,第44頁。
④ 王承文:《敦煌古靈寶經與晉唐道教》,第733頁。
⑤ 蕭登福:《正統道藏總目提要》,第107頁。
⑥ 王皓月:《析經求真:陸修静與靈寶經關係新探》,第329頁。
⑦ [日]大淵忍爾:《論古靈寶經》,載《道家文化研究》第十三輯,第498頁。
⑧ Kristofer Schipper and Franciscus Verellen, *The Taoist Canon*, p.222.

拘校道文

王母的話可能不是原有内容①。王皓月認爲《道藏》本該經的結構比較雜亂，從而推測該經的"序分"創作時間可能稍晚②。

前人基本上將該經視爲早期靈寳經，並且認爲該經的主要内容是一起創作的。筆者則認爲，《内音玉字》中存在著複雜的文本層次，今存於《道藏》中的《内音玉字》是累經增删後的結果。

一　《内音玉字》的結構

《内音玉字》從結構上大約可以分爲四部分③：

第一，卷一中，除經首的一小段文字外，主要爲二百五十六字"大梵隱語"的篆文、四方三十二天的各種神吏以及一段受"大梵隱語"的章奏。

第二，卷一、卷二中，分三十二天敘述"大梵隱語"各字的所在處所、職掌、服用方法及功用。每一天以"某天音玉訣第若干"爲小標題，因此下文將這一部分簡稱爲"玉訣"。另外，此一部分最後還記載了另外一種分四季服用真文的方法及相關的咒語。

第三，卷三、卷四中，分三十二天給出了"大梵隱語"各字的隸書，並疏釋其意義，每天各有一段歌詩，每天以"某天音第若干"爲小標題，各方另有讀誦真文的方法和咒語。本書稱這一部分爲"疏釋"。

第四，剩餘的部分，本書姑且統稱之爲"序"。這包括卷一開頭的一小段話、卷三的前半卷及卷四的後半卷。

在這四部分中，第一部分除了"大梵隱語"的篆文外，顯然是受經的科儀④。其中四方三十二天的一百多種神吏名，即是受經時所需啓請的神真。其排列次序爲各天五色玉童、繡衣玉女、五帝直符各三十二人，各方又有生仙功曹、滅度自然功曹至飛龍騎吏九種神吏各三

---

① 劉屹：《敦煌道經與中古道教》，第198頁。
② 王皓月：《析經求真：陸修靜與靈寳經關係新探》，第334頁。
③ 王皓月對此經也做過結構分析，但筆者對於王氏"序分、正宗分、流通分"的三分法持有一些不同意見。
④ 關於受經的儀式，可參《無上秘要》卷三十九《授洞玄真文儀品》、陸修靜《太上洞玄靈寳授度儀》等。

· 118 ·

第三章 層累的文本:中古道經的生成與演進

十二人。林靈真《靈寶領教濟度金書》卷十二《科儀立成品》所載"九靈飛步上章儀",其"上請"的神吏即有"諸天五色玉童、繡衣玉女"(D7,p.102),而"飛龍騎吏"等更是各類道教儀式中常需關啓的對象。

"元始舊經"中有不少關於科儀的內容,如《金錄簡文》《黃錄簡文》《明真科》《五練生尸經》等,《金錄簡文》和《黃錄簡文》主要內容是純科儀,《明真科》和《五練生尸經》所記載的科儀也是與全經的內容相配的,主要是拔度罪魂。"元始舊經"中並沒有經典爲授受本身自設傳經儀。

這一部分的神吏數目與後文也有些矛盾,本部分各神吏均三十二人,而《內音玉字》卷四稱:"以玉童、玉女各二十四人,燒香侍真,檢慢糾非。"沒有提到"五帝直符",且玉童、玉女均二十四人。由此可見,《內音玉字》這一科儀部分與後面的"序"並非同時所作。

這一部分末尾的一段章奏即應是受經所用,全文與《無上秘要》卷三十九所引《明真經》的盟文幾乎全同①。《無上秘要》的這一段文字並不見於今《洞玄靈寶長夜之夜九幽玉匱明真科》,或是其佚文。《無上秘要》這段文字前有發爐文,有禮三寶,另外所受經爲"符圖四十三章,玉文九百二十四字",那麼即使《無上秘要》的出處有可能標錯,也絕無可能是引自《內音玉字》。另外,這一篇章奏中一則曰"受文佩身",再則曰"佩帶天文",與"玉訣"部分"服文"的使用方法完全不同,和"玉訣"部分不可能是同一作者的作品。因此,這一章奏也應另有來源。

總之,《內音玉字》卷一的這一段科儀文字與全經應非同一整體,大約是爲使用方便而將授經儀抄於卷首。

二 "疏釋"晚於"玉訣"

《內音玉字》除了卷一的科儀文字外,卷三、卷四對"大梵隱語"的"疏釋"部分恐怕和"玉訣"也不是同時所作。

---

① 《無上秘要》,第577頁。

· 119 ·

拘校道文

首先，"疏釋"部分的神格與全經不同。《內音玉字》除"疏釋"外，其他基本沒有涉及道君。"玉訣"部分爲天真皇人一人所述，卷三前半卷和卷四後半卷的內容，主要是天真皇人與天尊、五老帝君的對話。《內音玉字》除"疏釋"外僅提到一處道君，即卷四"天尊告四座大聖衆，无極太上大道君，三十二天、十方尊神等"，然而這裏的"無極太上大道君"僅是大聖衆中的一員，並無突出的地位。而"疏釋"部分每一段均稱是天真皇人受元始天尊之命以付道君，每一方更有元始天尊直接對太上道君的教誨。這都是與全經體例不一致的。

其次，"疏釋"部分的修煉方法與"玉訣"部分不同。如前所述，"玉訣"部分的修煉方法是服文，亦即在適當的時間向某方服用真文。而"疏釋"部分則是佩文，即"佩其音，誦其章"，並默念咒語、咽炁。因爲佩戴是長時段的動作，"疏釋"部分對於行道的時間也沒有規定。這兩種修煉方法是截然不同的。

最後，筆者目前找到最早引用"疏釋"部分的文獻是甄鸞《笑道論》（T52，p. 146）。P. 2386及S. 6659《衆篇序經》引用了《內音玉字》的"序"，在"四衆同時俱起，作禮稽首受命"後即跳過了"疏釋"部分，直接接以卷四"天真皇人稽首上白天尊：自受日月……"一段，恐怕也説明當時並沒有這段"疏釋"。

南齊時嚴東曾爲《度人經》作注，其注保存在《元始無量度人上品妙經四注》中，但他對於二百五十六字的"大梵隱語"完全不注。在"元始靈書中篇"，嚴東注云："此篇之文有二百五十六言，字方一丈，八角垂芒也。一者分置三十二天，天有八字，以消不祥，成濟一切。二者將書玄都及天宮門户樓觀之上，若有修服其字，則昇其處，攝召十方衆仙也。"（D2，p. 240）這與《內音玉字》"玉訣"部分是一致的，可見嚴東確實讀過《內音玉字》。但嚴氏並沒有採用《內音玉字》的疏釋部分對"大梵隱語"進行注釋，也沒有提到天真皇人曾注此隱語，僅稱天真皇人"書寫此文以爲諸天之善長者也"（D2，p. 248）。可相對比的是，唐李少微注稱"今所注者，一依天真皇人《內音》訓釋"（D2，p. 240），薛幽棲亦云"元始天尊遂命天真皇人使撰其字，解釋其義，以付道君"（D2，p. 248）。可見嚴東並未見到過《內音玉字》的"疏釋",但唐代人對這一部分已非常熟悉。

敦煌 P. 2256 寫卷云:"其二百五十六字,論諸天度數期會,大聖真仙名諱位号,所治宮府城臺處所,神仙變化升堂(降)品次,衆魔種類,人鬼生死轉輪因緣。其六十三字,是五方元精名号,服御求仙,練[神化]形,白日騰空之法。餘一百二十二字,闕無音解也。"又云:"至於《内音玉字》,有異同,同者亦以隸字傳篆書,異者不以此音譚語,故其文單腹(複)不可外(解?)也。"其中稱"餘一百二十二字,闕無音解",又稱"文單複不可解",那麽 P. 2256 寫卷的作者顯然没有看到過《内音玉字》卷三、卷四爲"大梵隱語"每字所做的解釋。關於 P. 2256 寫卷的性質,大淵忍爾等學者認爲可能是蕭梁朝宋文明《通門卷》殘卷①,另外也有些學者有不同意見,認其成書可能在宋文明之後。但無論如何,在該書作者的時代可能還没有出現對"大梵隱語"的文字疏釋。

依"靈寶經目録",《内音玉字》原爲兩卷。目前學者一般認爲《道藏》本的卷一、卷二相當於上卷,卷三、卷四相當於下卷。但從《道藏》本的内容看,兩卷篇幅相差較大,卷三、卷四的篇幅比卷一、卷二多出一半有餘。若前論不誤,《内音玉字》卷一的科儀部分爲後世所作,那麽劉宋時期《内音玉字》卷上的内容更少。如果當時《内音玉字》卷下的内容與《道藏》本卷三、卷四内容一致,那麽卷下的篇幅將近卷上的三倍,這恐怕是不合常理的。

實際上,依照《内音玉字》"玉訣"部分的修煉方法,"大梵隱語"的使用方法是朱書於白素而服之。服符是早期道教常見的修煉方式,漢末的太平道、五斗米道以及後來的上清道都採用了這一方式②。既然只需畫出服用,那麽這二百五十六字的音與義並不重要。但在東

---

① 可參[日]大淵忍爾《論古靈寶經》,載《道家文化研究》第十三輯,第488頁。
② 王皓月曾對這一修煉方式做了追述(《析經求真:陸修静與靈寶經關係新探》,第378頁),可做參考。這一方式從東漢到東晉都非常流行,王皓月已舉了張角、張魯的例子,又如葛洪《抱朴子内篇·金丹》云:"又用五帝符,以五色書之,亦令人人不死,但不及太清及九鼎丹藥耳。"(《抱朴子内篇校釋》,第78頁)上清經中可參《太上玉佩金鐺太極金書上經》、P. 2751《紫文行事決》"象符"部分等。靈寶經可參《太上無極大道自然真一五稱符上經》等。

拘校道文

晉南北朝時期，修煉方法逐漸轉變爲受持讀誦。P. 2606《太上洞玄靈寶无量度人上品妙經》在書"大梵隱語"後云："有知其音，能齋而誦之者，諸天皆遣飛天神王下觀其身，書其功勤，上奏諸天。"由於《度人經》在靈寶經中的崇高地位[①]，這一修法逐漸成爲"大梵隱語"的主要使用方式[②]，因此"大梵隱語"的音義便重要起來，於是便有好事者造作了"疏釋"部分的内容。

在南北朝時期似乎也存在過多種對"大梵隱語"的疏解，如《一切道經音義妙門由起》云："《元始靈書中篇經》云：澤洛菩臺緑羅大千。陸簡寂解云：大千者，世界之分也。一千、十千、百千、千千國土爲小千世界；一千千、十千千、百千千、千千千爲中千世界；一千千千、十千千千、百千千千、千千千千爲大千世界。"（D24，p. 726）今已無法確定這是否確爲陸修静的疏解，但恐怕是產生於今本《内音玉字》的"疏釋"之前。因爲若經書本文已有明白疏解，那麼修道者似乎就不必再出新解了。大概在南北朝時期存在過多種對"大梵隱語"的注疏，而今本《内音玉字》的"疏釋"恐怕正是綜合了這些注疏後的結果。

"疏釋"部分對"大梵隱語"的每一字均有一句歌詩，每一天有八句歌詩，而後面的疏解主要依據的便是每一組的歌詩。但也有部分例外，如太明玉完天音前兩字"須延"，歌詩云"大明須靈會，延侍開玉真"，將二字分開，其後天真皇人解云："須延者，玉完天西北闕之號。大劫之交，須延而開，玉真大聖於是而迴。"這與歌詩是無法對應的。而《内音玉字》卷一的"玉訣"云："玉完天中第一、第二，二字並書天西北玉闕之上，主天地劫數之期。""疏釋"所謂的"西北闕"即從此而來。類似的例子非常多，如清明何童天的"稼那"，玄都平育天的"華都"，等等。從這些例子中可以看出，天真皇人對

---

① 敦煌文獻中存《度人經》寫卷20號，在靈寶經中數量最多，由此可見該經的重要和流行。
② 除經文内部的證據外，從其他文獻中也可以看出這種修煉方法的轉變，如杜光庭《道教靈驗記》卷十二《張正元大梵隱語驗》："張正元，京兆人也。詣尹嗣玄講下受《大梵隱語》，旦夕課持，不食葷血。"（《杜光庭記傳十種輯校》，第273頁）可見在唐代對於"大梵隱語"僅是"課持"，已無服文的修法。

第三章　層累的文本：中古道經的生成與演進

"大梵隱語"的疏釋似乎是在調和"玉訣"與歌詩的矛盾。由此可見，《內音玉字》的"疏釋"部分仍有不同層次的文本，其中歌詩先出，而天真皇人的疏解則更晚出。

"疏釋"部分可能還有些內容抄掇自其他道經，如"無思江由天音"之"疏釋"云："九開大衍之數，天地未光，有九分之關，轉輪三炁，九度明焉。江由天炁於是而立，九五列位，開定陰陽，法化流演，萬品受生。"而《雲笈七籤》卷二一云："《赤書經》云：天有九分之關，轉輪三氣，九度明焉。故明三元九天，九重是也。"① 兩處文字高度相關。但《赤書經》"九度明焉"是指九天，江由天爲三十二天之一天，兩種天界系統並不能很好地配合，《內音玉字》僅因歌詩有"九玄乘運明"一句，即將這種九天觀念的內容抄掇過來。

另外值得注意的是，《道藏》本《內音玉字》所存的"疏釋"部分並非其原貌，這一部分在形成之後還被做了一些改造。北周時所見的《內音玉字》的"疏釋"部分大約借用了不少佛教觀念。甄鸞《笑道論》云："案《諸天內音》八字文曰：'梵形落空九重推前。'天真皇人解曰：'梵形者，元始天尊於龍漢之世號也。至赤明年，號觀音矣。'"（T52，p. 146）今本《內音玉字》曰："梵形者，元始天尊也。開龍漢之劫，登赤明之運，號曰元始，上皇開運，號元始丈人。""元始"與"元始丈人"的稱號並無差別，因此還當以《笑道論》所引爲是。《內音玉字》原本蓋謂元始天尊龍漢世號"梵形"，赤明世號"觀音"，至上皇世號"元始"。但後世因"觀音"一號借自佛教，爲佛教徒所笑，故改作"元始"。

"疏釋"部分除了各天的歌詩與疏解外，在每方之後還有誦當方"大梵隱語"的修法和咒語。這些咒語又見於陸修靜《太上洞玄靈寶授度儀》（D9，pp. 849–850）和《太上洞玄靈寶投簡符文要訣》（D6，pp. 382–383），但三書的文字又有不同，現將三書東方修法羅列於下：

　　《太上洞玄靈寶授度儀》：訣：東方內音畢，弟子迴心東向

---

① 《雲笈七籤》，第491頁。

伏，冥目。師叩齒九通，祝曰：赤明開圖，八炁迴真。總統玄門，青帝大神。流化九外，纏綿我身。靈音八書，六十四篇。洞明天地，與我合仙。運致龍駕，上昇帝軒。畢，弟子仰頭九咽炁，次讀細字，唱度之，橫讀之也。

《太上洞玄靈寶投簡符文要訣》：東方青天出入遊行，常當叩齒九通，思九色之龍導從前後，青雲九重覆帀身形，密祝曰：赤明開圖，八氣迴真……上升帝軒。畢，引氣九咽止。

《道藏》本《内音玉字》卷三：元始天尊告太上道君曰：赤明始開其八天之炁，分度並屬東方青天。天有八字，合六十四音，皆天中大梵隱語无量之音。行九炁天君之道，當佩其音，誦其章，出入遊行，當叩齒九通，思九色之龍，導從前後，青雲九重，覆帀身形，密呪曰：亦（赤）明開圖，八炁廻真……上昇帝軒。畢，引炁九嚥止。行之九年，八天各以青腰玉女、青華玉童各八人，侍衛身形，致青芽九炁之精，生身光明，徹見虛無。萬徧道成，即得飛行。其道尊法弘教，普度無窮，七祖同福，皆昇南宫。九年並得更生善門之中，勤爲護度，諦受勿忘。道君稽首，奉受命旨。

三書的咒語基本一致，但修法有所不同。《太上洞玄靈寶授度儀》僅僅是傳度"内音自然玉字"的方法，師叩齒念咒，弟子咽炁讀字。《太上洞玄靈寶投簡符文要訣》則與傳度無關，也沒有提到"内音自然玉字"，該書增加了存思，叩齒、存思、念咒、咽炁全是配合"遊行"的修法。《道藏》本《内音玉字》則在《太上洞玄靈寶投簡符文要訣》的基礎上又增加了行法的功效。三書層累遞增的軌跡非常明顯，大概這一修法本如《太上洞玄靈寶授度儀》爲授經方法，後成爲獨立的修法，《道藏》本《内音玉字》又增加修行功效後配於各方"疏釋"之後。

實際上，據《太上洞玄靈寶授度儀》，這一方法僅是授受"内音自然玉字"的儀式，而非《内音玉字》的經文本身。大概在陸修靜之後，道教徒將這一方法逐漸增改，並拆解置於新出的"大梵隱語"疏解的各方之後。

總之，《道藏》本《內音玉字》卷三、卷四對"大梵隱語"疏解的創作時間晚於卷一、卷二的"玉訣"部分，可能是南北朝中後期道士依據當時流傳的一些關於"大梵隱語"的疏義創作而成。這一部分中，各天歌詩先成，疏解後成，每方的修法又是從他處抄入。在成書後，這部分內容屢經改造方成今貌。

三 "序"晚於"玉訣"，並被割裂

"靈寶經目錄"中著錄《內音玉字》爲上下兩卷，而《衆篇序章》中所引"靈寶諸天內音自然玉字下"即《內音玉字》卷三、卷四的"序"，那麼"靈寶經目錄"中所著錄的"太上洞玄靈寶諸天內音自然玉字下"恐怕就是存於今《內音玉字》卷三、卷四中的"序"。且《內音玉字》卷三、卷四去掉"疏釋"後的內容，篇幅與"玉訣"大致相近，與"玉訣"分屬上下卷也是合理的。因此，至遲在陸修靜時期，《內音玉字》"序"這一部分就已造作出來了。

然而仔細對比"序"與"玉訣"，二者似乎並非同一系統的作品。首先，二者的修煉方法不同。如前所述，"玉訣"的主要修煉方面是服文。而《內音玉字》卷四却稱"受而佩身"，並稱"得佩此文，諸天所敬，三界所稱，五帝所侍，地祇奉迎"，只需佩帶真文就有種種好處。《內音玉字》卷二也提到"當朱書諸天玉字無量內音，白素佩身"，但其目的是"隨文服御"，而《內音玉字》卷三、卷四却完全沒有提到服文。

其次，"序"與"玉訣"的神格略有差異。如前所述，"玉訣"主要是天真皇人一人的宣講。在《內音玉字》卷三中，是元始天尊與五老上帝等在香林園中見"玄陰不解"，五老上帝向天尊發問，天尊因而現出天書，從而引出天真皇人解注其音。在《內音玉字》卷四中，又由五老上帝宣告諸天，此天書有種種好處，最後元始天尊又向五老上帝開示受經之法。因此，在《內音玉字》卷三、卷四的"序"中，五老上帝有著較爲重要的作用。五老上帝這一神格大約出自《元始五老赤書玉篇真文天書經》（在《三洞奉道科誡儀範·法次儀》中稱爲

"太上洞玄靈寶五篇真文赤書",以下簡稱"《真文赤書經》"),在該經卷上有較長的一段"元始五老靈寶官號"(D1,p. 784)。《真文赤書經》本有五方五篇真文,且稱該經爲五老傳與太上大道君等,因此五老在《真文赤書經》中出現是合乎邏輯的,但在主張四方三十二天的《内音玉字》中出現似乎就有些奇怪了。

再次,"序"與"玉訣"有矛盾之處。《内音玉字》卷四元始天尊向五老帝君開示授經之法云:"以丹筆書諸天八字之音,合二百五十六字,以黄繒爲地佩身。"而《内音玉字》卷二則稱:"當朱書諸天玉字無量内音,白素佩身,隨文服御。"是兩者的書寫材料不同,一爲黄繒,一爲白素。《内音玉字》的"玉訣"部分是四方三十二天的世界觀,而《内音玉字》卷四稱"周流十方三十二天",將十方的觀念引進來。

最後,最爲重要的是,"序"與"玉訣"思想觀念不同。《内音玉字》"玉訣"部分所載服用真文的效用包括攝妖伏魔、削死籍、記仙名、辟災禍、昇福堂等,其中唯獨没有明顯的輪回觀念。而《内音玉字》卷四稱天真皇人"緣對相牽,世世不絶",并累述其各世事跡,並於最後稱佩帶此經可以"返受胎於靈氣,得受生於富貴之門",這已是非常成熟的輪回觀。

因此,《内音玉字》的"序"與"玉訣"也不是同時所作。"靈寶經目録"稱"諸天内音玉字一卷,已出,今分爲二卷",那麽最早《内音玉字》僅有一卷。P. 2431《内音玉字》抄録"玉訣"部分,即相當於《道藏》本的卷二,尾題"洞玄靈寶諸天内音自然玉字",不言"卷上",那麽該卷《内音玉字》或許即是一卷本,本無卷下的"序"。在比陸修静稍早的時代,該經的"序"被造作出來,並成爲卷下。後來"大梵隱語"的"疏釋"部分又被創作出來,並置於被割裂的"序"中間。

《内音玉字》的"序"在流傳過程中又呈現更爲複雜的樣貌。《無上秘要》卷二四《真文品》引用了該經"序"的較多内容,大致相當於《道藏》本卷三的前半段。但與《道藏》本以及敦煌本《衆篇序經》不同的是,《無上秘要》的引文在"五老監試,三界衛真"之後

第三章 層累的文本：中古道經的生成與演進

沒有四方三十二天之名，而是接以"天真皇人曰：天書玉字，凝飛玄之炁……"①，而這一段恰在《道藏》本全經之首。

因此可以推測，陸修靜所見到的《内音玉字》，上卷僅今本的"玉訣"部分，下卷爲新造出不久的"序"。後在《衆經序經》出現的時代，《内音玉字》將卷下的"天真皇人曰：天書玉字，凝飛玄之炁……"移至篇首，作爲全經的導言，而在卷下相應的位置補入的四方三十二天之名。後來又在卷下增入了"疏釋"，在卷上增加了科儀，並從而分爲四卷，成爲今日所見的面貌。從甄鸞《笑道論》引用本經稱"諸天内音第三"來看，在北周時，這一結構就已基本確定②。

四 歷史上的《内音玉字》有更複雜的内容

以上本書勾畫了《内音玉字》從一卷本到四卷本的演變過程，但這也只是該經演變的一條路徑而已。《内音玉字》在南北朝隋唐時期有著更複雜的演變過程，該經的某些版本也有著更爲複雜的内容。《三洞珠囊》卷三引"内音玉字上"云：

> 子欲爲神仙不死，當去三蟲，心下伏尸，常以夜半鷄鳴祝曰："東方青牙，服食青牙，飲以朝華。"三嚥止。"南方朱丹，服食朱丹，飲以丹池。"三嚥止。"中央之野，戊己昂昂，服食精氣，飲以醴泉。"三嚥止。"西方明石，服食明石，飲以靈液。"三嚥止。"北方玄滋，服食玄滋，飲以玉飴。"三嚥止。如此三十日，三蟲皆死，伏尸走去，正神正氣自然定，伏尸不復還心中，兆自仙矣。（D25，p.308）

《三洞珠囊》卷十也引用了相近的内容（D25，p.363）。這都不見

---

① 《無上秘要》，第307頁。
② 應該指出的是，"疏釋"部分造作出來之後，《内音玉字》仍有以上下兩卷形式流傳的本子，《上清道類事相》卷一、卷二、卷四及《三洞珠囊》卷七、卷八引"内音玉字下"的内容均見於"疏釋"部分。《三洞珠囊》所引《内音玉字》可能與《道藏》本又有很大不同，詳下文。

拘校道文

於《道藏》本《内音玉字》，大淵忍爾即據此謂《道藏》本《内音玉字》有所遺落。

這段文字是關於服食五方雲牙的法術，全文見於《太上靈寶五符序》、《太上洞玄靈寶赤書玉訣妙經》（以下簡稱"《赤書玉訣》"）等。上清經中也有類似的修法，可參《無上秘要》卷七六所引《道迹經》，以及《洞真太上紫度炎光神玄變經》等。特別值得注意的是，《太上洞玄靈寶投簡符文要訣》也有上面一段文字，而且内容幾乎全同。

《太上洞玄靈寶投簡符文要訣》的大致結構如下：卷首爲256字真文篆字，次爲簡單的服五方雲牙法；次即引《内音玉字》"天真皇人曰：凡修飛仙之道，及滅度之法……"以下一段，即《道藏》本《内音玉字》卷二關於服文的修法，亦即本書所謂"玉訣"的最後一部分；次爲《内音玉字》存思、念誦咒語的方法，即前面提到的《道藏》本《内音玉字》卷三、卷四"疏釋"部分各方末尾所載之法；然後便是上面《三洞珠囊》所引的一段服食五方雲牙法；再往後則是引用《赤書玉訣》中所載的另一套真文及其使用方法以及服食雲牙法等。

從這一結構可以推測，《太上洞玄靈寶投簡符文要訣》全經就是關於"真文"的修法合集，自"天真皇人曰：凡修飛仙之道，及滅度之法……"到《三洞珠囊》所引的一段應該都是從《内音玉字》中引出，而且全部出自《内音玉字》卷上。也就是說，《内音玉字》卷三、卷四所載的存思、念誦咒語的方法，以及服食五方雲牙的方法，曾見載於某個版本的《内音玉字》卷上之中。

如前所述，《内音玉字》卷一前半所載的内容是授受該經的科儀，卷三、卷四所載的咒語也見於《太上洞玄靈寶授度儀》。《太上洞玄靈寶授度儀》在念咒北方咒語並咽炁之後云"次讀太歲以下盟文"，而《内音玉字》卷一所載的盟文開頭正是"太歲某年某月某甲子朔某日甲子"。《太上洞玄靈寶授度儀》前文所載需啓請的神真雖與《内音玉字》卷一不同，但也有一定的相關性。或許關於授受"内音玉字"的科儀曾被附於經首，後將這儀式中的咒語改造後與"服文"的修法抄在一起，後又增加行法功用配入各方"疏釋"。

至於服食五方雲牙的方法，又當是在其後添加的。其來源恐怕正是依據《赤書玉訣》。《赤書玉訣》卷上爲各種使用五方真文赤書的方法，卷下即主要爲服食五牙法。可相對比的是，《靈寶無量度人上經大法》卷十七、卷十八《佩服内音品》全引《内音玉字》"玉訣"部分，卷十九即爲"五方雲芽品"，這恐怕也可説明當時仍然認爲服食五牙與《内音玉字》的修煉方法有一定的相關性。

《靈寶無量度人上經大法》卷一又引"靈寶玉字内音經"云：

> 自三炁之先，溟涬之後，其中真精歊化，挺生元炁。元炁之内有神，曰元始天王。其炁混凝，與元始同生，流化結芳，非色非相，或舒或張。至延康開劫，一炁分形，而爲二炁。虛无自然，而生始炁。二炁交結，凝相太空，彌覆无極，字方一丈，八角垂芒，莫知其理。二炁混凝，包藏玉字。至龍漢開劫，元始天王分隸二炁，混沌開光，炁清高澄成天，炁降積涬成地。二炁分合，中有和炁，名曰玄炁，亦曰大梵之炁。至赤明劫，元始開圖，中有真陽之炁，化爲洞陽之火。元始運洞陽之火，冶鍊三炁，混合玉字，而成赤文。（D3，p. 614）

這段文字也見於陳椿榮《太上洞玄靈寶無量度人上品經法》卷三、王契真《上清靈寶大法》卷一等，但《道藏》本《内音玉字》中完全没有相近的内容。這段文字描述了一種道教式的宇宙生成論，並論述了玉字、赤文的産生過程。這種内容只可能是一種别本的《内音玉字》"序"。《靈寶無量度人上經大法》引用了《内音玉字》"玉訣"的全部内容，但對於"序"却没有一點涉及，或許也正是因爲該經作者所見的《内音玉字》"序"與今本完全不同。

總之，歷史上曾存在過多種版本的《内音玉字》，有的加入了其他法術，有的則有著不同的"序"。

小　結

通過以上的分析，我們可以看出，《内音玉字》最核心的内容是其中的"玉訣"部分，即描述"大梵隱語"所在、職掌、服法、功用的部分,這一部分形成得最早,或即葛巢甫依據此前的道家修煉方法所作①。大約在晉宋之際,《内音玉字》的"序"被造作出來,並與"玉訣"分屬上下卷,"靈寶經目録"著録的兩卷本《内音玉字》可能即是這種結構。隨後,授受《内音玉字》的儀式也被收入了《内音玉字》,其中啓請神真的名單和受經的盟文即《道藏》本《内音玉字》卷一前半段的内容,受經時念誦的咒語改造後即爲《道藏》本《内音玉字》卷三、卷四所載"大梵隱語"疏解各方末尾的内容。大約在南北朝中後期,"大梵隱語"的疏解也被加入了《内音玉字》,並置於被分割的"序"中間。至此,四卷本《内音玉字》的結構大致形成。除此之外,歷史上《内音玉字》還曾有過多種複雜的面貌。

第二節 《九真中經》新考

《正統道藏》正一部中有《上清太上帝君九真中經》(D34,p. 33。以下簡稱"《道藏》本《九真中經》")上下兩卷,上卷主要有"太上帝君九真中經内訣""中央黄老君八道秘言"兩部分,下卷包括"太上玉晨結璘奔月黄景玉章"等内容。但 P. 2337《三洞奉道科誡儀範》卷五"上清大洞真經目"載《上清九真中經黄老秘言》僅一卷。《道藏》本《九真中經》卷首云:"於是太上授以帝君九真之經,八道秘言之章。"僅以《九真中經》與《八道秘言》相次,不及其他。《洞真太上飛行羽經九真昇玄上記》(以下簡稱"《昇玄記》")云:"右《太上飛行羽經九真昇玄上記》,其道畢矣。其下弓(卷)② 是《太上九真中經》。書雖有上下序訣,然別法異用,不相干也。中央黄老君分以傳太虚真人,與《八道祕言》相次。"(D33,p. 644)同樣也祇提到《九真中經》和《八道秘言》,且以《九真中經》爲"下卷"。那麽

---

① 王皓月認爲三十二天説是從三十六天説演變過來的,筆者不能同意。九天説、三十二天説、三十六天説,可能是早期道教并行的宇宙觀,未必有先後承傳關係。
② 弓,應爲"卷"字之誤。"卷"俗體作"弓",易誤作"弓"。《龍龕手鏡·弓部》:"弓,今作卷,書卷。"

第三章　層累的文本：中古道經的生成與演進

《九真中經》應該最初只有一卷，下卷爲後人續補①。因此本節主要考察《道藏》本《九真中經》卷上的内容。

《九真中經》是非常重要的一部早期上清道經典。華僑造作的《周紫陽傳》（今《正統道藏》中作"紫陽真人内傳"）中已有該經名（D5，p. 547）。《真誥》卷五引許謐、許翽《道授》稱："道有《九真中經》，老君之祕言也，在世。"② 可知至遲在二許的時代，《九真中經》就已傳世。然而關於此經的相關研究並不充分。石井昌子有《〈九真中經〉考》③，該文通過收集幾種道書的相關引文，考察了《九真中經》的異名問題。但石井氏對引文中的異文没有做深入考察，因此還有對這些引文繼續研究的必要。

《道藏》本《九真中經》卷上可分兩部分，第一部分有品題"太上帝君九真中經内訣"，主要内容爲存思身神的九條真法；第二部分有品題"中央黄老君八道秘言章"，主要内容爲八節望雲氣、拜神真的八道秘言。

引用"太上帝君九真中經内訣"部分的有 P. 2751《紫文行事決》、《雲笈七籤》卷三十"九真中經天上飛文"、《雲笈七籤》卷五二"九真行事訣"，另外，《無上秘要》《上清衆經諸真聖秘》等書中也有零星引用。這些引文中，《紫文行事決》與《雲笈七籤》兩卷中的内容大致相近，而與《道藏》本《九真中經》差異較大。這些差異主要在三個方面：第一，神真體系略有不同，《道藏》本《九真中經》各神均有字；第二，各真法咒語略有不同；第三，《道藏》本《九真中經》有詳細的行法時日。

引用"中央黄老君八道秘言"部分的有 P. 2751《紫文行事決》、《雲笈七籤》卷五一"八道秘言"，以及《正統道藏》洞玄部靈圖類

---

① 任繼愈主編《道藏提要》亦稱："從其所敘經文淵源、傳經科儀及道法内容判斷，今本卷下原非《九真中經》之文……疑今本蓋出陶弘景之後，《無上秘要》成書之前。"（第666頁）賀碧來、李靜等學者均同此說，見 The Taoist Canon, p. 145；《古上清經史若干問題的考辨》，第119頁。
② 《真誥》，第79頁。
③ 見《創価大学人文論集》第十二號，2000年3月。

· 131 ·

《上清八道秘言圖》。其中,《上清八道秘言圖》與《道藏》本《九真中經》較爲接近,《紫文行事決》與《雲笈七籤》內容較爲接近,與《道藏》本《九真中經》略有不同。這些差異主要包括行道時日和神名兩方面。以下就這些引文差異分別論述。

一 《道藏》本《九真中經》神真體系受主流上清經影響

《紫文行事決》所引《九真中經》與《道藏》本《九真中經》神真體系的最大不同在於,《紫文行事決》九真均是單一尊神的不同名字,而在《道藏》本《九真中經》中,人生的主宰乃是帝君太一五神,九真也全是"帝君太一五神壹共混合"所變。

《紫文行事決》"論神"部分曰"夫人生結精積炁,受胎斂血,所以凝骨吐津,散布流液,忽尔而立,怳尔而成,罔尔而具,脱尔而生。於是乃九神來入,五藏玄生。"注:"人之寄生託誕,先因精爲端。精既凝結,陰陽之炁積附成胎,於是注血立骨,稍構人刑(形)。刑(形)既充具,神亦來入,乃能自生。"該書認爲,人體形質乃是陰陽之氣所化,與神無關。形質完具後,神方進入。而《道藏》本《九真中經》稱:"五神命其形軀,太一定其符籍……五藏玄生,五神主焉。"則是帝君五神參與了成立形軀。

《紫文行事決》"論神"部分曰:"人體有尊神,其居無常……尊神有九名,号曰九真君,分化上下,轉形万道。"《紫文行事決》小注亦於"九神來入"下注曰:"一神九名,故曰九神。"在各真法中,《紫文行事決》也僅稱大神在某處,號曰某。至《道藏》本《九真中經》,則九神全爲帝君五神所變。該書曰:"帝君九魂,變形一時,忽爲尊神,有九名,號曰九真君,此太一帝君之混合而一變也。"在各真法中,《道藏》本《九真中經》也稱各真神爲帝君所變,如第一真法曰:"帝君太一五神,壹共混合,變爲一大神,在心之内,號曰天精君。"

這種不同體現在《道藏》本《九真中經》各真法咒語中,便是本由九真完成的使命,全改由帝君五神完成。如第一真法,《紫文行事決》曰"天精大君,來見心中",《道藏》本《九真中經》則曰:"天精大君,飛生上英,帝君内化,來見心中。"第四真法,《道藏》本

第三章　層累的文本：中古道經的生成與演進

《九真中經》稱："帝君奉籍，使我得真。"

五神混合的觀念究竟是不是《九真中經》本有的呢？《太真玉帝四極明科經》卷三曰："《九真中經》，太上太微天帝君所修八道、九真、結璘鬱儀上奔日月之道……修此道七年，乘雲飛行，上昇太清。"（D3，p. 427）沒有提到五神混合的觀念。而該卷又稱："《太丹隱書洞真玄經》……修五神混合之道，百日真靈下降，不出七年，白日昇天。"由此可見，可能在《太真玉帝四極明科經》的時代，《九真中經》中尚未出現五神混合的内容，而這本是《太丹隱書》的修法。除此之外，《上清太上黄素四十四方經》亦稱："凡讀《太丹隱書》、《金華洞房》及《雌一寶章》者……其人或精感太素，陟降九真，五神混合，司命録篇。"（D34，p. 73）也認爲五神混合是《太丹隱書》的修法。

《九真中經》的修法與《太丹隱書》確實有些相像。《正統道藏》正一部收有《洞真太一帝君太丹隱書洞真玄經》（以下簡稱"《太丹隱書》"），該經稱："又存五神各安坐其宮，五神並吐紫炁以纏我身。"（D33，p. 537）這與《九真中經》的存思方法非常接近。另外，《太丹隱書》中有五神"混合九變"之説，與九真數目相合，但兩者的内容相差極大。

五神混合的觀念與《九真中經》是有矛盾的。《太丹隱書》曰："白元、無英、桃康、司命、太一，混合五神，捧籍列符。五神各有所主，混合九變，三五洞化，於是三宮鎮真，百節受靈，帝君寶籍，宿命無傾。"（D33，p. 531）從中可知五神名諱。然而《紫文行事决》第六真即名"白元君"，第九真即名"无英君"，這與五神之名顯然是衝突的。爲此，《道藏》本《九真中經》不得不對九真名字做些修改。

《道藏》本《九真中經》與《紫文行事决》中的諸真名字不同，一方面，第六、第九真法二書神名完全不同；另一方面，《道藏》本《九真中經》諸神有字，而《紫文行事决》無字。更爲奇怪的是，《道藏》本《九真中經》諸神名、字與《大洞真經》"皇清洞真道君道經第十一"至"中央黄老君道經第十九"九篇中所載諸真名、字大致相同。今取《正統道藏》洞真部本文類《上清大洞真經》（D1，pp. 528 – 535）與《道藏》本《九真中經》、《紫文行事决》的諸神名字列表對比如下：

· 133 ·

拘校道文

《紫文行事決》標目	《紫文行事決》神名	《紫文行事決》氣色	《九真中經》神名	《九真中經》神字	《大洞真經》神名	《大洞真經》神字	《大洞真經》氣色	《大洞真經》篇目
一心	天精君	紫	天精君	飛生上英	心中一真天精液君	飛生上英	絳	中央黃老君道經第十九
二骨	堅玉君	白	堅玉君	凝羽珠	胃脘二真堅玉君	凝羽珠	碧	無英中真上老君道經第十八
三血脉	元生君	黃	元生君	黃寧子玄	精血三真元生君	黃寧子玄	赤	皇初紫靈元君道經第十七
四肝	青明君	青	青明君	明輪童子	肝中四真青明君	明輪童子	青	太極大道元景君道經第十六
五脾	養光君	綠	養光君	太倉子	脾中五真養光君	太昌子	嬌鶯之色	太清大道君道經第十五
六肺	白元君	五色	上元素玉君	梁南中童子	肺中六真上元素玉君	梁南中童	白	玉晨太上大道君道經第十四
七腎	玄陽君	蒼	玄陽君	冥光先生	兩腎七真玄陽君	冥光生	玄	皇上四老道中君道經第十三
八膽	合景君	五色	含景君	北臺玄精	膽中八真合景君	北臺玄精	黃	高上太素君道經第十二
九頭	无英君	紫	帝昌上皇君	先靈元宗	泥丸九真帝昌上皇	先靈元宗	青	皇清洞真道君道經第十一

由上表可以看出，《道藏》本《九真中經》除個別文字可能是傳抄致誤外，其他與《大洞真經》完全相同，這顯然是因襲《大洞真經》的結果。最爲明顯的是第二真法，該真法中，堅玉君本是骨神，而《大洞真經》中却是"胃脘二真"，於是《道藏》本《九真中經》

134

第三章　層累的文本：中古道經的生成與演進

稱："存堅玉君，字凝羽珠，入坐喉下胃管中，化白氣以入諸百骨節中。"這顯然是彌縫二書不同的結果。

實際上，《九真中經》的九神與《大洞真經》諸真有很大不同，《道藏》本《九真中經》牽合二書，很不合理。首先，《紫文行事決》中，除"二骨""三血脉""七腎"三大神有"分形"之事，其他諸神均僅有一位，故各真法皆稱"爲一大神"。而《大洞真經》中"二真"則有二神，"九真"則有九神。如《無英中真上老君道經第十八》中稱："次思碧炁從兆泥丸中入，兆乃口吸神雲，咽津二過，結作二神，狀如二帝。"而《紫文行事決》"二骨"之注則曰："既云'分刑（形）盡在骨中'，則骨骨皆有一神，不可定敷。"

其次，《紫文行事決》中，存思方法爲存大神在某器官，吐某色氣以繞某器官。而《大洞真經》爲存某色氣結作某神。二者完全不同。另外，二書中諸神氣色也完全不同，詳見上表所列。

最後，《大洞真經》詳書各神名、字，是因爲該經的修行方法需存呼各神"内諱名字"。而《九真中經》似乎並無此必要。

由上可知，《道藏》本《九真中經》的神真體系顯然受到了《太丹隱書》和《大洞真經》的影響。《太丹隱書》曾引用《九真中經》[1]，應在此經之後。那麽《九真中經》在作成後應又經歷了較大的改動。

二　《道藏》本《九真中經》的咒語已被竄改

分析《紫文行事決》所引《九真中經》咒語的韻脚，其中最鮮明的特點便是上古冬部字的"中"多與真文元三部字合韻。如第一真法"中"與"冠""文""魂""仙"韻，第二真法"中"與"冠""真"等字韻，第五真法"中"與"冠""神"等字韻，第六真法"中"與"冠""篇"等字韻，第七真法"中"與"晨""文"等字韻，第八真法"中"與"冠""真"等字韻。

這一押韻方式在三國兩晉時期的詩賦中也有例證，如《三國志·

---

[1] 值得玩味的是，《太丹隱書》引用《九真中經》的內容並不見於《道藏》本《九真中經》，反而與《大洞真經》的一些內容非常相近。

拘校道文

蜀書·楊戲傳》載戲《贊諸葛丞相》"風"與"濱""真"等字韻①，左思《魏都賦》"隆""風"與"人""塵"等字韻②。這在早期的道教文獻中也有例證，如《黃庭內景經·若得章》"宮"字與"丹""崙""環""人"等字韻（D5，p. 910）。但這種現象在東晉以後就很少見了③。

推測這一現象形成的原因，大概因爲晉以前冬部字尚與侵部字較爲接近，而真侵合韻較爲常見④，故或有真冬合韻的現象。但晉以後冬部字與東部字逐漸靠近，而與侵部字相距較遠了。

《道藏》本《九真中經》却往往在"中"字韻脚前後加入一韻，以區別於後面的真文元韻。如：

《紫文行事决》第一真法：天精大君，來見心中。身披朱衣，頭巾丹冠。

《道藏》本《九真中經》：天精大君，飛生上英。帝君内化，來見心中。身披朱衣，頭巾丹冠。

《紫文行事决》第五真法：養光大神，來入脾中。身披綠衣，頭巾蓮冠。

《道藏》本《九真中經》：養光大君，來入脾中。上灌三元，是爲太倉。身披綠衣，頭巾蓮冠。

《紫文行事决》第六真法：白元大君，來坐肺中。身披龍衣，

---

① 《三國志》，第1080頁。
② 《文選》，第97頁。
③ 在北朝的韻文中，這種現象可能仍然存在，如敦煌本《老子化胡經·玄歌》中便有多例。但《九真中經》顯然是南方上清係的經典，不大可能是北朝的作品。
④ 王力說："就真諄臻三韻看來，收'n'的韻尾很有些地方是與收'ng'或收'm'的韻尾混用的……乍看起來，真侵相混與桓覃相混都像今北音與吳音，真庚相混也像今北音；但我們决不能如此判斷。在南北朝的韻文裏，韻尾'm''n''ng'三系的界限是很顯明的……由此看來，一定是以爲真庚侵的主要母音相同，所以詩人們可以偶然忽略了它們的韻尾而以真庚合韻，或真侵合韻。"（王力：《南北朝詩人用韻考》，載《王力文集》第十八卷，第44頁）

第三章　層累的文本：中古道經的生成與演進

黄晨華冠。

《道藏》本《九真中經》：上元大君，來坐肺中。<u>三天梁南，靈華中童子</u>①。身披龍衣，黄晨華冠。

這幾組加入的韻脚，"英""倉"於上古均爲陽部字，"童"則爲東部字。兩漢南北朝的韻文中，東陽合韻非常常見②。那麽可以推斷，在《道藏》本《九真中經》中，冬部字已與東部字較爲接近了，並且冬部可能已與真文元部相距較遠，讀起來可能已不協韻，所以有修改的必要。

《紫文行事決》諸真法的咒語層次非常分明，兹舉第一真法爲例：

　　天精大君，來見心中。身披朱衣，頭巾丹冠。左佩神書，右帶虎文。口吐紫華，養心凝魂。赤藏自生，得爲飛仙。

從中可以看出，第一韻書真神名號，第二、第三韻爲真神裝束及佩帶，第四韻描述存思的内容，第五韻爲修法的功用。各真法的咒語或長或短，但這四個層次却是非常明晰。

《道藏》本《九真中經》中的咒語與《紫文行事決》比較，除了韻脚的變化外，主要有兩大改動。首先，《道藏》本《九真中經》將九真的字加入到咒語中。除第二真法外，《道藏》本《九真中經》各真法的咒語均有關於各真字的内容，如第一真法"天精大君，飛生上英，帝君内化，來見心中"，第二真法"字凝羽珠，灌養九門"，等等。但這些增加的内容却也有一些破綻。如前所引的第一、第五、第六三組咒語，因各真之字可與"中"字押韻，故置於第一、第二韻中。而第二、第四、第七、第八四組咒語中，又將相關語句置於描述各神真裝束、佩帶的句子之後。更明顯的是，因第三真神的字與其他各句不協韻，咒語中竟無相關内容。另外，爲求協韻，個别語句甚至

---

① "子"字很可能是衍文。
② 可參羅常培、周祖謨《漢魏晉南北朝韻部演變研究（第一分册）》，第33頁。

句意不通。如第四真神青明君字明輪童子，而《道藏》本《九真中經》曰："字爲童子，寶真明輪。"竟然將字拆開。

其次，《道藏》本《九真中經》的咒語還加入了大量"五神"及與五神混合相關的内容。如沐浴咒語中的"帝君五神，太一歸明""桃君守命，帝君反嬰"，第四真法中的"帝君奉籍，使我得真"，第六真法中的"帝君同輪，太一把圖"，等等。第二、第三、第五三真法却没有相關内容。另外，《道藏》本《九真中經》咒語還有不少關於三五七九數字的内容，如第一真法"和精三道，合神上元"，第五真法"五靈秉鉞，七電九震"，第八真法"太一七陳"，等等，這可能也與《太丹隱書》有關。

經過這些改動，《紫文行事決》所引《九真中經》咒語中那種整飭的結構被完全打亂了。

除此之外，《道藏》本《九真中經》與《紫文行事決》咒語的某些異文可能也説明了《九真中經》曾被竄改。如《紫文行事決》第九真法"手把真精"，據注文，知"真精"指"金真之精"。但在《道藏》本《九真中經》則被改作"手把皇符"。但"皇符"可能是靈寶經《太上靈寶無極大道自然真一五稱符上經》中的概念。P.2440《靈寶真一五稱經》曰："洞玄通靈神真符，三皇天文大字，洞真經本，同於靈寶。故先撰爲五勝符，餘者入天氣，故曰天文字，及爲皇符也，並可以施召役使天地之靈。"[①]

總之，無論從咒語的韻脚還是結構來看，《道藏》本《九真中經》都經過了較大改動。

與咒語情況相近，《道藏》本《九真中經》卷首"太上曰"的一段話應該也被竄改過。前面已從神真體系的不同論證這一部分的改動。實際上，《紫文行事決》"論神"部分引用的這段話基本押韻，而《道藏》本《九真中經》竄入的部分多不叶韻。現將兩處文字對比於下：

[①] 《正統道藏》亦存此經，名《太上无極大道自然真一五稱符上經》，文字與敦煌本小有異同（D11，p.640），可參看。

第三章　層累的文本：中古道經的生成與演進

《紫文行事決》：夫人生結精積炁，受胎斂血，所以凝骨吐津，散布流液，忽尔而立，悅尔而成，罔尔而具，脫尔而生。於是乃九神來入，五藏玄生。父母唯知生育之始，不覺神適其間也。人體有尊神，其居無常，展轉榮輪（榮輪），流注元津。此神外來，内結以立一身，非如三魂□☒☒（七魄，是）積靈受炁，生於父母者也。尊神有九名，号曰九真君，分化上下，轉形万道。子能脩□（之），則出水入火，五藏自生。長齋隱栖，以存其真。☒（道）齋謂之守静，佛齋謂之虬晨。道静接手於兩膝，佛晨合手於口前。

《道藏》本《九真中經》：夫人唯結精積氣，受胎斂血，<u>黄白幽凝，丹紫合煙</u>，所以凝骨吐津，散布流液，<u>四度會化，九宫一結，五神命其形軀，太一定其符籍</u>，忽爾而立，悅爾而成，罔爾而具，脫爾而生，於是乃九神來入，<u>安在其宫</u>，五藏玄生，<u>五神主焉</u>。父母唯知生育之始我也，而不覺<u>帝君五神</u>來適於其間也。人體有尊神，其居无常，<u>出入乎上中下三田，迴易陰陽，去故納新</u>，展轉榮輪，流注元津。大神虛生內結，以成一身，<u>灌質化鍊，變景光明</u>，非如三魂七魄，是積靈受氣，自生於人父母者也。<u>帝君九魂，變形一時，忽爲尊神</u>，有九名，號曰九真君，<u>此太一帝君之混合而一變也</u>。分爲上下，旁適萬道，子能修之，則出水入火，五臟常生，長齋隱栖，以存其真。<u>此文一名九真內訣，一名太上飛文，一名外國放品，一名神州靈章，雖有四名，故一寶書耳</u>。

比較上面兩段內容，可以看出《道藏》本《九真中經》對這段話的改動與咒語非常相似。《道藏》本加入的內容多不叶韻。"安在其宫"的"宫"上古爲冬部字，《道藏》本取與"成""生"等耕部字押韻。《道藏》本增加了許多與"五神"相關的內容，如"五神命其形軀""五神主焉""帝君五神""太一帝君之混合而一變"等。值得注意的是，道藏删除了《紫文行事決》所引末句與佛教相關的內容，這與道教對經典的清整有關，本書第五章再詳細討論這一問題。

· 139 ·

三　《道藏》本《九真中經》各真法行道日爲後加

《紫文行事決》在"別日"部分云："《九真中經》在人間施行，亦有口訣，本文似秘不書也。"可見《紫文行事決》作者見到的《九真中經》經文中並無行道時日。《道藏》本《九真中經》每一真法都有詳細的行道月日，這恐怕也是後加的。

《紫文行事決》所引《九真中經》各真法僅記載行法時辰，如第一真法在平旦，第二真法在辰時。在引用《九真中經》後，《紫文行事決》在"別日"部分列出了各真法行法之日，如第一真法，"當以五月五日、十五日、廿五日、廿七日、廿九日，一月之中五過行之耳，皆以平旦"。這一部分見於《道藏》本《昇玄記》。《紫文行事決》注曰："此訣出《升玄記》後，應是已分經後，青童君所説。"可見正是從《昇玄記》中引出。據該訣，之所以選擇這些日子，是因爲"此月此日，皆是合真迴順，生氣攝精之時，善可以存思，易致玄感"。《紫文行事決》的注文又給了具體的原因，如第一真法後，《紫文行事決》注曰："心王在火，故專以五月午。"

另外，《紫文行事決》在"別日"部分最後説："若高栖絶嶺，潛標雲巖，斷人事於内外，割粒食以清腸，接手正心，合手含晨，皆當日日施行，自如本經。今之所書，蓋人間多事，不得清閑以行之也。"《紫文行事決》作者認爲《九真中經》本經的意思是要"日日施行"，《昇玄記》所載不過是權宜之法而已。

《道藏》本《九真中經》的行法月日與《紫文行事決》所載完全不同。該經於真法中即寫出行法時日，如第一真法云"以正月本命日，甲子、甲戌日平旦"。然而這一行道日却有很大的問題。首先，行道者本命日並不固定，很可能不在正月内。道家行法多重本命日，但特別規定某月本命日的，似乎僅此一經。其次，甲子距甲戌僅十日，極有可能一月中無此二日。這樣，若正月無甲子、甲戌，行道者本命日亦不在正月，第一真法竟不必行！以下九種真法的行法時日大抵與此相近，可見《道藏》本《九真中經》如何荒唐。《道藏》本《九真中經》出現這一問題，很有可能是後世傳鈔者没有見到《昇玄記》，而以爲此經缺行道月日，故而妄事造作。

四　《道藏》本《九真中經》的八道秘言部分受到其他上清經的影響

《道藏》本《九真中經》的八道秘言部分，行法時日、神真名諱亦與《紫文行事决》所引不同，却與《洞真太上八道命籍經》（以下簡稱"《八道命籍經》"）非常相近，今列表如下：

	《紫文行事决》神名	《紫文行事决》行道日	《道藏》本《九真中經》神名	《道藏》本《九真中經》行道日	《八道命籍經》神名	《八道命籍經》行道日
一	三元君	八節日清朝	太上三元君	立春日、正月甲乙日清朝	太上三元君	立春清朝
二	太微天帝君	八節日夜半	太微天帝君	春分日、寅卯日夜半	太微天帝君	春分夜半
三	太極真君真人	甲子上旬戊辰、己巳之日	太極上真君三元内宫真人	立夏日、甲子上旬戊辰、己巳日清旦	太極上真君三元内宫真人	立夏清旦
四	扶桑太帝君	甲戌上旬戊寅、己卯之日	扶桑大帝君	夏至日、甲戌上旬戊寅、己卯日清旦	扶桑太帝君	夏至清旦
五	太素上真白帝君	甲申上旬戊子、己丑之日	太素上真人天皇白帝君	立秋日、甲申上旬戊子、己丑日清旦	太素真人天皇白帝君	立秋清旦
六	南極上真赤帝君	甲午上旬戊戌、己亥之日	南極上真人上皇赤帝君	秋分日、甲午上旬戊戌、己亥日清旦	南極上真人上皇赤帝君	秋分清旦
七	上清真人	甲辰上旬戊申、己酉之日	上清真人帝君皇祖	立冬日、甲辰上旬戊申、己酉日清旦	上清真人帝君皇祖	立冬清旦
八	太虚上真人	甲寅上旬戊午、己未之日	太霄玉妃太虚上真人	冬至日、甲寅上旬戊午、己未日清旦	太霄玉妃太虚上真人	冬至清旦

拘校道文

由上表可知，《道藏》本《九真中經》的神名與《八道命籍經》大致相同，行道日則是綜合了《九真中經》和《八道命籍經》。《紫文行事決》所引的《九真中經》，前二道秘言分別以八節日清朝、夜半行，後六道以六種月份的戊己日行。《道藏》本《九真中經》既從《八道命籍經》，將八節日分入八道，則不得不分別爲前二道秘言增加了甲乙、寅卯日。但二道秘言的寅卯日難免與四道秘言的"甲戌上旬戊寅、己卯之日"重複。可見改造後的《道藏》本《九真中經》前後矛盾。

與《紫文行事決》相比，《道藏》本《九真中經》的八道秘言部分又多"祝"的內容，如一道秘言部分：

《紫文行事決》：因陳乞，乞得侍給輪轂之祝矣。
《道藏》本《九真中經》：自陳乞曰："曾孫某甲，少好道德，修行九真，沐浴五神，並爲天帝、帝君所見記錄，今日有幸遇三元君出遊，乞得侍給輪轂。"任意祈祝矣。

但《紫文行事決》的小字注其實給了一個"祝文"的範本：

太素三元君，某甲小兆乞得神仙飛行，侍給八轝之輪，上詣天帝，因尔稽顙。

這與《道藏》本《九真中經》完全不同，顯然《紫文行事決》的編者所見《九真中經》無此祝。《道藏》本的祝文有"沐浴五神"字樣，這應是與前九真法部分改造同時或稍後編造的。另外，這一"陳乞"的"祝文"很可能也與《八道命籍經》有關，該經於"一道命籍"即載"密咒"云：

曾孫姓名，今日幸遇三元出行，願得長生，侍給輪轂。餘所言隨人意也。某病乞差，某厄乞度，某災乞消，某事乞果。（D33, p. 502）

第三章　層累的文本：中古道經的生成與演進

這與《道藏》本《九真中經》的稱謂和部分內容都很相似。

此外，《道藏》本《九真中經》於"一道秘言"末又有一段話不見於《紫文行事決》：

> 不須復他存思、千百所施爲也。八道所行祝拜之辭亦如此。此所謂八道秘言者矣，非有仙錄者不得聞也。

《八道命籍經》於"一道命籍"末尾恰有相近的一段話：

> 不須復他存思、千百所施爲。行此必有仙錄，是故謂之八道命籍也。

種種迹象表明，《道藏》本《九真中經》的"八道秘言"部分受到《八道命籍經》的深刻影響。除此之外，《上清金真玉光八景飛經》中的八法與《道藏》本《九真中經》也很相似，同樣也是八節分行八法，各神名諱亦大致相近。《八道命籍經》和《上清金真玉光八景飛經》都是重要的早期上清經，東晉南朝的道士可能正是據這類主流上清經對《九真中經》做了改造。

小　結

以上比較了敦煌本《紫文行事決》所引《九真中經》（《雲笈七籤》所引與之相近）與《道藏》本《九真中經》，從中可見《道藏》本《九真中經》已經後人竄改，竄改的主要依據便是當時主流的上清經。但《九真中經》的神真體系、修煉方法與其他上清經本有相異之處，這就造成了竄改後的《九真中經》前後齟齬，首尾抵牾。另外，竄改者離《九真中經》成書的時代有一定距離，其地域也與《九真中經》的初編者有所不同，對《九真中經》原有的押韻方式感到陌生，所以對韻脚做了一些調整，這些調整恰恰暴露了竄改的痕跡。

值得注意的是，《無上秘要》卷五《身神品》引用了《九真中經》的"太上曰"和九條真法的部分內容，其文字已與《道藏》本無大差異，可見這種改動至遲在南北朝末期就已完成。《真誥》卷十九《翼真檢》載《真經始末》云：

> 復有王靈期者，才思綺拔，志規敷道，見葛巢甫造構《靈寶》，風教大行，深所忿嫉，於是詣許丞求受上經。丞不相允，王凍露霜雪，幾至性命。許感其誠到，遂復授之。王得經欣躍，退還尋究，知至法不可宣行，要言難以顯泄，乃竊加損益，盛其藻麗，依王、魏諸傳題目，張開造制，以備其錄。并增重詭（詭）信，崇貴其道，凡五十餘篇。趍競之徒，聞其豐博，互來宗稟。傳寫既廣，枝葉繁雜，新舊渾淆，未易甄別。自非已見真經，實難證辨。今世中相傳流布，京師及江東數郡，略無人不有，但江外尚未多爾。王既獨擅新奇，舉世崇奉，遂託云真授，非復先本。許見卷褾華廣，詭（詭）信豐厚，門徒殷盛，金帛充積，亦復莫測其然。乃鄙閉自有之書，而更就王求寫。於是合迹俱宣，同聲相讚，故致許、王齊轡，真偽比蹤，承流向風，千里而至。①

《道藏》本《九真中經》或許正是王靈期"竊加損益"的結果。

第三節 《洞真高上玉帝大洞雌一玉檢五老寶經》新考

關於《洞真高上玉帝大洞雌一玉檢五老寶經》（以下簡稱"《雌一玉檢五老寶經》"）的成書，《道藏提要》認爲"當爲楊羲、許謐等晉代道士所出"②。蕭登福認爲該經"撰成在《大洞真經》之後，而在《洞真太上素靈洞玄大有妙經》之前"③。李静認爲該經可能是王靈期所造④。《道藏通考》將該經隸於唐代，該書認爲，雖然此經可追溯到

---
① 《真誥》，第341—342頁。
② 《道藏提要》，第633頁。
③ 蕭登福：《正統道藏總目提要》，第1273頁。
④ 李静：《古上清經史若干問題的考辨》，第63—68頁。

第三章　層累的文本：中古道經的生成與演進

楊、許傳經稍後的時代，但現存該經的形式可能形成於 7 世紀以後①。王卡也認爲該經成書較晚，他說："《雌一五老經》作爲較晚出現的道經，至少整合了兩種上清派經書，即《大洞真經三十九章》與《大洞金華玉經》的內容……《道藏》所收《雌一經》文本定型的年代，也應在宋元以後。"② 關於《雌一玉檢五老寶經》的成書時代、成書過程，學界還未取得共識，因此這一問題仍有進一步探討的必要。

一　《雌一玉檢五老寶經》與"金華經"

《正統道藏》洞真部方法類收有《大洞金華玉經》，全經可分爲三部分，第一部分見於《雌一玉檢五老寶經》"中央黃老君所撰玉經訣"部分，第二部分見於《雌一玉檢五老寶經》"太丹隱玄玉晨金華玉經八間十二願"，第三部分見於《大洞真經》。《大洞金華玉經》前兩部分文字與《雌一玉檢五老寶經》大致相同，顯然兩種經書應有因襲關係。如前所引，王卡認爲《雌一玉檢五老寶經》係整合《大洞金華玉經》而作，而《中華道藏》則認爲《大洞金華玉經》"係改編《雌一玉檢五老寶經》而成"③。

《三洞奉道科誡儀範》中不載《雌一玉檢五老寶經》，這可能是有些學者懷疑《雌一玉檢五老寶經》成書較晚的原因。但《三洞奉道科誡儀範》亦不載《洞真太上素靈洞玄大有妙經》（以下簡稱"《大有妙經》"）、《上清高聖太上大道君洞真金玄八景玉籙》（以下簡稱"《八景玉籙》"）等，或許這些經書沒有進入當時的法位授受體系，故《三洞奉道科誡儀範》不載，並不能說明當時沒有這幾部經書。

《雌一玉檢五老寶經》中提到了幾次"金華經"，如："夫得受大洞之訣、洞一上首雌雄合變帝君上願、玄母八間、金華隱書，斯乃九天帝君懷中禁經也。"（D33，p. 383）④ "故大丹隱玄，號曰《金華經》。"

---

① Kristofer Schipper and Franciscus Verellen, *The Taoist Canon*, p. 588.
② 王卡：《敦煌本〈洞真高上玉帝大洞雌一玉檢五老寶經〉校讀記》，載《敦煌吐魯番研究》第十五卷，第 429 頁。
③ 《中華道藏》第 1 冊，第 97 頁。
④ 本節所引《雌一玉檢五老寶經》均據此本，爲省繁冗，下文不再一一標注出處。

"受大洞上訣,施行雌一,讀大丹隱玄玉晨金華經者,當月月密朝太素三元君。"而"太丹隱玄玉晨金華玉經八問十二願"更直接以"金華玉經"命名。這正是有學者認爲《雌一玉檢五老寶經》整合《大洞金華玉經》的原因。

與《雌一玉檢五老寶經》同爲上清派"三奇寶文"的《大有妙經》也提到了"金華經",彼文稱:"洞房中有三真,左爲无英公子,右有白元君,中爲黃老君,三人共治洞房中。此爲飛真之道,自別有經,事在《金華經》中。"(D33, p.405)但今本《大洞金華玉經》中并無"三真"之事。而《雌一玉檢五老寶經》"中央黃老君大丹先進洞房内經法"部分則主要爲存思"三真"以飛仙的內容,彼文稱"白元攜魄,無英提魂,中央黃老,扶我身神,我遂升天,得爲真仙",正是所謂"飛真之道"。《大有妙經》又稱"《高上玉檢雌一五老寶經》,上願十二,玄母八問,九轉五迴,變化雌雄,第二奇文"(D33, p.401),而"上願十二、玄母八問"恰在《雌一玉檢五老寶經》"太丹隱玄玉晨金華玉經八問十二願"部分中,是《大洞金華玉經》的主要內容。

《上清僊府瓊林經》引到"大丹隱玄五晨金華玉經",但在文末稱"已上出《五老雌一經》"(D34, p.298)。《上清道寶經》卷四《服餌品》引到《大洞金華玉經》"玄母八問"的內容,却注出處爲"雌一"(D33, p.726)。這些證據都表明,"金華經"恐怕僅是《雌一玉檢五老寶經》的一部分,早期道經中所引的"金華經"恐怕就是從《雌一玉檢五老寶經》中引出,而"金華經"的範圍恐怕也大於今《大洞金華玉經》。

實際上,《道藏》本《大洞金華玉經》有明顯的多方抄掇的痕跡。如前所述,該經的前兩部分抄自《雌一玉檢五老寶經》,其實就是把《雌一玉檢五老寶經》中提到"金華經"的地方抄在一起。第一部分抄自《雌一玉檢五老寶經》"中央黃老君所撰玉經訣",這部分在《雌一玉檢五老寶經》中是讀誦《大洞真經》的法訣,所以文中屢次提到《大洞真經》,且文中"存修雌一三年之後,乃又得誦《大洞真經三十九章》耳"也指示了其來源。《大洞金華玉經》後文完全沒有提到

第三章 層累的文本：中古道經的生成與演進

《大洞真經》，這一部分與後文也幾乎沒有聯繫，僅因提到"金華隱書""大丹隱玄號曰《金華經》"，所以被抄來作了《大洞金華玉經》的第一部分。《大洞金華玉經》"徊風大混合帝一之道存修九圖"部分則完全改造自《大洞真經》。《上清大洞真經玉訣音義》引《登真隱訣》卷二云："《大洞真經》今世中有兩本，一則大卷，前有回風混合之道，而辭旨假附，多是浮偽。"（D2, p. 710）今《上清大洞真經》末尾即有"徊風混合帝一秘訣"，《大洞金華玉經》這一部分正是來源於這"浮偽"的《大洞真經》。在"徊風混合"之後，《大洞金華玉經》又有存思"帝一尊君"的內容，而這部分內容又實是抄自《大洞真經》第三十九章。由此可見，今本《大洞金華玉經》乃是多方抄掇而成，各部分缺少邏輯聯繫，《中華道藏》認為《大洞金華玉經》"係改編《雌一玉檢五老寶經》而成"的結論是可靠的。

但應指出的是，《大洞金華玉經》的編撰年代大約較早。與敦煌本《雌一玉檢五老寶經》[①]對照，可知《大洞金華玉經》保留了許多《雌一玉檢五老寶經》的早期面貌。

《道藏》本	敦煌本	《大洞金華玉經》
當先前後告齋各一百日	當先告齋，前後各一日	同敦煌本
苦行而相傳授焉	對齋苦行而相傳授焉	同敦煌本
無齋而傳付者，經師當死	無齋而付，付者經師當死	同《道藏》本
受者失兩目焉	受者失兩明焉	同敦煌本
齋不苦切	齊不苦竊	同《道藏》本
不輕寶也	防輕濫也	防輕覽也
受傳施行	受便施行	同敦煌本
宣傳之約，一如寶經	宣泄之約，壹如上法	宣泄之約，一如上法
老幽室於閒林	考幽室於閑林	同敦煌本
示靈真之勿用	木虛真之勿用	示虛真之勿用
示趾足之不廣	示止足之勿廣	同敦煌本

[①] 敦煌本《雌一玉檢五老寶經》，指羽612、石谷風藏本、羽614這三件寫卷，三件寫卷筆跡一致，原為同卷。

拘校道文

续表

《道藏》本	敦煌本	《大洞金華玉經》
非君師、父子、兄弟之服者	非君父師、兄弟之服者	同《道藏》本
絶跡同於无景	絶跡同於无量	同《道藏》本
密誠著於遠近	密誠著於遂住	密誠著於遂往
星馳於五老之室	聲馳於五老之室	同敦煌本
使衣巾解而不穢	使衣巾鮮而不穢	同敦煌本
懃懃不息	懃懃不釋	同敦煌本
始可与求大洞之門户	始可与言大洞之門户	同敦煌本
奉之者，登三晨，游九霄；違之者，没三途，入九幽	奉之者，登三晨，游太霄；違之者，没三泉，入太幽	同敦煌本
如令其施行存想	欲令其施行存思	同敦煌本
流穢薄清	流穢蕩情	同敦煌本
專貞守一	專真抱一	專真抱一
修存雌一	存脩雌一	存修雌一
受《大洞》三十九章耳	受《大洞真經》卅九章耳	受《大洞真經》三十九章耳
今受得此訣	今受此訣	同敦煌本
不必俱待《大洞真經》而一通之也	不必俱待《大洞真經》而壹通之也	不必俱持《大洞真經》而一通之也
三元見矣	三元具矣	同《道藏》本
自獲此經，玄靈降授，黄老告符，運靈引曜，五老散華，空中受之	自獲此書，玄虛降授，黄老告符，連靈引曜，五老散華，空中受文	自獲此經，玄虛降授，黄老告符，運靈引曜，五老散華，空中受文

由以上的異文對比可知，除少量文字訛誤外，《大洞金華玉經》與敦煌本極爲接近，更符合《雌一玉檢五老寶經》的原貌。除此之外，《大洞金華玉經》"兆在別室"一段經訣在"九天帝君十二願"之上，"玉帝命駕"之"命"作"凝"，"内存紫房"之"内"作"我"，等等，均與《無上秘要》卷七十四引文相同，可能均是較早時期《雌一玉檢五老寶經》的面貌。

二　《雌一玉檢五老寶經》內容與異名

《雌一玉檢五老寶經》的內容看似駁雜，但可大致分為幾類，第一類與讀誦《大洞真經》有關，卷首沒有標題的部分及"中央黃老君所撰玉經訣"都是讀誦《大洞真經》的經訣，"九天太真道德經篇目"為《大洞真經》目錄，"大洞西華玉堂仙母金丹法"為配合讀《大洞真經》的丹法。第二類即玄母八問、帝君十二願，即"太丹隱玄玉晨金華玉經八問十二願"部分，而"太一帝君大回元五通上仙法"也是對行玄母八問、帝君十二願的說明。第三類均與存思太素三元君、三元君、五神相關，包括"中央黃老君大丹先進洞房內經法""大素真人隱朝禮願上仙經法""玉晨明鏡金華洞房雌一五老寶經法""太一帝君洞真玄經存五神法""大洞雌一帝君呼引日月之道""大洞雌一帝君變化雌雄之道""五老雌一解胞胎死結上仙法""大洞雌一哺養帝君太一百神上仙法"等，"太素真人教始學者辟惡夢法"的咒語中有"速啟太素三元君"，也與太素三元君有關，而"大洞真經高上錄中帝君九魂命五神符"大概應是存思五神時所用的符。最後一類與鎮生五藏有關，即"大洞雌一太極帝君鎮生五藏上經法"一部分。這幾類內容基本都與三元君相關，它們互相之間也都有聯繫。

《雌一玉檢五老寶經》或其他道經對《雌一玉檢五老寶經》的描述似乎也都提到了這幾類內容。《雌一玉檢五老寶經》曰："夫洞真高上玉帝《大洞雌一玉檢五老寶經》，上願十二、玄母八問、九轉五回、變化雌雄。"其中"九轉五回"所指不明，而"變化雌雄"顯然是指"大洞雌一帝君變化雌雄之道"中的法術。《八景玉錄》云："受《大洞真經》三十九章、太上大道君八景玉籙、八風徘徊帝一之道、太丹隱玄、迴元五通、十二上願、玄母八問、先進洞房、金華雌一、九玄列紀、靈書紫文、鎮生五藏、琅玕華丹者，當破鐶割繩乃得傳之。"（D34，pp. 150－151）這段話顯然襲自《雌一玉檢五老寶經》"大洞雌一太極帝君鎮生五藏上經法"中"此大洞金華雌一、後聖九玄道君外（列）記、靈書紫文、五老寶經、琅玕五石、華丹玄腴之法，皆結盟以青金"一段，而前所加的"太丹隱玄、迴元五通、十二上願、玄母八間、先進洞房"恰恰補足了《雌一玉檢五老寶經》另外的内容。《四極明科經》卷三："《雌一玉檢五老寶經》，靈書紫文，乃高玄映之道，高上帝君所修，上願十二、玄母八間、九轉五迴、變化雌雄。"（D3，p.427）這也是襲用了《雌一玉檢五老寶經》的自我描述。《洞真上清神州七轉七變儛天經》："雌一玉檢五老寶經，金華玉房隱朝三元。"（D33，p.552）則專指朝禮、存思三元君。《洞真太上太霄琅書》卷一稱"《雌一玉檢五老寶經》，解釋宿根，拔度七玄"（D33，p.646），則又專指十二上願而言。至於其他將《雌一玉檢五老寶經》與"玄母八間、十二上願"合稱的例子更是舉不勝舉。由此可見，在《八景玉籙》等經書出現的南北朝時期，《雌一玉檢五老寶經》的主要内容就已與今日所見不相上下。

雖然《雌一玉檢五老寶經》各部分的内容可能很早就已形成一個整體，但其他道經在引述該經時却往往用其中某部分的名字。如前引《上清僊府瓊林經》引有"大丹隱玄五晨金華玉經""先進洞房内經""玉晨明鏡經""大洞雌一太極五老帝君鎮生五藏上經"，最後總稱"已上出《五老雌一經》"。關於《雌一玉檢五老寶經》的其他引用名又有：

"洞真玉晨明鏡雌一寶經"，見《無上秘要》卷十七[①]；

"洞真隱元五晨金華玉經"，見《無上秘要》卷七十四[②]；

"洞真太極帝君填生五藏上經"，見《無上秘要》卷八十七[③]；

"玄母八門經"，見《三洞珠囊》卷一（D25，p.299）、卷三（D25，p.314）、卷八（D25，p.344），《太平御覽》卷六五九、卷六七四、卷六七九[④]；

"玉晨明鏡經"，見《上清道類事相》卷二（D24，p.880）、卷四（D24，p.887）。

分析這些引文還可發現，今本《雌一玉檢五老寶經》似乎佚失了部分内容，如《上清僊府瓊林經》所引的"大洞雌一太極五老帝君鎮

[①] 《無上秘要》，第168頁。
[②] 《無上秘要》，第959頁。
[③] 《無上秘要》，第1083頁。
[④] 《太平御覽》，第2946、3005、3031頁。

生五藏上經"中還有趙成子故事，以及服食竹筍等事，而趙成子故事也見於《無上秘要》卷八十七所引"洞真太極帝君塡生五藏上經"及《三洞珠囊》卷一、卷八所引"玄母八門經"，食竹筍事又見《三洞珠囊》卷三所引"玄母八門經"。

另外特別值得注意的是，《雌一玉檢五老寶經》"太一帝君洞真玄經存五神法"云："經曰'先存太一'，太一者……"而"先存太一"一句恰見於《雌一玉檢五老寶經》沒有標題的第一部分。據此，似乎《雌一玉檢五老寶經》的第一部分乃是全經之"經"，而其餘部分相當於"傳"。另外，《三洞珠囊》卷八，《上清道類事相》卷二、卷四所引的"大洞雌一篇目"均見於《雌一玉檢五老寶經》的第一部分。似乎可以推測，今本《雌一玉檢五老寶經》的標題"洞真高上玉帝大洞雌一玉檢五老寶經"很可能即是《雌一玉檢五老寶經》第一部分的標題，整部《雌一玉檢五老寶經》大約相當於一部叢書，"洞真高上玉帝大洞雌一玉檢五老寶經"居於卷首，故又可用來指稱整部經典。

三　《大洞真經》的神化與《雌一玉檢五老寶經》的生成

根據《真誥》卷五所載的《道授》，至遲在東晉興寧三年（365）《大洞真經》便已開始流行。《道授》中極爲推崇《大洞真經》，稱"故曰'《大洞真經》，讀之萬過便仙'，此仙道之至經也"，又稱"明《大洞》爲仙卿，服金丹爲大夫，服衆芝爲御史"[1]，將《大洞真經》視爲最精妙的上清經。

正因爲《大洞真經》如此崇高的地位，大約與《大洞真經》同時出世的經書也不得不據之做改動[2]，而晚出的經書更是依附於《大洞真經》。《雌一玉檢五老寶經》正是在這種情勢下被造作了出來，所以《雌一玉檢五老寶經》稱："欲讀《大洞真經》，當先讀高上帝君十二願、玉清玄母八門行間，次又讀中央黃老《洞房五神經》，三年乃得受讀《大洞真經》。"又稱："當先存念洞房三素元君，三年乃得受讀

---

[1] 《真誥》，第91頁。
[2] 詳參前節對《九真中經》的討論。

《大洞真經》耳。"又稱："修存雌一三年之後，乃又得受《大洞三十九章》耳。"《雌一玉檢五老寶經》自身的定位也是"大洞之訣"，即行《大洞真經》的經訣，乃是《大洞真經》的附庸。

在這一批依附《大洞真經》的道經中，《雌一玉檢五老寶經》很可能是最先造作出來的，所以《雌一玉檢五老寶經》中幾乎沒有提到別的經書①，而類似道經在提及《大洞真經》時經常要提到《雌一玉檢五老寶經》。如《大有妙經》稱："兆之爲道，存思《大洞真經三十九章》、迴風混合、雌一五老、金華洞房、帝君十二上願、玄母八門行間、太一變化、雌一上仙之法。"（D33，p.401）所謂"三奇"之說也是首見《大有妙經》，彼稱："道有三奇，第一之奇《大洞真經》三十九章，第二之奇《雌一寶經》，第三之奇《太上素靈洞元大有妙經》。"（D33，p.414）之所以尊《雌一玉檢五老寶經》爲第二奇，而自己屈居第三，恐怕是因爲《雌一玉檢五老寶經》出世較早，且早就取得了《大洞真經》附庸的地位。

《雌一玉檢五老寶經》將自己作爲《大洞真經》先修經典的做法給南北朝時期的造經運動樹立了榜樣，許多道經紛紛將自己加入《大洞真經》先修經典的序列中，而《雌一玉檢五老寶經》在序列中的地位似乎是不可撼動的。如：

Ch. 75. iv. 2（IOL. C. 100）《大洞真經（擬）》："帶大洞三真靈符，使人長生不死，令人役使鬼神。若行雌一，存帝一，讀洞經，不可不帶此符，又不可不坐卧此符也。"

《洞真太上八素真經服食日月皇華訣》："施行雌一玉檢、玄母八門行簡、十二上願，醮禮之氣，奉奏靈宇求仙之道，而無此符，靈不爲降，氣不下臨，道則遠逝，萬不得仙。"（D33，p.479）

《上清高上金元羽章玉清隱書經》："又以本命、甲子、太歲之日，

---

① 僅"玉晨明鏡金華洞房雌一五老寶經法"中提到白素右元君執《太上智慧經》，黄素中央元君執《大洞真經》，紫素左元君執《太上消魔經》。但此時《太上智慧經》和《太上消魔經》是否有經書是很值得懷疑的，因爲後世"消魔智慧"是一部經書。《道藏》本《洞真太上説智慧消魔真經》成書應晚於《雌一玉檢五老寶經》，從其中提到《靈書紫文經》便可以看出這一點，詳參本書第四章第三節。

第三章　層累的文本：中古道經的生成與演進

及當登齋行道，誦經《三十九章》、《雌一五老寶經》、玄母八門行間、十二上願，悉當並誦八天智慧咒一遍。"（D33，p. 778）"八天智慧咒"正是該經前面的主要內容。

《八景玉籙》："受《大洞真經》三十九章、《太上大道君八景玉籙》、八風徘徊帝一之道、太丹隱玄、迴元五通、十二上願、玄母八間、先進洞房、金華雌一、九玄列紀、靈書紫文、鎮生五藏、琅玕華丹者，當破鐶割繩乃得傳之。"（D34，pp. 150-151）"太丹隱玄"以下正是《雌一玉檢五老寶經》的內容。

《洞真八景玉籙晨圖隱符》："自不誦詠《大洞真經》三十九章，三寶神真，雌一八間、十二上願、招霞服精赤景奔月結璘之道，莫得佩玉籙八景晨圖玄隱之符。"（D33，p. 582）"雌一八間、十二上願"顯然是指《雌一玉檢五老寶經》。

《洞真上清神州七轉七變儛天經》："凡受《洞真三十九章》《雌一玉檢》《大有妙經》，解結散滯，拔度七玄，而不知七轉之法，皆不得誦詠玉篇。"（D33，p. 545）

《太霄琅書》卷一："凡修《大洞三十九章》，徊風混合帝一之道，《雌一玉檢五老寶經》，解釋宿根，拔度七玄，而无此文，則九天王不納其音。"（D33，p. 646）

《上清金真玉光八景飛經》："若有修行大洞之真經，精雌一之幽關，施八道以招无，研金華於三元……可得玄授於八景，告妙訣於金真。"（D34，p. 54）所謂"精雌一之幽關""研金華於三元"均指《雌一玉檢五老寶經》而言。

《上清太上黃素四十四方經》："凡讀《大洞真經》三十九章……凡讀太丹隱書金華洞房及雌一寶章者……依《太上黃素四十四方》，便得稱爲三洞法師及元景真人。"（D34，p. 73）

《洞真太上八道命籍經》卷下："讀《三十九章》《雌一》《大有》《九真》《太丹》，北向心禮四方，叩齒三十六，嚥液三十六……"（D33，p. 516）

類似的經書還有不少，從中可見《雌一玉檢五老寶經》的影響之大。

值得注意的是，早期靈寶經中也有對《大洞真經》的尊崇，如P.2356《太上太極太虛上真人演太上靈寶洞玄真一自然經訣》："讀

153

《道德五千文》《洞真玄經》《卅九章》《消魔智慧》，舉身白日昇天，而无是經，終不得上仙太真之道。"這裏提到的"《卅九章》"自然是指《大洞真經》，"《洞真玄經》"應指《大丹隱書》，"《消魔智慧》"是指《洞真太上說智慧消魔真經》。但這裏却没有提到《雌一玉檢五老寶經》以下的諸經。這似乎表明，《雌一玉檢五老寶經》的問世可能晚於《大丹隱書》《消魔智慧》以及最早的一批靈寶經。

四 《雌一玉檢五老寶經》的文本來源以及與其他經書的關係

由以上的分析可知，《雌一玉檢五老寶經》的成書大概應在楊、許傳經後不久。但這樣一部篇幅不小的經典顯然不是憑空造作的，而是前有所本。因《雌一玉檢五老寶經》的成書時代較早，其來源大多不可考，但也可以從文獻中找到一些蛛絲馬跡。

《真誥》卷四云："太陰鍊身形，勝服九轉丹。形容端且嚴，面色似靈雲。上登太極闕，受書爲真人。"[①] 此咒也見於《雌一玉檢五老寶經》"大洞雌一太極帝君鎮生五藏上經法"一節，文字略有不同。《真誥》接下來一條云："趙成子死後五六年，後只晚山行，見此死尸在石室中，肉朽骨在。又見腹中五藏自生如故，液血纏裹於内，紫包結絡於外。"此正《上清僊府瓊林經》所引"大洞雌一太極五老帝君鎮生五藏上經"中的趙成子故事。《真誥》於下條又云："右三條是長史抄寫《九真經》後服五石腴事。"所謂"服五石腴"，當即"大洞雌一太極帝君鎮生五藏上經法"中投五石以鎮五藏的法術，亦即彼文所謂"琅玕五石華丹玄腴之法"。可見整個"大洞雌一太極帝君鎮生五藏上經法"可能即是脱胎於許謐的"服五石腴事"。

又《真誥》卷九云：

> 受洞訣施行太丹隱書，存三元洞房者，常月月朝太素三元君。以正月九日、二月八日、三月七日、四月六日、五月五日、六月四日、七月三日、八月二日、九月一日、十月十日、十一月十一

---

① 《真誥》，第77頁。

日、十二月十二日夜，於寢靜之室，北向，六再拜訖，稽首跪曰："謹啓太上大道高虛玉晨太素紫宫八靈三元君、中央黃老、無英、白元、太帝、五老高真上仙、太極皇精三皇君，大洞三景弟子某，謹以吉日之夜，天關九開之間，上聞太上玉皇真君，乞得長生世上，壽無億年，時乘黃晨綠蓋龍轅，上詣紫庭，役使萬神，侍衛四明。"畢，勿令人知也。此一條據寫。

右四朝太素三元君法，以吉日夜半時。①

此段文字又見於《雌一玉檢五老寶經》"大素真人隱朝禮願上仙經法"。由此可見，《雌一玉檢五老寶經》中朝禮太素三元君的内容大概脱胎於此，而朝禮太素三元君三女的内容可能也由此申發。

這樣一段文字稍作改動後，又見於《上清三元玉檢三元布經》（以下簡稱"《三元布經》"）。而《雌一玉檢五老寶經》的朝禮太素三元君、三元君的法術也見於《三元布經》。《三元布經》恐怕是襲用了《雌一玉檢五老寶經》②。這是因爲，首先，二經對《真誥》原文的改造相同，行道日均增加一天，"上聞"的對象均改爲"太上太素、三元三素元君、玉皇真君"，這顯然不能以改造同一材料解釋；其次，《三元布經》增加了不少内容，對於三元君，《雌一玉檢五老寶經》僅述其名諱、服飾，而《三元布經》則每位元君均有咒語，於太素三元君也增加了一組咒語，這都是愈轉愈繁的結果；再次，《雌一玉檢五老寶經》前後均有大量關於三元君的内容，而《三元布經》上文主要是關於"三元玉檢"的内容，佩玉檢文所見的神真除了太素三元君和三元君外，還有九天玄母、九天元父等，而此處僅朝禮太素三元君和三元君，實在令人生疑；最後，將《三元布經》與敦煌本《雌一玉檢五老寶經》對比，可以看出《三元布經》可能受到了別本《雌一玉檢五老寶經》的影響。

---

① 《真誥》，第155頁。
② 李静也注意到《雌一玉檢五老寶經》這一段内容與《真誥》及《三元布經》相近，但認爲是《雌一玉檢五老寶經》取資於《三元布經》（參李静《古上清經史若干問題的考辨》，第68頁），本書不敢苟同。

《道藏》本《雌一玉檢五老寶經》	敦煌本《雌一玉檢五老寶經》	《三元布經》	備注
日月傾曜	白日傾曜	同《道藏》本	《上清道寶經》卷二引作"白日"
列燭拔根	引燭拔根	同《道藏》本	"引"指引去，義長
八風洞波	八風洞波	八風迴波	"迴"當爲"洞"字之誤
黃雲九纏	黃雲七纏	同敦煌本	《上清道寶經》卷二引作"七"
九天爲之低回	九天爲之巔佪	九天爲之巔佪	評參本書第七章第三節
坐於太空之中	坐室中焉	同《道藏》本	《雲笈七籤》卷四一引作"坐空中焉"
八景回神風	八景迴晨風	同敦煌本	《雲笈七籤》卷四一引作"迴晨風"
委順拔所經	委順扶所經	同《道藏》本	《雲笈七籤》卷四一引作"扶"
幼童廻孩盻	幽童迴孩盻	幽童迴孩盻	《雲笈七籤》卷四一引作"幽"
耆艾還反嬰	老艾還反嬰	同敦煌本	《雲笈七籤》卷四一引作"老"

由以上對比可知，《三元布經》少有獨立的異文，《三元布經》與敦煌本《雌一玉檢五老寶經》的一些異文顯然是因爲抄自與《道藏》本類似的某些俗本。這都説明，《三元布經》不但產生於《雌一玉檢五老寶經》之後，而且產生於《雌一玉檢五老寶經》已形成版本歧異之後。

五　從《雌一玉檢五老寶經》看早期道經造作模式

程樂松曾這樣分析《三洞珠囊》的結構："首先説明品目的主題，並引據經典進行解釋，在此基礎上，引用不同的經典對於品目主題涉及的具體內容進行解釋和説明，進而以《道學傳》《神仙傳》及《列仙傳》等文獻中提及的神真故事爲效驗，論證具體品目內容的重要性及其實際效驗。簡言之，可以看到一個法、術、驗的三層次結構。"① 實際上，這種"法—術—驗"的結構並不僅僅爲類書所採用，也是早期上清經的重要形式，《三洞珠囊》等道教類書不過是襲用這種結構而已。

《雌一玉檢五老寶經》就已開始使用這種"法—術—驗"的結構。前面提到，《雌一玉檢五老寶經》卷前沒有標題的部分可能是全經之"經"，其標題恐怕就是"洞真高上玉帝大洞雌一玉檢五老寶經"。緊隨其後的《大洞真經》目錄自然也與此經主題緊密相關。而自"太一帝君大回元五通上仙法"以後的內容，包括帝君十二願、玄母八間、朝禮三元君等，均是修習《大洞真經》時所用的"術"。《道藏》本《雌一玉檢五老寶經》沒有"驗"的內容，但如前所述，早期《雌一玉檢五老寶經》最後應有趙成子登仙的故事，今本已失落，正對應了"驗"。

類似的情況又如 P.2576v《上清三真旨要玉訣（擬）》所引《西王母寶生无死玉經》，先以"《无死玉經》"引出一段韻文，繼而對韻文中的疑難詞作解釋，然後書施行此法的技術，最後則爲宋原甫施行此訣二十年白日升山的徵驗。

再如《大有妙經》，《道藏》本《大有妙經》第一部分的結構與《雌一玉檢五老寶經》第一部分非常相近，均爲全經總綱。以下爲"三洞混化內真變生官號寶名"、守三元、守三一等法術。《道藏》本《大有妙經》中同樣沒有"驗"的內容，但《雲笈七籤》卷一〇四"太極真人傳"條云："又感真人李君授以《太上素靈洞玄大有妙經》，沖復修之，甚得其驗，遂乃解胞釋結，保命凝真，領攝群神，洞觀衆妙焉。"② 雖無法確定這段話即是《大有妙經》的佚文，但由此可知當時確有關於《大有妙經》的靈驗故事。

除上清經外，部分靈寶經也有類似的結構，從 P.2865《太上靈寶洞玄滅度五練尸經》來看，該經包括了《正統道藏》中的《太上洞玄靈寶滅度五煉生尸妙經》和《靈寶煉度五仙安靈鎮神黃繒章法》③。該

---

① 程樂松：《中古道教類書與道教思想》，第 127 頁。
② 《雲笈七籤》，第 2250 頁。
③ 敦煌本《太上靈寶洞玄滅度五練屍經》前半有殘損，《永樂大典》卷九一一引用該經則較爲完整，其內容也是相當於《正統道藏》中的這兩部經書。

經前半部分爲五方天文的功用及使用方法，大約相當於"法"。第二部分爲使用五方天文開度五方地獄的儀式，即相當於"術"。最後則以《太上洞玄靈寶真文度人本行妙經》中幾個故事的縮寫及衍門子、高丘子等故事作爲該經的"驗"。

總之，"法—術—驗"的結構確爲早期道經的一種重要形式，但《正統道藏》本各經往往佚失了部分內容，或將一經分割爲多種經書，導致無法看出這一結構。這種結構可能還對佛教文獻的編撰產生了一定影響。《法苑珠林》有些部類以"述意部"開始，以"感應緣"結束，與"法—術—驗"的結構也有相似之處。《大唐內典錄》書末亦有"歷代衆經應感興敬錄"，述經書靈驗，這似乎也與早期上清經以"驗"結尾的結構相近。

小　　結

通過以上分析，可以得出以下結論：

第一，《雌一玉檢五老寶經》成本較早，大約產生於楊、許傳經後不久。早期道經中所稱的"金華玉經"僅是《雌一玉檢五老寶經》的一部分，而《正統道藏》中的《大洞金華玉經》則是後世多方抄撮而成。

第二，《雌一玉檢五老寶經》是配合《大洞真經》的修煉而作的，大概相當於修習《大洞真經》的經訣。後世多種上清經均是遵循這一思路造作的，多將本經視作與《雌一玉檢五老寶經》一樣的《大洞真經》先修經典。

第三，《雌一玉檢五老寶經》在造作時吸收了大量之前道教文獻的內容。早期《雌一玉檢五老寶經》的內容與今本大致相近，文獻中沒有今本《雌一玉檢五老寶經》經過重編的證據。

第四，《雌一玉檢五老寶經》卷首部分類似於全經的"經"，後面大部分爲與《大洞真經》相關的法術，卷末可能有類似靈驗記的文字，今已佚失。《雌一玉檢五老寶經》全經體現出"法—術—驗"的結構，這一結構可能曾被多種早期道經採用。

第四章　據目造經：中古道經的一種生成方式

　　目録所著録的一般是已有的典籍，或存世，或亡佚，總歸是曾經存世的作品。但道教文獻中有一類目録是"天界"經書的目録，其中注明"已出"的已降於人世，注明"未出"的尚未來到世間，實則是一種想象的"虚目"。P. 2861 + P. 2256 "靈寶經目録"、《真誥》卷五所載《道授》等目録中都有這類"虚目"。既有此"虚目"，便有好事者據目造經，而且很可能是多人分頭造經，這便造成同一經名下許多不同的經典。除此之外，道教目録中還提到一些概念，在當時並未視作經名，但後世仍據之造作經典。另外，還有一些目前未見道教目録著録，但在時人觀念中"應有"的經典，南北朝道士也會據之造經。

　　P. 2861 + P. 2256 "靈寶經目録"中載有一份"元始舊經紫微金格目"，即所謂"舊目"。現在不清楚這一"舊目"形成的時間，因此也無法判斷"靈寶經目録"中注明"已出"的經典是否爲"據目造經"的作品。但"靈寶經目録"中注明"未出"却收録於《正統道藏》的作品，恐怕應該是陸修静之後的道教徒據目造經的結果①。有些學者認爲"靈寶經目録"中注明"已出"的經典有一部分是元嘉十

---

①　大淵忍爾《道教とその經典》（第93頁）、孫齊《古靈寶"未出經"研究》（《中外論壇》2021年第1期）認爲這些未出經未必在當時未出世，只是陸修静不認可，這也有很大可能。

四年（437）未出，至泰始七年（471）方出的作品，這可能是有問題的。另外，個別經典在"靈寶經目錄"究竟是"已出"還是"未出"，學者們還有不同意見。因此，本章先討論了這份"靈寶經目錄"中的相關問題。

在此之後，本章舉了"據目造經"的三種不同形式：《太上洞玄靈寶智慧罪根上品大戒經》在"靈寶經目錄"中注明"未出一卷"，敦煌文獻中此經亦僅一卷，《正統道藏》中所收《太上洞玄靈寶智慧罪根上品大戒經》的卷下乃是後人據目造作的；《真誥》卷五中提到了"靈書紫文"，但並未視作經名，後世造作了"靈書紫文經"，並不斷添加内容；"老子中經"是在《道德經》有上下經的情況下想象的經書，在此觀念影響下，六朝道教徒造作了多種"中經"。

第一節　關於 P.2861+P.2256 "靈寶經目錄"的幾個問題

關於 P.2861+P.2256 寫卷的具體性質，大淵忍爾認為是宋文明《通門論》殘卷，但不少學者還有不同意見。該卷開頭是一份靈寶經目錄，其後稱是"陸先生所撰記出也"，則該目錄是陸修靜所撰。大淵忍爾《論古靈寶經》一文曾對這一目錄做過深入剖析[1]，小林正美、姜伯勤、王承文、劉屹等學者均對這份目錄做過深入研究[2]，但學界對一些問題還未取得共識，仍有繼續討論的必要。

為方便下文的論述，先將這份"靈寶經目錄"校錄於下：

---

[1]　[日]大淵忍爾：《論古靈寶經》，載《道家文化研究》第十三輯，第489—490頁。該文最初發表於1974年。

[2]　參[日]小林正美《六朝道教史研究》，第130—170頁；王卡《敦煌道經校讀三則》，載《道家文化研究》第十三輯，第118—129頁；姜伯勤《敦煌本宋文明道教佚書研究》，載《慶祝吳其昱先生八秩華誕敦煌學特刊》，第84—102頁；王承文《漢晉道教儀式與古靈寶經研究》；劉屹《六朝道教古靈寶經的歷史學研究》。王承文、劉屹還有與此主題相關的多篇論文，大多已收入前列兩種專著，本書不再一一列舉。另外，前舉劉屹書對靈寶經的研究史有很好的梳理，筆者在寫作本書時多有參考。

第四章 據目造經：中古道經的一種生成方式

（上缺）
　　▭▨卷，明應化之源本也。
　　▭▨天地運度一卷，未出。
　　　　右▭第二篇目皆金簡書文。宋法師云：合三卷，明運會始終也。
　　空洞靈章一卷，已出。卷目下（云）①《太上洞玄靈寶空洞靈章》。
　　升玄步虛章一卷，已出。卷目云《太上說太上玄都［玉］京山經》。
　　九天生神章一卷，已出。卷目云《太上洞玄靈寶自然至真九天生神章》。
　　　　右一部三卷，第三篇目，皆金簡書文。宋法師云：合三卷，明天功之廣被。
　　自然五稱文一卷，已出。卷目云《太上洞玄靈寶大道无極自然真一五稱符上經》。
　　諸天內音玉字一卷，已出。今分爲二卷，上，卷目云《太上洞玄靈寶諸天內音自然玉字上》；下，卷目云《太上洞玄靈寶諸天內音自然玉字下》。
　　八威召龍經一卷，未出。
　　　　右一部三卷，第四篇目，皆金簡書文。宋法師云：合三卷，明聖德之威風。
　　智慧上品三（大）②戒三卷，二卷已出。卷目云《太上洞玄靈寶智慧罪根上品》，二卷，未出一卷。篇（卷）③目云《太上洞玄靈寶智慧上品大戒》。
　　威儀自然二卷，已出。一卷目云《太上洞玄靈寶金籙簡文三元威儀自然真{一}④經》，一卷目云《太上靈寶長夜九幽府玉匱

---

① 下，大淵忍爾："當作云。"據改。
② 三，大淵忍爾："當作大。"據改。
③ 篇，大淵忍爾："當作卷。"據改。
④ 一，劉屹以爲衍文，當是。

・161・

拘校道文

明真科》①。

　　　　右一部六卷，第五篇目，皆金簡書文。宋法師云：合六卷，明戒律之差品。

智慧定志通微一卷，已出。卷目云《太上洞玄靈寶智慧定志通微經》。

本業上品一卷，已出。卷目云《太上洞［玄］靈寶真文度人本行妙經》。

法輪罪福一卷，已出。卷目云《太上洞玄靈寶真｛文｝②一勸誡法輪妙經》。

　　　　右一部三卷，第六篇目，皆金簡書文。宋法師云：合三卷，明人行業之由從。

无量度人上品［一］③卷，已出。卷目云《太上洞玄靈寶无量度人上品妙經》。

諸天靈書度命一卷，已出。卷目云《太上洞玄靈寶滅度五練生尸妙經》④。

　　　　右一部三卷，第七篇目，皆金簡書文。宋⑤□（法）師云：合三卷，明濟物之弘遠。

三元戒品一卷，［已］⑥出。卷目云《太上洞玄靈寶三元品誡》。

宿命因緣一卷，未出。

---

①　按，此文與下"一部六卷"不合。劉屹在《向達先生摹抄本〈上元金籙簡文〉殘卷重識》一文中擬補作："威儀自然二卷，已出。一卷目云《太上洞玄靈寶金籙簡文三元威儀自然真一經》。一卷目云《太上［洞玄靈寶黃籙簡文三元威儀自然真一經》。明真科一卷，已出。卷目云《太上洞玄］靈寶長府九幽府玉匱明真科》。"（見《敦煌文獻·考古·藝術綜合研究——紀念向達先生誕辰110周年國際學術研討會論文集》，第544頁）其說可從，唯"真一經"之"一"字當爲衍文，後亦不當補。

②　文，大淵忍爾謂當衍。

③　一，據文例補。

④　此處有脫文。《中華道藏》改作："諸天靈書度命一卷，已出。卷目［云《太上洞玄靈寶諸天靈書度命妙經》。滅度五練生尸一卷，已出。卷目］云《太上洞玄靈寶滅度五練生尸妙經》。"其說可從。

⑤　P.2861至"宋"字止，以下據P.2256錄文。

⑥　已，據文例補。

第四章 據目造經：中古道經的一種生成方式

衆聖難三卷，未出。

　　右一部五卷，第八篇目，皆金簡書文。宋法師云：合五卷，明因果之途跡。

導引⊠⊠⊠星一卷，未出。

二十四生圖一卷，已出。卷目云《太上洞玄靈寶二十四生圖三部八景自然神真錄儀》。

飛行三界通微内思二卷，未出。

　　右一部四卷，第九篇目，皆金簡書文。宋法師云：合四卷，明脩行之方。

藥品一卷，未出。

芝品［一］①，未出。

變化空洞一卷，未出。

　　右一部三卷，第十篇目，皆金簡書文。宋法師云：合三卷，明治身之體用也。

右《元始舊經紫微金格目》三十六卷，二十一卷已出，今分成二十三卷，十五卷未出。十部妙經三十六，皆尅金爲字，書於玉簡之上，題其篇目於紫微宮南軒，太玄都玉京山亦具記其文。諸天大聖衆依格齋月日，上詣玉京，燒香旋行誦經，礼天文也。

《太上洞玄靈寶天文五符經序》一。

　　右二件②舊是一卷。昔夏禹刻出靈寶經中衆文爲此卷，藏勞盛山陰，樂子長於霍林仙人邊得，遂行人間。仙公在世時所得，本是分爲二卷，今人或作三卷。

《太上玉經太極隱注寶經訣》一卷。

《太上洞玄靈寶真文要解》上（一）卷③。

---

① 一，據文例補。
② 右二件，大淵忍爾謂當作"今二卷"。劉屹《敦煌道經與中古道教》認爲："'二件'或指《五符經》和《五符序》，原本是經序合一的，即'舊是一卷'，後來被分成各自單行，即'二件'。"但即使如劉屹所説，此處的"右二件"仍不可通，恐怕應有訛脱。
③ 劉屹《敦煌道經與中古道教》認爲："在'上卷'兩字之間，很可能脱漏了'一'字。"（第167頁）但此目録中不太可能僅有"上"而無"下"，因此此處之"上"可能是"一"字之誤。

《太上太極太虛上真人演太上靈寶威儀洞玄真一自然經訣上》，[一]①卷。

《太極真人敷靈寶文齋戒威儀諸要解經訣下》，一卷。

《太上消魔寶真安志智慧本願大戒上品》一卷。

《太極左仙公請問經上》一卷。

《仙公請問經下》一卷。

《仙公請問本行因緣衆聖難》一卷。

《太極左仙公神仙本起内傳》一卷。

《太極左仙公起居經》一卷。

右十一卷，葛仙公所受教戒訣要，及説行業新經。都合前元始新②舊經見已出者，三十二卷真正之文，今爲三十五卷，或爲三十六卷，陸先生所撰記出也。後有三十五卷僞目，仍在陸《源流》卷末，不録入此也。

關於這一目録開頭所缺的内容，大淵忍爾已指出元始舊經"第一篇目"應即《五篇真文赤書經》和《赤書玉訣經》，"第二篇目"所缺的兩卷是《大劫》和《小劫》③，其説已得到學界的普遍認可。以下即就學界爭議較大的"元始舊經"與"仙公新經"的區别問題、"靈寶經目録"的時代問題，以及"第五篇目"的相關問題試做探討。

一 再談"元始舊經"與"仙公新經"的區别

關於"元始舊經"和"仙公新經"的分别，可以從教理和陸修静的實際操作兩方面來考慮。

學界在教理方面區分"元始舊經"和"仙公新經"的一個重要依據是《雲笈七籤》卷四所引陸修静《靈寶經目序》的這段話：

---

① 一，據下文"下一卷"擬補。
② 新，大淵忍爾謂當衍。
③ [日]大淵忍爾：《論古靈寶經》，載《道家文化研究》第十三輯，第492頁。

第四章 據目造經：中古道經的一種生成方式

　　夫靈寶之文，始於龍漢……上皇元年，元始下教，大法流行，衆聖演暢，修集雜要，以備十部三十六帙，引導後學，救度天人。上皇之後，六天運行，衆聖幽昇，經還大羅。自兹以來，廻絶元法。雖高辛招雲輿之校，大禹獲鍾山之書，老君降真於天師，仙公授文於天台，斯皆由勳感太上，指成聖業，豈非揚芳於世，普宣一切也。①

　　小林正美即根據這段話做了分析，他認爲："元始系是元始天尊在上皇元年的説教的經典。而仙公系在同《目序》中，作'仙公授文於天台'，和前面説到過的'仙公所授'、'仙公所稟'一起考慮的話，當是指葛仙公在天台山所授的靈寶經。"② 由此出發，他認爲提到葛仙公的道經都應屬於"仙公系"，從而認爲在"靈寶經目錄"中被歸爲"元始舊經"的《洞玄靈寶玉京山步虛經》《太上洞玄靈寶大道無極自然真一五稱符上經》和《太上洞玄靈寶真一勸誡法輪妙經》都是陸修静從"仙公系"中移入的③。劉屹對這一觀點有所補充和修正，但基本接受了小林正美確定的這一區分方法。

　　柏夷（Stephen R. Bokenkamp）、大淵忍爾、王承文均表達了不同意見④。其中王承文的論證最爲充分，他認爲："並不真正存在'仙公系《靈寶經》都是葛仙公在天台山從太極真人那裏授得的新的《靈寶經》'這樣一種特定的'出世'模式；而在'元始舊經'中，遠古劫運時期的宗教神話其實也可以同'葛玄'和'張道陵'以及古靈寶經創作時代的人間事物融合在一起。"⑤

　　要解決這一問題，還需要結合其他記載仔細分析《靈寶經目序》中的這段話。自"上皇元年"至"廻絶元法"都是指"元始舊經"出

---

① 《雲笈七籤》，第51—52頁。
② ［日］小林正美：《六朝道教史研究》，第136頁。
③ ［日］小林正美：《六朝道教史研究》，第159頁。
④ 關於柏夷和大淵忍爾的觀點，可參劉屹《六朝道教古靈寶經的歷史學研究》第50—60頁的總結。
⑤ 王承文：《漢晉道教儀式與古靈寶經研究》，第505頁。

拘校道文

而復還之事，這是毫無疑問的，問題的關鍵在於"高辛招雲輿之校，大禹獲鍾山之書，老君降真於天師，仙公授文於天台"這四句。

劉屹認爲："從高辛和大禹那裏傳下來的，就是《太上靈寶五符經》。"① "靈寶經目錄"於《太上洞玄靈寶天文五符經序》後注云："昔夏禹例出靈寶經中衆文爲此卷。"《道藏》本《太上靈寶五符序》中也確實提到了帝嚳和禹，但帝嚳和禹所傳的是否僅是此經呢？《太上洞玄靈寶諸天内音自然玉字》卷四云："天真皇人告五老帝君：我嘗於龍漢之中，受文於無名常存之君。俯仰之儀，以丹筆書諸天八字之音，合二百五十六字……西王母以上皇元年七月丙午，於南浮洞室下教，以授清虛真人王君，傳於禹，封於南浮洞室石磧之中。"（D2，p. 563）《雲笈七籤》卷三《靈寶略紀》云："在昔帝嚳時，太上遣三天真皇齎《靈寶五篇真文》以授帝嚳，奉受供養，彌其年稔，法錄傳乎世。帝嚳將仙，乃封之於鍾山……至夏禹登位，乃登名山巡狩，度弱水，登鍾山，遂得帝嚳所封《靈寶真文》。"② 將此兩處記載與《太上靈寶五符序》對照可知，帝嚳、禹所傳的乃是包括"大梵隱語""靈寶五篇真文"在内的"天文"。這些"天文"乃是整個靈寶經的基礎③，而非僅僅《太上靈寶五符經》而已。

至於"老君降真於天師"一句，劉屹認爲"在靈寶的傳統中，並没有老君傳授張道陵的靈寶經"④。從目前所見材料看，其説應該是正確的。但"没有老君傳授張道陵的靈寶經"，並不能代表老君没有向張道陵傳授過靈寶經。陸修靜這一段話是在講靈寶經的歷史，而不是解釋靈寶經的來源。P. 3022v、P. t. 560v《太上洞玄靈寶真文度人本行妙經》提到過道君歷代以靈寶經度人之事，P. 2452《太上太極太虛上真人演太上靈寶洞玄真一自然經訣》、S. 1351《太極左仙公請問經》

---

① 劉屹：《六朝道教古靈寶經的歷史學研究》，第269頁。
② 《雲笈七籤》，第39頁。
③ 關於此問題，可參〔日〕小林正美《六朝道教史研究》，第118頁；王承文《敦煌古靈寶經與晉唐道教》，第754—759頁；王皓月《再論〈靈寶經〉之中"元始舊經"的含義》，《世界宗教研究》2014年第2期。
④ 劉屹：《六朝道教古靈寶經的歷史學研究》，第269頁。

第四章 據目造經:中古道經的一種生成方式

和 P. 2454《仙公請問本行因緣衆聖難經》都提到張道陵,《太上洞玄靈寶本行宿緣經》更提到張道陵受靈寶齋、撰作《靈寶五稱文》之事。法琳《辯正論》卷八也提到"張陵創造靈寶"(T52, p. 545)。因此,不宜輕易否定道教曾有老君向張道陵傳授靈寶經的傳説。

最後"仙公授文於天台"一句,劉屹直接將該句提到的"文"等同於葛氏道造出的"仙公新經"。但《雲笈七籤》卷三引《靈寶略紀》却有更爲詳細的記載:

> 至三國時,吴主孫權赤烏之年,有琅琊葛玄,字孝先……入天台山學道,精思遐徹,未周一年,感通太上,遣三聖真人下降,以《靈寶經》授之。其第一真人自稱太上玄一第一真人鬱羅翹,其第二真人自稱太上玄一第二真人光妙音,其第三真人自稱太上玄一第三真人真定光。三真未降之前,太上又命太極真人徐來勒爲孝先作三洞法師。孝先凡所受經二十三卷,并語禀請問十卷,合三十三卷。①

現在不太清楚《靈寶略紀》的時代②。該文與陸修静"靈寶經目錄"有相似之處,如將道經分爲"所受經二十三卷"和"語禀請問十卷",前者正對應"元始舊經",後者則對應"仙公新經"。但值得注意的是,此處稱"語禀請問十卷",與"靈寶經目錄"中"仙公新經"十一卷的記載不同,該文靈寶經的總數也與"靈寶經目錄"不同。

---

① 《雲笈七籤》,第40—41頁。
② 劉屹對《靈寶略紀》做了很好的考述,參氏著《六朝道教古靈寶經的歷史學研究》,第629—645頁。劉氏基於對陸修静《靈寶經目序》的錯誤解讀,認爲《靈寶略紀》所述靈寶經授受譜系與陸修静《靈寶經目序》明顯抵觸,代表了宋初的觀點。但據前文的分析,《靈寶經目序》的説法恰恰與《靈寶略紀》基本是一致的。在另一處,劉屹又認爲《靈寶略紀》是孟安排所做(氏著《六朝道教古靈寶經的歷史學研究》,第317頁)。實際上,孟安排《道教義樞》與《靈寶略紀》有很大差異,如《道教義樞》《道門經法相承次序》在授受歷史中特别强調的黄帝就没在《靈寶略紀》中出現。從這一角度看,《靈寶略紀》所據材料應該是產生於唐以前。《靈寶略紀》與《靈寶經目序》最大的差别應該在靈寶經的卷數。劉屹認爲《靈寶略紀》的説法"權威性和可信度都不能與陸氏《靈寶經目序》相比",可在陸修静目錄的"權威性"和流行度(佛教典籍中曾多次引用,可見其流行度)都遠遠高於《靈寶略紀》的情況下,後者何以不採用前者的成説,這本身就很説明問題。

· 167 ·

拘校道文

"靈寶經目錄"確有多種"仙公新經"經名有"請問"字樣，但並無與"語稟"相關的內容。因此，《靈寶略紀》這段話的來源即便不是形成於"靈寶經目錄"之前，也不可能是繼承自陸修靜的成說，兩者應該有各自獨立的來源。

《靈寶略紀》既稱"孝先凡所受經二十三卷"，葛仙公在天台所受的正是《靈寶經》二十三卷，也就是"元始舊經""十部妙經"，而不是所謂"仙公新經"。

分析"靈寶經目錄"的"元始舊經"，小林正美已指出所謂"移入三經"中有關於仙公的內容。除此之外，《洞玄靈寶自然九天生神章經》末尾有"太極真人頌曰……"（D5，p. 847）。如前引《靈寶略紀》所說，"太極真人"徐來勒是葛玄之師，也是向葛玄傳授靈寶經的神真之一。《九天生神章經》雖然没有明言"仙公"，但經末有"太極真人"之頌，隱含了此經是徐來勒傳給葛玄的事實①。在《太上靈寶洞玄滅度五練生尸經》中也出現了"太極上仙"，並且可能還出現了劉屹認爲"仙公新經"中較常見的"元始天王"②。與此情況類似的是，"靈寶經目錄"中注明"未出"，而《正統道藏》中收錄的《太上洞玄靈寶飛行三界通微内思妙經》，其傳經主體也是太極真人。《道教義樞》卷二引《八威召龍神經》："徐來勒等三真，以己卯年正月一日日中時，於會稽上虞山傳仙公葛玄。"（D24，p. 813）《八威召龍神經》在"靈寶經目錄"中未出，可能是在陸修靜之後造作的③，但應該是六朝的作品，離陸修靜不會太遠。該經也認爲葛玄曾傳"元始舊經"。除了經典依據外，陸修靜在《太上洞玄靈寶授度儀》中也説："逮于赤烏，降授仙公靈寶妙經，於是出世度人。"（D9，p. 852）④ 在靈寶類文

---

① 小林正美認爲這段話是後世加入的（《六朝道教史研究》，第223頁），但似乎證據並不充分。
② 《滅度五練生尸經》卷末"元始天王"一詞，S. 298寫卷、《道藏》本《靈寶鍊度五仙安靈鎮神黄繒章法》及《永樂大典》卷九一一引用均同，只有P. 2865號寫卷作"文始天王"。
③ 孫齊認爲《八威召龍神經》在陸修靜時已出，只是未得到陸氏的認可。另外需要說明的是，這段引文不見於《道藏》本《八威召龍神經》。
④ 王承文已用了這條材料，並稱："這裏的'靈寶妙經'，從邏輯上來說應該是指'元始舊經'。"（《漢晉道教儀式與古靈寶經研究》，第514頁）王承文還羅列了大量授葛玄靈寶經事，可參看。

第四章 據目造經：中古道經的一種生成方式

獻之外也有葛玄傳靈寶經的記載，如陶弘景《真靈位業圖》："太上玄一真人，吳時降天台山，傳葛仙公《靈寶經》。"① 以上證據都表明，葛玄曾參與"元始舊經"的授受，這在南朝道士中應是被普遍接受的觀點。

《道門經法相承次序》卷上云："今傳《靈寶經》者，則是天真皇人於峨嵋山受（授）於軒轅黄帝，又天真皇人受（授）帝嚳於牧德之臺，夏禹感降於鍾山，闔閭竊窺於句曲。其後有葛孝先之類、鄭思遠之徒，師資相承，纏聯不絕。"（D24，p.783）這與陸修靜《靈寶經目序》以及《靈寶略紀》的記載基本相合，都是指靈寶"十部妙經"經歷了帝嚳、禹、葛玄等人的傳授。但帝嚳、夏禹所得早已復封名山，只有葛玄所得纔得以"師資相承，纏聯不絕"②。總之，《靈寶經目序》這段話講述了靈寶經這一整體的歷史，整段首句"夫靈寶之文，始於龍漢"即是引出話題，不可能一段中間毫無徵兆地變化話題。"高辛招雲輿之校"等四句是説靈寶經在"經還大羅"之後的歷次出世，不能將《靈寶經目序》這四句話描述的對象視作"三十六卷靈寶經"之外的靈寶經。將葛玄從"十部妙經"的授受源流中完全剔除，這是完全不符合南朝道士的一般認識的③。

還需要説明的是靈寶經出世與晉宋禪代的關係。小林正美據《三天内解經》等文獻論證靈寶經曾被視作劉裕受禪的祥瑞④，這應該是没有問題的。葛玄受靈寶經的説法似乎與此矛盾。但陸修靜《靈寶經

---

① 《真靈位業圖校理》，第132頁。有的學者認爲這裏傳的"靈寶經"僅指"仙公系"靈寶經，還有的學者認爲僅指該書前面提到的"法輪經"，這恐怕都是不符合南朝道士的一般認識的。

② 劉屹將這句話解讀成"靈寶經根本不是什麽元始天尊從龍漢開始就有的，只是從黄帝開始，纔一代代經由帝王之手，傳到了葛仙公爲首的葛氏道之手"（《六朝道教古靈寶經的歷史學研究》，第639頁），這顯然是由於先有了各書與《靈寶經目序》矛盾的成見而造成的誤讀。

③ 柏夷已指出"元始舊經"也是"經由葛玄之手而來"（參氏著《蠱與菩提樹：靈寶派取代佛教的嘗試以及我們定位靈寶的嘗試》，載《道教研究論集》，第12頁），但未作充分論證。另外，柏夷還認爲帝嚳、禹、張道陵和葛仙公四次降授的對象都是"舊經"（見劉屹《六朝道教古靈寶經的歷史學研究》第151頁轉引），這也與本書的觀點基本一致。

④ ［日］小林正美：《六朝道教史研究》，第155頁。

拘校道文

目序》中説：

> 按經言，承唐之後四十六丁亥，其間先後庚子之年，殃子續黨於禹口，亂羣填尸於越川，强臣稱霸，弱主西播。龍精之後，續祚之君，罷除僞主，退翦逆民。衆道勢訖，此經當行。推數考實，莫不信然。期運既至，大法方隆。①

小林正美、劉屹、王皓月等學者多將這段話作爲晉宋禪代之際靈寶經方出世的證據②。但陸修静並未言"此經當出"，而是説"此經當行""大法方隆"。實際上，該文承前"仙公授文於天台"之後，是説靈寶經雖在葛玄時降出，但並未大行，在"庚子"後方大行於世。這也符合靈寶經在晉末大行的事實。

如果説"仙公所授（受）"的是"十部妙經"的話，那麼"仙公新經"又是如何來的呢？前引《靈寶紀略》云："孝先凡所受經二十三卷，並語稟請問十卷。"所謂"仙公新經"，對應的正是"語稟請問"，亦即葛仙公與仙人等問答談話的記録。事實上，"靈寶經目録"所載十一部"仙公新經"，自第四部至第九部全是仙公與諸仙的問答，正與"語稟請問"一説相合。最後兩部今已無法見到，從經名看，很可能也是這種問答體。陸修静《太上洞玄靈寶授度儀》中説"然即今見出元始舊經，並仙公所稟，臣據信者，合三十五卷"，"仙公所稟"正是"語稟請問"，與《靈寶經目序》中所説的"仙公授（受）文"並不是同一概念。

也正因爲"仙公新經"主要是葛仙公與道君、太極真人等仙真的對話，其中不出現"元始天尊"似乎也不是很奇怪的事情③。"元

---

① 《雲笈七籤》，第52頁。
② 除此處證據外，另外一處證據便是《三天内解經》的"靈寶出世"一句。但《三天内解經》並不屬於靈寶經系統，似乎不能作爲靈寶經教理上出世時間的證據，僅能作爲靈寶經進入一般民衆視野的時間。實際上，《三天内解經》所説的"出世"，很可能是指出現於世上，與靈寶經中指從天降下的"出"並不是同一概念。這也與《真誥》卷十九"葛巢甫造構靈寶，風教大行"的觀感一致。
③ 王承文指出，"仙公新經"的一些儀式文本中對"天尊"的稱呼與"元始舊經"並没有顯著差異（參氏著《漢晉道教儀式與古靈寶經研究》，第412—418頁），這一點也值得注意。

第四章 據目造經：中古道經的一種生成方式

始舊經"中，《金錄簡文》保留的文字較少，《黄錄簡文》在敦煌文獻中保留了較多内容，其中也没有與"元始天尊"相關的内容。因此這主要與經書的題材有關，似不能作爲道經的分類標準①。至於"元始舊經"，本是葛仙公被動接受的經典，故而其中較少出現"仙公"。返觀小林正美所説的"移入三經"，"仙公"一般只出現在卷末講述授受源流的段落中，這與"元始舊經"的整體設定並不衝突。

在區分了教理上的"元始舊經"和"仙公新經"後，還需對《靈寶經目序》的一段話做些説明：

> 余少躭玄味，志愛經書，積累錙銖，冀其萬一。若信有可崇，何苟明言，坐取風刀乎！慮有未悉，今條舊目已出并仙公所授事注解，意疑者略云爾。②

學者多將"舊目已出"和"仙公所授"分别對應"元始舊經"和"仙公新經"。但陸修静的原文是"仙公所授事"，是指仙公授經之事，並不是指某一類道經。實際上，"積累錙銖"一句才是指陸修静編修經目，"舊目已出并仙公所授事"是陸修静對經目做的注解③。敦煌本"靈寶經目録"極少注解，顯然是一個節略本，從中已難以看到陸修静注解的形式和内容。但可以確定的是，《靈寶經目序》中這句話與"元始舊經"和"仙公新經"的區分並没有關係。

以上是對"元始舊經"和"仙公新經"教理上區别的梳理。在陸修静實際操作中，"元始舊經"與"仙公新經"的唯一區别大概就在

---

① 劉屹對"天尊"概念的梳理，以及由此出發對各經成書先後的推測都是很有啓發性的（參氏著《六朝道教古靈寶經的歷史學研究》，第278—279頁），這確實説明了靈寶經成書有先後，且可能有多種來源。本書説明的是，是否以"元始天尊"爲主神並不是，至少在陸修静的系統中不是區分"元始舊經"和"仙公新經"的標準。

② 《雲笈七籤》，第53頁。

③ 劉屹將前引文末句標點作"今條舊目已出，并仙公所授，事注解意，疑者略云爾"（《六朝道教古靈寶經的歷史學研究》，第302頁），這是完全無法讀通的。

· 171 ·

是否收録於"元始舊經紫微金格目"中①。"靈寶經目録"並無"仙公新經"的説法，原文僅稱是"葛仙公所受教戒訣要，及説行業新經"。之所以這樣表述，恐怕最主要的原因是爲這一類經典未收録於"紫微金格目"做合法性解釋。這也可以解釋如《太上洞玄靈寶天文五符經序》等來源很早的經書爲何會收入"新經"。實際上，"靈寶經目録"的"所受教戒訣要，及説行業新經"之説優於《靈寶略紀》"語稟請問"的總結，前者可以將"仙公新經"中前三種非問答體的道經囊括進來。但這一表述也使得"所受教戒訣要"與同樣是仙公所受的"元始舊經"界限不是那麽清晰了②。

客觀上看，"元始舊經"和"仙公新經"在神真體系、思想特徵上確實有一定的傾向性。但無論是"元始舊經"還是"仙公新經"，恐怕都不是一個統一的整體，整個靈寶經應該是有多重來源的經書集合。但在時人的觀念中，這恐怕並不是一個很大的問題，當時也不太會從這些角度來爲靈寶經分類。

通過以上的分析可知，在南朝道教徒的認識中，葛玄於天台山接受的是靈寶"十部妙經"，而不是"仙公新經"。"元始舊經"和"仙公新經"在教理上的區别主要在一爲葛玄接受的經書，一爲葛玄與神真問答的記録。在實際操作中，區分二者的唯一標準就在於是否收録於"舊目"。劉屹認爲："陸修静當時的做法只是爲了宣揚'舊經'要比'仙公所授'或'仙公所稟'更具神聖性和權威性，所以有意無意間在'舊經'和'新經'間畫了一道界限。"③但這道界限究竟是陸修静所畫，還是現代學者所畫，似乎是一個值得深思的問題。我們討論"元始舊經"與"仙公新經"的區分，當然應該

---

① 小林正美認爲"移入三經"被移入"元始系"，其條件是"被移動的經名和《舊目》的經典名必須一致"（《六朝道教史研究》，第160頁）；在分析《太上洞玄靈寶真文要解上卷》時，已指出該經之所以被分入仙公系，"其原因是由於在《舊目》中没有與此經典相應的經名之故"（《六朝道教史研究》，第161頁）。但他没有將這一原則貫徹於分析整個"靈寶經目録"，而是認爲有一個實際存在的元始系和仙公系的分野。

② 二者之間的界限還是存在的，"仙公新經"中的經題多不稱"經"，而是稱"經訣""要解""大戒上品"之類。以"經"自題的，如《仙公請問經》之類，已可歸入"行業新經"之中。

③ 劉屹：《六朝道教古靈寶經的歷史學研究》，第640頁。

第四章 據目造經：中古道經的一種生成方式

以古人的認識爲準。如果認爲陸修静、孟安排，乃至所有現存文獻對"元始舊經"和"仙公新經"的區分都有問題，只有自己分析出的條例才是區分二者的標準，那恐怕離歷史真實很遠了。

二 "出者三分"

學界對敦煌本"靈寶經目錄"時代爭議的根源主要在對陸修静《靈寶經目序》"出者三分"一句話的理解不同。大淵忍爾根據《雲笈七籤》卷四引有陸修静《靈寶經目序》，認爲敦煌本"靈寶經目錄"即《雲笈七籤》中的《靈寶經目》，其創作時間即序中提到的"元嘉十四年（437）"，並且指出陸修静在泰始七年（471）撰寫了另外一份目録①。小林正美則持不同意見，他引録了陸修静《靈寶經目序》的這樣一段話：

> 但經始興，未盡顯行，十部舊目，出者三分。雖玄蘊未傾，然法輪已遍於八方。自非時交運會，孰能若斯之盛哉！②

小林正美認爲："根據這《靈寶經目序》所説'十部舊目，出者三分'，十部三十六卷中，已出的爲其中的十分之三，即十卷或十一卷，因此，未出的有二十六卷或二十五卷，和宋文明經目的'十五卷未出'不合。從以上這一點可知，宋文明所依據的陸修静的目録，當是《三洞經書目録》。"③劉屹將"出者三分"解釋爲"十分之三"或33%④，其餘觀點與小林正美相近。大淵忍爾、柏夷、王承文等則認爲《靈寶經目序》中"出者三分"的"三"爲"六"字之誤⑤，但又

---

① [日]大淵忍爾：《論古靈寶經》，載《道家文化研究》第十三輯，第493頁。
② 《雲笈七籤》，第52頁。
③ [日]小林正美：《六朝道教史研究》，第135—136頁。
④ 關於"三分"之義，劉屹兩處説法不同，一處説"'三分'即十分之三"（《六朝道教古靈寶經的歷史學研究》，第228頁），一處認爲是33%（見前書第242頁）。
⑤ [日]大淵忍爾：《道教とその經典》，第88頁；王承文：《漢晉道教儀式與古靈寶經研究》，第633—637頁。柏夷的觀點見前引王承文書及劉屹《六朝道教古靈寶經的歷史學研究》第151頁的轉引。

· 173 ·

均無直接證據。

需要辨析的是，將"出者三分"視作已出經的比例，這種解釋是否符合古代漢語的實際情況呢？

實際上，在文獻中，無論"十分之三"還是"三分之一"，從未有省作"三分"的例子。以"分"表示分數時，前文必有分成若干份的表述，如《考工記·鳧氏》："十分其銑，去二以爲鉦，以其鉦爲之銑間，去二分以爲之鼓間。以其鼓間爲之舞脩，去二分以爲舞廣。"① 其"二分"都是就前"十分其銑"而言。道教文獻中同樣有很多這樣的例子，如《上清太上開天龍蹻經》卷二："開廓太空，分爲十等，從上大羅下及三清，而爲七分……復次三清八方正中，各於其下又爲一分……復次各於无極三界已下又爲一分……復次九壘之下，而有八門九幽地獄……此是從上第十分也。"（D33, pp.736-737）這裏的"七分""一分"都是就前"分爲十等"而言。"分"不僅指十分之一，而是可指任何等分之一，如《唐律疏議》卷九《職制》："率五分得三分及第者，不坐。"② 此"分"即指五分之一。若前面沒有分成幾分的表述，那"若干分"是無法表示分數的③。

另外，"若干分"表示分數，前面必須提到或隱含了被分的對象，如前舉兩例中"十分其銑"的"其銑"，以及"開廓太空，分爲十等"的"太空"。《靈寶經目序》前文則並沒有提到"十部舊目"的卷數，完全沒有被"分"的對象。因此，學界把"出者三分"理解成指已出經的比例，這根本就不符合古代漢語的表述習慣，是無法講通的。之所以會產生這種誤解，可能是由於前"十部舊目"一句與"十分××"的句式略近。但"十部舊目"猶言"十部妙

---

① 《十三經注疏》，第1981頁。
② 《唐律疏議》，第183頁。
③ 除明言分成幾份外，還有一種用法是上下文中隱含了分成幾份的意思，如《十六國春秋》卷二五《前燕錄》："銚以牧牛給貧家，使佃苑中，公收其八，二分入私。自有牛而無地者，亦佃苑中，公收其七，三分入私。"這裏八二、七三相對，隱含了分成十份的意思。但《靈寶經目序》"出者三分"顯然不屬於這種情況。

第四章 據目造經：中古道經的一種生成方式

經"，是指十部舊目所載的"元始舊經"這一整體，並不是對靈寶經的切分。

如果"三分"不能表示比例，那麼"分"在這裏只能是動詞，"三分"指分成三份，即指靈寶經分三種渠道流傳。實際上，在靈寶經中，確有被抄三份貯存、分三種渠道流傳的記載：

P.2452《太上太極太虛上真人演太上靈寶洞玄真一自然經訣》：鄭君乎（于）時説先師仙公告曰：我日所受上清三洞太真道經，吾去世之日，一通副（付）名山洞臺，一通傳弟子，一通付吾家門子第（弟），世世緣（録）傳。

《太極真人敷靈寶齋戒威儀諸經要訣》：仙公言：書一通封還名山，一通傳弟子，一通付家門子孫，世世録傳。（D9，p.874）

《太上洞玄靈寶智慧本願大戒上品經》：吾去世也，將有樂道慈心居士來生吾門者，子當以今道業事事一通付之，法應世世録傳也，皆是我前世與彼有宿恩，因緣使然也。子以一通依科傳付弟子佳者也。若無其人，一通封付五嶽名山矣。此太極真人口訣，子秘之，慎之慎之，時思之。（D6，p.161）

以上所引三種經書都是所謂"仙公新經"，在"元始舊經"中也有此類記載，如：

《洞玄靈寶玉京山步虛經》：鄭君于時説仙師仙公告曰：我所授上清三洞太真道經，吾去世之日，一通付名山洞臺，一通付弟子，一通付吾家門子弟，世世録傳。（D34，p.628）

《道教義樞》卷二引《八威召龍神經》：仙公昇天，合以所得三洞真經，一通傳弟子，一通藏名山，一通付家門子孫。（D24，p.813）

《玉京山步虛經》在"靈寶經目録"中已出，《一切道經音義妙門

· 175 ·

拘校道文

由起》引《太玄都玉京山經》與前引文相近①。小林正認爲此經是陸修靜從"仙公系"道經中移入"元始系"的，前文已做了辨析。《八威召龍神經》在"靈寶經目錄"中未出，但如前所述，該經應是六朝作品。此外，《雲笈七籤》卷六也有類似的內容②。可見葛仙公所受靈寶經被分三份的傳說早已深入人心。

　　道教文獻中有大量關於數字"三"的崇拜，如"三洞""三才""三一""三魂"等。大概正是基於這種對"三"的崇拜，道教早有將經書分抄三份的傳說。《太平經》卷九一《拘校三古文法第百三十二》："自是之後，德君詳察思天教天文，爲得下吏民三道所共集上書文，到八月拘校之，分處爲三部。始校書者於君之東，已一通。傳校於君之南，已再通。傳校於君之西，已三通。傳校者棄去於君之北。"③《太平經》中有大量關於"三"的描述，如認爲"天有三部，帝王三萬歲相流，臣承負三千歲，民三百歲"，"凡人有三壽，應三氣"④，"天法，凡事三并力同心，故天以三光爲文"⑤，與此相關，經文也被分爲"三古文"，這"三古文"應被抄寫三部，分貯三處。

　　靈寶經被分成三份流傳的故事很可能即是受此類記載影響的結果。受此影響，靈寶經之外的經典也有類似之說，如：

> 《洞真太上太霄琅書》卷五：凡得經有已，皆應更書，先者爲鎮，供養而已。今所寫治，精加校定，豐財足力，各立三通，

---

① 學者多據《洞玄靈寶昇玄步虛章序疏》謂該經最初僅今本第一部分和十首步虛吟。但這有三個問題，一是"序疏"之名表明這並不是全經的疏，且《序疏》的時代並不能確定；二是道經的傳承並不是單線的，敦煌文獻中的唐代寫本每有與《無上秘要》等書中所引差別較大的情況；三，如王承文指出的，《玉京山步虛經》如果僅有這兩部分的話，僅千餘字，篇幅似過於短小（參王承文《漢晉道教儀式與古靈寶經研究》，第499—500頁）。但無論如何，保存在《續道藏》中的《玉京山步虛經》確有很大問題。本書需要說明的是，這段關於靈寶經傳授譜系的內容反復出現於六朝多種道經中，恐怕沒有直接證據證明《玉京山步虛經》的這段是唐初才加入的。
② 《雲笈七籤》，第93頁。
③ 王明編：《太平經合校》，第359—360頁。
④ 王明編：《太平經合校》，第22—23頁。
⑤ 王明編：《太平經合校》，第151頁。

第四章 據目造經：中古道經的一種生成方式

一爲長鎭，一爲供齋，一爲研習。（D33，p. 668）

《混元聖紀》卷七：於是以黃素及金簡寫丹經三通，各藏於嵩、華及緩山，縑書一通付弟子，世世常有所傳云。（D17，p. 840）

這都説明，在南北朝時期，經書三分是道教的普遍思想。《靈寶經目序》中"出者三分"一句不過是因應這一思想的表述而已。

仔細體會靈寶經"三分"的含義，也可爲推測靈寶經的來源提供一定幫助。"付家門子孫"的部分自然是從葛氏家族中傳出。"傳弟子"的部分則爲外姓人員所出，晉末距葛玄去世已近兩百年，冒稱後世弟子大概也不是太難的事情。"藏名山"的部分自然有"再出"的可能，這也爲民間"發現"靈寶經提供了合法性的解釋。

返觀本小節開頭所引《靈寶經目序》的那段話，"但經始興，未盡顯行，十部舊目，出者三分"是在説，"十部妙經"中已出世者，亦即三聖真人、徐來勒等初授與葛玄的靈寶經，被分成三份流傳，但此時"未盡顯行"。"雖玄蘊未傾，然法輪已遍於八方"則指經過近兩百年的傳承，到陸修靜所處的劉宋之世，天界的經蘊（藏經的器具）雖未傾盡，但已經教大行，"大法方隆"。

總之，陸修靜《靈寶經目序》"十部舊目，出者三分"指的是靈寶經被分成三份流通，並非指已出經典的比例。因此，該文與敦煌"靈寶經目錄"所載已出、未出經典的數目並没有矛盾之處。既不可據此認爲陸修靜《靈寶經目序》非敦煌"靈寶經目錄"的序，也不可因此對《靈寶經目序》擅作校改。

三 "僞目三十五卷"

敦煌本"靈寶經目錄"稱："後有三十五卷僞目，仍在陸《源流》卷末，不録入此也。"《靈寶經目序》中還有這樣一段話："或是舊目所載，或自篇章所見，新舊五十五卷，學士宗竟，鮮有甄別。"[1] 劉屹認爲，這"三十五卷僞目"即在"新舊五十五卷"之中，相減則真經

---

[1] 《雲笈七籤》，第52頁。

拘校道文

僅二十卷①，與"靈寶經目録"三十五或三十六卷存世經卷的數目不合，因此認爲元嘉十四年的目録僅二十卷已出。

但是，"僞目"造詞法與"舊目"一致，其中"僞"字所修飾的中心詞是"目"。也就是説，"僞目"指目録是"僞"的，而非僞經的目録。這就如同"舊目"是舊有的目録，並不是"舊經"的目録。這一"僞目"應是在陸修静之前的一部目録，陸氏對該目不認可，故斥之爲"僞目"，附在其書的末尾。

更值得注意的是"三十五卷"這一數字。"靈寶經目録"在列舉靈寶經後云："都合前元始新舊經見已出者，三十二卷真正之文，今爲三十五卷，或爲三十六卷，陸先生所撰記出也。"陸修静又有《太上洞玄靈寶授度儀》，其中云："然即今見出元始舊經，並仙公所稟，臣據信者，合三十五卷。"這三處關於靈寶經數目的記載，無論陸修静認可不認可，其數量均爲三十五卷，這絶不是簡單的巧合。

在説明"三十五卷"這一數字的意義之前，還需先考察一下《太上洞玄靈寶授度儀》的成書時間。該書開頭的《太上洞玄靈寶授度儀表》有關於其成書時間的表述：

> 臣修静依棲至道，翹竚靈文，造次弗忘，幸會有數，顧使草茅之品，獲披龍鳳之章。妙重尊嚴，非所堪勝，誠欣誠懼，冰炭于心。自從叨竊以來，一十七年，竭誠盡思，遵奉修研，翫習神文，耽味玄趣，心存目想，期以必通，秉操勵情，夙夜匪懈。（D9, p.839）

其中"自從叨竊以來，一十七年"一句即指該書撰成的時間。小林正美認爲這是指入道以來17年②，大淵忍爾認爲是指領受靈寶經17年③，劉屹則認爲指"從元始諸經開始出世後的17年，即437年"④。

---

① 劉屹：《六朝道教古靈寶經的歷史學研究》，第207頁。
② [日]小林正美：《六朝道教史研究》，第170頁。
③ [日]大淵忍爾：《道教とその經典》，第69—71頁。
④ 劉屹：《六朝道教古靈寶經的歷史學研究》，第236頁。

第四章 據目造經：中古道經的一種生成方式

劉屹曾梳理了"叨竊"一詞的含義，認爲其本義指"不當得而得"①，這是非常正確的。其實"叨竊"或"叨"加動詞組成的詞在書信等應用文體中非常常見，只是一個普通的謙敬語②。"叨竊"的中心詞"竊"必須有一個省略了的賓語，在前引《太上洞玄靈寶授度儀表》中顯然就是指前面的"獲披龍鳳之章"。所以，關於"叨竊以來，一十七年"的起算時間，大淵忍爾所説的陸修靜領受靈寶經和劉屹所認爲的元始諸經被陸修靜所知都是正確的。但是劉屹又認爲陸修靜没有通過正式的傳授儀式得到這批經書，從而將"一十七年"起算時間上推到他認爲的靈寶經出世的420年，這難免有求之過深之嫌。但無論從何時起算，《太上洞玄靈寶授度儀》應該都離陸修靜撰《靈寶經目序》的元嘉十四年（437）不是太遠③。

如前所述，此前學者多將《靈寶經目序》中的"出者三分"視作已出靈寶經的比例，那麽便與《太上洞玄靈寶授度儀》的"臣據信者合三十五卷"不合。劉屹甚至不惜因此否定《太上洞玄靈寶授度儀》記載的真實性④。前文已論證了"出者三分"與已出經典比例無關，此處則需要説明，無論《太上洞玄靈寶授度儀》的"臣據信者合三十五卷"，還是"靈寶經目録"的"今爲三十五卷""僞目三十五卷"，其"三十五"都不是一個簡單的數字。

其實"三十五"這個數字很可能也與道教的數字崇拜有關。《度人經》云："三十五分，總炁上元。"關於"三十五分"的具體含義，各家注有所不同，嚴東、成玄英以爲指三十五天⑤，薛幽棲等以爲是

---

① 劉屹：《六朝道教古靈寶經的歷史學研究》，第232—233頁。
② 參張小艷《敦煌書儀語言研究》，第309頁。
③ 大淵忍爾《論古靈寶經》云："雖然我們無法考證這些經文寫定的時間，但顯然距元嘉十四年不遠。"（第493頁）其説極是。
④ 劉屹認爲："這個卷數很可能是在《授度儀》成書多年以後，因爲元始諸經的卷數已經從最初的'出者三分'增長到21卷，甚至更多，所以陸氏本人到晚年，或是其他後世道士，都有機會用後來較多的卷數來取代早期所記的較少卷數。"（《六朝道教古靈寶經的歷史學研究》，第236頁）但這顯然全是推測，沒有，也不太可能找到證據。
⑤ 關於"三十五分"與"三十五天"的梳理，可參路旻《晉唐道教天界觀研究》，博士學位論文，蘭州大學，2018年，第48—49頁。

七曜與二十八宿相加的結果①。無論"三十五分"具體含義如何，由此可知"三十五"在道教中確實有特殊含義。《西川青羊宮碑銘》稱老君"項引三十五光"（D19，p. 680）；王契真《上清靈寶大法》卷三四《齋法壇圖門》所載燈法共燃燈三十五盞，且稱"計三十五盞，乃'三十五分，總炁上玄'之法也"（D31，p. 1）；《上清洞天三五金剛玄籙儀》所奉請之天兵力士多爲三十五萬衆，所齎紋繒均爲三十五尺（D34，p. 153）。類似之例很多，都説明"三十五"在道教中的特殊地位。除了靈寶經三十五卷之説外，他經也有與三十五有關者，如 P. 2447 號《老子説法食禁誡經》共有禁誡三十五條，《混元聖紀》卷三云老君"授喜《玉曆中經》三十五章"（D17，p. 813），等等。

"靈寶經目録"稱"都合前元始新舊經見已出者，三十二卷真正之文，今爲三十五卷，或爲三十六卷"，也就是説，無論"三十五卷"還是"三十六卷"，都是由三十二卷拆分出來的，是人爲湊出來的數字。"靈寶經目録"所載共有三部經被分，其中一部可能是前面已殘部分所載的《赤書玉訣》，另外兩部經書是《太上洞玄靈寶諸天内音自然玉字》和《太上洞玄靈寶天文五符經序》。但《内音玉字》的下卷與上卷並非一個整體，乃是後世增補的②。陸修靜的這一分法也並未在道教界取得共識，敦煌 P. 2431 號《内音玉字》仍是一卷本，《三洞奉道科誡營始》所載《靈寶中盟經目》中著録的《太上洞玄靈寶五符序經》也僅有一卷。這恐怕都説明"靈寶經目録"中的分卷方式應該是爲了湊足"三十五卷"或"三十六卷"這一數目而拆分的。"三十六"對道教的意義無須多言，"三十六部尊經"早已成爲道教文獻中的習語③。所以"元始舊經"總目爲三十六卷，靈寶經新舊合出三十六卷，也是爲了迎合這一數字。那麽"三十五卷"之説恐怕也應該

---

① 參《元始無量度人上品妙經四注》（D2，p. 226）。爲"三十五分"作解釋的還有很多，但大多不出這兩種説法。
② 詳參本書第三章第一節。
③ 小林正美早已指出"元始舊經"三十六卷的説法是基於"三十六這一數字，在道教中是神聖的數字"，參氏著《六朝道教史研究》，第 145 頁。陸修靜目録中新舊合三十六卷，恐怕也是爲了湊成這一數字。

第四章　據目造經：中古道經的一種生成方式

和"三十六卷"一樣，只是爲了追求某種特殊數字而已。

明白了"三十五卷"的含義，再來看所謂"僞目三十五卷"。前面已提到，"僞目"並非僞經的目錄，而是一份"僞"的目錄。那麼"僞目"的作者很大可能是採用了與陸修靜相同的邏輯，或者說，陸修靜編造"靈寶經目錄"時可能延續了"僞目"的邏輯，所以都將存世經書湊成三十五卷。

陸修靜《靈寶經目序》中還有這樣一段話：

> 頃者以來，經文紛互，似非相亂，或是舊目所載，或自篇章所見，新舊五十五卷，學士宗竟，鮮有甄別。

這裏的"五十五卷"，小林正美認爲是"元始舊經"三十六卷與"仙公新經"十九卷[①]，劉屹認爲是"指陸氏當時所見實際流傳的經典總數"[②]。劉屹之說應更爲可信，有目無書之經自然是無須"甄別"的[③]。但陸修靜目錄中存世的三十五卷或三十六卷與"僞目"三十五卷相加遠遠大於"新舊五十五卷"。所以小林正美和劉屹都認爲敦煌本"靈寶經目錄"是泰始七年的目錄，與《靈寶經目序》並非同時。

但如前所說，"僞目"僅是一份"僞"的目錄，其中自然可能有"僞"經，但恐怕並非全是"僞"經。甚至"新舊五十五卷"中可能還有既不見於"僞目"，又被陸修靜擯棄的經書。更進一步說，"僞目"可能僅是一個僞造的目錄，其所載經書甚至可能並不存在。在南北朝道經"虛目"盛行的時代，這後一種情況可能性似乎還比較大。因此，簡單地在這幾個數字間做加減法並沒有什麼意義。退一步講，即便"三十五卷"確實是僞經的卷數，在小林正美認定《靈寶經目序》和"靈寶經目錄"時代不同的前提下，爲兩種文獻中的數字作加減法依然是沒有意義的。

[①]　[日]小林正美：《六朝道教史研究》，第158頁。
[②]　劉屹：《六朝道教古靈寶經的歷史學研究》，第206頁。
[③]　孫齊《古靈寶"未出經"研究》一文認爲陸修靜目錄中的"未出經"其實已經存在，但陸氏不認可。若其說成立，那麼小林正美與劉屹的說法就統一了。

四 再論"靈寶經目録"的時代

在上面的討論之後，我們再來看敦煌本"靈寶經目録"的時代問題。大淵忍爾因"靈寶經目録"的記載與《太上洞玄靈寶授度儀》相合，從而認定其爲元嘉十四年的目録。柏夷、王承文均繼承了這一觀點。小林正美則認爲敦煌本"靈寶經目録"反映的是泰始七年的目録，主要理由便是"元始舊經"已出二十一卷的記載與《靈寶經目序》"出者三分"不合①。劉屹又增加一條證據，即小林正美所提到的"移入三經""明顯不以元始天尊傳授爲背景"，與"元始舊經"的觀念相矛盾，所以應是元嘉十四年至泰始七年之間造出來的②。前面已經論證了"出者三分"並非此前學者所認爲的是指已出經書的比例，"元始舊經"與"仙公新經"的區別並不在主神，所以這些證據並不能成立。

那麽敦煌本"靈寶經目録"究竟是陸修静的哪一個目録呢？現有條件下恐怕還是難以回答。實際上，認爲泰始七年目録比元嘉十四年目録有大量增補，這一看法本來就没有什麽根據。王承文説："從現存陸修静著作與古靈寶經之間的關係來看，我們很難想象陸修静一邊對前人僞造古靈寶經的行爲加以嚴厲譴責和批判，一邊却又允許甚或鼓勵身邊的道士們繼續大量創作古靈寶經。"③ 抛除信仰的因素，如果泰始七年目真的比元嘉十四年目多十幾種"元始舊經"的話，陸修静必須要對這些新出的經典做出合理的解釋。但現在找不到這種解釋的任何蛛絲馬跡。《雲笈七籤》曾引元嘉十四年目的序，可知兩目都流傳了很久，爲何後人從没對兩目的差異提出過任何疑問或質疑呢？法琳《辯正論》卷八云："陸修静者，宋明帝時人也，以太始七年因勅上此經目。修静注云'隱在天宫，未出於世'。從此以來二百許年，不聞天人下降，又不見道士昇天，不知此經何因而來。"（T52，p. 545）如果陸修静兩目真有如此大的差異，佛教徒又怎會信任陸修静？又怎

---

① ［日］小林正美：《六朝道教史研究》，第135—136頁。
② 劉屹：《六朝道教古靈寶經的歷史學研究》，第209頁。
③ 王承文：《漢晉道教儀式與古靈寶經研究》，第647頁。

第四章 據目造經：中古道經的一種生成方式

會放棄這一攻擊道教的絕佳機會？

另外，前引《靈寶略紀》中也提到了"仙公所受"的經書是二十三卷，而該書的材料來源很可能與陸修靜不同，那麼靈寶"元始舊經"有二十三卷出世的觀點恐怕並非陸修靜一家之說，而是南朝道士們的共識。陸修靜自然也就無法在靈寶經數量上做什麼手腳。

雖然在靈寶經目錄方面，泰始七年目和元嘉十四年目不會有太大差別，但兩部目錄是有很大不同的。法琳《辯正論》卷八云：

> 檢修靜舊目，注上清經有一百八十六卷，其一百一十七卷已行於世。從始清以下有四十部，合六十九卷，未行於世。檢今經目，並云見在。修靜經目又云：洞玄經有三十六卷，其二十一卷已行於世，其大小劫已下有十一部，合一十五卷，猶隱天宮未出。檢今經目並注云見在。陸修靜者，宋明帝時人也，以太始七年因勅上此經目。（T52，p. 545）

從法琳的描述來看，泰始七年的目錄包含了上清經，也就是說，這是一部道經總目，所以《道教義樞》卷二載陸修靜此目名"三洞經書目錄"。而元嘉十四年目錄僅是"靈寶經目"，其序中明言"夫靈寶之文，始於龍漢"云云。因此，兩部目錄的區別主要在於一爲道經總目，一爲靈寶經目錄。泰始七年目的洞玄經部分很可能直接借用了元嘉十四年目錄。

五　關於"卷目"及"未出一卷"的問題

學界對"靈寶經目錄"中元始舊經"第五篇目"的斷句還有不同意見。本書先依較早研究這一文書的大淵忍爾的斷句抄錄於下：

> 智慧上品三（大）戒三卷，二卷已出。卷目云，《太上洞玄靈寶智慧罪根上品》二卷，未出一卷。
> 篇（卷）目云，《太上洞玄靈寶智慧上品大戒威儀自然》二卷，已出一卷。

目云,《太上洞玄靈寶金籙簡文三元威儀自然真一經》一卷。
目云,《太上靈寶長夜九幽府玉匱明真科》。①

王卡則認爲"威儀自然二卷已出一卷"當屬下讀,領"《太上洞玄靈寶金籙簡文三元威儀自然真一經》一卷"以下,這是非常正確的。因此前揭引文即可標點爲:

智慧上品三(大)戒三卷,二卷已出。卷目云,《太上洞玄靈寶智慧罪根上品》二卷,未出一卷。
篇(卷)目云,《太上洞玄靈寶智慧上品大戒》。
威儀自然二卷,已出。一卷目云,《太上洞玄靈寶金籙簡文三元威儀自然真一經》;一卷目云《太上靈寶長夜九幽府玉匱明真科》。②

劉屹又認爲《太上靈寶長夜九幽府玉匱明真科》並不屬"威儀自然",其上有脫文,因而擬補作:"威儀自然二卷,已出。一卷目云《太上洞玄靈寶金籙簡文三元威儀自然真一經》。一卷目云《太上〔洞玄靈寶黃籙簡文三元威儀自然真一經》。明真科一卷,已出。卷目云《太上洞玄〕靈寶長府九幽府玉匱明真科》。"③ 並且又提出德藏吐魯番文書的證據,其説極是。但劉屹又認爲前揭引文首行的"未出一卷"非指"《太上洞玄靈寶智慧罪根上品》二卷"中的一卷未出,而是指《太上洞玄靈寶智慧上品大戒》(以下簡稱"《大戒經》")當時未出④。這就無法令人信服了。

"靈寶經目録"將靈寶經分爲"元始舊經"和"仙公新經"兩部分。"仙公新經"是所謂"葛仙公所受教戒訣要,及説行業新經",因

---

① 〔日〕大淵忍爾:《論古靈寶經》,載《道家文化研究》第十三輯,第489—490頁。
② 王卡:《敦煌道經校讀三則》,載《道家文化研究》第十三輯,第121、128頁。
③ 劉屹:《向達先生摹抄本〈上元金籙簡文〉殘卷重識》,載《敦煌文獻·考古·藝術綜合研究——紀念向達先生誕辰110周年國際學術研討會論文集》,第544頁。
④ 劉屹:《古靈寶經"未出一卷"研究》,《中華文史論叢》2010年第4期;劉屹:《六朝道教古靈寶經的歷史學研究》,第218—219頁。

第四章 據目造經：中古道經的一種生成方式

此不存在"未出"問題。"元始舊經"是原本藏在天界紫微宫及玉京山的經書，這部分經書原有所謂"元始舊經紫微金格目"，陸修靜以這份舊目查考當時所見經書，未見的便是"未出"①。"靈寶經目錄"中僅此一處稱"未出一卷"，其他均稱"若干卷已出"或"若干卷未出"。若依劉屹斷句，"二卷已出"指《罪根經》，那麼《大戒經》與之對應也應稱"一卷未出"，而不是"未出一卷"。

"元始舊經"中共有十五卷"未出"，目前能看到的"未出"共有十三卷。除此唯一一例"未出一卷"的説法外，"靈寶經目錄"其餘的"未出"均沒有對應的"卷目云"或"篇目云"。劉屹對此的解釋是，此處的"篇目"與其他各處的"卷目"不同，"卷目"中《大戒經》未出，而至"篇目"時已被造作出來。但"靈寶經目錄"將"元始舊經"分爲十部，每部均稱"第若干篇目"，若再有其他書簡稱"篇目"，實在有與之混淆的可能。因此，這裏的"篇目"極有可能如大淵忍爾所説是"卷目"受"第若干篇目"影響而產生的訛誤②。

特別值得注意的是"靈寶經目錄"中"卷目"的著錄形式。"元始舊經"部分中分爲兩卷的除此《罪根經》外僅有一例："諸天内音玉字一卷，已出。今分爲二卷，上，卷目云《太上洞玄靈寶諸天内音自然玉字上》；下，卷目云《太上洞玄靈寶諸天内音自然玉字下》。"上卷、下卷分別列出"卷目"的内容。"仙公新經"部分雖無"卷目云"的標識，但其著錄形式與"元始舊經"的"卷目"一致。其中分作兩卷的有兩例③，也均上下卷分列，即"太上太極太虛上真人演太上靈寶威儀洞玄真一自然經訣上""太極真人敷靈寶文齋戒威儀諸要解經訣下"和"太極左仙公請問經上""仙公請問經下"。因此，若

---

① 孫齊《古靈寶"未出經"研究》認爲，"靈寶經目錄"中標明"未出"的經典是當時已有經但陸修靜不認中的經典，這種可能性似乎也是存在的。

② 参前引大淵氏文。當然此處不改字也是可以講通的，此處寫作"篇目"與"卷目"並没有本質的區别。劉屹認爲"篇目"是與"卷目"不同的一種書，且"作成似應在陸氏整理靈寶經和《卷目》作成之後"，則恐怕離事實很遠了。

③ 除以下所引兩例外，還有一條作"《太上洞玄靈寶真文要解》上卷"，但該經有上卷無下卷，且與下文"某經上一卷""某經下一卷"的著錄形式不同，此"上"字很可能是"一"字之訛，因此本書不引此條。

拘校道文

《罪根經》在"卷目"中本有兩卷，依此例也應卷上、卷下分列，而不應該是現在看到的"《太上洞玄靈寶智慧罪根上品》二卷"。

另外，除此一處外，"卷目"所載各經皆不言卷數。因此，"二卷"二字很可能並非"卷目"的內容，而是陸修靜的補充。事實上，"靈寶經目錄"每條前半均已言"若干卷已出"，其後自然不需再列卷數。此處既已稱"二卷已出"，若此二卷即指《罪根經》二卷，後文又稱"罪根上品二卷"，實在有些疊牀架屋不成文理。《紫微金格目》稱"智慧上品三（大）戒三卷"，而陸修靜時存世的僅《罪根經》和《大戒經》兩卷與之對應，可能爲彌縫二者的矛盾，當時道教界有《罪根經》本有兩卷而一卷尚未出世的傳説，故陸修靜引"卷目"後補充説"二卷，未出一卷"。

實際上，學界認爲"靈寶經目錄"中的"卷目"是某種道經目錄的看法很可能是錯誤的①。"卷目"很可能是指陸修靜所看到的實際經卷卷端的題目，故有這種上下卷分列的形式，並且不注卷數。因"元始舊經"原有《紫微金格目》，陸修靜稱"卷目"，正是爲了與舊目作對照。《紫微金格目》所載經名均爲簡稱，而"卷目"所載均爲全稱，也可以看出一個簡明目錄與經卷卷題的區別。今將"元始舊經"中"已出"的《紫微金格目》、"卷目"和敦煌本或《正統道藏》中的卷題對比列表如下，亦可見出"卷目"所載與實際卷題極高的相似性。

紫微金格目	卷目	敦煌本/《道藏》本卷題
空洞靈章一卷	太上洞玄靈寶空洞靈章	P. 2399 尾題：太上洞玄靈寶空洞靈章
升玄步虛章一卷	太上説太上玄都［玉］京山經	《萬曆續道藏》首題：洞玄靈寶玉京山步虛經
九天生神章一卷	太上洞玄靈寶自然至真九天生神章	P. 4659 尾題：太上［洞］玄靈寶自然至真九天生神章

---

① 如大淵忍爾認爲："卷目所指的是已出的經文目錄。"（參前引氏著文）其後的學者一般也均認爲"卷目"是某種書名的簡稱。大淵忍爾在晚年所著的《道教とその經典》中指出了"卷目云"後的長經名是陸修靜在當時五十五卷真僞靈寶經中找到的對應經名（第121頁），但没有進一步探尋"卷目"的實際含義。

第四章 據目造經：中古道經的一種生成方式

续表

紫微金格目	卷目	敦煌本/《道藏》本卷題
自然五稱文一卷	太上洞玄靈寶大道无極自然真一五稱符上經	P. 2440 尾題：靈寶真一五稱經卷 《正統道藏》首題：太上無極大道自然真一五稱符上經
諸天內音玉字一卷	太上洞玄靈寶諸天內音自然玉字上	P. 2431 尾題：洞玄靈寶諸天內音自然玉字①
	太上洞玄靈寶諸天內音自然玉字下	
智慧上品三（大）戒三卷	太上洞玄靈寶智慧罪根上品	BD16559 尾題：太上靈寶智慧罪根上品識
	太上洞玄靈寶智慧上品大戒	P. 2461 首題：太上洞玄靈寶智慧上品大戒第四
威儀自然二卷	太上洞玄靈寶金籙簡文三元威儀自然真｛一｝經	無
	［太上洞玄靈寶黃籙簡文三元威儀自然真經］	
［明真科一卷］	太上靈寶長夜九幽府玉匱明真科	《正統道藏》本首題：洞玄靈寶長夜之府九幽玉匱明真科
智慧定志通微一卷	太上洞玄靈寶智慧定志通微經	《正統道藏》本首題：太上洞玄靈寶智慧定志通微經
本業上品一卷	太上洞［玄］靈寶真文度人本行妙經	P. 3022v 首題：太上洞玄靈寶真文度人本行妙經第八
法輪罪福一卷	太上洞玄靈寶真｛文｝一勸誡法輪妙經	S. 1906 尾題：太上洞玄靈寶真一勸戒法輪妙經
無量度人上品［一］卷	太上洞玄靈寶无量度人上品妙經	P. 2606 尾題：太上洞玄靈寶无量度人上品妙經
諸天靈書度命一卷	［太上洞玄靈寶諸天靈書度命妙經］	《正統道藏》本首題：太上洞玄靈寶諸天靈書度命妙經
［滅度五練生尸一卷］	太上洞玄靈寶滅度五練生尸妙經	S. 298 尾題：太上靈寶洞玄滅度五練生尸經

① 關於該經上下卷的問題，詳本書第三章第一節。

续表

紫微金格目	卷目	敦煌本/《道藏》本卷題
三元戒品一卷	太上洞玄靈寶三元品誡	《正統道藏》本首題：太上洞玄靈寶三元品戒功德輕重經①
二十四生圖一卷	太上洞玄靈寶二十四生圖三部八景自然神真錄儀	《正統道藏》本首題：洞玄靈寶二十四生圖經

可相對比的是，"仙公新經"沒有舊目，故皆不稱"卷目"，而著錄形式與"元始舊經"的"卷目"一致。如"靈寶經目錄"所云，"仙公新經"中的《太上洞玄靈寶天文五符經序》"仙公在世時所得，本是分爲二卷，今人或作三卷"，流傳已久。若"卷目"是一種道經目錄，沒有理由不收載此類經書，何以"仙公新經"部分全不引"卷目"？因此，"卷目"並非書名，僅是指"卷之目"。類似的用法在道教文獻中並不鮮見，《真誥》卷二十《翼真檢》："自此前凡諸經書在處者，其篇數並別有目錄。若止零牒一兩篇者，今復顯題卷目如後。"② 這裏的"卷目"亦是指題目。

另外，"靈寶經目錄"末尾稱："十部舊目及新名錄記如前。""舊目"就是《紫微金格目》，除此之外並沒有別的"目"，除"舊目"之外僅有"新名"，也就是經書本身之名③。

若以上所論不誤，那麽《大戒經》既有"篇（卷）目"所列的詳名，則當時必然已出，"靈寶經目錄"的"未出一卷"也只有指《罪根經》有一卷未出。

事實上，在陸修靜之後的一段時間，《罪根經》仍然僅有一卷。大約成書于蕭梁時代的《洞玄靈寶三洞奉道科誡營始》卷四所載《靈寶中盟經目》云："《太上洞玄靈寶智慧上品大戒經》一卷，《太上洞

---

① 《正統道藏》中該經應僅爲《三元品戒經》的一部分，詳參呂鵬志《靈寶三元齋和道教三元節——〈太上洞玄靈寶三元品戒經〉考論》，《文史》2013年第1期。
② 《真誥》，第347頁。
③ 劉屹已指出"新名"即"已經實際行世的、經過刻意整理規劃後的經名"（氏著《六朝道教古靈寶經的歷史學研究》，第200頁），但仍把"卷目"視作某一種文獻。

第四章　據目造經：中古道經的一種生成方式

玄靈寶上品大戒罪根經》一卷。"（D24，p. 758）① 由此可見，在《靈寶中盟經目》的時代，《大戒經》已出，《罪根經》也僅有一卷。如前所述，BD16559號寫卷的尾題稱"太上靈寶智慧罪根上品識"，並無"卷下"字樣，那麼恐怕該抄本也僅有一卷，不分上下。該卷的具體時代無法確定，從書法看應爲唐前期寫本。因此，唐初在敦煌地區傳抄的《罪根經》也應是一卷本。

因此，"靈寶經目錄"中的"卷目"是經卷本身的題目，"未出一卷"是指兩卷的《罪根經》有一卷未出。

小　結

至此，我們可以得出結論：大淵忍爾認爲陸修静元嘉十四年目和泰始七年目對靈寶經著録基本一致的看法應該是正確的，敦煌本"靈寶經目錄"應該可以反映元嘉十四年存世靈寶經的情況。按照南朝道士的看法，葛玄是靈寶"十部妙經"最後一次出世的接受者，"出者三分"是指葛玄將經書分爲三份流傳。"據信者合三十五卷""僞目三十五卷"，等等，都只是道教數字崇拜的把戲，爲這些數字去算加減法是没有意義的。"僞目"也僅是一個"僞"的目錄，而不是僞經的目錄。另外，"靈寶經目錄"所説的"卷目"乃是陸修静所見經卷的題目，而不是某種目錄。

既然不太可能有陸修静在元嘉十四年認爲未出却在泰始七年已出的經典，且"靈寶經目錄"中給出了"卷目"，那麼《太上洞玄靈寶智慧上品大戒》應該在元嘉十四年以前已出，"未出一卷"是指《罪根經》僅出一卷，有一卷未出。

小林正美將陸修静《靈寶經目序》中完整的一段話截成兩半，認爲前半指"元始系"經典，後半指"仙公系"，從而將葛玄從"元始系"經典的傳承中完全剥離出來；又錯誤地將"出者三分"視作已出靈寶經的比例，從而推導出陸修静元嘉十四年目和泰始七年目不同的

---

① 敦煌P. 2337號《三洞奉道科戒儀範》亦存此段文字，內容没有明顯差別。關於此經的成書時代，本書據吉岡義豐、小林正美說，參［日］小林正美《六朝道教史研究》，第90頁。

結論。此後的學者無論是否贊同小林氏的觀點，大多沿續了他的解讀方式。仔細分析那幾段原始材料，可以發現小林氏的解讀其實有很大問題。廓清這些誤讀，許多爭議也就不辯自明了。

第二節 《太上洞玄靈寶智慧罪根上品大戒經》新探

BD16559 號寫卷，僅存經文五行，尾題一行，題記一行，其內容見於《正統道藏》洞玄部戒律類之《太上洞玄靈寶智慧罪根上品大戒經》卷下（D6，p. 885）①，《國圖》題名"太上洞玄靈寶智慧罪根上品大戒經卷下"，但該寫卷尾題稱"太上靈寶智慧罪根上品識"，並無"卷下"字樣。如前節所論，P. 2861 + P. 2256 號"靈寶經目錄"稱"卷目云《太上洞玄靈寶智慧罪根上品》，二卷，未出一卷"，《靈寶中盟經目》中《罪根經》也僅有一卷。那麼《正統道藏》中兩卷本又是如何產生的呢？

一 《罪根經》卷下內容分析

今本《罪根經》卷下的內容主要爲太上道君與十方飛天神人的對話，次爲"太上智慧長樂頌"和"太上智慧苦神頌"兩篇頌，最後爲類似佛經"流通分"的經書結尾部分。其中僅結尾部分的後半見於 BD16559 寫卷。

道君與飛天神人的對話，每方可分爲三部分，首先飛天神人言各方"修奉智慧上品十戒"可得種種好處，繼而太上道君言當方地獄之中有人受苦，最後飛天神人示以解脫之法。這部分內容與《罪根經》卷上以及《罪根經》卷下的其餘部分似乎均非同一整體。

首先，這番對話是太上道君與十方神人的對話，道君遊歷的也是十方，而《罪根經》卷下最後却稱"太上道君出遊八門"，這顯然是矛盾的。實際上，在"元始舊經"中，天尊開度"八門"的觀念是較爲常見

---

① 本節以下所引該經均據此，爲省煩冗，不再一一標注出處。

第四章　據目造經：中古道經的一種生成方式

的，如向達摹寫本《太上洞玄靈寶金籙簡文三元威儀自然真經》："靈書開度，洞清八門。"① P.2606《太上洞玄靈寶无量度人上品妙經》（以下簡稱"《度人經》"）亦云："仙道貴生，无量度人。上開八門，飛天法輪。罪福禁誡，宿命因緣。普受開度，死魂生身。"S.1605 + S.1906《太上洞玄靈寶真一勸戒法輪妙經》（以下簡稱"《法輪經》"）更有大量開度八門的内容。因此，道君遊歷、開度八門可能是"元始舊經"一係道經的共同知識背景，而遊歷十方可能起源較晚②。

其次，這番對話結束後，《罪根經》云："太上道君歡喜作禮，上白天尊：今日侍坐，得聞十方飛天神人説諸罪根拔度上品……不勝喜悦，而作頌曰……"據此，則"太上智慧長樂頌"和"太上智慧苦神頌"是太上道君得聞"罪根拔度上品"之後所作。而《罪根經》在"太上智慧長樂頌"後又云："太上道君於洞陽館柏陵舍中受戒，見諸天福堂億劫種親，並逍遥無爲，衣食自然，身有光明，飛仙同侣，無有憂戚，不知苦難，見之悲喜，故作《長樂頌》篇。"也就是説，"長樂頌"是受戒後所作，這與前面引文的意思也是矛盾的。一篇頌文有兩種創作緣起，這也是其他道經中未曾見到的現象。

再次，《罪根經》卷上的内容主要是元始天尊向太上道君傳授"十善因緣上戒"等戒律，而前述這番《罪根經》卷下的對話完全沒有提到天尊，傳經的主體變成了十方飛天神人，與卷上天尊傳經完全不同。今本卷上的末尾有"天尊言，今當命使諸天神人説諸罪録"一句冒起下文，恐怕也是後世發現這一問題而添加的起到勾連下文内容作用的文字。

最後，南北朝至隋唐的道教文獻中，引用《罪根經》的較多，但沒有一部書提到過這番對話。《無上秘要》卷四六、卷四七、P.2456號《大道通玄要》卷六、日本國會圖書館藏 WB32 號佚名道教類書以及《一切道經音義妙門由起》都曾引用《罪根經》，均見於今《道藏》

---

① 《向達先生敦煌遺墨》，第45頁。
② 道教"十方"觀念可能是受佛教影響的產物，詳參［日］小林正美《六朝道教史研究》，第145頁。

191

本《罪根經》卷上，法琳《辯正論》引《罪根經》兩條，其中一條不見於今本，另外一條也見於卷上。唯一引用《罪根經》卷下的是 S.80 號《無上秘要》卷十，現摘抄於下：

洞玄智慧罪根

酆都山之北獄，有十二椽（掾）吏，金頭鐵面，巨天力士各千四百人，手把金槌鐵杖。凡犯玄科死魂，各付所屬獄，身爲力士鐵杖所拷，万劫爲一掠，三掠乃得還補三塗之責。

太上道君出遊八門，見諸地獄幽閉重檻，及三河九江，刀山劍樹，囚徒餓鬼，責役死魂，流曳徒炭，无復身形，不可忍視，見之悲傷，故作苦神誦：

生落苦神界，輪轉五道庭。九幽閉長夜，累劫无光明。
刀山多劍樹，毒刃互崢嶸。不見群鳥集，但聞苦魂驚。
迴風搖長條，哀響流寒庭。上有履山人，時刻无暫寧。
飢食曲泉炭，渴飲冶火精。流曳悠塗中，豈識形與名。
念尒不知命，苦哉傷人情。
罪福各緣生，善惡諒由心。輪轉不終滅，譬聲不絕音。
九幽有元錄，万劫自相尋。寒水（冰）无極源，長夜閉重陰。
不見福德舍，但見窮鬼林。長河難神寒，苦魂攀嶺吟。
孤聲赴絕劍，哀號落刀岑。此形非復形，痛哉傷人衿。

其中也沒有道君與飛天神人的對話。在這部分引文中，第一段不見於今本《罪根經》，第二段"太上道君出遊八門"以下，今本《罪根經》卷下置於"苦神頌"之後。類書引書雖會節略，但一般不會增加內容或調整原文順序。因此，《無上秘要》所引的《罪根經》與今本是有較大差異的。

《無上秘要》卷十所引的第一段話，又見於《太真玉帝四極明科經》卷一（D3，p.416），其上即述酆都山二十四獄。今已無法確定《無上秘要》所引《洞玄智慧罪根》前文的內容，但酆都山的地獄系統與今本《罪根經》卷下的十方系統恐怕是無法調和的。

第四章　據目造經：中古道經的一種生成方式

前引文"太上道君出遊八門"一段在"苦神誦"之前，據此則"太上道君於洞陽館柏陵舍中受戒"一段也應在"長樂頌"之前，那麼緊接太上道君與飛天神人對話的"太上道君歡喜作禮……而作頌曰"一段便無處安插，從而也可以推知在《無上秘要》所引的《洞玄智慧罪根》中可能並沒有那番對話。而且"太上道君於洞陽館柏陵舍中受戒"一段若接在《罪根經》卷上"十天輪空洞"那一段頌文之後，邏輯上似乎也更講得通。

二　《罪根經》卷下的文本來源

《罪根經》卷下的對話部分文字非常粗糙，各方之間大量文字雷同，有些內容甚至不可通，如太上道君問東南世界飛天神人有云"有百姓子男女人，受此惡對"，但前文並無任何關於"惡對"的描述，"此"字無所指。《罪根經》卷下還有些內容前後不一致，暴露出雜湊的痕跡。如前七方均言有"若干炁天君某方諸靈官三界主司結其罪簿，依玄都女青某宮某官律"，而東北方、下方、上方則完全無相關文字。另外值得注意的是，"玄都""女青"乃是早期天師道的律文，在早期靈寶經中基本沒有相關內容[1]。

雖然如此，道君與飛天神人對話的這種形式也讓人聯想到另一部"元始舊經"，即《法輪經》。敦煌 S.1605＋S.1906 號寫卷保存了該經大約四分之三的內容。全經可分三部分，分別對應《正統道藏》中的《太上玄一真人說勸誡法輪妙經》《太上玄一真人說三途五苦勸誡經》和《太上玄一真人說妙通轉神入定經》。《法輪經》第二部分，亦即品題為"太上玄一第二真人光妙音說三徒五苦生死根勸戒上經"的部分，其主要內容便是道君出遊地獄八門，見八方百姓男女受諸苦難，遂向八方飛天人問其宿命因緣，繼而開示解脫辦法。《罪根經》卷下的形式與此有很大相似性，恐怕正是從此化出。《法輪經》僅有"八門"，《罪根經》則擴大為十方，這也表明後者要晚於前者。另外，二

---

[1]《太上洞玄靈寶三元品戒功德輕重經》中提到了女青三元九宮中的官曹名，但與《罪根經》也是齟齬不合的。

經部分文字的雷同也表示兩者有傳承關係,如:

> 《法輪經》:吾嘗歷觀諸天,出遊南門,見有百姓子、男女人,裸身无衣,吞火食炭,爲火所燒,頭面燋燎,舉體爛壞,无復人形。
>
> 《罪根經》卷下:我嘗歷觀諸天,出遊南門,見南方無極世界地獄之中,有百姓子男女人,裸身無衣,吞火食炭,頭面焦燎,舉體爛壞,無復人形。

早期靈寶經提到"善惡因緣"的還有《洞玄靈寶長夜之府九幽玉匱明真科》(D34,p.379。以下簡稱"《明真科》")①。《罪根經》卷下的這部分内容受《明真科》的影響也非常大。P.2730號《明真科》云:"生世敬信,脩奉智慧上品十誡……死升東華,受号飛天,位比太上十轉弟子,爲衆聖策駕,遊行雲中。"《罪根經》卷下各方稱"修奉智慧上品十戒,功滿福報",大約正是從此化出。另外,《罪根經》卷下還直接襲用了《明真科》的部分文字,如:

> P.2730號《明真科》:无極世界,男女之人,生世无道,不念善緣,三春遊獵,放犬走鷹,張羅布網,放火燒山,刺射野獸,煞害衆生。其罪酷逆,死充重殃,身負鐵杖,万痛交行,駈馳百極,食息無寧。
>
> 《罪根經》卷下:斯人前生不念慈心,三春遊獵,張羅布網,放火燒山,刺射野獸,殺害衆生,其罪深重,死受殃罰,身負槌打,萬痛交行,驅馳百極,食息無寧。

《罪根經》卷下還提到以文繒、金龍向各方拔贖罪魂的儀式,類似的法術也見於《太上靈寶洞玄滅度五練生尸經》和《太上洞玄靈寶

---

① 敦煌文獻中有此經寫本十餘件,本書該經引文一般引自敦煌本。《法輪經》在造作的過程中可能也參考了《明真科》。

第四章　據目造經：中古道經的一種生成方式

黃籙簡文三元威儀自然真經》（以下簡稱"《黃籙簡文》"）。但前者僅有五方飛天神人，其中的"靈寶鍊度五仙安靈鎮神黃章法"[①] 也僅向五方神真奉獻"拔度之信"，即東方青文之繒九十尺或九尺，南方絳文之繒八十尺或八尺，中央黃文之繒一百二十尺或十二尺，西方白文之繒七十尺或七尺，北方玄文之繒五十尺或五尺。《黃籙簡文》今佚，P. 3148→P. 3663→Дх158 + BD14841L + BD14841K 保存了該經的殘文，《無上秘要》卷五四也引用了該經的部分內容。《黃籙簡文》的"拔度罪根威儀"則需"資十方文繒之信"。其中四方與《五鍊生尸經》相同，又稱"四角悉用黃文，角用一百廿尺，亦可十二尺，四角合四百八十尺；上方青文卅二尺，下方黃文卅二尺"。《罪根經》卷下各方繒數則與《黃籙簡文》完全一致。另外，《黃籙簡文》除了齋文繒外，還需每方"金龍一枚"，《罪根經》卷下也與此相同。

總之，今本《罪根經》卷下太上道君與十方飛天神人的對話乃是多方雜湊而來，其形式來自《法輪經》，部分內容直接襲用了《法輪經》和《明真科》的文字，而每方的拔度儀式則借鑒了《黃籙簡文》。

三　《罪根經》的文本演變

如前所述，爲了彌縫《紫微金格目》與實際經書的矛盾，在陸修靜時代可能早有《罪根經》原有兩卷的傳說。爲與此傳說照應，有好事者造作了《罪根經》卷下。前文論證了早期《罪根經》僅一卷，其內容大約相當於今本卷上除末段"天尊言，今當命使諸天神人說諸罪錄"之外的部分，再加上今本卷下後半部分的兩篇頌和最末的結束部分，在這中間的太上道君與十方飛天神人的對話則是後世補入，以湊足兩卷之數。除此之外，南北朝時期可能存在過多種《罪根經》卷下，這也從側面說明《罪根經》是先有兩卷的傳說，後有兩卷的經文。

前揭 S. 80 號《無上秘要》卷十引"洞玄智慧罪根"有"酆都山之北獄"一段。"元始舊經"中已有關於"酆都"的內容，如 P. 2399

[①] 敦煌 P. 2865 及 S. 298《五鍊生尸經》有這部分內容，《道藏》中則將此一部分獨立出來，見於《道藏》正一部之《靈寶鍊度五仙安靈鎮神黃繒章法》。

號《太上洞玄靈寶空洞靈章》云："諸苦拔難，長離北酆。" P. 2606 號《度人經》亦云："普告三界，无極神鄉，泉曲之府，北都羅酆，三官九署，十二河源，上解祖考，億劫種親。"《太上洞玄靈寶三元品戒經》下元右宮即名"北酆都宮"，又名"羅酆宮"（D6, p. 878）。這些經典中，"酆都"都是宮名，而非山名。將"酆都"作爲山名是上清經的觀點，前文已提到，《無上秘要》卷十所引的這一段即見於《四極明科經》卷一。類似的內容還見於《上清高上滅魔玉帝神慧玉清隱書經》（D33, p. 762）、《洞真上清開天三圖七星移度經》卷下（D33, p. 453）等。因此，《無上秘要》卷十所引的這段話不太可能是原本《罪根經》中的內容。如果這段話不是《無上秘要》傳鈔過程中造成的訛誤的話，那麼很有可能也是後人添加到《罪根經》中的內容，其目的恐怕也是爲了湊足兩卷之數。

《辯正論》卷八云："《靈寶智慧罪根品》云，恆沙天人聞法得道，已成如來。"（T52, p. 545）這句話也不見於今本《罪根經》。道經的早期版本確實有不少使用了大量佛教術語，這些術語在流傳過程中多被刪改。如 S. 1605《法輪經》即云"今見八門无極世界恒沙如來"，《道藏》本則改"恆沙如來"爲"塵沙而來"（D6, p. 869）。但《辯正論》所引的那句話却無法在今本《罪根經》找到稍可對應的語句，今本《罪根經》也找不到與之相關的內容。因此這一句話也有可能是出自某種《罪根經》後補內容。

因此，在《罪根經》流傳過程中，其核心部分，即天尊向太上道君傳戒的部分及三篇頌，大約是不變的。爲了湊足兩卷之數，後人造作多種"《罪根經》卷下"。在早期道經的流傳過程中，爲了符合某種傳說而新造內容的例子屢見不鮮，《罪根經》大概也是其中一例。

四　《罪根經》與《大戒經》的時代先後問題

如前所述，劉屹認爲陸修靜的《靈寶經目》中《罪根經》已有兩卷，但没有《大戒經》。他認爲《大戒經》晚於《罪根經》，除了"卷目"與"篇目"的差別外，他還提出以下三點理由，但這些理由都是有些問題的。

第四章 據目造經：中古道經的一種生成方式

首先，劉屹認爲："《罪根經》和《大戒經》都有'十二可從戒'，且內容和其後的天尊所言的文字，幾乎完全一樣。這就很奇怪，造作'元始舊經'的人怎麼能讓有如此雷同內容的兩部經書同時問世？"①實際上，這"十二可從戒"除了見於《罪根經》和《大戒經》外，還見於《太上洞玄靈寶赤書玉訣妙經》卷上。大淵忍爾以來的學者都認爲敦煌本"靈寶經目錄"前面所缺的內容中即包含"赤書玉訣"，並且應爲已出②。可見造作"元始舊經"的人並非不能讓相同的內容在不同經書中出現。很可能此"十戒""十二可從戒"早在"元始舊經"定形前就已形成，故被多種經書收載，《明真科》《太上洞玄靈寶真文度人本行妙經》等早期經書中也屢屢提及。更何況"元始舊經"並非一人一時一地所做，無法做到照應得如此精確③。

其次，劉屹認爲《大戒經》中出現了"大道清信弟子"，是指與出家道士相對的在家弟子④，表明當時已有法位階次，並且認爲"'清信弟子'一稱在'已出'的其他'元始舊經'中似乎並沒有得到廣泛的使用，只有幾例在向道教神靈的祈請文中出現"⑤。但實際上《大戒經》下文即云"施散清信弟子香油齋食"，那麼"清信弟子"似乎並非指在家弟子。《罪根經》已有"清信士女""清信士"等稱呼，"清信弟子"即是"清信士"。在其他"元始舊經"中也有類似的用例，如 P.2406 號《明真科》："若清信男女，佐國祈請，當於門外散髮，塗炭陳情。"這並非"祈請文"，"清信男女"亦即"清信弟子"。"清信"都是對"弟子""男女"的一般修飾詞，而非專詞。相反，在"仙公新經"中卻有將"清信弟子"作爲法位階次的情況，如 P.2356

---

① 劉屹：《六朝道教古靈寶經的歷史學研究》，第 221 頁。
② 見[日]大淵忍爾《論古靈寶經》，載《道家文化研究》第十三輯，第 492 頁。又參王卡《敦煌道經校讀三則》，載《道家文化研究》第十三輯，第 126 頁；[日]小林正美《六朝道教史研究》，第 173 頁。
③ 大淵忍爾在《道教とその經典》中已指出不同的靈寶經有相同的戒，並指出這是由於靈寶經爲多人創作，葛巢甫僅是主編（第 178—179 頁）。
④ 劉屹此處係引楠山村樹説。後世道經以"清信弟子"指在家弟子之例不鮮見，本書要説明的是，《大戒經》中的"清信弟子"與後世不同，並非指在家弟子，而僅僅指清靜信奉大道的弟子。
⑤ 劉屹：《六朝道教古靈寶經的歷史學研究》，第 221 頁。

拘校道文

號《太上太極太虛上真人演太上靈寶洞玄真一自然經訣》云："沙門、比丘尼、五戒清信弟子、男女人，欲於塔寺精舍持戒……"

最後，劉屹認爲"《罪根經》成書的劉宋時期，道教還沒有形成完善和固定的宫觀制度"，但《大戒經》"智慧功德報應上品"中"施散供養三寶神經""施散法師法服，治寫經書，建立静治""施散法師道士香油齋食""施散山棲道士""施散清信弟子香燭齋食""施散財寶，營造觀宇"等語反映了道教教團制度化的傾向①。但實際上相近的内容在其他"元始舊經"中多有出現，如《洞玄靈寶自然九天生神章經》："或以篤好三寶，善功徹天，或供養三寶，爲三官所稱。"（D5，p. 845）P. 2352《明真科》："生世願樂，宗奉至經，供養三寶，廣開法門，損棄財物，散乞貧民，供師法服，建立治堂。"《道藏》本《明真科》："受經法信，當十分折二送祖師，又折二散乞貧人、山棲道士。"（D34，p. 392）實際上，劉屹所認爲出世較早的"仙公新經"《太上消魔寶真安志智慧本願大戒上品》中的"十善勸戒"與《大戒經》的"智慧功德報應上品"極爲相似。因此，這類似爲反映道教"教團制度化"的内容並不能作爲《大戒經》晚出的證據。

另外，劉屹引柏夷之説，認爲《大戒經》中有受佛教十地影響的"十轉即得上爲飛天"觀念，比《罪根經》的"飛天齊功"時代要晚。實際上，這一觀念在"元始舊經"中也有不少例證，如P. 2399號《太上洞玄靈寶空洞靈章》："十轉拔難，功登飛天。"又如P. 2730號《明真科》："功齊十轉報，位得及飛天。"

此外，早期經書也曾引用過《大戒經》。同爲"元始舊經"的《三元品戒經》中稱："見《明真科文》及《智慧上品》拔贖罪根，爲盡如是，爲復有餘方？信誓拔贖，及教化童蒙，建立静舍，供養師寶，布諸香油，燃燈照夜，心行善念，救度眾生，慈愛忠孝，布散窮乏，飼飴百鳥，無有吝惜。其中功德，爲有輕重，爲同一等？高下尊卑，願垂告示。"（D6，p. 884）敦煌本《太上洞玄靈寶妙經眾篇序章》引用該經，内容大致相近。其中"建立静舍，供養師寶，布諸香

---

① 劉屹：《六朝道教古靈寶經的歷史學研究》，第222頁。

油""布散窮乏，餉飴百鳥，無有悋惜"等内容並不見於《明真科》，而恰見於《大戒經》。因此，至遲在《三元品戒經》形成的時代，《大戒經》就已成書。

前面提到，《太上消魔寶真安志智慧本願大戒上品》中的"十善勸戒"與《大戒經》"智慧功德報應上品"幾乎全同。前者於"十善勸戒"前云："吾昔受太極智慧十善勸助功德戒於高上大道虚皇。"後云："此戒名太上智慧勸進要戒上品，皆大智慧經上卷所言也。"（D6，p.158）既稱"太極智慧十善勸助功德戒""太上智慧勸進要戒上品""大智慧經上卷"，那麽似乎也是從原屬"智慧上品大戒"且經題包括"智慧"的《大戒經》中引出①。

綜上所述，《大戒經》與"元始舊經"在思想觀念上很難看出明顯的不同時代特徵。原本《罪根經》和《大戒經》至遲在陸修静的時代應均已被造作出來。

小　　結

通過以上的分析，可以得出以下結論：

第一，《道藏》本《罪根經》卷下太上道君與飛天神人的對話部分是後人造作竄入的，造作的依據包括《法輪經》《明真科》《黄録簡文》等一批"元始舊經"。

第二，爲了迎合"靈寶經目録"中關於《罪根經》有兩卷的記載，南北朝中後期至隋唐，可能有多種"《罪根經》卷下"被造作出來，保存在《正統道藏》中的僅是其中一種。

第三，"靈寶經目録"中"智慧上品三（大）戒"已出的兩卷是指《罪根經》和《大戒經》。《大戒經》和"元始舊經"没有明顯的時代差異，在陸修静的時代已被造作出來。

---

①　《大戒經》抄襲《太上消魔寶真安志智慧本願大戒上品》的可能性也是存在的。但一方面，《大戒經》全經主要是羅列各種分條的戒，此"十善勸戒"符合這一體例；另一方面，如果《大戒經》後出作僞的話，標題直接選用《太上消魔寶真安志智慧本願大戒上品》的"太極智慧十善勸助功德戒"更爲方便和保險，不宜新造標題"智慧十善勸助上品大戒"，《太上消魔寶真安志智慧本願大戒上品》已經標明了引用，不存在怕人生疑的問題，稍作改動則是合於常理的。

第三節 《靈書紫文經》新考

《正統道藏》中經名含有"靈書紫文"的有三部經典，即洞神部本文類的《皇天上清金闕帝君靈書紫文上經》（以下簡稱"《靈書紫文上經》"）（D11，p. 380）、洞真部戒律類的《太微靈書紫文仙忌真記上經》（以下簡稱"《仙忌真記》"）（D3，p. 402）、洞真部方法類的《太微靈書紫文琅玕華丹神真上經》（以下簡稱"《琅玕華丹》"）（D4，p. 555）①。除此之外，敦煌 BD11193 寫卷應即《靈書紫文上經》的殘抄本②。另外，敦煌寫本 S. 4314 + S. 6193 + P. 2751《紫文行事決》、《正統道藏》正一部之《上清太極真人神仙經》（D34，p. 301）基本上抄錄了《靈書紫文上經》全經，《上清修身要事經》《無上秘要》《雲笈七籤》等書中都引述了該經。學界一般認爲這一部經是東晉時期的上清派經典，但少有對它的深入研究③，關於這部經典的成書年代、流傳情況都缺乏嚴謹的考證。本節即擬就這類問題做初步探究。

一 早期"靈書紫文"並非今本《靈書紫文上經》

"靈書紫文"一詞形成較早，《真誥》卷五《甄命授》引《道授》稱"仙道有飛步七元天綱之經"等十七條"在靈書紫文中，並琅玕丹之所變化也"④。這十七條中包括《大洞真經》《太丹隱書》等經典，那麼這句話中的"靈書紫文"顯然並非指《靈書紫文上經》，而是指

---

① 上述三種文獻篇幅不大且本節引用較多，爲省繁冗，不再一一標注出處。
② 劉屹《敦煌道經與中古道教》因該卷文字與《道藏》本不完全相同，謂該卷"更有可能是《無上秘要》的殘片"（劉屹：《敦煌道經與中古道教》，第 111 頁），不可據。敦煌本《無上秘要》共有十餘號寫卷，筆跡大致相近，均爲馬處幽、馬抱一叔姪所寫。該卷筆跡與《無上秘要》諸寫卷有較大不同，並非《無上秘要》寫卷。
③ 筆者所見，僅有石井昌子《〈靈書紫文〉考》（《創價大學人文論集》第十四號）對各書引《靈書紫文經》的情況做了分析。該文認爲古道經引用的《靈書紫文經》與《道藏》本基本是同一經典，這是本書不能贊同的。
④ 《真誥》，第 81 頁。

第四章　據目造經：中古道經的一種生成方式

仙界的一類神聖經典①。《紫陽真人内傳》便没有"靈書紫文"之説。

"靈書"和"紫文"在道經中用例較多，大多是爲了形容道經神聖性②。但早期道經中的"靈書紫文"一詞却往往與《洞真高上玉帝大洞雌一玉檢五老寶經》（以下簡稱"《雌一玉檢五老寶經》"）有關。《雌一玉檢五老寶經》："此大洞金華雌一後聖九玄道君外（列）③記，靈書紫文五老寶經，琅玕五石華丹玄腴之法。"（D33，p. 399）這裏的"靈書紫文"也是作爲修飾語來凸顯"五老寶經"的神聖性。所謂"靈書紫文"，可能就是指該經前面提到的"秘在九天之上大有之宫，太玄靈臺玉房之中，紫雲爲簡，以撰其文，青緑爲字，以書其章"④。但特别值得注意的兩點是：一，"靈書紫文"一詞在這裏和"後聖九玄道君列記"並列；二，《雌一玉檢五老寶經》有呼引日月之道，及服食日月黄華之法，這與《靈書紫文上經》開頭飲日氣、月精之法相近。

《太真玉帝四極明科經》稱："《雌一玉檢五老寶經靈書紫文》，乃高玄映之道，高上帝君所修。"（D3，p. 427）這裏的"靈書紫文"仍是《雌一玉檢五老寶經》的修飾語。上經下文稱："傳於……後聖九玄金闕帝君，秘在九天之上大有之宫……"可見《雌一玉檢五老寶經》確與金闕帝君關係密切。《太真玉帝四極明科經》中没有提到《靈書紫文上經》，則此時該經可能尚未形成。

也許是因爲"靈書紫文"與《雌一玉檢五老寶經》的密切關係，在某些經典中，該詞甚至成爲《雌一玉檢五老寶經》的别名。《上清七聖玄紀經》稱："金闕聖君傳，右六紀，篇曰《靈書紫文》，或曰《五老寶經》。"（D33，p. 791）《無上秘要》卷四十七《受法持齋品》仍有"洞真雌一玉檢五老寶經靈書紫文"（D25，p. 169）的説法⑤。

---

① 丁培仁《增注新修道藏目録》據此文謂《靈書紫文上經》"其時已出"（丁培仁《增注新修道藏目録》，第485頁），當誤。
② 如《元始五老赤書玉篇真文天書經》卷上中有"中央玉寶元靈元老，號曰《寶劫洞清九天靈書》"，《漢武帝内傳》有所謂"太上紫文十三卷"。
③ "外"當爲"列"字之誤，詳後文。
④ 《靈書紫文上經》稱"以紫玉爲簡，青金爲文"似乎正是對此一内容的摹仿。
⑤ 《無上秘要》整理本在"靈書紫文"前加頓號（第764頁），認爲"靈書紫文"與"洞真雌一玉檢五老寶經"是兩部經書，這恐怕是不太合適的。

拘校道文

《太上玉珮金璫太極金書上經》："學不知玉珮晨燈是九天之魂，陽符是始生之氣，金書秘字是九天之隱名，徒修《八素真經》《靈書紫文》，服日月皇華，咽御飛根，則日精不爲下降，流霞不爲散根，徒爲引氣，石景未可得採，日華未可得餐也。"（D1，p. 903）"服日月皇華"正是《雌一玉檢五老寶經》中的修煉法，而不是《靈書紫文上經》中的飲日氣、月精之法。《太上玉珮金璫太極金書上經》下文稱："不知魂精帝君諱，則不得妄行服御日精之法……不知魄靈帝君諱，則不得輕修服月華之道。"這應是對"靈書紫文"的指責，但《靈書紫文上經》明確載有日魂、月魄名諱，顯然這裏的"靈書紫文"不是《靈書紫文上經》。

由此可以推知，《上清太上八素真經》稱"上真之道有七……第六曰金闕靈書紫文上經"（D6，p. 649），這個"金闕靈書紫文上經"恐怕也應是指《雌一玉檢五老寶經》，而不是《靈書紫文上經》①。《上清黃氣陽精三道順行經》："如是《靈書紫文》，及《八素真經》，紫霞内觀日暉中玄，並各言其節事，貴於服御而已，不能總其大根原，恢廓之渙也。"（D1，p. 822）所言恐怕也是《雌一玉檢五老寶經》。

通過以上的分析，我們似乎可以判定早期上清經中所出現的"靈書紫文"經名應該都是指《雌一玉檢五老寶經》。但至遲在齊梁時期，《靈書紫文上經》還是被造作出來。敦煌本《紫文行事決》中幾乎引用了全經，可見在此經之前，《靈書紫文上經》已撰作並流傳開來。《太上九真明科》"玄都上品第六篇目"中收有"靈書紫文"（D34，p. 363），而"第一篇"中已有《雌一寶經》，那麼這裏的"靈書紫文"很可能就是《靈書紫文上經》。《洞玄靈寶三洞奉道科戒營始》中也已收有"《上清金闕上記靈書紫文》一卷"。《洞真太上說智慧消魔

---

① 值得注意的是，《八素真經》中所稱的經名有些可能在當時並非出世。如"第一曰太上鬱儀奔日文，第二曰太上結璘奔月章"（詳後文），所以這裏的"金闕靈書紫文上經"也可能僅僅是傳說中的經名。但這個"上真之道有七"的說法可能對後世產生了不小的影響，敦煌本《紫文行事決》中有品題"九真八道行事決第七"，前一部分即抄錄《靈書紫文上經》，這與《八素真經》"第六曰金闕靈書紫文上經，第七曰黃老八道九真中經"的次序是一致的，很可能即是受"上真之道有七"觀念影響的產物。

第四章 據目造經：中古道經的一種生成方式

真經》卷一稱"上逮靈書紫文，魂魄鍊拘，金闕作紀，五老寶籙"（D33，p.600）[①]，稱"魂魄鍊拘"，那麼所說的可能正是《靈書紫文上經》。

但今《正統道藏》中"靈書紫文"類的三種經典並非一次成書，而是多次造作，逐漸累積而成，經書各部分也有着複雜的來源。

二 《靈書紫文上經》卷首的"序"來源複雜

《紫文行事決》稱"紫文決凡十二事"，該殘卷現存的有"飲月精"（擬）"月符"（擬）"拘魂""制魄""三一""大君""象符""禁忌""謝過""存真"十部分。這一分節正可用來分析全經。敦煌殘卷中殘掉的二事當即《靈書紫文上經》的"飲日氣"和"日符"。《紫文行事決》可能沒有《靈書紫文上經》文前的相當於序的一部分。

正如《紫文行事決》後文引《九真中經》也沒有引序，此處不引《靈書紫文上經》的序似乎並不奇怪。但是《靈書紫文上經》的序文確有非常可疑的地方。其最可疑的便是那一首五言歌詩，它竟與《洞真上清神州七轉七變舞天經》（以下簡稱"《七轉七變舞天經》"）的《九天太真道章第二》極為接近。今引述二文於下：

> 《靈書紫文上經》：玄虛上清氣，三素凌華濛。淵嚮啓靈扉，七門扇羽童。豁落丹霄觀，清寥冥運彰。有覺悟玄會，涯棲飛太空。陽臺太洞野，幽逸英芝光。遺界翳虛輪，絶宅自冥通。高會玄辰闕，寒（騫）首朝玉皇。神映朱靈音，虛鼓響瓊鐘。九巒縱雲軿，逍遙紫霞峯。丹陵啓碧室，綠庭披五房。金闕焕嵯峨，藹沫上清宫。味此日月華，盼彼無形方。玄致三靈覺，蕭條劫仞中。何爲當塗坐，五難乘子胸。何不御赤嬰，乘我泥丸公。不死亦不生，不始亦不終。

[①] 此處"五老"當指傳經的五老上真仙都左公，和《雌一玉檢五老寶經》的"五老"含義不同。

《七轉七變舞天經》：玄虛九清氣，三素凌華芒。淵響啓靈扉，七門扇羽章。谺落丹霄觀，幽寥宜運彰。六覺悟玄會，眇栖合太空。陽臺大洞野，幽逸英芝光。遺累翳虛空，絕宅自冥通。高會玄晨闕，騫首朝玉皇。神映木靈音，虛鼓響明鐘。九彎浮雲軒，逍遙紫霞峯。丹陵啓碧室，綠庭披五房。金門煥嵯峨，藹沫上清宮。太一度符籍，保我右无英。七祖離窮徒，南仙反形容。遊冥太帝室，乘浮適十方。（D33，pp. 545 - 546）

如此高度相似的兩章歌詩，顯然是同源的。比較兩經來看，恐怕《七轉七變舞天經》的歌詩形成更早。這是因爲：首先，《靈書紫文上經》稱聖君唱此歌爲"歌大洞神州之章"，而《七轉七變舞天經》這一組歌詩每章正是均以"神州玉章曰"起首。其次，《七轉七變舞天經》"藹沫上清宮"後接以"太一度符籍""遊冥太帝室"等語，文氣一貫，且《七轉七變舞天經》十四首"神州玉章"結尾均是登仙，這首與全書一致；而《靈書紫文上經》爲了與全經呼應，將歌詩結尾改爲"味此日月華"等語，與前面描繪的仙境毫無關係。再次，這章歌詩與《靈書紫文上經》的上下文義相關性不大，而與《七轉七變舞天經》上下文有著較高的相關性。如"騫首朝玉皇"，與下文"受號玉皇前"文義一致；又如"七門扇羽章"一句即與前文"亦以法服、飛仙羽章給子之身"相關。因此，就這篇歌詩來看，應是《七轉七變舞天經》在前，《靈書紫文上經》在後[1]。

《靈書紫文上經》序中還有不少内容有鈔撮的嫌疑。如：

《靈書紫文上經》：金闕中有四帝君，其後聖君處其左。
《上清太上帝君九真中經》：太極有四真人，中央黃老君處其左。（D34，p. 33）

---

[1] 《四極明科》中有《七轉七變舞天經》，而無《靈書紫文經》，亦可見前者先出。但《七轉七變舞天經》下文稱"次有九真八道、靈書紫文，服御日月，招致雲霞"，今無法確定這裏"靈書紫文"的具體所指，恐怕也應指《雌一玉檢五老寶經》。但即便是指《靈書紫文上經》，也恐怕是因爲《七轉七變舞天經》和《靈書紫文上經》的構成較複雜，前後形成時間不一致。

第四章 據目造經:中古道經的一種生成方式

《靈書紫文上經》：流光八朗，風鼓玄旍，迴舞旄蓋，玉樹激音，琳草作籟。

《洞真上清青要紫書金根衆經》卷下：流光八玄，風鼓玄旌，迴儛旄蓋，玉樹激音，琳枝自籟，百響互生。（D33，p. 435）

《靈書紫文上經》：衆吹雲歌，鳳鳴青泰，神妃合唱，鵬舞鸞邁。

《上清金真玉光八景飛經》：衆吹雲歌，鳳鳴鸞邁，交煙互集，徘徊玄太。（D35，p. 54）

《靈書紫文上經》：居太空瓊臺丹玕之殿，侍女衆真三萬人，毒龍雷虎獲天之獸，備門抱關，蛟蛇千尋，衛於墙析（圻），飛馬奔雀大翅之鳥，叩啄奮爪，陳于廣庭，天威焕赫，流光八朗，風鼓玄旍，迴舞旄蓋，玉樹激音，琳草作籟，衆吹雲歌，鳳鳴青泰，神妃合唱，鵬舞鸞邁……於是聖君吟歌畢，顧引青童使坐，設流霞之漿，鑲剛之果，赤樹白子，絳木青實……刻以紫玉爲簡，青金爲文。於是龜母案筆，真童拂筵，天妃侍香，玉童結編，名之曰靈書紫文上經，以付五老上真仙都左公，藏於紫藥玉笈，盛以雲錦之囊。

《洞真太上紫度炎光神玄變經》：帝君方清齋太空瓊臺洞真之殿玉室金華之房，侍女衆真、五色神官十億萬人，飛獸毒龍，俠闕備門，巨虬千尋，衛於墙岸，鳳鳴龍嘯，百音激館，威揚廣庭，獅子啍唤，衆吹靈歌，玉響流璨，神妃合唱而奏音，玉女鳴絃而拊彈。余乃引中央黄帝老君、太極四真人，設流霞之醴，環剛之果，赤樹白子，隱芝雜結，衆香芬落，積九十日。於是龜母按筆，太一拂筵，天妃侍香，玉華結編，以白玉爲簡，金書其文，以付仙都左公，封以玉笈雲錦之囊。（D33，p. 556）

《靈書紫文上經》：在昔統拔太虛，領宰飛真，察五靈之廣肆，司玄師之逸觀，騰濯清陽，鳴鈴素町，朗秀三觀，菴藹妙覺，廓落靈囿，濯瀾青谷，是以逡巡長羅，高步玄老，齊九鸞於閬崿

· 205 ·

拘校道文

之墟,放流光於冥華之上……欲使風灑蘭林,奏籟雲涯,發拔七爽,剖凝喻幽,不審靈書紫文,可得而下教乎?于時後聖君方擁機外化,高拂遐想……於是青童君重啓,伏膝進行,固請不已。爾乃聖君良久推機偃處,忽爾長歎曰……乃命五老上真仙都左公,開紫藥玉笈雲錦之囊,出《靈書紫文上經》,以付青童君,下授有玄宫玉名,當爲真人者。

《元始五老赤書玉篇真文天書經》卷上:覿陽於冥感之魂,拔領太虛,高步長津,朗秀三會,濯瀾上玄,流景冥華之都……私心實欲使雲麾八遐,風灑蘭林,寒條仰希華陽之繁,朽骸蒙受靈奥之津。不審《靈寶五篇玉文》,可得見授,下教於未聞者乎?元始天尊方凝真遐想……太上道君啓向(問?)不已,元始良久乃垂眄睧之容,慨爾歎曰……登命五老上真,被九光八色之蘊雲錦之囊,出《元始赤書玉篇真文靈寶上經》,以付太上大道君、高上玉帝、十方至真、諸天大聖、妙行真人。(D1,p.776)

以上幾例中,《靈書紫文上經》鈔撮的痕迹非常明顯。尤其值得注意的是,後二例中,《洞真太上紫度炎光神玄變經》和《元始五老赤書玉篇真文天書經》的原文是押韻的,《靈書紫文上經》鈔來的内容也基本押韻[1],但插在鈔撮内容之間的文句却不押韻。這也説明《靈書紫文上經》的"序"鈔自各經,文字尚未潤飾。另外,《靈書紫文上經》化用《元始五老赤書玉篇真文天書經》的内容很多。不知這是否與"靈書紫文"一詞最早用來指稱《雌一玉檢五老寶經》有關。但《元始五老赤書玉篇真文天書經》中的"五老"是指"東方安寶華林青靈始老"等五方五老,《雌一玉檢五老寶經》中的"五老"是指太素三元君所在的金華雌一洞房又稱三元五老寶宫,而《靈書紫文上經》中傳經的"五老"則是五老上真仙都左公一人。

---

[1] 其中有些地方不押韻,乃是抄刻過程中產生的文字訛誤造成的。如"衛於墻析",《洞真太上紫度炎光神玄變經》"析"作"岸"。"岸"字俗寫或作"垾"(見 P.2381《法句經》),而"垾"又用作"圻"字俗寫(見 P.2257《太上大道玉清經》),"圻"又與"析"形近易訛。

206

第四章　據目造經：中古道經的一種生成方式

更爲可疑的是，《靈書紫文上經》的序文似乎有多個版本。王希巢《洞玄靈寶自然九天生神玉章經解》卷中引《紫文上經》云："承唐之年，積數有四十六，丁亥之末，前後中間之際，午獸之二十，國祚再竭，東西稱霸以扶主，有縱橫九一之名。又且陽鏡圓眸之子，及建號興泰光延，或有昌元之後，有甲申之歲。"（D6，p. 449）該文今見於《上清後聖道君列紀》。這一段内容無論如何也無法放入正文中，恐怕正是另一版本的《靈書紫文上經》序①。值得玩味的是，S. 4226《太平經卷第二》也引用了這一段内容，而《道藏》本《太平經鈔》甲部却抄録了今本《靈書紫文上經》的序。

另外，《上清衆經諸真聖秘》卷二引《上清金闕上記靈書紫文經》除了拘三魂七魄法外，還有後聖帝君李君和後聖彭君名諱（D6，p. 769），這並不見於今本《靈書紫文上經》，而僅見於《上清後聖道君列紀》。

《無上秘要》卷十九引《洞真靈書紫文上經》云："高聖太上大道君，乘碧霞九靈八景流雲之輿，從飛仙羽蓋，桑林千真紫虚之童三十萬人，顯蓋九霞，迴天傾光，天丁前驅，六師屬天，奔雷揚精，四明扶輪，九靈啓路，五老通津，飛旍瓊塗，流昑高清，上諧九層，七映朱宫。"（D25，p. 44）該文不見今《靈書紫文上經》，從文字内容看，似乎也應是某種版本的序，但該文却又見於今《道藏》正一部的《上清玉帝七聖玄紀迴天九霄經》（D34，p. 62）②。

由此可見，《靈書紫文經》的序多鈔自其他道經，并且在唐代以前存在多種版本。

三　《靈書紫文上經》飲日氣、月精的法術形成較晚

《靈書紫文上經》前四部分分别可擬題作"飲日氣""日符""飲月精""月符"。道教服食日月的法術起源極早，《抱朴子内篇·遐覽》有

---

① 該書卷下曰："在人言之……爲玄户，乃始生胞腸之通路也。按《紫文上經》乃玄門也。"此正指《靈書紫文上經》中"玄關是始生胞腸之通路也"一句，可知該書所稱引的《紫文上經》即《靈書紫文上經》。
② 《無上秘要》整理本認爲這"當誤題或竄奪所致"（第198頁），恐未必是。

拘校道文

"食日月精經""日精經"等經，應即是這一類的經典。《五符經序》中即有食日月星之精的方法。《真誥》卷五則有"黃水月華，服之化而爲月""徊水玉精，服之化而爲日"[1]。《登真隱訣》卷中及《上清握中訣》卷中均載有分別存思日月形象並服食之的方法，《太上玉珮金璫太極金書上經》中也有較爲接近的方法。《雌一玉檢五老寶經》中《大洞雌一哺養帝君太一百神上仙法》所記服食日月之法則是存思日月光芒混合化生日月上華。這都與《靈書紫文上經》的方法有些差異。

《太平經鈔》己部稱"天符還精以丹書，書以入腹，當見腹中之文大吉，百邪去矣"[2]，這大概即是服用符籙的辦法。《登真隱訣》卷中又載楊羲書另一服食日月法，即畫日月象於青紙上而服食[3]。這已與《靈書紫文上經》等服食日月符的方法有些接近。《靈書紫文上經》的方法大致是：呼日魂月魄之字，存思日月光分別入口，然後頌呪、飲符。這種法術也見於《洞真太上八素真經服食日月皇華訣》（以下簡稱"《皇華訣》"）（D33，p. 477）、《上清黃氣陽精三道順行經》（以下簡稱"《三道順行經》"）（D1，p. 822）、《洞真上清青要紫書金根衆經》（以下簡稱"《金根經》"）（D33，p. 423）、《七轉七變舞天經》等經典。這幾種經典都見於《真誥》卷五所引《道授》。其中《皇華訣》當即《八素真經》的一部分[4]，《真誥》稱"在世"。《三道順行經》當即《真誥》之"黃氣陽精藏天隱月"，《金根經》當即《真誥》之《青要紫書金根衆文》，《七轉七變舞天經》當即《真誥》之《七變神法七轉之經》，這幾種經典《真誥》均未言"在世"，則當是在楊、許之後造作出來的。分析這類經典，可以得出以下結論：

第一，《皇華訣》服食日月精均需取井華水以浸相關符籙，並露水中庭取日月精以服。《三道順行經》亦稱"投清水之中"，《金根經》

---

[1] 《真誥》，第81頁。
[2] 王明編：《太平經合校》，第330頁。
[3] 《登真隱訣輯校》，第45—46頁。
[4] 《道藏提要》稱"《八素真經》出世較早，而六篇訣文晚出"（《道藏提要》，第640頁），但似乎沒有充分證據。前文引到《太上玉珮金璫太極金書上經》《三道順行經》等都提到《八素真經》有服食日月皇華之法。《道教大辭典》、蕭登福《六朝道教上清派研究》等都認爲《皇華訣》是《八素真經》的一部分，應可信從。

第四章　據目造經：中古道經的一種生成方式

則服日精用西流水，服月精用井華水，《七轉七變舞天經》《靈書紫文上經》均無此程序。值得注意的是，《太上靈寶五符序》《太上靈寶無極大道自然真一五稱符上經》《肘後備急方》等較早的道教文獻中，服食丹藥、符籙多用井華水送服。而且各經中都有"水母"的字樣。

第二，《皇華訣》《三道順行經》均無日魂、月魄之名，《金根經》《七轉七變舞天經》《靈書紫文上經》始有。值得注意的是，《真誥》卷九《協昌期》錄"厶書"曰："日中五帝字曰：'日魂珠景，昭韜綠映，迴霞赤童，玄炎颷象。'凡十六字。"陶弘景注："此說按《紫文》曰日魂事。"那麼似乎在楊、許之時，此十六字是一體，並不以後十四字爲日魂名諱。另外，前文引到《太上玉珮金璫太極金書上經》指責"八素真經、靈書紫文"不知魂精帝君、魄靈帝君諱，而它給出的名諱也與《靈書紫文上經》的不同，可見在《太上玉珮金璫太極金書上經》的時代，日魂、月魄名諱仍未形成。

第三，各書修煉方法雖比較接近，但是咒語却差異較大，這似乎表明各經的法術並非同源，而是在發展過程中相互影響。《金根經》《七轉七變舞天經》《靈書紫文上經》三部經書的咒語已有部分詞句相近。

綜上分析似可說明，《皇華訣》《三道順行經》成書應較早，《靈書紫文上經》飲日氣、月精之術雖然可能有較早的來源，但寫定應在《皇華訣》和《三道順行經》之後，甚至可能在《金根經》之後。

雖然《靈書紫文上經》成書較晚，但在飲日氣、月精方面，似乎它的影響最大，《上清握中訣》《紫文行事決》等書中均大量引用。出現這種情況，大概是由於《靈書紫文上經》在這一類經典中有以下優勢：其一，《靈書紫文上經》與楊、許舊說相合，如稱受之於太微天帝君，與《真誥》卷九"厶書"所記日中五帝字受之於太微天帝君相合；稱飲日氣法"一名赤丹金精石景水母之經"，稱飲月精法"一名黃氣陽精藏天隱月之經"，這與《真誥》卷五所引《道授》中的經名相合；而且"赤丹金精石景水母之經"也與《真誥》卷九"厶書"所記日中五帝字的"一名赤丹金微石景水母玉胞之經"合。其二，《靈書紫文上經》包含的內容最爲全面，呼名、存思、咽氣、咽液、叩齒、咒語、功效、符文等各方面具全。其三，《靈書紫文上經》的方法施行最爲方便，清修道士

· 209 ·

拘校道文

可日日飲日氣、夕夕飲月精，若有外累，行道之日也較多。

《靈書紫文上經》最大的影響，大概是促成了《太上玉晨鬱儀結璘奔日月圖》的撰寫，並成爲了《九真中經》的下卷。關於鬱儀結璘奔日月之術，似乎也早有流傳，但一直未有經典。《真誥》卷十八《握真輔》"泰和三年五月，行奔二景道"，陶弘景注："此則儀璘之法。雖已有抄事，未見大經。"① 則在陶弘景的時代尚未形成相關經典。既然有此需要，那麼自然就有好事者來造經，他們造經的依據主要應即是《靈書紫文上經》。《太上玉晨鬱儀結璘奔日月圖》明確稱"靈書紫文曰"，表明其内容來源。與《靈書紫文上經》相比，《太上玉晨鬱儀結璘奔日月圖》主要增加了日月存思圖及日中五帝、月中五夫人名諱、服飾，以及存思日中五帝、月中五夫人的呪語②。

四　《靈書紫文上經》的拘魂、制魄法術可能來源於洞神經

《靈書紫文上經》第五、第六二事分別爲"拘魂""制魄"。三魂七魄之說及拘制之法，在道教中起源極早，《抱朴子内篇·至理》稱"拘魂制魄，骨填體輕"③，同書《地真》篇云："師言，欲長生，當勤服大藥，欲得通神，當金水分形。形分則自見其身中之三魂七魄，而天靈地祇，皆可接見，山川之神，皆可使役也。"④ 其他許多早期道經都提到三魂、七魄之說。而《真誥》卷十八更有"魄（魂）唯得飲伺水月精""魄唯聽飲月黄日丹"兩條⑤，顯然已是《靈書紫文經》的雛形。

奇怪的是，其他道經大多未提及三魂、七魄的名諱。《真誥》卷九《協昌期》云："太洞真玄，張鍊三魂，第一魂速守七魄，第二魂速守泥丸，第三魂受心節度，速啟太上三元君……"⑥ 這裏僅稱"第

---

① 《真誥》，第326頁。
② 存思月中五夫人的呪語東鍾韻與陽唐韻換韻，東鍾韻中完全不雜冬韻字，似乎也表示這一呪語時代較晚。
③ 《抱朴子内篇校釋》，第111頁。
④ 《抱朴子内篇校釋》，第326頁。
⑤ 《真誥》，第320頁。
⑥ 《真誥》，第156頁。

第四章 據目造經：中古道經的一種生成方式

幾魂"，那麼似乎在楊、許的時代三魂、七魄并無名諱。《雌一玉檢五老寶經》云："黃素元君抱持兆三魂。三魂者，三人也，形如兆狀，長一尺八寸。"《雌一玉檢五老寶經》比較重視呼神真名字，而不載三魂名字，則似乎此時三魂尚無名。另外，《雌一玉檢五老寶經》中的三魂雖然關乎"兆"的命運，但地位似乎也不高，和紫素元君所持的五符和白素元君所持五籍差不多。因此，在《靈書紫文上經》之前似乎並沒有三魂、七魄名諱的詳細記載。《紫文行事決》的注即云："凡諸經中，如三奔、七元，乃有妙絕高事，而莫有說魂魄之名字者，唯今乃得識耳。此二神常在身中，庸人皆知有此，巫覡之徒亦頗覩形像。至於名字，實古今幽顯所秘，世莫能得傳。"

現在看到的提及三魂、七魄名諱的道經，大多也是引述《靈書紫文上經》及其衍生道經。但其中卻有兩個特例：

《無上秘要》卷五《身神品》：三魂：第一胎光，第二爽靈，第三幽精。七魄：第一尸狗，第二伏矢，第三雀陰，第四吞賊，第五蜚毒，第六除穢，第七臭肺。右出《洞神經》。[①]

《太清中黃真經》卷下注：《洞神經》云：……次當見魂父有三人，各長一尺五寸……子當謹呼三魂名：一曰爽靈，二曰胎光，三曰幽精。得此三魂陽神領腦宮諸神萬萬千千，引子元神遊於上天。（D18，pp. 389–390）

這兩處都明確提到《洞神經》中有三魂七魄之名。另外，《太上除三尸九蟲保生經》[②] 中也記有三魂、七魄之名，並有呪三魂七魄之法，其中呪三魂法與《靈書紫文上經》差別不大，但呪七魄法則差異非常大，顯然不是從《靈書紫文上經》繼承而來。特別值得注意的是，該經呪七魄法中有這樣一個呪語：

---

① 《無上秘要》，第71頁。
② 該經中記有唐光化三年（900）事，那麼肯定成書於唐末五代或更晚，但其中可能保留了較古的內容。該書的咒語真文元通押，有六朝的特點。

|拘校道文|

吾授三皇，太極靈章。吞丹服氣，用去不祥。（D18，p.697）

這再一次將三魂、七魄名諱及呪法指向三皇類經典。另外，《洞神八帝妙精經》也載有"拘魂法"（D11，pp.389-390），但具體內容似乎已經殘佚①。《太清金闕玉華仙書八極神章三皇内秘文》卷下"制惡興善章"云："陽之精曰魂與神，陰之精曰魄與尸。神勝則爲善，魄強則爲惡。制惡興善則理，忘善從惡則亂。理久而尸滅魄亡，亂久而神逝魂散。"（D18，p.576）這雖不可能是《三皇文》本文，但從中似也看出《三皇經》確有拘魂制魄除尸之法。

由此我們似乎可以得出結論，三魂、七魄名諱及呪法的源頭應該就在《洞神經》，雖然未必出自帛和所得的《三皇文》，但應該也是出世比較早的法術。《靈書紫文上經》中拘魂制魄法的思想來源，恐怕正是《洞神經》。洞神類經典流傳本不廣泛，唐貞觀間又開始禁絶《三皇經》，相關經典逐漸散佚，《靈書紫文上經》遂成爲人們看到三魂七魄名諱的主要來源。

五 《靈書紫文上經》受到了主流上清經的影響

在"三一"部分的三一名諱方面，《紫文行事決》與《道藏》本《靈書紫文上經》的分歧較大。前者與《雲笈七籤》卷五四所引相同，而後者與《神仙經》所引相同，今將這些不同列表如下：

	《紫文行事決》	《靈書紫文上經》
上一	赤子，字元先，一名帝卿	赤子，字三元先，一名帝卿
中一	真人，字子丹，一名光堅	真人，字子南丹，一名中光堅
下一	嬰兒，字元陽子，一名谷玄	嬰兒，字元陽昌，字谷下玄

《紫文行事決》的注者已注意到了《靈書紫文經》的三一名諱與一般上清經典不同，他說："此三宮所在，猶《三一經》所諸宮府耳。

---

① 該經在"拘魂法"品題下僅有數十字關於存日、月在三府間的方法，這似乎並非拘魂制魄法，而僅是之前的準備工作，正式的拘魂制魄法可能已經殘佚。

· 212 ·

第四章 據目造經：中古道經的一種生成方式

但名字離合不同者，以此法高妙，相混一體，故不復須其對坐相扶、尊卑兩位。"這裏所說的《三一經》今已不存，但從"對坐相扶、尊卑兩位"一句來看，這應與《洞真太一帝君太丹隱書洞真玄經》（以下簡稱"《太丹隱書》"）的系統一致。彼文曰：

> 泥丸天帝上一赤子玄凝天，字三元光（先），一名伯無上，一名伯史華。泥丸天帝卿肇勒精，字仲玄生，一名起非，一名常扶。
>
> 絳宮心丹田宮中一元丹皇君神運珠，字子南丹，一名生上伯，一名史雲拘。絳宮輔皇中一卿中光堅，字四化靈，一名幽車伯，一名董史華。
>
> ……
>
> 命門下一黃庭元王始明精，字元陽昌，一名嬰兒胎，一名伯史原。黃庭保鎮弼卿歸上明，字谷下玄，一名奉申伯，一名承光生。（D33，pp. 541-542）

《洞真太上素靈洞元大有妙經》所載三一系統與此大致相同。而這一系統顯然可上推至《大洞真經》第八至第十。

《紫文行事決》系統的三一也有其來源，《道門經法相承次序》卷上載潘師正引《皇人守一經》云：

> 先心思存兩眉間却入三寸爲上丹田之中，一神名赤子，字元先，一名帝卿……次思心中丹田之中，一神名真人，字子丹，一名光堅……次思臍下三寸爲下丹田之中，一神名嬰兒，字元陽子，一名谷玄子。（D24，p. 785）

這一三一名諱體系與《紫文行事決》大致相同。《皇人守一經》今已不存，《雲笈七籤》卷五六《諸家氣法》中載黃帝問皇人三一之事[1]，或即引此《皇人守一經》。《太上養生胎息氣經》所載三一神名亦與此相

---

[1] 《雲笈七籤》，第1240—1242頁。

拘校道文

同（D18，p. 401）。除此之外，《太上昇玄三一融神變化妙經》（D1，pp. 853-854）以及《雲笈七籤》卷五十引《金闕帝君三元真一經訣》①雖然也是"對坐相扶，尊卑兩位"的模式，但神名與《紫文行事決》相同。由此可見，《紫文行事決》的三一名諱也是自有淵源。

其實這兩者的來源可能相同。可能出自葛洪的三皇類經典《洞神八帝妙精經》②所載《三皇三一經》即云：

> 頭上上元神，字元先，太一君也……心中中元神，字玄堅，太一中極君也……臍下下元神，字玄妙，北極谷玄道母也。（D11，p. 386）

從中可以看出前面兩個體系的大致雛形。而《洞神八帝妙精經》下文又稱"夫拘魂制魄，三一當分泥丸、絳宮、丹田"，似乎也表明早在葛洪以前的三皇經體系中，拘魂制魄就與存思三一接合起來。總之，兩種三一體系並無所謂正誤，但《道藏》本《紫文靈書上經》却據《大洞真經》《大有妙經》等主流上清經改造自身。

然而《道藏》本《紫文靈書上經》似乎並非這一改造過程的終點。BD11193《靈書紫文上經》殘抄本的一處異文顯示了一個經過更激進改動的版本。

> BD11193：人一身有三元五神，命門有玄闕合孩大元君，□有太一命、帝君、桃康、元文、玄母，及三魂之神，☒（合？）在兆形中，常欲人長生，仁慈元吉之心也。

> 《紫文行事決》：人一身有三元宮神，命門有玄闕大君及三魂之神，合七神，皆在形中，欲令人長生，仁慈大吉之君也。

BD11193將"宮神"改作"五神"，增加了"太一命、帝君、桃

---

① 《雲笈七籤》，第1119頁。
② 關於此經的來源，可參《道藏提要》，第278頁。

第四章 據目造經：中古道經的一種生成方式

康、元文、玄母"等神。這裏的"太一命"很可能應作"太一、司命"，"元文"之"文"也應是"父"字之誤。

"五神"的觀念可能以《太丹隱書》所載最具特色。《太丹隱書》曰："白元、無英、桃康、司命、太一，混合五神，捧籍列符。"（D33, p. 531）相近的内容還見《雌一玉檢五老寶經》。這一觀念還可上溯至《大洞真經》。《大洞真經》第二爲太一，第三爲帝君，第四爲無英，第五爲白元，第六爲司命，第七爲"命門桃君孩道康"，第八至第十則爲三一。另外，《太丹隱書》後文又載三元、二十四真人名，於五神、三元之後又有五色炁君及元父、玄母。這樣看來，BD11193"玄闕合孩大元君"至"玄母"的一串神名，似乎是將《大洞真經》《太丹隱書》等書雜湊的結果①。

另外，《雌一玉檢五老寶經》所收《大洞雌一太極帝君鎮生五藏上經法》所載呪語中鎮守五藏之神有三素元君、太一、司命、元父、玄母、帝君、桃康等，或許 BD11193 也受到了《雌一玉檢五老寶經》的影響。

BD11193 僅是一枚小殘片，下文已不得而知。《紫文行事決》《靈書紫文上經》在前揭引文中列三元宮神、命門玄闕大君，後文則有"三一""大君"分别言其名字、存呼方法，並有"象符"配合存思"大君"。那麽 BD11193 後文很可能有五神的相關内容，甚至會有"五神符"②。這種形態的"靈書紫文經"，除了與主流上清經更爲接近外，還與另外一部道經更爲相合，即《太平經鈔》甲部。

《太平經鈔》甲部與《太平經》全經體例極不一致，王明早已論定此爲僞作，並注意到它與《靈書紫文》和《上清後聖道君列記》的關係③。《太平經鈔》甲部起首稱"太平金闕帝晨後聖帝君師輔歷紀歲次平氣去來兆候賢聖功行種民定法本起"，又自"長生大主號太平真

---

① 與此情況非常相近的是《九真中經》。《道藏》本《九真中經》與《紫文行事決》所引古本《九真中經》相比，神真名諱上更接近於《大洞真經》和《太丹隱書》，並且也引入了"五神"的觀念。詳參本書第三章第二節。

② 《雌一玉檢五老寶經》在《大洞雌一太極帝君鎮生五藏上經法》緊接以《大洞真經高上錄中帝君五魂命五神符》，所謂"五神符"很有可能直接取資於此。

③ 參王明《論〈太平經鈔〉甲部之僞》，載《王明集》，第 146 頁；又可參李剛《也論〈太平經鈔〉甲部及其與道教上清派之關係》，載《道家文化研究》第四輯。

· 215 ·

拘校道文

正太一妙氣皇天上清金闕後聖九玄帝君"以下與《上清後聖道君列記》文字相近，而末段又有部分內容與今《靈書紫文上經》的序部分相合，那麼《太平經鈔》甲部很有可能就是別本《上清後聖道君列記》，或別本"靈書紫文經"序。

值得注意的是《太平經鈔》甲部最後所列的"靈書紫文二十四訣"[①]：

> 青童匍匐而前，請受靈書紫文，口口傳訣，在經者二十有四。一者真記，諦冥諳憶；二者仙忌，詳存無忘；三者探飛根，吞日精；四者服開明靈符；五者服月華；六者服陰生符；七者拘三魂；八者制七魄；九者佩皇象符；十者服華丹；十一者服黃水；十二者服迴水；十三者食鐶剛；十四者食鳳腦；十五者食松梨；十六者食李棗；十七者服水湯；十八者鎮白銀紫金；十九者服雲腴；二十者作白銀紫金；二十一者作鎮；二十二者食竹筍；二十三者食鴻脯；二十四者佩五神符。[②]

《靈書紫文上經》序中，鐶剛之果、赤樹白子等僅是後聖李君陳列的珍羞，並不是經文的一部分，可知當時無論是《琅玕華丹》還是《太平經鈔》甲部可能都還沒有形成。《上清後聖道君列紀》稱"誦經凡二十四事"，S.4226《太平經卷第二》也稱"傳法甚多，其要廿有四"，但都沒有這二十四事的內容。可見後聖李君傳法二十四事的傳說早已形成，但內容的對應却是比較晚的事情。到《太平經鈔》甲部，這二十四事終於可以羅列出來。《太平經鈔》甲部所說的"靈書紫文二十四訣"，第一、第二對應《仙忌真記》，第三至第九與《靈書紫文上經》順序全同，第十至十八與《琅玕華丹》順序也一致[③]，那

---

① 除此之外，《三洞珠囊》卷引《太平經》第一百一十四云："青童君採飛根，吞日景，服開明靈符，服月華符，服除二符（引者按：此二句當作服月華，服陰生符），拘三魂，制七魄，佩星（皇）象符，服華丹，服黃水，服迴水，食鐶剛，食鳳腦，食松梨，食李棗，曰（白）銀紫金，服雲腴，食竹筍，佩五神符，備此變化無窮，超凌三界之外，遊浪六合之中。"（D25，p.309）其次序與"二十四訣"比較接近，可能這一說法已流傳較廣。
② 王明編：《太平經合校》，第8頁。本書對原書標點略作調整。
③ 具體對照可參王明《論〈太平經鈔〉甲部之偽》，載《王明集》，第152頁。

· 216 ·

麼它應在這三部經書（最初應爲一部經）形成之後。

《太平經鈔》甲部"靈書紫文二十四訣"第十九至二十四不見於"靈書紫文"，不知當時是否已有成書，但相關法術早已行世則無可質疑。如第十九服雲腴，《三洞珠囊》卷三引《登真隱訣》第七有"五石雲腴訣"；第二十一作鎮，前引之書又有"四鎮丸"，《無上秘要》卷八八《易形品》引《九真中經》有"四填丸方"；食竹筍和食鴻脯，王明已找到《雲笈七籤》卷二三，其源頭可能在《上清僊府瓊林經》；第二十四佩五神符也見《雌一玉檢五老寶經》。爲了湊足後聖李君傳經二十四事之說，當時人很有可能將這類文字拼湊成內容更豐富的"靈書紫文經"。前引BD11193寫卷增加了五神，除了受到主流上清經的影響外，很可能也是爲了湊足"傳經二十四事"。

六 關於《琅玕華丹》和《仙忌真記》的問題

《靈書紫文上經》《仙忌真記》《琅玕華丹》三經的經題中均有"靈書紫文"，《無上秘要》等書引用這三部經書的內容往往也僅稱引自"靈書紫文經"，不加分別，《太平經鈔》甲部"靈書紫文二十四訣"也涵蓋了這三部經的內容，因此一般都認爲這三部經書原爲一經。

但是最先造作出來的"靈書紫文經"可能僅有今《靈書紫文上經》的內容。《紫文行事決》所引"紫文決十二事"，除"謝過"部分在《仙忌真記》，"存真"部分的一句話在《琅玕華丹》外，其餘均見於今《靈書紫文上經》。《神仙經》引"上清金闕帝君靈書紫文"，先引其目，分別爲"採吞日氣""服日氣開明靈符""採服月精""服太陰生符""拘三魂之法""制七魄之法""天皇象符"，在列事後曰："右七事，朱墨二色書，並是真經言，一無增損。"既稱"一無增損"，那麼《神仙經》成書時所見到的"靈書紫文經"可能也只有這七部分內容。

《靈書紫文上經》序中說："顧引青童使坐，設流霞之漿，鑊剛之果，赤樹白子，絳木青實。"這裏的"鑊剛之果"等還只是後聖陳設的珍羞，似與丹術無關，那麼在《靈書紫文上經》序做成之時，大概

· 217 ·

拘校道文

《琅玕華丹》尚未做成。《琅玕華丹》文末稱後聖君"受開明陰生，及天皇象符，及拘魂制魄上經"，可見《琅玕華丹》的造作者見過"靈書紫文經"。且這段文字有模仿《靈書紫文上經》序的痕跡，亦可見出《琅玕華丹》成書之晚①。

《琅玕華丹》的形成顯然受到類似《真誥》卷五所引《道授》一類文獻的影響。該經於作泥法、丹方、作竈法後即爲"黃月華丹法"，繼之以"徊水玉精丹法"，然後書種徊水丹可成鑌剛樹，雖無標目，顯然是《道授》的"鑌剛樹子"，然後繼之以"水陽青映液法"，這均與《道授》所云出"靈書紫文"的幾條順序一致。

至於《琅玕華丹》中具體的丹法，可能另有來源。《琅玕華丹》開始所言丹方的"古稱"與《九真中經》卷下所引《太上八景四蕊紫漿五珠絳生神丹方經》一致，作泥法、作竈法也有相似之處，二者應有某種聯係。另外，該經所書種赤樹子法又見於《上清道寶經》卷二引《上清三天君列紀》，則或此段内容亦另有所本。

《琅玕華丹》最後有"青童君諱梵湄，每八節日存之"一句，與全經内容似無關聯，而同於《紫文行事決》所引《靈書紫文經》結尾的"存真"部分。這大概説明《琅玕華丹》原爲"靈書紫文經"的一部分，且在今《靈書紫文上經》的内容之後，其結尾即爲全經結尾，故有此一句"存真"。

至於《仙忌真記》，則可能來自另外的傳説。《紫陽真人内傳》載"周君所受道真書目録"有"龔仲陽《仙忌真記》，在朱火丹陸（陵）之室"（D5，p. 547）。《無上秘要》卷八四《得太極道人名品》亦稱："朱火丹陵宫龔仲陽、龔幼陽，此兄弟二人受青童君《仙忌真記》得道。"② 故而《仙忌真記》開篇即稱"方諸青童君上清乃鈔傳於朱天丹陵龔仲陽、幼陽"。這顯然與"靈書紫文經"由金闕帝君傳經的情況

---

① 陳國符已據該經韻文論定此經最早於南齊出世（《道藏源流續考》，第301頁）。《紫文行事決》不引此經，亦可見其成書當較晚，陳説可從。容志毅《〈太微靈書紫文琅玕華丹神真上經〉出世朝代及外丹黃白法考》認爲此經至遲於東漢時已出世（《宗教學研究》2009年第3期），不可從。

② 《無上秘要》，第1059頁。

第四章 據目造經:中古道經的一種生成方式

不同。也正因爲有這樣的傳説,與《琅玕華丹》不同,《仙忌真記》可能很早就別出單行。《三洞珠囊》卷四《絶粒品》引"金書真記"的内容見於"十敗"的第八敗(D25,p. 319),那麽此書很可能便是一種《仙忌真記》的單行本。

今《道藏》本《仙忌真記》除前引述傳授淵源的一句話外,可分三部分,第一部分即所謂"十敗仙相",第二部分爲《紫文行事決》的"謝過",第三部分爲青童君告誡行道者當廣行陰德。其中第三部分開始稱"宜知敗相爲密要",與前面的十敗之説相呼應,中間的"謝過"反而與上下文毫無關係。這可能是三部經書組成一部"靈書紫文"大經時,爲求全經結構整飭,所以把有關禁忌的内容抄在一起。

更爲可疑的是,今《仙忌真記》的内容與經題不合,全經都是關於禁忌的内容,並無"真記"。《三洞珠囊》卷八《相好品》引《金書仙誌真記》及《後聖九玄道君列紀》云"青童君曰:夫有骨籙則好仙。好仙之人,皆有其仙誌。"(D25,p. 346)以下便録各種仙相。這一部分内容很可能便是被刪落的"真記"的内容。這主要因爲:第一,如前所述,《三洞珠囊》所引的"金書真記"很可能是《仙忌真記》的別本;第二,這段内容見於今本《上清後聖道君列紀》,如前所述,《上清後聖道君列紀》與"靈書紫文"諸經有非常緊密的聯繫;第三,《上清後聖道君列紀》在這段羅列"仙相"之後云"廣行陰德,濟貧拯困"云云,與《仙忌真記》第三部分的内容基本相合;第四,這一部分内容羅列諸仙相,恰與《仙忌真記》"若雖恃此仙相""子知仙相爲不急"等相呼應。

另外,南北朝至隋唐時,單行本《仙忌真記》的内容可能更爲駁雜,超出了今本《仙忌真記》和《後聖道君列紀》的范圍。《太平御覽》卷六六〇引《仙誌》曰:"凡修行太一之事、真人之道,不得有所拜,但心拜而已,不形屈也。思真行道,通而無窮,顯驗應期,登真必速也。"[①] 這不見於今本《仙忌真記》和《後聖道君列紀》,而見

---

① 《太平御覽》,第 2949 頁。

於《太上黃素四十四方經》。《雲笈七籤》卷四十"金書仙誌戒"條下除引十敗外，又引《正一法文》《太上黃素四十四方經》等①，據《太平御覽》推之，這些可能都是當時"金書仙誌"的內容。那麼當時的"金書仙誌"可能是關於學仙禁忌的匯編，而非僅有十敗、慎秋分等。

七 《靈書紫文經》與《後聖道君列紀》

前面已經提到"靈書紫文"經群與《後聖道君列紀》的密切關係，但未展開論述。實際上，歷代道經中引述的"列紀"幾乎囊括了《靈書紫文經》的全部內容。見於《靈書紫文上經》序的有：

《無上秘要》卷四三引《真迹經》云：《列紀》曰：侍文玉童玉女並司察有書之道士，言功糾罪……②

《上清道類事相》卷一引《後聖道君列紀》云：谺落丹霄觀，清寥冥運彰。（D24，p. 877）

《太平御覽》卷六七六引《後聖道君列紀》云：刻以紫玉爲簡，青金爲文，龜母按筆，真童拂筵，玉童結編，名之曰靈書。③

《太平御覽》卷六七九引《道君列紀》云：道君命五老上真開紫藥玉笈雲錦囊，出靈書紫文上經以付青童君。④

《上清握中訣》卷上引"列紀行事訣"，全文與《紫文行事決》所引大致相同，但從題名可知出自"列紀"。

如前所述，《三洞珠囊》卷四所引《後聖道君列紀》見於今《琅玕華丹》中（D25，p. 320）。

《太平御覽》卷六六〇引《登真隱訣》云："故《仙忌真記》曰：'子欲升天慎秋分，罪無大小皆上聞。'此朱火丹陵宮仲陽先生之要言

---

① 《雲笈七籤》，第882—884頁。
② 《無上秘要》，第649頁。
③ 《太平御覽》，第3015頁。
④ 《太平御覽》，第3030頁。

第四章 據目造經：中古道經的一種生成方式

也。又云：此辭出《列紀》，是青童君述古真人之言，以傳龔氏。"①又前面提到《三洞珠囊》卷八《相好品》引"《金書仙誌真記》及《後聖九玄道君列紀》並云"，是《仙忌真記》亦見於當時的《後聖道君列紀》。《紫文行事決》小注："人中品經目有五行秘符，呼魂召魄。《列紀》云服五行以呼魂，如此別當復須符也。經既未行，正當且憩斯法。"是當時所見《列紀》中已有呼魂之法，且有服五行符之方。

《後聖道君列紀》的雛形可能很早就已形成。《真誥》卷二十："掾書所佩《列紀》《黄素書》一短卷，本許丞以與弟子蘇道會，道會以授上虞何法仁，法仁以傳朱僧標，僧標以奉鍾法師。樓居士見而求取，今猶應在樓間。"② 如果這一記載不誤的話，那麼早在二許的時代，《列紀》便已有經。其具體內容今已不得而知，但與《黄素經》合書於"一短卷"，可知此經當時字數應該不多。《雌一玉檢五老寶經》於《大洞雌一太極帝君鎮生五藏上經法》之末稱"此大洞金華雌一後聖九玄道君外記，靈書紫文五老寶經，琅玕五石華丹玄腴之法"（D33，p. 399），《上清高聖太上大道君洞真金玄八景玉籙》及《無上秘要》卷三四引《洞真大洞真經》均有相近的內容③，"外記"皆作"列紀"，那麼最早的《列紀》可能只是《大洞雌一太極帝君鎮生五藏上經法》或與之相近的存思養生類經典。但是各經所引《列紀》並沒有相關內容，可能這一種"列紀"並未流傳開。

今傳本《後聖道君列紀》的前半部分，即後聖道君李弘元的傳記部分，造作的時間應該比較早。《真誥》卷八云："唐承即《列紀》所云四十六丁亥之期。"④ 所謂"四十六丁亥之期"即見於今本《後聖道

---

① 《太平御覽》，第2948頁。
② 《真誥》，第348頁。
③ 《上清高聖太上大道君洞真金元八景玉籙》云："受《大洞真經》三十九章、《太上大道君八景玉籙》、八風徘徊帝一之道、太丹隱玄、迴元五通、十二上願、玄母八間、先進洞房金華雌一九玄列紀，靈書紫文，鎮生五藏琅玕華丹者，當破鐶割繩乃得傳之。"（D34，pp. 150－151）《無上秘要》卷三四引《洞真大洞真經》大致相同（第519—520頁）。除"列紀"與"外記"的異文外，《雌一玉檢五老寶經》"鎮生五藏"作"五老寶經"，應該是把這一內容彙編入《雌一玉檢五老寶經》時所做的改動。
④ 《真誥》，第140頁。

君列紀》的前半部分。另外，各經所引《列紀》也多在這一部分之中，可見這一版本的《列紀》應該流傳最廣。

如前所述，早在《大洞真經》《雌一玉檢五老寶經》那裏，就將"靈書紫文"與後聖道君聯繫起來。因爲當時傳說中"靈書紫文"與"列紀"的關係密切，在造經運動中，兩部經便自然會相互影響。一方面，如前所述，當時某一版本的《靈書紫文經》可能直接把《後聖道君列紀》作爲序放在全經之首①。另一方面，《後聖道君列紀》把不斷涌現出的《靈書紫文經》納入自己的范圍。

將《上清握中訣》所引的"列紀行事訣"與《紫文行事決》相對比，可以看出應是《列紀》因襲《靈書紫文經》。"列紀行事訣"中的"三一"名諱已與今本《靈書紫文上經》相同，是據通行上清經規整過的面貌。另外，"列紀行事訣"將日符、月符置於服日氣、月精之前，也當是改造《靈書紫文經》的結果。

前面已經提到，《三洞珠囊》卷四所引《後聖道君列紀》見於今《琅玕華丹》及《九真中經》卷下所收《太上八景四蕊紫漿五珠絳生神丹方經》。《三洞珠囊》卷三所引三條《後聖道君列紀》則見於《太上八景四蕊紫漿五珠絳生神丹方經》，但不見於《琅玕華丹》。似乎很有可能是《列紀》系統的經書先造作了"琅玕華丹"的丹法部分，後又被《紫文靈書經》襲用。

至於《仙忌真記》部分，如前所述，可能早有單行本，而後又分別被《後聖道君列紀》和《靈書紫文經》吸納。

總之，在南北朝時期，《後聖道君列紀》和《靈書紫文經》就是這樣相互糾纏。事實上，當時兩部書可能已經構成了競爭的關係，《太平御覽》卷六六〇引《登真隱訣》引述《後聖列紀》後即云："此謂《列紀》重於《紫文》也。既見之，非真受佩而已，謂知其中經目之輕重、求道之梯級，依此尋學，故勝於守《紫文》之單事也。"②

---

① 除此之外，東晉南北朝時期，後聖道君傳經的傳說很盛（可參《無上秘要》卷三二《衆聖傳經品》），《靈書紫文經》引《後聖道君列紀》作序，可能與此有關。而《太平鈔》甲部引《後聖道君列紀》，可能也是受此影響。

② 《太平御覽》，第2949頁。

第四章　據目造經：中古道經的一種生成方式

小　結

通過以上的分析，本書可以得出以下結論：

第一，"靈書紫文"一詞最初爲修飾語，並非經題，道教文獻中有時也用該詞來指稱《雌一玉檢五老寶經》。

第二，"靈書紫文經"成書時代晚於《九真中經》《八素真經》《三道順行經》《金根衆經》《七轉七變舞天經》《四極明科經》等一批上清經，成書大概在宋齊之際。

第三，《靈書紫文上經》《仙忌真記》《琅玕華丹》都是古"靈書紫文經"的內容。但《靈書紫文上經》是"靈書紫文經"最先造作出來的部分。

第四，"靈書紫文經"可能曾用今《後聖道君列紀》的部分內容做過序。而南北朝時期曾有某本《後聖道君列紀》包括了"靈書紫文經"的全部內容。今《後聖道君列紀》大約相當於古《後聖道君列紀》加"靈書紫文經"的"真記"部分。《太平經鈔》甲部可能包含了別本《後聖道君列紀》和"靈書紫文經"序。

第五，《靈書紫文上經》的飲日氣、月精部分是對之前已有飲日月皇華方術的改造，並影響了《太上玉晨鬱儀結璘奔日月圖》的造作。《靈書紫文上經》的拘魂制魄術和存三一之法可能來源於三皇類經典。

第六，"靈書紫文經"在傳播的過程中被多次改造，改造的方法包括向《大洞真經》等主流上清經靠攏，依據《真誥》及其他道教經典的記載拼湊內容，附會"靈書紫文二十四訣"，等等。

第七，《仙忌真記》的造作與《紫陽真人內傳》的記載有關，該經除了編入"靈書紫文經"和《後聖道君列紀》外，可能早有單行本。今《仙忌真記》僅有"仙忌"內容，其"真記"部分可能即今《後聖道君列紀》的末段。南北朝時流傳的單行本《仙忌真記》可能比今《仙忌真記》和《後聖道君列紀》的內容多。

第八，《琅玕華丹》受到了《道授》一類記載"靈書紫文"結構的文獻影響，其具體丹法可能受到《太上八景四蕊紫漿五珠絳生神丹方經》的較大影響。

· 223 ·

此經群諸經關係可簡化爲以下示意圖：

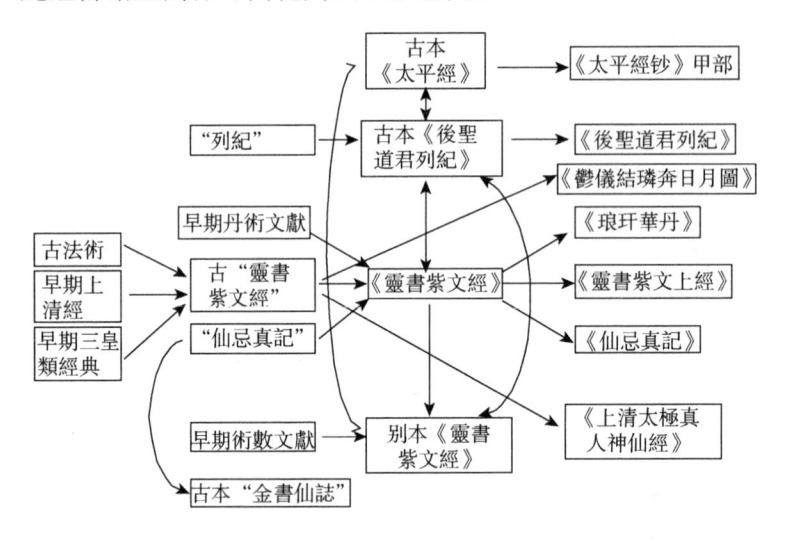

第四節 《老子中經》新探

《老子中經》是關於存思方法的一部重要道經，目前主要有三個版本：其一，《雲笈七籤》卷十八、十九引"老子中經"，並稱"一名《珠宫玉曆》"[1]；其二，《正統道藏》太清部收有《太上老君中經》上下卷（D27，pp. 142－156）；其三，敦煌 P. 3784v 殘片，有首題"老子中經"，第八章以後殘缺，正面抄《祇園圖記》，該卷字品不佳，每行抄二十二三字，與多數敦煌道經一行十七字的形式不同，可能不是一件正式寫本，且抄寫時代較晚。關於該經成書的時代，學界有漢代説、魏晉説、東晉中期説等多種學説，因此有對這一問題重新考察的必要。

一 學術史梳理

陳國符在《道藏源流考》中已注意到了這部經書。他在分析《洞

---

[1] 《雲笈七籤》，第418頁。下文所引《老子中經》均據此本，爲省繁冗，以下不再一一標注出處。

第四章 據目造經:中古道經的一種生成方式

玄靈寶三洞奉道科戒營始》時,認爲其中的《玉歷經》即今《老子中經》。《道藏源流考》中引"玉歷經一卷"後注曰:"《抱朴子·遐覽》篇著録《老君玉歷真經》《玉歷經》各一卷。是《玉歷經》有二種。《雲笈七籤》卷十八、十九收《老子中經》,云一名《珠宫玉曆》,卷十一、十二《上清黄庭内景經》注引作《玉曆經》,蓋即《玉曆經》。而另一種經亦稱《玉歷經》,則已亡佚矣。"① 是陳國符謂《抱朴子》中的《老君玉歷真經》或《玉歷經》即今《老子中經》,那麽《老子中經》應在《抱朴子》成書之前。但《洞玄靈寶三洞奉道科戒營始》後文又有"《老子中經》一卷",陳國符没有説明它和《玉歷經》的關係。

施舟人《〈老子中經〉初探》一文則認爲該經至遲在三國時代就已出現②。主要理由有以下幾點:其一,《老子中經》第五十五章有"爲漢出,合於黄世"之文;其二,《老子中經》中使用了"兆""兆身""兆汝"等詞;其三,《抱朴子》提到了該經(用前引陳國符説);其四,《五符序》引用了該經。這些論據有些是明顯不可靠的,如"兆"字,在六朝道經中大量存在,絶非漢代特有的人稱代詞,而《五符序》與《老子中經》孰先孰後還值得進一步討論。

劉永明《〈老子中經〉形成於漢代考》修正了施舟人的學説,認爲《老子中經》只是《玉歷經》的一個傳本,而非即是《玉歷經》,該文從哲學思想、宗教信仰、修煉方法和官制稱謂四個方面論證《老子中經》最終形成在漢魏易代之前③。陳榮子碩士學位論文《〈老子中經〉研究》也接受了劉永明的觀點④。

何江濤《〈老子中經〉成書年代芻議》從太一崇拜、中黄信仰、八使觀念、文本結構和内容結構等方面推測《老子中經》初成於存思術流行的東漢中後期,最終編成於三國時期⑤。丁培林《增注新修道

---

① 陳國符:《道藏源流考》,第78頁。
② 見[荷蘭]施舟人《〈老子中經〉初探》,載《道家文化研究》第十六輯,第204—216頁。
③ 劉永明:《〈老子中經〉形成於漢代考》,《蘭州大學學報》2006年第4期。
④ 陳榮子:《〈老子中經〉研究》,碩士學位論文,臺灣輔仁大學,2012年。
⑤ 何江濤:《〈老子中經〉成書年代芻議》,《宗教學研究》2014年第4期。

藏目録》雖將該經時代定在魏晉①，但所用論據與以上幾篇文章大致相近。《道藏提要》、《中華道藏》、王卡《敦煌道教文獻研究》也均認爲該經約出於魏晉之際②。

前田繁樹《〈老子中經〉覺書》詳細對比了《老子中經》與《太上靈寶五符序》，認爲《老子中經》應該形成於《太上靈寶五符序》之後，并且也在《抱朴子》之後③。

加藤千惠《〈老子中經〉與内丹思想的起源》一文認爲，《老子中經》中有服食青牙之法，但據《真誥》，服青牙始於泰和二年（367），故《老子中經》必然在泰和二年以後④。

劉屹在《敬天與崇道》中認爲今本《老子中經》應在《抱朴子》後，並提到兩點理由："一是今本《老子中經》的體内神和體外神的觀念顯然比《抱朴子》更豐富和複雜，應該是在葛洪之後進一步發展的結果。二是在漢末三國時期，三吳之地流行一種'重列式神獸鏡'，上有南極老人，中有東王公、西王母，下有天皇大帝。這種構圖所反映的，與上面所述《老子中經》的宇宙觀十分相似，但顯然也是比《中經》要簡單得多。因此《中經》也許就是在這種三吳地區流行的宇宙觀影響下產生的，也未可知。"⑤劉氏又於《神格與地域》中將該經確定爲"上清、靈寶風教大行之前的東晉前期"⑥。

胡百濤也認爲《老子中經》形成於《抱朴子》之後，理由主要有兩點：一是《老子中經》第五十五章中的符劍顯然是《抱朴子》之後的觀念；二是"《老子中經》多次使用'泥丸'一詞，也説明它的成書年代在東晉中期或以後"。但他認爲"《老子中經》的成書已經處在

---

① 丁培仁：《增注新修道藏目録》，第477頁。
② 《道藏提要》，第565頁；《中華道藏》第8册，第211頁；王卡《敦煌道教文獻研究——綜述·目録·索引》，第191頁。
③ 見［日］前田繁樹《初期道經典的形成》，第289頁。前田繁樹還引到楠山春樹之説，但筆者未見原文。
④ ［日］加藤千惠：《〈老子中經〉與内丹思想的起源》，《宗教學研究》1997年第4期。
⑤ 劉屹：《敬天與崇道——中古經教道教形成的思想史背景》，第642頁。
⑥ 劉屹：《神格與地域——漢唐間道教信仰世界研究》，第94頁。劉屹在此書中還引到馬伯樂、勞格文、李福等人的學説，因筆者未見原文，此處不再引述。

《上清經》出世的前夕",那麼基本認定該經爲東晉中期的作品了①。

二 對類書引文的考察

在具體考察《老子中經》之前,有必要考察一下歷代典籍對該書的引用情况。早期的道教經典中並未見對該經的直接引用,《無上秘要》《三洞珠囊》等類書也没有引用。南北朝末期到唐初的一些道籍中始見對該經的引用,但多非引作《老子中經》。各書引書名多有不同,現分别抄録於下:

1. "老子歷藏中經""歷藏中經""歷藏經""藏中經"

日本國會圖書館藏敦煌文獻 WB32(30)-1 佚名道教類書共引用兩次:

《老子歷藏中經》云:道君時乘六龍以御天。(第五章)②

《老子歷藏中經》云:大海中有神龜,上有八星,北斗在中③,其龜黄色,狀如黄金④。(第二十章)

該殘類書的成書時代不明,但至遲應形成於唐初。除此之外,《上清道寶經》引用《老子中經》亦較多,卷二:

《老子歷藏中經》:日月者,天地之司徒司空也。(第十章)(D33, p.711)

《藏⑤中經》:乾神,字仲尼,號庖犧。坤神,字大魯子。艮神,字非先王。震神,字小魯子。巽神,字大夏侯。離神,字孔文昌。坎神,字揚雄招王,號女媧。兑神,字一世。(第十六章)(D33, p.713)

---

① 胡百濤:《六朝道教上清派存思道法研究》,博士學位論文,中國社會科學院研究生院,2013 年,第 19—23 頁。
② 括號中爲引文在今本《老子中經》的章次,下同。
③ 上有八星北斗在中,《老子中經》作"上有七星北斗,正在中央"。
④ 黄金,《老子中經》作"黄金盤"。
⑤ "藏"前似脱"歷"字。

■ 拘校道文

卷三：

《老子歷象中》：眉神，元光，大靈君也。（第二十二章）（D33，p.717）

《老子歷藏中經》：天大將軍，姓王，名陽，字子靈，衣絳單衣。（第十三章）（D33，p.718）

《老子歷藏中》：玉女，字道明，在神龜上，乘紫雲氣之車。太陰玄光玉女名元陽，字子丹也。（第十章）東方神女名青腰。南方神女名赤圭。中央神女名素女。西方神女名玉女。北方神女，名玄女。（第二十四章）（D33，p.719）

《老子歷藏中》：天一，以晦朔八節日擊鼓，集召諸神，無錄者終矣。（第十四章）（D33，p.723）

卷四：

《老子歷藏中》：道君乘珠玉之輦，騰虯爲輪。（第五章）（D33，p.724）

卷五：

《歷藏中》：東王父者，清陽之氣，萬神之先，衣五綵朱衣。（第三章）（D33，p.728）

《上清道寶經》體例與《北堂書鈔》非常相近，可能也出於隋唐之際。《太平御覽》引書目有《老子歷藏中經》，正文中有三條引文，卷六七五：

《老子歷藏中經》曰：東王父者，清陽之氣，万神之先，衣五采衣。（第三章）[1]

---

[1] 《太平御覽》，第3010頁。

第四章　據目造經：中古道經的一種生成方式

卷六七六：

《歷藏經》曰：天王侯（侯玉）帶紫綬金印。（第九章）①

卷六七七：

《歷藏中經》曰：崑崙山有金城九重，玉樓十二，神仙所治也。（第四章）②

《雲笈七籤》卷二三：

《老子歷藏中經》云：日月者，天地之司徒司空也。（第十章）③

2. "老君中經"
《道教義樞》卷七《混元義》第二十五：

《老君中經》云：日月者，天之司徒司空也。（第十章）（D24, p. 829）

《雲笈七籤》卷七十九：

《老君中經》曰：東王父者，清陽之氣也，萬神之先。治東方，下在蓬萊山，姓無爲，字君解。人亦有之，在頭頂，精氣爲日，在左目中，名伏戲，字偃昌。（第三章）西王母者，太陰之氣也，姓自然，字君思。下治崑崙之［山］，金城九重，雲氣五色，萬丈之巔。上直（治）北斗華蓋紫房，北辰之下。人亦有

---

① 《太平御覽》，第 3017 頁。
② 《太平御覽》，第 3022 頁。
③ 《雲笈七籤》，第 525 頁。

之，在右目中，姓太陰，名玄光，字偃玉。人須得王父、母兩目中護之，乃能行步，視瞻聰明，別知好醜，下流諸神。如母念子，子亦念母，精明相得，萬世常存。人之兩乳，萬神精氣，陰陽之湊液，左乳下有日，右乳下有月，王父、母之宅。上治目中，遊戲頭上，止於乳下，宿於絳宮，此陰陽之氣。(第四章)①

3. "玉曆經"

引作"玉曆經"的，僅見於《黃庭內景經》梁丘子注。陳國符以來的研究者多引述該書。

《天中》章注：

《玉曆經》云：太清上有五色華蓋九重，人身亦有之。(第五章)（D6，p.519）

《脾長》章注：

《玉曆經》云：下丹田者，人命之根本，精神之所藏，五氣之元也。在臍下三寸，附著脊，號爲赤子府。男子以藏精，女人以藏胎。主和合赤子，陰陽之門户也。其丹田中氣，左青右黃，上白下黑。(第十七章)（D6，p.525）

《常念》章注：

神華者，《玉曆經》云：太陰玄光玉女，道之母也。衣五色朱衣，在脾腑之上，黃雲華蓋之下。(第十一章)（D6，p.531）

《治生》章注：

《玉曆經》云：老子者，天地之魂，自然之君，常侍道君在

---

① 《雲笈七籤》，第1795頁。

第四章　據目造經：中古道經的一種生成方式

左右，人身備有之。（第六章）（D6，p. 532）

除此之外，該書於《治章》章注中還引有一條《玉緯經》，見於今本《老子中經》第十四章，可能是"玉曆經"之訛①：

《玉緯經》云：五臟有八卦天神宿衛。太一八使者主八節日。八卦合太一爲九宫。八卦外有十二樓，樓謂喉嚨也。臍中爲太一君，主人之命也，一名太極，一名太淵，一名崑崙，一名持（特）樞。主身中萬二千神也（D6，p. 531）。

4. "老子觀天太清中經""老子觀身太清中經"
引作"老子觀天（身）太清中經"的，僅見於《道要靈祇神鬼品》的兩處：

《老子觀天太清中經》云：河伯神名曰馮夷，號無梁使者。（第十五章）（D28，p. 386）

《老子觀身太清中經》云：八卦天神下著於人，常衛太一，爲八方使者，主八節之日上計校定天下吉凶。乾神，字仲尼，號伏戲。坎神，字大象子。艮神，字非先王。震神，字小曾子。巽神，字大憂侯。離神，字文昌。坤神，字揚擢耀王，號曰女媧。兑神，字一世。人常以八節日存念之，吉。（第十六章）（D28，p. 385）

但這兩部經是否爲《老子中經》可能還有疑問。因爲《上清道寶經》卷四引《老子觀天》、《道典論》卷四引《老君觀天太清中經》均不見於今本《老子中經》。另外，這兩個經名非常相近，可能有一處是誤字。"觀身"可能與《老子中經》歷藏的修煉方法更加接近。且"身"字俗寫或作"𠂎"（見 P. 2032 號《維摩經疏》）、"𠂎"（見

---

① 此《黄庭内景經》注及其他文獻中都引有不少"玉緯經"的文字，但主旨大多是言三洞名義源流，可能就是指《玉緯七部經書目》，所以筆者懷疑這裏的"緯"是"曆"字之誤。

拘校道文

P.2305號《妙法蓮華經講經文》）等形，也有誤作"天"字的可能。

以上這些引文雖與今本《老子中經》稍有異同，但除最末兩條外，其他均應是從今《老子中經》中引出。何江濤《〈老子中經〉成書年代芻議》也輯録了前引關於《老子歷藏中經》的傳世文獻，却依然跟從陳國符《道藏源流考》之説，認爲《歷藏經》即《抱朴子·遐覽》中的《歷藏延年經》，這顯然是説不通的。劉永明、刘屹均認爲《老子中經》是在《玉曆經》的基礎上改造而成。劉屹又詳細分析了《太平御覽》和《雲笈七籤》關於《老子歷藏中經》的引文後，認爲《老子中經》是對《歷藏經》規整化後的結果①。但他們收集引文不太完備，對引文起讫的分析可能也有些問題，并且忽視了類書引書較爲隨意的特點，其結論恐怕並不可取。

三　存在多種 "老子中經"

在考察完《老子中經》的各種引文後，我們再來討論一下《三洞奉道科戒營始·法次儀》中的這段話：

> 《老子妙真經》二卷、《西昇經》二卷、《玉曆經》一卷②、《歷藏經》一卷、《老子中經》一卷、《老子内解》二卷、《老子節解》二卷、《高上老子内傳》一卷、皇人三一表文。

這是由高玄弟子升高玄法師時所授經目。陳國符《道藏源流考》引述該文，於《玉曆經》下所注已見前文所引，彼書又於"歷藏經"下注曰："《抱朴子·遐覽》篇著録《曆藏延年經》一卷。《道藏闕經目録》卷上著録《太清太上混元上德皇帝神仙歷藏經》一卷，有畫。"何江濤在考察完關於《老子中經》的引文後，也認同陳國符的觀點。實際上，這裏提到的經書都與老子有關，不可能獨"歷藏經"是一部與老子無關的《歷藏延年經》。

---

① 劉屹：《神格與地域——漢唐間道教信仰世界研究》，第91頁。
② "《西昇經》二卷、《玉曆經》一卷"，敦煌本作"《西昇經》一卷、《玉曆經》二卷"。

第四章 據目造經:中古道經的一種生成方式

如前文分析,日本國會圖書館藏敦煌佚名道教類書、《上清道寶經》以及《太平御覽》《雲笈七籤》等多種類書(後二者很可能是襲自更早的類書)均引《老子中經》作《老子歷藏中經》,這應該讓我們有足夠的理由認爲《三洞奉道科戒營始》中的《歷藏經》便是今《老子中經》。

關於《玉曆經》,除了梁丘子《黃庭内景經注》中引用到外,劉屹又注意到了《至言總》卷四《運氣》引用的一段:

《老子玉曆中經》曰:養生之術絶俗事,約歸清净養元氣,和精蓄神還返生。審欲修道守自然,慎无導引勞爾形,辟穀不食餓子精,六甲陰陽勿擾傾,心狂意亂神去形,枯骨獨立歸黄泉。静處冥室養爾神,精熟思之道自然。(D22, p.863)

劉屹由此分析《老子玉曆中經》並非《老子中經》[①]。《太上混元真録》中亦引此段,而稱爲《玉曆中經》的"要旨"。陳榮子因此認爲既稱"要旨",則經過了後人的改寫,不宜因此否定《玉曆中經》即《老子中經》[②]。但是即便不考慮文體的問題,這段引文與今本《老子中經》的主要内容差異仍然很大。比如這段引文中對於導引、辟穀之術的批評就完全不見於今《老子中經》。

《玉曆中經》並非《老子中經》,在文獻中還可以找到不少證據。《太上混元真録》在述老子"作《玉曆中經》三篇五十五章"及其"要旨"後,論曰:"其三篇,乃元氣之祖。酌自然之和,其要在於抱一而無離矣。一日之道,朝飽暮飢。一月之道,不失盛衰。一歲之道,夏瘦冬肥。百歲之道,節穀食棗。千歲之道,獨男無女。是謂長生久視,道莫有數矣。次授《自然經》、《歷藏經》及《黃庭經》,内秘嚥氣、吞精、存真、固齡之道。關令受畢,因各秘而内修焉。"(D19, p.510)由此可見,《玉曆中經》主要内容應是關於抱一及飲食節度,與《歷藏經》《黃庭經》等關於存真之術的經典不同。

[①] 劉屹:《神格與地域——漢唐間道教信仰世界研究》,第84頁。
[②] 陳榮子:《〈老子中經〉研究》,第8頁。

·233·

■ 拘校道文

　　宋謝守灝《太上混元老子史略》、《混元聖紀》、《太上老君年譜要略》等列舉老子自天皇氏至商湯歷變事蹟，云"出《帝系譜》、《歷代記運圖》、《洞神大有經》、《玉曆經》、《出塞記》、《尹氏玄中記》、崔山《地理志》"（D17，p. 891）①。而在《太上混元老子史略》卷中辨析三皇時，稱"《帝系譜》、《中經》、《出塞記》、《瀨鄉記》以爲伏犧、神農、祝融也"（D17，p. 898）。由此異文知《玉曆經》即所謂"中經"，應即《玉曆中經》之簡作。今本《老子中經》中完全沒有這類老子歷變事蹟，且就該書體例，即便有佚文，也不可能有這一類內容。

　　如果如前文所述，《三洞奉道科戒營始》中的"歷藏經"即今《老子中經》的話，那彼文中的"《老子中經》一卷"又是什麼書呢？筆者認爲，這很可能是在唐代就已失傳的一部道經。杜光庭《太上三洞傳授道德經紫虛籙拜表儀》載高玄法師拜表云："今蒙真師某嶽先生某，授以青絲金紐、《道德尊經》、《高上紫虛天書秘籙》、《河上公章句》、《想爾》、《要戒存圖》、《傳訣》、《西昇上品》、《妙真玄經》、《六甲存圖》、《歷藏》、《玉曆》、朝儀、齋法。"（D18，p. 332）宋初孫夷中《三洞修道儀》於高玄部道士稱："參究《道德經》、《西昇經》、《玉曆經》、《妙真經》、《寶光經》、《枕中經》、存思神圖、太上文節解、內解、自然齋法儀、道德威儀一百五十條、道德律五百條、道德戒一百八十三科。"（D32，p. 167）《三洞奉道科戒營始》中提到的經書，這裏大部分都提到了，但並無《老子中經》。那麼很可能《三洞奉道科戒營始》中的"《老子中經》"已經不存於世，所以後世的高玄道士不再授受此經②。

----

①　此引文據《太上混元老子史略》，又參《混元聖記》（D17，p. 784）、《太上老君年譜要略》（D17，p. 885）。
②　應該指出的是，唐代有一派道士在傳授道德經目時，將《老子中經》《玉曆經》《歷藏經》等統統摒棄不用，如張萬福《傳授三洞經戒法籙略說》卷上之"道德經目"爲"《道德》上下二卷、《河上公注》上下二卷、《相爾注》上下二卷、《大存圖》一卷、《傳儀》一卷、《朝儀》一卷、《齋儀》一卷、《老君西昇》一卷、《妙真》上下二卷、《內解》二卷、《節解》二卷、《高上傳》一卷、《無上真人傳》一卷、《紫虛籙》一卷"，無《老子中經》一類經典。這可能意味著當時已有人發現了此類經典作僞的痕跡。《傳授三洞經戒法籙略說》卷下記載金仙、玉真二公主受道籙之事，那麼此書中的看法很可能代表了唐代的官方意見。這似乎也可以解釋何以唐代的道教類書少有對此類經典的引用。

第四章　據目造經：中古道經的一種生成方式

四　"中經"一詞來自對"三"的數字崇拜

如前文分析的，《三洞奉道科戒營始》中的《玉歷經》《歷藏經》《老子中經》可能都聲稱是"中經"。就目前所見材料看，今本《老子中經》和唐宋時所見到的《玉曆中經》都聲稱是老子西出函谷關時授與尹喜的。這些矛盾又是如何產生的呢？

漢人的作品中，從未見到有老子授尹喜"中經"的說法。成書較早的敦煌 S. 2295《老子變化經》也稱老子"去楚而西度咸（函）谷關，以《五千文》上下二篇授關長尹喜"。《太平御覽》卷六五九引葛洪《神仙傳》言"著《道德》二篇，尹喜行其道"①，《無上秘要》卷一百引《妙真經》亦稱"吾前以道授關令尹生，著《道德》二篇"②，舊題葛玄所造實則可能成書於東晉的《老子道德經序訣》稱"于是作《道德》二篇"③，《西昇經》亦稱"爲說《道德》，列以二篇"（D11，p.490），這些較早形成的文獻均稱老子所做僅《道德經》二篇，皆無"中經"之說。

目前所見最早記載老子傳授"中經"傳說的是劉宋時《三天内解經》："至關，乘青牛車與尹喜相遇，授喜上下中經一卷，五千文二卷，合三卷。"（D28，p.414）這段話被施舟人以來的研究者廣爲引用。各家在引用時均補"中經"二字，作"授喜上下中經，中經一卷，五千文二卷，合三卷"，這無疑是正確的。劉屹就據這段話，將《老子中經》成書的下限定在劉宋時期。各家都認爲是先有了《老子中經》，才有了《三天内解經》中"上下中經"的傳說④。這一邏輯是否站得住腳呢？

可能與天、地、人三才的舊說有關，也可能與劉宋時天師道張大

---

① 《太平御覽》，第2943頁。
② 《無上秘要》，第1263頁。
③ 《老子道德經河上公章句》，第313頁。
④ 張曉雷《〈老子中經〉相關問題新考》（《宗教學研究》2018年第4期）指出"'中經'之名應該源於漢代的讖緯内學傳統，'中'字指該經隱秘、秘密的性質"，這對於該文所論的《黄帝中經》《黄白中經》等書可能是正確的，但對下文提到的如此多的《老子中經》恐怕是不適用的。

· 235 ·

拘校道文

"三天"以除治"六天故氣"有關①，有些道教徒對數字"三"有特別的熱情。如《三天內解經》稱老君"因出三道，以教天民"，又稱"今世人有三台經者，是老子於胎中所誦者也"（D28，p. 413）。這一特點在《三天內解經》可能還不太明顯，而在《太上洞玄寶元上經》則更爲顯著：

> 法地則天，守道自然。自然妙炁，應以三位。（D6，p. 252）
> 自然源一，應乎萬物爲三。（D6，p. 252）
> 聖君與天地合德，善長分爲三元，三元各有所尊。（D6，p. 253）
> 天文者，三光也……地理者，三色也。（D6，p. 254）
> 三生萬物，玄元始分，於是天覆其上，地載其下，人列其中，萬物參羅，三才相輔，同歸崇道。道有三官，上有天官，下有地官，中有水官。道委三官，不立別職。物附三才，無復別司。人僚唯三，互相統攝。導末歸本，大略是同。（D6，p. 259）

與此相關，那麼經文自然也要分爲三②：

> 能明此六，由經有三。三經者，一以明天，二以明地，三以明人。（D6，p. 253）
> 明天道者，由吾上經；明地道者，由吾下經；明人道者，由吾中經。中經能明，明天明地。明地明天，未能明人。明人者，在中經也。人貌丈尺，所行者仁，縱復禮義智信備修，則天法地，亦未成人。成人者，洞體中經。中經有真，真神有降，降與己神爲一身。又一身二神，二神一身，混无分析，常存不改，乃成明人耳……洞曉中者，存三一也。（D6，p. 253）
> 三一者，天一地一人一是也，又名上中下三元一也，又名玄元

---

① 關於"六天"與"三天"的更替，可參［日］小林正美《六朝道教史研究》第三編第二章《劉宋時期天師道的"三天"思想及其形成》。

② 可與此相參照的是，一般認爲"三洞"之稱始於陸修靜，也正是在劉宋時期。

第四章　據目造經：中古道經的一種生成方式

始太一也。天一在吾上經，地一在吾下經，人一在吾中經。中經内觀，別自有經。經所以有三者，自然三炁所生也，大道妙炁，一中有三，陰陽和、玄元始、上中下，自然而然，莫能使之然，莫能使之不然，故謂自然三炁也。上下二經，亦別有文。（D6，p. 255）

兩段引文中的"中經"就已和今《老子中經》以及諸書關於《玉曆中經》的描述非常接近了，比方説都是内觀存神，有"存三一"等等。但在此經成書時，《老子中經》是否已成書似乎還成問題。這是因爲，首先，《寶元經》在下文幾乎逐章闡釋了《道德經》，并且對上、下經的章數進行了非常牽强的數字推演，但却對"中經"未置一詞，這與上文所謂"中經能明，明天明地"的重要性是不相符的。其次，《寶元經》中稱"中經有真，真神有降"，其中降神的法術也與今本《老子中經》存身神的方法不同。

這種老子授尹喜上下中經的傳説在南北朝中晚期流傳還頗有些廣泛，除了前引《三天内解經》《寶元經》的相關内容外，又如《洞玄靈寶丹水飛術運度小劫妙經》："元始老君演出五千文《道德》上下中經、三洞真文、衆要妙經，教化後學。"（D5，p. 857）約成書於齊梁時的《玉緯七部經書目》[①]亦言《道德經》有三卷，《雲笈七籤》卷六："舊云《道德經》有三卷。《玉緯》云：'其《中經》珍秘，部入太清。'"[②]《傳授經戒儀注訣》："昔尹子初受大字三篇，中經在太清部中，所以付上下兩卷。"（D32，p. 170）

到唐代，這種傳説似乎已經絶跡。《道教義樞》卷二《三洞義》謂尹先生所受，只是《道德》《妙真》《西昇》。玄嶷《甄正論》在攻擊道教時，論及老子授經事，所言有《道經》二篇上下兩卷、《西昇記》、《出塞記》、《文始内傳》等，並不及"中經"。前引《太上混元真録》稱"作《玉曆中經》三篇五十五章"，一經就已三篇，並且不與《道德經》上下篇相配。這所謂三篇，很可能是對前引諸文中"大字三篇"的

[①] 關於此書的時代，參陳國符《道藏源流考》第 4—5 頁的考證。
[②] 《雲笈七籤》，第 102 頁。

誤讀。這也説明當時對於上下中經三篇的傳説已不太明瞭了。

由於這一傳説廣泛流傳，並且還没有相應的"中經"存在，於是好事道士造作的各種"中經"大量涌現出來。除了前面提到的《歷藏中經》《玉曆中經》《老子中經》等外，筆者又從文獻中勾稽出數種：

1. 《神仙中經》

《太平御覽》卷六七六：

> 《神仙中經》曰：老子度關時，爲尹喜著五千言，解五十五章，是手所書也。能行此道，知元氣、父母、天地之先。不知此者，徒自苦耳。太微天帝君以紫簡注紫度炎光經篇目，金簡書其正文，玄章在焉。①

此經亦取老子授尹喜的傳説，且章數亦爲"五十五"，可見正是同一系統的産物。

2. 《老君觀天太清中經》

前引《道要靈祇神鬼品》已引此經，與今《老子中經》相合。但有些引文又不見於今《老子中經》如《上清道寶經》卷四：

> 《老子觀天》："常思脾中有大日，日中有黄金樓，樓中有書，對以黄金之印，廣縱三字，曰威嬉，見而讀之，心開目明，神仙矣。念胃中黄田中，正白如凝脂，中有黄氣，至口咽之，即飽。謂黄田者，太倉也。諸神就中食，中有黄竈釜甑，玉女小童使令，呼曰黄帝子，致行廚矣。"（D33，p. 724）

《道典論》卷四：

> 《老君觀夫（天）② 太清中經》云：《神仙經》曰：常念脾中

---

① 《太平御覽》，第3015頁。
② 夫，似爲"天"字之誤。

第四章 據目造經：中古道經的一種生成方式

黄炁上昇至口中，咽之三五而止，則飽矣。可以辟穀，坐在立亡。師曰：常思脾中有大日，日中有黄金匱，匱中有書，封之以黄金之印，印廣縱三寸，字曰威嬉。精而思之，窮則目出，兆能見而讀之，心開目明，則得神仙矣。常念胃黄田中，正白如凝脂，中有黄氣填滿，上至口中，咽之即飽矣。師曰：胃黄田者，太倉也。諸神皆來就太倉中食飲，中有黄金竈釜甑。玉女玉童主使令，故呼之曰黄常子是也。致行厨矣。（D24，p. 855）

此段内容與今本《老子中經》較爲相近，且以"《神仙經》曰"起首，與敦煌本《老子中經》相同，恐怕也是這一系統的東西。所謂"老子觀天"，只不過是老子的一個異稱，《太上導引三光九變妙經》載四方老子天尊，即有"高業老子觀天天尊"（D1，p. 858）。

3.《太清元君中經》

《道典論》卷四：

《太清元君中經》云：《神仙圖》曰：上聖食黄，賢者食元。食黄之道，上念中極乃脾上黄人，形長三寸。兩手中亦各有一黄人，黄炁上升，即見其神，徐言呪曰：黄常子、黄常子，黄庭真人在於己。爲某取五色丹芝草諸可飲食者。急咽之三五而止，即飽矣，肥澤延年。（D24，pp. 854–855）

這一段也與今《老子中經》體例、內容相近，可能也屬當時造作的"中經"之一。

到目前爲止，已發現了至少六種"中經"。這些"中經"的成書下限應不過唐初，上限應該在劉宋，甚至可能在齊梁。陶弘景《養命延性錄》卷上引《中經》稱"静者壽，躁者夭"云云①，《至言總》卷二《養生》亦引此文，而稱出自《黄帝中經》。可見在陶弘景的時代，引《黄帝中經》可以簡稱"中經"而不至混淆，那麼當時應該還

---

① 《養性延命錄校注》，第51頁。

没有如此多的"中經"。前引《玉緯七部經書目》稱"《中經》珍秘",可能在當時"中經"流傳還不廣,或者甚至是有目無書。

就這樣,基於對數字"三"的特殊崇拜,在南北朝中後期產生了大量的"中經"——甚至這些"中經"的篇目也是基於數字崇拜的,今本《老子中經》《太平御覽》所引的《神仙中經》、唐宋道書中提到的《玉曆中經》都是五十五章,這並非巧合,因爲五十五恰是數字一至十的總和,是天數二十五與地數三十的和①。但應指出的是,雖然各書中引用這些"中經"有各種名目,但這些經典自題恐怕都是"老子中經"。所以《三洞奉道科戒營始》中會有另外一種《老子中經》與今《老子中經》的祖本《歷藏經》並列。而元代道士鄭思肖編撰的《太極祭鍊内法議略》卷中稱:"《道藏》有《黄華經》、《三五順行經》、《老子中經》、《洞玄真一經》等,凡數處,累説東井黄華事,所載亦各有微異。"(D10,p.426)但今本《老子中經》中並無東井黄華之事,可見元代《玄都寶藏》中所收的《老子中經》亦與《正統道藏》中所收不同。這也證明了學者們一般認同的《太上老君中經》是明代修道藏時從《雲笈七籤》中輯出的觀點。

與"老子中經"的傳説相近的,還有"玉曆經"和"太清中經"的傳説。關於"玉歷(曆)經"的得名,施舟人引《洞玄靈寶自然九天生神章經解義》謂"玉曆者,紀劫運仙曹之書",劉屹認爲這是六朝道教"終末論"影響下的經教體系建設中才產生的概念②,不合書名本意。加藤千惠則認爲"玉曆"是長生成仙者的名籍。劉屹則認爲"'玉歷'最初應該是一種動詞性的用法,即詳列體内神的名諱、位置、服色,供人逐一存想周遍,以後才從動詞性的用法轉變成作爲身中神名録的'玉歷'"③,但他並没有給出這一説法的依據。其實《太

---

① 陳榮子《老子中經研究》已指出這一點,見該文頁58。關於對數字五十五的崇拜,文獻中用例極多,此處僅舉一例。《上清太上開天龍蹻經》卷二《通生官屬元置品》第三:"无極三界,皆感五氣五運生成,故通天地五十五數。"(D33,p.736)道教經典先有經名、卷數,然後再造作内容的例子極爲常見,如早期靈寶經中經常出現"十部妙經三十六卷"的説法,但到陸修靜編制靈寶經目時,這三十六卷經書仍未造齊。
② 劉屹:《神格與地域——漢唐間道教信仰世界研究》,第83頁。
③ 劉屹:《神格與地域——漢唐間道教信仰世界研究》,第83頁。

第四章 據目造經：中古道經的一種生成方式

上混元真錄》云："於是爲作《玉曆中經》三篇五十五章，本在上皇藏之金匱玉曆笥中。"（D19，p. 510）今本《老子中經》第五十五章也有相近的內容，作"金匱玉笈玉笥"。"笈"、"笥"義近，"玉笈玉笥"語意重複，當以作"玉曆笥"者是。因此所謂"玉曆中經"、"珠宫玉曆"云云，當均以其藏地命名。《抱朴子·遐覽》中提到了《老君玉歷真經》《玉曆經》，《三洞奉道科誡營始》中也有《玉歷經》，《太上混元老子史略》等書提到有《玉曆中經》，今本《老子中經》又名《珠宫玉曆》《玉曆經》，有如此多的"玉曆經"，恐怕均與"玉曆笥"的傳説有關。

道典中有所謂"太清中經"，施舟人謂即"太清部的《老子中經》"，恐怕並不恰當。《抱朴子·袪惑》稱五原蔡誕"但晝夜誦詠《黄庭》、《太清中經》、《觀天節詳》之屬，諸家不急之書，口不輟誦，謂之道盡於此，然竟不知所施用者，徒美其浮華之説而愚人"①。不知當時《太清中經》是否已成書，即便有書的話，恐怕也與《黄庭經》相近，是言辭"浮華"且可以施用的養生類經典。《真誥》卷十二《稽神樞》稱"九華丹是《太清中經》法"，而《黄帝九鼎神丹經訣》卷十七也有"《太清中經》上篇作華池法"，那麽《太清中經》又成了丹術之書。《雲笈七籤》卷九二又引有《太清中經》，其文不見於《老子中經》，且觀其文亦不似丹術書。可見歷代"太清中經"所指不同。關於"太清中經"有這樣一個傳説，謝守灝《太上混元老子史略》卷上云："漢安元年壬午，老君降于蜀之鶴鳴山，授天師張道陵《正一盟威祕籙》。五月再降，賜《太清中經》九百三十卷、符文七十二卷。"（D17，p. 894）這一傳説見於多種道經中，起源應較早。《太平廣記》卷一"老子"條下云："是以所出度世之法，九丹八石、金醴金液，次存玄素守一、思神歷藏、行氣鍊形、消災辟惡、治鬼養性、絶穀變化、厭勝教戒、役使鬼魅之法，凡九百三十卷、符書七十卷，皆《老子本起中篇》所記者也，自有目錄。"② "九百三十卷"的數目

---

① 《抱朴子内篇校釋》，第348頁。
② 《太平廣記》，第2頁。

與前引傳説中"太清中經"的卷數同，可見當時已爲這一傳説中的經書編造了内容。而"太清中經"之得名，大概與太清天有關。《無上秘要》卷八四《得太清道人名品》："太上老君，此太清老君中之尊者。"太上老君即在太清天中，其所傳經當即是太清天中之經，故稱"太清中經"。前引《抱朴子》《真誥》中的《太清中經》，《老子觀天太清中經》《老子觀身太清中經》的造作，以及前文所引《玉緯七部經書目》稱"老子中經"部入"太清"，恐怕均與"太清中經"的傳説有關①。甚至三洞四輔之"太清部"的得名，也有某些經典認爲與此傳説有關②。

五 今本《老子中經》神真體系有對其他道經的因襲

今本《老子中經》神真體系非常駁雜，甚至前後矛盾，但仍可看出《老子中經》非常重視三太一，及南極老人、中極君、北極君，以及心脾腎的相關信仰。《老子中經》第二十五章云：

> 太上神字元光太一君，其欲得太一之神也，非心神也，乃天神南極老人元光也，下在人心中……心中神字光堅，中太一中極君也，在脾中主養兆身……心下神字玄谷，北極君也，玄光道母也……故曰：能知三神字，可以還命延年。此三神者，乃天地神道君三元君字也，人之先也，常念勿忘也。三元，天之貴神是也。

由此可知，南極、中極、北極分别有上中下太一，分主心、脾、

---

① 太清部所收本爲丹術之書，可參《雲笈七籤》卷六（第97—100頁）以及陳國符《道藏源流考》第87頁。前文所引的幾種"老子中經"均與丹術無關。似乎可以推測，《玉緯七部經書目》所謂的"部入太清"並非指該經收於太清部，而是指該經部署於太清天。如此解釋，也可以將"中經珍秘，部入太清"一句的邏輯理清。不然"珍秘"與收太清並無邏輯關係。據《道教義樞》卷二引《正一經》"太玄爲大乘，太平爲中乘，太清爲小乘"，如果將《老子中經》放在太清部，與放在太玄部的《道德經》相比，實在算不上"珍秘"。更何況據《三洞奉道科戒營始》《太上三洞傳授道德經紫虚籙拜表儀》等經書，《歷藏》《玉曆》《老子中經》等都是作爲太玄經授受的。

② 可參《雲笈七籤》卷六引《墨錄》説（第100頁）。

第四章 據目造經：中古道經的一種生成方式

腎。這已是非常成熟的"三一"思想。類似的觀點還在其他章節中出現，如第三十七章：

> 故太初者，元氣之始也，道也，一也，心上爲天。太始者，爲萬物之始也，山川也，地也，爲腎。太素者，人之始也，精也，脾也，土也。

第五十一章：

> 心爲日，腎爲月，脾爲斗。

第十四章：

> 故常以晦朔八節之日，夜欲臥時，念上太一、中太一、下太一、五城、十二樓真人。

三太一分開的表述，如第九章：

> 南極者，一也，仙人之首出也，上上太一也，天之侯王太尉公也。主諸災變，國祚吉凶之期。上爲熒惑星，下治霍山。人亦有之，在長吳鄉綘宫中元里，姓李，名尚（原注：一名常），字曾子。

第十一章：

> 中極黄老者，真人之府中斗君也，天之侯王，主皇后素女宫也。人亦有之……皇后者，太陰玄光玉女，道之母也，正在脾上中斗中也。

第十三章：

拘校道文

> 璿璣者，北斗君也，天之侯王也。主制萬二千神，持人命籍。人亦有之，在臍中，太一君，人之侯王也。

由前引可見，《老子中經》中已有成熟的三一思想，但這種思想與《太平經》中精、氣、神的三一思想有別，與上清派上元泥丸、中元絳宮、下元丹田的三一思想有別，同樣也與《太上靈寶五符序》所謂"三一者，身上之三宮也，頭、心、臍，謂之三宮也"之説不同。《雲笈七籤》卷四十九《秘要訣法》引《玄門大論三一訣》："孟法師云：涉學所宗，三一爲本。故七部九經，皆有圖術。今列如左……第三、洞神三一，南極老人、中極道元、北極玄妙。出《洞神太上三一經》。"[①] 由此可見，《老子中經》中的三一觀，正與洞神類經典一致。

自施舟人以來，學者都注意到《老子中經》第二十二章、二十三章所記身神名號與《太上靈寶五符序》相近。劉屹又發現這些內容與《無上秘要·身神品》引《洞神經》相近。事實上，它們大約都與漢代以來的歷藏術有關，當時流傳了多種身神名諱，除前面提到的三部經書外，又如《河圖緯》（見《太平御覽》卷八八一引）、《二十四生圖經》、《黃庭內景經》等。今本《老子中經》的身神名諱與前述經書均不同，而與《洞神經》相近，這同樣也證明了今本《老子中經》神真系統與洞神經的某種聯繫。而《太上靈寶五符序》可能在改編過程中同樣地吸收了《洞神經》的一些內容。

另外，《雲笈七籤》卷七十九將《老子中經》與《五嶽真形圖》引在一起，似乎也表明了該經與帛氏道及洞神經的關係較爲密切。而《老子中經》第四十三章有"天皇太一君"，"天皇"一詞似乎更昭示了它與三皇類經典的聯繫。

除洞神經外，今本《老子中經》還有對其他經典中神真的沿襲，劉屹已指出了它對《五符序》《太清真人絡命訣》等書的借鑒。[②] 除此

---

① 《雲笈七籤》，第1093—1094頁。
② 劉屹：《神格與地域》，第75頁。另外，劉屹還花了很大的篇幅討論了今本《老子中經》對《洞神經》的沿襲問題，但主要是從身神名號的角度。

第四章　據目造經：中古道經的一種生成方式

之外，今本《老子中經》的某些神真與《太上明鑑真經》所述頗有相似。如《老子中經》第一章：

上上太一者，道之父也，天地之先也……其神人頭鳥身，狀如雄鷄，鳳凰五色，珠衣玄黃。

《太上明鑑真經》：

或見人頭鳥身，五色玄黃者，上上太一君道父也。（D28，p.423）

第二章：

無極太上元君者，道君也。一身九頭，或化爲九人，皆衣五色珠衣，冠九德之冠，上上太一之子也。

《太上明鑑真經》：

或見九人，皆衣青衣而白首者，无極大元君也。（D28，p.423）

《道藏提要》謂《太上明鑑經》與《抱朴子·遐覽》中的《四規經》《明鏡經》等相關①，那麼今本《老子中經》可能也與此類經典有某種關聯。

但應指出，無論是今本《老子中經》，還是《太上明鑑經》，它們的神真體系恐怕都是各方抄撮，頗爲混亂②。如《老子中經》第二十四章：

---

① 《道藏提要》，第583頁。
② 劉屹已指出今本《老子中經》整編此前道書，又沒有徹底消化，故而有前後矛盾之處（《神格與地域——漢唐間道教信仰世界研究》，第73頁）。

· 245 ·

> 東方之神女名曰青腰玉女，南方之神女名曰赤圭玉女，中央之神女名曰黄素玉女，西方之神女名曰白素玉女，北方之神女名曰玄光玉女，左爲常陽，右爲承翼。

《太上明鑑真經》：

> 或見玉女青衣者，名曰惠精玉女。或見玉女黑衣，名曰太玄玉女。或見玉女赤衣者，名曰赤圭玉女。或見玉女黄衣者，名曰常陽玉女。（D28，p. 423）

這些諸方玉女名諱的源頭應爲上清類經典。但《洞真太上素靈洞元大有妙經》云："太上神仙洞天元洞歲星延崖青腰常陽玉女，諱惠精。"（D33，p. 402）《上清瓊宮靈飛六甲籙》："甲子太玄玉女，名靈珠，字承翼……甲寅青要玉女，名啓元，字惠精。"（D34，pp. 162–166）可見常陽玉女即東方青腰玉女，亦即是惠精；承翼即是北方太玄玉女之一位。今本《老子中經》和《太上明鑑經》的玉女名諱都與之相近而又略有不同。

除以上兩類經典外，今本《老子中經》的不少神真還可以在其他經典中找到蹤跡，如内容同樣非常駁雜的《上清太上開天龍蹻經》中就有不少内容與之相近。《上清太上開天龍蹻經》卷五《元始化身而生三界三十六相元置品》第十二："青陽元氣爲太陽精，東王父也。太和之氣以爲陰精，西王母也。"（D33，p. 746）這與今本《老子中經》關於東王父、西王母的表述一致。關於東王父、西王母的相近表述，又見於《靈寶無量度人上經大法》卷十五《靈寶洞視品》。但該經成書較晚，已不知這是本有的六朝法術，還是對《老子中經》的引用了。

今本《老子中經》第四章關於西王母的"金城九重"之説，亦見於《上清太上開天龍蹻經》卷四《九京九山通生天人八十一好元置品》第十："崑崙上宮，亦名玉京玄都之山，金城九重，下統九氣，玉樓十二。"（D33，p. 745）這裏不但有今本《老子中經》"金城九重"

第四章 據目造經：中古道經的一種生成方式

之説，也有《太平御覽》卷六七七所引《歷藏中經》"玉樓十二"之説①。

又如今本《老子中經》第十九章：

> 上有九人，三三爲位，左有韓衆，右有范蠡，中有太城子。左爲司徒公，右爲司空公，中有太一君。左有青腰玉女，右有白水素女，中有玄光玉女。玄光玉女者，道元氣之母也。

《上清太上開天龍蹻經》卷五《元始化身而立三清三十六相元置品》第十一：

> 上有九人，三三爲位。左有韓衆，右有范蠡，中有大成子；左腎爲司徒公，右腎爲司空公，中有太一君；左有青腰玉女，右有白素玉女，中有玄光玉女。玄光玉女者，道之元氣，生成之母。（D33，p.745）

兩處之文大致相同。而這裏的"左有韓衆，右有范蠡"，與《老君變化無極經》所稱"韓終范蠡相輔匡"（D28，p.374）的模式也很相近。

總之，今本《老子中經》的神真體系受到了洞神類經典的很大影響，該經在成書過程中又吸收當時許多經典的神真名號。

六 今本《老子中經》的修煉方法多因襲他經

今本《老子中經》的修煉方法同樣多因襲他經。正如今本《老子中經》在隋唐時的經名"老子歷藏中經"所昭示的，歷藏爲該經很重要的修煉術。該經第二十六章即曰："子欲爲道，當先歷藏，皆見其神乃有信。"所謂"歷藏"，即《太清真人絡命訣》中所説的"從頭至足，存其神，養其根，行其炁，呼其名"。荀悅《申鑒·俗嫌》："若

---

① 關於"十二樓"，不少經典中都有相關內容，如《太上靈寶五符序》即有"五城十二樓真人"。

夫導引、蓄氣、歷藏、內視，過則失中，可以治疾，皆非養性之聖術也。"① 可見這是一種非常古老的養生術，至遲在東漢時亦已廣泛傳播。但大概在南北朝時期，道士們將歷藏術與老子聯繫起來。《太平廣記》卷一"老子"條下云："是以所出度世之法……次存玄素守一、思神歷藏……之法，凡九百三十卷、符書七十卷，皆《老子本起中篇》所記者也，自有目錄。"②《雲笈七籤》卷十引有《老君太上虛無自然本起經》，可能與此《老子本起中篇》有關。《雲笈七籤》的引文載"老君作《道經》，復作《德經》"③，不及"中經"，那麼《本起經》的時代似乎應早於今本《老子中經》。也許正因為南北朝時將歷藏與老子接合，所以才有好事者造作了"老子歷藏中經"，將歷藏術的發明權送給了老子。

《老子中經》第二十七章為咽雲牙法。《真誥》卷十八《握真輔》："泰和二年四月，服青牙。"陶氏自注："此言青牙始生法。世未見經。"④ 加藤千惠即據此謂《老子中經》當在泰和二年（367）以後出現。完整的咽雲牙法見《無上秘要》卷七十六《咽雲牙品》引《道跡經》，謂"南嶽夫人受清虛真人方"⑤。《道跡經》，即《真跡》，《真誥》卷十九《翼真檢》："真誥者，真人口受之誥也……而顧玄平謂為'真跡'。"⑥ 是《道跡經》為顧歡所作。既然咽雲牙方為南嶽夫人魏華存所傳，那顯然應是上清派的修煉術，今本《老子中經》又攘之以為老子所傳。

《老子中經》第二十八章至三十二章分別為六甲、六丙、六戊、六庚、六壬之日祝願法及存思五臟法。《正統道藏》太平部有《太上洞玄靈寶飛行三界通微內思妙經》（D24, pp. 689-691）⑦，該經所見六甲至六壬日之祝文，與《老子中經》所記基本相同。《太上洞玄靈

---

① 《申鑒注校補》，第126頁。
② 《太平廣記》，第2頁。
③ 《雲笈七籤》，第181頁。
④ 《真誥》，第326頁。
⑤ 《無上秘要》，第984頁。
⑥ 《真誥》，第333頁。
⑦ 陸修靜靈寶經目著錄此經，謂"未出"，那麼此經應成書於劉宋以後。

第四章　據目造經：中古道經的一種生成方式

寶飛行三界通微内思妙經》於祝願後爲咽雲牙法，與《老子中經》第二十七章相近；後爲食日、月、斗、星之精法，與《老子中經》第三十四至三十六章食日、月、太極之精法相近①。《太上洞玄靈寶飛行三界通微内思妙經》後又爲六甲至六壬存思五臟及"弱水黑炁"法，與《老子中經》第二十八至三十二章的内容亦相近。

除以上十章外，二經還有不少内容相近，如《老子中經》第十一章：

太素鄉中元里中黄真人，字黄裳子，主辟穀，令人神明，乍小乍大。常以雞鳴、食時祝曰："黄裳子，黄裳子，黄庭真人在于己，爲我致藥酒松脯粳粮黍臛諸可食飲者，令立至。"祝訖瞑目，有頃，閉口咽之二七過，即飽矣。

《太上洞玄靈寶飛行三界通微内思妙經》：

修靈寶飛行三界之道，常當行中極。存脾上黄人，形長三寸，兩手中各有一黄人，黄炁上通天，下入身體，即見其神，便呪曰："黄裳子，黄裳子，黄庭真人在吾己，爲我取醴酒肥脯神仙芝草諸可飲食者。"便引咽之，三五而畢。（D24，p. 691）

《老子中經》第四十一章：

鬼箭十二，可以辟兵。常思心中十二芝莖，上與肺連，以意抱之，名曰鬼箭。兆常行之，五兵自辟，凶惡自亡，以擊四夷，捐擿電光，但聞兵楯刀戟金銀。

《太上洞玄靈寶飛行三界通微内思妙經》：

修靈寶飛行三界之道，常當思心中有十二芝莖，正赤五色，

---

① 食日月星之法又見《太上靈寶五符序》。

上與肺連，名曰思箭。以意把之，太一引怒，心中正圓，名曰威喜。此乃天神太一、道太一。常存守百思，可精念之。

《老子中經》第四十四章：

還精絳宮之中法，常以月一日、十五日、晦日，以日初出時，被髮東首向日臥，以左手摩兩乳間，下至心，九反而止。拊心言曰："神乎①，神還絳宮，無離己身；神乎！安居靜處，與己言語。"如此三乃止。

《太上洞玄靈寶飛行三界通微内思妙經》：

修靈寶飛行三界之道，當思日中黃精赤炁來下入口中，咽之三九止。止便呪曰："日帝君，月夫人，神乎神乎，還歸絳宮，俱養小童，太一玉女，無離其宫。"凡三呪文，思肺中白炁來上至口中，咽之三七而止。

從上面的對比看，這二部經書應有相互因襲的關係。筆者認爲，應是《老子中經》因襲《太上洞玄靈寶飛行三界通微内思妙經》。首先，《老子中經》除存思五臟和咽雲牙的章節外，其他諸章並無明確的五方、五藏觀念。又據前引第二十五、三十七、五十一等章，《老子中經》特重心腎脾三臟，而非五臟。而第二十八至三十二章中如此明晰地五臟、五行相配，並與弱水並列，當與其他諸章出處不同。《抱朴子·遐覽》有"食日月精經"、"食六氣經"，可能便是《老子中經》及《太上洞玄靈寶飛行三界通微内思妙經》的共同源頭。

其次，黃裳子信仰起源甚早，《抱朴子·雜應》："或思脾中人名，名黃裳子，但合口食内氣，此皆有真效。"是黃裳子爲脾中主神。《太

---

① 乎，原作"手"，据李永晟校语改。

第四章　據目造經：中古道經的一種生成方式

上洞玄靈寶飛行三界通微内思妙經》亦謂"存脾上黄人"①，與之相應，故有"黄裳子"之祝。但《老子中經》第二十章云："故胃中神十二人諫議大夫，名曰黄裳子、黄騰子、中黄子，主傅相太子、玄光玉女。"第二十三章又謂脾神爲玄光玉女。是黄裳子爲胃中輔神，此祝與之極爲不合。且該祝文在第十一章中亦與前文不連，頗疑爲他處羼入。

由此可見，今本《老子中經》的歷藏法、咽雲牙法、食六氣法、食日月精法等修煉術均淵源有自，襲自他處。

小　　結

通過上面的分析，可以得出以下結論：

第一，大概在劉宋時期，流行一種老子除授尹喜《道德經》上下篇外還有"中經"的傳說。受此影響，當時興起了造作"中經"的風潮，《歷藏中經》《玉曆中經》《老子中經》《神仙中經》等，都是在此風潮下造作出來的"中經"。

第二，南北朝時期，除了有"老子中經"的傳說外，還有"玉曆經"、"太清中經"等傳說，這些傳說使新造出來的經典附會出相關的經名，從而導致了這一類經典異名較多。

第三，今本《老子中經》在隋唐之際的名稱應是"老子歷藏中經"，《三洞奉道科戒營始》中的《玉歷經》《老子中經》應該都不是今本《老子中經》。元《玄都寶藏》中所收的《老子中經》可能也與今本《老子中經》不同。

第四，今本《老子中經》的神真名諱、修煉方法都大量因襲前世道經。

---

① 《道典論》卷四引《太清元君中經》，亦作"中極乃脾上黄人"。

第五章 道釋相激：佛道關係視域中的敦煌道教文獻研究

學界關於中古時期佛道關係的研究可謂汗牛充棟，這些研究主要集中在思想史、哲學史、儀式研究等方面，從文獻角度論述這一問題的成果相對較少。敦煌道教文獻向我們提供了一大批道教佚經，也展示了一些傳世道經的早期面貌，從中可以清楚地看出中古道經對佛經由因襲到揚棄的態度轉變。另外，一些敦煌道經也提供了佛道既激烈論爭又相互影響的絕佳案例。本章即以敦煌道教文獻爲中心，做了一些道經受佛教影響的個案研究，展現了中古道釋相激的有趣側面。

第一節 從敦煌吐魯番文獻看中古道經對佛經的因襲與揚棄

關於中古時期佛道互相影響的問題，學界已有許多研究。湯用彤在20世紀30年代已指出了中古時代佛道二教複雜的關係[1]。許里和（Erik Zürcher）研究了佛教對道教的影響，尤其分析了道經對佛經的多種借用方式[2]。此外，司馬虛（Michel Strickmann）、吉岡義豐、大淵忍爾、小林正美、神塚淑子、柏夷、王承文、謝世維等學者都對這

---

[1] 湯用彤：《漢魏兩晉南北朝佛教史》第五章"佛道"，第59—79頁。
[2] Erik Zürcher, "Buddhist Influence on Early Taoism", *T'oung Pao*, 66, 1980, pp. 84–147.

第五章　道釋相激：佛道關係視域中的敦煌道教文獻研究

一問題做過不少論述①。但道經如何借用、因襲佛教經典，道經在發展過程中又是如何揚棄其中的佛教色彩，學界似尚未有較好的論述。應該指出的是，保存在《正統道藏》中的中古道經早已經過多次改動、拆解、整合，離其本來面貌已經很遠，這也是此問題不易研究的一個重要原因。敦煌吐魯番道教文獻保存了中古道經的較早形態，既可以之爲材料分析道經對佛經的因襲，也可將之與《道藏》本經典對比，從而分析道經的演變過程。

一　早期道經對佛教文獻的借用和容受

東漢時期，進入中土不久的佛教在傳播中往往借用中國本土方仙道的一些術語、觀念，湯用彤、許里和、蕭登福等學者已對此有過很多論述②。而此時剛剛興起的太平道也吸收了佛教的一些内容。湯用彤曾稱《太平經》"亦間採浮屠家言"③，但所舉例證多出自《太平經鈔》，王明已指出《太平經鈔》中多後世之文④。除湯用彤所舉之例外，《太平經》中還有一些内容可能有佛教來源，如《太平經》卷七二《不用大言無效訣第一百一十》：

> 今飢乃教人種穀，言耘治之，待其米成，乃可得火炊食，亦豈及事邪？於此已餓死困矣。或不及春時種之，至冬飢念食，乃欲種穀，種之不生，此豈能及事活人邪？非獨身窮，舉家已滅亡矣。是真人之一大愚，無知冥冥之大效也。行復爲子説一事：今

---

①　[日] 吉岡義豐：《道教と佛教》，日本學術振興會，昭和三十四年（1959）；[日] 大淵忍爾：《道教とその經典》，第186—203頁；[日] 小林正美：《六朝道教史研究》，第145—155頁；[美] 柏夷：《靈寶與菩提樹：靈寶派取代佛教的嘗試以及我們定位靈寶道教的嘗試》，載氏著《道教研究論集》，第1—20頁；王承文：《敦煌古靈寶經與晉唐道教》，第107—134頁；謝世維：《大梵彌羅：中古時道教經典當中的佛教》；[日] 神塚淑子：《道教經典の形成と仏教》，名古屋大學出版會2017年版。關於西方學界對這一問題的研究，可參 [法] 索安（Anna Seidel）《西方道教研究編年史》，吕鵬志、陳平等譯，第95—108頁。

②　湯用彤：《漢魏兩晉南北朝佛教史》，第59頁；[荷蘭] 許里和：《佛教征服中國——佛教在中國中古早期的傳播与適應》，第497頁；蕭登福：《道家道教與中土佛教初期經義發展》。

③　湯用彤：《漢魏兩晉南北朝佛教史》，第71頁。

④　關於此問題，可參王明《論〈太平經鈔〉甲部之僞》，載《王明集》，第146—159頁。

人掘井，所以備渴飲也，居當近水泉，所以備渴也；臨渴且死，乃掘井索水，何及得也，已窮矣。是真人復問，二愚闇。復爲真人説一事：古者有穴居，今者作廬宅，所以備風雨也。及不風雨之時，居野極樂矣。浮雲已起，雨風已至，迺作廬宅，已雨寒而困窮矣。是真人三愚也。復爲真人説一事：夫太中古以來，聖人作縣官，城郭深池，所以備不然，其時默平平無他也。及有不然，小人欲汙亂，君子乃後使民作城郭深池，亦豈及急邪？是真人劇愚暗效也。行復爲真人説一事：今軍師兵，不祥之器也，君子本不當有也，下之惡之。故當置於鞘中，堅治藏之，必不貴有之也，不貴用之也。但備不然，有急乃後使工師擊治石，求其中鐵，燒治之使成水，乃後使良工萬鍛之，乃成莫耶，可以戰鬪，禦急者亦豈及事邪？已窮服矣，死命屬矣。①

佛經中正習見"飢乃種穀，渴乃掘井"的譬喻，如可能譯於東晉的《那先比丘經》卷下云：

那先問王："王寧有敵國怨家欲相攻擊不？"王言："然。有敵國怨家，常欲相攻擊也。"那先問王："敵主臨來時，王乃作鬪具、備守掘塹耶？當豫作之乎？"王言："當豫有儲待。"那先問王："用何等故豫作儲待？"王言："備敵來無時故。"那先問王："敵尚未來，何故豫備之？"那先復問王："飢乃田種、渴乃掘井耶？"王言："皆當豫作之。"（T32，p. 717）

又如北涼法盛譯《佛説菩薩投身飴餓虎起塔因緣經》：

夫人曰："夫種穀防飢，掘井待渴，立郭防賊，養子侍老。汝今不還國者，吾命不全。"（T3，p. 426）

---

① 王明編：《太平經合校》，第296頁。

第五章　道釋相激：佛道關係視域中的敦煌道教文獻研究

這種相近的譬喻序列重複出現的現象顯然已不能用巧合來解釋。《那先比丘經》與巴利文的《彌蘭王問經》恰可對應，彼經中也存有這段問答①，昭示了這一系列譬喻的印度來源。因此，《太平經》中這段話應該是受佛教影響的產物，但究竟是直接襲自某種現已亡佚的佛經，還是自它處輾轉引用②，現在已無法得知。

總體上看，《太平經》僅有零星出現的一些具有佛教色彩的内容。至東晉中期上清經、靈寶經興起以後，道教經典開始大量借用佛教術語、觀念、儀式。謝世維曾對中古道經對"梵"字的借用做了非常好的梳理③，窪德忠也總結了道教對佛教天界觀、地獄觀等觀念以及佛教真言和術語的借用④。學者所使用的主要是《正統道藏》中的材料，將敦煌吐魯番材料納入考察範圍，可以發現道經對佛教術語的借用遠比此前發現的還要多，如：

P.3435《上清元始變化寶真上經九靈太妙龜山玄籙》：冬三月，中央黃老君則變形爲佛，通身黃金之色，衣七色之衣，頭負相輪，足履蓮華之上，光明流焕，思之還反真形。

P.2751《紫文行事決》：☒（道）齋謂之守静，佛齋謂之夙晨。道静接手於兩膝，佛晨合手於口前。

P.2440《靈寶真一五稱經》：十方佛人、天地萬神，莫不來謁也；山精地靈，皆來朝拜也……三九廿七日，東方直史神日原玄元、甲寅甲辰神、東岳官屬、青要玉女皆至，東方无極佛亦至……十方之佛，皆始於靈寶也……燒香脩法，存十方靈寶太上真佛名，誦詠道經……至立春日，東北无極之佛悲精進，菩薩德首，同來至。

---

① 《南傳彌蘭王問經》，巴宙譯，第67—68頁。
② 值得注意的是，當時這一系列譬喻可能流傳較廣，《素問·四氣調神大論》："夫病已成而後藥，亂已成而後治，譬猶渴而穿井，鬥而鑄錐，不亦晚乎！"（《黃帝内經素問》，第14頁）同樣用了這一組譬喻。
③ 謝世維：《元梵恢漠：道教靈寶經典中的"梵"觀念》，載氏著《大梵彌羅：中古時期道教經典當中的佛教》，第194—238頁。
④ ［日］窪德忠：《中國における仏教と道教》，載《駒澤大學佛教學部論集》第十七號，昭和六十一年（1986）。

· 255 ·

拘校道文

P.2356《太上太極太虛上真人演太上靈寶洞玄真一自然經訣》：夫不得靈寶自然十方真佛者，仙道衆妙莫能尅成矣。仙之言佛，佛是胡語耳。

類似之例極多，不煩多舉。這些内容中没有後世道經言及佛教的那種攻擊性，也不似後世道經直接對佛經剿襲化用。從其中能看出早期道教欲吸納佛教從而構建一個包羅萬有的大宗教的努力。出現這一現象的原因，一方面如湯用彤早已指出的，佛教初入中國即借用了鬼神方術，借道家以張目，"浮屠之教既爲齋戒祭祀，因附庸於鬼神方術"①，"浮屠之教，當時既附於方術以推行，釋迦自亦爲李老之法裔"②；另一方面，上清、靈寶經初興的東晉中後期，佛教的影響與後世比大概還比較有限，可能還没有對道教等本土文化產生太大的衝擊。

南北朝時期，無論南方還是北方，佛教都得到極大發展。道教無論在教理深度還是經書數量上都遠遠地落在下風。大約爲了應對這一狀況，道教徒開始大量造作新的經典，并且有了更爲快捷的造經方式，即直接改寫佛經。

二 南北朝中後期至唐代道經對佛經的化用與仿寫

除了借用佛教術語、觀念之外，道教還有一種更極端的借用佛經的方式，即直接改寫佛經。這一點也早被佛教界發現，如法琳《辯正論》卷八云："《六十四真步虛品》偈云：'有見過去尊，自然成真道。身色如金山，端嚴甚微妙。如净琉璃中，内現元始真。聖尊在大衆，敷演化迷强。'《妙法蓮花經》偈云：'又見諸如來，自然成佛道。身色如金山，端嚴甚微妙。如净琉璃中，内現真金像。世尊在大衆，敷演深法義。'改'諸如來'爲'過去尊'，改'佛道'爲'真道'，改'真金像'爲'元始真'，改'深法義'爲'化迷强'。"又云："《靈寶妙真經》偈云：'假使聲聞衆，如稻麻竹葦，遍滿十方刹，盡思共度量，不能測道智。'

---

① 湯用彤：《漢魏晉南北朝佛教史》，第38頁。
② 湯用彤：《漢魏晉南北朝佛教史》，第39頁。

第五章　道釋相激：佛道關係視域中的敦煌道教文獻研究

而《靈寶》唯改'佛'一字以爲'道'字，及其體狀全取《法花》。"（T52，p. 544）可能與來自佛教的攻擊有關，這批直接改造自佛經的道經大多没有流傳下來，但敦煌文獻中保存了一批這類道教文獻。

在敦煌材料中，有以下幾種改寫自佛經的道經：《神人所說三元威儀觀行經》（P. 2410、S. 1267、Дx643、S. 5308、P. 2828、S. 3140）化用《大比丘三千威儀》①，《天尊説隨願往生罪福報對次説預修科文妙經》（P. 2868、龍谷 539、P. 2433、BD13208E）化用《佛説灌頂經》卷十一、卷十二②，《太玄真一本際經》卷七（Дx110、津藝 116、S. 6145、S. 5740、BD14841C、P. 2437、羽 616、P. 3285、Дx9107、Дx9123、S. 5930、北大 175、P. 2845、Дx141、S. 12114、Дx3835 等）化用《法句譬喻經》③，《太上元陽經》（S. 482、P. 2366、台北 4717、S. 3016）化用《佛説護身命經》《大方广佛華嚴經》《佛説無量壽經》等④，《太上一乘海空智藏經》卷九（BD1034）模仿《維摩詰經》，其餘幾卷則多襲自《大般涅槃經》⑤。這些道經的時代應該不會太早，大約應在南北朝後期至隋唐之際。

將這些道教經典與被改寫的佛經對比，可以看出道教改寫佛經的幾種主要手段。

（一）改换詞語

佛經中有大量佛教術語或與印度相關的特殊詞彙，道經雖吸收了部分外來語，但還有很大一部分無法直接借用，只能作些改造，其中包括改作道教術語、改换名物詞、改變動作習俗、音譯改意譯等。

---

①　關於此問題，可參［日］秋月觀暎《敦煌發見神人所説三元威儀觀行経斷簡と大比丘三千威儀：大英博物館所藏スタイン將来漢文々書第五三〇八号》，《弘前大學人文社會》第 19 號，1960 年。

②　參下節。

③　參李小榮《敦煌道教文學研究》，第 446—462 頁。

④　關於《太上元陽經》的問題，可參曹凌《敦煌本〈元陽經〉研究——佛道經典比勘研究之一例》，《文史》2020 年第 2 輯。

⑤　關於該經，可參［日］中嶋隆藏《〈海空智藏經〉管窺——主要思想和所據佛典》，《宗教學研究》1998 年第 4 期、1999 年第 1 期；［日］神塚淑子《〈海空智藏經〉與〈涅槃經〉——唐初道教經典的佛教受容》，載《日本東方學》第 1 輯，中華書局 2007 年版；［日］神塚淑子《道教經典の形成と仏教》，第 228—290 頁。

■ 拘校道文

1. 佛教術語改作道教術語

如前所述，早期道教將佛教吸收進自己的系統，故早期道經中曾出現過佛、菩薩等詞，但宣教的主體仍是道君、天尊之類。直接改造自佛經的道經多將其中的佛教術語改爲道教術語，這一方面由於此時的道教已沒有較早時期的包容性，另一方面也由於與點綴於早期道經的少量佛教術語不同，佛經中的這類術語在敘事中起關鍵作用，道教在改造這類文字時不得不做出改動。

佛/菩薩—道/太上/真人/仙/上師/王

《法句譬喻經》：佛知其言，往到其所，問諸比丘。（T4，p.595）

Дx110《太玄真一本際經》卷七：道知其愚，往到其所，問諸道士。

《法句譬喻經》：佛言："比丘！汝等所論，不究苦義。天下之苦，莫過有身！"（T4，p.595）

津藝116號《太玄真一本際經》卷七：於是太上告諸道士："汝等所論，求究苦義者，吾爲子説之，宜可諦聽。天下之苦，无過有身。"

P.2340《佛説護身命經》：佛即舉七佛名字。

S.482《太上元陽經》：吾即舉七仙真人名字。

P.2340《佛説護身命經》：佛告阿難：若有惡魔……

S.482《太上元陽經》：上師告條林法浄真人言：若有惡鬼……

P.2340《佛説護身命經》：我當於佛滅度後，將二十五菩薩。於惡世中，有能讀誦此經處，我等晝夜在其左右，擁護是人。

S.482《太上元陽經》：弟子當於得道度世，將廿五真人，於惡世中，能有讀此經之處，弟子等晝夜在其左右，擁護是人。

《妙法蓮華經·序品》：諸善男子，如過去無量無邊不可思議

第五章　道釋相激：佛道關係視域中的敦煌道教文獻研究

阿僧祇劫，爾時有佛，號日月燈明如來。(T9，p.3)

P.2450《太上元陽經》：諸男官女官等，若過去无量无邊不可思議劫時，有一王名大相燈清淨法王。

按，對作爲宣教主體的"佛"，道經一般直接改爲"道"或"太上"之類；對於行文中的"佛""菩薩"，一般改動較爲隨意，可改作"真人""王"之類。當佛、菩薩有具體名號時，道經會在佛、菩薩名的基礎上重新編造仙真之名，如：

P.2340《佛說護身命經》：佛即舉七佛名字：第一維衛佛，第二式佛，第三隨葉佛，第四拘樓秦佛，第五拘那含牟尼佛，第六迦葉佛，第七釋迦牟尼佛……便當更說六神名字：一名波奈羅，二名迦奈羅，三名禪吒迦，四名勤迦，五名摩頭，六名摩祁。

S.482《太上元陽經》：吾即舉七仙真人名字，亦得度脫衆耶境界。何等七仙真人？弟一廣唯衛真人，第二戒（式）法真人，第三隨葉真人，第四拘正林真人，第五拘正玄林真人，第六淨得真人，弟七釋龍種真人……復有六神仙人名字：一名羅法真人，二名羅上真人，三名賀陽真人，四名憨度真人，五名頭劉真人，六名玄林真人。

《妙法蓮華經·序品》：其最後佛，未出家時有八王子：一名有意，二名善意，三名無量意，四名寶意，五名增意，六名除疑意，七名嚮意，八名法意。(T9，p.4)

P.2450《太上元陽經》：仙真人未出家時，有八從弟子，一名晃林，二名珍林，三名意林，四名表林，五名善林，六名樂林，七名寶林，八名除疑林。

除此之外，作爲佛經中主角的佛、菩薩，在仿寫的道經中往往會根據主題被替換，如：

《維摩詰經》：從癡有愛，則我病生。以一切衆生病，是故我

· 259 ·

病；若一切眾生病滅，則我病滅。所以者何？菩薩爲眾生故入生死，有生死則有病；若眾生得離病者，則菩薩無復病。（T14，p.544）

BD1034《太上一乘海空智藏經》卷九：善男子，海空疾者，從眾緣起，是故有病。若諸眾生得不病者，海空真士亦復不病。何以故？海空智藏爲眾生故，入生死身。有生死身，則有病因。若諸眾生得離病者，是則海空無復有病。

比丘/僧—道士

《大比丘三千威儀》：二者不得當講堂户中觀僧。三者不得踞户外聽僧語。（T24，p.925）

P.2410《神人所説三元威儀觀行經》：三者，不得當講堂户中住觀諸士；四者，不得踞户外聽諸道士語。

《法句譬喻經》：昔佛在舍衛國精舍，時有四比丘坐於樹下，共相問言……佛知其言，往到其所，問諸比丘。（T4，p.595）

Дх110《太玄真一本際經》卷七：吾前世時，有四道□（士），在此山中精思學道……道知其愚，往到其所，問諸道士。

按，佛經中對佛教徒的稱呼有比丘、比丘尼、沙門、沙彌等，這些術語一般是無法直接移植到道經中的，故道經一般改作具道教色彩的"道士"，或無宗教色彩的"眾"。類似的情況還如"沙彌"改作"弟子"等。

寺/塔/精舍—觀/觀堂/觀宇/館舍/净室

《大比丘三千威儀》：不得妄用寺中净水……不得踰越寺中杖木上。（T24，p.919）

P.2410《神人所説三元威儀觀行經》：不得妄用觀中净水……不得踰越觀中牀上。

《大比丘三千威儀》：法衣不具，不得入寺中止……至舍後未用水不得上塔。（T24，p.918）

第五章 道釋相激：佛道關係視域中的敦煌道教文獻研究

P.2410《神人所説三元威儀觀行經》：衣法（法衣）不具，不得入觀宇……至舍後，未用水不得上觀堂。

《大比丘三千威儀》：不應着僧伽梨有三事：一者作塔事。（T24，p.918）

P.2410《神人所説三元威儀觀行經》：道士不應着法衣有十六事。何等爲十六？一者，作館舍事。

《佛説無量壽經》：又講堂、精舍、宫殿、樓觀皆七寶莊嚴，自然化成。（T12，p.271）

S.3016《太上元陽經》：有種種講堂、净室、宫殿、樓觀、仙臺，皆以七寶莊嚴，自然化成。

按，"寺"在漢代以前本爲官寺之義，《説文·寸部》："寺，廷也。"段玉裁注："若漢西域白馬駝經來，初止於鴻臚寺，遂取寺名，初置白馬寺。此名之不正者也。"[①] 但後世"寺"字幾乎已爲佛教專用字。"塔"則中土本無此字，特爲譯經而造。"精舍"則雖古有是詞，但佛教譯經中取之譯僧伽藍、阿蘭若等，後世亦視之爲佛教專詞。道教修煉之處並没有這麽多名目，早期多稱"净"或"靖"，後世則多稱"觀"，故道經多將佛經中此類建築名改稱"觀""觀宇""净室"之類。

滅度/涅槃—昇天/得道度世

P.2340《佛説護身命經》：我滅度後，若有受持我囑法者，汝等常當晝夜擁護，令得安隱。

S.482《太上元陽經》：我昇天後，若有受持我所囑累法，汝常當晝夜擁護，令得安隱。

P.2340《佛説護身命經》：我當於佛滅度後，將二十五菩薩，於惡世中有能讀誦此經處，我等晝夜在其左右，擁護是人。

---

① 《説文解字注》，第121頁。

S.482《太上元陽經》：弟子當於得道度世，將廿五真人，於惡世中，能有讀此經之處，弟子等晝夜在其左右，擁護是人。

《妙法蓮華經·序品》：諸法實相義，已爲汝等説，我今於中夜，當入於涅槃。（T9，p.4）

P.2450《太上元陽經》：諸法實相，已爲汝説於中長短，十月五日歸還天官。

按，佛教、道教在教義上的一大區别是，佛教修行的目標是出離生死，涅槃寂靜，而道教則追求得道昇仙。因此，道教在改造佛經時必須將其中的"涅槃""滅度"之類的詞改掉。這類詞在改造過程中常被改作"昇天""得道度世"之類。

須彌—崑崙

《大方廣佛華嚴經》卷四：有須彌山塵數世界以爲眷屬。（T9，p.416）

P.2366《太上元陽經》：其北有崑崙山塵數世界以爲眷屬。

《大方廣佛華嚴經》卷四：彼香海中有須彌山，名大焰華莊嚴幢，以十種寶欄楯圍遶。（T9，p.416）

P.2366《太上元陽經》：世界香海中有崑崙山，名大炎華莊嚴幢，以十種寶蘭楯圍遶。

按，須彌山是佛教認爲的天下之中，《釋氏要覽》卷中即云："《長阿含》并《起世因本經》等云：四洲地心，即須彌山（原注：梵音正云蘇迷盧，此名妙高）。"① 而崑崙山在《莊子》《吕氏春秋》等書中已被視爲神山，在漢代還被認爲是西王母的居所，繼承了西王母信仰的上清經同樣視崑崙爲神山。因此，道教將崑崙對應須彌，也確實是

---

① 《釋氏要覽校注》，第379頁。

第五章 道釋相激:佛道關係視域中的敦煌道教文獻研究

符合情理的。實際上,道教還受佛教影響形成了以崑崙山爲中心的世界觀,如《太上洞玄靈寶天地運度自然妙經》:"道陰形列布,崑崙爲地柱。氣上通崑崙者,地之中地。崑崙直東一億萬六千五百里,崑崙直西一億萬六千五百里,崑崙直南一億萬六千五百里,崑崙直北一億萬六千七百五十里,地周遊四匝,四億二萬六千二百五十里焉。"(D5,p.865)這與佛經中的相關描述已非常相近。

佛經,尤其是《華嚴經》中,常見以"須彌山塵數"或"須彌山微塵數"來形容極大的數目。道教在改造這些佛經時,直接將"須彌"替換爲"崑崙"。事實上,在較晚起的道經中也將"崑崙山"作爲形容極大數目的詞語,如龍谷539+P.2433號《天尊説隨願往生罪福報對次説預修科文妙經》:"汝等善男子、善女人,若將黃金,如崑崙山大,遍滿天地,而將布施,其功雖大,猶復不如方便教人一句一偈經言永爲身寶。"這顯然模仿了佛經的常見表述,但並不是直接改造自佛經,其中仍以崑崙山形容黃金之多。尤其值得注意的是,早期靈寶經受佛經影響,其中有不少關於"須彌"的表述,在後期去佛教化的過程中,這批經典中的"須彌"也多被替換爲"崑崙",如P.2431號《洞玄靈寶諸天内音自然玉字》:"大水出時,朱書,北向服之,則烏母迎以鳳車,上登須彌之山,逍遥遊觀洪波之津也。"S.1605+S.1906《太上洞玄靈寶真一勸戒法輪妙經》:"猶如須彌之高,是經如玉京之山,无不苞藏。"P.2357號《太上妙法本相經》:"聰茂淵溢,解了玄宗,其功等於須彌,其得(德)同於淵海。"三處"須彌",《道藏》本皆作"崑崙"。

道教徒改造佛經,直接將佛教術語改爲道教術語是非常常見的一種方式,此類例證極多,本書不再一一列舉。道宣在《法苑珠林》中早已指出這一現象,他即指責道經"私竊佛經,簡取要略,改張文句,迴换佛語、人法名數"[①],這種站在佛教徒立場上的言辭雖過於激切,但也大致符合事實。但與此相對的還有一件有趣的現象。早期佛教譯經會借用道家術語來翻譯佛教名詞;相反,有些從佛教借來的術語在道經中使用過於頻繁,早已不被視作外來語。因此,道教徒會用

---

① 《法苑珠林校注》,第1660頁。

實際上借自佛教的術語來改造早期譯經中借用的道家術語，如：

《法句譬喻經》：昔舍衛國有一貧家，夫婦慳惡，不信道德。（T4，p. 578）

津藝116號《太玄真一本際經》卷七：往昔過去无數劫時，有一凡家，宿報貧乏，夫妻頑鄙，甚大慳惡，不信宿命，不信果報。

按，早期佛教譯經中多用"道德"一詞，如吳支謙譯《佛説太子瑞應本起經》卷上："菩薩於九十一劫，修道德，學佛意。"（T3，p. 473）西晉白法祖譯《佛般泥洹經》卷上："汝聞越祇尊奉道德，國有沙門應真及方遠來者，供養衣被、牀臥、醫藥不？"（T1，p. 160）《佛説菩薩本行經》卷中："有賢者名曰須達，居家貧窮無有財産，至信道德。"（T3，p. 113）東晉以後譯出的佛經中，"道德"的這種用法就比較少見了。《太玄真一本際經》此處將"道德"改爲"宿命""果報"，或許爲了與下文的具體内容更好地對應。"宿命""果報"等詞，早期靈寶經就已借用過來，P. 2861 + P. 2256 所載陸修靜《靈寶經目錄》中即著錄有"宿命因緣一卷"，《洞玄靈寶諸天内音自然玉字》《洞玄靈寶長夜之府九幽玉匱明真科》《太上洞玄靈寶真一勸戒法輪妙經》等早期靈寶經中均大量出現"宿命"一詞，這一觀念大約早已被視作正統的道教思想了。《太玄真一本際經》的改動也正與這一現象有關。

2. 改換名物詞

佛經中有大量的南亞常見名物或佛教色彩的名物詞，在直接引入道經前需要做本土化改造。如：

袈裟/僧伽梨—法衣/法服

《大比丘三千威儀》：往當著袈裟脱帽。（T24，p. 918）

P. 2410《神人所説三元威儀觀行經》：當著法服。

《大比丘三千威儀》：不應着僧伽梨有三事：一者作塔事。（T24，p. 918）

P. 2410《神人所説三元威儀觀行經》：道士不應着法衣有十

第五章 道釋相激：佛道關係視域中的敦煌道教文獻研究

六事。何等爲十六？一者，作館舍事。

《大比丘三千威儀》：至舍後當脫袈裟僧迦支。（T24，p.918）
P.2410《神人所說三元威儀觀行經》：至舍後，當脫法服。

按，佛教"法衣"指"應法而作"之衣，因其"壞色"，故稱"袈裟"，具體又分有僧伽梨、鬱多羅僧、安陀會等種類[1]。道教雖也建立了法服制度[2]，但並無佛教那麼複雜的系統和繁多的名號，故對於"袈裟""僧伽梨"等不同的法衣稱呼均改作"法衣"或"法服"。

繩床—金牀

《法句譬喻經》：佛踞繩床告羅雲曰……（T4，p.599）
津藝116號《太玄真一本際經》卷七：於是，太上即坐金牀瑠璃之座，告連珠曰……

按，繩床又稱"胡床"，是一種外來的坐具，《大唐西域記》卷二即稱天竺"至於坐止，咸用繩床"[3]。繩床是隨佛教進入中國的，故南北朝時多將二者聯繫起來，如《北齊書·陸法和傳》稱法和"無疾而告弟子死期，至時，燒香禮佛，坐繩床而終"[4]，《晉書·藝術傳·佛圖澄》稱佛圖澄"迺與弟子法首等數人至故泉源上，坐繩牀，燒安息香，呪願數百言"[5]。因此，"繩床"在佛經改造爲道經時需要加以改動。

分陀利華—衆仙妙華

《大方廣佛華嚴經·盧舍那品》：分陀利華遍圍遶。（T9，p.413）
P.2366《太上元陽經》：衆仙妙華而遍圍遶。

---

[1] 參《釋氏要覽校注》，第131—142頁。
[2] 參 P.2337《三洞奉道科誡經·法服儀品》。
[3] 《大唐西域記校注》，第174頁。
[4] 《北齊書》，第431頁。
[5] 《晉書》，第2486頁。

按，慧琳《一切經音義》卷二五《大般涅槃經》卷一音義："分陀利花，此云白色蓮花也。"（T54，p. 464）這種白蓮華在印度常見，佛經常用來作譬喻。道教徒或不知"分陀利華"之確切含義，或以此花佛教色彩較濃，故改爲含義較模糊的"衆仙妙華"。

但應指出的是，改造後的道經中仍存有不少佛教或南亞色彩濃重的器物或生物，如《太玄真一本際經》卷七"連珠"故事襲用了《法句譬喻經》卷三《象品》，其中用大象所做的譬喻也被繼承過來。南亞次大陸多象，故佛經中象喻極多，《太玄真一本際經》繼承了這一譬喻，大約因爲受佛教影響與大象有關的譬喻早已中國化。此外，又如 S. 482《太上元陽經》沿襲《佛説護身命經》，沿用了其中"押油殃"的譬喻；P. 2366《太上元陽經》改造自《華嚴經》，也沿用了"蓮華""寶輪"之類印度常見物品，但又創造出"蓮華樹"之類奇怪的説法。此類例子還有不少，可能都與佛經廣泛流傳造成相關詞彙融入中國本土文化有一定關係。

3. 動作、習俗改變

除宗教術語、特殊器物外，南亞的一些慣用動作也與中土有所不同。遇這類動詞，道教也常作改動，如：

彈指—謦咳

《大比丘三千威儀》：往至户前當三彈指。（T24，p. 918）

P. 2410《神人所説三元威儀觀行經》：至户當三謦咳。

按，慧琳《一切經音義》卷三六《金剛頂經》第三卷音義："彈指，拳屈頭指，以大指捻彈令作聲。"（T54，p. 548）此爲南亞常用的動作，表示歡喜、讚歎、警示等義。中國本土少用這一動作，故道經或改作"謦咳"。但應指出的是，其實早期靈寶經已接受"彈指"這一動作，P. 2865《太上靈寶洞玄滅度五練生尸經》："是時，諸天大聖衆……同時彈指，普告諸天……一切神靈，咸使聞知。"在南北朝後期至隋唐道經中更爲常見，如 P. 2348《天尊爲一切衆生説三塗五苦存亡往生救苦拔出地獄妙經》："天尊彈指諸衆等，黑闇地獄早生光。"P. 2560《太上洞玄靈寶昇玄内教經》卷六："於是道君即啓齒含笑，九色之光從口中出，

第五章　道釋相激：佛道關係視域中的敦煌道教文獻研究

彈指一下，命召天真、諸天真人、十方真人、靈寶昇玄真人。"甚至還會與"叩齒"等道經常用動作組合，如 P.2391《太上洞玄靈寶昇玄內教經》卷三："於時，太上彈指叩齒，應時十方廓然大明，通徹无礙。"

跽跪—长跽

P.2340《佛説護身命經》：尒時，四天神王偏袒右肩，右膝著地，一心合掌，白佛言……

S.482《太上元陽經》：復有四天神王各將眷屬部曲，行正長（長）跽，叉手言……

P.2340《佛説護身命經》：爾時乾闥婆王、阿修羅、迦樓羅、緊那羅、摩睺羅伽、人非人等，各各跽跪於如來前。

S.482《太上元陽經》：復有七山神王等各各長（長）跽，叉手於上師前。

按，跽跪，又稱"胡跪"，又稱"蹦跪"，指單膝跪地，是印度常見的表示尊敬的動作。慧琳《一切經音義》卷三六《金剛頂瑜伽修習毗盧遮那三摩地法》音義："胡跪，逵葦反。右膝著地，豎左膝危坐。或云'互跪'也。"（T54，p.548）無論"跽跪"的名稱還是具體的動作都顯示了其異域來源。早期道經或使用"互跪"一詞，因此遭到了佛教界的攻擊。如法琳《辯正論》卷八即云："帝代相承，九土之內，唯有長跪、頓首、稽首、稽顙、叩頭、博頰等語，書史之中元無互跪合掌之事。道家但有脱巾伏地，亦無互跽。"（T52, p.543）因此，道教在改造佛經時需要對"互（跽）跪"做出改動。道經多有用"跽"表示跪這一動作者，如《太上靈寶五符序》卷下："盛服束帶，跽請。"（D6, p.337）P.2559《陶公傳儀》："燒香長跽，讀章文。"道經用"長跽"改佛經之"跽跪"，正是用本土動作改造外來動作。

應該指出的是，早期佛文獻可能本來就多採用"長跽"一詞，但後世多改作"長跪"，如慧琳《一切經音義》卷五五《佛說長者音悦經》出"長跽"（T54，p.674），但《大正藏》本《佛說長者音悦經》

· 267 ·

作"長跪"（T14，p.808）；慧琳《一切經音義》卷八九《高僧傳》第一卷音義出"長跽"（T54，p.874），今本《高僧傳》卷一安世高條作"長跪"①。佛經中的"長跪"也多表示跽跪之義②，如《長阿含經》卷三："賢者阿難即從座起，偏袒右肩，右膝著地，長跪叉手白佛言。"（T1，p.17）因此，道經採用"長跽"對應佛經的"跽跪"，很可能正是源於佛經翻譯本身。

4. 音譯改意譯

佛經中有大量的音譯詞，前面提到的"佛""菩薩""袈裟"之類均是。道教在改造佛經時，多選用漢語中近義或同類的詞來替換這類詞。除了上面提到的改造方式外，還有更簡單的方法，即直接將佛經的音譯詞改爲意譯。如：

僧—衆

《大比丘三千威儀》：一者比丘僧會時，當教如法視上下。二者比丘僧有令語，使莫犯。三者當教隨順僧上下。（T24，p.920）

P.2410《神人所説三元威儀觀行經》：一者，諸道士會時，當令如法視上下。二者，衆有制令，當語令莫犯。三者，當教隨衆。

按，《釋氏要覽》卷上："僧，梵語具云僧伽，唐言衆。"③ 道經遇"僧"字多或直接改成意譯"衆"，但這種機械的改寫也容易出現問題，如：

《大比丘三千威儀》：不得違僧正令。（T24，p.924）
P.2410《神人所説三元威儀觀行經》：不得違衆正令。

---

① 《高僧傳》，第6頁。
② 義淨《南海寄歸内法傳》卷上云："言長跪者，謂是雙膝踞地，豎兩足以支身，舊云胡跪者非也。五天皆尒，何獨道胡。"（第59頁）他將"長跪"與"胡跪"溝通起來是對的，但以爲"長跪"是指"雙膝踞地"，似與早期譯經的習慣不同。
③ 《釋氏要覽校注》，第22頁。

"僧正"乃一詞，是一種僧職。《神人所說三元威儀觀行經》遇"僧"字即改作"衆"，於是便造出了"衆正"這一奇怪的新詞。

阿闍梨—師

《大比丘三千威儀》：依止阿闍梨教弟子有十五事……是爲依止阿闍梨法。（T24，p. 920）

P. 2410《神人所說三元威儀觀行經》：道士爲人師，當以十五事教弟子……是爲依師法。

按，慧苑《華嚴經音義》："闍梨，具云阿闍梨，此云軌範師，謂與弟子爲軌則師範然。"（T54，p. 439）是"阿闍梨"即"師"之音譯，道經直接改作"師"。

摩摩德—觀主

《大比丘三千威儀》：禮佛已，當却住問摩摩德姓字。（T24，p. 919）

P. 2410《神人所說三元威儀觀行經》：作礼已，當却問觀主姓字。

按，《翻譯名義集》卷一："摩摩帝，或云毗呵羅莎弭，此云寺主。"（T54，p. 1074）"摩摩德"即"摩摩帝"，爲寺主的梵語音譯，《神人所說三元威儀觀行經》改爲意譯，且改爲道教的"觀主"。

揵椎—磬

《大比丘三千威儀》：聞揵槌聲，當先禮佛。（T24，p. 915）

P. 2410《神人所說三元威儀觀行經》：聞磬聲，當先礼。

《大比丘三千威儀》：摑揵椎時，當先視早晚。（T24，p. 924）

P. 2410《神人所說三元威儀觀行經》：欲鳴磬，當先視早晚。

按：慧琳《一切經音義》卷三一《諸法無行經》上卷音義："楗

槌，梵語，西國所擊物集衆之注也。"（T54，p.516）《翻譯名義集》卷七："犍椎，《聲論》翻爲磬，亦翻鐘。"（T54，p.1168）是"捷槌"爲梵語音譯，指擊打集衆之物，意譯則或稱"磬"。

摩尼—真珠

《大方廣佛華嚴經·盧舍那品》：摩尼寶樂（爍？）焕明耀。（T9，p.413）

P.2366《太上元陽經》：真珠寶飾，焕明曜日。

《大方廣佛華嚴經·盧舍那品》：彼諸香水河從佛眉間白毫相出，摩尼寶王（玉）汎上隨流。（T9，p.413）

P.2366《太上元陽經》：彼土香水，皆從大輪山中出，多有真珠寶玉，化領四海，汎風隨流。

按，玄應《一切經音義》卷一《大方廣佛華嚴經》第一卷音義："踰摩……言摩尼者訛也，正言末尼，謂珠之總名也。"① 是"摩尼"爲寶珠總名的梵文音譯，P.2366《太上元陽經》以"真珠"對譯。

分衛—乞食/乞

《法句譬喻經》：佛愍其愚，現爲貧凡沙門，詣門分衛。（T4，p.578）

津藝116號《太玄真一本際經》卷七：道愍其愚，將欲化導，託作凡人，詣門乞食。

《法句譬喻經》：學道勤苦，罪根難拔；分衛乞食，受辱難堪。（T4，p.599）

津藝116號《太玄真一本際經》卷七：學道勤苦，罪根難除；飢寒告乞，受辱難任。

---

① 《中華大藏經》第56卷，第814頁。

第五章　道釋相激：佛道關係視域中的敦煌道教文獻研究

按，《釋氏要覽》卷上："乞食，《善見》云分衛，此云乞食。"①《太玄真一本際經》即以意譯改音譯。

此類之例還有很多，如"檀越"改作"主人"，"布薩"改作"淨住"，"阿僧祇劫"改作"百万歲"，等等，本書不再一一列舉。

以上羅列了道教改造佛經時改換詞語的幾種主要情況，但實際情況遠遠不止這幾類。除了上列幾種情況外，又有地名的改換（如津藝116號《太玄真一本際經》卷七改《法句譬喻经》之"賢提精舍"爲"王屋山"）、單位改換（如 P.2366《太上元陽經》改《華嚴經》之"由旬"爲"里"）、稱謂改造（如 BD1034《太上一乘海空智藏經》卷九改《維摩詰經》之"長者"爲"慈母"）等。這種改造方式改動極小，以"生吞活剝"的方式完成了對佛經的吸收。

（二）改偈語爲散文

佛經中偈語極多，佛教徒在翻譯時多採用四言、五言、七言的詩體，但大多無法押韻。道經中偶有用作讚歎的"頌"，與佛經的偈在形式、功能方面都有不小的差異。道教徒在改造佛經時，一般不會將佛偈改造爲頌，而是直接變爲長行散文。前面引到的例子中已提到 P.2450《太上元陽經》改造了《妙法蓮華經·序品》的偈，此外又如 P.2366《太上元陽經》改造晉佛馱跋陀羅譯《大方廣佛華嚴經·盧舍那佛品》，現列表對比如下：

《大方廣佛華嚴經·盧舍那佛品》（T9, p.413）

《大方廣佛華嚴經·盧舍那佛品》	P.2366《太上元陽經》
金剛寶地可悅樂，	金玉爲地，悅可衆心；
寶輪羅網彌覆上，	寶輪羅網，弥覆其上；
種種寶華爲莊嚴，	種種寶華，以爲嚴飾；
雜種寶衣珍妙輪，	雜種衣服，珍妙法輪，
隨次遍布一切地。	隨次遍布一切大地。
菩薩天冠寶瓔珞，	天人朝觀寶林瓔珞，
離垢莊嚴光明照，	思其土境，離垢莊嚴，光明外照，
妙香碎寶悉充滿。	妙香碎寶，悉充滿足。
光明粢寶華莊嚴，	光明流照，

---

① 《釋氏要覽校注》，第213頁。該書又引"僧祇"云："乞食分施僧尼，衛護令修道業，故云分衛。"但《摩訶僧祇律》中未見此文，其說似不確，"分衛"當爲音譯。

续表

《大方廣佛華嚴經·盧舍那佛品》	P.2366《太上元陽經》
普放一切滿十方， 寶華遍覆一切地， 悉能長養佛功德。 興一切雲滿虛空， 光明普照不可盡， 光明悉滿一切刹， 具說佛法甘露味。悉入一切佛所願，常能廣見三世法，	遍一切處，无不明徹，弥滿十方。 寶華遍覆一切大地， 悉能長我，及天人功德。 大德大辨，興一切雲雨，流滿虛空， 光明普照，猶不可盡， 悉入一切，天人所願。 常能廣見一切法，具說我界純出甘露，雨於大地，一切下土，得如所願，三世第一。
隨順菩薩大士行， 於此大地皆悉見。 此清净地寶莊嚴， 一切佛刹悉來入， 其地一一微塵中，一切佛刹亦悉入。	隨順天人大士富林， 於彼大地，皆悉能現。 此國莊嚴，清净寶蓋， 一切天人亦悉入中。
衆寶妙華莊嚴藏， 十方菩薩常往來， 常聞菩薩一切願， 及諸菩薩自在德。 有寶光明相莊嚴， 離垢嚴净出光明， 示現一切諸佛法， 充滿法界如虛空。 有得普賢所願者， 諸佛境界無量智， 彼得無量勝自在， 能入無邊佛刹海。	衆寶莊嚴， 十方天人常住其中。 常聞天人一切發願， 及諸弟子等自在神力。 多重寶光，莊校嚴飾， 離垢嚴净，演出妙音， 示現一切諸仙世界， 充滿法門，土界清净，猶如虛空。 有得富林所願者， 成也諸仙境界元陽第三無量智見。 彼得清净勝妙樂世界，神通自在， 能入无邊諸法海。

由此對比可以明顯看出，P.2366《太上元陽經》偶有語序調整之處，但基本上是對《華嚴經·盧舍那佛品》這段偈語的改寫，改造方式主要是把七字句改爲八字句，而且往往是將末一字或倒數第三字改作兩字。這種改動有些地方顯得非常笨拙，如"悉充滿"改作"悉充滿足"，將"充滿"這一詞拆開，反而導致文意不暢。除了字數的改動外，道教徒還會改造佛教色彩明顯的術語，如"菩薩""佛"改作"天人"之類。佛經往往不避重複，如"一切佛刹亦悉入"連續出現兩次，道經直接予以刪除。此外，道教還有幾處改動較大的地方，完全改變了佛經原有的含義，如"離垢莊嚴光明照"本是形容"菩薩天冠"，P.2366《太上元陽經》增加了"思其土境"，則該句成了對"土境"描寫；"具説佛法甘露味"的"甘露"本是形容佛法，P.2366《太上元陽經》改作"具説我界純出甘露，雨於大地"，則改成了十足

第五章 道釋相激：佛道關係視域中的敦煌道教文獻研究

中國本土特色的祥瑞。這種種改動使佛偈從形式到內容都完成了本土化的改造。

（三）刪除不易改造的佛教或印度習俗

佛經中還有不少內容，其佛教色彩或南亞特色過於濃重，道教徒在改造過程中或直接刪除。前面提到的 P. 2366《太上元陽經》改造《華嚴經》的偈語，即刪除了一些內容。此外又如：

《大比丘三千威儀》：有五事當報：一者沐浴剃頭。（T24，p. 918）
P. 2410《神人所説三元威儀觀行經》：浴當報師知。

按，佛教徒需剃髮，故《大比丘三千威儀》中有不少與此相關的內容，《神人所説三元威儀觀行經》則大多予以刪除。除此處外，《大比丘三千威儀》還有"沐浴鬚頭報有五事"等，《神人所説三元威儀觀行經》均刪除。

又如《大比丘三千威儀》："行到時著法衣有五事：一者道中見三師，當出右肩；二者覆兩肩，當從喉下出右手；三者覆兩肩，得從下出右手；四者行泥中，得持一手斂衣；五者還入户恐污衣，得兩手斂衣。"（T24，p. 918）道教法衣形制與袈裟不同，不會有"出右肩"等行爲，因此 P. 2410《神人所説三元威儀觀行經》僅保留"泥中當手舉衣"一條，其餘均刪除。

又如《大比丘三千威儀》："不應著僧伽梨有三事：一者作塔事，二者作招提僧事，三者作比丘僧事。"（T24，p. 918）"招提僧"是四方僧，"比丘僧事"所指不明，道教中不存在這兩種情況，因此 P. 2410《神人所説三元威儀觀行經》改作"作餘穢事"。由於制度不同，佛教許多條例無法移植至道教，故《神人所説三元威儀觀行經》刪減《大比丘三千威儀》之處極多，不再一一列舉。

除了這類有宗教色彩的語句外，還有一些與南亞風俗習慣有關，如：

《大比丘三千威儀》：受案有五事：一者當持手巾并受，二者當決闊尺六，三者當持手巾連案若机足，四者當却膝，五者兩肘

· 273 ·

不得離膝。（T24，p.921）

P.2410《神人所説三元威儀觀行經》：道士受食案有十四事。何等爲十四？一者，當持手巾并受；二者，當開閉中尺六寸……

按，在《大比丘三千威儀》這五事中，《神人所説三元威儀觀行經》僅接受了前兩條，其餘内容則來自《大比丘三千威儀》下文。在《神人所説三元威儀觀行經》删除的三條中，第三條與南亞食案形制有關，第四、五兩條則與南亞盤腿的坐姿有關，這都是無法改造的内容，只得删除。

需要指出的是，雖然《神人所説三元威儀觀行經》對《大比丘三千威儀》做了不小的删減，但仍保留了不少外來文化的痕跡，如保留了"入浴室有廿事""入温室有廿一事"。佛教特别重視温室洗浴的儀式，有專門的《佛説温室洗浴衆僧經》，敦煌文獻中還保留了不少講《温室經》或與浴僧有關的材料①。現在的道教文獻中，除此《神人所説三元威儀觀行經》外，再未見與温室洗浴相關的材料。因此，《神人所説三元威儀觀行經》保留有入浴室、入温室的儀式顯然不太合適。該經又將《大比丘三千威儀》的"入堂室"改爲與"入温室"相對的"入涼室"，則更加令人不知所云了。

（四）上下文綜合

上面所列的三種情況，是道教徒面對翻譯出的外來文獻所不得不做的改動。除了這類相對被動的删改外，道教徒還有意識地對佛經改寫或增加内容。這已是主動地重塑經典，而不是簡單地因襲。道教徒改寫佛經的一個重要資源是被改寫的佛經本身，他們往往將佛經上下文綜合在一起，形成一個全新文本。如：

《大比丘三千威儀》：和上當有十五德：一者當知戒；二者當持戒；三者當不犯戒；四者當知經；五者當自守；六者當教經；七者當教誡；八者當教習意；九者當教稍稍受；十者當教法則；

---

① 如 P.2849v、P.3265、Дх02479 等。

第五章 道釋相激:佛道關係視域中的敦煌道教文獻研究

十一者當自有隱德;十二者能致檀越;十三者不得有獨匿心;十四者人持物來,當言皆爲衆人物;十五者占視病瘦當令差。復有十{五}事:一者有弟子當能衣食;二者當能經紀;三者當能解經令知義;四者有深經好語,皆悉當教弟子;五者有所問當能報語;六者當能分別,爲説三惡道罪;七者當能教點慧如我勝我;八者當教持戒分別知所行;九者當教曉戒隨説;十者當審弟子意節度與。阿闍梨當有五德:一者當有四阿含、二者當有戒具德、三者當有慧德、四者當有大德、五者當自守。復有五事:一者作師當自持戒;二者設弟子衣被破敗,當能給與;三者弟子病瘦,當能瞻視;四者當致布施,分別爲説罪福;五者十歲應作和上,所知當具悉。復有五事:一者當教學慧、二者當教多誦經、三者當教能解經、四者當教深經、五者當教莫與人諍經。復有五事:一者當教誡;二者當教稍稍受;三者當教知戒;四者當教持戒;五者當教隨和上,十歲盡所知事。事師有五事:一者當畏敬師、二者當隨師教誡、三者當隨順師意、四者當識師語、五者不得違師教。復有五事:一者朝暮往問訊安否……復有五事……四者自却住,師教坐不得便坐,師三言坐乃應坐……復有五事當報……三者出行若近讀。(T24,pp. 917 - 918)

　　P. 2410《神人所説三元威儀觀行經》:道士爲人師,備卅三事。何等爲卅三?一者,當知戒;二者,當知持戒;三者,不犯戒及威儀;四者,當知輕(經);五者,當知犯、不犯相;六者,當自守持;七者,當恒護惜威儀;八者,當敬經法;九者,當恒作利益意;十者,當以己所解,盡心教授;十一者,當稍稍授;十二者,當教人經法;十三者,當自脩道行;十四者,常能致物情;十五者,己之所解,不得隱匿,畏己法盡,徒衆分散;十六者,若得布施,當言皆爲衆人來,非我德招;十七者,當自占視病瘦,醫藥令等;十八者,有弟子,當能衣食;十九者,當能教經文句;廿者,當能爲解經,令知;廿一者,有所問,當能報語;廿二者,當恒爲説罪惡,示教利喜;廿三者,當能教點慧如我、勝我;廿四者,當能教令守戒;廿五者,當教令識邪正;廿六者,

· 275 ·

當教曉解戒相；廿七者，當令能得諸弟子意；廿八者，若有乏短，當供給所須；廿九者，當具有戒德；卅者，當具解慧；卅一者，當自精進持戒；卅二者，當能分別爲說罪福；卅三者，應當教諷誦經；卅四者，當教解深義；卅五者，當親近善知識，遠離惡知識；卅六者，當教令恭敬；卅七者，當教令莫違大德教令；卅八者，當教令朝暮問訊同止大德；卅九者，有罪當教如法悔；卌者，當晝夜教誨，無令於道生厭退心；卌一者，當知弟子入出處所；卌二者，當教弟子，師教坐，三語乃坐；卌三者，當教動止得所；卌四者，當一平等，善取人心。

按，《神人所説三元威儀觀行經》這段爲人師四十四事，綜合了《大比丘三千威儀》的和上諸德、阿闍梨諸德，並吸收了部分事師之事的内容，删除或改寫了如"當有四阿含""能致檀越"等佛教色彩過於濃重的條目。值得注意的是，《神人所説三元威儀觀行經》下文有"道士事師有卅三事"，即改寫自《大比丘三千威儀》"事師有五事"等條目。此處爲人師四十四事仍從事師禮中吸收内容，恐怕正是《神人所説三元威儀觀行經》有意地創造新經典的體現。

（五）增加内容

1. 增加道教内容

道教改寫佛經所增加的内容，最顯著的是在佛經故事框架中間加入大量與道教相關的内容，包括道教的教理、道經的敘述方式等，例如：

《法句譬喻經》：佛言……欲離世苦，當求寂滅，攝心守正，怕然無想，可得泥洹，此爲最樂。（T4，p. 595）

津藝116號《太玄真一本際經》卷七：於是太上告諸道士："……若欲離苦，當尋妙道，脩齋奉誡，廣種福田，度脱厄難，憐愛貧窮，上救七祖，下及子孫，令蒙福利，潤被一切，誓度无偏，功德充足，身獲飛仙，是名離苦，永无衆惱。"於是，道士等重復作禮，上白天尊："臣自愚劣，雖加脩念，未達聖源，唯習小道，不見科文。不審大乘經典、威儀法則，其事云何？唯願

第五章 道釋相激：佛道關係視域中的敦煌道教文獻研究

天尊賜垂成就，授以誠言，不更諸苦，得免土塵。仰衡慈施，不敢輕宣。"於是，天尊即勅左玄真人授《靈寶五文赤書飛天尊經》。受度畢訖，皆能飛行，逍遙金闕，得成真人。

按，此處《本際經》直接借用了《法句譬喻經》的故事，二經大部分文字相近，《本際經》僅在故事末尾增加了大量內容。《法句譬喻經》故事的目的是勸人攝心求涅槃，《本際經》繼承了這一點，也是勸人求道，但在"尋妙道"後還增加了修齋種福、拔度七祖、己身飛昇等道教色彩極其鮮明的內容。除此之外，《本際經》還在末尾增加了一段天尊授經的敘事，這是早期靈寶經常見的敘述方式，如 P. 3022v、P. t. 560v《太上洞玄靈寶真文度人本行妙經》於每一故事末尾都有元始天尊授經的內容，S. 1605 + S. 1906《太上洞玄靈寶真一勸戒法輪妙經》則在經末有授經的記載。出世稍晚的道經，如 P. 2449《洞玄靈寶元始應變歷化經》也繼承了這一形式。《本際經》卷七幾則故事均改編自《法句譬喻經》，其改造方式也較爲接近，均在故事末尾增加一大段道教教理，有的還增加了天尊授經的敘事，這成功地將佛教故事改造成爲道經的一部分。

2. 增加內容以使文字順暢

作爲翻譯作品，佛經的語言難免不太順暢。道經在改造佛經時，往往會增加一些短句，使文字更加通暢。《太玄真一本際經》卷七在這一點上特別突出，該卷的故事雖來自《法句譬喻經》，但在文字上做了很大改動，尤其是增加了不少句子，使其內容不再像翻譯作品。現將《太玄真一本際經》卷七"降伏二千五賊"故事中一段與《法句譬喻經》對比如下：

《法句譬喻經》：昔羅閱祇國南有大山，去城二百里，南土諸國路由此山。山道深邃，有五百賊依嶮劫人，後遂縱橫，所害狼藉。衆賈被毒，王路不通。國王追討，不能擒獲。時佛在國，哀愍群生，念彼賊輩不知罪福，世有如來，而目不覩；法鼓日震，而耳不聞。"吾不往度，如石沈淵。"（T4，p. 579）

拘校道文

津藝 116 號《太玄真一本際經》卷七：吾前世時，行於禪黎國南三千里外，有一石山，<u>嶮固深邃</u>，<u>道路難通</u>。時有二千五百賊，依嶮劫人。<u>遭其抄掠，前後无數</u>。尒時，國王遣軍征伐而不能得。山南諸國，路由此山，<u>數被劫奪，人皆患之</u>。道念羣愚，甚爲可愍：世有聖人，而目不覩；世有妙道，而耳不聞。如不化者，喻石沉淵，<u>何由浮舉？如此凶賊，爲害既深，若不伐者，王道隔絶，何由通達？</u>

兩相對比，可以看出《太玄真一本際經》既有語序的調整，也有內容的增删。所增加的內容有些是對文義的補充，如增加"道路難通""遭其抄掠，前後无數"等；有些則是對佛經譬喻的詳細申發，如前揭例的最末一句。這其實都是對佛經論説方式的本土化。《太玄真一本際經》卷七中此類內容的增加極多，經過這一系列改造，該卷已與中國原生經典的形式非常接近了。

3. 增加適應本土習俗的內容

除了增加道教義理外，從佛經改寫而來的道經還增加了一些無宗教色彩的內容，這往往有較濃的中國本土特色。如：

《大比丘三千威儀》：若比丘作法衣服有五事：一者當頭面著地作禮。二者當如事説，某到、某今持作、某白如是。三者師默然不報，當起作禮去。四者若聽使作，當如法受教。五者師若言："是未可作，某使廣若干、長若干。"當隨師教，不得違。復有五事：一者三衣不具，急當具足。二者已具，不復多作。三者法衣破敗，應當作。四者衣未極敗，不應作。五者作法衣當如度，得作三色青黃木蘭，是爲衣服。（T24，p.918）

P.2410《神人所説三元威儀觀行經》：道士作法衣有九事。何等爲九？一者，當如法作；二者，若欲作衣，當先白師，師若許作，當作；三者，當依法條縫；四者，若已有内外法衣，不得作；五者，不得五方色物作法衣；六者，不得使非親里女官作法衣；七者，當正好色作衣；八者，未有法衣，當急作；九者，當

第五章 道釋相激：佛道關係視域中的敦煌道教文獻研究

稱形作。

按，《神人所説三元威儀觀行經》此處雖從《大比丘三千威儀》而來，但做了不小的改動。其中"不得五方色物作法衣"一句當是爲了與裁截五方施與之衣而成的袈裟區別；"當正好色作衣"雖從"得作三色青黄木蘭"一句來，但似是故意與佛教的"壞色袈裟"區別。"當稱形作"一句不見於《大比丘三千威儀》，但佛教戒律對法衣尺寸也有規定[①]，《大比丘三千威儀》大概此處省略，而《神人所説三元威儀觀行經》則補充一句，使文義完備。

特別值得注意的是"不得使非親里女官作法衣"一句。佛教戒律中並無對他人代作袈裟的禁令，如《四分律》卷四十、四一有關於法衣制度的諸多規定，其中完全沒有禁止比丘尼作法衣的内容。這大約與佛教有關比丘、比丘尼交接的禁令已較爲完備，本無比丘尼代作法衣之理。道教相關戒律較少，且中國本有男女不相授受的習俗，"不得使非親里女官作法衣"大概正是因應這一習俗添加的。

《神人所説三元威儀觀行經》增加了不少此類與中國習俗相關的内容，如在"著法衣有七事"中增加了"當正持威儀，無令如王大臣，廣步掉臂行"，在"使人市買有九事"中增加了"口不二價"等内容。

以上總結了道教改造佛經增加内容的主要方式，但應指出的是，在增加内容的過程中，道教也深受佛教影響。如 S.482《太上元陽經》："若有昇天仙道士，經行林野，止息樹崖者，若有山神磨（魔）女、崖嚮（響）惡精、魃（魃—魃）魅魍魎，來欲遶（撓）害之者，我等山神王力能令是人不生畏想，禪思如故。"這一段不見 P.2340《佛説護身命經》，是《元陽經》新增加的内容，但在此處仍借用了"禪思"這一佛教概念。《道藏》本《洞玄靈寶上師説救護身命經》則改作富道教色彩的"存思"。

[①] 如《四分律》卷四一："聽以長四肘、廣二肘衣作安陀會，廣三肘、長五肘作欝多羅僧，僧伽梨亦如是。"（T22，p.863）

(六) 對佛經的誤讀

在道經對佛經的改寫過程中，有些是誤讀造成的差異。這種誤讀一方面造成了部分文句不通順，另一方面也是經典重塑的一種方式，如：

《大比丘三千威儀》：問經有五事：一者當如法下牀問；二者不得共坐問；三者有不解直當問；四者不得持意念外因緣；五者設解，頭面著地作禮反向出户。復有五事：一者不得教"買某來，我欲飯之"；二者不得持菓蓏與沙彌，"汝持授我，我欲食之"；三者不得調譺臥人床上；四者不得唾人淨地；五者人如法呵之，不得怒去。是爲恭敬。（T24，p. 917）

P. 2410《神人所説三元威儀觀行經》：道士問經有十事。何等爲十？一者，當如法卑下牀問；二者，不得共坐而請；三者，有不解當直問；四者，不得思憶外因緣；五者，設解，當頭面著地作礼，反向出户；六者，不得唾人淨地；七者，不得咄狗；八者，若徙倚；九者，如法呵之，不得怨師；十者應歎讚。

按：《大比丘三千威儀》中的"復有五事"與"問經有五事"文義並不相連，這五事乃是"恭敬"五事。《神人所説三元威儀觀行經》顯將"復有五事"當作"問經有五事"的接續，所以作"問經有十事"。但"復有五事"中之事實在與問經關係不大，其前三事尤其無關，故《神人所説三元威儀觀行經》不得不刪除重寫。在重寫的三條中，"不得咄狗""若徙倚"顯然是將一句拆成兩條，很可能是由前條"不得唾人淨地"聯想到的爲客之道①。至於末條"應歎讚"，則似乎是對"問經"之事的回應。

除了對條目關係的誤讀外，《神人所説三元威仪观行經》還會誤解《大比丘三千威儀》的字詞含義，如：

---

① 《禮記·曲禮上》："尊客之前不叱狗，讓食不唾。"可與此對勘。

第五章　道釋相激：佛道關係視域中的敦煌道教文獻研究

《大比丘三千威儀》：三師浴，當入迴之。（T24，p. 918）

P. 2410《神人所説三元威儀觀行經》：師浴，當入揩之。

按，"迴"即迴避之義，"三師浴，當入迴之"指見三師浴則當迴避折返，故《大比丘三千威儀》下條云"三師浴，當持衣住外待"。《神人所説三元威儀觀行經》竟將"迴"改作"揩"，意思完全相反。類似之例極多，又如《大比丘三千威儀》稱"若問'卿經利不'"，其中的"利"是指對經書的熟習，P. 2410《神人所説三元威儀觀行經》改作"師若問卿經義利"，則完全不知"利"字之義。

除對普通字詞的誤讀外，道經中更爲常見的是對佛教術語的誤讀，如：

P. 2340《佛説護身命經》：汝能擁護我百千萬億劫中所可修集阿耨多羅三藐三菩提心。

S. 482《太上元陽經》：汝能擁護我百千万劫中所可脩集，即成神仙，元陽上品第一弟子耳。

按，《佛説護身命經》"擁護"的賓語是佛的"阿耨多羅三藐三菩提心"，《太上元陽經》將"阿耨多羅三藐三菩提心"改造爲"即成神仙"云云，成了"擁護"的結果。《佛説護身命經》乃是疑僞經，此處很可能仿寫自《金光明經》，彼經云："汝等四王，乃能擁護我百千億那由他劫所可修習阿耨多羅三藐三菩提。"（T16，p. 341）佛教認爲，"阿耨多羅三藐三菩提心"可被毀壞，如《大寶積經》卷八八："當來末世後五百歲，有相似沙門，身被袈裟，毀滅如來無量阿僧祇劫所修集阿耨多羅三藐三菩提。"（T11，p. 503）故需"擁護"。這本是佛經常見用語，《太上元陽經》對這段話做了誤讀，又從而再做改造。

《大方廣佛華嚴經》卷四：當知此蓮華藏世界海中，一一境界有世界海微塵數清淨莊嚴。

· 281 ·

P.2366號《太上元陽經》：寶如（當知）蓮華藏世界海中，一一境界，有一世界，名曰海微塵莊嚴。

按，《華嚴經》中"世界海微塵數"六字是一詞，表示數量之多。《太上元陽經》竟將"世界"分爲一詞，"海微塵"分爲一詞，致此句與《華嚴經》原文相去極遠。《太上元陽經》中類似誤讀之處極多。這種有意無意的誤讀，爲舊的佛經賦予了全新的意義，也從而創造了全新的經典。

成書於南北朝末期至唐初的相當一部分道經應是以仿寫或改造佛經的方式造作的，保存在《正統道藏》中的此類經書已經很少，藏經洞中發現的道教文獻中有幸保存了幾卷此類經典，揭示了這一獨特的道經創作方式。拋開狹隘的道德評判，將這一批道經與佛經做詳細比較，有助於我們了解中古道經的生成方式，並有助於分析中國本土文化對外來文化的吸納和在此基礎上的再創作。除此之外，研究道經改造佛經的基本方式還有助於道經的校勘，如：

P.2340《佛説護身命經》：我所出法，上下句偈，如佛所説。
S.482《太上元陽經》：我所出法，上下句文，如吾本師元陽仙公所囑妙法，無有錯誤。
《道藏》本《洞玄靈寶上師説救護身命經》：我所出法，上下文句，如吾本師元陽仙公所囑妙法，無有錯誤。（D6，p.229）

按，S.482之"句文"，《道藏》本作"文句"，看起來更符合漢語習慣，却未必是《元陽經》原貌。《元陽經》此卷中多以"文"對應改造《佛説護身命經》的"偈"，《佛説護身命經》下文"不敢忘失一句一偈"，S.482正作"不敢妄失一句一文"。因此，從道經直接改造佛經術語的方式來看，S.482作"句文"更爲近古。

三 道經發展過程中對佛教術語的刪改

大約與道教大規模改造佛經同時，佛道關係開始激化。道教一改

第五章　道釋相激：佛道關係視域中的敦煌道教文獻研究

早期道經中對佛教的包容態度，在南北朝後期至唐初新造的一批經典中大力排擊佛教。史料中關於道教對佛教攻擊的最早記載應是西晉道士王浮造作《老子化胡經》。《出三藏記集》卷十五云：

> 後少時有一人，姓李名通，死而更蘇，云："見祖法師在閻羅王處，爲王講《首楞嚴經》。云講竟應往忉利天。又見祭酒王浮，一云道士基公，次被鎖械，求祖懺悔。"昔祖平素之日，與浮每爭邪正，浮屢屈。既意不自忍，乃作《老子化胡經》，以誣謗佛法。殃有所歸，故死方思悔。①

此事流傳極廣，又見《高僧傳》卷一"帛遠"條、《辯正論》卷五②、《法苑珠林》卷五七、《開元釋教錄》卷二等。

學者多據此謂《化胡經》起於西晉王浮，但這一記載頗有可疑之處③，首先老子化胡之說早見於《後漢書·襄楷傳》載楷上書及魚豢《魏略·西戎傳》等，並不始於王浮，這一說法在當時甚至部分被佛教接受，並不需要王浮取以作攻擊手段；其次，如前所述，西晉之時佛道關係並未如後世那樣敵對，道教似乎也沒有攻擊佛教的動機；再次，現在看到的佛教對道教的攻擊主要集中於南北朝後期以後，如果那麼早就受到道教攻擊，佛教界似乎不可能全無回應流傳下來。因此，即便王浮確曾造《老子化胡經》，但恐怕也不是爲攻擊佛教而作。但《高僧傳》《出三藏記集》等書載此事，可知至遲在蕭梁時二教已矛盾很深。

在王浮之後，正史中有崔浩非毀佛教的記載。《魏書·釋老志》：

---

① 《出三藏記集》，第560頁。
② 《辯正論》卷五自《高僧傳》引此文，云出"裴子野《高僧傳》"，顯非。又改"乃作《老子化胡經》"一句爲"乃託《西域傳》爲《化胡經》"。其所謂"西域傳"即該書前文所引有"我生何以晚，佛出一何早"一段話的"西域傳"，顯係佛教徒僞造的文獻。《辯正論》又引《晉世雜錄》亦言此事，但其中也有"遂改換《西域傳》爲《化胡經》"的話，恐怕也是出於法琳的竄改或僞造，非竺道祖的《晉世雜錄》原文。
③ 柴田宣勝《老子化胡經僞作者傳について》（《史學雜誌》第44編第1號）已指出此說係梁代僧徒僞造。筆者未見柴田氏原文，此據劉屹《經典與歷史——敦煌道經研究論集》第1頁轉引。

· 283 ·

拘校道文

> 世祖即位……及得寇謙之道，帝以清淨無爲，有仙化之證，遂信行其術。時司徒崔浩，博學多聞，帝每訪以大事。浩奉謙之道，尤不信佛，與帝言，數加非毀，常謂虛誕，爲世費害。帝以其辯博，頗信之。會蓋吳反杏城，關中騷動，帝乃西伐，至於長安。先是，長安沙門種麥寺內，御騶牧馬于麥中，帝入觀馬。沙門飲從官酒，從官入其便室，見大有弓矢矛盾，出以奏聞。帝怒曰："此非沙門所用，當與蓋吳通謀，規害人耳！"命有司案誅一寺……帝既忿沙門非法，浩時從行，因進其說。詔誅長安沙門，焚破佛像，敕留臺下四方，令一依長安行事。①

魏太武帝滅佛顯然主要由於政治原因，崔浩的"非毀"僅僅推波助瀾而已。但可知此時佛道二教關係已比較緊張。

至於南朝佛道關係的緊張，許里和認爲與五胡亂華有一定關係②。但如前所述，東晉中後期成書的上清經、靈寶經中對佛教態度還比較友好，恐怕很難說東晉南遷對佛道關係產生多大的影響。但至遲在劉宋後期，南方的二教之間也挑起了矛盾。《南齊書·高逸傳》即云："佛道二家，立教既異，學者互相非毀。"③ 顧觀、袁粲、明僧紹等人的爭論即保存在《南齊書》中。這與北朝太武帝滅佛的時代大致相近。雖然南朝顧歡等人更傾向於利用夷夏之辨這一理論工具，但佛道矛盾的根本原因恐怕還是當時佛教的急速發展。

對於南朝佛道關係，值得注意的一件史事是梁武帝的佞佛。梁武帝篤信佛教，《集古今佛道論衡》中曾載其捨道入佛之敕④，恐怕是出於僞造。但梁武帝對佛教的虔誠信仰顯然極大地壓縮了道教的生存空間，陶弘景晚年禮塔受佛戒，很可能即與來自梁武帝的壓力有關⑤，由此可見佛教對道教的巨大衝擊。大約正與南北方的政治環境有關，

---

① 《魏書》，第3033—3034頁。
② [荷蘭] 許里和：《佛教征服中國——佛教在中國中古早期的傳播與適應》，第513頁。
③ 《南齊書》，第931頁。
④ 《集古今佛道論衡校注》，第77—83頁。
⑤ 參王家葵《陶弘景叢考》，第30—32頁。

第五章 道釋相激：佛道關係視域中的敦煌道教文獻研究

佛道關係越來越惡劣，道經中也開始出現對佛教的激烈攻擊。

敦煌十卷本《老子化胡經》內容很駁雜，但與王浮所撰《老子化胡經》基本沒有關係。該書大約卷一、卷二爲唐代作品，卷八、卷十爲北魏中後期作品，其中頗多攻擊佛教之辭。如：

S. 1857《老子化胡經》卷一：胡人很戾，不識親疎，唯好貪婬，一无恩義。鬢髮拳鞠，疏（梳）洗至難，性既羶腥，體多垢穢，使其脩道，煩惱行人，是故普令剔除鬢髮，隨汝本俗，而衣氈裘。

S. 6963v《老子化胡經》卷二：第二十三外道名爲梵音，有七万七千鬼神以爲眷属。能轉人心，不信者信，邪覺觀智，脩習禪定，亦令布施，能斷他道，壞人善根，敗乱正法。時諸僧尼，入禪三昧，忤（悮）入耶罔，常隨黑闇，天（无）智之者，呼爲正真。

P. 3404《老子化胡經》卷八：優婆塞、優婆夷者，迦夷國大兵衆侵煞隣國，奪人男女財寶，人皆忘之，相率於國，男立塞使强兵防守，女人老弱令在家中。胡名劫奪曰劫叛婆，故女子居家者憂其男子在塞上，爲迦夷所劫奪傷煞，遂呼男爲優婆塞；男子守塞者憂其女子在家，復爲迦夷所劫奪鹵略，乃呼女爲優婆夷。

P. 2004《老子化胡經》卷十：漢家立子無人情。捨家父母習沙門。亦无至心逃避兵。不飢道法貪治生。

除《老子化胡經》外，其他成書較晚的道經中也多攻擊佛教之辭，如：

P. 2366《洞淵神呪經》卷十：中國至癸未年以來，沙門法還西胡國，胡國有佛也，中川秦人正有道耳。道經三洞无數，佛經自去，沙門變白衣，人亦賤之。道士轉貴，貴人亦作道士也。

P. 2385《太上大道玉清经》卷十：善男子，世間有人直修空

· 285 ·

拘校道文

義，无所爲作，自證其身，與道无異。如此之人，止得高心、嗔嚊之罪，千生万生，終不得道。何以故？此人高心，不願見道，永與道隔，長隨生死，順入苦流。

藏經洞所出南北朝後期至唐代道經中多有此類攻擊佛教之文，本書不再一一列舉。

面對來自道教的攻擊，佛教也展開了激烈的回擊。回擊的方式之一，即是指出道經中因襲佛經之迹。自北周以後，此類記載不絕於書，如：

《廣弘明集》卷八引北周道安《二教論》云：《黃庭》《元陽》，採撮《法華》，以道換佛，改用尤拙。（T52，p. 141）

前書卷九引北周甄鸞《笑道論》云：《黃庭》《元陽》，以道換佛。（T52，p. 151）

唐法琳《辯正論》云：今之道士所學之法不復以此爲念，然大都止令如佛家身死神明更生勝地耳。若不復貴此身者，不如專心學佛道。佛道營練精神，日明日益，甚有名理。定慧之法，屢然可修。何勞勤苦，自名道士，而實是學佛家僧法邪？學又不專，蓋是圖龍畫虎之儔耳。何不去鹿巾、釋黃褐、剃鬚髮、染袈裟，而歸依世尊耶？世間道士經及行道義理則約數論而後通言，偷佛家經論，改作道書，如《黃庭》《元陽》《靈寶》《上清》等經，及《三皇》之典，並改換《法華》及《無量壽》等經而作者也。修心則依坐禪而望感言，改坐禪之名爲精思之號也。（T52，p. 532）

《集古今佛道論衡》卷丁載顯慶五年（660）静泰與李榮論議：又道士諸經，唯有《莊》《老》，餘皆僞誑。偷竊佛教，安置縱橫，首尾蹈機，進退惟咎。假令榮經改無歸佛之語，陛下秘閣亦有道經，請對三觀學士，以定是非，即源真謬。[①]

[①] 《集古今佛道論衡校注》，第283頁。

第五章 道釋相激：佛道關係視域中的敦煌道教文獻研究

唐道宣《法苑珠林》卷五五：扶風前進士馬翼，雍州別駕李通等四人，以天和五年於故城內守真寺抄攬佛經，造道家僞經一千餘卷。時萬年縣人索皎裝潢。但見甄鸞《笑道》之處，並改除之。近如大業末年，有五通觀道士輔慧祥三年不言，因改《涅槃經》爲《長安經》……又至麟德元年，西京諸觀道士郭行真等。時諸道士見行真恩勅驅使，假託天威，惑亂百姓，更相扇動。簡集道士東明觀李榮、姚義玄、劉道合，會聖觀道士田仁慧、郭蓋宗等，總集古今道士所作僞經，前後隱没不行者，重更修改。私竊佛經，簡取要略，改張文句，迴換佛語、人法名數，三界、六道、五陰、十二入、十八界、三十七道品、大小法門，並偷安道經，將爲華典……如大業年中五通觀道士輔慧祥改《涅槃》爲《長安經》，被殺不行。今復取用，改爲《太上靈寶元陽經》。復更改餘佛經，別號《勝牟尼經》，或云《太平經》等。如道經之內本無優婆塞、優婆夷、檀越、賢者、達嚫之名，今諸道士並皆偷用。未知此名爲是漢語，爲是梵音？若是漢語，何故諸史無文？若是梵音，未知此言翻表何義？莊老復非西人，故知偷用，真僞可測。①

唐玄嶷《甄正論》卷上：竊尋曇、梵二字，此土先無……若天尊説《靈寶》等經在於佛法東流之前，此字未造，如何天名預用？若於佛法之後，即是偷竊佛經。近始僞造，進退無據，僞跡自彰。（T52，p. 561）

佛教徒甚至會假托道士之口來指責道教，如《集古今佛道論衡》載僞造的《郭行真捨道歸佛文》云：

自惟佛經詞義，迥拔於人天；道書本末，影像於西域。何以知然？至如《元陽》一經，響《法華》諸典；《西升》衆卷，類

---

① 《法苑珠林校注》，第1659—1660頁。

拘校道文

方俗詠歌。文義不可大觀，情事全非所録。①

佛教文獻中此類之文極多，不煩再舉。文獻中關於道教徒對此類質疑回應的記載較少，如法琳《辯正論》卷八載顧歡云："靈寶妙經天文大字出於自然，本非改《法花》爲之。乃是羅什姦妄，與弟子僧裯改我道家《靈寶》以爲《法華》，非改《法華》爲《靈寶》也。"（T52, p.544）《集古今佛道論衡》載李榮回應静泰云："道人亦浪譯經，據白馬將經唯有《四十二章》，餘者並是道人僞作。近亦有玄奘，浪翻經論。"② 這些話未必確爲顧歡、李榮所説，很可能是佛教徒對道流言論的模仿，但也部分代表了道教界對佛教攻擊的回應。這種回應顯然是極爲無力的。

佛教文獻中關於佛道論議的記載，其結果往往是佛教徒大勝，道教徒受到懲處。如《續高僧傳》卷二四"曇無最"條載正光元年（520）無最與道士姜斌對論，姜斌被配徒馬邑③；前書卷二"釋彦琮"條載開皇三年（583）彦琮與諸道士論議，"道士自伏，陳其矯詐"④；《佛祖統紀》卷三九載總章元年（668）因法明排擊《老子化胡經》，唐高宗"乃勑令搜聚僞本，悉從焚棄"⑤。這類單方面記載的真實性頗令人懷疑⑥，但神龍元年（705）詔禁《化胡經》，史有明文⑦，當可確信無疑，可知道教界確實承受了佛教極大的衝擊。

面對這類攻擊，隋唐之際的道教徒不得不大量删改早期道經中的佛教痕跡，以應對來自佛教的攻擊。《正統道藏》中如《元陽經》之類直接改寫自佛經的道經已經很少，這很可能與唐初官方的封禁和道教内部的删改有關。有幸留存下來的此類經典，也多經歷了很大幅度

---

① 《集古今佛道論衡校注》，第320頁。
② 《集古今佛道論衡校注》，第283頁。
③ 《續高僧傳》，第900—901頁。
④ 《續高僧傳》，第49頁。
⑤ 《佛祖統紀校注》，第924頁。
⑥ 如姜斌故事中多提到魏收、蕭綜等，但正光元年魏收僅十四歲，蕭綜也要到五年後才降北魏。
⑦ 見《舊唐書》，第140頁；《册府元龜》，第757頁；《唐大詔令集》，第411頁。

第五章　道釋相激：佛道關係視域中的敦煌道教文獻研究

的改動。如《道藏》本《洞玄靈寶上師説救護身命經》與S.482《太上元陽經》文字非常相近，當出自某一共同祖本，但兩者與《佛説護身命經》又互有異同，當來自不同的系統。兩相比較，《洞玄靈寶上師説救護身命經》的佛教色彩更少，如：

　　P.2340《佛説護身命經》：我當使此魔遭衆邪蠱毒，如押油殃。
　　S.482《太上元陽經》：吾當使此磨（魔）曹（遭）衆耶蠱道，送付玄都鬼律受罪，如押油殃。
　　《洞玄靈寶上師説救護身命經》：吾當使此魔曹送付玄都鬼律，受罪如塵沙霽殃。（D6，p.228）

　　P.2340《佛説護身命經》：爾時乾闥婆王、阿修羅、迦樓羅、緊那羅、摩睺羅伽、人非人等，各各跽跪於如來前，一心合掌，白佛言……
　　S.482《太上元陽經》：復有七山神王等各各蓑（長）跽，叉手於上師前，一心合掌，白師尊……
　　《洞玄靈寶上師説救護身命經》：復有七山神王等各各長跪，叉手於上師前，一心稽首，白師尊言……（D6，p.228）

《洞玄靈寶上師説救護身命經》第一例中改"押油殃"爲"塵沙霽殃"，第二例改"合掌"爲"稽首"，均使經書内容的本土化色彩更濃。這類異文説明《元陽經》在流傳過程中不斷被改動，兩者在佛教術語方面的異文尤其説明了道經在轉寫中在不停地去佛教化。

除了《元陽經》這類直接改造佛經的道經之外，早期上清經、靈寶經中與佛教相關的術語也多被删改。將敦煌本與《道藏》本經典對勘，尤其可以見出這類删改之迹。其改動方法與改造佛經類似，一般是直接將佛教術語改爲道教術語或本土詞彙。大淵忍爾已舉例説明了《道藏》本對"佛教關係語"的删改[①]，本書再舉幾例如下：

---

① ［日］大淵忍爾：《道教とその經典》，第196—203頁。

P. 3435《上清元始變化寶真上經九靈太妙龜山玄籙》："冬三月，太上太（大）道君則變形，頭戴七光相輪。"《道藏》本"相輪"作"圓輪"（D34，p. 193）。

P. 3435《上清元始變化寶真上經九靈太妙龜山玄籙》："冬三月，中央黃老君則變形爲佛。"《道藏》本"佛"作"大仙"（D34，p. 193）。

BD1017《洞真上清經摘抄（擬）》："奚不尋遠劫，八千乃一朝。"《道藏》本《上清諸真章頌》"劫"作"御"（D11，p. 149）。

P. 2440《靈寶真一五稱經》："十方佛人、天地萬神，莫不來謁也。"《道藏》本"佛"作"仙"（D11，p. 636）。P. 2440"佛"字較多，《道藏》本大多改作"仙""神""道""聖""真人"等。

P. 2440《靈寶真一五稱經》："種通神芝草於精舍佛嚚浮廟中十二辰上……作靈寶五勝符於佛嚚刹寺。"《道藏》本"佛嚚浮廟"作"宮館靈廟"，"佛嚚刹寺"作"精舍宮殿"（D11，p. 639）。

P. 2730《九幽玉匱罪福緣對拔度上品》："布施窮厄，濟度眾生。"《道藏》本《洞玄靈寶長夜之府九幽玉匱明真科》"布施窮厄"作"施窮救厄"（D34，p. 380）。

P. 2468《太上消魔寶真安志智慧本願大戒上品》："若見靜寺，當願一切功德巍巍，天人得志。"《道藏》本"寺"作"觀"（D6，p. 156）。

這種刪改在有些情況下顯得非常盲目，有些詞僅因與某些佛教術語同形即被改換，如P. 2468《太上消魔寶真安志智慧本願大戒上品》："常念齋咲（嘯）詠，經行大慈。"《道藏》本《太上洞玄靈寶智慧本願大戒上品經》作"常念嘯詠經行大慈"（D6，p. 158），《無上秘要》卷四七引作"常念齋詠經行大慈"①，《雲笈七籤》卷三八則引作"常念嘯詠洞經，修行大慈"②。《本願大戒》中的"經行"即"曾行"，S. 2999《太玄真一本際經》卷十："汝前生在世之時，經行无量功德，捨身受身，輪轉不絕。""經行"亦爲此義。疑後世或以此處"經行"即佛教指往返行走的"經行"，故作刪改，《雲笈七籤》作"修行"，

---

① 《無上秘要》，第748頁。
② 《雲笈七籤》，第836頁。

第五章　道釋相激：佛道關係視域中的敦煌道教文獻研究

蓋即由於這一原因。《道藏》本《太上洞玄靈寶智慧本願大戒上品經》"念嘯詠"及《無上秘要》"念齋詠"均不成句，疑亦因"經行"爲佛教詞，或不知"經行"之義，故將"經"字從上讀，並對全句作了改動①。《無上秘要》《雲笈七籤》均與《道藏》本《太上洞玄靈寶智慧本願大戒上品經》有異文，恐怕也因唐代各地道教徒對該經分頭改動，故致異文多樣。

一些敦煌寫本則直接將我們帶回改動的現場，如 P. 2474《太上洞玄靈寶昇玄内教經》卷八"十方大聖，得成佛道"一句中，"佛"字右半的"弗"上原有雌黄痕跡，但雌黄脱落，不知改作何字。異本 S. 3722 此句作"得成仙道"，可知 P. 2474 蓋正改"佛"作"仙"，故在右旁"弗"上加雌黄而書"山"，但雌黄脱落，反露出改動前的面貌。P. 2474"愍"字缺筆，可知當抄於貞觀以後。敦煌陷蕃後，道教受到很大打擊。藏經洞中的道經基本抄於陷蕃之前，陷蕃後再去對道經作塗改的可能性也非常小。由此可知，對道經的大幅删改正發生於 7—8 世紀。

S. 1605 + S. 1906《太上洞玄靈寶真一勸戒法輪妙經》"或敗壞静舍，仙道神堂"，"仙道"二字原作"佛啚"，後於上直接塗改爲"仙道"二字。異本 P. 2426、P. 4618"仙道"二字均作"靈圖"，《道藏》本則作"靈觀"。S. 1605 + S. 1906"皆授高仙大聖、十方至真、已得仙道"，該本"仙"字原作"佛"，後塗改作"仙"，《道藏》本亦作"仙"，異本 P. 2842v 則作"真"。S. 1605 + S. 1906"學已成真人高仙、自然十方道者"，"道"字原作"佛"，後塗改作"道"，《道藏》本亦作"道"，P. 2842v 則作"尊"。S. 1605 + S. 1906"若見觀舍"，"觀舍"原作"佛啚"，後塗改作"觀舍"，P. 2842v 作"治壇"，《道藏》本則作"靈壇"。該卷塗改之處還有不少，且與他本多有異文。産生如此多樣的異文，正説明對早期道經的改動是各地道士分頭進行的，並未經過權威機構的統一。另外，如 P. 2426、P. 4618 等寫卷的存在，説明敦煌文獻中已有改動後道經的謄抄本，説明對道經的改造較早就

---

① 《無上秘要》的點校者以"行大慈"爲一句，這應該是符合該書本意的。

已開始。

這也可以與佛教一方的記載對照。法琳《破邪論》卷上引《靈寶消魔安志經》"道以齋爲先，勤行當作佛"，注云："新本並改云'勤行登金闕'。"（T52，p.477）"新本"顯然也是因句中出現了"佛"字而做的改動。《破邪論》前有法琳武德五年（622）上秦王啓，則至遲在隋唐之際，道教界就已開始删改舊有經典。

在有些經典中，如《仙公請問本行因緣衆聖難經》，《道藏》本反而比敦煌本保存了更多的佛教詞彙。這也是因爲敦煌本已是改動後的面貌，而《道藏》本恰恰偶然地保留了早期面貌。如：

P.2454《仙公請問本行因緣衆聖難經》：時經講誦聡明，動爲法師，衆人所敬。

《道藏》本《太上洞玄靈寶本行因緣經》：時經講聡明，動爲法師，衆人所推，檀越所敬。（D24，p.672）

P.2454《仙公請問本行因緣衆聖難經》：其道微、竺法開、鄭思遠、張泰等，普皆願爲道士，普志升仙度世……因緣未盡，命過太陰，即生賢家，復爲道士法師。

《道藏》本《太上洞玄靈寶本行因緣經》：釋道微、竺法蘭願爲沙門，鄭思遠、張泰爲道士，普志昇仙度世……因緣未盡，命過太陰，即生賢家，復爲道士沙門。（D24，p.672）

P.2454《仙公請問本行因緣衆聖難經》：子不見崐崘、蓬萊、鍾山、嵩高、華岳、靈鳥諸大山洞室，仙人无數矣。

《道藏》本《太上洞玄靈寶本行因緣經》：子不見崐崘、蓬萊、鍾山、嵩高、須彌、人鳥諸大山洞室，仙人无數矣。（D24，p.673）

除《衆聖難》外，他經亦偶見這一現象，如P.2409《太上玉佩金鐺太極金書上經》"上監天魂精秘音內諱玉佩始陽之符，則上監天始陽之炁"，《道藏》本"上監天"皆作"梵監天"（D1，p.899）。《太霄琅書》

卷一載九天元始號，第三天亦爲"梵監天"，則《太上玉佩金鐺太極金書上經》本當作"梵監天"，P. 2409 蓋以"梵"爲佛經用字而改作"上"。

除了做不同的改動外，在敦煌發現的同經異本在是否保留佛教詞彙方面也有一些差異，這説明當時道教徒對於改動舊經的尺度把握很不統一。前面提到的 P. 2474、S. 3722 的差異正是其例，此外又如：

P. 2399《太上洞玄靈寶空洞靈章》"敷行万遍道"，P. 2602《無上秘要》及《道藏》本《無上秘要》皆引作"敷行遍五道"。"五道"顯係來自佛教的詞彙。

P. 2326《太上洞玄靈寶昇玄内教經》卷八"十方大聖，得道成佛"，異本 P. 2474"得道成佛"作"得成佛道"，"佛"字右旁"弗"被雌黄涂抹，但雌黄已脱落，疑當改作"仙"，S. 3722 正作"得成仙道"。

P. 2326《太上洞玄靈寶昇玄内教經》卷八"識佛不存吾"，P. 2474、S. 3722 同，S. 12074A 作"執競各云殊"。

北大 172《太上洞玄靈寶智慧上品大戒》"及已過去恒河沙之輩"，P. 2461、BD14841A 及《道藏》本"恒河沙"皆作"塵沙"。

S. 1605 + S. 1906《太上洞玄靈寶真一勸戒法輪妙經》"若見沙門，思念无量，普得出身"，P. 2842v 及《道藏》本"沙門"作"童子"。

在《道藏》所收不同典籍的引用中，這類對佛教詞彙改動的内容同樣出現了差别很大的異文。這也説明這些改動確實是分頭進行的。例如：

BD1017《洞真上清經摘抄（擬）》：世知小乘道，莫聞知慧經……万劫若一息，豈計千億齡。

《八道命籍經》卷下：世人不念道，莫聞智慧經……万劫若一息，豈繫千億齡。

《太霄琅書》卷十：世知浮俗道，莫聞知慧經……万劫若一息，豈繫千億齡。

《上清諸真章頌》：世知雜俗道，莫聞智慧經……万椿若一息，豈繫千億齡。

拘校道文

P.2452《太上太極太虛上真人演太上靈寶洞玄真一自然經訣》：奉者致得佛，号世尊☒（如）☐（來）。

《洞玄靈寶玉京山步虛經》：奉者致得道，號世降真來。

《太上洞玄靈寶授度儀》：奉者致得仙，號曰真天尊。

P.2468《太上消魔寶真安志智慧本願大戒上品》：若見沙門尼，當願一切明解法度，得道如佛。

《道藏》本《太上洞玄靈寶智慧本願大戒上品經》：若見法師，當願一切明解法度，得道無爲。

《無上秘要》卷七四：若見異學，當願一切明解教本，得道如神。

《要修科儀戒律鈔》卷五：若見信心小學，當願一切明解法度，得道成仙。

《太清五十八願文》：若見道士賢士，當願一切明解法度，得道登真。

有些情況下，敦煌本故意留空，《道藏》相關文獻於此處又有較多異文，那麼很可能這也本是佛教詞，如：

BD1017《洞真上清經摘抄（擬）》：希度礼无上，☐文降至真。

《八道命籍經》卷下：希度禮无上，虔文降至真。

《太霄琅書》卷十：希度禮无上，靈文降至真。

《上清諸真章頌》：希度禮无上，寶文降至真。

按，BD1017 之缺字，《道藏》本三書各不相同，頗疑此處當本作"梵"字，或類似的佛教字眼，後世刪改，故致異文多樣。BD1017 此字留空，或因底本已被塗抹，但尚未改定。

某些經典除了删改其中的佛教詞彙外，還同時改動了與儒學有關的詞彙。如 P.2468《太上消魔寶真安志智慧本願大戒上品》"若見栖憩茂林，當願一切學成儒宗，養徒敷教"，《道藏》本"學成儒宗"作"得成師宗"。筆者沒有找到儒生對道經"攘竊"的攻擊，這種改動似

第五章 道釋相激：佛道關係視域中的敦煌道教文獻研究

乎說明了道教徒在佛教衝擊下驚弓之鳥似的心理。

除了改動個別詞語外，道教徒還會將一些不易改造的句子直接删除，如前舉 P. 2751《紫文行事決》"☒（道）齋謂之守靜，佛齋謂之就晨；道靜接手於兩膝，佛晨合手於口前"兩句，原應引自古本《九真中經》，今《道藏》本《上清太上帝君九真中經》即已删除。

雖然道教在 7 世紀前後大量删改早期道經中的佛教術語，試圖撇清與佛教的關係。但道教對佛經的吸收並未中止，德藏 Ch349v→Ch1002v 佚名道經中吸收了隨密教進入中國的"後天十二宮"星占術，大約應是成書於宋代。後世道書，如傅洞真《太上玄靈北斗本命延生經》注、《靈寶領教濟度金書》等都提到相關內容。可見唐代以後的道教徒一方面在努力消除道經中明顯的佛教痕跡，另一方面仍在持續不斷地吸收隨佛教進入中國的各種外來文化。

四　道教對佛教術語的本土化改造

除了對字詞的删改外，道教還逐漸改變借自佛教的術語的具體內含，使之脫離佛教影響，從而完全中國化。道教對佛教觀念的本土化早已開始。小林正美曾指出"十方"觀念來自佛教[①]，但這一觀念早已與佛教關係不大。謝世維在《大梵彌羅》一書中曾討論過"梵""大乘"等詞的道教化問題。道教對這些詞的吸收轉化都應在佛道交惡之前。此外，"三塗（徒）""八難"等詞詞義的變遷也饒有趣味，從中可以看出道教對佛教吸收與改造的過程。

早期上清經、靈寶經中均借用了"三塗"一詞，其含義應該都與佛教相同，指地獄、餓鬼、畜生三塗，如：

> P. 2352《洞玄靈寶長夜之府九幽玉匱明真科》：慳貪惟欲得，不念施衆生，死魂爲餓鬼，後生六畜形。富貴淩貧賤，離奪人種親，身受破裂報，魂鬼被髡鉗。呪詛无辜人，淫祀儞耶神，流曳三塗中，万劫生賤身。

[①] ［日］小林正美：《六朝道教史研究》，第148頁。

P.2468《太上消魔寶真安志智慧本願大戒上品》：往反於五道，苦哉更死生。輾轉三塗中，去來與禍并。

P.2728 + P.2848《金真玉光八景飛經》：輕泄帝寶，七祖、父母，及兆之身，被考三官，充刀山地獄三塗之中，万劫不原，奉者詳慎。

此三例中，首例前有"餓鬼""六畜形""魂鬼被髠鉗"等內容，則"三塗"顯然即指地獄、餓鬼、畜生；次例"三塗"與"五道"相對，末例"三塗"與"地獄"連言，應該都是指地獄、餓鬼、畜生。一些與佛教關係密切的道經中，"三塗"之義更爲顯豁，如：

P.2348《天尊爲一切衆生説三塗五苦存亡往生救苦拔出地獄妙經》：向言三塗者，地獄道一，畜生道二，餓鬼道三，是名三塗。

BD3818《太上洞玄靈寶天尊名》卷上：若不值遇天尊賢聖，忽遭逢惡友，造衆罪業，復應墮落三塗惡趣。

前例直接説明"三塗"之義，後例則稱"三塗惡趣"，是明白地指示了該詞的佛教來源。

但至遲在南齊時，"三塗"便已有了新的含義。《元始無量度人上品妙經四注》引嚴東曰：

三徒者，三惡門名也。第一、名色欲門，一名上尸道，一名天徒界。第二、名愛欲門，一名中尸道，一名人徒界。第三、名貪欲門，一名下尸道，一名地徒界。此爲三惡門，一名三尸道，一名三徒界，常居人身中，塞人三關之口，斷人三命之根，遏人學仙之路，抑人飛騰之魂。（D2，p. 212）

此文原本"三塗"是否被寫作"三徒"還不能確定，但嚴東已拋棄了"三塗"的佛教含義，而以天地人釋之，這大概是受到道教"三官"一詞的影響。另外，嚴東還説三徒界"常居人身中"，是又將道

第五章　道釋相激：佛道關係視域中的敦煌道教文獻研究

教常見的身神觀念與"三塗"結合起來。

道教早有"三官"之説，爲考校生死罪福、執罰罪人之處，詳可參《太上太玄女青三元品誡拔罪妙經》等。既主管罪福，則有徒役之罰，《太上太玄女青三元品誡拔罪妙經》卷中即載中元右宮"下考三界之内一切鬼神變易之形、役使之限"。故早期道經或有"三官徒役"之説，如《太上洞玄靈寶本行宿緣經》即云："地獄既竟，乃補三官徒役，謫作山海，鞭笞无數。"又如《太上洞玄靈寶諸天内音自然玉字》卷四："展轉億劫，無所不經，死備三官徒對，年限垂竟，而又行惡心，罪倍於常，更受死壞，復還三官，對於徒謫，苦痛過先。"但早期道經似未有將"三徒"與"三官徒役"相結合的，前引嚴東説雖將"三塗"與"三官"相聯繫，但尚未言及"徒役"。

至遲在唐代，"三塗"便已被寫作"三徒"，且將"徒"釋作徒役之義。如《元始無量度人上品妙經四注》引李少微曰：

　　三徒者，三官徒役也。一曰天官徒役，奔雷走電；二曰地官徒役，擔山負石；三曰水官徒役，捼汲溟波。

《説文》本無途、塗二字，古或借"徒"字。《太玄·夷》"次四，夷其牙，或飫之徒"，鄭萬耕校釋："徒，俞樾云：'蓋塗之假字。'即道途之義。"① 《列子·天瑞》"子列子適衛，食於道從"，楊伯峻注："從當依《釋文》作徒，字之誤也……徒與塗通，古同音也。食於道徒，即食於道路。"② 道經中或"塗炭""徒炭"錯出，亦可證。是道經中容或書"三塗"作"三徒"，而後世竟以"徒"爲本字，且與"三官徒役"結合。更或有人拋棄了"三官徒役"的中間環節，徑以三種刑罰釋之，如《元始無量度人上品妙經四注》引薛幽棲即曰："三徒者，一曰長夜徒，二曰寒池徒，三曰捼

---

① 《太玄校釋》，第71頁。
② 《列子集釋》，第11頁。

· 297 ·

石徒。"

正因爲"三塗（徒）"的這一詞義變化，後世多改早期道經中的"三塗"爲"三徒"，如前引 P. 2468《太上消魔寶真安志智慧本願大戒上品》及 P. 2728 + P. 2848《金真玉光八景飛經》之"三塗"，《道藏》本即作"三徒"。此外，敦煌各本亦多有"三塗"與"三徒"的差異，這說明唐初已開始做這類改動，如 P. 2474《太上洞玄靈寶昇玄内教經》卷八"不遭三塗苦"，S. 12074B 作"三徒"；P. 2442《洞玄靈寶長夜之府九幽玉匱明真科》"五苦解脱，三塗蒙遷"，P. 2352 作"三徒"。

就這樣，"三塗"一詞無論詞形還是詞義都完全脱離了佛教的約束，成爲一個地道的道教詞。

與"三塗（徒）"相比，"五苦"的情況要簡單一些。雖然佛教也有"五苦"一詞，但道教的"五苦"與之無關。道教的"五苦"很可能是從佛教的"五道"改造而來。道教多"五苦八難"並稱，而佛教也多"八難"與"五道""五趣"並稱，即可爲證。但因爲道教多是"三塗（徒）五苦八難"一起出現，三惡道已被"三塗（徒）"佔據，則"五苦"不得不被賦予新的含義。諸家之説雖稍有不同，但多與地獄有關，如嚴東以爲是"太山地獄苦道""風刀苦道""提石負山苦道""填海作河苦道""吞火食炭鑊湯苦道"，薛幽棲認爲是"一曰刀山苦，二曰劍樹苦，三曰鑊湯苦，四曰鑪炭苦，五曰考謫苦"，P. 2348《天尊爲一切衆生説三塗五苦存亡往生救苦拔出地獄妙經》認爲是"抱銅柱一，履刀山二，循劍樹三，入濩湯四，吞火食炭五"，諸説均大同小異。

"八難"一詞之義則經歷了較大的變動。"八難"本是佛教術語，指不能遇佛、聽聞佛法的八種障難，《中阿含經》卷二九有《八難經》，可參。早期的上清經、靈寶經中也借用了"八難"一詞，很可能就是從佛教借來的術語，如：

P. 2728《金真玉光八景飛經》："拔七祖於幽宮，免五苦於刀山，離八難於火鄉，滅負石於宿根。"

《上清高上玉晨鳳臺曲素上經》："輕泄天文，使人見聞，七玄父

第五章 道釋相激:佛道關係視域中的敦煌道教文獻研究

母長閉地獄,已身十苦八難,萬不得仙,慎而奉行。"(D34,p.8)

P.2399《太上洞玄靈寶空洞靈章》:"抄過八難庭,逍遥玉綺岑。身入衆梵行,長樂七寶林。"

P.2461《太上洞玄靈寶智慧上品大戒》:"使生者見道,身脱八難,死者歡樂,飲食天堂,早生人中,轉輪聖王。"

P.2352《洞玄靈寶長夜之府九幽玉匱明真科》:"万劫當還生邊夷之國,有人之形,无人之情,永失人道,沉淪罪門,流曳五苦八難之中,不得開度,憶(億)劫无還。"

P.2606《太上洞玄靈寶无量度人上品妙經》:"生身受度,劫劫長存。隨劫輪轉,與天齊年,永度三徒五苦八難,超陵三界,逍遥上清。"

此類之例極多,不勝枚舉。靈寶經中多見"三徒五苦八難"合稱,與佛經"三塗八難"或"五道八難"連言相近,正昭示了這一道教術語的佛教來源。在早期道經中似存有"八難"的名目,P.2356號寫卷云:

> 仙公曰:"所謂度八難者,仙聖交會,皆積善所致。"道言:"王侯道士民人,得生爲人,寫女作男,難也。既得爲男,才智明達,六情完具,形容端偉,聲如玉音,烝若勳香,眼有日光,衆觀欣欣,恒如不足,難也。諸善已脩,得生有道之國,君父賢明,篤尚道德,難也。貧窮而好道,念施惠不懈,難也。富貴而信尚道士,尊奉經書不殆,難也。能受人之惡而不與真計,制身命使不死壞,得度世仙道,難也。得見洞真、洞玄、洞神太上三洞寶經,宗奉讀誦,供養燒香,難也。得值見仙聖真人,説法教化之時,同志相遇,難也。是爲八難矣。自非前世憨脩道德,積善累功具足者,何緣得離愚癡三惡之道,而當斯靈會乎?"

這一段話也見於《無上秘要》卷七引"洞玄自然經訣"和《道典論》卷三引"靈寶真一自然經訣",因此大淵忍爾《敦煌道經目錄編》認爲即 P.2861+P.2256"靈寶經目録"中的《太上太極太虚上真人演太

· 299 ·

上靈寶威儀洞玄真一自然經訣》①，這是有道理的。但 P. 2356 是否是陸修靜見到的《太上太極太虛上真人演太上靈寶威儀洞玄真一自然經訣》，這仍有疑問。這是因爲，如果早期靈寶經中已有對"八難"的明確定義，後世不應對"八難"有如此紛繁的解釋。

在能夠明確斷代的材料中，至遲在南齊時，道教徒就對"八難"做了明確的解釋。前面引到了嚴東《度人經》注中對"三徒"的解釋，在此之後，他又解釋"五苦八難"云：

> 五苦者，一名五道門。第一名色累苦心門，一曰太山地獄苦道。第二名愛累苦神門，一曰風刀苦道。第三名貪累苦形門，一曰提石負山苦道。第四名華競苦精門，一名填海作河苦道。第五名身累苦魂門，一名吞火食炭鑊湯苦道。故經曰："吾所以有大患者，爲吾有身。及吾无身，吾有何患。"此五苦五道常居人身，係人命根，遏人招真之路，斷人修仙之門。三徒、五苦合爲八難，為罪之本。（D2，p. 212）

這看起來是完全道教化的解釋。但其中稱"三徒"可"遏人學仙之路"、"五苦"可"遏人招真之路"，"八難"即"三徒"與"五苦"合稱，都是人成仙之路的阻礙，這與佛教"八難"的本意其實是非常相近的。另外，佛教"八難"的前三種是三惡道，三惡道即"三塗"，與道教"八難"包含"三徒"相同。從種種迹像都可以看出這一解釋的佛教來源。嚴東的這一解釋被許多後世道流繼承，薛幽棲注《度人經》亦稱"三徒五苦共爲八難"，約成書於唐初的《太上洞玄靈寶三元玉京玄都大獻經》亦云："五苦者……并三塗地獄，是名八難。"（D6，p. 269）《道門經法相承次序》卷上同樣説："何名三塗？塗者，役也。一者地獄道，二餓鬼道，三畜生道。兼五苦，即名八難。"（D24，pp. 784－785）

"三徒（塗）五苦共爲八難"之説影響很大，但還没有獲得道教

---

① ［日］大淵忍爾：《敦煌道經目録編》，第183—184頁。

第五章 道釋相激:佛道關係視域中的敦煌道教文獻研究

界的一致認可。《雲笈七籤》卷三五云:"不廢(發)道心,一難;不就明師,二難;不託閑居,三難;不捨世務,四難;不割恩愛,五難;不棄利欲,六難;不除喜怒,七難;不斷色欲,八難。"[1] 與嚴東之説不同,但仍是得道的八種障難。南宋青元真人《元始無量度人上品妙經注》云:"八難者,謂墮落異類,生爲下賤,形容不正,生在邊方,禀性兇戾,不遇仁君,常值兵火,與一切善自生魔障。"(D2,p. 267)具體内容與《雲笈七籤》不同,但同樣是列舉障難之事。這應該都是從佛教原意演變而來。

除了靈寶經外,上清道對"八難"也有解釋,《真誥》卷六云:

> 西城王君告曰:夫人離三惡道得爲人,難也;既得爲人,去女爲男,難也;既得爲男,六情四體完具,難也;六情既具,得生中國,難也;既處中國,值有道國君,難也;既得值有道之君,生學道之家,有慈仁善心,難也;善心既發,信道德長生者,難也;既信道德長生,值太平壬辰之運爲難也。可不勗哉![2]

P. 2348《天尊爲一切衆生説三塗五苦存亡往生救苦拔出地獄妙經》、《道門經法相承次序》卷下(D24,p. 799)與此大致相近。但這也是來自於佛教。《四十二章經》云:"夫人離三惡道,得爲人,難;既得爲人,去女即男,難;既得爲男,六情完具,難;六情已具,生中國,難;既處中國,值奉佛道,難;既奉佛道,值有道之君,難;生菩薩家,難;既生菩薩家,以心信三尊,值佛世,難。"(T17,p. 723)此即《真誥》等書所出。前引 P. 2356 與之也較爲接近,可能是改造自《四十二章經》,更有可能是改造自《真誥》一類的上清經典。

道教徒對"八難"還有另外的解釋,李少微注《度人經》曰:"八難,八門幽曠之難,道君所問,飛天對之也。"此則牽合《太上洞玄靈寶真一勸戒法輪妙經》道君出遊八門之事以作解。《太上洞玄靈

---

[1]《雲笈七籤》,第776頁。
[2]《真誥》,第99頁。

寶三元玉京玄都大獻經》也有"八門者，八難之門，並是衆生受罪之處"（D6，p. 272）的說法。在此說之中，"難"爲災難之義，當讀去聲。經此改造，"八難"不但獲得了全新的含義，其讀音也與佛教有所區別了。

總之，歷代道教徒對"八難"具體含義的解釋衆說紛紜，莫衷一是。這正揭示了歷代道流持續努力將佛教術語本土化的過程。

小　結

佛教的传入與道教的興起大約同時，當時的二教關係較爲融洽，一方面剛傳入的佛教利用道教以傳教，另一方面道教也吸收了佛教的觀念、儀式和語彙。產生於漢至南北朝初期的道經主要吸收佛經中的譬喻和術語，體現了道教意欲構建一個包羅萬有的宗教的願望。部分產生於南北朝後期至唐初的道經則直接剿襲、改造佛經。大約從南北朝中期開始，佛道關係急劇惡化，二教多互相攻訐，佛教對道教的指責主要就是對佛經的剿襲。爲了應對來自佛教的壓力，唐代的道教徒大量刪改早期道經中的佛教術語，無論這些道經是否剿襲佛經。道教徒做這些改動的時間大概在唐代前期，敦煌文獻中保存了不少做這類改動時所施加的雌黃。道教徒對道經做的這些改動是盲目的、隨意的、無組織的，並沒有一定的標準和規則，因而在敦煌文獻、《道藏》本和類書引文中產生了許多形式不同的異文。除了刪改之外，道教徒還有另外一種奇特的改造方式，即將原有的佛教術語本土化，賦了全新的含義。梳理道教文獻的這一發展演變過程，既可以對道教史、佛道關係史提供材料，也展現了中外文化交流中一個有趣的側面。

第二節　《天尊説隨願往生罪福報對次説預修科文妙經》初探

敦煌文獻中有一組《天尊説隨願往生罪福報對次説預修科文妙經》（以下簡稱"預修科文經"）寫卷，共四件寫卷：

P. 2868號，首微殘，卷尾殘損，首題"天尊説隨願往生罪福報對

第五章 道釋相激:佛道關係視域中的敦煌道教文獻研究

次説預脩科文妙經一卷",起卷首,至"善女人等",共29行,行約17字。該卷背爲"經變畫草稿"。

龍谷大學藏本539號,首尾缺,起"天尊重告太上道君",至"而爲説之",共117行,行約17字。大淵忍爾《敦煌道經目録編》認爲該卷與P.2868號文意連貫,當爲同一經典①。

P.2433號,首缺尾殘,起"次説罪福報對品",至二殘字,共110行,行約17字。大淵忍爾《敦煌道經目録編》指出該卷與龍谷大學藏本筆跡類似,紙幅相同,文意連續,可以直接綴合②。

BD13208E號,首缺尾殘,起"尒時道君上白天尊",至"所在之處"之"之"字,共28行,行約17字。該卷内容見於P.2433號寫卷。

從該經經名及殘存内容來看,大概可分爲四部分,P.2868號全件、龍谷大學藏本539號自卷首至"各自慎之",以及兩件中間殘缺的部分内容當即"隨願往生"部分,述十方净土及死後修福;自龍谷大學藏本539號"尒時天尊告道君曰"至P.2433號"預造善緣,當得解脱",即"罪福報對"部分,述用三寶常住等物及一般罪過的報應;P.2433號自"尒時太上道君從座而起"至"汝之男女,依法脩行",爲"預修科文"部分,述生時預先修福;餘下的内容則説此經功德,可稱爲"流通"部分③。

除各家目録的著録外,學界尚未有對這部經書的深入研究。其實該經對中古道教儀式、思想的研究有重要意義,本書試對該經做一初

---

① [日]大淵忍爾:《敦煌道經目録編》,第273頁。
② [日]大淵忍爾:《敦煌道經目録編》,第275頁。
③ 該卷原卷有三個"品題",但却很有問題。經書每品一般是一個相對獨立、完整的部分,但《預修科文經》品題却多在一組完整的内容中間。如"次説罪福報對品"中"卿之所問"至"當得解脱"一段乃是對該品題前道君問天尊"惟願天尊,哀愍衆等,重請罪福,而爲説之"的回答,"次説見存預脩科文品下"中"若有善男子"至"亦復如是"一段内容是對該品題前道君"重示男女預脩之因"的回答。這種夾在内容中間的品題形式非常古怪,很可能原本只是提示經文内容的標注,而非品題。如前文所推測的,《預修科文經》的第一部分應爲隨願往生十方净土的内容,但這部分並没有品題。而"今見細細微塵"以下的大段内容,功能大致相當於佛經的"流通分",同樣也没有品題。由此可見該經加不加品題非常隨意,這似乎也説明這些内容僅是標注,而非品題。另外,"次説見存預脩科文品下"的"下"字也無法講通,很可能是指下卷,但前面却不見"上"。總之,這組品題很有問題,因此本書重新分段並擬題。

· 303 ·

拘校道文

步探研，供學界參考。

一 《預修科文經》與《道藏》本《拔罪懺》高度相關

《正統道藏》中未收此經，僅《闕經目錄》中有"洞玄靈寶天尊說隨願往生罪福報對次說須（預）修科文妙經"的記載（D34，p. 504）。但本經的内容却大部分見於《正統道藏》的一部經書中，即洞玄部威儀類所收的《太上慈悲九幽拔罪懺》（D10，pp. 90-121。以下簡稱"《拔罪懺》"）①。

《拔罪懺》的形式與《佛名經》《太上洞玄靈寶天尊名》②（以下簡稱"天尊名"）等經書的形式非常相近，即禮拜各方天尊、真人，懺悔發願，並以"天尊曰"等形式作爲開頭，穿插了一些經文。《拔罪懺》在天尊名、懺悔文中間的經文便與《預修科文經》非常相近，以下略舉三例：

卷號	敦煌本内容	《拔罪懺》内容	卷次
P. 2868	尒時，天尊時遊十方世界，天上地下，无所不經。遊至大福唐國，見虚皇道君，爲十方國土一切衆生、善男子善女人等心生厭故，遂即分神變化，舉眉間一豪瓊光，遍照十方，无不明徹。尒時，男女一切人等，及諸聖衆，晝夜惶懼，悲聲欷泣，哽咽嘷慕，稽首合掌，叩頭博頰，肘行膝步。諸禽雜獸，普皆如是。一切衆生，諸方仰視，寂絶形影，莫知所尋。尒時，虚皇道君慈愍衆生，飛身下界，安坐碧瑕（霞）神寶之座，念往衆生，如常説法，演法化人。一切衆等，及以禽獸，皆來投座，稽首作礼，步步而前，重過道君，慈愍衆生，珎重矜念。	爾時，元始天尊時遊十方世界，天地下，無所不經。至大福堂國，見虚皇道君，爲十方國土一切衆生、善男女心生猒故，遂即分身應變，口吐五色瓊光，遍照十方，無不明徹。爾時，男女及諸四衆，晝夜惶懼，悲聲欷泣，瞻仰尊顔，稽首頂禮，叩頭博頰，肘行膝步。諸禽雜獸，並皆如是。一切衆生，諸方仰視，寂絶形影，莫知所尋。爾時，虚皇道君，慈愍衆生，分身下界，安坐碧霞神寶之座，念彼衆生，如常説法，演教化人。一切含靈，及諸禽獸，皆來詣座，稽首作禮，步步而前，重遇道君，歡喜踴躍。	卷一

---

① 本節引用此經較多，以下不再逐條出注。
② 該經有 BD1218、P. 3755、BD4047、BD3818、BD11751 五件寫卷。關於該經的考證，可參王惠民《〈太上洞玄靈寶天尊名〉初探》（《道藏文化研究》第十三輯）及本書第二章。

第五章 道釋相激：佛道關係視域中的敦煌道教文獻研究

续表

卷號	敦煌本内容	《拔罪懺》内容	卷次
龍谷大學藏本539號	天尊重告太上道君曰：若有善男子、善女人等終亡之人，在生之時，多有過患，及有債負，并諸怨結、恚恨煩怨，用三寶財物，或爲男女，又爲鄉間，或爲朋友，亦爲己身，昌狂重造，不生畏懼。諸如等罪，難可陳説。汝等過去亡者男女，及以見存因緣眷屬，爲其亡人，臨終之後，一七、二七、三七，乃至七七日内，即造繒幡廿一口，青黃碧緑，各長七尺；於家宅中，建立道場，請諸尊象，并諸幡蓋，及以法師；見在男女、香火知識，齊同勸助，爲此亡人，多少任力；重造經象，及以布施出家法身；三日三夜，或七日七夜，轉經行道。遠近親屬，率屬相就，同至道場，各厲本心，爲其亡者，皆乞歡憘。	天尊言：若有善男子、善女人，在生之日，造諸惡業，或負人財寶，結彼仇讎，侵掠無猒，貪求不息，或用三寶財物，或偷公家財物，或爲男女，或爲鄉間，或爲己身，或爲朋友，或自作，或教他。罔識善因，唯知念惡，如是等罪，无量无邊，卒難可説。汝等過去亡者，男女魂靈，及以見世因緣眷屬，爲其亡者，命終之後，建立道場，或一七、二七、三七乃止七七日内，即造繒旛二十一口，青黃碧緑，各長七尺，於道場之内尊像之前，廣設香華，懸諸旛蓋，供養天尊，及其經法。但當精心營辦，隨力施為，寫造真經，綵繪尊像，及以布施出家法身，或三日三夜，或七日七夜，轉經行道，讚詠洞章，旋遶法座，率領親屬，同詣道場，各勵本心，爲其往逝，救拔苦厄，昇入天堂，謝過贖愆，同心懺悔，无有滯礙，克遂逍遥。	卷五
P. 2433	天尊答道君曰：卿之所問，无不遍周。此等衆生。在生受罪，猶未得除，死入三塗，次第而受。汝等男女，各自諦聽，報對之中，次第而説。鐵床銅柱，燋筋碎骨，以報耶婬之罪。寒冰雪山，分烈形軀，以報劫盜之愆。吞火拔舌，融銅灌口，以報舌端之咎。燻煨埋體，猛火燒身，劍樹撞心，以報煞生食宍飲酒之罪。鐵犁耕背，惡鳥啄睛，碓擣磑磨，以報斜眉角眼之罪。身爲餓鬼，脩（循）歷濩湯，燒鐵爲丸，充飢當食，以報破齋違戒之罪。眉鬢墮落，遍體生瘡，舉身洪爛，以報破壞經象道場之罪。口中出火，眼裏生瘡，遍體膿流，藏身無地，以報剥脱出家人之罪。舌不得語，永啞喉中，目目亡精，口唇横烈（裂），以報説道出家人、父母之罪。癥聾少短，生死不分，或作夫妻，中道離別，以報疎隔耶孃譁聲之罪。或爲牛馬，或作賭羊鳥獸犬鷹，以報秖債之罪。或爲人僕使，後母前翁，或作孤兒，婦人賤產，或貧窮飢餓，長病在床，以報五逆賤薄兄弟姊妹之罪。諸餘等罪，皆在人身，不及遠親，任慈近視。汝等男女，善自思惟，報對逼身，實難忍受。告諸男女，脩福立功，預造善緑，當得解脱。	天尊言：善男子、善女人，一切業緣，皆有報應。汝等諦受，次第具陳：鐵床壞體，銅柱焦筋，以報邪婬之罪；寒冰雪山，痛心傷骨，以報劫盜之罪；拔舌吞火，灌口鎔銅，以報兩舌之罪；熱灰埋體，猛火燒身，以報殺生之罪；鐵犁耕背，惡鳥啗睛，劍樹分張，碓磨如麵，以報邪眉怒目之罪；身爲餓鬼，循歷鑊湯，燒鐵爲丸，飢則當食，以報破齋違戒之罪；眉髮墮落，遍體生瘡，舉身烘爛，以報破壞聖像道場之罪；口中出火，眼目生瘡，遍體流膿，藏身無地，以報走脱出家人之罪；舌不得語，閉塞喉中，盲目亡睛，口唇横裂，以報謗説出家人之罪；癥聾小短，生死不分，或作夫妻，中道離別，以報疎隔父母之罪；或爲牛馬豬羊、鳥獸鷹犬，以報違負貸債之罪；或爲僕使，寒賤切身，少孤幼孤，羸瘦劣病，以報輕薄兄弟同氣之罪。如斯報應，皆在目前。善女信男，咸自思想，虔心諦受，永斷前愆，懺悔既終，奉行而退。	卷三

· 305 ·

除以上三例外,二經多數内容大致相近。《拔罪懺》卷一及卷五相當於《預修科文》的"隨願往生"部分,卷二、卷三相當於"罪福報對"部分,卷四相當於"預修科文"部分,卷六、卷七則爲"流通"部分。

除了文字内容非常相近外,二書的神格也完全相同,均爲天尊與虚皇道君、普救真人的問答。特别值得注意的是,普救真人在其他道經中僅僅作爲頂禮祈請的對象出現,作爲與天尊問答、受經的角色出現的,僅見於《拔罪懺》和《預修科文經》這兩部經書。由此可見兩部經書的密切關係。

將兩部經書對讀,可以發現:(一)龍谷大學藏本的卷末與 P.2433 號卷首均見於《拔罪懺》卷三,且中間僅僅相隔一組天尊名,由此可見,大淵忍爾認爲兩卷文字連續的判斷是正確的;(二)P.2868 號、龍谷大學藏本與 P.2433 號,這三件寫卷的内容分别見於《拔罪懺》卷一至卷七,卷八至卷十"天尊言"的内容非常少,可見大淵忍爾關於這三件寫卷已包含全經主要部分的判斷也是正確的;(三)如前所述,現有的三件敦煌寫卷已包含了《預修科文經》的主要部分,那麽 P.2868 號與龍谷大學藏本中間殘缺的内容可能並不太多,應該包括《拔罪懺》卷一後半部分内容。

二 《拔罪懺》是對《預修科文經》的改編

《預修科文經》與《拔罪懺》,究竟哪部經書的時代更早?從現存的十卷本《拔罪懺》來看,其中疑點是很多的。

首先,《拔罪懺》後三卷與前七卷差異很大。如前所述,前七卷"天尊言"的内容較多,而後三卷要少得多。前七卷"天尊言"的内容與每卷天尊名後的懺悔部分無關,而後三卷則"天尊言"後每稱"如斯罪類""如上罪緣"等,與懺悔文相呼應,甚至有幾段内容與懺悔文没有分别。另外,卷九有一段内容云:"掃灑庭宇,齋沐身心,邀請法師,建兹勝會。"這似乎更像一個道教儀式的文範,而不是經文。總之,《拔罪懺》後三卷更像是雜湊出來的内容,與前七卷關係不大。

其次,《拔罪懺》前七卷也有不少邏輯不通的地方。如卷二云:"善哉如卿所言,護持世界,能爲衆生方便問難,咨請諸疑,隨意科

第五章　道釋相激：佛道關係視域中的敦煌道教文獻研究

數，一一具問，咸實希有。"但在上文並無人"問難"。而在《預修科文經》中，在此之前有道君曰"衆等愚癡，不自曉了，惟願天尊重爲說之"一句，《拔罪懺》則予以删除，致後文不明。

最後，《拔罪懺》中顯然有被通行道教思想同化的部分。在《預修科文經》中，對七七、百日最爲重視，故稱："一切衆生，從初終之後，一七、二七、三七之内造諸功德者，最爲上法。七七日内造諸功德者，此爲次法。百日之内造諸功德者，此名爲下法。"至於生人預修，在初生、一歲、十歲、二十、三十、五十、百歲、百二十歲時修，修齋時節，"還從一七、二七、三七，乃至五七、七七、百日，周而復始，乃至永年"。但在《拔罪懺》中，則加入了傳統道教重視的節日，如卷三稱："或八節三元、五臘十直、七元本命、歲旦庚申，是此良辰，或持齋戒，可除八難，能去千災。"又如卷七："或遇三元八節、甲子庚申、本命良辰、誕生吉日，皆可精嚴像設，羅列薰羞，贖罪於衆聖之前，滌釁於積生之内。"

另外，如前所引，《預修科文經》認爲初終之人當在百日之内做功德，這是因爲"諸是男女，臨終之後，七七之内，定其罪名，百日之中，配入五道"，百日之後再做功德便已無效。但《拔罪懺》却屡稱要拔度億曾万祖，如卷四："七祖父母，出離地獄，昇上天堂。"卷六："當保見世安樂，過去生天，不值惡緣，皆逢善果。"卷七："説如上因緣，禮天尊名號，即得先亡解脱，災厄潛消，九祖昇騰，父母超適。"至於後三卷，此類之文更多，如卷八："億曾萬祖，過往亡靈，爰及己身，見存眷屬，所纏殃過，請乞解紛。"這些都是受通行道教觀點影響的結果。

由以上的分析可以看出，《拔罪懺》成書晚於《預修科文經》；《拔罪懺》前七卷將《預修科文經》增删改造，並添加了天尊名和懺悔文；《拔罪懺》後三卷係雜湊而成，拼湊這三卷大概主要是爲了與十方净土配合，湊足十卷之數①。

---

① 道教"天尊名"類的經典大多採用十方天尊的模式，詳參本書第二章。《拔罪懺》十卷的模式顯然是受此影響的。

三 《預修科文經》因襲自佛教僞經

《預修科文經》也并非道士的原創，從其七七齋、六道輪回等佛教觀念明顯可以看出它是因襲佛教經典而來，其中最重要的一種便是舊題晉帛尸梨蜜多羅譯，實則可能是中土僞造的《佛説灌頂經》卷十一《隨願往生十方浄土經》[①]及卷十二《拔除過罪生死得度經》[②]。

首先，《預修科文經》主要是普救真人與元始天尊的問答，而《隨願往生十方浄土經》則是世尊答普廣菩薩。普救、普廣名稱十分相近，且如前所説，"普救真人"在其他道經中極爲少見，這都暗示了二者的因襲關係。

其次，《預修科文經》隨願往生的十方境界是從《隨願往生十方浄土經》化出的。P.2868 號卷尾云："若有四輩弟子，若臨終之時，及未終者，願生東方華林境界者，其有真人，名曰静境，无極之國，慧静莊嚴。若臨▢▢隨願往生。"以下的内容殘闕，但根據《拔罪懺》可以推知其餘九方境界的内容，即：

> 東南方碧霞境界，其有真人，名曰真安，無極之國，妙寂莊嚴。
> 南方梵天境界，其有真人，名曰真老，無極之國，端化莊嚴。
> 西南方耀真境界，其有真人，名曰瓊光，無極之國，善救莊嚴。
> 西方金光境界，其有真人，名曰法寶，無極之國，利益莊嚴。
> 西北方妙道境界，其有真人，名曰濟苦，無極之國，真仙莊嚴。
> 北方定真境界，其有真人，名曰救苦，無極之國，救度莊嚴。
> 東北方長樂境界，其有真人，名曰妙音，無極之國，周帀莊嚴。
> 上方玄都境界，其有真人，名曰自然，無極之國，紫霄莊嚴[③]。

---

① 伍小劼《〈大灌頂經〉的宗教思想》（《史學月刊》2012 年第 3 期）一文中已指出《預修科文經》是對《大灌頂經》的敷演發揮。
② 見《中華大藏經》第 18 卷，第 304—319 頁，以下引文不一一出注。
③ 《拔罪懺》上方境界名稱與其他九方體例不合，據《黄籙九幽醮無礙夜齋次第儀》稍作改動。

第五章　道釋相激：佛道關係視域中的敦煌道教文獻研究

下方水運丹界，其有真人，名曰妙行，極樂之國，浄土莊嚴。

《隨願往生十方净土經》說東方云："若四輩弟子，若臨終時，若未終者，願生東方香林刹者，其佛号曰入精進菩薩，無央數國土莊嚴。若人臨終之日，願生彼者，隨願往生。"《預修科文經》正與此完全一致。《隨願往生十方净土經》其餘九方國土云：

> 願生東南方金林刹者，其佛号曰盡精進菩薩，無央數國土莊嚴。
> 願生南方樂林刹者，其佛号曰不捨樂菩薩，無央數國土莊嚴。
> 願生西南方寶林刹者，其号號曰上精進菩薩，無央數國土莊嚴。
> 願生西方華林刹者，其佛号曰習精進菩薩，無央數國土莊嚴。
> 願生西北方金剛刹者，其佛号曰一乘度菩薩，無央數國土莊嚴。
> 願生北方道林刹者，其佛号曰行精進菩薩，無央數國土莊嚴。
> 願生東北方青蓮刹者，其佛号曰悲精進菩薩，無央數國土莊嚴。
> 願生下方水精刹者，其佛号曰净命精進菩薩，無央數國土莊嚴。
> 願生上方欲林刹者，其佛号曰至誠精進菩薩，無央數國土莊嚴。

《拔罪懺》的十方境界在文字形式、方位次序等方面都與此非常相近，顯然是從此化出[①]。

最後，《預修科文經》七七齋、預修等觀念，甚至罪福對報的內容，都與《佛說灌頂經》的兩卷相關。請比較以下語句：

> 《隨願往生十方净土經》：若人臨終未終之日，當爲燒香、然燈、續明，於塔寺中表刹之上，懸命過幡，轉讀尊經，竟三七日。

> 《預修科文經》：汝等過去亡者男女，及以見存因緣眷屬，爲

[①] 至於《隨願往生十方净土經》的十方國土，又是從《金光明經》中抄出（詳參伍小劼《〈大灌頂經〉研究》，博士學位論文，上海師範大學，2010年，第115頁）。但《預修科文經》的文字形式與《隨願往生十方净土經》極爲接近，那麼它應直接因襲至該經，而非《金光明經》。

拘校道文

其亡人，臨終之後，一七、二七、三七，乃至七七日內，即造繒幡廿一口，青黃碧綠，各長七尺；於家宅中，建立道場，請諸尊象，并諸幡蓋，及以法師；見在男女、香火知識，齊同勸助，爲此亡人，多少任力；重造經象，及以布施出家法身；三日三夜，或七日七夜，轉經行道。

《隨願往生十方淨土經》：若四輩男女善解法戒，知身如幻，精勤修習，行菩提道，未終之時，逆修三七，然燈續明，懸繒旛蓋，請召衆僧，轉讀尊經，修諸福業，得福多不？

《預修科文經》：諸是男女，初出父母胞胎以後，至一歲……百廿歲，必欲欲預脩，還從一七、二七、三七，乃至五七、七七、百日，周而復始，乃至永年，所造功德，還依次第而作。第一造象，第二造經，次即造卌九尺長幡，設卌九人齋食，安置道場，請諸尊象，并及法師、香火知識。

《拔除過罪生死得度經》：若已定者，奏上閻羅……録其精神，在彼王所，或七日，二、三七日，乃至七七日，名籍定者，放其精神，還其身中。

《預修科文經》：諸是男女，臨終之後，七七之內，定其罪名，百日之中，配入五道。

《拔除過罪生死得度經》：或煞無道，偷竊他人財寶，欺詐妄語，婬他婦女，飲酒鬥亂，兩舌惡口，罵詈毀人，犯戒爲惡，復祠祀鬼神。有如是過罪，當墮地獄中，若當屠割，若抱銅柱，若卧鐵牀，若鐵鉤出舌，若洋銅灌口者。

《預修科文經》：鐵床銅柱，燋筋碎骨，以報耶婬之罪。寒冰雪山，分裂形體，以報劫盜之愆。吞火拔舌，融銅灌口，以報舌端之咎。

上面選取的對比內容語意都非常接近，從中可以看出二者的傳承關係。實際上，七七齋以及生時預修的觀念，最早可能就是產生於《佛說灌頂經》①。

然而《佛說灌頂經》所說以三七齋爲主，稍微涉及一點與七七齋相關的内容，而《預修科文經》則除七七外又提到了百日和周年。這一改造的思想來源顯然是以《十王經》等爲代表的十王信仰，以及當時民衆中流行的七七、百日、周年、三年設齋的習俗②。至於《預修科文經》"罪福對報"部分，則顯然與《梵網經》爲代表的佛戒相關，并且摻雜了《太上洞玄靈寶智慧上品大戒》等靈寶類道經的報應觀念。

總之，《預修科文經》是以《佛說灌頂經》第十一、第十二兩卷内容爲基礎，糅合佛教、道教各種相關觀念而成。

四 《預修科文經》對後世道經及道教儀式產生了深遠影響

由《佛說灌頂經》《十王經》等經典奠定了理論基礎，佛教七七齋逐漸流行起來。從敦煌出土的大量佛教齋會文範中可以看出當時佛教七七齋的流行程度③。大概南北朝晚期至唐初的道教信徒逐漸將這種民俗納入到道教理論框架當中。除《預修科文經》外，還有不少相近時期的道經都引入了七七齋。如：

P. 3371 號《太玄真一本際經》卷一：若有終亡，三日、七日，乃至七七，家人同學，爲其燒香，誦念是經，即得開度，魂昇南宫，不入三徒，還生善道。

京都 252 號《太上業報因緣經》卷第八《生神品十九》：是故亡人從初亡、一七、二七乃至七七、百日，家人當須開度，令

---

① 詳參侯沖《中國佛教儀式研究——以齋供儀式爲中心》，第 392 頁；伍小劼《〈大灌頂經〉的宗教思想》，《史學月刊》2012 年第 3 期。
② 關於十王信仰與七七齋，可參侯沖《中國佛教儀式研究——以齋供儀式爲中心》及杜斗城《"七七齋"之源流及敦煌文獻中有關資料的分析》，《敦煌研究》2004 年第 4 期。
③ 具體可參前引杜斗城文。除了《預修科文經》模仿《佛說灌頂經》外，《正統道藏》洞真部威儀類所收的《地府十王拔度儀》顯然是模仿《十王經》，因與主題無關，本書不再贅述。

· 311 ·

拘校道文

生善處，得見世安樂，最爲第一。即初亡一日，造救苦天尊一區，寫此經一部，造靈旛一口，然燈七㞶。至二日，造天尊二區，寫經二部，造旛二口，然燈二七㞶。計七日，造像七區，寫經七部，造旛七口，然燈四十九㞶。計日加之，至百日，造像百區，造經百部，及轉經百遍，造旛百口，然燈七百㞶也。雖則百千萬億經像、旛燈，要以七數之。若貧窮之人，隨其分力，皆就七七、百日也。

P. 2348 號《天尊爲一切衆生説三塗五苦存亡往生救苦拔出地獄妙經》：汝等欲救過去亡人，當欲捨壽之時，諸方不見（覓）師，爲亡人宣戒懺悔，即爲轉讀路上壙所，請師爲亡人燒香歎懺，捨資亡人，及以男女緣身之資，迴將布施，得福最深。至七七、百日，割減造經及像，齋戒，燃卅九燈，造卅九尺繒幡，懸在戺（長）干（竿）。若不得辦，即造小幡七口（尺），造靈寶及五苦之經，讀誦，晝夜七遍。亡人七七之内，定其罪名；百日之中，配入五道。

這些經典的語意相近，所記儀式的形式也比較相近，可見他們是同源的，源頭便是佛教的經典和儀式①。

《預修科文經》與前面引的幾種道經相比，却有特殊的優勢，那便是更貼近具體的齋會儀式。P. 3282 號、S. 6841 號、BD15636 號、P. 2455 號四件寫卷記録了靈寶自然齋儀宿啓儀的主要形式，並記載了行道儀的具體節目。據該經，在行道儀中，出官啓事、三上願後需十方禮、十方懺，而《預修科文經》開始便記有十方境界及十方真人之名；在宿啓儀中需讀經、説戒，而《預修科文經》的"罪福報對"部分恰恰可以作爲説戒的内容。而"隨願往生"和"預修科文"兩部分所記的儀式細節，正可以做具體齋會的指南。

---

① 特别值得注意的是，這一類道經都提到造經、寫經可以積攢功德，而《天尊爲一切衆生説三塗五苦存亡往生救苦拔出地獄妙經》更直接稱造靈寶經來積功德。但多數早期道經都需要保密，不能廣泛傳播，如 P. 2431《洞玄靈寶諸天内音自然玉字》即稱："輕洩漏慢，身負河源，風刀萬劫，終不得仙，明真舊格，宜秘之焉。"那麼前引的一類道經顯然便是照搬佛教概念，而罔顧道教歷史了。

第五章　道釋相激：佛道關係視域中的敦煌道教文獻研究

　　正因爲有如此的優勢，《預修科文經》雖今已佚，但它對後世道教儀式和經典的發展却產生了很大的影響。《拔罪懺》將《預修科文經》拆解，並補充天尊名、懺悔文等，形成"佛名經"一類的經典。而"佛名經"類的經典本來就是與齋會儀式高度相關。

　　《正統道藏》洞玄部本文類所收的《太上洞玄靈寶轉神度命經》（D6, p. 143），該經主要内容即隨願往生十方净土，即應與《預修科文經》的十方境界相關。《太上洞玄靈寶轉神度命經》於每方稱"衆等志心歸命某方救苦無上慈尊"，似乎也可以爲前文所論十方境界與十方禮相關做旁證。

　　《正統道藏》洞玄部威類儀又收有《黄籙齋十天尊儀》（D9, p. 740），載太上道君説十方境界、十方真人，並每方有一頌文。這十方境界、十方真人與《預修科文經》一致，恐怕就是根據該經所做。而這十篇頌文應該便是黄籙齋十方頌時所用。

　　舊題吕元素《道門定制》卷六載有"隨願往生醮"，注云"十方天尊、真人爲主"，卷九又載"隨願往生道場奏狀"，其第三狀的十境界十真人亦與《預修科文經》同（D31, pp. 714, 750）。那麼這所謂"隨願往生醮"很可能便是依據《預修科文經》造作出來的。

　　《正統道藏》洞玄部威類儀所收《黄籙九幽醮無礙夜齋次第儀》在第二日清旦行禮時，於一般道教齋儀禮十方的位置"舉十真禮"，所禮敬的正是《預修科文經》中的十方境界、十方真人（D9, p. 752）。但該儀禮敬十方真人後"願普救亡魂，永出三塗苦"，這與《預修科文經》引入十方真人的本意已相差很遠。

　　除了對後世道教儀式的影響之外，從佛教那裏引入的往生净土的觀念對主張長生久視或魂飛南宫的道教也是不小的衝擊。早期道教文獻中並没有往生净土的觀念，更没有祈請往生净土的儀式。早期上清經主要是通過存思、咒念等方式成仙，早期靈寶經也多是通過修功德而致神仙，如 P. 2461 號《太上洞玄靈寶智慧上品大戒》："若在一轉，而得精進，心不懈退，作諸功德，長齋苦行，晨夕不倦，即得飛仙。於此而進，超凌三界，爲上清真人。" S. 1351 號《太極左仙公請問經》："功滿三千，白日升天，脩善有餘，坐降雲車，弘道无已，自致不死。"有些

· 313 ·

拘校道文

古靈寶經雖已有輪回思想，認爲死後可以魂神升天，但與往生淨土的觀念還有明顯差別。如 P.2730 號《洞玄靈寶長夜之府九幽玉匱明真科》："身清心當，行合神明，後死魂升，南宮受書，爲四極明公，或爲善爽之神。"P.2454 號《仙公請問本行因緣衆聖難經》："後生爲貴人，怨對將至，是時發願念道……壽終升天堂。"P.2256 號①云"第七威儀……凡有六條"，即金籙齋、黃籙齋、明真齋、三元齋、八節齋和自然齋，並沒有與亡靈隨願往生相關的内容。據該卷下文"宋法師於陸先生所述後"云云，則此說可能是陸修静之說。那麼在陸修静的時代，這種祈請亡靈往生極樂的道教儀式應該尚未形成。

在南北朝後期道經中，往生淨土的觀念大量湧現，如 P.2383 號《太上洞玄靈寶淨土生神經》："若當來男女，臨終之時，先當懺悔一生已來无量重罪，次爲受誡，設齋行道，造像寫經，及諸功德，布施常住，供養出家，各隨分力，唯多爲佳。閉眼之日，即生淨土，不入三塗。"該經之後便詳細描繪了十方淨土的盛況。又如 P.2348 號《天尊爲一切衆生說三塗五苦存亡往生救苦拔出地獄妙經》："一切存亡，聞我說此經者，當脩福德，隨願往生。"P.3371 號《太玄真一本際經》卷一："若復讀誦此經，依經修行，晝夜不懈，是人所在之處，自然安樂，隨所往生，得居淨土。"通過這一類經典的合力影響，往生淨土的觀念最終在道教中確立下來。

尤其值得注意的是《太上洞玄靈寶天尊名》一經。前文已提到，該經與《拔罪懺》形式相近，而在該經中便有如下内容："我今爲汝分別解說十方諸天尊名字，至心礼拜懺悔，滅无量罪，生无量福，即得往生諸天極樂世界。"這也是通過朝禮十方諸天尊並禮拜懺悔的儀式而往生淨土，這與《預修科文經》以及其後隨願往生十方淨土儀式的相關性也是很高的。

除了七七齋和往生淨土的觀念外，《預修科文經》中還值得注意的是其預修生七的觀念。這同樣來自佛教。來自印度的佛教經典中似

---

① 各家對這件寫卷的定名不同，大淵忍爾認爲是宋文明《通門論》，王卡認爲是《靈寶經義疏》。

第五章　道釋相激：佛道關係視域中的敦煌道教文獻研究

乎並沒有提到"預修"儀式，目前看到最早提到預修的是《佛説灌頂經》卷十一，其中説："未終之時，逆修三七……其報無量。"前面已經提到了《預修科文經》大量因襲《佛説灌頂經》卷十一、卷十二的成文，也同樣繼承了其中的"預修"觀念①。這種觀念的影響似乎很大，P. 3562v《道教雜齋文》第一篇即云："若不熏修淨行，何能免彼輪迴；必藉預習妙因，方可享兹年壽。"這證明道教預修儀式在唐代中期已得到了實際應用。

受這種觀念的影響，現存的一些後世道教文獻中也有涉及預修者。如宋路時中《無上玄元三天玉堂大法》卷二十《生身受度品》即載預修儀式，且云："今此受度，非因自己修習，乃是投壇建預修功德，以冀他日滅度，不經地獄，即生丹天。"（D4，p. 72）《靈寶領教濟度金書》卷一六一至卷一七八列出了預修黄籙齋的儀式。

但預修儀式在後世也受到正統道士的批判，金允中在《上清靈寶大法序》中即批判王升卿《靈寶大法》"及有預修之齋，頗無經據"（D31，p. 345）。《正統道藏》中保存的與預修儀式相關的經典不多，或與這種批判有關。

小　結

通過以上的分析，可以得出以下結論：

第一，《天尊説隨願往生罪福報對次説預修科文妙經》是以《佛説灌頂經》第十一、十二卷爲基礎，雜糅多種佛教、道教經典和觀念而成的道經。

第二，《太上慈悲九幽拔罪懺》前七卷係拆解《天尊説隨願往生罪福報對次説預修科文妙經》並配以天尊名、懺悔文而成，後三卷則爲雜湊出的文字。

第三，《天尊説隨願往生罪福報對次説預修科文妙經》將佛教的七七齋、預修、往生净土等觀念納入道教的範圍，並對後來的道教經

---

① 關於佛教的預修齋供，可參侯冲《中國佛教儀式研究——以齋供儀式爲中心》，第380—396頁。

典和儀式産生了深遠的影響。

第三節　十卷本《老子化胡經》新考

敦煌藏經洞共發現六件首尾題中含有"化胡經"字樣的寫卷，即 S.1857 和 P.2007，卷題"老子西昇化胡經序説第一"，尾題爲"老子化胡經卷第一"，兩件寫卷所存的内容除卷一外還包含《老子化胡經序》；S.6963v，尾題爲"老子化胡經卷第二"；P.3404，首題爲"□□（老子）化胡經受道卷第八"；P.2004，首題爲"老子化胡經玄歌卷第十"；S.2081，尾題爲"太上靈寶老子化胡妙經"。王卡又找到 Дx769，謂與 S.6963v 筆跡、殘字吻合[①]。但 Дx769 寫卷實爲佛經《七佛八菩薩所説大陀羅尼神呪經》殘片，與《老子化胡經》無關。學界一般將上列前五件寫卷視爲同一種文獻，這大概是正確的。這五件寫卷除了首尾題形式相似外，P.2007 與 P.2004 筆跡相近，S.6963v 和 P.3404 筆跡相近[②]，可能分别是同一人所抄。因此，本節也以這五件寫卷爲研究對象，下節再討論 S.2081 的相關問題。

這批寫卷自面世以來就引起了學界的普遍關注，羅振玉在 1909 年刊印的《敦煌石室遺書》中即收録了 P.2007 和 P.2004，並附有蔣斧的跋。此後王國維、陳垣、王維誠、逯欽立、吉岡義豐、福井康順、前田繁樹、項楚、王卡、劉屹等一大批著名學者都對此經有深入研究[③]。但關於該經還有不少問題值得進一步討論，如各卷的成書時間、各卷間的關係等。本節即擬對此類問題稍陳己見，向方家請教。

[①] 王卡：《敦煌道教文獻研究——綜述·目録·索引》，第 188 頁。
[②] 王卡認爲 S.6963v 與 S.1857 筆跡相同（見前引王書），當非。
[③] 王國維：《唐寫本老子化胡經殘卷跋》，《觀堂集林》，第 1018 頁；陳垣：《摩尼教入中國考》，載《陳垣史學論著選》，第 146 頁；王維誠：《老子化胡經説考證》，《國學季刊》1934 年第 4 卷第 2 號；逯欽立：《跋〈老子化胡經·玄歌〉》，載《逯欽立文存》，第 561—563 頁；[日]吉岡義豐：《道教と佛教》，第 118—122 頁；[日]福井康順：《道教の基礎的研究》，第 256—324 頁；[日]前田繁樹：《初期道教經典の形成》，第 83—152 頁；項楚：《〈老子化胡經·玄歌〉考校》，載《柱馬屋存稿》，第 271—286 頁；王卡：《〈老子化胡經序〉校跋》，載《道教經史論叢》，第 266—271 頁；劉屹：《經典與歷史——敦煌道經研究論集》，第 1—116 頁。

第五章　道釋相激:佛道關係視域中的敦煌道教文獻研究

一　《化胡經序》當爲唐代的作品

S.1857卷首存"老子化胡經序"，P.2007卷首雖有殘泐，但猶存此序後半。全序基本爲四字韻語，是對老子的贊文，前半贊老子虛無難名、爲天地之始，次列舉老子相好，最後贊老子西出化胡。

該序很早就引起學者注意，王國維云："首行'老子化胡經序'下，紀撰人姓名處尚存一'魏'字。案趙希弁《郡齋讀書後志》載：'《老子化胡經》十卷，魏明帝爲之序。'此卷序題下尚存一'魏'字，則下所闕當是'明帝'二字，即希弁所見本矣。序作四言韻語，爲他書序所未見。"① 王維誠又發現《混元聖紀》卷五所引魏明帝《老君化胡經讚》可補此序，並指出此序係僞託魏明帝②。後松本文三郎、王卡均指出此序當係託名③。劉屹又從序中稱老子爲絶對之先、認爲老子生於殷末推測該序與卷一同撰於唐開元年間④，其說可從。今可再添一證，《老子化胡經序》中云：

止如響紀，消若雲除，□水出火，探巢捕魚，比之於道，不足稱无。

這一段話非常難懂，但《雲笈七籤》卷一〇二《混元皇帝聖紀》中有一段非常相近的話：

影離響絶，雲銷霧除，鑽冰求火，探巢捕魚，不足言其無也。⑤

對勘可知《老子化胡經序》"紀"當爲"絶"字之誤，"□水出火"

---

① 《觀堂集林》卷二一，第1018頁。
② 王維誠：《老子化胡經説考證》，《國學季刊》1934年第4卷第2號。
③ 參[日]松本文三郎《老子化胡經の研究》，《東方學報》第15冊，轉引自劉屹《經典與歷史——敦煌道經研究論集》，第18頁；王卡〈《老子化胡經序》校跋〉，載氏著《道教經史論叢》，第266—271頁。
④ 劉屹：《經典與歷史——敦煌道經研究論集》，第17—35頁。
⑤ 《雲笈七籤》，第2206頁。

當作"鑽冰出火"。兩相對照，可以明顯看出《老子化胡經序》因襲《混元皇帝聖紀》的痕跡。"響紀（絶）""雲除"形容"止""消"並不確切，回聲和雲霧消失是較爲緩慢的過程。但用"影離響絶，雲銷霧除"來形容"無"是比較貼切的，影、響、雲、霧消失後便毫無蹤影。另外，《混元皇帝聖紀》此句與前"陰陽不測，變化無倫，飄遥太素，師虛友真，不足言其神也；光燭玄昧，洞鑒無形，仰觀太極，俯察幽冥，不足言其明也"等句式一致，但《老子化胡經序》此句與上下文並無緊密關係。劉屹已指出，《混元皇帝聖紀》即是成於儀鳳四年（679）的《玄元皇帝聖紀》①，那麽《老子化胡經序》應撰於此後。

二 《化胡經》卷一中的地理圖景

關於《化胡經》卷一的時代問題，已有不少學者討論。陳垣《摩尼教入中國考》云："唐總章元年、神龍元年兩度禁燬《化胡經》，則此本殆作自開元天寶而後。"② 陳氏還考察了此卷與摩尼教的關係。王維誠據此卷有大食國王、中宗時禁毁《老子化胡經》及天寶八載吳道子畫《老子化胡經》事，從而謂"或當作於玄宗開元至天寶八載之間"③。劉屹根據此卷卷端無"奉敕對定"字樣，認爲出現在武周之後，應該在開元年間④。但各家的論證都對《化胡經》卷一所載的域外地理注意不夠⑤，這部分内容正可爲此問題提供新的視角。《化胡經》卷一列舉諸國王云：

> 于闐國王，乃至朱俱半王、渴叛陀王、護蜜多王、大月氏王、骨咄陀（施）王、俱蜜王、解蘇國王、拔（枝）汗那王、久越得

---

① 劉屹：《經典與歷史——敦煌道經研究論集》，第25頁。
② 陳垣：《陳垣史學論著選》，第146頁。
③ 王維誠：《老子化胡經說考證》，《國學季刊》1934年第4卷第2號。
④ 劉屹：《經典與歷史——敦煌道經研究論集》，第43頁。除以上所引三家外，還有不少學者對此問題提出過看法，本書不再一一列舉。
⑤ 劉屹曾引白安敦（Antonello Palumbo）說"特別是卷一的西域地理，反映的是武周時期的實況"（見《經典與歷史——敦煌道經研究論集》，第35頁）。但筆者一直未見白安敦就此問題正式發表的論文。

第五章 道釋相激：佛道關係視域中的敦煌道教文獻研究

犍王、悒怛國王、烏拉喝王、失范延王、護時（特）健王、多勒建王、罽賓國王、訶達羅支王、波斯國王、踈勒國王、碎葉國王、龜茲國王、拂林國王、大食國王、殖臈國王、數漫國王、怛没國王、俱蘂國王、嵯骨國王、曇陵國王、高昌國王、焉耆國王、弓月國王、石國王、瑟匿國王、康國王、史國王、米國王、似没盤國王、曹國王、何國王、大小安國王、穆國王、烏那葛國王、尋勿國王、火尋國王、西女國王、大秦國王、舍衛國王、波羅奈國王、帝那忽國王、伽摩路王、乾陁羅王、烏長國王、迦葉彌羅國王、迦羅王、不路羅王、泥婆羅王、熱吒王、師子國王、拘尸那揭羅王、毗舍離王、劫毗陁王、室羅伐王、瞻波羅國王、三摩咀（呾）吒王、烏茶國王、蘇剌吒國王、信度國王、烏剌尸王、扈利國王、狗頭國王、色伽栗王、漫吐嘎王、泥拔國王、越底延王、奢弥國王、小人國王、軒渠國王、陁羅伊羅王、狼揭羅王、五天竺國王。

首先值得注意的是，"護蜜多王"至"波斯國王"十五國，除"拔汗那"外，全與龍朔元年（661）所置"十六都督府"對應。《唐會要》卷七三"安西都護府"條載：

> 龍朔元年六月十七日，吐火羅道置州縣，使王名遠進《西域圖記》，并請于闐以西、波斯以東十六國分置都督府，及州八十、縣一百一十、軍府一百二十六。仍以吐火羅國立碑，以記聖德。詔從之。以吐火羅國葉護居遏換城，置月氏都督府；嚈噠部落活路城，置大汗都督府；訶達羅支國王居伏寶瑟顛城，置條枝都督府；解蘇王居數瞞城，置天馬都督府；骨咄施國王居沃沙城，置高附都督府；罽賓國王居遏紇城，置修鮮都督府；失范延國王居伏戾城，置寫鳳都督府；石汗那國王居艶城，置悦般都督府；護特犍國王居遏密多城，置奇沙州都督府；怛没國王居怛没城，置姑默州都督府；烏拉喝國王居摩喝城，置旅獒州都督府；多勒建國王居低保那城，置崑墟州都督府；俱密國王居褚瑟城，置拔州都督府；護密多國王居模達城，置鳥飛都督府；久越得建國王居步師城，置

· 319 ·

拘校道文

王庭都督府；波斯國王居疾凌城，置波斯都督府。①

相近的記載又見《舊唐書》卷四十《地理志》②、《新唐書》卷四八《地理志》③ 等。將《化胡經》與此十六都督府所在舊國比較，可以發現二者有一些異文。這些異文中，有些是選用了不同的稱謂，如《化胡經》不用"吐火羅"國，而用都督府名"月氏"。有些是選用了異稱，《化胡經》"嚈噠"作"悒怛"，《通典》卷一九三"嚈噠"條："嚈噠國……挹怛同。至隋時又謂挹怛國焉。"④《化胡經》"悒怛"之"悒"可能就是"挹"因下"怛"字類化的訛體。有些則顯然是《化胡經》有訛文，如"骨咄陁"之"陁"爲"施"之誤，"護時健"之"時"爲"特"之誤等。《化胡經》"護蜜多王"至"波斯國王"僅十五國，無"怛没"，"怛没"在下"數漫國"之後，這很有可能是錯簡。另外，《化胡經》無"石汗那"，僅有"拔汗那"。《猶龍傳》亦錄此八十餘國名，"拔汗那"作"枝汗那"（D18，p. 19），這很可能是對的，"枝汗那"可能即"石汗那"的異譯。因此，《化胡經》卷一此段與"十六都督府"有極其密切的關係，由此可知此卷必然成書於高宗以後。但從與現存史書中明顯的異文來看，《化胡經》卷一所據的恐怕不是王名遠《西域圖記》或類似的官方文件，而是某種二手文獻。

陳垣以來的學者多注意到《化胡經》卷一中提到了"大食"。據《舊唐書·高宗紀》，永徽二年（651）"八月乙丑，大食國始遣使朝獻"⑤。雖然無法確定在此之前中土是否得到與大食相關的信息，但632年阿拉伯帝國始立國，那麼中土得知大食必然在貞觀以後。

在這段國名中，"石國王"至"火尋國王"一段，除"瑟匿""似没盤""尋勿"三國外，均爲粟特地區的"昭武"諸姓胡。《隋書·西

---

① 《唐會要》，第1323—1325頁。
② 《舊唐書》，第1649—1650頁。
③ 《新唐書》，第1137頁。
④ 《通典》，第5259頁。
⑤ 《舊唐書》，第69頁。

第五章 道釋相激：佛道關係視域中的敦煌道教文獻研究

域傳》："康國者……舊居祁連山北昭武城，因被匈奴所破，西踰葱嶺，遂有其國。支庶各分王，故康國左右諸國並以昭武爲姓，示不忘本也……米國、史國、曹國、何國、安國、小安國、那色波國、烏那曷國、穆國皆歸附之。"①《新唐書·西域傳》："康者……本月氏人。始居祁連北昭武城，爲突厥所破，稍南依葱嶺，即有其地。枝庶分王，曰安，曰曹，曰石，曰米，曰何，曰火尋，曰戊地，曰史，世謂'九姓'，皆氏昭武。"②

《化胡經》卷一"烏那葛"雖不見於其他文獻，但顯然是"烏那曷"的異寫。"瑟匿"雖非昭武諸姓胡，但亦與粟特諸國相近，《唐會要》卷一百："瑟匿北接石國，其俗不好商賈，風俗與康國略同。"③"似没盤"不見他處，當爲"似没役盤"之誤。前引《唐會要》卷一百"瑟匿國"條又云："與似没役槃國、康國同鄰。"則似"似没役槃"爲一國。而《新唐書·西域傳》："似没者，北接石。土俗與康同。役槃，亦與康鄰，出良馬。"④則以似没、役槃爲二國。今不知孰是，但從《化胡經》誤作"似没盤"看，其撰者看到的材料應近於《唐會要》。無論"似没役槃"爲一國還是二國，從文獻描述看，其爲撒馬爾罕附近的粟特城邑應無可疑。"尋勿"在文獻中亦未見，未知是否與"戊地"有關。總之，《化胡經》卷一此處所列的十餘國應均與粟特城邑有關。南北朝至隋唐時期，大量粟特商人來華貿易，隨之而來的除了西域商品之外還包括粟特地區的地理。《化胡經》卷一此處如此集中地羅列粟特地名，或與粟特商人在華活動有關。

從"舍衛國"至"烏刺尸"一段，除"熱吒"本書未考出所在之外⑤，其他多爲南亞地區的佛教聖地，是《法顯傳》《大唐西域記》《慧超往五天竺國傳》等僧人遊記以及佛經中的常見地名。但目前所見文獻中，没有任何一部書的地名與《化胡經》卷一的國名完全相

---

① 《隋書》，第1848頁。
② 《新唐書》，第6243頁。
③ 《唐會要》，第1781頁。
④ 《新唐書》，第3254—3255頁。
⑤ 頗疑"熱吒"即《大唐西域記》卷四的"磔迦"，指旁遮普平原地區。

· 321 ·

合。敦煌文獻有不少已佚的僧人遊記，如P.3532號《慧超往五天竺國傳》、S.383號《西天路竟》等，《化胡經》卷一可能即使用了某一種或多種目前已佚的此類佛教文獻。

在這組地名中，有一地異譯並存的情況，如既有"舍衛國"這一舊譯，也有"室羅伐"這一新譯。這自然由於《化胡經》卷一的作者對南亞地理不太熟悉，不知二名實爲一地。但值得注意的是，"室羅伐"這一名稱是在義净的翻譯作品中才開始出現的[①]。在早期翻譯佛經中，多譯作"舍衛""舍婆提"等，玄奘始譯作"室羅伐悉底"[②]，而在義净翻譯的《根本説一切有部毗奈耶》等作品中則作"室羅伐"。義净在證聖元年（695）方從印度回國抵達洛陽，其主要作品是在神龍元年（705）以後完成的[③]。由此可以推知，《化胡經》卷一應該是中宗以後的作品。

與"室羅伐國"相照應的是"迦葉弥羅國"，該國即舊譯之"罽賓"，在玄奘《大唐西域記》及玄奘的譯作中作"迦濕彌羅"[④]，在義净《南海寄歸内法傳》中作"羯濕彌羅"[⑤]，在《新唐書·西域傳》中作"箇失密"[⑥]。"迦葉彌羅"在傳世佛經中僅見於實叉難陀所譯的《華嚴經》卷四五《諸菩薩住處品》。P.3532《慧超往五天竺國傳》中亦作此名。唐譯《華嚴經》是實叉難陀與義净等共同翻譯，在聖曆二年（699）方全部譯完[⑦]。慧超在遊歷南亞、中亞後，於開元十五

[①] 玄應《一切經音義》中似出現了"室羅伐"一詞，該書卷三《金剛般若經》音義："舍衛國，《十二遊經》云無物不有國，或言舍婆提城，或言舍羅婆悉帝夜城，並訛也。正言室羅伐國。"（《中華大藏經》第56卷，第864頁。）慧琳《一切經音義》卷十《金剛般若波羅蜜經》音義"舍衛國"條與玄應《音義》該條大致相同，但"室羅伐"作"室羅伐悉底"。因此，玄應《音義》很有可能是後人改動後的面貌。由此亦可知，"室羅伐"這一譯名被義净使用後，在一段時間內可能被視作標準譯名。

[②] 《大唐西域記校注》，第481頁。

[③] 見王邦維《義净與〈南海寄歸內法傳〉》，載《南海寄歸內法傳校注》，前言第17—23頁。

[④] 《大唐西域記校注》，第321頁。

[⑤] 《南海寄歸内法傳校注》，第91頁。

[⑥] 《新唐書》，第6255頁。

[⑦] 《開元釋教録》卷九："《大方廣佛華嚴經》八十卷，第二出與東晉覺賢譯者同本。證聖元年三月十四日於東都大内大遍空寺譯，天后親受筆削，至聖曆二年十月八日於佛授記寺功畢。"（T55，p.565）

第五章 道釋相激：佛道關係視域中的敦煌道教文獻研究

(727) 纔回到中土①。因此，從"迦葉弥羅"一名來看，《化胡經》卷一也應是 8 世紀的作品。

在這一組國名中，還有"曇陵國"值得注意，《唐會要》卷九九："曇陵，吐火羅之屬國也，居大洲中，其風俗土宜與吐火羅國同。"② 但吐火羅似不太可能有在海洲上的屬國。《新唐書·南蠻傳》："墮和羅……有二屬國，曰曇陵、陀洹。曇陵在海洲中。"③ 可知《唐會要》"吐火羅"爲"墮和羅"之誤傳。《古代南海地名彙釋》"曇陵"條："或謂即 Tambralinga 的省譯，又作單馬令，指今泰國西南岸的洛坤。也有的認爲指董里，或緬甸的丹那沙林。"④ 除此之外，還有"匰利"，《古代南海地名彙釋》認爲在"今印度西孟加拉邦胡格里（Hugli）河口一帶"⑤，兩地都應該是中國至印度海上交通的重要節點。關於唐代及以前南海地名的記載較少，與"曇陵"相鄰的"俱藥""嵯骨"不見於文獻記載，或有可能也是海上絲綢之路的地名。可見《化胡經》卷一的作者可能也借鑒了如法顯、義净一樣曾從海路往來於中印之間的僧人的作品。

值得注意的還有"帝那忽國王"一條。文獻中並無"帝那忽國"，而有"帝那伏帝國"。《舊唐書》卷三《太宗紀》：貞觀二十二年"五月庚子，右衛率長史王玄策擊帝那伏帝國，大破之。"⑥ "帝那忽國"當即"帝那伏帝國"之訛傳。又《通典》卷一九三："大唐武德中，其東西南北四天竺悉爲中天竺所并。貞觀十五年，其王姓乞利咥，名尸羅逸多，或云姓刹利氏，遣使奉表。二十二年，右衛率府長史王玄策奉使天竺。會尸羅逸多死，國大亂，其臣那伏帝阿羅那順自立，乃發兵拒。"⑦ "那伏帝阿羅那順"當即"帝那伏帝"，乃中天竺（實即摩揭陀國）的篡位者，並非國名。《老子化胡經》稱"帝那忽國"，顯然是受到了與《舊唐書》史源相近材料的影響。其失落後"帝"字，恐

---

① 《往五竺國傳箋釋》，前言第 3 頁。
② 《唐會要》，第 1774 頁。
③ 《新唐書》，第 6303 頁。
④ 陳佳榮、謝方、陸峻嶺：《古代南海地名彙釋》，第 498 頁。
⑤ 陳佳榮、謝方、陸峻嶺：《古代南海地名彙釋》，第 715 頁。
⑥ 《舊唐書》，第 61 頁。
⑦ 《通典》，第 5262 頁。

怕也是對原始材料的誤讀。"帝那忽國王"後又有"伽摩路王","伽摩路"當即"伽没路"。《舊唐書》卷一九八《西戎傳》:"五天竺所屬之國數十,風俗物產略同。有伽没路國,其俗開東門以向日。王玄策至,其王發使貢以奇珍異物及地圖,因請老子像及《道德經》。"① 可見伽没路國亦與王玄策出使有極大關係。《舊唐書》中特別提到伽没路王"請老子像及《道德經》",這恐怕也是《老子化胡經》收錄此國的一個重要原因。總之,"帝那忽""伽摩路"二國名昭示了《老子化胡經》受到了王玄策平中天竺這一史事的影響。

另外,狗頭國、色伽栗二國也值得注意。史繩祖《學齋佔畢》卷二"王會、貢職兩圖之異"條引李公麟云:"唐閻令作《西域圖》兼彼土山川,而絶色伽梨,凡九國,中有狗頭、大耳、鬼國爲可駭,皆所以盛會同而奢遠覽。"② "色伽栗"當即"色伽梨"。閻立本《西域圖》狗頭國與色伽梨並列,與此處同。南北朝隋唐時期應有不少此類圖,除此處李公麟所言的閻立本《西域圖》外,還有流傳至今的蕭繹原作宋人摹本的《貢職圖》以及閻立本《職貢圖》等。這類圖像一般爲胡人朝禮中土帝王,圖式稍變則爲"西胡朝元圖"。《南宋館閣續錄》卷三載有閻立本《西胡朝元圖》③,具體圖樣不詳,吳羽猜測"當即描繪西域的胡人尊崇、朝禮老子的情景"④,其說當是。此圖很可能就是對"職貢圖"一類圖像的改造,以與老子化胡故事相比附。唐初此類圖像可能有不少。《册府元龜》卷五一引神龍元年(705)制云"天下諸觀皆畫化胡之變"⑤,所謂化胡經變恐怕也有類似"西胡朝元"的內容。《化胡經》卷一的作者應該正是參考了類似的圖像。

但應指出的是,《化胡經》卷一的作者對域外地理並不熟悉,故多有一地異譯並存的情況。除了前面已提到的"舍衛""室羅伐"和"罽賓""迦葉彌羅"外,又如既有"殖膩"又有"瑟匿",既有"拂

---

① 《舊唐書》,第5308頁。
② 史繩祖:《學齋佔畢》,《叢書集成初編》第313册,第28—29頁。
③ 《南宋館閣錄・續錄》,第181頁。
④ 吳羽:《唐宋道教與世俗禮儀互動研究》,第164頁。
⑤ 《册府元龜》,第575頁。

林"又有"大秦"。《新唐書》卷二二一《西域傳下》:"識匿,或曰尸棄尼,曰瑟匿。"① "殖膩"當即"識匿"。《舊唐書·西戎傳》:"拂菻國,一名大秦。"② "拂林"即"拂菻"。除了一地異譯外,還有國、城同存的情况,如既有"解蘇"又有"數漫",前引《唐會要》云"解蘇王居數瞞城","數漫"當即"數瞞",爲解蘇國之都。此外,"五天竺"爲南亞地區的統稱,"舍衛"等國均屬"五天竺",而《化胡經》卷一既有"舍衛"諸國,又有"五天竺"。另如"西女國""狗頭國""小人國"之類,雖見於其他文獻,但顯然是傳説中的國名。由此可知,《化胡經》卷一作者主要是轉録了其他文獻中的地名,其地理知識是比較有限的。

從以上的分析可以看出,《化胡經》卷一中羅列的地名包含了多樣的信息源,唐王朝的開疆擴土豐富了人們對異域的想象,粟特商人的貿易帶來了索格底亞那的地理知識,入天竺求法歸來的僧人讓人們對印度有了了解,"職貢圖"一類的圖像更是直觀地呈現了異域的風土。《化胡經》卷一不僅展示了盛唐時期一般知識分子的異域地理知識,更提示了當時關於異域知識的主要來源。另外,通過分析《化胡經》卷一地名,還可以爲此卷成書於 8 世紀提供確證。值得注意的是,S.1857 號有題記"道士索洞玄經",敦煌藏經洞中有多部索洞玄抄寫的經典,P.2475《太玄真一本際經》卷二、S.3563《太玄真一本際經》卷二、P.2369《太玄真一本際經》卷四、羅振玉《雪堂叢刊》本《太玄真一本際經》卷五、P.2999《太玄真一本際經》卷十、P.2256《通門論(擬)》均有題記"開元二年十一月廿五日,道士索洞玄敬寫。"可知索洞玄是敦煌地區活躍於開元年間的道士,那麽該卷大約也應抄寫於開元年間。該卷的成書時代應在開元之前,大約在武周末年至中宗時期。

三 《化胡經》卷二與域外宗教

由于《化胡經》卷二公佈的時間較晚,目前關於此卷的研究論著

---

① 《新唐書》,第 6254 頁。
② 《舊唐書》,第 5313 頁。

並不多。就筆者所見，目前尚未有詳細考證此卷成書時間的研究成果。因此本書擬對此問題試作探討。

《化胡經》卷二的主要內容是九十六種外道的名稱及具體屬性，這些描述基本都是虛構的，但也有不少可以找到現實依據。首先比較引人注意的是其中有關於祆教和景教的內容。《化胡經》卷二云："第二十五外道名爲火祆，有一万鬼神以爲眷属。著人之時，唯燒甘草，供養火具。"這裏的"火祆"顯然是指祆教。祆教崇拜聖火，故有"唯燒甘草，供養火具"之説。《通典》卷四十載有薩寶、薩寶府祆正之官，云："武德四年，置祆祠及官，常有羣胡奉事，取火祝詛。"①出土文物中亦多有祆教祀火的圖像資料，如安伽墓、虞弘墓、史君墓等墓石槨。據陳垣《火祆教入中國考》，"火祆之名聞中國，自北魏南梁始"②，那麼此卷必當在此之後。

《化胡經》卷二又云："第五十外道名弥施訶，有一千二百鬼神以爲眷属。入人身中，若行五欲，説煞生得罪，能治衆邪。久事之者，令入邪道。"這裏的"彌施訶"爲景教神，即今譯之"彌賽亞"。P.3487《景教三威蒙度讚》即云："弥施訶普尊大聖子，廣度苦界救無億。"伯希和、沙畹雖未見此 S.6963v 寫卷，但他們在分析《猶龍傳》時就注意到此"彌施訶外道"，云"即《舊約書》中之救世主（Messie），此蓋指景教也"③。景教的教義中有勸人不殺生的內容，羽459《序聽迷詩所經》中云："第五願者，衆生自莫煞生，亦莫諫他殺。"《化胡經》所謂"説煞生得罪"，可能正本於此。《大秦景教流行中國碑》云："人秦國有上德曰阿罗本，占青雲而載真經，望風律以馳艱險，貞觀九祀至於長安。帝使宰臣房公玄齡總仗西郊，賓迎入內，翻經書殿，問道禁闈。深知正真，特令傳授。"是景教於貞觀九年（635）方傳入中國，那麼此卷必然在此之後。

《化胡經》卷二第五十一外道名"摩底"，伯希和、沙畹云："'底'

---

① 《通典》，第1103頁。
② 《陳垣史學論著選》，第110頁。
③ ［法］伯希和、沙畹撰：《摩尼教流行中國考》，馮承鈞譯，第74頁。

第五章 道釋相激：佛道關係視域中的敦煌道教文獻研究

字疑爲'尼'字之訛，觀其列在景教之後，可以推想及之也。"①《佛祖統紀》卷四十："延載元年（694）……波斯國人拂多誕持《二宗經》僞教來朝。"②此爲文獻中關於摩尼教的最早記載。如果伯希和、沙畹的校勘不誤，那麼《化胡經》卷二應爲延載元年之後的作品。

除祆教、景教、摩尼教術語外，《化胡經》卷二中的一些佛教術語也揭示了該卷的成書應在唐代。《化胡經》卷二在第三十四外道中羅列了一些鬼名，其中有"布恒那、畢舍遮"。"布恒那"應爲"布怛那"之訛。"布怛那"舊譯多作"富單那"，自玄奘譯《大乘大集地藏十輪經》等始譯作"布怛那"。"畢舍遮"同樣始於玄奘的譯經，舊譯多作"毗舍遮"。事實上，《化胡經》卷二此處羅列的鬼名與《大乘大集地藏十輪經》屢次出現的鬼名序列有很大的相似性。因此，《化胡經》卷二必然成書於玄奘大規模譯經之後，最早也應是高宗以後的作品。

《化胡經》卷二大量使用佛教術語，主要是爲了對佛教進行攻擊，其中對禪修的攻擊尤甚。如第七外道稱"此等諸神，若脩定時，作白骨觀□□入定則止"，第二十三外道"時諸僧尼，入禪三昧，忤（誤）入耶罔，常隨黑闇"，第三十四外道"若白骨觀，脩五門禪"，等等，這顯然都是指佛教的禪觀修法。而第十三外道"能令入定，節節火然，自然讀經，不須世間文字章疏，久久生心，顛狂癡騃"，這似乎更是直指"不立文字"的禪宗。《壇經》云："一切經書，及諸文字，小大二乘，十二部經，皆因人置，因智惠性故，故然能建立。若無世人，一切萬法，本元不有。故知萬法本因人興，一切經書，因人說有……故知一切萬法盡在自身中，何不從於自心頓現真如本性。"③正是"不須世間文字章疏"。禪宗雖創自慧能，但產生較大影響已是神會天寶初入洛之後的事情④。若《化胡經》卷二確受禪宗影響的話，其成書可能已至天寶年間。

《化胡經》卷二是否受禪宗的影響可能還不能十分確定，但它受

---

① [法] 伯希和、沙畹撰：《摩尼教流行中國考》，馮承鈞譯，第74頁。
② 《佛祖統紀校注》，第931頁。
③ 《壇經校釋》，第57—58頁。
④ 參湯用彤《隋唐佛教史稿》，第154頁。

到來自密宗的影響是確定無疑的。《化胡經》卷二第四十四外道名"遮文茶",第四十五外道名"尼藍",第四十六外道名"商羯羅",第四十七外道名"央俱施",第四十八道名"摩利支",這均爲密宗神名。

《翻譯名義集》卷二《鬼神篇》:"遮文茶,舊云嫉妒女,又曰怒神,即役使鬼也。"(T54,p.1086)"遮文茶"即"遮文茶"。阿地瞿多譯《陀羅尼集經》卷十一有多種"遮文茶呪",可以除病、得錢財衣物等,這與《化胡經》卷二稱第四十四外道"食諸血祀,能治鬼神病,喜能媚人"是相合的。

《陀羅尼集經》卷四《十一面觀世音神呪經》載壇場佈置云:"此院南行從東頭,先安火頭金剛,次安尼藍婆羅陀羅(原注:唐云青金剛也)……次央鳩尸,次跋折羅商迦羅。"(T18,p.815)"央鳩尸"當即"央俱施","商迦羅"當即"商羯羅"。密教壇場中似常見此諸神,《陀羅尼集經》卷十二《普集會壇下方莊嚴十六肘圖》列所安神座,第二院南面東頭第六座主名"跋折囉央俱施",西面南頭第一座主名"商迦羅",第三院南行東頭第三座主爲"尼藍跋陀羅(原注:此云青金剛也)"(T18,pp.894-895)。又《陀羅尼集經》卷七《佛説金剛藏大威神力三昧法印呪品》中金剛藏稱其眷屬名字,云:"跋折囉商迦羅、跋折囉鴦俱尸……跋折囉尼藍婆羅達囉,是菩薩等皆居我右。"(T18,p.841)這都表明這幾個神名與密教儀式的密切關係。

《陀羅尼集經》稱"尼藍婆羅陀羅"義譯爲"青金剛",正與《化胡經》卷二稱第四十五外道"其神青色"相合。《陀羅尼集經》卷七有多種與"商迦羅"相關的印、呪,又有多種與"央俱施"相關的印、咒,其中《央俱施索法印》稱:"若有鬼神,心生違逆,不從佛法者,先應用前鉤印喚來。來已,即當作此印法,誦後大呪,縛之勘問,鬼神皆伏,不敢縱暴。"(T18,p.848)這與《化胡經》卷二稱第四十七外道"持其祝者,能縛病人,身滅之後,魂属其部"亦有相似之處。

義淨譯《佛説大孔雀呪王經》及不空譯《佛母大孔雀明王經》中有"摩利支藥叉",與"商羯羅藥叉"等並列,可知第四十八外道的"摩利支"當即指此。另外,《陀羅尼集經》卷十《佛説摩利支天經》中説供養摩利支之法云:"若人欲得供養摩利支天者,應用金若銀若

第五章　道釋相激：佛道關係視域中的敦煌道教文獻研究

赤銅若白檀若赤檀等，隨力所辦，作摩利支天像。其作像法，似天女形，其像左手屈臂向上，手腕當左乳前作拳，拳中把天扇，扇如維摩詰前天女把扇……其像左右各作一侍者，其侍者亦作天女形。"（T18，p. 870）這與《化胡經》卷二稱第四十八外道"是神女身，兼有使者"相合。《佛說摩利支天經》又云："日前有天名摩利支，有大神通自在之法。常行日前，日不見彼，彼能見日。無人能見，無人能知，無人能捉，無人能害。"（T18，p. 869）這與《化胡經》卷二稱第四十八外道"常行目前，無人能見"也是相合的。

除以上所論之外，第四十九外道名"阿吒薄俱"亦常見於密教壇場。不空譯《佛母大孔雀明王經》卷中即有"呵吒薄俱將"，在義淨譯《佛說大孔雀咒王經》作"曠野藥叉王"，善無畏譯有《阿吒薄俱元帥大將上佛陀羅尼經修行儀軌》，這都應即第四十九外道的"阿吒薄俱"。"阿吒薄俱"又或譯作"阿吒婆拘""阿吒嚩迦""遏吒薄俱"等，但目前所見最早譯作"阿吒薄俱"的是武德九年（626）來華的波羅頗蜜多羅所譯的《寶星陀羅尼經》卷十。第五十二外道"那俱跋羅"或有可能即義淨譯《佛說大孔雀咒王經》的"捺羅俱跋羅"，不空譯《佛母大孔雀明王經》中作"那吒矩韈囉"。另外，第四十一外道"摩醯首羅"、第四十二外道"［跋］折羅"①、第四十三外道"拔闍羅"也都常見於密教經典。

由此可見，《化胡經》卷二顯然受到了密教的深刻影響。據《宋高僧傳》卷二，阿地瞿多於永徽三年（652）方到長安，永徽五年（654）方譯出《陀羅尼集經》②，而善無畏、不空、金剛智等更是到開元以後方到中國。因此，《化胡經》卷二的成書最早也應在永徽五年以後。

由以上分析可知，《化胡經》卷二受到了祆教、景教、密教的影響，很可能也受到了摩尼教、禪宗的影響，其成書應在唐高宗以後，

---

① 敦煌本作"折羅神"，《猶龍傳》作"跋折羅神"，似敦煌本脫"跋"字。"跋折羅"與"拔闍羅"同，即金剛。

② 《宋高僧傳》卷二《唐西京慧日寺無極高傳》："釋無極高，中印度人，梵云阿地瞿多，華云無極高也……永徽三年壬子歲正月自西印度齎梵夾來屆長安……以四年癸丑至于五年，於慧日寺從金剛大道場經中撮要而譯，集成一部，名《陀羅尼集經》，一十二卷。"（第30頁）

· 329 ·

甚至有可能遲到天寶年間。

四　《化胡經》卷八的時代問題

柳存仁解説了《化胡經》卷八的"常樂我浄""无上正真之大道"等詞彙，認爲與南本《大般涅槃經》及《太上元陽經》有關，從而説："我在上文這些段解説《老子化胡經卷第八》裏用的語句和詞，多少强調了些説這一卷文字大概是南北朝劉宋初的作品。"[1] 但這些證據只能説明《化胡經》卷八的上限在劉宋，不能確定即在"南北朝劉宋初"。

劉屹注意到《化胡經》卷八首題下的"奉敕對定經本"六字，並引武則天《僧道並重敕》"老君化胡，典誥攸著，當依對定，僉議惟允"，認爲："此敕令中的'當依對定'四字，正當是'奉敕對定經本'產生的根據。因此，這一卷成書當在萬歲通天元年。"[2] 但據《佛祖統紀》卷四十："武周萬歲通天元年（696）……福先寺沙門慧澄，乞依前朝毁《老子化胡經》。"[3] 所以武則天下旨"對定"，《全唐文》卷一六五所載吴揚昊、張思道、劉如璿等人"不毁化胡經議"就是這次"對定"的内容。所以《僧道並重敕》中説："老君化胡，典誥攸著，豈容僧輩妄請削除？故知偏辭，難以憑據，當依對定，僉議惟允。儻若史籍無據，俗官何忍虚承？"[4] 因此，《僧道並重敕》的"對定"，是指"俗官"及僧、道相對評議是非。唐宋時"對定"一詞均用於此類語境，如《舊唐書》卷二五《禮儀志五》："有河南府人孫平子詣闕上言：'中宗孝和皇帝既承大統，不合遷於別廟。'玄宗令宰相召平子與禮官對定可否。"[5]《舊唐書》卷八九《姚璹傳》："時新都丞朱待辟坐贓至死……因此籍没者復五十餘家，其餘稱知反配流者亦十八九，道路冤之。監察御史袁恕己劾奏其事。則天初令璹與恕己對定，又尋

---

[1] 柳存仁：《〈老子化胡經〉卷八的成立時代》，載《新世紀敦煌學論集》，第186頁。
[2] 劉屹：《經典與歷史——敦煌道經研究論集》，第43頁。
[3] 《佛祖統紀校注》，第933頁。
[4] 《全唐文》，第990—991頁。
[5] 《舊唐書》，第952—953頁。

第五章　道釋相激：佛道關係視域中的敦煌道教文獻研究

令罷推。"① 此類之例極多。因此，"對定"是指相對評議是非，而非勘定經本。至於《化胡經》卷八"奉敕對定經本"六字，應該是指"奉敕對定所用經本"之義。因此，這六字僅能説明敦煌本《化胡經》卷八的抄寫時間在萬歲通天元年之後，而其文本的産生必然在此之前。

其实關於《化胡經》卷八的成書時代，有一個證據至關重要。《化胡經》卷八全卷大多押韻，但有幾處比較奇怪：

吾本行道，天柱未立，日月未分，星宿□□，未有參辰，天无南北，地无東西。人有形□，☑（无）有六府、心神。

牽天挽地，走使星辰，駈馳日月，或東或西。一日六時，節度其間，冬温夏暑，其神序焉。

日運天雨，血脉相連，天有南北，地有東西，陰陽相對，男女婚姻。

第一例中，"西"與"分""辰""神"韻；第二例中，"西"與"辰""間""焉"韻；第三例中，"西"與"連""姻"韻。這與《化胡經》卷十的情况比較類似。《化胡經》卷十中，《化胡歌》第三首"西"與"山""懸"韻，《老君哀歌》第一首"西"與"天""旋"韻，第四首"西"與"元""山"韻，這正是南北朝中期之前的語言現象②。因此，《化胡經》卷八也應是南北朝中期前後的作品。

《化胡經》卷八與卷十除了在韻脚方面接近外，還有不少相互照應之處。卷八中，老子稱："優婆塞、優婆夷者，迦夷國大兵衆侵煞隣國，奪人男女財寶，人皆忘之，相率於國，男立塞使强兵防守，女人老弱令在家中。胡名劫奪曰劫叛婆，故女子居家者憂其男子在塞上，爲迦夷所劫奪傷煞，遂呼男爲優婆塞；男子守塞者憂其女子在家，復爲迦夷所劫奪鹵略，乃呼女爲優婆夷。"卷十中稱："胡國相鼇還迦夷，侵境暴耗買育人，男子守塞憂婆夷。"兩處顯然是説同一事，但是卷十

---

① 《舊唐書》，第2904頁。
② 詳參本書第七章第二節之"《老子化胡經》卷十用韻考"部分。

拘校道文

這幾句的語意並不十分明確，需要讀者先對卷八有所了解之後才能讀懂。因此，《化胡經》卷八很可能是與卷十同時產生，或稍早於卷十。

兩卷在宇宙生成論上也看法一致。《化胡經》卷八云："吾本行道，天柱未立，日月未分，星宿□□，未有參辰，天无南北，地无東西。人有形□，囗（无）有六府、心神，不能名物，體性專兒（??）……吾在其中，騰擲精神，分明日月，整理星辰，修立天道，四氣五行，配當陰陽，列注山川，安人六府，初立精神，精神既定，行禮修文，君臣父子，於茲而行。"認爲老子生成了整個宇宙，並爲人類安置臟腑、精神。《化胡經》卷十云："畫出天道安山川，置立五岳集靈仙。吹噓寒暑生万民，煩焦衆生人得真。置立五藏施心神，動作六神能語言。"與卷八所述也是一致的。

逯欽立認爲《化胡經》卷十做於北魏太武帝太平真君七年（446）年之後，大約據文成帝不遠①，其説應該是没有問題的。除逯氏所論外，還可再提供一個旁證，即"老君十六變詞"爲七言體，且句句押韻。早期的七言詩均句句押韻，至劉宋鮑照方出現隔句押韻的形式，蕭梁以後此體大興，七言詩基本均爲隔句押韻②。"老君十六變詞"這種句句押韻的形式，恐怕也表明其時代較早。不過，從《化胡經》卷十"生在中都在洛川"一句來看，其成書應在孝文帝遷都洛陽之後。《化胡經》卷八的時代大約也與之相去不遠，應爲北魏中後期的作品。

《化胡經》卷八中還有一些蛛絲馬跡顯示了其北朝的血統，比如對凈土信仰的特别攻擊。其中云："吾所以言在西方二百六十万里有極樂國者，欲使諸國胡王伏道繫心於彼故耳，彼實无也。且西方之氣獷惡凶戾，人多煞伐，不信正真，何得遐絶更有聖人？吾特欲諸王歸道，故發此言耳。"認爲西方彌勒凈土只是老子欺騙胡王的手段而已。柳存仁已經注意到《化胡經》卷八對凈土信仰的批評，他認爲這是受《大般涅槃經》提倡頓悟的影響③。但這似乎有些求之過深。《化胡經》

---

① 見逯欽立《跋〈老子化胡經·玄歌〉》，載《逯欽立文存》，第561—563頁。
② 關於此問題，可參陳允吉《中古七言詩體的發展與佛偈翻譯》，載氏著《佛教與中國文學論稿》。
③ 柳存仁：《〈老子化胡經〉卷八的成立時代》，載《新世紀敦煌學論集》，第177頁。

第五章 道釋相激：佛道關係視域中的敦煌道教文獻研究

此段應該只是對主流淨土信仰的批判。南北朝時期，北方的淨土信仰特盛，在北魏中後期還發生了不少彌勒信徒的暴動①。《化胡經》卷八對西方淨土的否定，很可能就是針對這種情況。

另外一個值得注意的問題是，《化胡經》卷八中稱："教化八十餘國，降伏九十五種邪道。"而《化胡經》卷一則稱"破九十六種邪道"，卷二更給出了九十六種外道的名稱及主張。這並非文字訛誤，趙道一《歷代真仙體道通鑒》卷八"尹喜"條稱"（老君）復與無上真人尹喜至罽賓國行化，次及條支、于闐等國行化，且降伏九十五種外道焉"（D5，p. 155），亦作"九十五"。可見二說各有來源，各有流傳。

實際上，兩種說法都來源於佛教。《薩婆多毗尼毗婆沙》卷五："爾時有梵志是外道六師門徒。六師者，一師十五種教，以授弟子，爲教各異，弟子受行，各成異見。如是一師出十五種異見。師別有法，與弟子不同，師與弟子通爲十六種，如是六師有九十六。"（T23，p. 536）是"九十六外道"之說。此說在佛經中極爲常見。"九十五外道"主要見於《大般涅槃經》《大方等大集經》《大乘起信論》等。《大方等大集經》卷五五："如是一切諸世間中，佛寶無上……比餘九十五種異道最尊第一，應受世供，爲物福田。"（T13，p. 363）則將佛教合九十五外道爲九十六種，這大概是佛教爲解決兩種異說矛盾的嘗試。值得注意的是，在現存的提到九十五外道的佛經中，《大般涅槃經》是較早翻譯成漢語的一種。柳存仁已指出《化胡經》卷八受到《大般涅槃經》的影響，以上所論似可爲此做一旁證。

無論《化胡經》卷八"九十五種邪道"的來源爲何，由此推出《化胡經》卷八成書在卷一、卷二之前應該是沒有問題的。如果已有九十六種外道的詳細名稱，《化胡經》卷八沒有理由再用"九十五種邪道"的舊說。由此也可以得出《化胡經》卷八時代較早的結論。

總之，從《化胡經》卷八的押韻特點、與卷十的相近思想，以及對淨土信仰的強烈否定、受到《大般涅槃經》較深影響等問題來看，《化胡

---

① 關於這一問題，可參唐長孺《北朝的彌勒信仰及其衰落》，載氏著《魏晉南北朝史論拾遺》（《唐長孺文集》本），第199—204頁。

經》卷八與《化胡經》卷十成書時代相近，大約是北魏中後期的作品。

小　結

通過上文的分析，可以得出以下結論：

第一，敦煌本《化胡經》卷一所列胡國大多有其來源，包括唐王朝開疆擴土的官方文件、粟特商人的文化傳播、僧人的遊記和"職貢圖"一類的圖像等。

第二，敦煌本《化胡經》卷一的一些地名始見於義淨譯經及實叉難陀譯《華嚴經》等，因此肯定是8世紀的作品。

第三，敦煌本《化胡經》卷二受到祆教、景教、密教的深刻影響，可能也受到了摩尼教和禪宗的影響，其成書也應在8世紀。

第四，敦煌本《化胡經》卷八押韻特徵、思想特點均與《化胡經》卷十相近，應爲北魏中後期的作品。從該卷對淨土信仰的强烈否定和受到《大般涅槃經》的影響也能看出這一點。

第四節　S.2081《太上靈寶老子化胡妙經》考論

S.2081號寫卷，首殘尾全①，尾題"太上靈寶老子化胡妙經"，共存經文138行。敦煌藏經洞中共出土首尾題中含"化胡經"字樣的寫卷6件，除本件外，其餘5件寫卷應均屬十卷本的《老子化胡經》。本經説經者爲天尊，與十卷本《老子化胡經》老子説經不同，因此大淵忍爾、項楚等學者都認爲本件寫卷是與十卷本《老子化胡經》不同的另一種"化胡經"②。這是非常正確的。實際上，《太上靈寶老子化胡妙經》（以下簡稱"靈寶化胡經"）與十卷本《老子化胡經》還有許多不同，如對佛教的態度，對外來文化的容受，等等。

---

① 從文意推測，該卷前面殘缺的內容可能不會太多，大約僅缺相當於"序分"的部分。該卷爲標準的每紙28行的抄寫格式，首紙現存21行。如果前面的推測不錯的話，去除首題和一般會在首題前保留的兩個空行，該卷可能僅缺4行經文。
② 參［日］大淵忍爾《敦煌道經目錄編》，第875頁；項楚《〈老子化胡經·玄歌〉考校》，載《柱馬屋存稿》，第273頁。

第五章 道釋相激：佛道關係視域中的敦煌道教文獻研究

學界對十卷本《老子化胡經》關注較多，對《靈寶化胡經》則少有措意，對該經的創作時代、思想來源等問題都缺乏研究①。大淵忍爾曾指出，《靈寶化胡經》"把《化胡經》和太平真君、彌勒結合在了一起"。這一論斷非常重要，但彼氏未做進一步的深入論述。事實上，通過探討《靈寶化胡經》與佛教、道教的關係，即可擬測該經的思想淵源和成書時間。

一 《靈寶化胡經》與南北朝道經

《靈寶化胡經》雖名"化胡經"，但與化胡相關的僅卷中數百字而已②。這僅有的一部分化胡內容可能也是前有所承的。《靈寶化胡經》云：

> 天尊言："汝莫哄我等二老公，今大飢渴，汝一國爲吾作食，乃可飽耳。"胡人一国即爲作食，種種無數。二尊共食不飽，胡人大小，皆大驚恠。天尊言："汝等一國飼我不飽，我今復爲汝設食。"天尊以金槌打地，五方飲食，種種無數，一時來下。胡國大小食此，百方不遺。一胡人心由（猶）凶強，乃以天尊囚縛。宣敕一國，聚柴積如丘山，以二尊著於柴上，持火從下燒之。烟火熾盛，七日七夜。柴消火滅，胡人往看，但見天尊顏色豐悅，光耀照天，誦經振動四方。胡人惶怖馳告。胡王聞之，皆大惶恠，便自出，將領千軍萬乘，以金銀輦舉剛取二老公，著於殿上。舉國大小，千重万匝，叩頭礼拜，乞存生命。

相近的情節也出現在宋謝守灝所編的《混元聖紀》卷四，但彼文較此經詳細得多：

---

① 除大淵忍爾外，王卡認爲該經部分內容"亦見於晉宋之際所出《洞淵神咒經》，作者疑即嵩山著名道士寇謙之"（《敦煌道教文獻研究——綜述·目録·索引》，第27頁），但其論證過程和結論恐怕都是靠不住的。

② 這是僅就目前所見內容而言。從經名和現存內容推測，聽法的"群眾"應爲胡眾。

· 335 ·

拘校道文

王啓老君曰："我等已見儀法，欲設中食，願率徒衆皆來。"老君曰："吾衆頗多，恐王不能供給。"王訝曰："我大國，無所不有，何以不能供給耶？請尅期而會。"老君謂尹喜真人："胡性堅強，心猶未服，可因此會，方便化之。"乃勅海內群仙皆來赴會。來者相續於路，月餘不絕。王倉庫將竭，齋未及半，乃生悔心。王召群臣謀曰："道士徒衆何乃果多耶？予設中食，本祈益國，今乃傾我倉庫，恐是鄰敵姦謀，故遣來害我國。不然，必是鬼魅，若不早圖，恐彌損國。汝等急宜焚殺，以全予國。"於是群胡積薪外郊，煙焰亘天，乃將兵圍繞老君及隨侍仙衆，驅逼入火。老君與諸仙怡然赴火，隨煙出沒，身更精明。又令左右沉之深淵。老君入水，凌波越流，身放光明。王益發怒，又燒大鑊，令煎煮之。老君忻然入沸湯中，談笑自若。胡王始驚，知不可殺，然業已行此，恥不能殺，乃急遣使以告鄰國曰："有一妖魅，或老或少，變化不常，處吾國山谷中，我投之水火，皆不能殺，恐更興妖害及諸國，請速興兵相共誅戮。"旬月之間，胡兵並集，共圍老君，吹具扣革，彎弓按劍，四面合圍。于時，老君宴處圍中，怡然不爲恤，亦無怒意。俄而風雷四合，天地震動，胡兵矢石皆自反中，戈矛摧落，金革無聲。胡兵驚懼，一時奔潰。胡王戰慄，調群胡曰："其老翁等安知非大聖人，今欲事之，何如？"群胡曰："大王既已燒、沉、煮、射皆不能傷，豈非聖人耶？但恐其積怒，將滅王國，願王早爲之謀。"王曰："誠然，吾今正爾自詣其前，求哀請命，庶蒙赦宥。"於是面縛至老君前，五體投地，叩頭千百，求乞哀宥。（D17，p. 821）

將兩者比較可以看出，《靈寶化胡經》故事的主角是"二老公"，據前文知是佛與道，而《混元聖紀》的主角僅是老君一人；《混元聖紀》的故事比《靈寶化胡經》內容豐富得多，除了相互設食及燒老君外，還有沉淵、入湯、加兵等情節；另外《混元聖紀》中還有豐富的人物對話。《混元聖紀》顯然應抄自某種化胡類經典。從《混元聖紀》卷五與敦煌十卷本《老子化胡經》的比較來看，《混元聖紀》對所用

第五章 道釋相激：佛道關係視域中的敦煌道教文獻研究

經典以節略爲主，添加情節的可能性不太大。那麽《混元聖記》的文本來源應是另一種化胡經，而非此《靈寶化胡經》。《三洞珠囊》卷九《老子化西胡品》所引化胡經也有類似的内容，並且文字與以上二文又有不同。又 P. 2004《老子化胡經》卷十："我昔化胡時，涉天靡不遥。牽天覆六合，艱難身盡嬰。胡人不識法，放火燒我身。身亦不缺損，乃復沉深淵。龍王折水脉，洓流不復行。"其中雖未言設食事，但情節上與《混元聖紀》卷四很相近，所説的可能也是相近的故事。因此，很可能老君與胡王互相設食及胡王火燒老君的故事早已流傳，並被多種化胡經採用，《靈寶化胡經》也吸納了這一傳統故事。

除既有的化胡類經典外，《靈寶化胡經》還受到了《洞淵神呪經》的深刻影響。《靈寶化胡經》云："以是天遣百部使者，行九十種病，頭痛、寒熱……死罪繫獄，自煞滅盡。"這與《洞淵神呪經》的常見句式非常接近，如 P. 3233《洞淵神呪經》卷一："當此之世，疫氣衆多，天下行九万種病，病煞惡人。"《靈寶化胡經》又云："若有魔王眷屬、諸神廟祀、天祇地祇、衆耶魍魎、世間前後死喪斗加、苦尸惡注，疾病人民，又諸道士宣威救急，行道教化，降伏諸魔惡鬼，皆由天尊威振神耳。"這也與《洞淵神呪經》伏魔殺鬼的論述相近。

除了句式的模仿外，《靈寶化胡經》提到的真君下世的觀念很可能也是導源於《洞淵神呪經》。自東晉至隋末，關於"真君李弘"的信仰非常普遍①，《老君音誦誡經》就已提到了"老君當治，李弘應出"（D18，p. 211），但對此闡述更明細的則是《洞淵神呪經》。P. 3233《洞淵神呪經》卷一："真君不遠，甲申灾起，大乱天下，天下蕩除，更立天地，真君乃出……真君者，木子弓口，王治天地大樂，一種九收，人更益壽，壽三千歲。乃後更易，天地平整，日月光明，明於常時……真君出世，无爲而治，无有刀兵、刑獄之苦。聖王治化，人民豐樂，不貪財錢。无有雞肫犬鼠牛馬六畜，鳳皇爲家雞，騏驎師子爲家畜。"

---

① 可參湯用彤《往日雜稿　康復札記》，第 237 頁；唐長孺《史籍與道經中所見的李弘》，載《魏晉南北朝史論拾遺》，第 210 頁。

P. 2793 + P. 2749《洞淵神呪經》卷九："真君垂出，惡人不信，天遣煞鬼來欲誅之。蕩除天地，更造日月，布置星辰，改弦易調。神人法治，仙人爲佐，万劫不死，无有兵刀，地皆七寶，衣食自然，无有六畜，男女悉聖，无有惡人也。"《靈寶化胡經》云："汝等從今以去，廣宣吾教。大劫將終，示化人民，憋作功德，起立寺塔精舍，遼理福業，廣救衆生，及一切蝗飛蠕動、有形之類，過度惡世，得見太平，與真君相值。"而後描述了真君降下後的勝景。這與《洞淵神呪經》"更立天地，真君乃出"的觀念非常相近。

《靈寶化胡經》中的末世論並不僅僅是受了《洞淵神呪經》的影響，可能還對東晉以來的其他道經有所繼承。《靈寶化胡經》云："大劫欲末，天尊遣八部監察，以甲申年正月十五日詣太山主簿，共竿世間名籍。"《洞淵神呪經》也有關於"甲申"的記述，如前文引到的"真君不遠，甲申灾起，大乱天下"。但《洞淵神呪經》中充斥着各種干支紀年，對甲申似乎並沒有特別突出。早期靈寶經中卻有不少以甲申爲末世的傳說。P. 4659《太上洞玄靈寶自然至真九天生神章》："甲申洪灾至，控翻王母家。永享无終紀，豈知年劫多。"《太上洞玄靈寶諸天内音自然玉字》："得遇吾此道，其祚自強，以保甲申，普度天人。"（D2，p. 562）《元始五老赤書玉篇真文天書經》卷上也有"甲申大水洪灾"的說法（D1，p. 782）。這一觀念可能來源很早，《真誥》卷十七載楊羲云："得小掾細白布、青紙、香珠之屬，然此逼左道虛妄之説，是故不復稍説耳。自當以此物期之甲申也。"陶弘景不解"甲申"之義，注云："爾來已經太元九年、元嘉二十一年兩甲申矣，不知此所期謂在何時，謂丁亥數周之甲申乎。"[1] 其實楊羲所謂"期之甲申"應該也是指末日之義。《靈寶化胡經》以甲申爲"大劫欲末"，正是繼承了東晉以來的這一觀念。

除末世論外，《靈寶化胡經》的地獄系統也顯示了其多元的來源。其中云："死入地獄，陸犁十八地獄、玄沙北獄、太山廿四獄，及在中都大獄，日月所不加，三掠之考，万痛交行，求生不得，求死不得，考

---

[1]《真誥》卷一七《握真輔》，第313頁。

第五章　道釋相激:佛道關係視域中的敦煌道教文獻研究

楚万端。"其中的"陸犁十八地獄"並不見於其他道經,顯然是就佛教"泥犁十八地獄"改造而來。"玄沙北獄"爲《太真玉帝四極明科經》卷一所載"酆都山二十四獄"之一(D3,p. 416),在《太上靈寶元陽妙經》卷三中也曾單獨出現(D5,p. 935)。"泰山二十四獄"在早期道經中較爲常見,如《元始五老赤書玉篇真文天書經》卷下:"元始靈寶西南大聖衆……常以月二十四日,上會靈寶太玄都玉京朱宮,共集考校三官九府、五獄北酆、泰山二十四獄罪刑簿目,鬼神天人責役輕重之事。"(D1,p. 795)敦煌出土的科儀文書中也有"泰山二十四獄"的説法,如 P. 2457《閱紫録儀三年一説》:"紫宮玉臺度世下黄司空公三人出,爲我考覈九地太山廿四獄諸司,解散三曾五祖、七世父母,下及我身、妻子諸所犯違。""中都大獄"在現有文獻中主要見於《赤松子章曆》,如《赤松子章曆》卷四《遷達先亡言功章》:"願臣今奏章告下天地水三官、泰山二十四獄、中黄天九平獄、中都大獄、水官土府……"(D11,p. 210)這幾種地獄在其他道經中還沒有同時出現的例子,很可能是《靈寶化胡經》綜合了各種來源的地獄觀念雜湊而成。值得注意的是,早期道經中常見的"北酆""三官"等在這里卻沒有出現。因此,《靈寶化胡經》的地獄系統來源複雜,且不成系統。

　　大淵忍爾稱:"文中'一日一夜燒香禮拜,步虛誦詠'的句子讓人看像《靈寶經》中的步虛章。"《靈寶化胡經》在儀式方面確實受到了靈寶經的影響,除了大淵忍爾所説的步虛儀式外,又如該經云:"若善男子、善女人等,愛樂是經,尊奉恭敬,勤行功德,減割身口,月月常能建立齋戒,供養師尊,燒香礼拜,勤身苦行,六時行道,不問男子女人、道俗,若能至心聽受此經者,不遭枉橫,所在安隱。"一日六時的觀念顯然是繼承了佛經中的印度時間觀念,但月月齋戒,"六時行道","燒香禮拜"等,應該是靈寶經以及靈寶齋儀確定下來的。P. 2352《洞玄靈寶長夜之府九幽玉匱明真科》:"明達大法師於中央被頭散結,依訣徒炭,六時請謝,中庭行事。"P. 2606《太上洞玄靈寶无量度人上品妙經》:"凡有此灾,同炁皆當齊心脩齋,六時行香,十遍轉經。"均是其例。P. 3282→S. 6841 + BD15636 + P. 2455《自然齋儀》引《金録簡文》更給出了六時行道時的存思方法。

《靈寶化胡經》又云："奉持經戒，常念三寶。"這里的"三寶"是指道、經、師三寶。但早期靈寶經中的"三寶"多指"三寶神經"，早期的道教儀式，如敦煌本《自然齋儀》亦僅禮三師，未見禮敬三寶。南北朝中後期的道經，如《太上洞玄靈寶業報因緣經》《太上妙法本相經》等，其中的"三寶"都已是指道、經、師三寶。大約同期或稍晚的道教儀式中也已有稽首三寶的內容，如 P.2337《三洞奉道科誡經》即有"至心稽首太上无極大道，至心稽首三十六部尊經，至心稽首玄中大法師"，又稱"至心稽首正真三寶"。P.2436 不知名道教齋儀中"唱願禮"每句亦稱"至心稽首常住三寶"。BD1218→P.3755→BD4047→BD3818《太上洞玄靈寶天尊名》與道教儀式關係密切，其中也屢稱"禮三寶""歸命三寶"。《靈寶化胡經》所謂"奉持經戒，常念三寶"也是與這一類道教儀式密切相關的。

《靈寶化胡經》又云："勤脩功德，建立福田，轉經行道，一日一夜，燒香礼拜，步虛詠誦，懸繒幡蓋，監察直事月月來下檢察，脩福表上，善者上昇天堂，衣食自然，快樂無極。"這與靈寶齋的儀式也大致相近。《自然齋儀》載靈寶齋法威儀次序，發爐、出官後即"三上願"，即三揲香並上願，而後"十方禮""十方懺"，此即"燒香禮拜"。在禮懺之後"存思命魔"，然後"步虛及禮經懺謝"，此即"步虛詠誦"。《靈寶化胡經》的這一段表述顯然是據此類道教齋法所作。

總之，《靈寶化胡經》襲用了化胡類經典的基本故事框架，繼承了南北朝道教的末世思想和地獄系統，尤其受到了《洞淵神呪經》的影響，該經關於齋法儀式的描述則與靈寶齋儀大致相近。

二 《靈寶化胡經》與佛教

與十卷本《老子化胡經》明顯對佛教的貶抑不同，《靈寶化胡經》對佛教的態度非常友好，其中沒有對佛教的妖魔化表述，而是將佛、道兩者平等並立。如前所述，《靈寶化胡經》的主角是"二老公"，即佛祖與道君，并且認爲二者是一，"□（汝）等能屬道者，無上最真；樂佛者亦是我身"。之所以是"二尊"，乃是因"我今分身二乘"。《靈寶化胡經》對佛、道二教的教徒也沒有表現出等級差別，稱"若信佛

第五章　道釋相激：佛道關係視域中的敦煌道教文獻研究

者，當以教之，而爲說法；若信道者，當以教之，而爲說法"，兩者看起來是平等的，并且還將"信佛者"列於前位。經中唯一的對佛教歧視性語言是"汝等胡人雖尒，心由（猶）凶惡，爲汝等除落鬚髮，偏肩露膊，不令妻娶，斷其種族，使立塔寺，徒衆朝暮礼拜，奉事天尊丈六金剛形像，常如今日"。P. 3404《老子化胡經》卷八、《混元聖記》卷四、《猶龍傳》卷四及《三洞珠囊》卷九引《文始先生无上真人關令内傳》均有相近的内容，這應是共同繼承自前代的某種"化胡經"，並不能說明《靈寶化胡經》對佛教有惡意。

除了名義上的並立外，《靈寶化胡經》還直接引入了佛教的世界觀與天界觀，該經云：

> 上有卅三天，周迴十方，無窮無極，恒河沙數。造立天地以來，有大須弥山，有大鐵圍山、大海，是名三千大千国土，人民滿中。天下亦有百億日月，一日月傍照四天下，輪轉周而復始。地下有大水，風在其上；地下有樹，枝葉四布八万九千里，無邊無畔，不可窮盡，亦不可思議，莫能知者。

"三十三天"是佛教的天界觀，在佛經中非常常見，如《長阿含經》卷二〇："須彌山王頂上有三十三天城，縱廣八萬由旬，其城七重。"（T1，p. 131）在道教中雖也有"三十三天"的説法，但這一説法出現較晚，且較少見①。《靈寶化胡經》的這一觀念很可能是對佛經的直接移植。

至於須彌山、大海和鐵圍山組成世界的觀念，更是地地道道的佛教世界觀。《佛説立世阿毗曇論》卷二《數量品》："是世界地形相團圓，如銅燭盤，如陶家輪，是世界地亦復如是。猶如燭盤邊緣隆起，其鐵圍山亦復如是。譬如燭盤中央聳起，其世界中有須彌山王，亦復如是。"（T32，p. 181）但佛教爲每千世界組成"小千世界"，每千

---

① 關於這一問題，可參路旻《晉唐道教天界觀研究》，博士學位論文，蘭州大學，2018年，第46—47頁。

"小千世界"組成中千世界,每千"中千世界"組成"三千大千世界"。《靈寶化胡經》稱"有大須弥山,有大鐵圍山、大海,是名三千大千国土",不知是節略還是對佛經的誤讀。

《靈寶化胡經》還有直接繼承自佛經的誤譯,如該經稱"天下亦有百億日月",這也是從佛經中得來的觀念。如曇無讖譯《大般涅槃經》卷四:"我已久住是大涅槃,種種示現神通變化,於此三千大千世界百億日月,百億閻浮提種種示現。"(T12,p.388)如前所論,每"三千大千世界"有十億"世界",但佛教翻譯者以"億"直接對譯了"俱胝",如慧苑《新譯大方廣佛花華經音義》卷中:"一百洛叉爲一俱胝,洛叉,此云萬也;俱胝,此云億也。"(T54,p.447)其實據《華嚴經》卷十"百千爲一洛叉,一百洛叉爲一俱胝"(T10,p.704),洛叉爲十萬,俱胝爲千萬。因此佛經中屢稱"百億世界""百億日月"乃是譯經者的誤譯,《靈寶化胡經》此處稱"百億日月",正是繼承了這一錯誤。

"地下有大水,風在其上",這同樣是佛經中的世界觀,《那先比丘經》卷下:"天下地皆在水上,水在風上,風在空上。"(T32,p.699)《靈寶化胡經》稱風在水上,且未言"空",消解了佛教的四元素説,恐怕也是對佛經的誤讀。

除天界觀和世界觀外,《靈寶化胡經》還引入了佛教的浄土觀。該經云:"有此得道男女,由其前身脩福,奉持經戒,常念三寶,今悉登天堂宫殿樓閣,悉用七寶流泉涌池,池中蓮華皆如車輪,諸音伎樂在於前。"這應該就是對《阿彌陀經》的改造,彼經云:"極樂國土有七寶池,八功德水充滿其中,池底純以金沙布地……池中蓮花,大如車輪,青色青光,黄色黄光,赤色赤光,白色白光,微妙香潔……彼佛國土,常作天樂。"(T12,pp.346-347)二經的用詞都基本一致。P.3404《老子化胡經》卷八云:"吾所以言在西方二百六十萬里有極樂國者,欲使諸國胡王伏道繫心於彼故耳,彼實无也。"完全否定了極樂世界的存在。《靈寶化胡經》直接引入浄土觀念,與之形成鮮明的對比。

早期靈寶經中也大量借用佛教的術語和觀念,認爲佛道一家,如P.2356《太上太極太虚上真人演太上靈寶洞玄真一自然經訣》云:"仙之

第五章　道釋相激：佛道關係視域中的敦煌道教文獻研究

言佛，佛是胡語耳。"但大約在南北朝末期至唐初，佛道關係惡化，二教教徒多互相攻擊，道教徒爲應對佛教徒的攻擊，多竄改道經中的佛教術語，並在新造的經典中對這類攻擊作適當回應。

《靈寶化胡經》雖對佛教極爲友好，大量借用佛教術語、觀念，但它並非佛道交融時期的産物，其中也有對佛教徒攻擊的回應。該經云："世間愚癡人輩謂言天尊無像。天尊生出以來，經歷數劫，恒河沙等，不可窮盡，變形世間，或大或小，或老或少。"這便是對佛教"天尊無像"的回應。法琳《辯正論》卷六："考梁陳齊魏之前，唯以瓠盧成經，本無天尊形像……王淳《三教論》云：'近世道士取活無方，欲人歸信，乃學佛家制立形像，假號天尊，及左右二真人，置之道堂，以憑衣食。'"（T52，p. 535）同書卷八："《陶隱居內傳》云：在茅山中立佛、道二堂，隔日朝禮。佛堂有像，道堂無像。所以然者，道本無形，但是元氣……若言有者，古來書籍曾所不載。今作道形，依何取則？如其有者，昔所未傳。"（T52，p. 547）這是目前看到的關於此事的最早論述。道教造像的傳統可能確實起源較晚①，早期道教中未見提及，在《業報因緣經》中方大量出現。今難考王淳的時代，但前文既稱"梁陳齊魏之前"，則王淳蓋陳、隋時人，稍早於法琳。雖然最早指責道教造像之人未必便是王淳，但恐怕也不會太早。既然《靈寶化胡經》有對此事的回應，那麼很可能是 7 世紀以後的作品。

既然《靈寶化胡經》的産生時代在 7 世紀之後，該經爲何又會如此平等地對待佛教呢？從該經的彌勒信仰中可以找到這一問題的答案。

三　《靈寶化胡經》的創作時代及背景

關於《靈寶化胡經》與佛教的關係，最引人注目的還不是作者對佛教的平等對待、對佛教經典的精熟，而是該經中鮮明的彌勒信仰。大淵忍爾已提到，該經中云"然後真君來下，及弥勒衆聖治化"，將

---

① 目前可見的最早和道教相關的造像似乎是耀縣出土的北魏始光元年（424）造像碑，爲佛道混合造像。但早期的道教造像非常少，現在發現的多是 5 世紀末以後的作品。詳參張勛燎、白彬《中國道教考古》，第 610 頁。

· 343 ·

拘校道文

真君與彌勒并列。實際上，《靈寶化胡經》所描述的劫後世界，與《彌勒下生經》中所説的彌勒降生的世界非常相近。今將竺法護譯《佛説彌勒下生經》與《靈寶化胡經》對比如下：

《靈寶化胡經》：末劫之後，山河石壁，無有高下。

《彌勒下生經》：爾時，閻浮地東西南北千萬由旬，諸山河石壁皆自消滅，四大海水各減一萬。時閻浮地極爲平整，如鏡清明。（T14，p. 421）

《靈寶化胡經》：人民長大，無痛苦惱。

《彌勒下生經》：爾時，時氣和適四時順節，人身之中無有百八之患：貪欲、瞋恚、愚癡、不大慇懃。人心均平，皆同一意，相見歡悦，善言相向，言辭一類，無有差別。（T14，p. 421）

《靈寶化胡經》：五穀豐熟，一種三收，米長五寸，食之香美。

《彌勒下生經》：爾時，閻浮地内自然生粳米，亦無皮裹，極爲香美，食無患苦。（T14，p. 421）

吉藏《彌勒經游意》：可彌勒佛出世時，田一種七獲，米長七寸，白如珂玉，甘甜如蜜。（T38，p. 269）

《靈寶化胡經》：金銀寶藏，悉皆露形。

《彌勒下生經》：所謂金、銀、珍寶、車渠、馬瑙、真珠、虎珀，各散在地，無人省録。（T14，p. 421）

《靈寶化胡經》對未來世界的描述不但與《彌勒下生經》語義一致，并且順序也相同。因此二經顯然是有密切聯繫的。道教李弘信仰本身就與彌勒信仰很相近①，《靈寶化胡經》將道教的真君與佛教的彌

---

① 唐長孺《史籍與道經中所見的李弘》："老君降世却和佛經中的彌勒降生非常相像。"（《魏晉南北朝史論拾遺》，第217頁）

第五章 道釋相激:佛道關係視域中的敦煌道教文獻研究

勒結合起來似乎是很自然的。

但除了《彌勒下生經》外,還有一種有關彌勒信仰的佛教偽經與《靈寶化胡經》有密切聯繫,即《普賢菩薩說證明經》。傳世文獻中已無《普賢菩薩說證明經》,但敦煌文獻中有此經三十餘件①。《靈寶化胡經》中不少與《彌勒下生經》或其他佛經相違的地方,卻與《普賢菩薩說證明經》相合。如《靈寶化胡經》云:"尒時吾經百劫,身滅更生,受命八万七千歲,人民俱尒。"但佛經中多用"八萬四千"這一數字,多有未來世人歲八萬四千的表述,《彌勒下生經》亦云:"爾時,人壽極長,無有諸患,皆壽八萬四千歲。"(T14,p. 421)獨《普賢菩薩說證明經》第二部分《佛說證香火本因經》稱:"彌勒治化時,人受八万七千歲。"

《證香火本因經》頗似讖記,而"八萬七千歲"這一數字很可能也與讖記有關。《續高僧傳》卷十"釋法總"條:"仁壽歲初,勅送舍利于隋州之智門寺。掘基三尺,獲神龜一枚,色黃且綠,狀如彩繡。頭有八字云:'上大王八萬七千年。'腹下有'王興'二字。"(T50,p. 505)在佛教經錄中,《普賢菩薩說證明經》始見於隋法經《眾經目錄》,據該書所附上表,法經於開皇十四年(594)編成此錄獻上,早於仁壽。但《證香火本因經》與《普賢菩薩說證明經》第一部分並非一個整體②,很可能在仁壽以後撰成。

《靈寶化胡經》與《證香火本因經》相近之處並不僅僅在於"八萬七千"這一數字。二經的結構、詞句都有相近之處,如《靈寶化胡經》卷首言五方帝,《證香火本因經》則述六方菩薩;此後《靈寶化胡經》稱"胡夷越老(獠),一切衆生,心意不同,不識真偽,不信罪福,各行惡逆",《證香火本因經》亦云"有一大國,名爲振旦,不識正法,不識如來,不解正法,不識好人";而後《靈寶化胡經》云若善男善女"愛樂是經"便得種種好處,《證香火本因

---

① 在這三十餘件中,以 P. 2186 和浙敦 26 號最爲完整,以下所引皆據 P. 2186。
② 可參曹凌《中國佛教疑偽經綜錄》,第 146 頁;武紹衛《敦煌本〈普賢菩薩說此證明經〉經本研究》,第 57—75 頁;楊剛《〈普賢菩薩說證明經〉研究》,第 88—101 頁。

經》則稱"假使有緣比丘僧、比丘尼、優婆塞、優婆夷、善男子、善女人，若受持，若讀誦，若書寫"也能得種種果報。也就是說，兩經的開頭部分結構幾乎一致①。後面關於末世、救贖的論述，兩經也頗有相似之處。

除此之外，兩經還有非常特別的共同點，即關於"二聖並治"的安排。如前所述，《靈寶化胡經》中認為佛、道並峙，説法的是佛、道二尊，未來出世的也是真君、彌勒二位。《證香火本因經》云："却後數日，天出明王，地出聖主，二聖並治，并在神州。"也有"明王"和"聖主"並治神州的觀念。

這種思想的最初來源大約應為《法華經·見寶塔品》中多寶佛與釋迦牟尼佛共同説法的場景，佛教壁畫、造像中也有不少二如來共同説法的圖像，如敦煌285窟、461窟、西千佛洞第8窟等。但《靈寶化胡經》和《證香火本因經》的直接來源恐怕不是《法華經》，而是與當日政治有很大關係。《舊唐書·高宗紀》云，上元元年（674），"皇帝稱天皇，皇后稱天后"；上元二年（675），"時帝風疹不能聽朝，政事皆決於天后。自誅上官儀後，上每視朝，天后垂簾於御座後，政事大小皆預聞之，内外稱為'二聖'。"②這正是所謂"二聖並治"③。如前所述，《佛説證香火本因經》中有大量的讖記，結合歷史來看，其中的"二聖"應該就是暗指唐高宗與武則天④。

將《佛説證香火本因經》與武則天聯繫起來的證據並非僅有"二聖"一條。爲武則天篡位所僞造的《大雲經疏》中大量引用了《證明因緣讖》，該讖即是據《證香火本因經》撰作的⑤。如果《證香火本因經》

---

① 這也從側面證明了本書前文關於《靈寶化胡經》卷首殘泐不多的論斷。
② 《舊唐書》卷五《高宗紀》，第99—100頁。
③ 另外值得注意的一個問題是，在四川地區發現了一批佛老成對造像，均為唐玄宗時期的作品（詳參［法］穆瑞明《道佛關係的圖像學研究：唐玄宗時期的四川摩崖造像》，胡鋭譯，《宗教學研究》2019年第4期），這很可能是受到《靈寶化胡經》或類似經典的影響，由此也可以推知《靈寶化胡經》產生的時代。
④ 前引楊剛文已指出這一問題，可參。
⑤ 可參［日］矢吹慶輝《三階教研究》，第720—734頁；林世田《敦煌所出〈普賢菩薩説證明經〉及〈大雲經疏〉考略》，載《文津學志》第1輯，第166頁；楊剛《〈普賢菩薩説證明經〉研究》，載《中國俗文化研究》第十八輯，第88—101頁。

第五章　道釋相激：佛道關係視域中的敦煌道教文獻研究

本就是在高宗時成書的話，其中有大量有利於武則天的讖記就不奇怪了①。

如前所述，《普賢菩薩説證明經》中有不少關於彌勒降生的内容，這在《證香火本因經》一部分中尤其突出，《大雲經疏》即取此以證武則天即彌勒。S. 2658《大雲經疏》："即以女身當王國土者，所謂聖母神皇是也。何以驗之？謹按《證明因緣經讖》曰：尊者白弥勒，世尊出世時，療除諸穢惡……謹按，弥勒者，即神皇應也。"其中所引《證明因緣經讖》即見於《證香火本因經》。北朝時彌勒信仰非常興盛，但在北朝末以後，在統治者的打擊下趨於衰落，高宗至武周時，由於武則天的緣故才有短暫的復興②。《靈寶化胡經》如此重視彌勒，應該也與武則天有關。

尤其值得注意的是，《證香火本因經》中還有關於老子化胡的内容，其中云："左脇生釋迦，老子作相師。白疊承釋迦，老子重瞻相。"這將佛傳故事中的相師替换爲老子，顯然是受了老子化胡故事的影響，但並未如十卷本《老子化胡經》將佛道對立，而是調和了二者的矛盾。這與《靈寶化胡經》中對佛道關係的處理如出一轍。這很可能也是與武則天的提倡有關。《全唐文》卷九六載武則天《僧道並重敕》："老君化胡，典誥攸著，豈容僧輩妄請削除……明知化胡是真，作佛非謬，道能方便設教，佛本因道而生，老釋既自元同，道佛亦合齊重。自今後，僧入觀不禮拜天尊，道士入寺不瞻仰佛像，各勒還俗，乃科違敕之罪。"③《靈寶化胡經》和《證香火本因經》這種佛道並重的處理正由於統治者的這一態度。

因此，《靈寶化胡經》大約稍後於《證香火本因經》，應爲高宗末至武周時的産物。有意思的是，大約在7世紀末至8世紀初，有多種"化胡經"湧現出來。王懸河《三洞珠囊》大約應編於武周時

---

① 有學者認爲《證香火本因經》的讖記是在匯編入《普賢菩薩説證明經》時羼入的，也有一定可能。

② 關於此問題，可參唐長孺《北朝的彌勒信仰及其衰落》，載《魏晉南北朝史論拾遺》，第198—207頁。

③ 《全唐文》卷九六，第990—991頁。

期①，其中稱"《化胡經》乃有二卷，不同，今會其異同，錄此文出也"（D25，p. 359）。可見王懸河所見的《化胡經》已有兩種，其中似乎並不包括本節所論的《靈寶化胡經》。S.1857、P.2007《老子化胡經》卷一及S.6963v《老子化胡經》卷二則應撰於玄宗時期，即8世紀初。

這種"化胡經"大量涌現的現象，可能是對屢次出現的抑道政策的反動。《佛祖統紀》卷四十載總章元年（668）焚棄《老子化胡經》②，《佛祖歷代通載》卷十二亦載此事（T49，p.582）。神龍元年（705），中宗又下詔禁《化胡經》③。每一次禁毀，勢必造成世間《化胡經》傳本稀少。待政策寬鬆之後，便有好事者在"化胡"這一主題下融合舊有傳說及時代新風造作出新的《化胡經》。此《靈寶化胡經》及十卷本《老子化胡經》卷一、卷二的出現，正體現了這一道教勢力消長的歷史進程。

小　結

通過以上論述，可以得出以下結論：

第一，《靈寶化胡經》繼承了南北朝道經的老子化胡故事、末世論和地獄系統，在真君出世和末世觀念上受《洞淵神呪經》影響較大，在儀式方面受靈寶經影響較大。

第二，《靈寶化胡經》對佛教非常友好，經中大量吸收了佛教的天界觀、世界觀和彌勒下生思想，並回應了佛教徒對道教的攻擊。

第三，《靈寶化胡經》中"二聖"的表述、佛道並重的態度與《普賢菩薩説證明經》第二部分《證香火本因經》相近。《證香火本因經》應爲高宗末的作品，《靈寶化胡經》大約也成書於高宗末至武周時。7世紀末至8世紀上半葉涌現出多種《化胡經》，可能與中央政府對道教及《化胡經》態度的反覆有關。

---

① 關於《三洞珠囊》的編撰時間，可參程樂松《中古道教類書與道教思想》，第124—125頁。
② 《佛祖統紀校注》，第924頁。
③ 《舊唐書》卷七《中宗紀》，第140頁。

第六章　敦煌道教文範研究

　　儀式是宗教的重要組成部分，有學者認爲宗教的源頭就是儀式①。道教在形成初期即以"師持九節杖爲符祝，教病人叩頭思過，因以符水飲之"②等儀式爲人所知。金籙齋、黃籙齋等靈寳齋法的形成，標誌著道教儀式的成熟。保存在《正統道藏》中的道教早期齋儀文獻較少，敦煌藏經洞發現數件道教齋儀，有向達舊藏《太上洞玄靈寳金錄簡文三元威儀自然真經》、P. 3148→P. 3663→Дx158→BD14841L＋BD14841K《太上洞玄靈寳黃錄簡文三元威儀自然真經》、P. 3282→S. 6841＋BD15636＋P. 2455《自然齋儀》、P. 2406《太上洞玄靈寳明真經科儀》、Дx5628＋BD2983＋P. 3484《洞淵神咒齋儀》以及 P. 2436 不知名道教齋儀等。這些齋儀文獻展現了早期道教儀式的面貌。

　　與其他宗教的儀式有所不同的是，道教儀式中特別重視書疏的撰作。《典略》載五斗米道請禱之法云："書病人姓名，説服罪之意。作三通，其一上之天，著山上，其一埋之地，其一沉之水，謂之三官手書。"③可見道教形成之初即有上章之法。從前列幾種早期道教齋儀看，一套完整的靈寳齋至少需要齋詞、啓文、上香章表、懺方文等多種文書④。這類文

---

　　① 如懷特海（Alfred North Whitehead）即稱："宗教和戲劇顯然均發源於儀式。"（《宗教的形成　符號的意義及效果》，第9頁）
　　② 見《三國志·魏書·張魯傳》裴松之注《典略》（第264頁）。
　　③ 《三國志》，第264頁。
　　④ 這僅僅是從早期齋儀文獻中推測出的書疏種類。從王契真《上清靈寳大法》、金允中《上清靈寳大法》等文獻來看，道教齋會需要數量極大的章表書牒。

拘校道文

書很早就吸引了學者的注意，施舟人20世紀在70年代即撰寫了《道教儀式的疏文》①，但其分析對象主要是現代疏文。道教儀式中所用章表書疏多會焚化、沉埋，故很難保存下來。但有幸的是，敦煌藏經洞發現了多種唐代的道教文範，包含了齋文、上香章表、懺方文等多種類型。分析這批文範，有助於了解道教早期儀式，也有助於理解傳世文集中保存的少量道教文書。本章即主要分析這批道教文範的結構，並試圖梳理相關道教文書的發展過程。

第一節　從敦煌文獻看道教齋文的生成與演變

　　唐代以後的道教齋會儀式中往往要讀"詞"，這種"詞"主要用來向監臨齋會的各路神仙說明齋會的原因、目的等，文獻中一般稱這種"詞"爲齋文或齋詞。敦煌文獻和傳世文獻中都有不少文章與道教齋文的形式和內容相近，如敦煌文獻中的 P.3562v、P.4053②、羽72B③、BD15423④ 及 P.3556v⑤ 等幾個寫卷，杜光庭《廣成集》卷四卷五、崔致遠《桂苑筆耕集》卷十五、李商隱《樊南文集補編》卷十一等文獻所載"齋詞"或"齋文"，白居易《上元日歎道文》⑥、沈亞之《鄞州修明真齋詞》⑦ 以及封敖、獨孤霖所作歎道文⑧等。學者也往往將這些材料放在一起討論。李小榮、周西波、張慕華、劉永明、曹

---

① ［荷蘭］施舟人：《道教儀式的疏文》，載［美］武雅士編《中國社會的宗教儀式》。
② 李小榮《敦煌道教文學研究》已指出這兩件寫卷爲道教齋文範本。
③ 劉永明：《杏雨書屋藏敦煌道教及相關文獻研讀劄記》（《敦煌學輯刊》2010年第3期）爲該卷擬題"道教發願文"。其實該卷幾篇齋詞歎道、齋意、道場、莊嚴四部分非常明顯，可能是齋詞。
④ 王卡《敦煌道教文獻研究》擬題"慶祝玄元皇帝降生齋文"，可從。
⑤ 該件文書，《法藏》題名"道教齋文"。王卡《敦煌道教文獻研究》題名"道士爲唐高宗度亡造像文"，雖然概括了它的內容，但未能體現這件文書的性質。除這幾件寫卷外，羽38v、羽72Av可能也是齋文，但這兩件寫卷較爲模糊，部分文字無法識認，因此還無法斷定。
⑥ 《白居易集》，第1210頁。
⑦ 《沈下賢集校注》，第271頁。
⑧ 分別見《全唐文》卷七二八、八〇二。

第六章　敦煌道教文範研究

凌等學者都對道教齋文做過深入研究①，他們對這一文體的起源、結構等問題做了很有啓發性的論述。本節擬在前人研究的基礎上做進一步的探索。

一　早期靈寶齋儀中並無讀詞的環節

學界在討論道教齋文時，大多向早期靈寶經中的齋儀文獻溯源，並認爲早期靈寶齋中已有讀齋詞這一環節。但仔細閱讀這批齋儀文獻，其中却從未提到過"讀詞"。根據杜光庭《金籙齋啓壇儀》，宿啓儀重稱法位上啓時要讀詞；又據杜光庭《太上黄籙齋儀》，出官啓事及言功拜表中間也要讀詞。下文即考察早期靈寶齋儀的這些環節。

《向達先生敦煌遺墨》中保存有《太上洞玄靈寶金録簡文三元威儀自然真經》（以下簡稱"金録簡文"）的兩件殘片，其中恰好保留了金録齋的出官環節：

　　建齋威儀，初入治户，師當在前，弟子從之，左行繞香火一周，立西面，向東出官。關啓願念，隨意自陳，皆如其法。

其中稱"關啓願念，隨意自陳"，語意較爲模糊。結合其他文獻來看，"關啓"即指關啓諸仙，"願念"指發願，其中恐怕没有"讀詞"。

敦煌文獻雖保留了《太上洞玄靈寶黄録簡文三元威儀自然真經》較多的内容，但恰好没有讀詞所在的幾個環節。

《洞玄靈寶長夜之府九幽玉匱明真科》仍保存在《正統道藏》中，P.2406號寫卷首題"太上洞玄靈寶明真經科儀"，即是從中鈔出的齋儀部分。其中在發爐後稱法位上啓諸仙，其文云：

---

① 李小榮：《敦煌道教文學研究》，巴蜀書社2009年版；周西波：《敦煌道教齋文的内容與意義》，《文學新鑰》2011年第13期；張慕華：《論歸義軍時期敦煌道教齋文的演變》，《敦煌研究》2011年第2期；劉永明：《P.3562V〈道教齋醮度亡祈願文集〉與唐代敦煌道教（一）》，《敦煌學輯刊》2013年第4期；劉永明：《P.3562V〈道教齋醮度亡祈願文集〉與唐代敦煌道教（二）》，《敦煌學輯刊》2014年第1期；曹凌：《敦煌遺書中所謂道教齋文的名與實》，載賈晉華、白照傑主編《中國宗教研究新視野——新語文學的啓示》，宗教文化出版社2020年版。

臣宿命因緣，生落法門，玄真啓拔，得入信根，先師盟授三寶神經法，應度人九萬九千，位登上真。臣祖世以來，逮及今身，生值經教，常居福中，功微德少，未能自仙，志竭軀命，佐國之功。今國土失和，兵病並興，陰陽否激，星宿錯行，危灾重厄，其事云云。誠由帝王受天福祚，捻監兆民，不能施惠，廣潤十方，使天人豐沃，欣國太平，而恩无歌詠，路有怨聲，致三景昏錯，大灾流行，帝王憂惕，兆民无寧。今謹依大法，披露真文，燒香燃燈，昭曜諸天，信誓自效，行道謝殃，願上請天仙兵馬九億万騎……等，一合來下，監臨齋堂，揲香願念，應口上徹，須行道事竟，有勤謁仙官。

其中的"今國土失和"云云即是建齋的齋意。可見在明真齋中，齋意是在關啓諸仙時一並讀出，並不需要專門的讀詞。

P. 3282→S. 6841 + BD15636 + P. 2455 號《自然齋儀》中自然齋宿啓儀部分較爲完整，其中在誦禮經呪後稱法位上啓諸仙，其文云：

衆等謬獲宿稟真言要戒，宣道布教，竊願奉行，加有上命，弥思馨節。厶位皇帝陛下受圖御宇，屬當眷命，應樂推於民上，力善政於天下，憂憐兆庶，愍念蒼生，每建福田，亟脩鴻業，將以和天安地，保國寧民，常脩寶齋，誦經行道，拜章獻醮。又爲太子攘灾請福，清靜宫闈云云。當尅明日寅時爲始，即日翹誠，齊到齋所，依法淨宿，以啓聞思。惟　太上三尊、十方衆聖、監齋大法師、侍經威神，同施慈光，俯垂監照。勅勒九天將吏，詔下三界官屬，各率所部，咸來擁護，使衆等心安神定，思念感徹，降伏魔恐，清蕩禍鄣，六情内静，十惡外消，齋功成就，無有譴礙。并依經旨，重宣戒法，又案威儀，詮舉職任，儀軌法則，皆依舊典。須長更啓，且續復上聞。

該文與前明真科儀的啓文結構基本一致，均在幾句自謙的話之後誦出齋意，其中同樣沒有特別提示"讀詞"，且從啓文的結構來看也

第六章　敦煌道教文範研究

無法容下"讀詞"。

北大 171 號前 7 行與 P. 2455《自然齋儀》重合，中有"奉脩无上靈寶洞玄自然齋直"字樣，應該也是靈寶自然齋的齋儀，但與 P. 3282→S. 6841 + BD15636 + P. 2455 是否是同種文獻還有疑問。該件殘片存有自然齋的出官啓事和言功啓事的啓文，其中出官啓事在出官後云：

> 臣等生長魔俗，沉淪季業，酖樂榮華，千載慶會，謬見採拔，得奉大道，不以下愚，好樂昇仙之道，而宿罪深積，結縛不解，加今慈世虛薄，六天鬼兵縱橫肆暴，沙汰万民。臣等深懼一旦不蒙勉（免）濟，憂惶振惕，若无首領。謹有某州郡縣某乙歸命清玄，共相携率，奉脩无上靈寶洞玄自然齋直，燒香轉經，一日兩夜行道，以求所願。謹上請三洞飛仙天仙地仙、十方仙官、天仙兵馬，各九億万騎，以見衛護，鹹威衆妖，擺撥精耶，降福消灾，乞如所陳。功曹使者、飛龍騎吏分別關奏，以時上達，列啓事竟，各還臣等身中，復於官室，須召又到，一如故事。

與前兩件均爲國家或皇家建齋不同，這是爲個人建齋，但其格式與前兩件啓事基本一致，均在幾句自謙的話後引出齋意，即"謹有某州郡縣某乙歸命清玄"一段，同樣沒有讀詞。該寫卷的言功啓事中則連齋意也沒有述及，更不會讀詞。

以上考察了"靈寶六齋"中三種齋法的宿啓儀啓請、出官啓事和言功啓事，其中都沒有"讀詞"。更說明問題的是靈寶齋署職時所列諸職並無讀詞者。宋代的齋儀文獻，如金允中《上清靈寶大法》、《無上黃籙大齋立成儀》等，均稱表白讀詞。《無上黃籙大齋立成儀》卷三三云："近世自高功之外，其餘衆職，各披法服，具員充位。別創知鍾、侍磬、表白、直壇等目。"（D9，p. 575）可知"表白"一職是後世增設的。P. 3663 號《黃錄簡文》除法師外"置一人監齋，一人值事，一人侍香，一人侍燈"。敦煌本《自然齋儀》引《金錄簡文》署職，除法師外有都講、監齋、侍經、侍香、侍燈、侍座六職。陸修静《洞玄靈寶齋説光燭戒罰燈祝願儀》所署六職爲法師、都講、監齋、

· 353 ·

侍經、侍香、侍燈。這些文獻中都沒有"表白"。李小榮認爲在道教齋會中齋詞由監齋讀出①，但《自然齋儀》述監齋的職務是"督勵虧怠，彈糾愆失，不偏不儻，无隱无濫，昞執憲章，務令允愜"，並不涉及讀詞。朱法滿《要修科儀戒律鈔》卷八所述主要是與齋會相關的名詞，其中沒有提到讀詞。該書對各齋職的職責論述甚詳，於監齋也並沒有提到讀詞之事。如前所述，出官上啓時，齋意即在啓中，無單獨文書。王契真《上清靈寶大法》卷五六："夫出官者，出高功身中真官也。"（D31，p. 225）也就是説，出官啓事由高功法師誦出，齋意自在其中，並不需要另外的"表白"來讀詞。

因此，在早期靈寶齋儀中，無論是從齋法記錄看，還是從齋職分配看，均無讀詞環節。在早期道教文獻中，唯一可以與"讀詞"聯繫起來的儀節便是天師道的上章，此前學者也多以《赤松子章曆》與後世道教齋文對比研究。但《赤松子章曆》卷二載上章的儀式（D11，p. 181），其形式與靈寶齋相差很大。另外，《赤松子章曆》卷二在請官後即讀章、封章，若做類比的話，天師道的讀章正相當於靈寶齋的"出官啓事"。事實上，《赤松子章曆》卷三至卷六所載諸章表，其形式也確實與前引幾種靈寶齋"啓事"相近。因此，將《赤松子章曆》與齋詞對比並不太恰當。

二 齋詞是由早期靈寶齋在啓請中所宣讀的"投辭"演化而來

現存道教文獻中，最早出現的"讀辭"是在古靈寶經《上清太極隱注玉經寶訣》②中，彼文云："當傳經時，師北向，於靜室內，左手請經，執此經，弟子右手擎，受道誓信，約不妄泄流俗。列墨辭，以七祖爲證，將奉行仁孝大慈之心，惟願飛仙昇虛，七祖離苦毒，俱生天中。師讀辭竟，口祝於弟子。"（D6，p. 645）曹凌即將該文與後世齋醮儀式中"讀詞"環節結合起來③。《上清太極隱注玉經寶訣》中無

---

① 李小榮：《敦煌道教文學研究》，第175—176頁。
② 據 P. 2861＋P. 2256 "靈寶經目録"，該經爲"仙公新經"，本名"太上玉經太極隱注寶經訣"。《正統道藏》中改名"上清太極隱注玉經寶訣"。
③ 見曹凌《宋代齋醮青詞的形成》（未刊稿）。

論"墨辭"的内容還是"師讀辭"的内容都不太清楚。但 P. 2452《靈寶威儀經訣》所載"太極真人傳經章辞要經"却給出了"辭"的寫法：

> 某州郡縣鄉里某官先生道士王甲死罪辭□：宿命因緣，啓拔得去魔俗，歸奉大道，委身正真，遂蒙玄施，不以頑愚。昔賜佩黄赤二一无終玄錄，金書玉字養身之道玉券已畢，受恩過泰。不唯下賤心樂真仙之道，進奉上清大洞玄經，已復有年，不能仙度，混同常人，魔俗不别。雖穢惡彰積，然精誠慕道，翹翹之不敢暫休。遭遇運會，今見太上靈寶洞玄寶經遠妙上清高旨，衆真所宗。甲不以宂人，竊好至真，依法賷金錢二万四千。此物非赤縣貧窮小兆卒可得辦，請以某寶繒准。當謹奉辞上聞，思唯明法師先生垂愍一切有心之至，救甲飢渴之望，得爲身寶。若受道之後，輕泄至真，傳［非］其人，甲當身謝天、地、水三官，七祖獲考於地獄，命過之日，不敢怨道咎師。甲自心好道真，時所不拘逼，乞得尊奉大法。如違手辞者，當依科受罪。謹辞。
> 言詣太上靈寶洞玄法師某先生門下。

其文確實"以七祖爲證"，當與《上清太極隱注玉經寶訣》中的"墨辭"性質相近。但該文前無上啓仙真的格式，文末稱"言詣太上靈寶洞玄法師某先生門下"，可見這種"辭"是寫給師，而非仙真，自然不可能是"齋詞"①。《無上秘要》卷三五《授度齋辭宿啓儀品》記載了完整的授度儀式，該卷稱"諸行道，皆用御製新儀"②，可知這是北周時改造過的儀式。該卷列出的"投辭文"，同樣也是寫給師的。《傳授經戒儀注訣》所列的"投辭文"卷末也直接稱"詣太上高玄大法師某先生門下"。總之，《上清太極隱注玉經寶訣》中也並没有讀齋詞的環節，但該經中稱"師讀辭"却提示了齋詞的來源。

---

① 吕鵬志《唐前道教儀式史綱》："'辭'相當於受經者的申請書。"（第127頁）其説是。
② 《無上秘要》，第535頁。

■ 拘校道文

"投辭",又稱"投詞",是指在齋會開始之前齋主向法師投遞的申請建齋的疏。前面提到的幾種文獻都是在傳授經法的齋會中投辭,其實靈寶齋均需投辭。敦煌本《自然齋儀》引《金籙簡文》云:"建齋之始,未至齋,先一日,皆當香湯沐浴,宿到齋所。主人逆作本末,投辤法師,礼拜启額。法師便道戶依事申奏。明旦相率,依法行道。"是齋意需在正式啓壇前由齋主預先寫好"投辭法師"。金允中《上清靈寶大法》卷十六《修齋受詞品》載三次投詞的"詞式",其初詞式云:

具法位姓某,無官者具鄉貫。

右某伏爲某人,年月日時生,某年月日時某處身故,今經幾時,未測升沉。謹瀝丹誠,願備科式,崇建無上黃籙大齋五晝夜。於內三日正齋,九時朝奉滿散。修設三界高真清醮幾分位,上資邦國,普福生靈,廣度六道三塗,拔濟九玄七祖,集茲善果,專用薦度亡故某靈魂超生净界。謹具狀申洞玄靈寶法師某君先生,伏乞法慈矜允,特與先次,敷擇建壇,開度施行。謹狀。

年　月　日　具位姓某狀。(D31, p.433)

將此文與《靈寶威儀經訣》所載的傳經投詞對比,可以發現二者並無本質不同,都是寫給法師的申請書。所不同的是,本文需説明申請齋會的原因①。

負責"投辭"事務的正是監齋一職。朱法滿《要修科儀戒律鈔》卷八《監齋鈔》引《昇玄經》云:"監齋十事:一者,令設供之家先齋前三日投辭於法師,陳説所願,並修所請齋人姓名、道位多少。法師受辭,即對辭主騰辭,上剌請監齋官屬。"(D6, p.958)這裏提到"法師受辭,即對辭主騰辭",可知法師在齋會中所宣之辭正是來自齋主的"投辭"。

---

① 陳文龍在研究王契真《上清靈寶大法》時也給出了"投詞"的定義:"所謂'投詞'指齋主(信衆)爲某一目的欲請法師建齋,事先要寫一份文疏給法師,提出請求。"(陳文龍:《王契真〈上清靈寶大法〉研究》,第240頁)

第六章 敦煌道教文範研究

如前所述，在《金錄簡文》《明真科》等早期靈寶齋儀經典中，均無"讀辭"或"讀詞"的環節，但在《無上秘要》卷四八《靈寶齋宿啟儀品》中開始出現了"宣辭"。該卷於"啟請出官"中云：

> 某等宿命因緣，生值道化，玄真啟拔，得入信根，先師盟授三寶神經，供養尊禮，立功爲先。謹有某郡縣鄉里男女某甲投辭，列詣某等，丹心悾悾，求乞平省，輒爲宣奏。謹伏讀辭文。宣辭訖。某等按如辭言，言欵事切，在可哀愍，不勝所見。輒共相携率，沐浴清淨，燒香然燈，輒經行道，依法上請……①

《無上秘要》明確說這段內容出《明真經》，前文已引《明真科》的出官啟事，其建齋是爲"佐國之功"，與《無上秘要》爲個人行齋明顯不同。前引北大171自然齋儀是爲個人建齋，出官啟事中述齋意作"謹有某州郡縣某乙歸命清玄……"，而在《無上秘要》卷四八中則將這段改作"謹有某郡縣鄉里男女某甲投辭，列詣某等，丹心悾悾，求乞平省，輒爲宣奏，謹伏讀辭文"。由其中"某甲投辭"可知，後所讀的"辭"正是某甲所投之辭，而非齋詞。從"列詣某等"來看，這一"辭"也是寫給法師的，而非神真。《無上秘要》卷五十《塗炭齋品》在出官啟事中同樣有"伏讀辭文"之語，其前也稱"謹有某郡縣鄉里男女官生民某甲投詞列訴，詣於臣等"②，可知所讀的也是"投辭"。

前引幾種早期靈寶齋儀的啟事均未提示讀詞，但其中的齋意應該就是來自於齋會前齋主的"投辭"，故有些文獻會在啟事中明確引述"投辭"。前文已提到，《赤松子章曆》中上章可類比於靈寶齋的啟事，在《赤松子章曆》中即有引述投辭的例子，如該書卷五《大塚訟章》："今有某州縣鄉里某甲，投辭列款，稱門祚災衰，家累疾病，所作不利，所居不安，求乞章奏，解除塚訟。今據其事狀，粗可根尋……"

---

① 《無上秘要》，第780頁。
② 《無上秘要》，第806頁。

（D11，p. 217）稱"投辭列款"，正與《無上秘要》所説"投辭列詣某等"文意一致。

實際上，在後世齋文中，仍保留有這種齋意引自"投辭"的形式。學界對於羽72B-1號寫卷已有不少研究①，均將之視作道教齋文範本，這應該是没有問題的。該殘片共載五件齋文，今引其第三件於下：

> 夫以林官湛景，惠焕光於成天；銑闕垂仁，慈波流於億界。普使人天離苦，生死歸真，得（德）被塵沙，功包浩劫。今齋主詞云：身抱痾病，見臥在床，万救不囗（瘳？），千醫靡郊（效）。慮恐年當大厄，命在重牢，窮筭盡於天羅，運絶終於地網。伏聞三洞布化，有延年度厄之科；七道之靈，致濟死生之法。敢承期旨，敬設清齋。伏惟元始證明，虚皇鑑映，願赦厶乙一生所犯万種罪條，以此熏脩，皆蒙蕩滅。即願真人度厄，却死更生；童子扶衰，迴凶爲吉。九丹仙藥，除病囗於［一］身；五帝靈符，蕩妖精於宅舍。必史（使）魂安魄静，氣力時康，飲美食甘，精神自豫。然後年齊白石，壽等青山，長保道恩，永貞天竿。合門男女、内外親緣，但離苦因，成无上道。

該文開端爲幾句歎道的駢文，這與一般道教齋文的形式是很接近的。但在歎道之後，該文以"今齋主詞云"引出齋意，與其他道教齋文有顯著差異②。該件寫卷前一首齋文也是以"今厶詞稱"引出齋文，可見這應是一種較爲常見的形式。這裏的"詞"，應該就是指"投辭"。因爲"投辭"是齋主寫給法師的"申請書"，故其中不會有夸大其辭贊歎齋主的"歎德"。羽72B-1所載幾件齋文均没有"歎德"部分，大概正是因爲這一原因。

---

① 可參劉永明《日本杏雨書屋藏敦煌道教及相關文獻研讀札記》，《敦煌學輯刊》2010年第3期；周西波《敦煌道教齋文的内容與意義》，《文學新鑰》2011年第13期。

② 曹凌引此文認爲"儀式中齋主顯然都别有詞文，説明自己的訴求"，認爲這"别有"的詞文是類似佛教齋疏的文字，其説頗有卓見。道教的"投辭"與佛教齋疏確有相近之處。關於佛教齋疏，詳參曹凌《中古佛教齋會疏文的演變》，載《魏晉南北朝隋唐史資料》第33輯。

《赤松子章曆》中的《大塚訟章》僅是引用"投辭"的齋意，但在《無上秘要》所載靈寶齋宿啓儀中已是直接"宣辭"，這在南北朝晚朝的道教齋醮儀式可能已是通行的形式。

　　《洞真太上太霄琅書》卷六《齋戒要訣》"爲同義救厄疾謝罪請福寮出官訣"記載了上清齋法的出官儀式，完整收録了"出官啓事"和"主人辭"。在"出官啓事"中稱"賷信參辭，如別請省（者？），伏讀如桉"（D33，p. 677），其後即列"主人辭"，其中有云"伏願法師道士行道，請福乞恩"（D33，p. 681），也可見此"辭"是主人寫給法師的"辭"。後世的某些齋會中還沿續了啓事中讀"投辭"的做法，王契真《上清靈寶大法》卷三十《傳度科格門》載傳度經法儀式，度師跪奏宣念後即"臣與弟子稽首再拜，宣讀投詞"（D30，p. 929）。

　　總之，至遲在南北朝後期，靈寶齋已在啓事中宣讀齋主的"投辭"來作齋意。後世在啓事中間宣讀齋詞，應該正是從宣讀"投辭"這一形式演化而來。實際上，直至五代、宋時，"投辭"和青詞仍糾纏不清，試比較以下兩則材料：

　　　　杜光庭《太上黄籙齋儀》卷一：舊儀，令齋主每日投詞，如告齋之法。既初建齋時已投詞祈告，若每日重疊，即於禮爲繁。今止一度，餘日並停。（D9，p. 181）

　　　　金允中《上清靈寶大法》卷十九：初已投詞預告，正奏之後，高功主領其事，已達三界。臨壇之時，非投請師之狀，乃繳青詞也。（D31，p. 460）

　　由這兩條材料可知，至五代、宋時，仍有正齋每日投詞法師的做法。這種每日投詞顯然已與齋會開始之前的"投辭"性質不同，應是爲了在齋會中宣讀所用。但杜光庭和金允中都認爲這種做法不恰當，但這恰指示了齋詞這一文體的早期來源。金允中將每日投詞改作繳青詞，尤其可見青詞正是從投詞演變而來。每日投詞演變爲繳青詞，原有的齋會前的投詞依然存在，金允中《上清靈寶大法》卷十六《黄籙次序品》中專門有"告齋投詞"的説明（D31，p. 429），且在《修齋受詞品》列有"投詞"的式樣（D31，p. 433）。可見，在唐五代時，南北朝的"投辭"發生了演變和分化，作爲向法師請求建齋"申請書"的"投辭"沿續了下來，作爲齋會宣讀文本的"投辭"先演化爲正齋每日的投詞，又轉變爲齋詞、青詞。

曹凌又找到《八道命籍經》卷下"的謝齋法"法師在上啓中間讀辭，認爲所讀的正是齋詞①。但"的謝齋法"的"辭"沒有上謁仙真之類的話，與後世齋詞有很大差別。這種"辭"的結尾稱"某號某年太歲某，某月朔某日子某時，於某州郡縣鄉里山館奉辭"（D33，p. 507），與《傳授經戒儀注訣》所載"投辭"基本一致。"的謝齋法"的"辭"結構上與《傳授經戒儀注訣》、《洞真太上太霄琅書》卷六、金允中《上清靈寶大法》卷四二等書中所載"投辭"近乎全同，與後世齋詞有顯著差別。但"的謝齋法"的"辭"有"仰恃玄慈，含弘塵垢"的字樣，似乎已是寫給仙真的文書，與寫給法師的"投辭"有所不同。那麽"的謝齋法"的"辭"很可能就是"投辭"到齋詞過渡的中間形式。

在南北朝道教齋會中，讀"投辭"的又是誰呢？《赤松子章曆》僅僅是在上章中引用"投辭"，自然這一部分内容仍由上章的主體法師誦出。《上清太極隱注玉經寶訣》稱"師讀辭"，則亦由傳經之法師讀辭。《無上秘要》所載靈寶齋宿啓儀在出官啓事中稱"伏讀辭文"，既用謙敬詞"伏"，恐怕讀詞的還是法師自己。但在部分場合下，可能也由齋主自己讀詞。前引《八道命籍經》卷下"的謝齋法"在提示讀詞的"洗心齋辭，謹讀以聞"前有小字注："若爲人，云：'今有師友尊上君親子弟男女某，同受此法，某今疾厄，公私迫碍，不得躬修，因臣妾等啓告，注心如科，臣妾等道同志合，冒操某辭，謹讀以聞。'"（D33，p. 507）既稱"爲人""冒操某辭"，則知一般情況應由齋主自己讀辭，只在特殊情況下才由他人代爲讀詞。因此，在南北朝的道教齋會儀式中，讀"投辭"的似乎主要是法師或齋主，"表白"這一專門讀詞的齋職應該尚未出現。

在後世道教齋會中出現了"表白"一職，應該是從負責監督、接

---

① 見曹凌《宋代齋醮青詞的形成》（未刊稿）。

收"投辭"的監齋一職中分化出來的。《靈寶領教濟度金書》卷三一九云："今之表白,即副監齋也。"（D8,p.807）《無上黃籙大齋立成儀》卷一三"知職榜"有"副監齋法師"一職,其職責爲"讚舉壇儀,監眎齋獻,表白詞文,宣告讚祝"（D9,p.450）。這都説明"表白"一職是從"監齋"中分化出來的。這與佛教齋會僧職也非常相近,圓仁《入唐求法巡禮行記》卷二載"赤山院講經儀式"："維那師出來,於高座前,談申會興之由,及施主別名（各）所施物色。申訖,便以其狀轉與講師。"[1]這與《要修科儀戒律鈔》所載道教"監齋"監督"投辭"並將"投辭"送與法師的職事相近,不同的是需要在正式儀式中閲讀齋主的"會興之由"。《入唐求法巡禮行記》又載"竹林寺齋禮佛式",云："表歎先讀施主設供書,次表讚了,便唱一切普念。"[2]侯沖已指出"表歎"即維那[3],此處則還需表讚施主,就是閲讀齋文一類的文字了。至遲在宋代,佛教的"表白"也獨立出來,贊寧《大宋僧史略》卷中云："舍利弗多辯才,曾作上座,讚導頗佳,白衣大歡喜,此爲表白之椎輪也。"（T54,p.242）該書未將表白與維那聯繫起來,似表明當時表白一職業已獨立。或許道教齋會也曾經歷了監齋讀詞的階段,後又從監齋中把"表歎"的職責獨立出來,單獨設立了"表白"一職。

三 投辭到齋詞的轉變

如前所述,南北朝道教齋會的啓事中所讀的"詞"乃是齋會前齋主呈給法師的"投辭",後世齋醮儀式的啓事中所讀的齋詞、青詞應即是從這種"投辭"演化而來。唐代以後齋詞、青詞與南北朝時的"投辭"主要有兩點不同,一是齋詞、青詞的接收者爲神真而非法師;二是内容上更加複雜,多有歎道、莊嚴迴向等内容。

如前所述,早期道教齋會中,往往是法師在啓請中提取齋主"投

---

[1] 《入唐求法巡禮行記》,第73頁。
[2] 《入唐求法巡禮行記》,第74頁。
[3] 侯沖:《中國佛教儀式研究——以齋供儀式爲中心》,第97頁。

辭"中的齋意。在《無上秘要》等書所載齋儀中雖有"宣辭"的儀節，但宣讀的恐怕也是去掉"言詣太上靈寶洞玄法師某先生門下"等格套僅餘"齋意"的文字。在正式齋會中所用的文書，如出官啓請、上香發願、懺方文、言功拜表等，其接收者均爲神真。在齋會中所宣讀的"詞"既然已從"投辭"中分離出來，那麽很容易受這些文書的影響改爲向神真的陳情。

實際上，在向諸仙的啓請中宣讀的"詞"，其接收方乃是法師，這在邏輯上難免有些問題。"投辭"向齋詞的轉變過程中，接收方由法師轉變爲神真，很可能也與此有關。前引王契真《上清靈寶大法》所載傳度儀，度師跪奏宣念後即宣讀"投詞"，在讀"投詞"後，弟子仍需再拜跪白、上啓天尊（D30，p.929）[1]。這種繁複的形式可能正是由於前雖宣讀了"投詞"，但"投詞"的接收者是法師，不是天尊，故弟子需再重新向天尊啓請。

這種文書接收者轉變的另一原因是可能來自佛教的影響。佛教在舉行齋會前也有類於道教"投詞"的"疏"[2]，《國清百錄》卷二載有《永陽王解講疏》（T46，p.800），其中雖有幾句寫"天台顗闍梨"，但文前有"菩薩戒弟子陳靜智稽首和南十方常住三寶、幽顯冥空、現前凡聖"的啓請，且寫智顗的幾句乃是向神佛夸贊智顗，而非與智顗對話。也就是說，《永陽王解講疏》實際是寫給神佛，而非法師。同卷所載楊廣《王受菩薩戒疏》同樣是這一情況。但同卷《少主皇太子請戒疏》却是直接寫給智顗的。因此，南北朝後期到隋代，佛教齋疏也處在轉型期，逐漸由寫給法師轉變爲寫給諸佛。南北朝至唐代，佛教儀式持續地影響著道教齋會儀式，與佛教齋疏性質相近的"詞"大概也受到佛教影響改爲以神真爲接受對象。

---

[1] 王契真《上清靈寶大法》此處先言"宣讀投詞"，又云"念授詞後，嗣法弟子再拜跪白"，那麼"投"與"授"當有一個錯字。前面已提到，早期道教傳度儀式中已有師讀投詞的作法，且他處再未見"授詞"一詞，那麼"授"恐怕是"投"字之誤。

[2] 參曹凌《中古佛教齋會疏文的演變》，載《魏晉南北朝隋唐史資料》第33輯。可相對比的是，佛教齋供儀式有"請僧疏"（關於請僧疏，可參侯沖《中國佛教儀式研究——以齋供儀式爲中心》，第36頁），早期齋疏的性質應該與之類似。

第六章 敦煌道教文範研究

　　至於從投辭到齋文的內容轉變，可能也與受到佛教的影響有關。曹凌找到《三洞奉道科戒營始》所載"中齋儀"的歎道文，其形式與P. 3562v所載齋文很相近，認爲P. 3562v就是用於供食儀式的歎道文範文①。實際上，"中齋儀"很可能是受佛教影響產生的儀式。從"中齋儀"的名稱及具體形式看，都與宗賾《禪苑清規》卷六所載"中筵齋"較爲接近。這種齋僧儀式可以追溯至印度②，P. 2001《南海寄歸內法傳》卷一《受齋軌則》載印度齋法，在禮敬之後，"或可別令一人在尊像前長跪合掌，大聲讚仏，唯歎仏德，不雜餘言"。同書又載"南海十洲"齋法，也有"次請一僧，座前長跪，讚歎仏德"的環節。這顯然就是中國齋僧儀式所用歎佛文的源頭。實際上，中土佛教齋會中贊佛功德的歷史可能並不久遠，義淨《南海寄歸內法傳》卷四即云："神州之地自古相傳，但知禮佛題名，多不稱揚讚德。"（T54，p. 227）《廣弘明集》卷十五載梁簡文帝《唱導文》已有歎佛的段落（T52，p. 205），則至遲在蕭梁時已有此法，但可能並未普及。發願前歎佛之法在佛教齋會中確立之後，逐漸向道教傳播。道教齋文、齋詞、青詞等開頭多有幾句歎道之文，其源頭應當正在於此。

　　唐代以後的齋文、齋詞末尾大多有迴向發願的內容，這顯然也是從佛教那裏繼承過來的。《南海寄歸內法傳》載印度齋法，施食時有"以今所修福，普霑於鬼趣，食已免極苦，捨身生樂處，菩薩所受用，無盡若虛空，施獲如是果，增長無休息"的呪願，已與迴向相似。而"南海十洲"的齋法更有"須稱施主名，願令富樂，復特現[福]，迴爲先亡，後爲皇王，資及龍鬼，願國土成熟，人物乂安，釋迦聖教，住而莫滅"，這幾乎與佛教齋文的"莊嚴"部分結構一致③。因此，道教齋詞形式上的轉變，顯然與受佛教影響造成的儀式變化有關。

---

① 詳參曹凌《敦煌遺書中所謂道教齋文的名與實》，載賈晉華、白照傑主編《中國宗教研究新視野——新語文學的啓示》，第88—93頁；《宋代齋醮青詞的形成》（未刊稿）。關於佛教齋供儀式，見參侯沖《中國佛教儀式研究——以齋供儀式爲中心》，第252—261頁。

② 關於印度齋僧儀式及咒願，可參侯沖《中國佛教儀式研究——以齋供儀式爲中心》，第25—33頁。下文關於印度齋僧儀式的論述多參考了該書。

③ 關於佛教齋文的結構，可參郝春文《關於敦煌寫本齋文的幾個問題》，《首都師範大學學報》1996年第2期。

拘校道文

　　道教齋文的形式也揭示了其佛教來源。圓仁記載的一次佛教齋會次序爲："行香畢，先歎佛，與本國咒願初歎佛之文不殊矣。歎佛之後，即披檀越先請設齋狀，次讀齋歎之文。"① 曹凌指出"設齋狀"即相當於齋疏，"齋歎之文"即齋文②。有些道教齋詞恰似"投辭"與"齋詞"揉合在一起的面貌，如李商隱《爲馬懿公郡夫人王氏黃籙齋文》在正文前有一段文字："唐某年月日朔，上清大洞三境弟子妾某，本命某年，若干歲，某月日生，屬北斗某星，住河南府河南縣正平坊安國觀内，今謹攜私屬弟子某等，詣京兆府萬年縣永崇坊龍興觀内，奉謁受上法師東嶽先生鄧君，奉依科儀，於三聖會仙堂內修建黃籙妙齋，三日三夜，轉經行道，奉爲先受法尊師，並道場男女官衆，及九玄七祖，弟子門徒等，懺罪拔苦祈恩。"③ 這很像是"投辭"的縮略。這種形式很可能已成爲道教齋詞的標準形式，《無上黃籙大齋立成儀》卷十一載正齋行道所用青詞格式即與此相近（D9，pp. 436-437）。這種形式應該即是繼承了佛教"設齋狀"＋"齋歎之文"的齋文格式。

　　這種形式難免造成前後重複，後世即有人提出懷疑，如金允中《上清靈寶大法》云："凡青詞之前，已具鄉貫姓名於某處建某齋爲某事，至詞中却叙哀祈之情而已。若有將一兩聯形容建壇行道、燒香然燈之意，則理涉重復。"（D31，p. 498）這種質疑當然是有道理的，但恰恰是這種不合理之處指示了其佛教來源。

四　P.3562v 所載道教齋文的基本結構

　　曹凌已指出 P.3562v 其實是"中齋儀"所用的"歎道文"，而"中齋儀"又是來自於佛教的齋供儀式，這是很有見地的。因此，P.3562v 所載的並非傳統靈寶齋的齋文，與傳世文獻中李商隱、崔致遠、杜光庭等人所做的道教齋文性質並不一樣。但不可否認的是，兩者的結構却有很大的相似性。分析敦煌道教齋文的結構，對理解這一文體是有

---

① 《入唐求法巡禮行記》，第 20 頁。
② 曹凌：《中古佛教齋會疏文的演變》，載《魏晉南北朝隋唐史資料》第 33 輯，第 162 頁。
③ 《樊南文集》，第 869—870 頁。

第六章　敦煌道教文範研究

幫助的。

李小榮根據宋家鈺對佛教齋文的分析，將道教齋文分爲歎道、齋意、道場、莊嚴四部分①。郝春文將佛教齋文分爲號頭、歎德、齋意、道場、莊嚴五部分②，這似乎在具體論述中更爲方便，因此本書將此五分法套用于道教齋文，分析爲歎道、歎德、齋意、道場、莊嚴五部分。

歎道，即將常見的道教教義做成幾句駢體文。如前所述，早期道教的"投詞"中並無這一部分内容，在前引 P. 2406《太上洞玄靈寶明真經科儀》、P. 3282→S. 6841 + BD15636 + P. 2455《自然齋儀》以及北大 171 號的稱位啓請中也均無歎道的内容。也就是説，傳統的道教齋會文書中並無"歎道"，這一部分是受佛教齋供儀式及相關文書影響產生的。道教齋文中的"歎道"即相當於佛教齋文的號頭、歎佛，李小榮認爲"至於佛教齋文所説的號頭（號），在敦煌道教文獻中尚未發現"，這恐怕是不正確的。不少敦煌道教齋文第一部分均爲歎道。黄征稱"願文的號頭多可套用"③，這對於道教齋文同樣適用。如 P. 3562v 第二件齋文稱"垂一炁、啓乾坤者，道寶也；列三洞、玄之又玄者，經寶也；捨苦與樂、樹福除殃者，師寶也"，後"邑願文""當家平安願文"與之大致相同。又"女師亡""僧尼亡"開頭均稱："一寒一暑，天之道；有生有滅，人之常。故南華真人起喻舟壑，東魯夫子發歎逝川。生死之道，其大也夫！"正因爲"歎道"已成套語，故有些齋文便將這一部分省略。P. 3562v 中，"兄弟（弟）亡""亡男女"兩篇在"歎道"中間均以"云云"二字省略了大量内容，"亡妣""迴禮席""東行亡"等篇無"歎道"部分，恐怕都是省略。這些齋文可能在謄録爲儀式用文本時再補齊，甚至可能是行齋宣讀時由法師隨口背出。

---

① 李小榮：《敦煌道教文學研究》，第 159—174 頁。
② 郝春文：《關於敦煌寫本齋文的幾個問題》，《首都師範大學學報》1996 年第 2 期。王三慶《敦煌佛教齋願文本研究》一書認爲佛教齋文在這之外，"其前應該還有歎佛的文字……在這些段落外，應該還要包括號頭及號尾"（第 168 頁）。但從北大 192《諸要集》來看，所謂"號頭"，便是歎佛及讚歎施主，所謂"號尾"便是迴向發願的"莊嚴"部分。
③ 黄征：《敦煌願文散校》，《敦煌研究》1994 年第 3 期。

· 365 ·

拘校道文

歎德，即讚歎齋主之德，若是薦亡類的齋文則是讚歎亡者之德。這一部分雖不如"歎道"部分那樣近乎處處通用，但還可以按分類套用。佛教齋文文範 P.2867《齋琬文》"序臨官"一部分大多是按齋主身份分類做的"歎德"範本，如"刺史""都督"等。敦煌道教文獻雖未見到這類歎德範本，但各齋文中的"歎德"部分大多形式呆板，內容相近。P.3562v 中，"亡男女"後的亡考文和"亡孩子"前的亡考文，其"歎德"即基本一致。第二篇齋文稱齋主及合邑人等"惠鏡常懸，知色身易往；智燈恒照，識脆命之難留"，同卷《當家平安願文》稱齋主某公"即知浮生易朽，僞質難留"，語意也大致相近。

齋意，即敘述設齋的原因和目的。嚴格來說，"歎德"似乎也應當算作"齋意"的一部分，如 P.3562v 第一篇齋文"即席齋主設齋意者"一句以下即爲"歎德"，歎齋主德後方言"但恐危形易朽"云云的齋意①。"齋意"是一篇齋文中最核心的內容，早期道教齋會宣讀"投辭"正是爲了說明齋意。事實上，有些齋文僅有"齋意"部分，如 P.3562v 的"亡孩子""入宅"兩篇，這也說明"齋意"是齋文中最重要的部分。

道場，即對齋會現場的描摹。這一部分往往千篇一律，且語多浮誇。如 P.3562v 第一篇齋文云"供列天廚之饌，爐焚百和之香"，第二篇云"列九廚妙供，焚百和名香"，第四篇云"幡搖十絕，爐起名香；百味雲廚，千聲響亮"，各篇用詞非常相近。P.3562v "迴禮席"一篇的"道場"部分僅"於是泛灑庭院"一句，後以小字注"取前用之"，可見"道場"部分的用語往往是通用的。同件寫卷中的"亡男女"一篇的"道場"部分即與前引第四篇完全相同。所以不少齋文範本往往將這一部分省略，如 P.3562v 第三篇"亡妣"僅用"追福"二字代替，這是一篇齋文範本，在實際齋會中可能以現成文樣補入。

莊嚴，即爲齋主求祈的內容。一般格式爲先莊嚴齋主及合門大小、內外姻親，次迴向國主帝王、一切衆生。如果是薦亡的齋文，則先莊嚴

---

① 前引郝春文之文中，爲了解決這個問題，把"歎德"分爲兩個部分，把類似"即席齋主設齋意者"的話當作第一部分，認爲"說明齋會的事由"。

亡靈，次莊嚴齋主，次迴向。敦煌各道教齋文的"莊嚴"部分與佛教齋文形式非常相近，往往套用"持茲勝福，先用莊嚴……次用莊嚴……"的形式。這部分的内容同樣程式化嚴重，可以套用，P. 3562v 中"亡師"和"女師亡"兩篇的"莊嚴"部分即基本一致。

除了這五部分正式内容外，P. 3562v 的有些齋文結尾還有一些格式語，如第一篇結尾有"稽首歸依正真三寶"，第二篇結尾云："然後贊揚功德，必在一人；證明福田，莫過衆口；各各虔成（誠），自利利他，發至誠，施一切誦。"相近的内容也見於"亡師""女師亡""邑願文"等篇。曹凌已指出，"這些表述都非常類似南北朝以降佛教科儀書中的習語……是提示大衆齊聲和佛、贊唄和禮拜的提示語的略寫"①。P. 2337《三洞奉道科誡經》所載"午齋儀"在"歎道功德"後即有六願，每願以"至心稽首正真三寶"或"至心稽首得道衆聖"結尾，如第一願云："願齋主七世父母，神生净土，勝報无窮，至心稽首正真三寶。""稽首歸依正真三寶"所提示的應該就是大衆誦類似的内容。值得注意的是其中說"贊揚功德，必在一人"，這裏的"一人"應該是指宣讀此前"歎道文"的高功法師。法師在宣讀完"歎道文"後即以類似提示語提示參與齋會者"施一切誦"。

五　傳世道教齋文的結構

在分析了敦煌道教"歎道文"的結構和用法之後，本書再以李商隱《爲馬懿公郡夫人王氏黄籙齋文》爲例，分析傳世道教齋文與敦煌道教"歎道文"的相近與相異之處。今將李文引録如下：

> 唐某年月日朔，上清大洞三境弟子妾某，本命某年，若干歲，某月日生，屬北斗某星，住河南府河南縣正平坊安國觀内，今謹攜私屬弟子某等，詣京兆府萬年縣永崇坊龍興觀内，奉謁受上法師東嶽先生鄧君，奉依科儀，於三聖會仙堂内修建黄籙妙齋，三日

---

① 曹凌：《敦煌遺書中所謂道教齋文的名與實》，載賈晉華、白照傑主編《中國宗教研究新視野——新語文學的啓示》，第84頁。

三夜，轉經行道，奉爲先受法尊師，並道場男女官衆，及九玄七祖，弟子門徒等，懺罪拔苦祈恩。辭上謁虛無元始自然天尊……一切棲隱諸靈仙等。

妾夙值師尊，欽聞教旨，伏以元皇布氣，時播羣生；太一傳形，肇流品庶。皆陶無始，成彼自然。及三古已還，九皇秘迹，羣妖衆孽，黷亂真玄；鬼道尸邪，干迷至正。於是大分治化，廣闢章符。金板玉繩，載演修存之術；河源酆部，重明考治之科。故得三靈無墊壞之虞，萬物被生成之德。

妾內惟幼駿，晚遂修持。爰在童蒙，被諸僭（憸）谷。去元和某年，獲託於故戶部尚書贈左僕射臣馬總。極紛華於少壯，結胎血之因緣。況臣總被沐君恩，久居藩鎮，受專征之寄，擅外閫之權。殄寇下城，所傷者不記；用刑持法，所坐者至多。雖事上之心，誠無顧避；而奉行之際，或爽重輕。故臣總平生之時，許妾以虛無爲念，冀因晚節，同結良緣。及臣總捐家，妾終喪紀，婚姻麤畢，門戶如初。故東都某觀道士南岳先生符君，哀妾香火之勤，成妾巾褐之願。爰從披度，驟歷年光。雖積穢行尸，感通莫冀；而三蟲六賊，制伏無虧。流輩之中，吹噓驟至，謂可以奉三洞之尊法，稽七真之異聞，勸請殷勤，推許重疊。妾雖榮從非望，亦念切良時。遂於某年，於某處奉詣大洞師東岳先生鄧君奉受上法，迴車畢道，交帶紫紋，負荷玄科，叨忝真位。妾夙宵感勵，寢食慚惶，於今五年，益勤一志，兼誓除俗累，漸慕清修，休絶已來，志念愈潔，所希稍存真氣，可降衆靈。

又按《仙記》云：師與弟子，能相保七年者，法當得道。況今國家奉玄元之裔，聖上崇清净之風，妾師奉爲君親，廣存濟度，妾又筋骸非病，齒髮未衰，仰佩玄恩，實爲罔極。是敢重投靈地，再獻微誠，遂有同學男女官某，嘉妾至心，勉妾上路，即於今夕，再次仙都，慶百生有幸之辰，登三聖會真之室。

修崇始畢，朝禮云初。何必銀臺，遠居東海；詎資瑤闕，近到西崑？窺觀而羽翼疑生，行列而雲霓交映。欣榮過極，感泣不勝。謹用上按仙儀，旁徵齋法，特延清衆，重請本師。

伏乞太上三尊，十方衆聖，曲流玄澤，大降鴻私，錄妾一念之清心，赦妾億劫之重罪。伏願善緣益長，丹懇獲申君王冀保於千齡，輔弼永綏於百福。五穀豐稔，四方乂寧。先授道師，遷洞天之位；今傳法主，享龜鶴之年。道俗二緣，咸蒙覆露；幽明兩代，並洗愆尤。先魂無冢訟之辜，同志絶干城之患。陰幽滯爽，狴犴窮冤，皆獲遷昇，盡從寬釋。妾誓持女弱，永奉玄微，苟負盟文，冀當冥考。妾某無任懇惻祈恩之至。謹辭。①

該文自"唐某年"至"安國觀内"，述年月及齋主法位、鄉貫；自"今謹攜"至"拔苦祈恩"簡述齋意。前面已提到，圓仁述佛教齋會"披檀越先請設齋狀，次讀齋歎之文"，這一部分即頗似"先請設齋狀"。

這種開篇形式可能是唐宋道教齋詞的標準格式，但收錄於文集中的齋文往往把這部分内容省略。李商隱爲王氏所做第二文也有這一内容，《爲故麟坊李尚書夫人王鍊師黃籙齋文》亦存這一形式，但爲王氏所做第三文却省略了這種格套。崔致遠《禳火齋詞》以較簡單的形式保留了這部分内容，崔致遠《桂苑筆耕集》的其餘幾篇齋文有"啓請如科儀"字樣，可能即包含了這部分内容。《廣成集》諸齋詞全無這部分内容，恐怕也是省略。

後世青詞也採用了這一形式，成書於唐代的《翰林學士院舊規》"道門青詞例"云：

維某年月歲次某月朔某日辰，嗣皇帝臣署，謹差某衛威儀，某大師賜紫，某處奉依科儀修建某道場幾日，謹稽首上啓……一切衆靈：臣聞云云。尾云謹詞②。

可見青詞文前也有年月、名位、簡單的齋意，而後上啓諸仙，再以"臣聞"引出青詞正文。

---

① 《樊南文集》，第869—876頁。
② 載洪遵《翰苑羣書》卷五，《景印文淵閣四庫全書》第595册，第358—360頁。

拘校道文

金允中《上清靈寶大法》卷二四載"黃籙青詞式"爲：

> 維某年歲次某甲子某月某朔某日某甲子，某府州縣某處住坐奉道某官姓某，謹投某經籙法師某，於某處啓建無上黃籙大齋幾晝夜。上資邦國，普福羣生，開陞七祖魂靈，廣度九幽孤爽。集兹善果，專用薦度亡故某魂，超生善境。謹謹頓首投詞，上啓太上無形無名虛無自然至真大道無上元尊金闕玉陛下。臣伏以入文臣無任瞻天望聖激切屏營之至，謹詞。（D31，p. 495）

這種青詞和前引李商隱所作齋文的格式大致不差，均有年月及鄉貫，並簡述齋意，在上啓天尊後方以"臣伏以"引出青詞正文。

《爲馬懿公郡夫人王氏黃籙齋文》自"辭上"至"一切棲隱諸靈仙等"爲啓請諸仙。沈亞之《郢州修明真齋詞》、崔致遠《禳火齋詞》也有這些內容，崔致遠《桂苑筆耕集》所稱"啓請如科儀"當即指此。《廣成集》諸齋詞無這部分內容，恐怕也是省略。

早期道教齋會中所宣的"辭"爲"投詞"，"投詞"是寫給法師的建齋申請，其中自然不會有啓請仙真的內容。如曹凌指出的，P. 3562v諸齋文是類似"午齋儀"之類的齋供儀式所用，是以法師視角寫作，文末還會有"施一切誦"等法師的提示語。據P. 2337《三洞奉道科誡經》所載"午齋儀"，法師在誦出齋文前已有"至心稽首太上三尊、十方衆聖"，那麼在齋文中也不需要啓請仙真。傳世文獻中的齋文多從齋主角度寫作。在齋會儀式中，法師雖在讀詞之前已啓請諸仙，但在從齋主角度寫作的齋文中還需再次啓請。可相對比的是，崔致遠所做諸齋詞文前均有"啓請如科儀"字樣，而《應天節齋詞》三首係爲皇帝求福，無特定齋主，其齋詞以"道士某乙言"開頭，也就是從道士視角寫作，那麼開頭就沒有"啓請如科儀"字樣[①]。

[①] 又可與此對照的是，《金瓶梅》第三十九回《西門慶玉皇廟打醮　吳月娘聽尼僧說經》載西門慶打醮的"齋意"，開頭也有年月、姓名、鄉貫及齋意簡述。但全文是從法師視角寫作，而非西門慶的視角，故也沒有啓請之語。

第六章 敦煌道教文範研究

李小榮認爲《爲馬懿公郡夫人王氏黃籙齋文》自"唐某年"至"諸靈仙等"一段文字"似可和'歎道'劃等號"①，這顯然是不正確的。前揭李商隱文自"伏以元皇布氣"開始的一段駢體文才是歎道，而歎道以"伏以"起首，更與杜光庭所作齋詞以"伏以""伏聞""臣聞"字樣作爲歎道開頭的格式一律。傳世齋文與 P.3562v 的"歎道"部分雖語言雅俗不同，但都是以駢體文頌讚道之功德，形式和性質都是很接近的。

早期道教齋會所用文書中均無"歎道"内容，其開頭多爲自我説明或懺悔的幾句話，如前引 P.2406《太上洞玄靈寶明真經科儀》"臣宿命因緣，生落法門……臣祖世以來，逮及今身，生值經教，常居福中，功微德少，未能自仙，志竭軀命，佐國之功"一段。這與前面分析 P.3562v 結構中的"歎德"差可對應。

道教齋會所用文書的"歎道"部分應該是在佛教影響下產生的。值得注意的是，唐代的道教齋文還有不少不以"歎道"開頭，而是如道教傳統形式一樣以自謙的幾句話開頭。如李商隱《爲相國隴西公黃籙齋文》開頭即云："臣忝系仙枝，獲蒙道蔭，早佩相印，屢登齋壇。雖八景三清，驪聞科戒；而七情五賊，未勉修持。入輔出征，絲時歷歲。"②並無"歎道"③。杜光庭《趙郡助下元黃籙齋詞》《李玄做爲亡女修齋詞》、崔致遠《黃籙齋詞》等都是這種形式。與此形成對比的是，杜光庭《金籙齋啟壇儀》在重稱法位上啟後有"歎道"部分，同爲杜光庭所撰的《太上黃籙齋儀》卷一《第一日清旦行道儀》，在稱法位上啟後稱："臣等億劫良因，生值大化，玄真啟拔，得處玄門。三師盟授，三寶真經，法應度人，九萬九千，位登至真，而功微德薄，未能自仙，乘愆蹈過，荏苒塵寰。"（D9, p.183）這也是一段自謙之文，並無"歎道"。這似乎表明，佛教對道教的影響並不徹底，道教傳統的文樣形式還保持著一定生命力。

---

① 李小榮：《敦煌道教文學研究》，第 172 頁。
② 《樊南文集》，第 868 頁。
③ 李小榮認爲李商隱《爲相國隴西公黃籙齋文》開頭"似包括了'歎道'和'齋意'兩層含義"，即是對一形式的誤讀。

拘校道文

《爲馬懿公郡夫人王氏黃籙齋文》自"妾内惟幼騃"至"可降衆靈"相當於"歎德",其中歷述齋主學道經過,駢散結合,言詞懇切。如前所述,早期道教儀式所用文書開頭均爲自我說明的一段話,《爲馬懿公郡夫人王氏黃籙齋文》應該也是對這一形式的繼承。另外,傳世道教齋文以齋主爲寫作視角,這也不便於讚美齋主。因此,傳世道教齋文語多謙退,與敦煌道教齋文以浮誇的語詞讚歎齋主有所不同。

《爲馬懿公郡夫人王氏黃籙齋文》自"又按《仙記》"至"登三聖會真之室"述建齋的原因,與"齋意"部分相當。應注意這段內容與文前"奉爲先受法尊師,並道場男女官衆,及九玄七祖,弟子門徒等,懺罪拔苦祈恩"一段齋意簡述的區別。從現有的道教齋文看,正文的"齋意"部分大多鋪陳較多,且文詞華麗,而文前的齋意說明則往往是簡單的、格式固定的一句話。

《爲馬懿公郡夫人王氏黃籙齋文》自"修崇始畢"至"重請本師"描摹了齋會的環境及參加齋會的道衆,相當於"道場"部分,但這與敦煌道教齋文形式呆板地羅列幡花香廚有所不同。但如李商隱如此巧思的作家畢竟不多,傳世道教齋文道場部分的內容仍以描繪燈花香燭爲主,如杜光庭《中元衆修金籙齋詞》:"拂瑶壇而展禮,按金籙以陳儀。龍綵質心,香花備信。熁九光之蓮炬,下照冥津;飄三素之檀煙,上聞真域。"① 大多傳世的道教齋文道場部分都非常簡略,甚至完全沒有。李小榮認爲:"封敖、李商隱等人的齋文幾乎都沒有對'道場'進行描摹,大概這類文字在實際的齋事活動中,可由執事者臨場發揮。"② 但早期道教齋會文書也並沒有這類描寫齋會現場的內容,不少傳世齋文中無這部分內容,很可能也是對傳統的繼承,而非省略。

《爲馬懿公郡夫人王氏黃籙齋文》"伏乞太上三尊"以下則爲莊嚴乞願的部分,仍是先莊嚴齋主自身,次迴向國主帝王、天下衆生、地獄魂爽。與敦煌道教齋文相比,傳世齋文多以"伏乞""伏願"開頭,或用其他更爲活潑的形式。敦煌道教齋文那種以"持茲勝福,先用莊

---

① 《廣成集》,第55頁。
② 李小榮:《敦煌道教文學研究》,第173頁。

嚴……次用莊嚴……"分別層次的呆板形式在傳世文獻中沒有出現過。需要說明的是，"迴向"本來也是佛教觀念。現在看到早期齋會文書的"詞"很少，《赤松子章曆》所載上章除爲己身祈福外，還會涉及九玄七祖、家口大小，但基本沒有爲天下衆生祈福者。不少傳世齋文沒有迴向的內容，可能也與這一傳統有關。如杜光庭《黃齊爲二亡男助黃籙齋詞》僅求亡男出幽關，不及他人①；《李玄儆爲亡女修齋詞》同樣僅祈求拔度亡女②。這可能也都是繼承道教傳統的結果。

道教儀式文書多模仿世俗文書的格式，如前引 P. 2452《靈寶威儀經訣》"投辭"即有"謹辭"字樣。道教齋詞本質上是齋主寫給仙真的文書，所以其中也多用世俗文書格式。傳世道教齋文在文末或有"無任激切屏營之至""謹辭"等字樣，正是由於這一原因。但收在文人文集中的齋文於格式套語多有省略，故今見傳世齋文對於"謹辭"等內容或存或省。這是道教特有的現象，在佛教文書中似未見這種情況。P. 3562v 所載齋文無"謹辭"等字樣，恐怕也是因爲其使用場合是深受佛教影響的"中齋儀"等儀式。

綜上所述，傳世道教齋文與 P. 3562v 敦煌道教齋文雖然看起來差別很大，但其實有很強的相似性。兩者的差別主要由於使用場合不同。傳世道教齋文又在不同程度上繼承了早期道教儀式的一些傳統，這也造成了與 P. 3562v 形式上的不同，後者與佛教齋文形式上幾乎一致。

六 齋詞、醮詞與青詞

雖然醮儀在文獻中很早就有記載，但唐代以前的文獻很少有關於醮法和醮詞的記錄。目前所見的可以確定的最早"醮詞"大概應是杜光庭《廣成集》中卷六至卷十七所載醮詞③。這些醮詞在形式上與同

---

① 《廣成集》，第57—58頁。
② 《廣成集》，第72頁。
③ 書面的醮儀可能在唐代中期以後才出現，道教齋儀中先齋後醮的模式可能正是杜光庭確立的。《無上黃籙大齋立成儀》卷十五："張清都黃籙齋儀無謝恩醮，杜廣成儀始有之。"又："田先生齋儀云，設醮，古儀不載，唐先生若山有之。"(D9, pp. 464-465) 金允中《上清靈寶大法》卷十六《黃籙次序品》所記散壇醮法"全係廣成科法"，金允中雖稱"此乃廣成先生考詳古式而敘之，非自爲之說也"(D31, p. 432)，但恐怕正由此可見宋人所見到最早的醮法乃是杜光庭所作。

拘校道文

書卷四、卷五所載齋詞全無分別，欸道、齋意、道場、莊嚴各部分具全。大概從唐末開始，齋、醮僅儀式有分別①，所用文書格式已趨於一致②。

青詞之名得之於書寫的紙張，《大唐郊祀錄》卷九："開元二十九年初置太清宫，有司草儀用祝策以行事。天寶四載四月甲辰，詔以非事生之禮，遂停用祝版，而改青詞於青紙上，因名之。自此以來爲恒式矣。"③但道教青詞是否直接來源於太清宫祝版所改的青詞還有疑問④。至遲在五代時，齋詞、醮詞就均可稱爲"青詞"，故杜光庭《皇太子爲皇帝修金籙齋詞》云"青詞奏御"⑤，《勑醮諸名山大川詞》亦稱"敬託青詞"⑥。《文苑英華》卷四七二始將"青詞"作爲一種文體⑦，所收僅白居易、吴融等所作五篇青詞。宋以來文集中青詞數量很大，從格式上看，有些仍遵從唐代齋文舊式，如韋驤《錢唐韋先生集》卷十六所載三篇青詞⑧，仍可見出欸道、齋意、道場和莊嚴各部分。有些文人，尤其是文名較勝的文人，所作青詞就格式靈活得多，如歐陽修《内中福寧殿罷散三長月道場青詞》，起首本應爲欸道的部分改爲以駢文寫時令，然後書簡單的兩句"道場"和"莊嚴"，並無所謂單獨的"齋意"⑨，大約是因爲這種例行道場並無特别需要說明的齋意；又如蘇軾《徐州祈雨青詞》大部分篇幅都在描摹灾荒慘狀，僅

---

① 關於醮儀的節目，《無上黄籙大齋立成儀》卷十五云："解穢、禮師、衛靈呪之後，即繼以發爐、降神、一獻、上香、讀詞、再獻、奏錢、焚詞、三獻、送神、復爐。"（D9，p. 464）《太上黄籙齋儀》卷五十《散壇設醮》所記儀節與此大致相合。

② 這裏所説的格式一致，主要指正文的格式，正齋所用的齋詞和散壇設醮所用醮詞在文前的套語部分可能略有不同，具體可看看《無上黄籙大齋立成儀》卷十五所載醮儀所用的青詞格式。

③ 《大唐開元禮（附大唐郊祀錄）》，第789頁。

④ 參曹凌《宋代齋醮青詞的形成》（未刊稿）。

⑤ 《廣成集》，第54頁。

⑥ 《廣成集》，第189頁。周西波《杜光庭道教儀範之研究》（新文豐出版有限公司2003年版）探討了青詞的形制、格式以及文學性等問題，本書曾作參考。本書對一些問題的認識與周著有些分歧，限於篇幅，無法一一回應。

⑦ 《文苑英華》，第2412頁。

⑧ 韋驤：《錢唐韋先生集》，載《杭州文獻集成》第14册，第458—459頁。

⑨ 《歐陽修全集》，第1208頁。

最後幾句祈請上天降雨，全無"歎道""道場"的內容①；而王安石所作青詞，則大多僅簡單的幾句話②。

這種靈活的書寫方式，一方面可能與部分傳世唐代齋文一樣繼承了早期道教儀式的傳統，另一方面可能也與當時的相關規定有關。《無上黃籙大齋立成儀》卷十一"書詞格式"云："如啓聖後下文，不得過十六句，當直指其事，務在簡而不華，實而不蕪，切不可眩文贍、飾繁藻，惟質樸爲上。"（D9，p. 437）金允中在《上清靈寶大法》卷二十四中更對傳統的齋文書寫格式表達了非常激切的看法：

> 其辭貴簡而不尚繁，貴質而不尚麗，傾心露膽，求哀於上帝也……近代詞賦，多愛斷章用事，而於青詞，置謎語有同兒戲，亦敢爲謄奏，良可哀也……俗人之見，每於薦度則力稱亡者之德行，備述生前之勤勞，豈是告天請宥之意耶？人子孰不愛其親，若欲稱其行義，當求大手文筆，以爲墓誌、行狀，及祭文、挽章之類，可詳書之，此詞非此例也。矜耀死者之所長，以誇於天下乎？謂亡者而天不知乎？禱病禳災之詞，亦不能悔悠引咎，反行怨天尤人。或取經史中語，以爲請福之辭，或希求爵祿，或僥望壽祉，極口形容，不識退遜，彼以天爲何物耶……凡青詞之前，已具鄉貫姓名於某處建某齋爲某事，至詞中却叙哀祈之情而已。若有將一兩聯，形容建壇行道燒香然燈之意，則理涉重復。其文切在簡當，一念萌於胸次，萬靈鑒於空中，但不可不致辭，以伸懇禱而已，又何待繁文盈牘，而後動天乎？（D31，pp. 496－498）

這幾乎將歎道、歎德、道場、莊嚴全部否定，僅需致辭"以伸懇禱"，有簡單的齋意和求祈內容便已足夠。金允中這種看法一方面是對道教傳統的回歸，一方面大概也有依據當時道教界的思想做出的創

---

① 《蘇軾文集》，第 1903 頁。
② 《臨川先生文集》，第 482 頁。

新。文人、道流的創作實踐影響了相關理論的産生,而這一理論在形成後也規範了文人的創作。宋代文人所作青詞大多僅有簡單的幾句話,可能正是受這一理論的影響。但這可能只是高級別道士和上層文人中流行的樣式,從金允中所批駁的"俗人"和《金瓶梅》所載西門慶打醮"齋意"來看①,大概宋代以後一般民衆齋醮儀式中所用章奏仍用唐五代以來的舊式。

宋人文集中,道教齋醮儀式所用的章奏,除了稱爲"青詞"外,還有一些稱爲"齋文"或"齋詞",如歐陽修既有《太祖皇帝忌辰道場齋文》,又有《建隆觀開啓追薦温成皇后道場青詞》②。目前還無法確定兩者的區别,但晚唐五代以後,人們在使用這類名稱時似乎並不太嚴謹,孫光憲《北夢瑣言》卷五:"韋公於二十四化設醮,請(符載)撰齋詞。"③是醮儀之章奏而稱"齋詞"。張澤洪也指出:"從唐宋開始,不再嚴格區分齋與醮。"④ 因此宋人文集中的"齋文(齋詞)"和"青詞"很可能並無本質的區别。

另外還值得討論的是齋文與所謂"願文"的關係。因爲齋文的"莊嚴"部分爲求祈、發願,所以有部分學者將敦煌文獻中的齋文定名爲"願文"。不少學者已在論述佛教齋文時有所辯駁,此不贅述⑤。但在此還有一些問題需要説明。李小榮《敦煌道教文學研究》第四章《敦煌道教齋文願文考》對道教願文以及願文與齋文的關係作了研究,但該書將願念文、上香願文、造像題記、寫經題記等放在一起討論,其中部分論述頗不明朗。今結合敦煌道教齋儀文獻略作澄清。

S.6841《自然齋儀》述行道儀式曰:"初入齋堂呪户,次礼師思

---

① 《金瓶梅詞話》,第460頁。
② 《歐陽修全集》,第1191—1195頁。
③ 孫光憲:《北夢瑣言》,第118頁。
④ 張澤洪:《道教齋醮科儀研究》,第31頁。
⑤ 可參郝春文《關於敦煌寫本齋文的幾個問題》;饒宗頤《談佛教的發願文》,載《敦煌吐魯番研究》第四卷;方廣錩《〈敦煌願文集〉書評》,載《敦煌吐魯番研究》第二卷;湛如《論敦煌齋文與佛教行事》,《敦煌學輯刊》1997年第1期;張廣達"嘆佛"與"嘆齋"——關於敦煌書中的〈齋琬文〉的幾個問題》,載《文書、典籍與西域史地》;[美]太史文《試論齋文的表演性》,載《敦煌吐魯番研究》第十卷;湛如《敦煌佛教律儀制度研究》;等等。

第六章　敦煌道教文範研究

神，次誦衛靈神呪，次呪香發爐，次出官啓事，次三上願，次十方礼，次十方懺，次存思命魔，次步虛及礼經懺謝，次願念（原注：平旦誦十念，齋時誦五念，酉際誦十二願），次呪香復爐，次詠奉戒頌，次事畢出道户咒，次日滿齋竟言功。"其中在出官啓事（在這之中應讀齋文）之後三上香三上願，所讀者即上香願文。S.4652→P.4965 寫卷即爲金錄齋上香願文文範①。在儀式行將結束，呪香復爐之前有願念的環節，其中所讀的便是願念文，有十念、五念、十二願等名目。《無上黄籙大齋立成儀》卷三四（D9，p.580）、《道門通教必用集》卷二《詞贊篇》（D32，p.16）均收載了一部分願念文。這兩種文書與齋文格式差别非常大，應用場合也完全不同，幾乎没有可以比較的可能。張澤洪《道教齋醮科儀研究》認爲"讀詞"是"臨壇法師稱法位後，即恭對太上三尊，宣讀奉獻的青詞……法師三捻上香，供養道經師三寶，誦念祈願之詞"，並引《太上黄籙齋儀》"一捻上香詞"②。這是誤把《太上黄籙齋儀》的"讀詞"當作小標題，而以爲其下的文字都是"詞"，並把上香願文也包括進去，同樣是不太妥當的。

小　結

本節梳理了道教齋文產生、演變的過程，並將傳世文獻與敦煌文獻中的道教齋文做了對比，分析了道教齋文的結構，可以得出以下結論。

第一，最初的靈寶齋中並無讀辭環節，由法師在啓請中誦出齋意。後法師在啓請中宣讀齋主請求建齋的"投辭"。這種"投辭"逐漸演變爲後世的齋詞。在這一轉變過程中，佛教起了很大作用。

第二，從 P.3562v 看，一篇完整的道教齋文，正文應包括歎道、歎德、齋意、道場、莊嚴五部分。在具體文樣中，除"齋意"部分外，其他都有省略的可能。但 P.3562v 可能主要應用於"午齋儀"之類深受佛教影響的齋會中，與傳世齋文的應用場合並不相同。

---

① 此二件寫卷，王卡《敦煌道教文獻研究》定名爲"靈寶金錄齋行道儀"（第109頁），這是不恰當的，詳參下節。

② 張澤洪：《道教齋醮科儀研究》，第165頁。

第三，從傳世文獻來看，以齋主視角寫作的齋文，前有齋主銜名及齋意簡述，並有"辭上謁"諸仙真的內容，文末有"無任激切屏營之至""謹辭"之類的格式套語。齋文的正文結構與 P.3562v 相近，但又不同程度上繼承了早期道教的傳統，或無"歎道""道場"，或在"莊嚴"部分無迴向。

第四，齋詞與醮詞形式上大體一致，又均可稱爲"青詞"。宋代文人創作的青詞與唐五代齋詞相比，既有對道教傳統的回歸，也有創新，當時的道教理論也做了一些改變來適應這些創新，但舊有的齋文格式仍然在中下層流傳。

附　P.3562v《道家雜齋文》錄文[1]

夫守真者，藏真於一；得一者，理契於三。三所以獨立成形，生兹万物。万物即立，皆稟自然。自然之性，復歸於道。道之爲用，其大矣哉！即席齋主設齋意者，斯乃早殖信根，宿含真氣；遂得生逢道化，長遇明時。實賀（荷）冥恩，□慚聖澤。但恐危形易朽，無片善以資身；脆命難留，懼深㾒（愆）而在己。若不熏修净行，何能免彼輪迴；必藉預習妙因，方可享兹年壽。由是知四大而虛假，各保運心；守五蘊之不堅，崇兹勝業。尔乃鑪香起蓋，一丈衝天；幡影舒虹，千尋拂漢。供列天厨之饌，鑪焫百和之香。就此家庭，設齋報願，持此勝福、无限良因，先用資莊齋主即體，唯願善根增長，惡業併除，具足六通，光明智惠；九玄七祖，離地獄之罪緣；後死前亡，會天堂而勝果。即使惡根永斷，善業長脩；七祖生天，見存受福。然後四方清净，五穀熟成；一切衆生，同霑此福。稽首歸依正真三寶。

垂一炁、啓乾坤者，道寶也；列三洞、玄之又玄者，經寶也；捨苦与樂、樹福除殃者，師寶也。故道爲万物之母，經爲四生之舟船，

---

[1] 馬德《敦煌文書〈道家雜齋文範集〉及有關問題述略》（載《道家文化研究》第十三輯）對本件文書有錄文，李小榮《敦煌道教文學研究》一書（第161頁）也有部分錄文，但都稍有問題，故本書重作錄文。

第六章 敦煌道教文範研究

師能道達群生超於彼岸。大哉三寶，不可思議；凡有歸依，莫不響應。然今齋主并合邑人等，並惠鏡常懸，知色身易往；智燈恒照，識脆命之難留。共立善缘，以崇保願，作津梁於過去，樹勝業於今生。故能每月巡齋，保安家眷。恐福難俻，更造善功，抽減浄財，建厶功德。其像乃七十二相，无點无虧；八十一好，唯奇唯麗。瞻仰者禍滅九幽，礼拜者福超三界。其經乃行行灌（貫）玉，句句連珠，誦念者幽顯蒙恩，供養者人天獲福。其翻（幡）乃芳含十絶，採（綵）乱九光，摇曳風衢，時驚度鳥。於是灑掃庭院，嚴持香花；延屈法徒，開張真相（像）；列九厨炒供，爇百和名香；功德巍巍，歎莫能盡。持兹勝福、无量善因，先用資勳合邑英髦等，諸罪障而自滅，受功德於西那；身居無患之鄉，永壽長年之命；飢飡赤實，變老狀爲童顔；渴飲金精，改衰年爲玉色。又持此善，莊嚴齋主合門大小等，唯願道牙增長，灾厄永除；智惠莊嚴，恒離九障；靈椿比壽，龜鶴齊年；財若湧泉，涓涓不絶。然後贊揚功德，必在一人；證明福田，莫過衆口。各各虔成（誠），自利利他，發至誠，施一切誦。

夫至真湛寂，神超性相之端；大道希夷，妙絶有無｛爲｝之域。故能津梁五趣，御六辯而下玉京；級（汲）引四生，控八鸞而降金闕。或香林拔苦，碧落開緣；玄澤灑於人天，慈光照乎六道；有祈必應，無願不從者，唯我真常之道矣！然今謹有三寶御前捧香齋主設齋意者，奉爲亡考之所建也。維亡考自天生德，法地多能；堂堂標領袖之名，肅肅如宗廟之器；理應常居輔國，恒作羽儀。唯亡妣肅邕純懿，柔順利貞；淑慎發於天姿，箴規因於志性；理應常居婦德，恒扇母儀；何圖生也有涯，奄從風燭。至孝昆季等須臾乖於膝下，儵忽絶乎晨昏，六府崩摧，五情糜碎。孝養之志，痛感神靈；霜露之心，悲纏秋草。但爲日月遄速，時不蹔停，俄臨厶七追福。以此功德，歎莫能勝，先用莊嚴亡靈神識，唯願此生報盡，直往天堂，永坐花臺，恒生浄土；騫林之下，聽善音聲；八水池中，心飡妙響；天尊之所，侍衛聞經；諸聖坐前，逍遥自在。附（復）持此善，次用莊嚴齋主昆季、親姻等，唯願慈尊擁護，福命等於天長；真聖冥扶，雅質同於地久；五瘟息毒，六害無侵；休（沐）九聖之玄恩，資三寶之神力。又願天平地净，國

· 379 ·

福人豐；四方無征戰之勞，萬性（姓）有歡娛之樂。上霑空界，下及無邊，咸離苦因，成正真道。

　　善利萬物，莫先乎大道；孚祐兆庶，寔賴於真經。道也，神妙无方；經也，宣揚玄理。若用之於國，即国祚太（泰）；脩之於身，即身業清。大聖神功，名言罕述；偉歟妙理，無德（得）而稱。即此三寶御前持爐所爲，越有至孝奉爲嚴考/慈妣之所崇也。惟考識量遐遠，儉素無爲，清和任真，洞達時政，有濟時之略，負舟機之才。惟妣稟質太陰，資靈育霧，柔心内宛，坤德外彰，故得七教齊驅，三從俻體。理膺（應）長居代壽，保守佳宜；豈謂禍出不圖，掩（奄）從風燭。迅景不駐，厶七囗厶忌俄臨，至孝望慈顔而永遠，懷愛敬而目前，悲慟無益亡靈，薦福以資魂識。爰以是日，脩建寶齋，尔其幡搖十絶，爐起名香，百味云厨，千聲響亮。福之廣矣，莫盛于斯。先用上資亡靈前路，惟願濯神玄圃，足躡花臺；鍊質金火之池，遨遊洞陽之舘；恒居上境，光蔭見前。合門大小，常保乂安；内外親姻，俱蒙是福。仍屈時衆，普爲存亡，齊念无上尊，施一切誦。

亡師

　　自劫初已來，不死者多矣。案諸真録，有九炁天君、十華仙衆，碧庭霞敞，逈駕雲衢。自此已下，即有白日騰天，驂鸞上漢，或長生而度代，或尸解而歸真。至教幽深，難可以一途詰也。今謹有白鶴觀三洞某法師某七之所崇設。惟法師稟道精粹，體德凝神；无欲无營，抱神守一；得五千之妙旨，體八洞之真淳。所冀哀樂無累於形魂，舉動不遊於死地。豈啚功成行滿，猒俗歸真，縱鶴沖天，以經某七。門徒苐（弟）子等，嗟問道而無日，拂巾几以何年；空望紫雲，痛辭白日。欲憑雲路之益，莫先乎福田，是故就此洞房，設齋表讚。又恐果不俻，抽割珍財，造諸功德，自有名疏，陳白聖凡。其像也玉毫啓相，經乃鳳篆龍章，幡乃錯彩交輝，燈乃發輝紅艷。如上功德，並已周圓，謹因此齋，用申慶度。於是建道場於第宅、仙宇，屈法衆於雲宮；奏真策以祈恩，列名廚而申供。虬幡繚繞，梵響清泠。功德巍巍，難可名也。惣兹福德，先用莊嚴亡師魂路，唯願乘紫炁以高昇，御白雲而輕舉；控八鸞之靈鶴，執九光之旌麾；无去无來，不无不有；會無爲道，入衆妙門；恒對天尊，宣揚正法；仍將餘福，庇蔭下方。復持此善，資薰門徒苐（弟）子，唯願道心明朗，業紹清虛；五福百祥，因齋戒而雲集；八難九厄，從香煙以永除。然後宣揚齋意，要在一人，證明福田，必資衆口。大衆虔誠，施一切誦。

女師亡

一寒一暑，天之道；有生有滅，人之常。故南華真人，起喻舟壑；東魯夫子，發歎逝川。生死之道，其大也夫！然今扶鑪齋主設供意者，奉爲玄中觀洞玄張法師同囗崇設。惟法師幼秉真智，夙挺神儀，悟榮寵之非常，猒綺羅爲囗（幻？）化，是以翹心入道，睿意出家。方冀恒處俗間，接引羣品；豈期功成行滿，猒俗歸真。縱鶴冲天，以經某七。門徒苐（弟）子，嗟問道而無日，拂巾机以何年，空望紫雲，痛辭白日。欲憑雲路之益，莫先乎福田，是故就此洞房，設齋慶讚功德此下言之。於是建道場於第宅、仙宇，屈法衆於雲宮；奏真策以祈恩，列名廚而申供；虬幡繚繞，梵響清泠；功德巍巍，難可名也。抱茲福德，先用莊嚴亡師魂路，唯願乘紫氣以高昇，御白雲而輕舉；控八鸞之靈鶴，執九光之旌麾；無去無來，不無不有；會无爲道，入衆妙門；恒對天尊，宣揚正法；仍將餘福，庇蔭下方。復持此善，資薰門徒苐（弟）子，唯願道心明朗，業紹清虛；五福百祥，因齋戒而雲集；八難九厄，從香煙以永除。然後宣揚齋意，要在一人，證明福田，必資衆口。大衆證明，念无上尊，施一［切］誦。

僧尼亡

一寒一暑，天之道；有生有滅，人之常。故南華真人，起喻舟壑；東魯夫子，發歎逝川。生死之道，其大也夫！然今謹［有］某寺闍梨，惟闍梨談空入妙，披葉偈於龍宮；真際如如，啓幽花於鶴苑。道安、羅什，未足扶輸；龍樹、馬鳴，那堪捧轂。理應常居世界，度脫蒼生；何期行業將圓，奄歸寂滅。時不我与，百日俄臨。門徒苐（弟）子等嗟歸依而無處，瞻盂錫以何緣。唯杖（仗）福田，用資神識。功德云云。莊嚴既周，因齋慶度。於是建道場於第宅、梵宇，屈法衆於禪宮、靈宮；奏真策以祈恩，列名廚而申供。抱資（兹）福德，先用莊嚴亡師魂路，唯願超生死，證涅槃；无去无來，不生不滅；恒於兜率，庇蔭

· 381 ·

家庭。門徒苐（弟）子等唯願道心明朗，業紹清虛，五福百祥，云云。

邑願文

垂一炁、啓乾坤者，道寶也；列三洞、玄又玄者，經寶也；捨苦与樂、樹福除殃者，師寶也。故道爲萬物之母，經爲四生舟航，師能道達羣生超於彼岸。大哉三寶，不可思議；凡有歸依，莫不響應。然今齋主合邑善男子善女子等，並惠鏡常懸，知色身之易往；智燈恒照，悟脆命之難留。共立善緣，以崇保願；作津梁於過去，樹勝業於今生。故能每月巡齋，保安家眷，恐福難偹，更造善功，抽減淨財，建諸功德。取前言之。彫飾既畢，因齋讚揚，於是汎灑庭院，嚴持香花，延屈法徒，開張真相（像），列九厨妙供，燒百和寶香，功德巍巍，歎不可盡。持玆勝福、无量善因，即用莊嚴合邑英髦等，諸罪瘴（障）而自滅，受功德於西那；身居無患之鄉，永壽長年之命；飢湌赤實，變老狀爲童顏；渴飲金精，改衰年爲玉☒（色）。又持此善，莊嚴齋主合門大小等，唯願道牙增長，灾厄永除；智惠莊嚴，恒離凡障；靈椿比壽，龜鶴齊年；財若湧泉，涓涓不絕。然後贊揚功德，必在一人，證明福田，莫過衆口，各各虔誠，自利利他，施一切誦。

當家平安願文

垂一炁、闢乾坤者，道寶也；列三洞、玄又玄者，經寶也；捨苦与樂、樹福除殃者，師寶也。故道爲萬物之母，經爲四生舟航，師能道達群生超於彼岸。大哉三寶，不可思議；凡有歸依，莫不響應。然今謹有座前齋主某公，早標礼義，行信清虛；達生死之場，通禍福之境；即知浮生易朽，僞質難留；而能保意玉京，翹心大道；成未來津路，爲見代之舟船。所以月六年三，脩齋請福。先爲合家清吉，大小平安，翹翹此心，年常起願。於是汎灑庭院，嚴持香花；延屈法徒，開張真相（像）；列九厨妙供，焚百和寶香；功德巍巍，歎不可盡。持玆勝福、无量勝因，即用莊嚴齋主即體，即願諸罪障而自滅，受功德於西那，身居無患之鄉。依邑尾☒（讀？）之。

病差文

蓋聞天尊立教，開化十方；太上傳經，津梁三界；能令四生六道去闇入明，抱識含靈捨凡成聖。偉哉巨澤，無德而稱。然今謹有齋主某公，秉操清貞，含和純直，頃緣攝理，進退勤勞，致五藏失宜，六府鬱結。仰賴天尊垂蔭，真聖匡扶。更捨淨財，建造功德，經像若干，臨時言之。並以周圓。謹因此齋，以申表慶。於是屈仙侶，就住居，建清齋，益鴻願。以茲盛福、不可思議，揔用資薰所患弟子，唯願天降靈藥，又賜神湯，洗滌沉痾，馹除鬼魅，早蒙平復，速得康强。又持此善，莊嚴齋主合門大小，唯願道牙增長，災厄永除；智惠莊嚴，恒離凡障；靈椿比壽。取邑文尾讀之了。

征迴平安文

虛皇教主，道冠十方；无上法王，化談（覃）三界。故能現神通力，變化無窮；放微妙光，遍流八極。寨（騫）林之下，開拔罪之文；香園之中，演謝過之法。普使人天六趣，同入妙門；幽顯二途，俱登正道。謹有齋主某公，惟公六韜逸客，三略高人，俱懷決勝之謀，並負陵雲之氣。頃為邊塵未靜，塞外猶驚，投名白刃之前，爭功紅旗之下，亡軀殉國，出死入生。遂蒙三寶匡扶，真靈垂蔭。刃光耀日，曾不損傷；飛箭交橫，不經膚體。仰賀（荷）慈澤，建此寶齋，恐福未圓，更造功德，像經若干之。並以脩成，因齋慶列。於是汎灑庭院，嚴持香花；延屈法徒，開張真相（像）；列九廚妙供，燒百和名香；功德巍巍，歎不可盡。揔資（茲）衆福，先用莊嚴齋主即體，唯願功名因茲克囗（著？），受榮禄於天官；身居無患之鄉，永壽長年之命；飢飡赤實，變老狀為童顏。取邑願尾合煞之。

兄第（弟）亡

蓋聞天尊立教，開化十方；太上傳經云云。無德而稱。然今謹有亡兄第（弟），謹身自牧，守道養閑，出言中規，吐納合道。方冀鴈行有序，列花萼於幽庭；何期鶺鴒在原，先摧一翼。日月不駐，某七俄臨，賢兄第（弟）某郎，連枝義重，同氣情深，痛徹鶯波，悲纒風樹，無以控告，唯福是資。今於此辰，脩齋追福。尔其幡搖十絶，鑪起名香，百味雲廚，千聲響亮。福之廣矣，莫盛于斯，先用資薰亡靈魂路，惟願濯神玄圃，足躡花臺，鍊質金火之池，遨遊洞陽之舘；恒於（居）上境，光蔭見前。合門大小，常保乂安；内外親姻，俱蒙是福。仍屈時衆，普為存亡齊念无上尊，施一切誦。

夫妻亡

偉哉造化，揭天地以趣新；邈矣至精，負山岳而捨古。然則百齡漂忽，顧晨隙而猶賒；万化須臾，方夜舟而流速。洎乎玉京大道，金闕慈尊，永超生死之輪，亦能拔苦与樂。大哉聖力，無德而稱。然今謹有坐前齋主奉爲亡妻某七追福。斯乃伉儷情深，金蘭義重；恨雙桐而半死，若一劍以先沉。日月居諸，奄經某七。賢夫妻縱悲哀終日，無益魂儀，無所控投，唯資是福。尔其幡摇十絶，鑪起名香，百味雲厨，千聲響亮。祇取次續尾即得。

亡男女

偉哉造化，揭天地以趂新，云云。無德而稱。然今此齋者，敬爲亡男女。可謂盛年始茂，秀才成實，稟性滔滔，冀光門緒。何期春凋玉樹，庭碎琪枝，感物傷心，實增歎惜。但以金烏峻速，某七將臨，唯杖（仗）福田，用資神識。故於是日，飾建珍齋，尔其幡摇十絶，鑪起名香，百味雲厨，千聲響亮。云云。

寰通大道，闢冲用以無方；凝寂至真，包混成而育物。湛然不動，惠境遍於塵沙；曠矣難名，神功周於億界。拔衆生於愛獄，則大啓慈悲之門；度羣品於邪山，則宏開解脱之路。由是九幽地獄，咸聞罪福之科；十極天堂，並覩因緣之會者矣。即席設齋意者，奉爲亡考厶七之辰，燔香追福。惟亡考英譽早聞，芳猷素遠，人倫領袖，鄉曲羽儀。理應保玆眉壽，克享遐齡，豈謂良運易窮，魂歸逝水。至孝等自云，福愆靈祐，曡隔慈襟；俯寒泉以窮哀，踐霜露而增感。色養之禮，攀拱木而無追；顧復（覆）之恩，仰慈尊而啓福。於是屈仙侶，就住居，奏真策以祈恩，列名厨而申供。以玆盛福，不可思議，先用莊嚴亡考靈識，唯願魂昇上界，逍遥碧落之前；魄離幽途，永出輪迴之苦。合門大小，常水（沐）大道之恩；遠近親姻，恒綏景福。暨乎悠悠六趣，蠢蠢四生，並悟真常，同霑是福。稽首歸依。

迴礼席

然今謹有坐前齋主某公，早標礼讓，雅行清高；六族欽仁，四海揖義。設齋意者，頃爲男女弱冠，將欲榮親；思秦晉以承家，聘潘楊以成礼。冀其集九族於東閣，延嘉賓於後庭；思庖鮮以爲慾，慮杯酌而構罪。遂迴俗礼，敬設清齋。於是汎灑庭院。取前用之。

東行亡

惟公氣調蹤橫，風神倜儻，在家存昏定之礼，於國申報主之心。屬以河隴鯨鯢，京畿路阻，天使三道，宣慰萬里，却拜龍顏，既懼不虞，遠隨翊衛，龍荒邐迤。鹿塞蕭條，迥絕人煙，路窮水草，卒逢狂寇，鋒釰相加，遂非命喪躯，魂遊漠北。不知何仰，唯福是資，故於此辰，設齋追福。

無名而名，經傳浩劫；不有而有，形遍塵沙。駕青牛而詣西方，感真容見於東土，則我大道之教也；其有金人入夢，白馬流風，法自漢朝，教傳中夏，則如來之教也。即此會者，期有巷人清信女男等，並高道（蹈）不仕，退靜丘園，或箴規可傳，女戒垂範，知宿命業，悟來生田。所以弟（遞）相勸免（勉），抽咸（減）净財，修緝尊容，裝嚴仏事，設無遮會，崇建寳齋。是時也，年初獻歲，十直之辰；張黃（皇）道場，遥筵法侶。於廣陌，就長衢，燔寳香，列珍供，功德至大，難可名言。以此設齋功德、修造勝因，摠用兹（資）薰事齋清信女男等，唯願天尊雍（擁）濩（護），百疾去身；諸仏扶持，千灾遠體；飢飡霊藥，渴飲瓊漿；變老狀爲童顔，盖（改）衰年爲玉色。有（又）用功德裝嚴法界，伏願九陰罪威，十方福生，希南畝之有秋，冀北極之平太（泰）；天下地上，水陸衆生，俱沐勝因，成无上道。

切（竊）聞寰通大道，闢冲用以無方；凝寂至真，包混成而育物。湛然不動，惠境遍於塵沙；曠矣難名，神功周於億界。拔衆生於愛獄，則大啓慈悲之門；度群品於邪山，則宏開下脱之路。由是九幽地獄，咸聞罪福之科；十極天堂，並覩因緣之會者矣。即席設齋意者，至孝奉爲亡考厶七之辰燔香追福也。惟亡考英譽早聞，芳猷素遠，人倫領袖，鄉曲羽儀。應保兹眉壽，克享遐霊（齡），豈謂良運難窮，魂歸閱（逝？）水。至孝等自云，福慾霊祐，豐隔慈襟；俯寒泉以窮哀，踐霜露而增感。色養之礼，舉（攀）拱木而無追；顧復（覆）之恩，佇（仰）慈尊而啓福。於是屈仙侶，就住居，奏真策以祈恩，列名厨而申供。以兹盛福、不可思議，先用裝嚴亡考霊

・385・

式（識），即願魂昇上界，逍遥碧落之前；魄離幽塗，永出輪迴之苦。合門大小，常永（沐）大道之恩；遠近親姻，常保福慶。稽首歸依正真三寶。

亡孩子

珠胎始耀，玉樹方榮，襁褓之念未終，拔心之痛俄及。雖則悲深恨切，而業冀將來。

入宅

比爲修繕所居，戢（緝）構華宇，或恐損傷知氣，觸犯神靈。是以歸命投誠，祈恩首罪，特希玄監，冥惠曲成。

造宅

巢氏垂芳，開視棟宇，故有石崇清致，構第金谷之前；潘岳抽閑，築室壁（辟）雍之側。高土其乙（??），小勝林沼，闡此名居，梁栱已周，户牖斯畢，設齋祈福，庶保休貞。然則仙饌進其八珍，靈芝明於五色；法鼓振而虛空樂，衆烟浮而上界香。敬慶悦之驩，獲无壃之祐，［□］金仙於壽域，挺玉樹以庭榮。伏願永祚。

凡齋法，至齋家坐定，洗手轉經了，令主人執香爐礼三拜，長跪坐，令唱。行香時至，即唱，人各供（恭）敬至心稽［首］太上无極大道，一切誦。即唱宿命聲，行香宿命有信。然若喪爲之，無，皆用眼前見。至心稽首正真三寶。齋主長跪，歎道功德，即唱：

願齋主百福莊嚴，万善雲集，至心稽首正真三寶。

願亡者生天，見存安樂，至心稽首正真三寶。

願齋主智惠［莊］嚴，福登无極，至心稽首正真三寶。

願天下太平，兵甲休息，至心稽首正真三寶。

願一切衆生免離諸苦，至心稽首敬礼衆聖。

齋主唱普誦，即作爲諸聲。

主人云食施咒願。

師云：一切福田中，施食最爲先。見存受快樂，過去得生天。當來居凈土，衣食恒自然。是故今供養，普獻於諸天。

行食遍，唱如法，食。上獻天尊，中獻先師，下及法界衆生，普同供養。

食後云：施者受者，俱獲清净，一切衆生，普同平等。

即收食，行水了，主人云唱普誦。師云：爲諸來生，作善因緣，如蒙開悟，仰受聖恩。

捨施咒願

師云：一切福田中，捨施最爲先。設供已訖，恐福未圓。更將净財，布施三寶。布施已後，亡者生净土，見存得安樂，福及諸衆生，普得成真道。

人各恭敬至心稽首正真三寶，願齋主所願稱心，常保福慶，至心稽首正真三寶。設齋功德，資俻（被）群生，離苦☒☒（下脱？）{離}，得道衆聖。

又懺：臣等自從入道已來，負經負戒，愆盟破約，齋戒怠慢。

報願

曩劫緣深，今生報重；夙承靈造，得預人倫。以爲萬化須臾，觀逞（逝？）川而未速；百齡飄然，顧晨隙而猶賒。自非委命良津，投體衆妙，肅真科於帝簡，參正法於玄門，何以克保浮生，長綏介福？是以歸誠大道，念念不停；注懇天尊，心心靡絶。遂得真靈曲照，玄監無私；頃歲已來，合家貞泰。今故仰訵（詶？），鴻願廣樹，請齋（清齋）放生，牲牢入膳，飛走充珍；開慧想於色魂，發弘慈於霜刃。爰集賢聖，證見法徒，用表丹誠，謹崇仙供。征還百金入戰，將申破竹之功；萬敵從軍，必决摧堅之效。珝戈已偃，玉塞生還。

第二節　S.4652→P.4965"金籙齋上香章表"研究

S.4652、P.4965兩件寫卷各存一紙28八行，背面均抄《大乘稻芉經疏》，正、背筆跡相同，原爲同一寫卷之裂。對於這兩件寫卷，大淵忍爾、汪泛舟、王卡、李小榮等學者均做了不少研究[①]，但在不

[①] ［日］大淵忍爾：《敦煌道經目録編》，第192—195頁；汪泛舟：《敦煌道教與齋醮諸考》，載《1994年敦煌學國際研討會文集·宗教文史卷上》，第1—18頁；王卡：《敦煌本〈靈寶金籙齋儀〉校讀記》，載氏著《道教史論叢》，第340—365頁；王卡：《敦煌道教文獻研究——綜述·目録·索引》，第108—109頁；李小榮：《敦煌道教文學研究》，第202—204頁。

少問題上尚未取得一致。

對於這兩件寫卷的題名，學界有不同意見，《敦煌遺書總目索引》爲 S.4652 擬題"道家爲皇帝皇后祈福文"，爲 P.4965 擬題"道家齋文"①。《敦煌願文集》收錄 S.4652，題名同《總目索引》②。道教學者對這兩件寫卷有更深入的研究，大淵忍爾指出這兩件寫卷"屬於同一卷的兩截"，並擬題"靈寶金籙齋儀"③，石井昌子同其説④。王卡則擬題"靈寶金籙齋行道儀"⑤。

關於這兩件寫卷的性質，黃徵、吳偉、李小榮等均認爲是"願文"。汪泛舟認爲是"應用文範"，但又認爲："該文（引者按，指 S.4652、P.4965）抄自《靈寶金籙齋儀》（P.2989）並略加删削而成。"⑥ 這顯然是錯誤的，P.2989 是金籙齋懺方的文範，與 S.4652、P.4965 並没有什麽關係。王卡認爲這兩件寫卷"是在連續數日的金籙齋法事中，早（寅時）、午（午時）、晚（亥時）三朝行道儀式中念誦的上香章表文詞"⑦，這是非常精當的。S.4652 所載爲第二日亥時、第三日寅時的上香章表，P.4965 所載爲第四日午時、亥時的上香章表，兩件寫卷中間蓋脱落三紙。值得注意的是，這兩件寫卷是依照時序抄錄的金籙齋上香章表，中間並無任何關於儀式的描述。與此可相對照的是，杜光庭《太上黄籙齋儀》每卷爲完整的一次行道過程，不僅包括具體章奏文詞，還有對儀式過程的描述。因此，S.4652、P.4965 不宜稱之爲"靈寶金籙齋儀"或"靈寶金籙齋行道儀"，而是金籙齋上香章表文範。

爲方便下文論述，先將兩件寫卷錄文於下⑧：

---

① 王重民編：《敦煌遺書總目索引》，第 206、310 頁。
② 黃徵、吳偉：《敦煌願文集》，第 342 頁。
③ ［日］大淵忍爾：《敦煌道經目錄編》，第 192—193 頁。
④ ［日］石井昌子：《敦煌と中國道教》，第 153 頁。
⑤ 王卡：《敦煌本〈靈寶金籙齋儀〉校讀記》，載《道教經史論叢》，第 346 頁。
⑥ 汪泛舟：《敦煌道教與齋醮諸考》，載《1994 年敦煌學國際研討會文集·宗教文史卷上》，第 8 頁。
⑦ 王卡：《敦煌本〈靈寶金籙齋儀〉校讀記》，載《道教經史論叢》，第 358 頁。
⑧ 黃徵、吳偉、李小榮爲 S.4652 做了錄文，王卡《敦煌本〈靈寶金籙齋儀〉校讀記》一文爲兩件寫卷都做了錄文，可參考，但均略有問題。

第六章 敦煌道教文範研究

（前缺）

二念上香，云云。願以是功德，歸流皇帝、皇后，伏願金鏡與二耀俱明，寶曆共兩儀同固。道階至聖，德偶大仙。澤洽三農，恩流四面。人知礼節，國致昇平。皇后識冠柔儀，名高內範。礼枝攢秀，敷令則於丹幃；行葉流芳，振休聲于彤管。

三念上香，云云。願以是功德，歸流皇太子、諸王、諸公主，伏願韞嘉瑞於雲丘，契祥期於風澤；至孝光於三善，明德茂於重離。諸王叶軒風而誕秀，應趙日以資靈；業濟屯雷，功宣作礪。諸公主性道希夷，言容婉秀。柔儀桂馥，懿範蘭熏。芳規超萬古之前，峻躅暎千齡之後。槐司馨其臣節，棘署盡其忠規。

臣等幸叨上善，隨報下生；忝藉良緣，預蒙提獎。遂得身參玉篆，躬佩金篇；宣詞於七寶之壇，奏簡於九仙之局。但以道尊德貴，識暗材踈；濫職當仁，喜懼交集。今謹有臣等，以今第三日寅時，爲國修齋，昇壇行道。伏奉帝旨，開（關）告天曹。遂得霞堂焕彩，參差吐其九光；雲宮寫照，掩暎含其五色。

謹以初念上香，云云。願以是功德，歸流皇家陵廟仙儀、宗祧神識，伏願蓬山煮（睹？）影，裹野遊神；騑白鳳於崑丘，控青虬於姑射。

二念上香，云云。願以是功德，歸流皇帝、皇后，伏願應紫微而出震，御綠錯而登朝。德冠五龍，聲高九駿；八仙效職，四裔讋威。光景所臨，遠照燭龍之野；車書攸括，遙通火鼠之鄉。皇后毓質巽官，資靈兊域，閑襟

（中間約缺八十四行）

天地不仁；荷明聖之恩，則帝王何力。遂得班名羈鳳，偶迹驂鸞。承此至誠，用申虔謁。今謹有臣等，以今第四日午時，爲[國]脩齋，昇壇行道。伏奉帝旨，關告天曹。遂得露液凝甘，近列上清之府；煙香汎色，遙浮太素之庭。

謹以初念上香，云云。願以是功德，歸流皇家陵廟仙儀、宗祧神識，伏願高步三清，遙薜五濁，坐琳房而納豫，蔭寨（寨？）樹而延祥。

■ 拘校道文

　　二念上香，云云。願以是功德，歸流皇帝、皇后，伏願壽契仙京，年逾至極。響明南面，超遠祚於青元；居正北辰，越修期於碧落。均兩儀而永泰，歷萬劫而常安。丹穀含芳，表千箱而入詠；白環摛耀，光萬宇而來王。皇后麗娥庭而著範，鏡姒幄以揚芬，令德時新，柔風日暢。

　　三念上香，云云。願以是功德，歸流皇太子、諸王、諸公主，伏願金昭表德，玉裕端華，睿識虛融，天姿迥秀，啓明兩之重曜，綜知十之宏才。諸王別派咸池，分柯若木，虔外闈而惕慮，問內暨而兢憂。諸公主降精員耀，彩絢靈娥之宮；瑩質方流，光藻宓妃之館。多士飛誠璿極，群公振彩璧門。

　　臣等帝王蒭狗，草澤昆蟲，志守莊筌，无嬰魏網；功慙暎雪，業謝握錐。濫荷駈馳，唯增飲愧。今謹有臣等，以今第四日亥時，爲國修齋，昇壇行道。伏奉帝旨，關告天曹。遂得霓裳搖裔，羽客來翔，雲旆逶迤，真童戻止。

　　謹以初念上香，云云。願以是功德，歸流

　　（下缺）

一　S.10605 與 S.4652、P.4965 無關

王卡在這兩件寫卷之外又找到一件碎片 S.10605，認爲可以與前兩件寫卷綴合。但 S.10605 筆跡與 S.4652、P.4965 有顯著不同，如 S.10605 "后" 作 "𠮛"，S.4652 則作 "后"；如 S.10605 "於" 作 "扵"，S.4652 則作 "扵"。S.10605 卷背無文字，與 S.4652、P.4965 卷背均抄《大乘稻芉經疏》不同。S.10605 有朱筆句讀及修改，S.4652、P.4965 則無。此外，S.10605 在內容、詞例等方面也與 S.4652、P.4965 有顯著不同。爲方便論述，將 S.10605 錄文於下：

1. 皇帝陛下化☒（籠）☒（提?）☐
2. 通而廣大蓬丘協構齊☐
3. 於東戶　皇后儀天☒（挺?）☒☐

4. 振柔風於姃（姒）幄鳴環珪（閨）闈式▨持內▨▨
5. 躬先之禮　皇太子照含春▨▨▨
6. 載融渹雷之音自遠梧臺▨▨▨
7. 禎逾劭黃扉之寵崇旟建▨▨▨
8. ▨▨▨謠於錯節悠悠憬▨（俗）▨▨
9. ▨▨▨▨▨（淪？）幽滯溺邅迴冥漠▨▨
10. ▨▨▨▨（文）武聖皇▨▨

　　與S. 4652、P. 4965對比，該卷內容有以下明顯不同：其一，該卷顯然沒有"初念上香""二念上香"等形式，也就是說，該卷根本不是上香章表。其二，S. 4652、P. 4965均皇帝與皇后並列，皇太子與諸王、諸公主並列，但該卷每人是分開的，並且不見諸王、諸公主。其三，S. 4652、P. 4965於皇室成員前均僅空一格，而該卷均空三格。

　　S. 10605的內容也有值得分析之處。該卷前兩行是贊頌皇帝，三、四兩行是贊頌皇后。該卷第四行有"姃幄"一詞，當爲"姒幄"之誤①，而P. 4965亦用"姒幄"一詞。如此莊重的文詞不應重複使用同一辭藻，亦可見S. 10605與P. 4965應該不是同卷。S. 10605第五行開始贊頌皇太子。第六行稱"渹雷之音自遠"，這是用《周易》典故，仍是頌揚皇太子。《舊唐書》卷八八《韋思謙附子承慶傳》載承慶上太子李賢書即云："臣聞太子者……百僚仰重曜之暉，萬姓聞渹雷之響。"② 第七行稱"逾劭黃扉之寵"，這已是在歌頌宰臣了，黃朝英《靖康緗素雜記》卷一云："天子曰黃闥，三公曰黃閤，給事舍人曰黃扉，太守曰黃堂。"③ 其實宰臣皆可稱"黃扉"，如《默記》卷中載呂蒙正詩："昔作儒生謁貢闈，今爲丞相出黃扉。"④ 而第八行"▨▨▨謠於錯節"云云，又頗似在頌揚地方官。《後漢書》卷五八《虞詡

---

① "姒幄"爲常見形容皇后的典故，如《文選》卷五七謝莊《宋孝武宣貴妃誄》："翼訓姒幄，贊軌堯門。"作"姃幄"則不通。
② 《舊唐書》，第2863頁。
③ 《靖康緗素雜記》，第1頁。
④ 《默記》，第33頁。

傳》："乃以詡爲朝歌長……詡笑曰：'志不求易，事不避難，臣之職也。不遇槃根錯節，何以別利器乎？'"① S.10605當即用此典。下句"悠悠憬俗"，"憬俗"指邊民，亦與地方官的身份對應。第九行稱"淪幽滯溺，邅迴冥漠"，既稱"淪幽""冥漠"，則當指死者的魂靈。因此，S.10605 所爲祈福的對象不僅是皇室成員，還包括宰臣、地方官和亡靈。S.4652、P.4965 於三念上香末尾有"槐司罄其臣節，棘署盡其忠規"，"多士飛誠璿極，群公振彩璧門"也提到了公卿，但兩處都僅有兩句。S.10605 對宰臣、地方官的頌揚有兩三行，且爲亡靈祈福，這與 S.4652、P.4965 明顯不同。

從 S.10605 連續爲皇室、宰臣等祈福來看，該卷很可能是一件迴向發願的範本。S.2832 號佛教齋文範本中，即有多處連續爲皇家、相公、大夫、長史、侍御、府縣僚屬等祈福的例子。P.2855《迴向發願》依次爲皇帝、府主大王、夫人、太子諸王、郡縣官員及一切萬姓、亡魂、動植等祈福。P.2733 也與之類似。此類例子很多，不煩一一列舉。因此，S.10605 應爲一件齋文的迴向發願部分。

實際上，S.10605 雖與 S.4652、P.4965 不能綴合，却與 S.10576、BD10266 筆跡極爲相似，且三件寫卷均有朱筆句讀，很可能原爲一卷。今將 S.10576、BD10266 錄文於下。

S.10576：

1. 形，希微動寂 □□□
2. ☐（殤？），細以周虛，目牛廣刀硎 □□□
3. 大矣哉，道之爲用也！若乃金 □□□
4. 司方，宅庶靈而紫舘，勝跡 ☐□□□
5. ☐☐☐（道真原），義歸列辟。雖復軒臨 □□□
6. □□☐（追），乘雲之粹弥永 □□□
7. 祉，望蜺甄德，拔神武之玄獸 □□□
8. 簸跳山丘，濟蒼兕以橫威，屠 □□□

---

① 《後漢書》，第1867頁。

9. 宸命以登樞。銑鏡延禎，握乾符而☐☐
10. 鄰寰盈（瀛？）抴壤之虞。既而獻宰☐☐
11. 極，騰駕仙都之表；迹逾遠而☐☐
12. 皇上祇膺景祚，黈奉鴻基☐☐
13. 之☐☐（深？），想王業之艱難，事切☐☐
14. ☐☐☐（宗）禋遠忌。庶令磬域☐☐

BD10266：

1. ☐☐☐☐☐☐罔☐（極？）☐☐☐
2. 露壇霞（退）敞，皇觀宏開，鴛☐☐
3. 珍檢（？），絢紫府以騰文，望八景而虔☐☐
4. 蠻嚴馭氣，宣遊金闕之☐☐
5. ☐☐☐☐☐☐，業契仙圖☐☐

　　結合三件寫卷就能很明白地看出這一文書的性質。S. 10576 第 14 行有"宗禋遠忌"字樣，則這應是爲某位帝后忌日舉行齋會的齋文，很可能是國忌行香文，三件寫卷的順序應爲 S. 10576→BD10266→S. 10605。《册府元龜》卷三十稱貞元五年（789）"詔天下諸上州並宜國忌日準式行香"，又稱貞元九年（793）"詔定國忌日寺觀齋僧道人數有差"[①]。可知佛教、道教均應舉行國忌行香儀式。敦煌文獻中發現多件佛教國忌行香文，此爲目前發現的唯一一件道教國忌行香文。

　　確定性質之後，這三件寫卷的結構也就容易見出。S. 10576 前三行爲"歎道"，即贊歎大道之德；第 3 行後半至第 13 行則爲"歎德"部分，即贊歎先帝及今上的德行；S. 10576 第 14 至 BD10266 第 1 行則爲"齋意"部分，述此次齋會的目的；BD10266 第 2—4 行爲"道場"部分，描摹齋會現場的盛況；BD10266 第 5 行至 S. 10605 則爲"莊嚴"部分，爲皇帝、宰臣及地方官發願祝福。

---

① 《册府元龜》，第 329 頁。

拘校道文

　　至於 S.10605 末行的具體內容和功能已不太好確定，似有一定可能是抄録唐初亡過帝后的忌日。"文武聖皇"是唐高宗咸亨五年（674）爲唐太宗所上的尊號。《唐會要》卷一："咸亨五年八月十五日追尊太宗文武聖皇帝，天寶八載（749）六月十五日加尊太宗文武大聖皇帝。"①因此，該卷應爲咸亨五年之後、天寶八載之前的作品。

　　此外，值得注意的是 S.10605 第 2 行的"廣"字，原作"顯"，朱筆校作"廣"。結合前面的分析，此處應爲避唐中宗李顯之諱。《舊唐書》卷七《中宗紀》："永隆元年（680），章懷太子廢，其年立爲皇太子。"②因此，S.10605 蓋撰於永隆元年前後，蓋初撰時不知李顯立爲太子，用"顯"字，後避諱而改作"廣"。當然，這也有可能撰於中宗在位之後，由於作者初撰時疏忽而用"顯"字，後改作"廣"。因 S.10605 中出現了"皇后"，但中宗、睿宗在位期間均無后，那麼這一齋文也可能撰於玄宗初期，廢王后之前。

　　通過以上的分析可知，S.10605 與 BD10266、S.10605 原係同抄本，應爲一件道教國忌行香文，抄於永隆元年前後或玄宗初期，與 S.4652、P.4965 並非同一種文獻，不可綴合。

二　S.4652、P.4965 應爲唐高宗後期寫本

　　關於 S.4652、P.4965 的時代，學者也有不同意見。汪泛舟認爲："它是由中原京都傳至邊陲敦煌的，傳入的時間當在敦煌道教鼎盛的唐代。但敦煌文書遺存的 S.4652、P.4965 寫卷的道家應用文範，顯然是宋時所改寫。因爲趙宋君（太宗）臣（趙普）皆奉道，而祈福文中的'諸王葉軒風而誕秀，應趙日以資靈'等句實可證之。"③顏廷亮同其說④。王卡則認爲這兩件寫卷是唐代的抄本⑤。

---

①《唐會要》，第 2—3 頁。
②《舊唐書》，第 135 頁。
③ 汪泛舟：《敦煌道教與齋醮諸考》，載《1994 年敦煌學國際研討會文集·宗教文史卷上》，第 8 頁。
④ 顏廷亮：《敦煌文化中的道教及文化》，《敦煌研究》1999 年第 1 期。
⑤ 王卡：《敦煌道教文獻研究——綜述·目録·索引》，第 39—40 頁；王卡：《敦煌本〈靈寶金録齋儀〉校讀記》，載《道教經史論叢》，第 345 頁。

汪泛舟的論斷是不可靠的。S.4652 的"趙日"是用《左傳》之典，與趙宋毫無關係。《左傳·文公七年》："鄭舒問於賈季曰：'趙衰、趙盾孰賢？'對曰：'趙衰，冬日之日也；趙盾，夏日之日也。'"① "趙日"即指"趙衰冬日之日"，此處應是喻指皇帝。實際上，敦煌文獻蕃佔之後的抄本中已基本沒有正式的道教經典，只有一些儀式或方術的抄本，且書法拙劣。這兩件寫卷書法嚴整、文詞清麗，體現出很高的道教修養，應是蕃佔之前的抄本。王卡唐代抄本的論斷應該是可靠的。

S.4652 末行稱"皇后毓質巽宮，資靈兑域"。《周易》巽爲長女，此處用來形容皇后，雖不貼切，勉強可通。"兑域"則指西方。據《舊唐書·后妃傳》，太宗后長孫氏爲長安人，高宗廢后王氏爲并州人，武后亦爲并州人，中宗后趙氏爲長安人，玄宗廢后王氏爲同州人，無一爲長安以西之人，"兑域"一詞無所指。因此"兑域"一詞不能按籍貫理解。

唐代中前期諸后中，唯一可與西方相聯繫的便是武則天。武氏自認爲是西方彌勒佛化身，S.2658《大雲經疏》："即以女身當王國土者，所謂聖母神皇是也。何以驗之？謹按《證明因緣經讖》曰：尊者白彌勒，世尊出世時，療除諸穢惡……謹按，彌勒者，即神皇應也。"所謂"毓質巽宮，資靈兑域"，蓋指武則天"質"雖爲一般之女，而"靈"乃是來自西方彌勒②。據此，則這兩件寫卷應作於高宗時期。

P.4965 又有"白環摛耀，光萬宇而來王"一句，雖是比較常見的典故③，但於此可能確有實指。《新唐書》卷三五《五行志》："上元二年，楚州獻寶玉十三……曰'西王母白環'二。"④ 所謂"白環摛耀"可能即指此事。武則天爲稱帝，製造了大量的祥瑞⑤，這兩件寫

---

① 《十三經注疏》，第 4007 頁。
② 何焯《義門讀書記》卷五二"《感遇》詩皆言僞周變革之故，'微月生西海'指武氏。"若此說可從，則可爲唐時認爲武后與西方有聯繫再添一證。
③ 《文選》卷十一何晏《景福殿賦》"納虞氏之白環"，李善注引《世本》"舜時西王母獻白環及珮"。
④ 《新唐書》，第 914 頁。
⑤ 關於此問題，可參林世田《武則天稱帝與圖讖詳瑞——以 S6502〈大雲經疏〉爲中心》，《敦煌學輯刊》2002 年第 4 期；劉永海《略論武則天稱帝與祥瑞》，碩士學位論文，首都師範大學，2008 年；孟憲實《武則天時期的"祥瑞"——以〈沙州圖經〉爲中心》，載《敦煌吐魯番研究》第十四卷。

拘校道文

卷中如"丹穀含芳，表千箱而入詠"等語很可能均爲實指，但今已無法詳細考明所指何事。

另外一個值得注意的問題是，這兩件寫卷中不但皇帝、皇后並列，且多用"二""兩"等字眼，如 S. 4652 稱"金鏡與二耀俱明，寶曆共兩儀同固"，P. 4965 稱"均兩儀而永泰"，這很可能也與武則天有關。《舊唐書·高宗紀》："時帝風疹不能聽朝，政事皆決於天后。自誅上官儀後，上每視朝，天后垂簾於御座後，政事大小皆預聞之，內外稱爲'二聖'。"① S. 4652、P. 4965 中頻繁出現的"二耀""兩儀"可能即是此事的體現。

就筆者所見，敦煌文獻的齋文、寫經題記等，極少將皇后與皇帝並列，少數幾件如此排列的均爲高宗時期寫本。如前面提到的 S. 10605 依次爲皇帝、皇后、太子祈福，經考證爲永隆前後的寫本。又如 P. 2056、中村 69 號尉遲寶琳寫經題記均稱"上資皇帝皇后"，其時間爲龍朔二年（662）。從這一角度來看，S. 4652、P. 4965 也應是高宗時期的寫本。

三 S. 4652、P. 4965 的分段

道教上香祈福的傳統非常早，《老君音誦誡經》云："道官、籙生、男女民燒香求願法：入靖東向懇，三上香訖，八拜，便脱巾帽，九叩頭，三搏頰。滿三訖，啓言：男官甲乙，今日時燒香，願言上啓。便以手捻香著爐中，口並言：願甲乙以年七以來過罪得除，長生延年。復上香，願言……一願一上香。若爲他人願，通亦無苦十上、二十上、三十上，隨願。"（D18，p. 213）可見這大約是早期天師道就已存在的傳統。只是彼時還没有完備的齋儀，也没有固定爲三次上香。

在東晉中後期逐漸造作的靈寶經係中有不少與齋儀有關的文獻，其中多有上香發願的內容。敦煌文獻中保存的《太上洞玄靈寶金籙簡文三元威儀自然真經》（以下簡稱"金籙簡文"）② 和《太上洞玄靈寶

---

① 《舊唐書》，第 100 頁。
② 該件寫卷下落不明，《向達先生敦煌遺墨》一書中載録有該經的摹寫本。又可參劉屹《向達先生摹抄本〈上元金籙簡文〉殘卷重識》（載《敦煌文獻·考古·藝術綜合研究——紀念向達先生誕辰一一〇周年國際學術研討會論文集》）一文。

黃録簡文三元威儀自然真經》①均殘泐嚴重，未能留存上香發願的內容。P. 3282→S. 6841 + BD15636 + P. 2455《自然齋儀》中載"明旦行道齋法威儀次序"：

> 初入齋堂呪户，次礼師思神，次誦衛靈神呪，次呪香發爐，次出官啓事，次三上願，次十方礼，次十方懺，次存思命魔，次步虛及礼經懺謝，次願念，平旦誦十念，齋時誦五念，酉際誦十二願。次呪香復爐，次詠奉戒頌，次事畢出道户咒，次日滿齋竟言功。

其中的"三上願"，即三次上香並發願。"十方懺"環節中則念誦P. 2989（P. t. 781）一類的懺方文。P. 2406《太上洞玄靈寶明真經科儀》（以下簡稱"《明真科》"）實即《洞玄靈寶長夜之府九幽玉匱明真科》的略出本，該卷在出官啓事後即三上香、三上願。Дx5628 + BD2983 + P. 3484號《太上洞淵三昧神咒大齋儀》在禮十方之前同樣有三段上香發願的章表。在傳世道經中，《太極真人敷靈寶齋戒威儀諸經要訣》亦載"三燒香，三祝願"（D9，p. 868）。《無上秘要》卷五十至卷五七載録了多種道教齋儀②，其中多有三次上香發願的內容，而卷五三《金籙齋品》即抄録前引《明真科》的內容，僅文字小有異同。

S. 4652、P. 4965所録每時行道三次上香的形式正是對這些早期道教儀式的繼承，但其結構與《明真科》等齋儀所載也有一些不同。S. 4652、P. 4965在前一時三念上香之後、後一時初念上香之前均有一段文字。這段文字中究竟哪一部分爲前一時行道之文，哪一部分是後一時之詞，學界似乎尚未弄清。黄徵、吳偉和李小榮的録文未考慮S. 4652上香章表的性質，故未涉及這一問題。王卡爲這兩件寫卷録文時，則以"今謹有臣等"爲一時行道之首，以"臣等……"一段爲三念上香之後的內容，這可能有些問題。

---

① 該經共五件寫卷，爲同卷之裂，即P. 3148、P. 3663、Дх158、BD14841L、BD14841K。
② 《無上秘要》卷四九《三皇齋品》僅載三皇齋宿啓儀，儀式與行道儀有所不同，故今不論。

拘校道文

《正統道藏》洞玄部威儀類載有可能編於南宋時的《金籙齋早朝儀》（D9，p.77）①，該書正是金籙齋的行道儀，與 S.4652、P.4965 恰可對照。該書於"以今清旦行道，請法衆等，運茲初捻上香"一句之前有這樣一段話：

> 具位臣姓某與臨壇官衆等，謹同誠上啓虛無自然至真無極大道玉清聖境大羅元始天尊……恭望洪慈，俯垂昭鑒。臣聞，九乾敷祐，昭不言善應之私；三景垂慈，示有感必通之理。爰彰丕範，式著明科。臣等早以微塵，依棲真域；豈期庸謬，遭遇皇恩。服羽簪星，屢受師壇之訓；飲丹分券，參傳洞室之經。誓當福國立功，禦災捍患。深慮學踈道淺，奉教戒而或違；日照月臨，沐聖恩之隆重。未效涓埃之報，以酬覆載之仁。伏積憂兢，敢忘寅奉。敬奉請祈之悰，必期通感之功。齋意精純，已行宣告。冀誠通於萬聖，諒聲徹於十方。省覽所陳，允俞大願。希夷之象，超三界以稱尊；杳冥之精，妙萬物而常寂。故能開闢高厚，生育陰陽。自古以固存，後天而安鎮。齋心有感，真應無方。

在這段話中，"具位"至"俯垂昭鑒"是上啓諸仙，"臣聞"至"式著明科"一段頗似道教齋文中的"歎道"，這是 P.4965 所沒有的。但"臣等"以下與 P.4965 非常相似。"臣等"至"必期通感之功"一段與 P.4965"臣等"至"唯增飲愧"一段相近，都是行齋道士的謙詞。"齋意精純，已行宣告"兩句大約相當於 P.4965"今謹有臣等，以今第四日亥時，爲國修齋，昇壇行道。伏奉帝旨，關告天曹"一長句。"冀誠通於萬聖"以下則相當於 P.4965"遂得霓裳搖裔"等語，是對行齋效果的期望。

根據上面的分析，再來看《明真科》。P.2406 於發爐後、三上香前有這樣一段話：

---

① 關於此書時代的考證，參任繼愈主編《道藏提要》，第217頁。

第六章　敦煌道教文範研究

　　三洞大法師小兆真人臣王甲上啓虛无自然元始天尊……靈寶至真明皇道君：臣宿命因緣，生落法門，玄真啓拔，得入信根，先師盟授三寶神經法，應度人九萬九千，位登上真。臣道德之胤祖世以來，逮及今身後學者但云，生值經教，常居福中，功微德少，未能自仙，志竭軀命，佐國之功。今國土失和，兵病並興，陰陽否激，星宿錯行，危灾重厄，其事云云，誠由帝主受天福祚，捴監兆民，不能施惠，廣潤十方，使天人豐沃，欣國太平，而恩无歌詠，路有怨聲，致三景昏錯，大灾流行，帝王憂惕，兆民无寧。今謹依大法，披露真文，燒香燃燈，照曜諸天，信誓自效，行道謝殃，願上請天仙兵馬九億万騎……一合來下，監臨齋堂，揲香願念，應口上徹。須行道事竟，有勤謁功仙官。

　　這段話同樣是先稱位號上啓諸仙，然後"臣宿命因緣"至"兆民无寧"一段除了道士的謙詞，還有懺悔的內容。"今謹依"至"行道謝殃"是對修齋的說明，以下則爲對修齋效果的期望。循此文例，在諸齋儀中都可以找到類似的話，如《無上秘要》卷五十《塗炭齋品》在"第一上香"後云："係天師某治祭酒……臣某等上啓……天師君：臣等宿世緣會，生遭道教……謹有臣等謹相攜率，爲某承天師旨教，建議塗炭……爲某首謝億曾萬祖……"① 這與前面引文的結構也是一致的。此外，《無上秘要》卷五二《三元齋品》也有類似之文，杜光庭《太上黃籙齋儀》卷一於出官啓事後也有類似之文，不過在中間加入了讀詞的環節。其實細體文意，這段話應該就是從前引《老君音誦誡經》捻香上願前的"啓言：男官甲乙，今日時燒香，願言上啓"一段發展演變過來。

　　因此，在 S.4652、P.4965"金籙齋上香章表"中，每時行道的內容是以"臣等"開始的，而非如王卡錄文以"今謹有"開始。這也可以解釋 S.4652 於第二日亥時行道"三念上香"的內容之後、"臣等"之前何以空兩格。這兩件寫卷其他地方均因尊敬皇室成員而在前空一

---

① 《無上秘要》，第807頁。

拘校道文

至兩格，此處"臣等"前的空格顯然不是尊敬之意，而是兩時行道之間的分隔標誌。"初念上香"之前的這一整段都是上香發願前的啓請。完整的啓請還有具位號上啓諸仙的内容，因這一内容爲固定格式，故 S.4652、P.4965 做省略處理。《金籙齋早朝儀》又有"歎道"的内容，這在敦煌道教齋儀、早期道教齋儀和杜光庭《太上黄籙齋儀》中均未見，應該是後世增加的結構。

四 S.4652、P.4965 的省略内容

解决了上香章奏的首段，我們再來看具體上香發願内容的結構。兹引《明真科》首次上香發願如下：

> 東向三上香，呪曰：三洞大法師小兆真人臣王甲，今故立直燒香，願以是功德，爲帝主國王、君臣吏民、普天七世父母，去離憂苦，上升天堂，今故燒香，歸身、歸神、歸命大道。臣首體投地，歸命太上三尊，願以是功德歸流普天七世父母，乞免離十苦八難，上升天堂，衣食自然，長居无爲。今故燒香，自歸師尊大聖至真之德，得道之後，升入无形，與道合真。

S.4652、P.4965 與之明顯的不同是"某念上香"後有"云云"二字，這省略的究竟是哪些内容也值得探討。李小榮將本文與《洪恩靈濟真君禮願文》對照，認爲"云云"二字省略的是"歎香"之文[①]。但《洪恩靈濟真君禮願文》遠遠晚於前引上香章表的時代，且兩文形式相差極大，幾乎没有可比性。

將 S.4652、P.4965 與前引《明真科》對比可知，《明真科》在"今故立直燒香"之後、祈請之前有"願以是功德，爲帝主國王、君臣吏民、普天七世父母，去離憂苦，上升天堂，今故燒香，歸身、歸神、歸命大道，臣首體投地，歸命太上三尊"一段話。《無上秘要》卷五十四《黄籙齋品》所記三上願文，"願以是功德歸流"一句前同

---

① 李小榮：《敦煌道教文學研究》，第 204 頁。

樣有"爲同法某甲拔度九祖父母九幽玉匱長夜之府死魂惡對、宿身罪根，功德開度，建齋燒香，請謝十方，願爲九祖父母拔出幽苦，上升天堂，今故燒香，歸身歸神歸命大道，臣等首體投地，歸命太上三尊"一段①。前引《金籙齋早朝儀》則作"願此香煙騰空，徑上供養至真無上道寶大羅元始天尊、金闕至尊玉皇上帝、無上大羅至尊衆聖，臣等皈身皈神皈命，首體投地，仰依太上三尊、十方衆聖"，雖然形式有了改變，但仍有歸依大道的內容。S.4652、P.4965的"云云"所省略的很可能正是歸依大道及前面的幾句套語。

但《明真科》所載是明真齋法；如前所述《無上秘要》卷五十三《金籙齋品》乃是引用《明真科》，而非《金籙簡文》；《金籙齋早朝儀》又時代稍晚：這都無法與S.4652、P.4965所載初唐金籙齋完全對應。P.3282→S.6841+BD15636+P.2455《自然齋儀》在敘述宿啓儀時引用的《金錄簡文》這樣一段話值得注意：

> 畢，齋官一時三揲香，各稱位号：
> 太上靈寶无上三洞第（弟）子厶岳先生臣厶甲等，今故燒香，願以是功德，爲七世父母、天子王侯、土地官長、經籍度師，及山林巖栖道士、同學義賓、九親門族、天下人民、蝡飛蠕動、岐（蚑）行蜎息，一切衆生，今故揲香，歸身、歸神、歸命太上十方靈寶自然至真无上大道，乞原赦前世今世生死宿罪重過，得免離三惡之道、十苦八難、九厄之中。臣等身得道真，飛行虛空，白日昇天，侍衛道君，逍遥无上金闕七寶自然宫，永與道合。所啓玄感，上御至真无極道前。
> 畢，便北向十拜，迴心礼十方。

向達摹寫本《金錄簡文》中的"朝礼衆聖威儀"與此也大致相近。杜光庭《金籙齋啓壇儀》中也有類似的記載，可相對照。另外，《太上黃籙齋儀》卷四九《言功拜表》也有與此相近之文。周西波

---

① 《無上秘要》，第851頁。

《杜光庭道教儀範之研究》將這類文字稱爲"啓"①。但各類齋儀中的此類文字均無"上啓"二字,亦無所關啓的神名,與啓文的固定格式完全不同,内容與啓文差異也很大。這里有"三揲香"的儀節,且在禮十方之前,與行道儀中三上願的形式非常接近,應該是宿啓儀的上香發願,但僅一次上願,且並不爲皇家祈福,與行道儀稍有不同。從《太上黄籙齋儀》卷四九來看,大概散壇儀的上香發願也與此類似。《無上黄籙大齋立成儀》卷三十二《齋法修用門》"釋稱法位關啓"條已將這段文字與行道儀的上香願念做了對比:"右宿啓、散壇發爐畢,稱法位關啓之文,出《靈寶上元金籙簡文真仙品》,爲朝禮衆真威儀經科,所謂自然朝法是也。與正齋上啓三上香願念之法不同,不啓聖位……宿啓、散壇,乃行自然朝法。"(D9,p.572)由此可見,這段"關啓"即是宿啓、散壇中所用的上香願念。

《金籙簡文》的這段上香發願在"今故燒香"之後、祈願之前有"願以是功德,爲七世父母……今故揲香,歸身、歸神、歸命太上十方靈寶自然至真无上大道"一段話,也是爲一切衆生歸依大道,與前引《明真科》上香章表的形式基本一致。因此,S.4652、P.4965"云云"省略的正是這樣幾句話。

將 S.4652、P.4965 與前引《明真科》上香章表對比,還有一處不同是《明真科》所載章表在祈願之後有"今故燒香,自歸師尊大聖至真之德,得道之後,升入无形,與道合真"一句,這是行齋道士自己提出的宗教要求。前引《自然齋儀》宿啓中同樣有"臣等身得道真,飛行虛空……"等語。《無上秘要》所載諸齋儀及杜光庭《太上黄籙齋儀》、《金籙齋早朝儀》等均有類似的話。這應該是 S.4652、P.4965 的省略。與此可相對照的是,P.2989(P.t.781)所載"金籙晨夜十方懺"的東方懺文末尾有"今故燒香,自歸君大聖至真之德,得道之後,與真合同"一句,而南方以下懺文則僅作"今故云云"的省略形式。

---

① 周西波:《杜光庭道教儀範之研究》,第416—418頁。該書將前面分析的上香章奏首段亦稱之爲"啓",同樣不太恰當。

第六章　敦煌道教文範研究

小　結

　　以上對圍繞 S.4652、P.4965 兩件寫卷的諸問題做了討論，可知 S.10605 應爲一件撰於永隆元年或玄宗初期的道教國忌行香文殘片，與 S.4652、P.4965 無關；S.4652、P.4965 兩件寫卷應撰於唐高宗中後期。通過以上對這兩件寫卷的分析，也可以大致看出金籙齋上香章表的結構，即每一時可分四段，首段爲上香之前的啓請，後三段爲三次上香的發願，分別爲皇家陵廟、皇帝皇后、太子諸王公主祈福。上香前的啓請包括行齋道士具位號啓請諸仙、懺悔、第某日某時修齋的説明以及對修齋結果的祝願。上香發願部分則在"某念上香"後先有一段爲衆生歸依大道的套語，然後再爲皇家祈福，最後有類似"今故燒香……與道合真"的套語。

第七章 敦煌道教文獻與語言文字研究

敦煌道教文獻在宗教學、文獻學方面有很大的研究意義，前文已做了一些論述。除此之外，這批文獻在語言研究方面也有不小的價值。另外，敦煌吐魯番道教文獻的整理研究也離不開語言文字研究，通過分析語言特點，可對這批文獻的斷代、校勘提供依據。本章即舉例說明語言文字研究與敦煌道教文獻整理之間相互促進的關係。

第一節 敦煌道教文獻漢語史研究價值舉隅

關於敦煌道教文獻的漢語史研究價值，葉貴良、馮利華、牛尚鵬、忻麗麗、周學峰、謝明等學者都在這方面做出了不少成果[1]。但敦煌道教文獻還有一些詞語未得到合理的解釋，其漢語史研究價值還沒有被很好地揭示出來。本書對敦煌道教文獻中的十餘組詞做了新釋，並從提供新詞新義、展示語言文字發展綫索、提供聯綿詞的不同形式、揭示道教術語的詞源、展示特殊構詞法五個方面舉例說明這批敦煌遺珍的漢語史研究價值。

---

[1] 葉貴良：《敦煌道經寫本與詞彙研究》，巴蜀書社2007年版；葉貴良：《敦煌道經詞語考釋》，巴蜀書社2009年版；馮利華：《中古道書語言研究》，巴蜀書社2010年版；牛尚鵬：《道經詞語考釋》，中國社會科學出版社2017年版；忻麗麗：《中古靈寶經詞語考釋》，博士學位論文，南開大學，2012年；周學峰：《道教科儀經籍疑難詞語考釋》，博士學位論文，南開大學，2013年；謝明：《宋前道書疑難字詞考釋》，博士學位論文，浙江大學，2017年。

第七章 敦煌道教文獻與語言文字研究

一 提供新詞新義

此前關於敦煌道教文獻詞彙的研究論著大多重視對新詞新義的考釋，並取得了很大成就，本書再舉幾例於下。

【匡】

S.238《金真玉光八景飛經》："九天有命，普告万靈，三代相推，五氣交并，五帝顯駕，匡轡霄庭。"《道藏》本"匡"作"控"。

按：《道藏》本作"控"可能是後人所改，但這確實提示了"匡"字之義，道教文獻中"匡"有控御之義。"匡轡"一詞較爲習見，除前揭例外，又如：

《高上太霄琅書瓊文帝章經》："匡轡明霞上，流精耀玉枝。"（D1，p. 891）又云："匡轡九天外，運駕以逍遥。"（D1，p. 892）

《太上求仙定錄尺素真訣玉文》："神鳳匡轡，靈妃導仙。"（D2，p. 863）

《洞真上清神州七轉七變舞天經》："神鳳撫鳴，巨虬匡轡。"（D33，p. 544）（《無上秘要》卷九五引作"匡轡"）

又有"匡駕"一詞，如：

《洞玄靈寶六甲玉女上宮歌章》："碧鳳策朱轡，匡駕宴雲營。"（D11，p. 156）

又有"匡軿"，如：

《上清黄氣陽精三道順行經》："飛騎羽蓋，四真匡軿，携我同昇，俱造玉清。"（D1，p. 827）

又有"匡御"，如：

《元始天尊説變化空洞妙經》："其日天地水官、五嶽真靈、四海大神皆乘八景玉輿，五色雲軿，匡御朱鳳，或乘飛龍。"[1]（D1，p. 846）

《洞真上清青要紫書金根衆經》卷上："長餐皇華，昇入帝庭。浮

---

[1] 該例"匡"字《正統道藏》原作"匡"，係"匡"避宋諱缺筆後的形訛，本書徑録正。《正統道藏》部分經書的底本是宋道藏，故其中有避宋諱的現象。下文引各經，"匡"字多因避諱缺下横。

· 405 ·

拘校道文

遊太空，匡御飛輪。上享无極，億兆劫齡。"（D33，p. 425）

《上清元始變化寶真上經九靈太妙龜山玄錄》卷中："太和上真右侍太丹玉女，左衛赤圭靈童，常集霍山之獸，匡御九色鳳皇。"（D34，p. 227）

亦有單用"匡"字者，如：

《洞真上清青要紫書金根衆經》卷上："時乘碧霞飛輿，從十二飛龍、二十四仙人，匡鵠侍輪，遊於虛玄之上。"（D33，p. 426）

又云："時乘紫雲飛精羽蓋，從十二鳳凰、三十六玉女，匡鳳侍仙，遊於太清之上，無崖之中。"（D33，p. 426）

《洞真太上八素真經服食日月皇華訣》："二素共乘紫青二色之雲，瓊輪玉輿，九龍匡玄，從上宮玉女二十四人，徘徊紫虛之上。"（D33，p. 484）

《上清外國放品青童內文》卷上："曾玄受青洞文三行，匡五龍，遊雲宮。"（D34，p. 13）

《上清外國放品青童內文》卷下："玉皇迴靈，瓊輿綠飈，四元策轡，六師匡虯，遊觀四天，洞映九遼。"（D34，p. 21）

又云："玉仙左迴，三首交通，皇上耀靈，玉華匡龍，六轡超虛，逍遙太空。"（D34，p. 21）

又云："爲學不知九壘地音三十六土皇內諱，九地不滅兆跡，九天丞相不受兆名，五嶽不降雲輿，五帝不衛兆身，徒明外國之音，故不得匡虛而昇也。"（D34，p. 26）

前引諸例，"匡"字或與"運""策""乘"等字對文，或與"御"字連文，可知"匡"即控馭之義。比較相近的句式，亦可得出這一結論，如：

BD1017《洞真上清經摘抄》："控轡九天外，俯仰目寥寥。"

《上清外國放品青童內文》卷下："皇崖晏轡，玉仙策軿。遊盻四天，洞披三清。"（D34，p. 20）

《洞真上清青要紫書金根衆經》卷上："時乘紫霞飛蓋綠軿丹輿，從上宮玉女三十六人，手把神芝五色華旛，御飛鳳白鸞，遊於九玄之上，青天之崖。"（D33，p. 427）

第七章　敦煌道教文獻與語言文字研究

《上清元始變化寶真上經九靈太妙龜山玄籙》卷中："青真聖皇左侍青腰玉女，右直翠羽靈童，常乘太山靈獸，策御九光神龍。"（D34，p. 227）

考察"匡"字此義之源，蓋因"匡"本有匡正之義，在道教文獻中常與"御""制"等詞連用，指控制、統御，如：

P.2606《太上洞玄靈寶无量度人上品妙經》："有過我界，身入玉虛。我位上王，匡御衆魔。"

《上清金真玉光八景飛經》："其道高妙，衆經之尊，總統萬真，匡御羣仙。"（D34，p. 54）

《元始五老赤書玉篇真文天書經》卷上："成天立地，開張萬真。安神鎮靈，生成兆民。匡御運度，保天長生。上制天機，中檢五靈，下策地祇，嘯命河源，運役陰陽，召神使仙。"（D1，p. 784）

《太上靈寶諸天內音自然玉字》卷四："神王常使匡御三界之上，以簡人生死之籍。"（D2，p. 559）

《太上洞玄靈寶真文要解上經》："子位登高仙，總統三界，匡御群靈，今以相告。"（D5，p. 905）

《太上洞玄靈寶八威召龍妙經》卷下："指叩虞淵，群龍飛鳴。匡御千萬，承受功名。"（D6，p. 241）

《上清佩符文青券訣》引《三天正法經》："玄黃飛玄之氣結成玉文，佩者與三氣同真，匡制六天，檢氣攝魔，鹹斬千凶，威御群靈，入出水火，萬災不傷。"（D6，p. 572）

《上清佩符文絳券訣》引《三天正法經》："元白飛玄之氣結成玉文，佩者匡制萬靈，威神滅魔，辟却陽九，防過窮年，災所不傷，出入空玄，適意所行。"（D6，p. 577）

《洞真太上九赤班符五帝內真經》："輔我太真，給我神兵，匡制五嶽，封山召靈，羣魔滅試，我道肅清。"（D33，p. 525）（請比較前文"制命五靈，封河召山"，"封掌五嶽，制命九江"）

這些例子中，"匡御""匡制"或與"總統"等詞對文，或與"封掌"等互見，乃是統御之義，"匡"字的匡正義已不明顯，或因此"匡"字得到了控制之義。"匡轡""匡駕"中"匡"字的駕馭義當即由此引申而來。

【所向】【舉向】

P.2440《靈寶真一五稱經》："諸百姓治⊠（生）不利，錢財聚復散，興造校計，所向不成，爲人所疾，數見加誣。""所向"，《道藏》本作"所圖"（D11，p.633）。

羽612號《洞真高上玉帝大洞雌一玉檢五老寶經》："夜在密室，常存三元君來在室中，心拜心語，如是不替，則所向如願，万事尅和，此爲真人致神仙之要法也。"

同卷："太上高精，三帝丹靈，絳宮明撤，吉感告情，三元柔魄，天皇授經，所向諧合，飛仙上清，常与玉真，俱會紫庭。"

P.2399《太上洞玄靈寶空洞靈章》："有聞諸天大聖靈章之音，皆福延万祖，死魂昇天……三界侍門，神祇營護，所向從心，世世不絶，長享无窮，世有其文，國土太平。"

P.2343《太上洞玄靈寶昇玄内教經》："此經尊妙，履行供養，當得尊位，見世獲祐，所向隆利。"

P.3233《洞淵神呪經》卷一："是以智人道士，誘化愚人，令受此經，此經消一切病，鬼賊伏散，万願自果，所向合矣。"

P.2559《陶公傳儀》："乞真炁布體，充滿榮衛，疾病除愈，尸邪消滅，長生久視，通達諸靈，所向如願，万事合心。"

同卷："使神光靈炁常現身中，凶鬼惡人自然殟伏，所向所願，皆得從心。"

BD2983《太上洞淵三昧神呪大齋儀（擬）》："令甲家大小蒙恩，所向隆利，万願從心。"

P.2451《太上洞玄靈寶智慧上品大戒》："令人見世，居危得安，居疾得康，居貧得富，舉向從心。"

按：前引几例中，"所向"多與"所願"連用，義亦相近。《道藏》本《靈寶真一五稱經》改作"所圖"，雖可能未必符合經書原貌，但確實揭示了"所向"的含義。"所向"本義指所面向的地方、所要前往的地方。P.2361《太玄真一本際經疏》："行之者可以經危冒嶮，越山跨海，所之所向，千妖伏匿，万靈束形。""所向"與"所之"連用，即指所要前往之處。S. 3570《陶公傳儀》："ㄙ爲虎起，虎走千里，所向皆開，金石爲摧，佩吞神符，長生不衰。""所向皆開"，蓋亦指所前往之處皆爲開路。P. 2394《閲録儀》："出入行遊，諸所之詣，金石爲開，水火爲滅。""所向皆開"即"諸所之詣，金石爲開"。"所向"的所願之義蓋即由此引申。在傳世道教文獻中也有不少用作所願義的"所向"，如《上清大洞真經》卷六"九靈真仙母青金丹皇君道經第三十九"："所願即從，天禄詵詵；所向如心，萬福盈門。"（D1，p. 553）《元始五老赤書玉篇真文天書經》卷上："壽同天地，福禄光亨，所向所求，莫不利貞。"（D1，p. 788）《上清握中訣》卷上："乞丐飛仙，書名丹界，所向所願，無灾無害。"（D2，p. 897）此類之例較多，不煩再舉。佛教文獻中"向"字亦有用作此義者，如BD7364《俗流悉曇頌》："西方净土不肯向，欲含魔軍相閉障，出離牢獄依无相，不生不滅速迴向，佯良黄賞，各各脩无上。""不肯向"即不肯求。

　　前揭末例"舉向"之"向"亦"所向"之"向"。"舉向從心"與"所向從心"義近，蓋謂舉動和願望均能稱心如意地達成。道教文獻中還有不少用例，如：

　　《元始五老赤書玉篇真文天書經》卷下："四者，德慧長新，役使鬼神，舉向所欲，坐招自然。"（D1，p. 797）

　　《洞真太上八素真經修習功業妙訣》："凡爲道士、祭酒、男女官受真法、請求仙度、延續生命、并行戒法、立功補過、醫治百姓、表章旨御者，當由修練齋直，奉受法戒，不違科制，舉向從願，計功昇度，禄壽不訾也。"（D33，p. 471）

　　《太上洞玄靈寶四方大願經》："乞賜臣等十四福……三者天神識别，得在福地。四者制鬼治病，舉向如願。"（D6，p. 153）

　　《洞玄靈寶太上真人問疾經》："不樂與三寶爲緣，不信有聖言，惡聲罵詈，所爲不善，常生下賤，學遇闇師，葬遇凶山，妻遇齇婦，出輒失財，縣官相連，舉向不利，善神不祐，凶神所牽。"（D24，pp. 680 - 681）

拘校道文

【棄疾】

S.1605＋S.1906《太上洞玄靈寶真一勸戒法輪妙經》："万劫當得還生賤人之中，身嬰六極，或抱殘病，或生棄疾，以報宿怨，其目如此。"《道藏》本"棄"作"業"（D6，p.871）。

津藝289號《太上妙法本相經》卷九："居世好發人塚墓，取他衣物，劫奪塼具，報之以棄疾。"

津藝184號《太上妙法本相經》卷十："一切惡業，乃至滅門，都由五惡。五惡者，亦能絕世，亦能棄疾，亦能卑隆（罷癃），亦能爲常狼所食，亦以繫閉王法仍纏。"

按：《左傳·哀公七年》"必棄疾於我"，楊伯峻注："棄疾猶今言加害。"①《漢語大語典》引之以"棄疾"爲加害義，但此義於前引道經顯然不可通。前揭之"棄疾"與"殘病""卑隆（罷癃）"等連用，蓋指廢疾、惡疾，令人厭棄之疾。P.2343《太上洞玄靈寶昇玄內教經》："誹謗之者，衆罪歸身，苦痛皆經，見世軯軻，身得惡疾，人所棄薄。""棄疾"蓋即指令人棄薄之惡疾。此詞在道教文獻中習見，《漢武帝內傳》："輕則鍾禍於父母，詣玄都而考罰；慢則暴終而墮惡道，生棄疾於後世。"（D5，p.55）所謂"生棄疾於後世"，即指"報之以棄疾"，後世生惡疾。《漢語大詞典》引之以爲加害、遺患義，非是。又如《上清五常變通萬化鬱冥經》："不遵所奉，闕略違慢者，三世祖獲刑於火官，身生棄疾。"（D5，p.886）《上清太極隱注玉經寶訣》："受經不敬師，修之亦無福，而後生棄疾及六畜之中也。"（D6，p.645）《太上洞玄靈寶智慧罪根上品大戒經》卷下："斯人所行，罪在酷逆……萬劫得還，生賤人之中，身嬰六極，或抱殘傷，或生棄疾，輪轉十二萬劫無數之周，乃得作東嶽都役使。"（D6，p.889）皆其例。

【偓晏】【敱䏁】

BD1017《洞真上清經摘抄》："飛景控紫輪，三素彎丹軿。偓晏太帝館，敱䏁阿母庭。"《洞真太一帝君太丹隱書洞真玄經》"敱䏁"作

---

① 楊伯峻：《春秋左傳注》，第1641頁。

第七章 敦煌道教文獻與語言文字研究

"敖嶜"（D33，p. 528）；《上清道寶經》卷三"偃晏"作"偃息"，"敖嶜"作"嗷嘈"（D33，p. 720）；《上清諸真人授經時頌金真章》"偃晏"作"偃寢"，"敖嶜"作"嗷嘈"（D34，p. 90）；《上清諸真章頌》（D11，p. 150）、《上清十二金章》（D34，p. 781）"偃晏"作"寢偃"，"敖嶜"作"崚嶒"。

按："偃晏"一詞其他文獻未見。該詞雙聲疊韻，當爲聯綿詞，諸書或作"偃息"，或作"偃寢"，當均非。"偃晏"蓋猶"偃仰"，游樂之義。《詩經·小雅·北山》："或棲遲偃仰，或王事鞅掌。"馬瑞辰《毛詩傳箋通釋》："偃仰猶息偃、媅樂之類。"① 其説是。《雲笈七籤》卷七八《三品頤神保命神丹方敘》："偃仰六合之中，高視數百年外。"② 音轉又作"偃蹇"，《上清高聖太上大道君洞真金玄八景玉錄》："摘絳林之琅寶，餌玄河之紫蕖，偃蹇靈軒，領理帝書。"（D34，p. 146）《雲笈七籤》卷一一〇《洞仙傳》"敬玄子"條："採藥三微嶺，飲漱華池泉。遨遊十二樓，偃蹇步中原。"③ 可見"偃蹇"即"遨遊"之義。

"敖嶜""敖嶜""嗷嘈"顯然是同一聯綿詞的異形。但文獻中"嗷嘈"多用爲聲音嘈雜之義，於此似不可通。此處"敖嶜"與"偃晏"對文，當亦爲遊宴之義，蓋即"遨"之音衍。"嗷嘈"在其他道經中也有用例，《上清高聖太上大道君洞真金玄八景玉錄》："時復廣盱空同，嗷嘈絶漢，乘風振轡，始暉滄畔。"（D34，p. 147）《太上飛行九晨玉經》："飛步遨北漢，長齡天地居。"（D6，p. 671）"遨北漢"正與"嗷嘈絶漢"句式一致。又《雲笈七籤》卷一〇六《馬明生真人傳》："朝乘雲輪來，夕駕扶搖去。嗷嘈天地中，囂聲安得附？"④

值得注意的是，《上清諸真章頌》及《上清十二金章》"敖嶜"作"崚嶒"，除都從"山"旁字形稍似外，二詞之義也有相近之義。"敖

———————
① 《毛詩傳箋通釋》，第690頁。
② 《雲笈七籤》，第1759頁。
③ 《雲笈七籤》，第1395頁。
④ 《雲笈七籤》，第2307頁。

曹"又有高峻之義①，《紫陽真人内傳》："嗷嘈太微觀，崚嶒九玄所。"（D5，p. 547）"嗷嘈"正與"崚嶒"相對。"嶅嶒"二字從"山"，蓋正以其有一義爲高峻貌。

二　展示語言文字發展綫索

敦煌道教文獻中多用古字，保存了不少南北朝到唐代的實際文字應用情況。其中有些情況較爲簡單，如羽612號《洞真高上玉帝大洞雌一玉檢五老寶經》"帝君内填"之"填"即今安鎮之"鎮"，同卷"放光万刃"之"刃"即今之"刄"，又同卷"絜寂爲難"之"絜"即今之"潔"，此類之例較多，不煩再舉。但在個别情况下，敦煌道教文獻的用字展示了語言文字發展的複雜過程。

【捻】【躡】【揲】【念】

羽612號《洞真高上玉帝大洞雌一玉檢五老寶經》："厭消之方也，若夢覺，以左手躡人中二七過，喙（啄）齒二七。"《雲笈七籤》卷四五"躡"作"捻"②，《道藏》本"以左手躡人中二七過"作"以左手第二指捻人中三七過"（D33，p. 390）。

P.2576v《上清三真旨要玉訣》："以左手第二、第三指躡兩鼻孔下人中之本，鼻中鬲孔之内際也，卅六過……躡畢，因叩齒七通。"《道藏》本（D6，p. 627）、《登真隱訣》卷中、《雲笈七籤》卷四六"躡"皆作"捻"③。

P.2352《洞玄靈寶長夜之府九幽玉匱明真科》："傳言奏事飛龍騎等，一合來下，監臨齋堂，揲香願念，應口上撤。"《道藏》本（D34，p. 384）、《無上秘要》卷五一"揲"作"捻"④。

同卷："信向之士，心口相應，揲香啓願，已撤諸天，生死罪對，

---

① 參郭在貽《魏晉南北朝史書語詞瑣記》，《古漢語研究》1990年第3期；謝明《宋前道書疑難字詞考釋》，第160頁。
② 《雲笈七籤》，第1026頁。
③ 《登真隱訣輯校》，第37頁；《雲笈七籤》，第1035頁。
④ 《無上秘要》，第818頁。

靡不釋然。"《道藏》本"揲香啓願"作"捻香感願"（D34，p. 387）。

P. 4965《金録齋上香章表（擬）》："謹以初念上香，云云。願以是功德，歸流皇家陵廟仙儀宗祧神識。"

按：《説文》無"捻"字，《玉篇》始收此字。關於此字的來源，各家意見不一。《説文新附》："捻，指捻也。"① 戴侗《六書故》："㧙，又作攼，見《支部》。俗作捻。"② 桂馥《説文解字義證》、王筠《説文句讀》、高翔麟《説文字通》、錢坫《説文解字斠詮》、鄭珍《説文新附考》引莊炘説皆以爲本字即"㧙"③。鈕樹玉《説文新附考》以爲本爲"攼"字："《玉篇》：'捻，乃協切，指捻。'支部：'攼，乃頰切，閉也，或作捻。'按《一切經音義》卷六'捻箭'注云：'又作攼，同乃協切，謂以手指捻持。'《集韻》：'捻，按也，或從支作攼。'"④ 鄭珍、胡吉宣皆同其説⑤。毛際盛引王宗涑以爲本爲"擫"字，《説文新附通誼》："或以爲即'拈'字，際盛以爲即'攼'字。宗涑謹案……玫《説文•手部》：'擫，一指按也。从手厭聲。'大徐於協切，《集韻》諾協切，音攼，此即捻之正字也。"⑥

以上所引諸家均是在字書基礎上所做的推測，並無實據。鈕樹玉引《一切經音義》以爲"捻"或作"攼"，其實恐怕只是改換近義偏旁的異體字，與《説文》之"攼"無涉。從敦煌道教文獻的用例來看，"捻"字的按捏義皆借"躡"字，前揭前二例即是；"捻"字以指掇取義則多借用"揲"字、"念"字，前揭後三例是也。

躡、捻音近，古多互借，如S. 328《伍子胥變文》"捻脚攢形而暎樹"，"捻脚"即"躡脚"。從敦煌道教文獻看，"躡"借作"捻"皆

---

① 許慎：《説文解字》，第258頁。
② 戴侗：《六書故》，第328頁。
③ 桂馥：《説文解字義證》，第1053頁；王筠：《説文句讀》，第476頁；高翔麟：《説文字通》，《續修四庫全書》第222册，第656頁；錢坫：《説文解字斠詮》，《續修四庫全書》第211册，第767頁；鄭珍：《説文新附考》，《續修四庫全書》第223册，第327頁。
④ 鈕樹玉：《説文新附考》，《續修四庫全書》第213册，第145頁。
⑤ 鄭珍：《説文新附考》，《續修四庫全書》第223册，第327頁；胡吉宣：《玉篇校釋》，第1256頁。
⑥ 毛際盛：《説文新附通誼》，《説文解字研究文獻集成•古代卷》第3册，第898頁。

拘校道文

表示揉捏之義，或因此義與"躡"字踩踏、碾壓之義相關。《道藏》所收諸經多改作"捻"，但猶有未改者，如前引前兩例在《真誥》中均有相近之文，皆作"躡"①。又如《洞真太一帝君太丹隱書洞真玄經》："存念五神都畢，呪文内視所思都訖，乃開目啄齒五過，以左手第三指躡鼻下人中七過，以右手第二指躡兩眉間九過，此爲却譽三五七九，封制百神門户之法。"（D33，p. 537）這在非道教文獻中亦有用例，《佛説罪業應報教化地獄經》："囂升弄斛，躡秤前後，欺誆於人。"（T17, p. 451）《慈悲道場懺法》亦云："巧弄升斗，躡秤前後。"（T45，p. 935）秤自然無法用脚踩踏，當指用手按捏。《大正藏》校勘記稱明本《佛説罪業應報教化地獄經》、明萬曆十三年刊增上寺報恩藏本《慈悲道場懺法》"躡"皆作"捻"，P. 2186《普賢菩薩説證明經》亦有此語，亦作"捻"，可證此處之"躡"正當讀作"捻"。又慧琳《一切經音義》卷七八《經律異相》第十五卷音義："捻挃，上念牒反。《廣雅》：捻，塞也。顧野王云：捻，乃穿也。《漢書音義》云陳平手捻漢王是也。或作躡。"②《漢書·韓信傳》原作"張良、陳平伏後躡漢王足"③，慧琳引以證"捻挃"之"捻"，亦可證時人是清楚此二字關係的。此義之"躡"後世又或寫作"攝"④。《漢語大詞典》收録此義之"躡"，以爲通"捏"。"捏"字在《廣韻》屬屑韻，但 P. 2717《字寶碎金》"手捏擣"條音"怒結切"，《類篇》亦音乃結切⑤，與"捻"同音，則"捏""捻"恐怕都是在揉按義上新造的後起字。

"捻"字除了繼承了"躡"的"躡脚"義和揉按義外，也繼承了"躡"的追趕義。俄弗 101 號《維摩詰經講經文》："猧兒亂趁生人咬，奴子頻捻野鴿驚。"趙匡華録，周紹良校《維摩碎金》將"捻"校作"攆"⑥。潘重規《敦煌變文集新書》："《一切經音義》卷六：'捻，謂

---

① 《真誥》，第 156、174 頁。
② 《中華大藏經》第 58 册，第 1045 頁。
③ 《漢書》，第 1874 頁。
④ 詳參曾良、郭磊《略談明清小説俗寫釋讀——爲紀念蔣禮鴻先生誕辰一百周年而作》，載《漢語史學報》第十八輯，第 38—39 頁。該文亦以"躡""攝"通"捏"，似稍有未當。
⑤ 《類篇》，第 454 頁。
⑥ 白化文、周紹良編：《敦煌變文論文録》，第 859 頁。

第七章　敦煌道教文獻與語言文字研究

以手指捻持。'附錄校改'捻'爲'撞'，未諦。"① 項楚《敦煌變文選注》："附錄所改不誤，'捻'即'蹨'字，今寫作'攆'，追趕、驅趕之義。《集韻》上聲二十七銑：'蹨，乃殄切，蹈也，逐也，或作跈、趁。'"② 項先生所説是，"捻"與"蹨""跈""撚"等字同源。"蹨"有追趕之義，蓋因"蹨踵""蹨跡"等詞引申而來。《後漢書·南匈奴傳》："蹨北追奔三千餘里。"③ "蹨"與"追"對文，顯爲追趕之義。文獻中又習見"追蹨"一詞，如《三國志·魏書·鄧艾傳》："欣等追蹨於彊川口，大戰，維敗走。"④ "蹨"字之義更爲顯豁。如同"蹨"的按壓義後多寫作"捻"，"蹨"字的追趕義也被"捻"字繼承。除前揭《維摩詰經講經文》例外，"捻"字此義在傳世文獻中也另有用例，如宋曾慥《類説》卷五七蔡絛《西清詩話》載陳元《詠白鷹》："有心待捻月中兔，故向天邊飛白雲。"⑤ 宋陳鵠《西塘集耆舊續聞》亦載此詩，"捻"作"搦"⑥。與"蹨""捻"同源的還有"撚""跿""跈""趁"等字。《廣雅·釋詁》："蹨、跈，履也。"王念孫疏證："《説文》：'撚，蹂也。'《淮南子·兵略訓》'前後不相撚'，高誘注：'撚，蹂蹈也。'……跈與撚同。"⑦ 伯2976號《溫泉賦》："狗向前撚，馬從後驅（逼）。"《元曲選》本《單鞭奪槊》："兩隻脚驀嶺登山跳澗快撚。"⑧ "撚"皆追趕之義。"撚"與"捻"在執持義、揉按義上多互爲異文，"撚"字既有履蹈義，又有追趕義，與"蹨"字字義引申軌跡一致。"趁"即"跈"之異體，文獻中習見。"蹨""捻""撚""趁""跈"，字形雖異，所記之詞則一。至於"攆"字，則又此義之後起字。

《周易·繫辭上》"揲之以四，以象四時"，《經典釋文》"揲"下

① 潘重規：《敦煌變文集新書》，第395頁。
② 項楚：《敦煌變文選注》，第1414頁。
③ 《後漢書》，第2967頁。
④ 《三國志》，第778頁。
⑤ 《類説》，卷五十七第34頁上。
⑥ 《師友談記　曲洧舊聞　西塘集耆舊續聞》，第350頁。
⑦ 《廣雅疏證》，第29頁。
⑧ 《元曲選》，第1184頁。

· 415 ·

拘校道文

引鄭玄注："取也。"① 是"㩃"本有"取"義。"㩃香"之"㩃"蓋即"㩃箸"之"㩃"。《說文·手部》："抲，拈也。"②《廣韻》"抲"有陟葉、丁愜兩音③，均與"㩃"音近，頗疑二字同源。但"抲"字在傳世文獻中用例極少，"㩃"大多僅是用在"㩃箸"這一固定結構中。從前引敦煌道教文獻用例來看，"捻香"之"捻"古多用"㩃"字，蓋後世此義發生語音轉變，故前揭 P.4965 又借用"念"字，後世又增加形旁另造"捻"字。《說文·手部》又有"拈"字，恐怕也是這種語音演變的結果。《玉篇》收錄"捻"字，似南北朝時此字已經出現。敦煌文獻中取香之字多用"㩃"，少數用"念"，但"捻"字也有不少應用，甚至有傳世文獻中作"㩃"，而敦煌文獻已改作"捻"者，如《正統道藏》本《太上洞玄靈寶授度儀》引《太上太極太虛上真人演太上靈寶洞玄真一自然經訣》："太上治紫臺，衆真誦洞經。㩃香稽首禮，旋行遶宮城。"（D9，p.848）P.2452 猶存該經斷章，"㩃"正作"捻"。除道教文獻外，其他文獻中也有㩃、捻的異文，如《佛說四不可得經》："張弓捻矢，把執兵仗。"（T17，p.706）《大正藏》校，宋本、宫內廳本"捻"作"攝"，元本、明本作"䃿"。"䃿"字於此不可通，應是"㩃"字受前"張弓"影響類化出的訛體④。

總之，"捻"字不同義項的來源是不同，揉捏義的"捻"古或借用"躡"字，以指掇取的"捻"字與"㩃""抲""拈"等同源。

【蜎息】【蜎飛】

向達摹寫本《太上洞玄靈寶金籙簡文三元威儀自然真經》："願以是功德▢▢王侯國主、地土官長、藉師▢▢木、巖栖道士、同學之人、九親▢▢蝡飛蠕動、蚑行蜎息，一切衆▢▢"⑤

---

① 《經典釋文》，第 31 頁。
② 《說文解字》，第 252 頁。
③ 《廣韻校本》，第 542、544 頁。
④ 真大成謂此爲後世不知"攝"字的捻取義而誤改（見氏著《中古文獻異文的語言學考察》，第 30—31 頁），似猶未達一間。
⑤ 《向達先生敦煌遺墨》，第 48 頁。

416

第七章　敦煌道教文獻與語言文字研究

P.2406《太上洞玄靈寶明真經科儀》："今故立齋，燒香燃燈，願以是功德，照曜諸天，普爲帝主國王、君臣吏民、受道法師、父母尊親、同學門人、隱居山林學真道士、諸賢者，及蠢飛蠕動，岐（蚑）行蜎息，一切衆生，並得免度十苦八難。"

按：世俗文獻中少見"蜎息"一詞，多作"喙息"。《史記·匈奴列傳》："元元萬民，下及魚鼈，上及飛鳥，跂行喙息蠕動之類，莫不就安利而辟危殆。"司馬貞索隱："言蟲豸之類，或企踵而行，或以喙而息，皆得其安也。"①《漢書·公孫弘傳》載漢武帝策詔諸儒："舟車所至，人跡所及，跂行喙息，咸得其宜。"顔師古注："喙息，謂有口能息者也。"② 是"喙息"之義。因該詞多指蟲豸之屬，故或易"喙"從"虫"，《靈寶領教濟度金書》卷八正作"跂行蟓息"（D7，p.80）。"蟓"又爲"蜎"之異體字，《集韻·獮韻》："蜎蟓，井中小蟲，或作蟓。"③ 蓋因此又書"蟓"作"蜎"。故道教文獻中多見"蜎息"一詞。

但值得注意的是，道教文獻中還有"蜎飛"一詞，《正統道藏》本《太上大道玉清經》卷二："一切人民、蜎飛蠢動皆悉悲鳴。"（D33，p.297）這裏的"蜎"，與"蜎息"之"蜎"同形不同字。"蜎飛"之"蜎"又作"蠉"，前引《太上洞玄靈寶金籙簡文三元威儀自然真經》即是；又作"蠉"，《淮南子·原道》："跂行喙息，蠉飛蝡動，待而後生，莫之知德。"④ 又作"翾"，《洞真太上八道命籍經》卷上："月行八道之日，各有變化，翾飛蠕動，含炁之流，草木飛沉，隨緣感應，改故易新。"（D33，p.502）又作"蠉"，慧琳《一切經音義》卷十六《無量清淨平等覺經》音義："蠉飛，上血緣反，亦作'蠉'，皆正體字也。"⑤ 字形雖異，其義則一，均指蟲豸之爬行飛動。字書中多或以"蜎"爲"蠉"之異體，如《集韻·仙韻》："蠉蜎，蟲行兒，一曰井

---

① 《史記》，第2903頁。
② 《漢書》，第2614頁。
③ 《宋刻集韻》，第388頁。
④ 《淮南子集釋》，第9頁。
⑤ 《中華大藏經》第57册，第712頁。

· 417 ·

中小赤蟲，或从肙。"①

因此，"蜎息"之"蜎"本爲"喙"字，由"喙"訛形作"蠔"，又由"蠔"改作"蜎"；"蜎飛"之"蜎"則爲"蠉"之異體字。二字音義各别，發展軌跡完全不同。

【眠】

P.2440《靈寶真一五稱經》："五九卌五日，万病无不愈。所謂氣絶復息，目眠復視，脉散身寒，然後復煖，巫祝不施，針艾不設者也。"《道藏》本"目眠"作"目昏"。

按：《説文》無"眠"字，"眠"實爲"瞑"之後起字。《説文·目部》："瞑，翕目也。"段玉裁注："俗作'眠'，非也。"②《玉篇·目部》："瞑，寐也。眠，同上。"胡吉宣校釋："重文眠者，三體石經'瞑'之古文作'𥅻'，从目民聲。民者，冥也。《釋名》：'眠，泯也，無知泯泯也。'"③"瞑"則本有目不明之義，《三國志·魏書·梁習傳》裴松之注引《魏略·苛吏傳》："（王思）正始中，爲大司農，年老目瞑，瞑怒無度。"④道教文獻中亦不乏用例，如《雲笈七籤》卷一九引《老子中經》云："傷肝則目瞑頭白。"⑤ P.2440"目眠"之"眠"正應讀作"瞑"，與《魏略》"年老目瞑"同義。後世"眠""瞑"字義分化，傳世文獻中已尠見"眠"字目不明之義，從 P.2440 恰可見出早期文獻中"眠"與"瞑"的異體字關係。

【惢】

P.2366《太玄真一本際經》卷五："无上真人文始先生受學於老君，道業稍成，初受童真之任，隨從老君遊此惢利天下，五岳名山、洞天宫舘及四海江河、洞淵水府，諸是上真下治之所。"

---

① 《宋刻集韻》，第 50 頁。
② 《説文解字注》，第 134 頁。
③ 胡吉宣：《玉篇校釋》，第 815 頁。
④ 《三國志》，第 471 頁。
⑤ 《雲笈七籤》，第 442 頁。

第七章　敦煌道教文獻與語言文字研究

按："惌利天下"即"宛利天下"，又或作"宛黎天下"，爲玉京山南方之世界。《太上洞玄靈寶本行宿緣經》："是時太上玉京玄都八方諸天三千大千世界衆聖真人亦來到，玉京山東方无極諸天安大堂鄉大千納善之世界衆聖，玉京山東南无極諸天元福田大千用賢之世界衆聖，玉京山南方无極諸天宛黎城境大乘棄賢之世界衆聖……"（D24，p. 669）這顯然是受佛教影響產生的世界觀。後世道經在細節上或稍有不同，但多沿用了這一觀念，如 BD1218《太上洞玄靈寶天尊名》卷上："此宛利天棄賢世界，雜惡之處，地獄餓鬼畜生盈滿，多不善聚。"羽 410 號《太玄真一本際經疏》："此則正當崑崙山之東南，名爲宛利天下，有棄賢世界，亦名南閻浮提，叢雜境界，日月之本際。"S. 75《老子道德經序訣》："汝應爲此宛利天下棄賢世傳弘大道，子神仙者矣。"因此，P. 2366 之"惌"當讀作"宛"。

《説文·宀部》："宛，屈草自覆也，从宀夗声。惌，宛或从心。"① 正以"惌"爲"宛"之異體。但這一用法在文獻中較爲少見。《玉篇·心部》："惌，於元切，惌枉。又於阮切。"已以"惌"爲"冤"字。胡吉宣《玉篇校釋》："《宀部》：'宛，屈草自覆也。'重文亦作'惌'。惌从宀怨聲，此惌从心宛聲。"② 是"宛"字異體之"惌"與"冤（怨）"字異體之"惌"同形異字。敦煌文獻中"惌"亦多用爲"怨"字俗寫，詳參張涌泉師《敦煌俗字研究》③。在敦煌道經寫本中，"惌"亦多爲"怨"或"冤"字，如 P. 2440《靈寶真一五稱經》："諸百姓凡欲……通辭訟，理惌枉，青要玉女主之。"P. 2352《洞玄靈寶長夜之府九幽玉匱明真科》："无極世界，男女之人，生世慳貪，唯欲益己，不念施人，割奪四輩，人神爲惌。"皆其例。"惌"字用爲"宛"字異體，在敦煌文獻中未見其他用例，在傳世文獻中也極爲少見④，從 P. 2366 可證早期文獻中"惌"字的這一用法。

---

① 《説文解字》，第 150 頁。
② 胡吉宣：《玉篇校釋》，第 1734 頁。
③ 張涌泉師：《敦煌俗字研究》，第 618—619 頁。
④ 筆者僅見《考工記·函人》"欲其惌也"一例。

三　提供聯綿詞的不同形式

道教文獻中大量使用聯綿詞，不少都是以傳世文獻少見的形式出現，如 P.2728《金真玉光八景飛經》"翁藹玄玄之上，焕赫鬱乎太冥"，"翁藹"即"蓊藹"。P.2352《洞玄靈寶長夜之府九幽玉匱明真科》"狼㺉鑠械"，"狼㺉"即與"郎當""琅當""琅璫""硍磴"等同源。P.2004《老子化胡經》卷十"星辰互差馳"，"差馳"即"差池"。S.2081《太上靈寶老子化胡妙經》"人民繞攘"，"繞攘"即"擾攘"。這都是一望可知的。但敦煌道經中還有一些詞義不太顯豁的聯綿詞，需要找到詞源並繫聯起詞族來，才能弄清其確切含義。現舉數例於下：

【飆瑶】【瑶飆】

BD1017《洞真上清經摘抄》："曲晨乘風扇，飆瑶時下傾。蹔適圯藹中，迴駕氾良貞。""飆瑶"，《洞真太一帝君太丹隱書洞真玄經》作"瑶飆"（D33，p.528），《上清道寶經》卷三作"摇飆"（D33，p.720），《上清諸真人授經時頌金真章》作"飄飆"（D34，p.30），《上清諸真章頌》（D11，p.150）《上清金章十二篇》（D34，p.781）作"飄飄"。

按："飆瑶""瑶飆""摇飆""飄飆"均爲同一聯綿詞的不同形式，爲飛翔之貌、風吹之貌。文獻中多作"飄摇"，《説苑》卷二十："陛下之意，方乘青雲，飄摇於文章之觀。"① 又作"飄飆"，BD1017《洞真上清經摘抄》："若能得此道，首則生圓光。身濟无待津，飄飆逸仙堂。"P.2560《太上洞玄靈寶昇玄内教經》卷六："出步歷金陛，入室蹈玉階。陶治三儀化，割判陰陽坏。息我九天阿，飄飆絶塵埃。恬子守虛寂，泊子若未孩。"又作"飄遥"，《文選》卷十五張衡《思玄賦》："超踰騰躍絶世俗，飄遥神舉逞所欲。"② 又作"飄姚"，《漢

---

① 《説苑校證》，第518頁。
② 《文選》，第222頁。

書·外戚傳》載漢武帝《李夫人賦》："的容與以猗靡兮，縹飄姚虖愈莊。"① 音轉又作"扶搖"，《爾雅·釋天》："扶搖謂之猋。"②《上清高上玉晨鳳臺曲素上經》："扶搖運太空，七景轉天經。"（D34，p. 1）又作"猋悠"，《文選》卷三張衡《東京賦》："建辰旒之太常，紛猋悠以容裔。"呂向："飇悠、容裔，從風轉薄貌。"③ 其說是，薛綜注以爲"悠，從風貌……猋，火花也"，非是。

黄侃《爾雅音訓》："猋者，扶搖之合聲。"④ 其說是。"飄飇""飇瑶"等恐怕都是"飄（飆）"字的音衍。"飄（飆）"字重言曰"飄飄""飆飆"，亦與"飄飇""飇瑶"等同義。P. 3435《上清元始變化寶真上經九靈太妙龜山玄籙》："皇清摽晨暉，靈炁翼虚遷。飇飇九元上，靡靡入帝晨。"《道藏》本"飇飇"作"飄飄"（D34，p. 192）。P. 2399《太上洞玄靈寶空洞靈章》"太黄翁重天章（帝）君道經空洞靈章第廿一"："苦魂披重出，飄飄升福堂。"《無上秘要》卷二九引，"飄飄"作"飆飆"⑤。前引 BD1017"飄飄逸仙堂"，《太霄琅書》卷十作"飄飄"（D33，p. 696）。

總之，前列一組異文爲同族聯綿詞，於文中皆可通。

【匡落】【弘絡】

P. 2848《金真玉光八景飛經》："明景道宗，揔統九天，匡落紫霄，迅御八烟，迴停玉輦，下降我身，啓以光明，授以金真。"《無上秘要》卷九九、《雲笈七籤》卷五三引，"匡落"作"匡絡"⑥，《道藏》本作"弘絡"（D34，p. 57）。

按："匡落紫霄"與"迅御八烟"相對，"匡落"當與"迅御"義近。匡、落二字陽入對轉，蓋爲聯綿詞，當爲徘徊、行走之義。傳

---

① 《漢書》，第3953頁。
② 《十三經注疏》，第5673頁。
③ 《六臣注文選》，第71頁。
④ 《爾雅音訓》，第168頁。
⑤ 《無上秘要》，第411頁。
⑥ 《無上秘要》，第1114頁（《道藏》本原爲卷九九，整理本從敦煌本目錄將此卷改爲卷九十）；《雲笈七籤》，第1175頁。

世文獻中亦不乏其例，如：

《雲笈七籤》卷一百二引《洞真青要紫書金根衆經》："上登三元，朝謁玉官。遊覽無崖，匡落九天。出入洞門，携契玉仙。"①

《洞真太上八素真經服食日月皇華訣》："玉皇迴轡，匡絡紫瓊，徘徊丹房，八氣洞明。"（D33，p.485）

《上清高上玉晨鳳臺向素上經》："陰陽否而不虧，履億劫而方鮮。匡絡於衆妙，威制於群靈。"（D34，p.8）

以上三例中"匡落（絡）"蓋即遊覽、徘徊之義。但《道藏》本作"弘絡"未必誤，可能與"匡落"是同源聯綿詞。又作"宏落"，《元始天尊説變化空洞妙經》："驚浪幽虚，總持上機。宏落九冥，日門廓開。戢翼上舘，靈化二儀。"（D1，p.846）"宏落九冥"正與"匡落九天"句法一致。另外，"虚落"可能也與此詞同源，《真誥》卷十八《握真輔》："登七關之巍峩，味三辰以積遷，虚落霄表，精郎（《雲笈七籤》卷一〇六引作'映朗'）九玄，此道高邈，非是吾徒所得聞也。"②"虚落霄表"與"匡落紫霄"義亦相近。又P.2399《太上洞玄靈寶空洞靈章》"無極曇誓天帝君道經空洞靈章第廿四"："曇誓高澄，虚落十迴。青精始周，元炁敷暉。"此句蓋指曇誓天帝君徘徊十遍，與下文"十轉迴玄"義近。

因此，"匡落""弘絡"爲一詞異形，兩皆可通。

【脩條】【翛條】

P.2848《金真玉光八景飛經》："无景太一淡天道君……頭戴七寶進賢之冠，足躡九色之履，手執命神之策，乘脩條玉輦、五采朱蓋紫雲之車，驂駕六龍。""脩條"，《道藏》本（D34，p.57）、《雲笈七籤》卷五三皆作"翛條"③。

P.2751《紫文行事決》："其時太素上真人白帝君乘脩條玉輦，上

---

① 《雲笈七籤》，第2210頁。今本《金根衆經》"匡落"作"胤洛"，"胤"字當係元明時回改宋諱而致誤。
② 《真誥》，第325頁。
③ 《雲笈七籤》，第1174頁。

詣玉天玄皇高真也。""脩條",《雲笈七籤》卷五一①、《九真中經》卷上（D34，p.37）皆作"翛條"。

按：脩、翛聲旁相同，聲音相近，"脩條""翛條"爲同一聯綿詞的不同形式，即"蕭條"，亦即"逍遙"，爲逍遙放曠、悠然自得之義。其他文獻中亦有"翛條"一詞，如《道教義樞》卷一《三寶義第三》："《昇玄經》云：虛堂空室，名曰仙家。此謂放曠翛條，自然趣善。"（D24，p.808）又作"蕭條"，道教文獻中用例極多，如 BD1017《洞真上清經摘抄》："太上敷洞文，賢賢歸本緣。蕭條三寶囿，繁華秀我因。"P.2399《太上洞玄靈寶空洞靈章》"無思江由天帝君道經空洞靈章第廿二"："諸天並稱慶，蕭條誦靈書。"又"秀樂禁上天帝君道經空洞靈章第廿八"："輪儶空洞，儵欻上軒。諸聖朝慶，齊礼玉門。飛行步虛，蕭條靈篇。"《周氏冥通記》卷二："虛者，謂形同乎假，志無苟滯，蕭條而應真。靈者，謂在世而感神，棄世而爲靈。"（D5，p.525）文獻中又或用來形容經書玄妙，如 S.1351《太極左仙公請問經》："洞玄步虛詠，乃上清高旨，蕭條玄暢，微妙之至文，亦得終始脩詠，以齋戒也。"音轉則爲"逍遥""消摇""逍摇"，文獻常見，此不贅舉。再音轉則與"棲遲""從容""須臾"等相近，亦文獻習見，今不贅言。

【由延】

S.4610《長樂經》："山居無至實，遊行放世間。世間多煩惱，清天入由延。"

同卷："尊下長樂經，香花映天攬。紫微花由延，比如天下梵。但看龍花樹，比如度海汎。"

按："由延"一詞一般用爲梵文 yojana 的音譯。慧琳《一切經音義》卷一《大般若波羅蜜多經》第八卷音義："踰繕那，古云由旬，或云由延，或云踰闍那，皆梵語訛略也，正云踰繕那。上古聖王軍行

---

① 《雲笈七籤》，第1129頁。

拘校道文

一日程也。"① 但於此顯然不通。由、延二字均爲喻母四等字，今疑"由延"乃雙聲聯綿詞，爲綿長、曲折、廣布等義。

與"由延"同源者有"蚰蜒""蚰蝣""螾蚆"，爲體長之蟲。《楚辭·九思·傷時》："巷有兮蚰蜒，邑多兮螳螂。"②《方言》卷十一："蚰蝣，自關而東謂之螾蚆。"③ 音轉又爲"踰延"，《文選》卷二張衡《西京賦》："重閨幽閫，轉相踰延。"薛綜注："言互相周通。"④ 此句亦形容宫室曲折綿長。音轉又爲"摇延"，《雲笈七籤》卷八七引《太清神仙衆經要略》："夫氣之在人，亮清而爲嚴。氣激濁而爲唁，聲摇延而爲音。唁放舒而爲呼，音平辯而爲言。呼怒鼓而爲詈。"⑤ "摇延"與"激濁"相對，亦指綿長紆徐。"清天入由延"之"由延"即此義，蓋指上天之路曲折綿長，不易到達。

"由延"一組聯綿詞又有廣布之義。音轉爲"緣延"，《文選》卷四張衡《南都賦》："其竹則鍾籠簹篾，篠簳箛箪。緣延坻阪，澶漫陸離。"⑥ "緣延坻阪"蓋狀竹子廣布於坻阪。音轉又爲"迆涎"，《文選》卷十二木華《海賦》："長波涾溰，迆涎八裔。"李善注："迆涎，邐迆相連也。"⑦ 其實"迆涎八裔"即指海波廣布至極遠之處。音轉又爲"淫衍"，《文選》卷十八嵇康《琴賦》："紛淋浪以流離，奐淫衍而優渥。"⑧ "淫衍"與"奐"同義，即盛大廣布之義。音轉又作"遥衍"，張九齡《臨泛東湖》詩："晚秀復芬敷，秋光更遥衍。"⑨ "遥衍"與"芬敷"同義，爲盛大廣布之義。又音轉爲"演迆"，韓愈《藍田縣丞廳壁記》："泓涵演迆，日大以肆。"劉真倫、岳珍注："演迆，漫衍貌，引申爲才華橫溢貌。"⑩ "紫微花由延"之"由延"當即

---

① 慧琳：《一切經音義》，載《中華大藏經》第57卷，第415頁。
② 《楚辭補注》，第325頁。
③ 《揚雄方言校釋匯證》，第746頁。
④ 《文選》，第41頁。
⑤ 《雲笈七籤》，第1944—1945頁。
⑥ 《文選》，第70頁。
⑦ 《文選》，第179頁。
⑧ 《文選》，第257頁。
⑨ 《張九齡集校注》，第155頁。
⑩ 《韓愈文集彙校箋注》，第382頁。

此義，指紫微宮中花盛多廣布，如"天下梵"一般。

【硿硿】

P.3200《長樂經》："天公覓罪人，打鼓召硿硿。"

按：《龍龕手鏡·耳部》以"硿"爲"聹"之俗體，云："硿，俗。聹，正。都礼反，耳患膿也。"① 顯然於此義不可通，且此首詩押東、鍾韻，讀"都礼反"亦不協韻。此處"硿硿"當狀"打鼓"之聲，猶"硿硿"。蘇軾《石鐘山記》："寺僧使小童持斧，於亂石間擇其一二扣之，硿硿焉。"② 又作"空空"，《酉陽雜俎》卷十五《諾皋記下》："已深已極，鑿之入，燒之不燃，叩之空空，如下天狀。"③ "硿硿""空空"均爲擬聲詞，並無本字，故字無定形。《長樂經》作"硿硿"則又據"空空"加形旁，與"聹"之俗體恰爲同形。

東韻之字多有狀聲之字，《廣韻·東部》："碩，擊聲。""谼，大聲。""碃，石聲。""硍，硍谼，大聲。"④ 諸字韻同，紐亦相近，恐怕均爲同源。

【離羅】

P.2399《太上洞玄靈空洞靈章》"元明文舉天帝君道經空洞靈章第五"："文舉敷丹暉，三便理玉清。離羅曜長更，九夜焕高明。"

P.3435《上清元始變化寶真上經九靈太妙龜山玄錄》："玉晨太上大道君元靈之炁……佩九色離羅之章，帶晨光月明之鈴，常座（坐）七色之雲，光明流曜上清之中。"

S.1513《老子十方像名經》卷上："此天尊等，並各身作真金妙色，項負飛艷員光，頭戴遠遊紫磨金冠，建龍爪煙彩華簪，佩九色雲錦華文雜色納披，著丹霞離羅搖曳長帬，躡紫霄丹霞流彩之屐。"

《洞玄靈寶自然九天生神章經》"静心念至真，隨運順離羅"，宋

---

① 《龍龕手鏡》，第314頁。
② 《蘇軾文集》，第371頁。
③ 《酉陽雜俎》，第145頁。
④ 《廣韻校本》，第32、34頁。

拘校道文

董思靖解義:"隨劫運之交會,校録籍紛紜,乃能各順條目之離散羅布者一一區分,整然具舉,則其用心可謂勤矣。"(D6,p.421)元華陽復注:"羅,網也。隨陰陽之炁運行,離諸疑網。"(D6,p.486)葉貴良:"'離羅'是道教仰觀天象、俯察地理而想象出來的一種輕薄的高級衣料。這種衣料取象於太陽散發出來的九色光,'離羅'就是由九色光紡織而成的彩色花紋之服。"①

按:前引三家之説均分釋"離羅"二字,董思靖釋作"離散羅布",華陽復釋作"離諸疑網",葉貴良可能根據"羅"字以爲"離羅"是絲織物。其實"離羅"爲雙聲聯綿詞,與"陸離""離婁"等同源,明亮、色彩鮮麗之義②。可作"陸離",《離騷》:"高余冠之岌岌兮,長余佩之陸離。"③史樹青以爲"陸離"爲光明義④。又作"流離",《文選》卷七《甘泉賦》:"曳紅采之流離兮,颺翠氣之宛延。"⑤寶石名"流離""琉璃",亦因其色彩明亮。又作"離婁",《文選》卷十一何晏《景福殿賦》:"紅葩䎡蕍,丹綺離婁。"李周翰注:"離婁,顔色相分布貌。"⑥差是。李善注"刻鏤之貌",非。又作"玲瓏",《文選》卷五左思《吳都賦》:"瓊枝抗莖而敷蘂,珊瑚幽茂而玲瓏。"劉淵林注:"玲瓏,明貌。"⑦又作"歷録",《詩經·秦風·小戎》"五楘梁輈",毛傳:"楘,歷録也。"孔疏:"'楘,歷録'者,謂所束之處因以爲文章歷録然。歷録,蓋文章之貌也。"⑧字又作"轣轆",見《方言》卷五⑨;又作"厤鹿",見《廣雅》卷七⑩。又作"離離",《文選》卷十一何晏《景福殿賦》:

---

① 葉貴良:《敦煌道經詞語考釋》,第302頁。
② 忻麗麗已指出"離羅"有"色彩交錯絢麗義""明亮義",但認爲這是從"交錯義"引申(參忻麗麗《中古靈寶經詞語考釋》,第67—77頁),似不必。
③ 《楚辭補注》,第17頁。
④ 史樹青:《"陸離"新解》,《文史》第11輯。
⑤ 《文選》,第113頁。
⑥ 《六臣注文選》,第225頁。
⑦ 《六臣注文選》,第103頁。
⑧ 《十三經注疏》,第786頁。
⑨ 《揚雄方言校釋匯證》,第407頁。華學誠引吳予天《方言注商》:"'歷鹿'蓋以聲名。此物爲繩索牽動時,其聲歷鹿,故即名爲歷鹿也。"其説似非是。
⑩ 《廣雅疏證》,第240頁。

"皎皎白間，離離列錢。"①"離離"與"皎皎"相對，亦明亮貌。"離羅"亦與此一系列詞同義，即明亮貌。前引《太上洞玄靈空洞靈章》"離羅曜長更"是指"文舉"（即元明文舉天帝君）所發出的"丹暉"明亮地照曜了長夜。《龜山玄錄》中"九色離羅之章"即指"章"色彩斑斕。道教文獻中"離羅之帔"出現很多，均爲此義。《老子十方像名經》中"丹霞離羅搖曳"六字共同修飾"長裙"，非如葉貴良所謂"丹霞離羅"是一物。另外，葉貴良曾引《無上秘要》卷三《日品》"洞陽宮是日之上館，一名離羅"，日宮之所以名"離羅"，應該也是因爲明亮。

【漱漏】

伯2576背《上清三真旨要玉訣》："《消魔上靈經》曰：若體中不寧，當反舌塞喉，漱漏咽唾无數，須臾，不寧之痾自即除也，當時亦當覺體中寬軟也。""漱漏"，《正統道藏》本《上清三真旨要玉訣》（D6，p. 628）、《真誥》卷九②同，《洞真西王母寶神起居經》（D33，p. 464）、《登真隱訣》卷中③皆作"漱津"。

按："漱津"雖可通，但"漱漏"用例很多，當不誤。"漱漏"疊韻，當爲聯綿詞。《雲笈七籤》卷十一引梁丘子《上清黃庭內景經》注"口爲玉池太和官"一句云："當即漱漏口中內外津液，滿口咽之。"④則"漱漏"非"漱"一般的"蕩口"之義，而是指收集口中津液。《太上洞玄靈寶赤書玉訣》卷下云："朝服元華，五牙芝英，漱漏玉池，津液自生。"（D6，p. 204）"玉池"即口，"漱漏玉池"也是指在口中做收集唾液的動作。

文獻中又有"搜牢""搜揪"，或與此同源。《後漢書·董卓傳》："是時洛中貴戚室第相望，金帛財產，家家殷積。卓縱放兵士，突其

---

① 《文選》，第174頁。
② 《真誥》，第143頁。
③ 《登真隱訣輯校》，第27頁。
④ 《雲笈七籤》，第202頁。

廬舍，淫略婦女，剽虜資物，謂之'搜牢'。"① 郭在貽："'搜牢'亦即'搜摟'，其義爲搜索而聚集之也……又《集韻》平聲十九侯韻：'揪，摟揪，取也。''揪'音同'搜'，是'摟揪'即'摟搜'，亦即'搜摟'。"② "漱漏"可能即與"搜摟""摟揪"同源，也是指"搜索而聚集之"，只不過"漱漏"的對象僅限於津液而已。

因"漱漏"一詞後世少見，故文獻中頗有誤改者。陶弘景《養性延命錄卷下·導引按摩篇》引《導引經》："清旦未起，先啄齒二七，閉目握固，漱滿唾，三咽氣。"③ "漱滿"，《雲笈七籤》卷三二引作"漱漏"④，當是。前引《太上洞玄靈寶赤書玉訣》卷下，《道門定制》卷七引作"漱滿"（D31，p.728）。前引梁丘子《上清黃庭內景經》注，《正統道藏》存該書，亦誤作"漱滿"（D6，p.517）。推而廣之，《正統道藏》中諸書之"漱滿"或皆"漱漏"之誤，如：

《太上玉佩金璫太極金書上經》："存玉女之口津液，令注我口中，我又漱滿而隨咽之，又九十過止。"（D1，p.904）《上清握中訣》卷下略同（D2，p.908）。

《登真隱訣》卷中："須存想竟，乃通氣開齒，漱滿口中津液，乃服咽之。"（D6，p.615）

《無上秘要》卷七六引《道迹經》："呪畢，以舌漱滿一口之中玄膺內外及齒舌之間，上下表裏通市，取津掖，隨咽之三十過。"⑤

《無上秘要》卷七六："常漱滿口中內外上下，以舌回吸日氣五色津液，滿口吞之。"⑥

---

① 《後漢書》，第2325頁。
② 郭在貽：《魏晉南北朝史語詞瑣記》，《中國語文》1990年第5期。
③ 《養性延命錄校注》，第165頁。
④ 《雲笈七籤》，第728頁。
⑤ 《無上秘要》，第986頁。
⑥ 《無上秘要》，第990頁。《無上秘要》此條原無出處，周作明整理本據此條見於《正統道藏》本《上清九天上帝祝百神內名經》，補"出《九天上帝祝百神內名經》"一句。但《正統道藏》本《上清九天上帝祝百神內名經》極爲可疑，似取《大洞真經》、《洞真太上說智慧消魔真經》卷一、《無上秘要》卷七六等書雜湊而成。故今仍引《無上秘要》，不引《上清九天上帝祝百神內名經》。

四 揭示道教術語的詞源

道教的神鬼、符籙、輿服等多有專名，這些專名有些可能是無意義的文字組合，有些則就實際語言中所用的詞語進行加工。前面提到的"脩條玉輦"本爲神仙之輦名，經過分析可知"脩條"一詞本有逍遥從容之義；"離羅"爲日宮別稱，因其本爲明亮之義。以下再舉數例。

【豁落】

P. 2728《金真玉光八景飛經》："於是，九天丈人即臨玄臺之上，命左仙侍郎李羽非、監靈使者鄧元生，執九色之麾、瓊文帝章，告盟四明，啓付衆真'太上大道君八景飛經金真玉光豁落七元'，位登至上，同遊玉清。"

按：上清類道教經典中常見"豁落"一詞，如 P. 3435《上清元始變化寶真上經九靈太妙龜山玄籙》："皇上四老道中君……頭建元真七寶玉冠，衣鳳文斑裘，佩豁落流鈴，帶招真之策。"《太上玉珮金璫太極金書上經》："元始天王……左佩豁落，右佩金真。"（D1, p. 897）《真誥》卷十九《翼真檢》："唯以豁落符及真嗖二十許小篇并何公所摹二録等將至都。"① 其中的"豁落"都是指一種道教符籙，其源頭當即前舉《金真玉光八景飛經》中的"豁落七元"，P. 2337《三洞奉道科誡儀範》亦有"上清太微帝君豁落七元上符籙"。《漢語大詞典》收録"豁落"一詞，並釋爲"道教的符篆"，這是沒有問題的，但"豁落"一詞的原始意義似乎並不明確②。

在敦煌文獻和傳世文獻中，有一些關於"豁落"的異文，如 S. 238《金真玉光八景飛經》："我備煥落，流金火鈴，內保六府，外引流精。"《道藏》本《金真玉光八景飛經》"煥落"作"豁落"（D34, p. 61）。同卷："趙伯玄，昔師万始先生，受書道成，當登金闕，而无

---

① 《真誥》，第 344 頁。
② 葉貴良曾釋"豁落"爲"廣大空闊，高大虛無"，並舉《天童宏智禪師廣録》例（見葉貴良《敦煌道經詞語考釋》，第 254 頁）。本書以爲禪宗語録中的"豁落"當與"廓落"同源，與道經並不同義。

· 429 ·

招靈致真、焕落七元二符。"《道藏》本"焕落"作"豁落"。這二例中"焕落"顯然均爲符籙，《道藏》本作"豁落"是符合文義的，但敦煌本也未必爲誤，傳世文獻中也有不少把此符寫作"焕落"的例子，如《太真玉帝四極明科經》卷一："流金吐威，焕落火鈴。"（D3，p. 415）《洞真太上三九素語玉精真訣》："流金交擲，焕落火鈴。"（D33，p. 497）均其例。可見"焕落"即"豁落"。

文獻中"焕落"一詞的用例非常多，如：

S. 238《金真玉光八景飛經》："七元焕落，流威吐精，擲光万里，神耀五靈。"

P. 4659《太上洞玄靈寶自然至真九天生神章》："清明重霄上，合期慶雲際。玉章散沖心，孤景要雲會。焕落景霞布，神衿靡不邁。玉條流逸響，縱容虛妙話。"

BD1017《洞真上清經摘抄》："於是雙皇合輦，万靈翼颸。焕落七度，四遐逍遥。"

《上清大洞真經》卷三《皇清洞真道君道經第十一》："日中赤帝，號曰丹靈，靈符命仙，五籍保生，虹映玉華，焕落上清。"（D1，p. 528）

《上清元始變化寶真上經九靈太妙龜山玄籙》卷中："太陽焕精，玉柱通明，六氣流布，焕落朱庭。"（D34，p. 216）

《上清黄氣陽精三道順行經》："當此之時，七曜焕落，流精竟天。"（D1，p. 830）

《洞真太上紫度炎光神玄變經》："存我兩目童子光如流星，焕落五方。"（D33，p. 558）

又作"焕洛"，如：

P. 2399《太上洞玄靈寶空洞靈章》："无思無色界，眇眇元始初。江由映高玄，焕洛五篇舒。"

又作"焕絡"，如：

《洞真太上太霄琅書》卷一："是時天光冥逮，三晨迴精，五宿改度，七元運靈，九色晃曜，焕絡玉清。"（D33，p. 645）

"焕落"一詞字無定形，應爲聯綿詞。從前引幾例看，"焕落（洛、絡）"多與"光""明""映"等詞相關。又前揭《金真玉光八景飛經》云"七元煥落",《上清玉帝七聖玄紀迴天九霄經》云"三晨翼軒,七元煥明"(D34,p.63),可見"煥落"即"煥明",義爲光明之貌,用作動詞則爲照耀之義。

"豁落七元"中的"豁落"原本亦當爲光明貌,"七元"指日月、五星,《金真玉光八景飛經》下文即有"一元豁落日精之符""二元豁落月精之符"等名目。"豁落七元""七元煥落"意思相近,均指七曜光華暉耀。單用"豁落"指光明貌亦有其例,如 P.2728《金真玉光八景飛經》:"玉光煥霄,豁落洞明。"BD1017《洞真上清經摘抄》:"瓊房構太虛,七映沖九玄。豁落丹霄觀,寶景躡龍烟。"《洞真太上三九素語玉精真訣》:"金真感暢,豁落洞明,神燭潛照,寶光夜生。"(D33,p.497)皆其例。

"豁落""煥落"是同一聯綿詞的不同形式,與此同源的詞還有不少。音稍變則作"煥爛",《文選》卷十二郭璞《江賦》:"鱗甲鏙錯,煥爛錦斑。"① P.2454《仙公請問本行因緣衆聖難經》:"近登崑崙玄圃宮侍座,見正一具(真)人三天法師張道陵降座……項負圓明,身生天光,文章煥爛。"又作"煥樂",《上清高上玉晨鳳臺曲素上經》:"煥樂重虛上,曲折洞八清。"(D34,p.1)又作"煥朗",《太上洞玄靈寶諸天内音自然玉字》卷二:"玉文煥朗,三景自明。"(D2,p.544)又作"晃朗",P.2452《太上太極太虛上真人演太上靈寶洞玄真一自然經訣》:"蒲蔡(粲)七寶林,晃朗日月精。"又作"戇朗",《文選》卷六左思《魏都賦》:"或嵬嶷而複陸,或戇朗而拓落。"李善注:"戇朗,光明之貌。"② 又作"瞴眮",《集韻·宕韻》:"瞴,瞴眮,明貌。"③ 又作"晃爛",《上清高聖太上大道君洞真金玄八景玉録》:"希悠眇眇,霞飛煙散,藹裔雲鏤,翳勃晃爛。"(D34,p.147)又作"廻絡",《上清太上玉清隱書滅魔神慧高玄真經》:"七度廻絡,三光暎真。"(D33,p.753)(可比較前引BD1017"煥落七度")又倒作"麗煥",《上清大洞真經》卷四《九皇上

---

① 《文選》,第185頁。
② 《文選》,第98頁。
③ 《宋刻集韻》,第172頁。

真司命道君道經第二十三》：" 九皇上真炁，四司太仙宫，飛霞散天日，麗煥六合房。"（D1，p. 539）又作"朗煥"，《上清玉帝七聖玄紀迴天九霄經》："八道暉光，流精朗煥。"（D34，p. 70）

總之，"豁落"係聯綿詞，意爲明亮貌，符籙名"豁落七元"正用此義。後世只知其爲符名，本義反晦。

【家親】

P. 3233《洞淵神呪經》卷一："若今世間有男女之人，有厄急之者，此法師持經到家救者，汝等鬼王收汝小鬼，一切未令犯此主人。當爲和喻中外之神，家親殃疾，分別解絕，使令病人得差。"

P. 2959《洞淵神呪經》卷二："官事之人，速得解脱，疾病輕差，和喻万神，令家親歡喜，中外社竈，悉令分了，勿使枉攬（濫）主人。"

P. 2444《洞淵神呪經》卷七："自今有病者，及轉此《神呪經》之處，當遣万和卅万人、百舌吏卅六万人，爲此主人疾病之家、刑獄囚徒之人，和喻家親、太祖父母、內外強殃，及祠之者、不應祠者，悉爲分別遣之，悉令了了。"

按：以上之例中的"家親"顯然已不是一般的家族親屬之義，而是指已去世的親屬留在家中的魂魄，這些魂魄很容易受到影響而對生人作祟。羽637號《洞淵神呪經》卷四："自伏羲以來，壞軍死將……人不備之，恼乱人心，動欲作祟，祟耗田蚕，凡百不利，恐人家親，強生異端，令主人大小疾病。"P. 2444《洞淵神呪經》卷七："古之死主……倚人門户，取人小口，恐人家親，家親畏人，逐隨使令，是以不祐，病痛生人。"是"家親"容易被恐動而生異端、病生人。P. 2444《洞淵神呪經》卷七："鬼兵熬熬，千万爲衆，枉其良人，病煞无辜，勅人家親，摧捉竈君，令人宅中神不安，每事不果，行万種病痛急疾。"是"家親"可被鬼兵下勅作祟。P. 2365《洞淵神呪經》卷八："家親被繫，僩作三官，考掠万毒，死人不堪，來取生人大小及六畜生口，後致滅門，未復怨道也。"是"家親"被繫後又會取生人性命。因"家親"易於恐動作祟，故需多"和喻"，使歡喜。也因"家親"易作祟，故文獻中多以之與鬼並列，如 Дx5628 + BD2983 + P. 3484

432

第七章　敦煌道教文獻與語言文字研究

《太上洞淵三昧神咒大齋儀（擬）》："善神來守户，力士交万靈。家親乃得住，百鬼不相聽。"這一觀念在民間文化中流傳很久①，如莊綽《雞肋編》卷上載宋代婚俗："婦既至門，以酒饌迎祭，使巫祝焚楮錢禳祝，以驅逐女氏家親。"②《金瓶梅詞話》第六二回："西門慶聽了，説道：'人死如燈滅，這幾年知道他往那裏去了。此是你病的久了，下邊流的你這神虚气弱了，那裏有甚麽邪魔魍魎、家親外祟。'"③均與《洞淵神咒經》所言"家親"同義。《漢語大詞典》引《金瓶梅》例釋作"已故的親人"，稍有未確。

【結璘】

羽612號《洞真高上玉帝大洞雌一玉檢五老寶經》："上清若捻行鬱儀，凝景結隣，炁游八素，體練玉晨……便得參轡三元，定書玉真。"《道藏》本"隣"作"璘"（D33，p.383）。

按：鬱儀、結璘爲日月神名，又爲奔日、月之法術名，道經中習見。《黄庭内景經》"鬱儀結璘善相保"，梁丘子注："鬱儀，奔日之仙。結璘，奔月之仙。"④值得注意的是，敦煌道經中"結璘"無作"璘"字者，或作"隣"，或作"驎"，而保存在《正統道藏》中的道經基本都作"璘"，如：

P.2399《太上洞玄靈寶空洞靈章》："消魔非洞友，結驎以我朋。"P.2602《無上秘要》引作"結隣"，《道藏》本《無上秘要》卷二九引作"結璘"（D25，p.92）。

P.2399《太上洞玄靈寶空洞靈章》："集採日月華，奔景步結隣。"P.2602《無上秘要》同，《道藏》本《無上秘要》卷二九引，"隣"作"璘"（D25，p.95）。

在《道藏》以外的傳世文獻中也時見有例，如《太平御覽》卷六六〇引《登真隱訣》所述"上真之道"之二即爲"太上結隣奔月章"，

---

① 景盛軒先生見告，今甘肅方言中猶有此語。
② 《雞肋編》卷上，第8頁。
③ 《金瓶梅詞話》，第778頁。
④ 《雲笈七籤》，第257—258頁。

· 433 ·

同卷書卷六七二、六七三亦多處提到"結隣"。《唐六典》卷七載大明宫有"鬱儀、結鄰、承雲、修文等閣"①，後世或改作"結麟"，《雍録》卷四力辨當爲"鄰"字②。《樂府詩集》卷七八載吴筠《步虚詞》："迴首遍結鄰，傾眸親曜羅。"③ 黄庭堅《玉京軒》詩："蒼山其下白玉京，五城十二樓，鬱儀結鄰常杲杲。"④ 此類之例極多，不煩再舉。

在《道藏》也可找到旁證，如舊題劉長生《黄庭内景玉經註》注"鬱儀結璘善相保"一句云："嬰子抱真，鬱母爲鄰。母養其子，鍊氣成神。"（D6，p. 510）其注顯然是錯誤的，但從"鬱母爲鄰"一句可知作注之時《黄庭經》猶作"隣"。

因此，"結璘"蓋本當作"結隣"。考道教中有成仙後與日月星辰爲鄰的説法，如《大洞真經》卷五："北宴上清，列爲玉賓。命生日華，年合月烟。長躋金房，晨景爲鄰。"（D1，p. 546）《真誥》卷十四《稽神樞》："至人焉在，朓曜南辰。含靈萬世，乘景上旋。化成三道，日月爲鄰。實玄實師，號曰元人。變成三老，友帝之先。"⑤ 頗疑月神名"結隣"與此有關。後世道教徒既不知"結隣"得義之由，遂以"璘"字替换了"隣"字。考道教文獻在流傳中多或將其經字改從玉旁，蓋以從玉之字多爲美稱⑥。如：

《道藏》本《洞玄靈寶長夜之府九幽玉匱明真科》："苦行修生道，服藥鍊芝英。"（D34，p. 381）P. 2352"英"作"瑛"。

《道藏》本《元始五老赤書玉篇真文天書經》："甘露自生，芝英滂沱。"（D1，p. 775）S. 5733《太上洞玄靈寶妙經衆篇序章》引，"英"作"瑛"。

《道藏》本《上清元始變化寶真上經九靈太妙龜山玄籙》卷上：

---

① 《唐六典》，第219頁。
② 《雍録》，第72頁。
③ 《樂府詩集》，第1102頁。
④ 《黄庭堅詩集注》，第1047頁。
⑤ 《真誥》，第261頁。
⑥ 張政烺《玉皇姓張考》："唐詩於天帝稱玉皇、玉帝，其侍曰玉女、玉郎，其域曰玉京、玉清，其居曰玉闕、玉樓，其書曰玉簡、玉册，其動植曰玉兔、玉蟾、玉樹、玉芝。蓋古人信服食玉可以長生，又以爲純潔清净之徵，故用以美上帝及其所居之境界。"（《張政烺文史論集》，第80頁）張氏所述現象可與本書所言對勘。

"思玉晨君隨四時形影，在上清蘂珠宮日闕府紫映鄉金光里中。"（D34，p. 193）P. 3435 "映" 作 "䀹"。

P. 2576v《上清三真旨要玉訣》："魂臺四明，瓊帝（房）零浪。"《道藏》本《上清三真旨要玉訣》（D6，p. 627）及《真誥》卷十（D20，p. 547）①引，"浪" 作 "琅"。

P. 2409《太上玉佩金璫太極金書上經》皆作 "佩" 作 "璫"，《道藏》本則皆作 "珮" 作 "璫"（D1，p. 896）。

P. 2431《洞玄靈寶諸天内音自然玉字》"大焕極搖天"，《道藏》本 "搖" 作 "瑤"（D2，p. 540）。

P. t. 560v《太上洞玄靈寶真文度人本行妙經》："中央玉寶元靈元老君者，本姓鋧，字信然。"《無上祕要》卷十五、《雲笈七籤》卷一〇二引，"鋧" 皆作 "琨"②。

此類之例尚多，今不再舉。"結隣" 之 "隣" 改作 "璘"，正是受此思維定式之影響。文獻中 "璘" 字一般用於聯綿詞中，極少單用之例，亦可見作 "璘" 者當非其本貌。

【騫】【騫林】

P. 2606《太上洞玄靈寶无量度人上品妙經》："落落高張，明炁四騫。" 又云："雲上九都，飛生自騫。"

《元始無量度人上品妙經四注》薛幽棲注 "明炁四騫"："騫者，開也。言十方諸天，則廓落而高張，明光之炁而四騫也。"李少微注："騫，迴上也。落落我界，高遠開張，梵炁光明，四方迴上。"（D2，p. 233）

《道藏》本《太上靈寶諸天内音玉字》卷三釋 "飛生自騫" 云："飛生者，南上更生之神也。學人能誦洞章，聲參上宮，諸天稱慶，飛生即爲開不死之路，流長生之炁，下鍊五魂之神，魂神受鍊，八景存焉。八景備守，則共舉人身，上昇九層之臺，遊於騫林之中，身佩天

---

① 趙益《真誥》整理本此處 "零琅" 作 "玲瑯"（《真誥》，第174頁），未出校記，不知何據。

② 《無上祕要》，第137頁；《雲笈七籤》，第2212頁。

書，口誦洞章，二十四年，期得上朝玄都之宫也。"（D2，p.552）李少微注云："騫者，騫林也。既共舉人身上昇九層玄臺，遊於騫林之下，身佩天書，口誦洞章，二十四年，即得上朝玄都之宫也。"（D2，p.244）

按：李少微注"飛生自騫"顯然本諸《太上靈寶諸天内音玉字》，不過《内音玉字》並未明確釋"騫"字，李少微則據"遊於騫林之中"而釋"騫"爲"騫林"。但"飛生自騫"一句中"騫"顯然是動詞，與"明炁四騫"之"騫"應字義相同。薛、李二家釋"明炁四騫"稍有不同，但似均無明確證據。"騫"字既無開義，也無迥上義。

"騫"字於此不可通，實當破讀爲"鶱"。《説文·鳥部》："鶱，飛皃也。"① 洪邁《容齋五筆》卷七："騫、鶱二字，音義訓釋不同。以字書正之，騫，去乾切，注云：'馬腹縶，又虧也。'今列於《禮部韻略》下平聲二仙中。鶱，虛言切，注云：'飛皃。'今列於上平聲二十二元中。文人相承，以騫騰之騫爲軒昂掀舉之義，非也。其字之下從馬，馬豈能掀舉哉……其下從鳥，則於掀飛之訓爲得。此字殆廢於今。"② 是古人多書"鶱"作"騫"。

"騫"當讀作"鶱"，"鶱"即飛義，杜光庭《道教靈驗記》卷三"鄭畋相國修通聖觀驗"條："相國亦欲振袂騫飛。"③ "騫飛"近義連文，可證。"明炁四騫"即明炁四飛，"飛生自騫"即飛生自飛。P.2399《太上洞玄靈寶空洞靈章》："靈風鼓旗，十絶繞騫。"意謂十絶靈幡旋繞而飛。《洞玄靈寶自然九天生神章經》："一唱萬真會，騫爽合成家。"董思靖解義："所以能使遊騫之爽，歸而與魂相合，安然不離其所也。"（D6，p.414）其説極是，"騫爽"即同經之"飛爽"。王希巢以"騫違"釋"騫"（D6，p.458），誤甚。

道經中又習見"騫林""騫樹""騫木"，爲仙界之林木，如P.2431《洞玄靈寶諸天内音自然玉字》："又以五月五日、七月七日，朱書下四字，向南服之，則魂神受練，炁自澄正，八景備守，共舉人身，上

---

① 《説文解字》，第82頁。
② 《容齋隨筆》，第909—910頁。
③ 《杜光庭記傳十種輯校》，第185頁。

升玄都之上、騫林之中也。"P.3022v《太上洞玄靈寶真文度人本行妙經》:"太上道君於西那天鬱察山浮羅之岳,坐七寶騫木之下。"《洞真上清神州七轉七變儛天經》:"仰掇騫林實,含華增年筭。"(D33,p.547)此類之例極多,但注家尠釋"騫林""騫木"之義。今疑"騫"亦當讀作"鶱",正得義於"鶱"之飛義。"騫林"之得名正與"飛軿"相近。

五 展示特殊構詞法

【鼓洋】【鼓從】

P.2728《金真玉光八景飛經》:"雲中含朱宫,北帝踴神兵。鼓洋自智道,玄運來相征。""鼓洋自智道",《道藏》本作"鼓翔自知道"(D34,p.58)。

P.2606《太上洞玄靈寶无量度人上品妙經》:"五帝大魔,万神之宗。飛行鼓從,捻領鬼兵。麾幢鼓節,遊觀太空。"

按:P.2728之"智"當讀作"知",陸修靜《太上洞玄靈寶授度儀》(D9,p.843)、《無上秘要》卷四十[1]皆引作"鼓洋自知道",是知"洋"字是。"鼓洋"蓋指踴躍且喜樂,與前"踴"字呼應。"洋"蓋即"洋洋",爲喜樂貌。《上清修身要事經》引《消魔經》云:"祅魔鼓洋,穢氣紛紛。"(D32,p.572)《太上靈寶諸天内音自然玉字》卷四:"咎醜遏生源,通勃肆鼓洋。"(D2,p.554)亦有"鼓洋"一詞。P.2386《太上洞玄靈寶妙經衆篇序章》引《元始五老赤書玉篇真文天書經》:"八者,羣鳥翔儛,飛欣天端。九者,蛟龍踴躍,鼓洋淵澤。"[2]"鼓洋"亦與"踴躍"連用,且"鼓洋"與前"飛欣"構詞正一致。《洞玄靈寶二十四生圖經》:"龍麟踴躍,鳥獸飛欣,三界長樂,人神歡焉。"(D34,p.343)亦有"飛欣"一詞,且與前"踴躍"對文,可知"飛欣"與"踴躍"近義,指高飛且歡欣。

與"鼓洋""飛欣"構詞法一致的還有"鼓從"一詞,前揭P.2606

---

[1] 《無上秘要》,第594頁。
[2] 《元始五老赤書玉篇真文天書經》仍存《正統道藏》中,但"欣"誤作"掀"。

拘校道文

《度人經》即其例。但古代注家多以"鼓從"之"從"爲導從之義，嚴東即注《度人經》云"導從鬼神"，薛幽棲亦云："飛天靈魔，乘虛駕浮，前導後從，統押鬼兵。"（D2，p.221）但如此解釋則"鼓"字無著落。成玄英注云："此明五帝大魔常部領鬼兵，飛行大虛之中，以音聲鼓吹之從，故云飛行鼓從也。"如此解釋雖似可通，但與下句"麾幢鼓節"義複。杜光庭《太上黄籙齋儀》卷四十、卷四四載《衛靈咒》均有"吉日行事，八威鼓從"一句（D9，pp.292，309），此"鼓從"與《度人經》之"鼓從"義同。蓋"從"讀作"縱"，爲縱恣之義。"鼓縱"即踴躍而縱恣。

"鼓洋""飛欣""鼓縱"，皆爲動詞加一表示精神狀態的形容詞。這與一般的述補短語構詞有所不同，"洋""欣""縱"并非"鼓"和"飛"的結果或趨向，而是伴隨"鼓"和"飛"的狀態。這似乎是古代漢語中一種較爲罕見的構詞方法。

第二節　語言文字研究與敦煌道教文獻斷代

語言文字在不斷地發展演變，歷史文獻多能體現出成書時特有的語言特點。道教文獻多自稱爲天尊、老君等所授，但其中也難免帶有一定的時代特色。抓住這些語言特色，有助於判斷道經的成書時代。夏先忠《六朝上清經用韻研究》[1]就曾以押韻特點判斷上清經的成書時代。前文關於《九真中經》演變過程的研究也利用了其咒語的押韻特色。但應指出的是，從語言文字角度判斷道經的成書時代，還應結合文獻記載，分析文獻的内容層次，不然難免會得出錯誤的結論。本節即通過詞彙、音韻研究，分析《長樂經》、《老子化胡經》卷十這兩種内容不太複雜的道教文獻。

一　《長樂經》成書時代考

敦煌文獻中共有兩件《長樂經》寫卷，一件爲S.4610，首殘尾

---

[1] 夏先忠：《六朝上清經用韻研究》，西南交通大學出版社2010年版。

全，尾題"長樂經卷第六"，起"☒羅巾"，至卷末，共三紙七十九行，背抄《受八關齋戒文》；一件爲 P.3200，首尾殘缺，起一殘"尊"字，至"八百九十"，共一紙二十五行，背抄雜詩十二首。兩件寫卷筆跡一致，應爲一人所抄，但無法確定是否同卷。從 S.4610 "長樂經卷第六"的尾題看，該經至少有六卷，這在南北朝道經中是屬於卷帙比較大的。該經不見於《正統道藏》，也不見他書稱引，除這兩件敦煌寫卷外，文獻中再無關於該經的其他信息。王卡認爲該經"類似《女青鬼律》等早期天師道經書"，是"早期天師道宣教講經文"①。但該經除與《女青鬼律》卷五一樣爲韻文外，再無其他相似之處，且也不具備"講經文"的形式，因此王氏的論斷恐不確。

該經數處提到"天尊"，如 S.4610 稱"天尊念度之"，"天尊念此人"。目前見到的最早使用"天尊"這一最高神的是成書於晉宋之際的早期靈寶經②，那麼《長樂經》的成書應在此之後。除了"天尊"這一最高神外，《長樂經》還有不少與靈寶經相似的地方。《長樂經》中的修煉方法主要是讀經和禮拜，S.4610 即稱："轉讀万部經，六時礼拜尊。"又稱："晝夜長礼拜，讀經長不猒。"P.2606《太上洞玄靈寶无量度人上品妙經》亦云："凡有此灾，同炁皆當齋心脩齋，六時行香，十遍轉經，福德立降，消諸不祥。"這與上清派以存思爲主的修煉方式是不同的。

但《長樂經》與一般的靈寶經又有顯著不同。除"天尊"外，《長樂經》僅有"仙人""玉女"之類的神，再無其他具體神真；而靈寶經一般會有太上道君、天真皇人等仙真作爲受經者出現。S.4610 稱："卅三種重，天文書來闢。"這是用三十三天之説，而此説在現存的南北朝道經中很少出現③。該經的用詞也與一般靈寶經有所不同。《長樂經》每段開頭均有"尊下長樂經"一句，另外還有"尊見喚度之，上天簡龍髥""載經入天宮，尊喚迴頭看""尊言可共事，徘徊有

---

① 王卡：《敦煌道教文獻研究——綜述·目録·索引》，第235頁。
② 參［日］小林正美《六朝道史研究》，第157頁。
③ "三十三天"的概念來自佛教，道教中也有相關内容，但數量較少，詳參路旻《晉唐道教天界觀研究》，博士學位論文，蘭州大學，2018年，第46—47頁。

歲寒，尊言好共事，眼大心裏寬"等等，這些例子中的"尊"應即"感徹聖尊意"之"聖尊"，亦即"天尊念此人"之"天尊"。所謂"尊下長樂經"即天尊降下《長樂經》。將"天尊"簡稱作"尊"，這在敦煌道教文獻中再無用例，在傳世南北朝道經中筆者也未見到。

因此，《長樂經》受到了靈寶派深刻影響，但又與一般道經有許多不同之處，很可能是獨立於上清、靈寶等之外的教派創作的經典。本書以下從詞彙、音韻的角度對該經的成書時間略作分析。

《長樂經》在敦煌道教文獻中非常有特點，現存部分全部爲五言詩體，與 P.2004《老子化胡經·玄歌》形式相近。《長樂經》每段經文以"尊下長樂經"起首，格式整齊。除了這種形式上的特點外，《長樂經》在語言上也有鮮明的特點。與 P.2004 明顯的北朝特徵不同，《長樂經》有著鮮明的南方特色。如稱人爲"儂"，P.3200："枉殺邊老儂。"又云："得師誡勒來，万倍作好儂。""老儂"當即老人，"好儂"當即好人。戴侗《六書故》卷八："儂，吳人謂人'儂'。按，此即'人'聲之轉，甌人呼若'能'。"① 《长樂經》正與戴侗所述吳人之語言特徵相同。

該經除少數地方可能有脫文之外，全經押韻。S.4610 第一首主要押先、仙、山、寒、桓等韻，但也有如"巾""人""勤""椿"等真、文部字，以及一個"尊"字魂韻字。這與南北朝道經臻、山二攝通押的慣例是一致的②。第三首的情況與第一首類似，除篇末數句可能有脫訛外，均真、先、山、魂等韻通押。

S.4610 第二首可能是兩或三首因脫誤糅合在一起的，其押韻情況可分爲三部分，第一部分押咸攝字，但有一個"尋"字侵韻字；第二部分押梗攝字，但有一"方"陽韻字及"繩""騰"蒸登韻字；第三部分主要押侵部字以及少量咸攝字，另有一"中"冬韻字，一"前"先韻字，一"張"陽韻字。值得注意的是第三部分中"中"字與侵韻字押韻。冬

---

① 《六書故》，第 201 頁。
② 關於此問題，可參夏先忠《六朝上清經用韻研究》，第 42 頁。

部字上古與侵部字發音接近①，此經"中"與侵部字押韻，可能是當時某種方言的古音殘留。古本《九真中經》"中"與真、文、元部字押韻②，與此有類似之處。或《長樂經》亦爲句容一帶的道流所撰。

S.4610 第四首主要押齊、皆、灰、咍、支、微數韻，並有"時""之"二之韻字。值得注意的是整首詩沒有脂韻字，這表明可能當時脂、微已經分開，這應該已是南北朝中後期的特徵③。

P.3200 第一首前半殘缺，現存部分主要押庚、清、青三韻。第二首主要押東、冬、鍾、江韻。值得注意的是，第二首中東韻字與鍾韻字數量大致相當，可見東、鍾應是不分的。王力說："在南北朝第一期，東冬鍾江是同用的……第二期除江（淹）王（儉）謝（朓）三人以外，東鍾的界限就很顯明。"④ 周祖謨也説："《廣韻》東冬鍾江四韻在劉宋時代是完全通用的，到南齊的時候，除江韻字少用外，其餘三韻有分別有兩部的趨勢……到了梁代以後，除江淹外，大都分別得很清楚；北齊、北周、陳、隋各家也是如此。"⑤ 因此，從這一角度説，本經可能是南北朝中期的作品。

總之，《長樂經》中脂、微分立，東、鍾不分，真、文通押，應該是南北朝中期的作品。經中使用了一些南方特色的詞彙，"中"與侵部字協韻，則該經應爲吳人所撰。綜合這些情況看，《長樂經》大約是齊梁時期吳地受靈寶派影響的道流所撰。

二 《老子化胡經》卷十用韻考

P.2004 寫卷，首題"老子化胡經玄歌卷第十"，尾題"老子化胡經卷第十"。逯欽立考訂該卷爲"北魏太武帝太平真君七年以後之作"，"固齊周以前之書"⑥，其説實爲不刊之論。逯欽立《先秦漢魏晉

---

① 可參羅常培、周祖謨《漢魏晉南北朝韻部演變研究（第一分冊）》，第33頁。
② 參本書第三章第二節。
③ 可參周祖謨《齊梁陳時期詩文韻部研究》，載《周祖謨語言文史論集》，第183頁。
④ 王力：《南北朝詩人用韻考》，載《王力文集》第十八卷，第36頁。
⑤ 周祖謨：《齊梁陳時期詩文韻部研究》，載《周祖謨語言文史論集》，第172頁。
⑥ 見逯欽立《跋〈老子化胡經·玄歌〉》，載《逯欽立文存》，第561—563頁。

南北朝詩》收錄該卷①，項楚《〈老子化胡經·玄歌〉考校》一文又對逯氏錄文做了詳細考訂②，使該卷錄文臻於完善。該卷全文用韻，其用韻除了鮮明的南北朝特點外，還有一些獨特的地方，這似乎是學界較少措意的。故本書試分析該卷用韻特點，並與同時期其他韻文做一對比，供方家參考、批評。

（一）脂微部

脂、微合用。《化胡歌》第一首，"師""夷"與"威""暉""微""衣"等韻；《尹喜哀歎》第四首，"累""師"與"衣""微""歸"等韻；《老君十六變》之八，"地""比""利""次""地"等與"氣"韻；《老君十六變》之十五，"夷""尼""私"與"歸""微"韻；《老君十六變》之"六百歲"，"誰""悲""衰""誰"與"歸""非""微"韻。這均可見在《玄歌》中脂韻與微韻是通押不分的。王力說："南北朝第一期，脂微也是通用的。到了第二期，微韻獨立了。"③周祖謨也說："脂部的脂微兩類字，在晉代是同用不分的⋯⋯到了宋代就有些人分用了⋯⋯發展到齊梁時期，脂微兩韻就分化爲兩部了。"④就劉綸鑫所集的南北朝詩文韻集來看⑤，王、周二氏的結論無疑是正確的。南朝詩文自然如王、周所說，即便是北朝，北齊、北周除了脂韻的"衰"字或與微韻通押外⑥，再不見脂、微通押的例子。北魏留存的韻文較少，只有高允的《答宗欽詩》中"墀"與"微""機""暉"韻。但高允的時代相當於南朝的晉、宋，已屬於王力所說的南北朝第一期了。

與脂、微合用相比較的是，在押脂、微韻的歌辭中，基本沒有之部字，僅在《老君十六變》之十五中用了一個"詞"字。這與南北朝

---

① 見逯欽立《先秦漢魏晉南北朝詩》，第2247頁。
② 見項楚《〈老子化胡經·玄歌〉考校》，載氏著《柱馬屋存稿》，第271頁。
③ 見王力《南北朝詩人用韻考》，載《王力文集》第十八卷，第22頁。
④ 周祖謨：《魏晉南北朝韻部之演變》，第334頁。
⑤ 參見劉綸鑫《魏晉南北朝詩文韻集與研究（韻集部分）》。
⑥ 在南北朝時期，"衰""追""誰""推""葵""帷""遂""馗""悲"等一些舌齒音合口字是屬於微韻的，參王周二氏之書。

前期脂微與之分用是一致的①。

(二) 支部

支與脂、微韻。《化胡歌》第一首，"馳""知"與"師""夷""威""暉""微""衣"等韻；《尹喜哀歎》第四首，"崖"與"累""師""衣""微""歸"等韻；《老君十六變》之八，"企"與"地""比""利""次""地""氣"韻；《老君十六變》之十一，"爲""兒""隨""池""靡""支""知"等與"地"韻。另外，《化胡歌》第一首、《尹喜哀歎》第四首、《老君十六變》之十五，齊韻的"啼"字均與脂、微兩韻通押。依據羅常培、周祖謨的研究，"啼"在兩漢時期是屬於支部的②。王力認爲，"大致看起來南北朝的支韻是獨立的"，雖然他找出了八篇支與脂之微灰合韻的例子，但他認爲"我們當然可以把它們認爲例外，也許其中有些還是傳寫之訛，或僞品"③。但如果我們擴大考察的範圍，就會發現，南北朝時期支與脂微合韻的例子並不少見，如劉琨《撫風歌》"離"與"圍""悲""摧"韻，陸雲《晉故豫章内史夏府君誄》"犄"與"微""輝""違""悲"韻，《答兄平原詩》"垂"與"歸""違"韻，又該詩"馳""罷"與"饑""馴""寐"韻，《鳴鶴》"池""犄"與"衣""睎"韻，鄭豐《答陸士龍·中陵》"犄""儀"與"機""畿""依"韻，張翰《贈張弋陽詩》"馳"與"圻""歸"韻，王廙《婦德箴》"虧"與"暉"韻，郭璞《山海經圖贊·北山經·水鳥》"瑞"與"類""馴"韻，陶淵明《詠三良詩》"虧"與"遺""微""水""帷""歸"等韻。其例尚多，今不再舉。似乎無論南朝還是北朝，前期還是後期，都有這種現象存在。總體上看，南朝多於北朝，前期多於後期。但這批韻文中，多是脂、微韻中雜一兩個支部字，或相反，這與脂、微合韻的情況不太相同。因此很可能僅僅是支部與脂、微韻母稍近，偶爾通押。

---

① 晉代脂微與之總體上講是分用的，但也偶爾會有一些合用的情況，如陸雲《愁霖賦》"悲"與"期""頤""怡"韻，庾數《幽人賦》"虧""規"與"疑"韻等。
② 見羅常培、周祖謨《漢魏晉南北朝韻部演變研究》，第25頁。
③ 《王力文集》第十八卷，第12—13頁。

(三) 灰部

灰與脂、微韻。《化胡歌》第一首，"頹""廻"與"師""夷""威""暉""微""衣"等韻；《尹喜哀歎》第四首，"摧"與"累""師""衣""微""歸"等韻。直到東漢，灰韻的"回""摧""頹"等字都是屬於脂微部的。周祖謨說："三國時期……脂微兩類字單獨在一起押韻的也比較多，有與皆咍灰齊四類字分爲兩部的趨勢。到晉宋時期，脂微獨立，除平聲字有與皆咍灰齊押韻的例子以外，上去聲字很少通押。"① 就現存韻文看，晉、宋時期灰與脂微通押的例子還有不少，如《真誥》卷三《方諸宮東華上房靈妃歌》"回"與"暉""微""饑""埤""威"等韻，陶淵明《丙辰歲八月中于下潠田舍獲詩》"回""頹"與"衣"韻，謝靈運《撰征賦》"隈""回"與"肥""歸"韻，《江妃賦》"徊"與"暉""菲""微""違"韻，謝莊《代白紵舞歌詞》"回"與"偉""衣""蕤""飛""暉"韻，《樂府詩集》卷四六《讀曲歌》"徊"與"飛"韻，等等。但齊梁以後及北朝的韻文中，均未見灰與脂、微叶韻者。

(四) 祭部

祭、霽、怪、隊合韻。《老君十六變》之十四，"衛""偈""濟""怪""拜""戒""退""誓"合韻。周祖謨說："晉代的作家用韻不十分整齊……祭部還跟脂部、皆部、咍部的去聲字合韻。"② 《玄歌》也符合這種情況。

(五) 魚部

魚、虞、模同用。《老君十六變》之九，"柱""户""所""語""府""主""緒""父"韻，分屬語、虞、姥韻。可見《玄歌》魚、虞、模是不分的。王力說："第一期的魚虞模通用與第三期的魚不與虞模通用是顯然的。"③ 周祖謨也說："魏晉宋一個時期內的作家一般都是魚虞模三韻通用的，到齊梁以後，魚韻即獨成一部，而模虞兩韻

---

① 周祖謨：《魏晉南北朝韻部之演變》，第334頁。
② 周祖謨：《魏晉南北朝韻部之演變》，第336頁。
③ 《王力文集》第十八卷，第18頁。

爲一部。"①

另外,《老君十六變》之七,"嵎"與"由""愁""篌""憂""頭""遊"等韻,是虞與尤侯合韻。S. 1857《老子化胡經序》中"餘""魚""無"與"浮"韻,也是魚虞與尤韻。周祖謨說:"(魚虞模三韻)在魏晉的時候雖然還有人和侯韻字通押,可是到劉宋的時候就很少了。"②

(六) 東部

東、鍾、江同用。《化胡歌》第八首,"雙""松""蹤""童""聰"韻;《老君十六變》之四,"葱""春""雍""龍""空""重""通"韻。王力說:"在南北朝第一期,東冬鍾江是同用的……第二期除江(淹)王(儉)謝(朓)三人以外,東鍾的界限就很顯明。"③周祖謨也說:"《廣韻》東冬鍾江四韻在劉宋時代是完全通用的,到南齊的時候,除江韻字少用外,其餘三韻有分別爲兩部的趨勢……到了梁代以後,除江淹外,大都分別得很清楚;北齊、北周、陳、隋各家也是如此。"④《玄歌》東、鍾、江韻混押不別,則應是"第一期"產物。

(七) 庚部

庚、清、青同用。《化胡歌》第三首"明"與"經""庭"韻,《老君哀歌》第一首"冥"與"榮"韻,《老君哀歌》第六首"名"與"星"韻,《老君十六變》之十"停"與"生"韻,《老君十六變》之十三"經""迎""城""兵""生"韻。

值得注意的是,《老君十六變》之"五百歲","兄"與"昌""長""翔""嘗""央"等韻,則是讀"兄"入陽唐韻,合于先秦古韻。這在晉代的詩文中也有一些例子。周祖謨說:"晉代還有少數作家,如傅玄、張華、陸雲、左思等人間或把庚部的'明京慶衡橫兄羹景'一類字和陽部字押韻,這種現象跟東漢時期相似。這說明'明京

---

① 周祖謨:《魏晉南北朝韻部之演變》,第361頁。
② 周祖謨:《魏晉南北朝韻部之演變》,第33頁。
③ 《王力文集》第十八卷,第36頁。
④ 周祖謨:《魏晉南北朝韻部之演變》,第352頁。

445

兄'等字的韻母讀音跟陽部還是比較接近的。但是到了宋代，除顏延之把'衡'字和陽部字押韻以外，再看不到這種現象了。"①

（八）真文元部

真、文、先、仙、山通押。《玄歌》中押臻攝、山攝韻的句子最多，情況也最爲複雜，總體來看，這真、文、先、仙、山五類字是通押不別的，另外夾雜了少量元、魂、寒、桓、删等類字。如《化胡歌》第二首，真韻有"身""秦""人""瞋""真"，文韻有"文"，先韻有"年"，山韻有"間"，仙韻有"緣""仙""連""泉"；第四首，"山""言""淵""賢""真"韻；第五首，"身""文""山""仙""斷""幡"韻；第七首，真韻有"身""人""真"，文韻有"君""文"，先韻有"淵""天""千"，仙韻有"緣"。此類押韻的例子極多，爲省煩冗，本書不再列舉。周祖謨説："真諄臻文欣五韻，晉代是通押的，可是已經有一部分文韻獨用的例子，到宋代文欣兩韻就不大同真諄臻三韻合用而獨成一部，北魏也是如此……在晉代，先部字還有跟真部字押韻的例子，現象也很錯綜……但是到劉宋時期，先部字就很少與真、寒兩部字押韻。"② 不過南北朝至隋唐的道教文獻中一直有真、文、元通押的傳統，S.1857《老子化胡經序》的成書年代可能已至唐初，其中的情況也與此類似，"浚"與"源""遠"韻，"陳""年""銀""文""玄""填""侖""賓""遷""泯"韻。

在這些寒攝的韻字中，寒桓删類字極少，而先山仙比較多。這似乎説明在寒攝中，先類字和寒類字的主要元音是不同的。另外，元韻字也極少，只有"言""幡""元"三個字，這恐怕也是因爲元韻最接近寒桓删，而與先仙稍有不同了。

另外，真文等類字，還偶與庚青韻字通押。《化胡歌》第三首"賢"與"明""經""庭"韻，《化胡歌》第四首"平"與"山""言"等韻，《化胡歌》第六首"庭"與"人""身""賓""雲"

---

① 周祖謨：《魏晉南北朝韻部之演變》，第21頁。
② 周祖謨：《魏晉南北朝韻部之演變》，第331—332頁。

第七章 敦煌道教文獻與語言文字研究

等韻,《化胡歌》第七首"嬰""行"與"身""淵""天""千"等韻,《尹喜哀歎》第二首"冥""並"與"天""君""文""間"韻,第五首"生"與"神""天"等韻,《老君哀歌》第一首"冥""榮"與"君""賢""天""間"等韻,此外,《老君哀歌》第三首、第六首,《老君十六變》之十、十二、十三、十五都存在這種情況。

真、文、先、仙、山也有些與侵、添、嚴韻字通押的。《化胡歌》第二首"心"與"身""真"韻,第三首"嚴"與"妍""旋"韻,第四首"吟"與"山""言""淵""賢""辛"等韻,《尹喜哀歎》第五首"尋""深""身""門""前""然""嚴"韻,《老君哀歌》第一首"金"與"神""人""天""仁"等韻,第二首"侵"與"神""人""前""間"等韻,第五首"尋""深"與"人""年""雲""存"等韻,《老君十六變》之十三"金""心"與"緣""人""心"等韻。

王力說:"就真諄臻三韻看來,收'n'的韻尾很有些地方是與收'ng'或收'm'的韻尾混用的……乍看起來,真侵相混與桓覃相混都很像今北音與吳音,真庚相混也像今北音;但我們決不能如此判斷。在南北朝的韻文裏,韻尾'm''n''ng'三系的界限是很顯明的……由此看來,一定是以爲真庚侵的主要母音相同,所以詩人們可以偶然忽略了它們的韻尾而以真庚合韻,或真侵合韻。"① 筆者考察了南北朝時期的韻文,除了王力所舉的何承天、陶弘景、謝惠連、蕭綱、江總、庾信的詩中有這種現象外,傅咸、陸機、陸雲、左思、摯虞、潘岳等人的詩文中也存在這一現象。而這些詩人的籍貫幾乎遍佈全國,似乎也很難把方言定爲這一現象的成因。

特別值得注意的是"西"字,《玄歌》中三處"西"均與先、山、仙韻,《化胡歌》第三首"西"與"山""懸"韻,《老君哀歌》第一首"西"與"天""旋"韻,第四首"西"與"元""山"韻。逯欽立改《化胡歌》第三首之"天西"作"西天",便是以爲"天西"不叶韻,

---

① 《王力文集》第十八卷,第44頁。

項楚已駁其誤①。實際上，"西"在先秦即讀入元部，南北朝前期，"西"也有不少與先韻通押的例子。王力說："謝靈運、袁淑都把它讀入先仙韻，這與先秦古音相符；但江淹在《寄丘三公》裏雖把它讀入先仙韻，在《冬盡難離》裏又把它讀入齊韻，同是一個人而有兩種讀法，便不容易索解。我們可以這樣猜測：南北朝第一期的'西'字歸先仙，第二期歸齊。"②《子夜歌·儂作北辰星》"西"與"移"韻，《神弦歌·湖就姑曲》"西"與"磯"韻，樂府歌辭的時代很難確定，但《樂府詩集》以爲是晉、宋、齊曲，則應當不會太晚，其中"西"已讀歸齊了。

另外比較奇怪的是，《化胡歌》第七首"遙"與"嬰""身""淵""行"等韻，《老君哀歌》第三首"疼"與"瞋""生""身"等韻，《老君十六變》之十二"宮""夷"與"身""人""關""間""聞"等韻，之十三"僧""蟲"與"倫""人""君"等韻。其中，東、冬、登部字與真、文的合韻可能還是屬於前面所說收"n"韻尾與收"ng"韻尾的混用，這在晉代詩文中也有用例，如左思《魏都賦》"中""隆""風"與"人""塵""均"韻，晉《正旦大會行禮歌》"雍"與"賓""新"韻，阮籍《大人先生傳》"矜"與"民""神""人""仁""振"韻，等等。脂部的"夷"與真、文合韻，則竟是"i"韻尾與"n"韻尾的通押了，而宵部的"遙"與真文合韻則似乎更無法解釋，這可能是偶爾的出韻，也可能是傳寫之訛了。

（九）入聲

屋、燭、覺同用。《老君十六變》之六"角""嶽""瀆""曲""局""速""穀""足"韻。屋、燭、覺同用，這與東、鍾、江同用相對照。

比較特別的是，《玄歌》中有德與屋燭通押的例子。《老君十六變》之六"國"與"角""嶽""瀆"等韻，《老君十六變》之十四"國""得"與"欲"韻。這似乎沒什麼規律，但在晉人的詩文中也能找到一些旁證。陸機《贈武昌太守夏少時詩》"國"與"服""曲"

---

① 項楚：《柱馬屋存稿》，第279頁。
② 《王力文集》第十八卷，第50頁。

韻，《與弟清河雲詩》"國"與"嶽"韻，陸雲《吳故丞相陸公誄》"國"與"樂""學""璞""屋"韻，王儉《南郡王冠祝辭》"德"與"服""福"韻。

下面再考察一下《玄歌》所產生的地域問題。《顏氏家訓·音辭》曾説："北人以庶爲戍，以如爲儒，以紫爲姊。"① 這是説北人魚虞不分，支脂不分，這都很合于《玄歌》的情況。周祖謨也説："在吳郡各家的詩文中《切韻》的魚虞兩韻字分用不混，這是吳音的一大特點。"② 而《玄歌》中魚虞模混用不別，則該書當非揚州作家的作品。周祖謨又認爲幽州、冀州作家的"詩文中支脂之三部分不混用，極爲明顯"③，而《玄歌》中支部與脂部混用的例子還是比較多的，則該書亦非幽冀作家的作品。周祖謨又認爲雍州和益州地區侵部字的 –m 韻尾都有變爲 –n 韻尾的趨勢，這是《玄歌》中比較普遍的情況。但如前所述，如謝惠連、陶弘景、何承天、蕭綱、江總、庾信等人的詩文中也都有這種現象，則很難據周説謂《玄歌》爲雍、益人所爲。

《玄歌》脂微同用，灰與脂微通押，魚虞模同用，魚虞與尤侯通押，東鍾江同用，庚清青同用，真文先通押，屋燭覺同用，"西"讀入先仙，"兄"讀入陽唐，這都符合南北朝中前期詩文的用韻特點，而與南北朝後期迥異。從《玄歌》的用韻上來分析，《玄歌》的產生最遲應不晚於 6 世紀初，這正與逯欽立的分析結果相合。

除了用韻的問題外，其他一些旁證也可以證明《玄歌》的時代。"老君十六變詞"爲七言體，且句句押韻。早期的七言詩均句句押韻，至劉宋鮑照方出現隔句押韻的形式，蕭梁以後此體大興，七言詩基本均爲隔句押韻④。"老君十六變詞"這種句句押韻的形式，恐怕也表明其時代較早。另外，從"生在中都在洛川"一句來看，《玄歌》成書

---

① 《顏氏家訓集解》，第 530 頁。
② 周祖謨：《魏晉南北朝韻部之演變》，第 63 頁。
③ 周祖謨：《魏晉南北朝韻部之演變》，第 61 頁。
④ 關於此問題，可參陳允吉《中古七言詩體的發展與佛偈翻譯》，載氏著《佛教與中國文學論稿》。

應在孝文帝遷都洛陽之後。綜合各種證據來看,《玄歌》大約應成書於6世紀初葉。

第三節 語言文字研究與敦煌道教文獻校勘

學術界對敦煌道教文獻的整理,目前主要以《中華道藏》和王卡主編的《敦煌道教文獻合集》爲主,此外還有許多學者對單種或單篇文獻進行了校錄整理工作。這些論著已取得了非常豐碩的成就,但在細節上可能還稍有問題。對敦煌道教文獻進行校勘整理,應該對文字學、訓詁學有一定了解,應該知曉一些道教特殊詞語的意思,不然就容易得出錯誤的結論。本節即從文字學、訓詁學和道教特殊詞語方面舉例說明語言文字研究在敦煌道教文獻校勘整理中的重要作用。

一 文字研究與經書校勘

從敦煌道經寫本來看,早期道教文獻中多有古字、俗字,後世或不識這些古字、俗字而誤改。只有利用文字研究的方法,才能對這些内容做出正確的録文和校勘。另外,敦煌道教文獻中還有少量俗文字不載於字書,也需要利用文字研究的辦法來識別。

【淵—咽】

P.2576v《上清三真旨要玉訣》:"夫炁者,神明之▨▨(器匠,清)濁之宗咽。"《道藏》本"咽"作"淵"(D6,p.629)。

按:宗、淵近義連文,當以《道藏》本爲是。P.2576v下文有"淵渟岳峙"之文,可知該卷不避"淵"字,"咽"字不太可能是因避諱而改。《説文·水部》:"淵,回水也。▨,古文从口水。"[1] 從古文字形看,"淵"確實會寫作"▨""▨"等形[2],與"▨"相近。《汗

---

[1] 《説文解字》,第231頁。
[2] 参《楚文字編》,第638頁。

簡》《古文四聲韻》中收有"淵"字"㈠""㈡""㈢"等形①，亦可見"淵"的這一古文形式在傳抄古文中確有流傳。"㈠"隸定則爲"囦"形，後世又增旁作"洇"②。頗疑 P. 2576v 祖本即作"囦""洇"等形，傳鈔者不識而誤作"咽"。

【憎散】

S. 1605 + S. 1906《上洞玄靈寶真一勸戒法輪妙經》："若見富貴，思念无量，普得温足，身與我神，憎散功德。""憎"，《道藏》本《太上玄一真人説妙通轉神入定經》作"博"（D6，p. 173），《要修科儀戒律鈔》卷五引作"儈"（D6，p. 942）。

按："憎""儈"《説文》不載，《玉篇・心部》："憎，惡也，憎也，悶也。"③ 又《玉篇・人部》："儈，合市也。"④ 於此均不可通。《道藏》本作"博"義似稍通，但與敦煌本及《要修科儀戒律鈔》所引均不相同，亦令人生疑。今疑"憎""儈"皆"厚"字之誤。《龍龕手鏡・人部》："會仚，古文，上厚，下施字。"⑤ 又云："會，音厚。仚，古文，音施。"⑥ "會""會"即"厚"字，可能均爲"㫗"字形變⑦。《説文・㫗部》："㫗，厚也。从反亯。"段玉裁注："厚當作㪗，上文曰'㪗，㫗也'……今字厚行而㫗廢矣。"⑧ "厚"字古文既从反"亯"，故取"亯"字異體"會""會"爲"厚"字。"會""會"又與"會"字形均相近，後世容或誤爲"會"，又從而誤作"憎""儈"。

至於"散"字，很可能是"施"字之誤。《説文・攴部》："㪚，敷也。"段玉裁注："今字作施，施行而㪚廢矣。"⑨《古文四聲韻》卷

---

① 《汗簡　古文四聲韻》，第 33、81 頁。
② 見《字彙補》（與《字彙》合刊），第 109 頁。
③ 《宋本玉篇》，第 156 頁。
④ 《宋本玉篇》，第 58 頁。
⑤ 《龍龕手鏡》，第 36 頁。
⑥ 《龍龕手鏡》，第 37 頁。
⑦ 詳參徐在國《隸定古文疏證》，第 120 頁。
⑧ 《説文解字注》，第 229 頁。
⑨ 《説文解字注》，第 123 頁。

・451・

拘校道文

一引《汗簡》"施"字古文作"✿"①，則又"✿"之形變②。《集韻·支韻》載"施"之異體"㤅"③，又爲類似"✿"字形的隸定。"㤅"字與"散"字形稍似。蓋《上洞玄靈寶真一勸戒法輪妙經》原作"厚施功德"，但用古字，寫作"㑹㤅"，後世不識，轉錄作"會散""憎散"，《道藏》本則又以"憎散"不通而改作"博散"。

【新—科】

P. 2920《道典論》："玉帝命高上真真撿仙君新集寶目，合爲衆經，以紫筆繕文，金簡爲篇，皆出上皇玄古之道。"《道藏》本"新"作"斷"（D24，p. 839）。

按：該文係引《洞真上清青要紫書金根衆經》，彼經"新"作"科"（D33，p. 424）。《無上秘要》卷三二、《雲笈七籤》卷八引此經，均作"科集"④。又《正統道藏》正一部《上清太上黃素四十四方經》："是以太上道君命上清高仙、太極真人，科集品目，陳其次序，合爲黃素神方四十四首。"（D34，p. 73）亦稱"科集"。科集，謂分類集聚。《道藏》本作"斷"當是誤字。張涌泉師已指出，"新"形既可以是"斷"字俗書，又可以是"料"字俗書⑤，實則此形又可以是"科"字俗書。"禾"旁、"米"旁義近，俗寫多換用，如"秕"或作"粃"，"穅"或作"糠"，"稞"或作"粿"⑥。P. 2590《春秋穀梁傳集解》"諸侯相歸粟"，"粟"字從"禾"作"栗"；P. 2539《天地陰陽交歡大樂賦》"五寸曰穀實"，"穀"字從"米"作"𥡴"；P. 2470《太玄真一本際經》卷四"諸稟勝法"，"稟"字從"米"作"𥹥"。類似之例極多，不煩再舉。故如同"料"可寫作"新"，"科"亦可寫作"新"。敦煌道教文獻中"科"作"新"者也并非僅此一例，S. 203

---

① 《汗簡　古文四聲韻》，第 68 頁。
② 參徐在國《隸定古文疏證》，第 148 頁。
③ 《宋刻集韻》，第 25 頁。
④ 《無上秘要》，第 474 頁；《雲笈七籤》，第 154 頁。
⑤ 張涌泉：《史書俗字辨考五題》，《語言研究》2004 年第 4 期。
⑥ 以上並見《玉篇·米部》，《宋本玉篇》，第 293—294 頁。

《太上正一度仙靈録儀》"今輒依科輪鈑賢罰薪如法","科"亦作"籵"形①。《道藏》本之祖本蓋正作"籵"形,後人不識其爲"科"字,誤録作"斷"。

【踈—竦】

羽612號《洞真高上玉帝大洞雌一玉檢五老寶經》:"讀之万遍,亦得不死之道也。但未得超景浮空,踈輧落虚,御飈絶轡,騰躍三玄。"《道藏》本"踈"作"竦"(D33,p. 382)。

按:《廣雅·釋詁》:"竦,上也。"②"竦輧落虚",指駕車上升太空,與前"超景浮空"及後"御飈絶轡,騰躍三玄"意思大致相近。道教文獻中多用"竦"表示飛昇,如《抱朴子内篇·對俗》:"夫得道者,上能竦身於雲霄,下能潛泳於川海。"③《真誥》卷六《甄命授》:"竦身抑旄,八景浮空。"④朱熹《步虚詞》:"竦轡絶冥外,眄目撫大荒。"⑤"竦輧"即"竦轡"。

"踈"一般用爲"疏"之俗寫,《玉篇·足部》:"踈,慢也。"⑥《廣韻·魚韻》:"疏,俗作踈。"⑦但"疏"字於此義不可通。此處"踈"蓋爲"竦"字換旁俗字。俗寫"立"旁"足"旁或換用,《龍龕手鏡·足部》"跊"字下:"－跪,雙膝着地。"⑧"跊"正"跪"字俗寫。

【棟—梳】

P.2751《紫文行事決》:"沐浴亦皆向王,燒香於其所。都畢,乃棟頭、束帶、整服,燒香於静室,隨向王再拜而跪礼也。"

---

① 詳參葉貴良《敦煌道經寫本與詞彙研究》,第311—312頁。
② 《廣雅疏證》,第34頁。
③ 《抱朴子内篇校釋》,第49頁。
④ 《真誥》,第96頁。
⑤ 朱熹:《晦庵先生朱文公文集》卷一,《朱子全書》第20册,第252頁。
⑥ 《宋本玉篇》,第134頁。
⑦ 《廣韻校本》,第71頁。
⑧ 《龍龕手鏡》,第463頁。

拘校道文

按：《説文·木部》："楝，短椽也。"① 於此顯然不可通。《集韻·遇韻》："束楝，或從手。"② 俗寫"扌"旁、"木"旁易淆，"楝"有一定可能是"揀"字俗寫。但文獻中一般稱"束髮"，而不是"束頭"，"束頭"似亦不可通。今疑"楝"爲"梳"字俗體。"疏"字俗寫或作"疎""踈"，"蔬"亦可作"蕀"（見《李仲璇修孔子廟碑》）。《説文·木部》："梳，所以理髮也。从木，疏省聲。"③ "梳"既從"疏"得聲，則"梳"字有可能作"楝"，與"疏"俗寫作"疎"一致。

【高—臺】

P.2431《洞玄靈寶諸天内音自然玉字》："堂耀天中，第一至第四四字書玉京九曾之高，主飛天真人朝礼之典。""九曾之高"，《道藏》本作"九層之臺"（D2，p.540）。

按：曾、層古今字，文獻中多用"曾"作"層"④。底本"高"字不可通，當以"臺"字爲是。P.2431 下文云："極摇天中，第一至第四四字，書玉京山七寶臺上。"又云："其下四字，並書玉京玄臺。"皆稱天文書於玉京之"臺"。《道藏》本《洞玄靈寶諸天内音自然玉字》卷三云："三象既分，而有九層之臺，處乎玉京之山，焕乎玄都之上。"（D2，p.552）亦謂玉京山有"九層之臺"，是《道藏》本作"臺"字是。

考"臺"字俗寫或作"臺"。《龍龕手鏡·土部》："臺，古文臺字，土高也。"⑤ P.2395《道要靈祇神鬼品經》："大試過，便保舉上登玉京臺。""臺"亦作"臺"形。除道經外，佛教文獻中亦用此形，如P.2086《十地論·法雲地第十》："大琉璃摩尼寶爲莖，不可量真（栴）檀王爲臺，大馬瑙寶爲鬚，閻浮檀金爲葉。""臺"即寫作"臺"形。

---

① 《説文解字》，第121頁。
② 《宋刻集韻》，第187頁。
③ 《説文解字》，第121頁。
④ 《説文·尸部》："層，重屋也。"段玉裁注："曾之言重也，曾祖、曾孫皆是也。故从曾之層爲重屋。"王筠《句讀》："然曾字足矣，此似後出字。"《説文·八部》："曾，詞之舒也。"朱駿聲《通訓定聲》："叚借爲層。《楚辭·招魂》'曾臺累榭'，注：'重也。'"
⑤ 《龍龕手鏡》，第247頁。

"臺"之書作"壸",除了"土高"會意之外,可能也與字形有關。考"臺"字或作"臺"形(見 P.2329《道德經》)。"臺"字下部"至"旁的"厶"形拉直,則與上橫組合爲"口"旁,《北周長孫君妻羅氏墓誌銘》"臺"字寫作"☒"形,"至"旁上部已接近"口"。"臺"形中部之"厶"發生這種訛變後,整字即變爲"壸"。

"臺"俗寫既或作"壸",則易脱落"土"旁而訛作"高"。

【釩—髡】

P.2442《洞玄靈寶長夜之府九幽玉匱明真科》:"其罪深重,死被釩鉗,循上劍樹,八達交風。""釩",P.2352 及《道藏》本作"髡"(D34,p.382)。

按:"釩"字字書不載,當係"髡"因"鉗"類化的俗字。《説文·髟部》"髡"之篆形作"☒"[①],本爲左右結構。隸變則爲"髡",見《五經文字》[②]。P.2539《天地陰陽交歡大樂賦》"髡髮剃須"之"髡"作"☒"形,即"髡"之稍變。"☒"又省形作"釩",P.2352"魂魄髡截"之"髡"即作"☒"形。P.2442"身形髡截"之"髡"作"☒",則又進一步訛變。"☒""☒"等形受"鉗"字類化改從"金"旁,則爲"釩"。

【㩍】

P.2429《太上妙法本相經》:"亦如禾莠生壟,其初難分,條穗秀穎,結實乃別。秕(粃)參家粟,舂㩍簸揚,隨糠而去。"

按:"㩍"字字書不載。俗寫"扌"旁、"木"旁不别,"舂"及"簸揚"均爲動作,則"㩍"亦當爲動作,當從"扌"旁。《龍龕手鏡·手部》:"搇揃,即淺反,—滅也。"[③]則"搇"爲"揃"之換旁字,於前揭《妙法本相經》中依然義不可通。

---

① 《説文解字》,第186頁。
② 《五經文字》,《叢書集成初編》本,第32頁。
③ 《龍龕手鏡》,第212頁。

拘校道文

今疑前揭"㮑"當爲"揄"字之誤。《詩經·大雅·生民》:"或舂或揄,或簸或蹂。"毛傳:"揄,抒臼也。"① 馬瑞辰《毛詩傳箋通釋》:"揄者,舀之假借。"② 是"舂揄"即舂米後取出。文獻中亦或見二字連用,如曾鞏《舍弟南源刈稻》:"晝務誠遺滯,夜工督舂揄。因觀稼穡勞,始覺奉養優。"③ 俗寫"俞"字下半部分類於"前",如 P.2420《道德經》"既以爲人已俞有,既以與人已俞多","俞"皆作"俞"。P.2035《瑜伽師地論五識身相應地等前十二地分門記》"三喻顯分三","喻"書作"喻","俞"字下半已完全訛變爲"前"。蓋因此後世將"揄"誤作"揃",又將"揃"寫作俗字"㨅""㮑"。

二　詞彙研究與經書校勘

敦煌道經與傳世本有很多異文,這些異文有的體現了宗教觀念的變化,有的展示了文字的發展演變,有些則是後人不明中古詞義的誤改。通過研究敦煌道經詞彙,可以對經書校勘提供一些幫助。

【巓徊】

羽612號《洞真高上玉帝大洞雌一玉檢五老寶經》:"於是五老啓塗,太帝扶軒,西皇秉節,東華揚幡,九天爲之巓徊,太无爲之起烟,幽炁隱藹,八景連塵,顧眄羅於无上,俯仰周乎百圓。"《道藏》本"巓徊"作"低回"(D33,p.390)。

按:此文又見《上清三元玉檢三元布經》(D6,p.224)及《無上秘要》卷九三④,皆作"巓徊",徊、佪異體字。《上清高聖太上大道君洞真金玄八景玉錄》:"晨霞列蠁,三輪九軿,沸洞虛玄,顛倒杳冥。"(D34,p.150)"顛倒杳冥"與"九天爲之巓徊"義正相近。"巓徊""巓佪"皆當讀作"顛迴",倒轉、倒流之義。"顛"之倒義常見,"迴"亦有倒義,如《文選》卷四左思《蜀都賦》:"望之天

---

① 《十三經注疏》,第1144頁。
② 《毛詩傳箋通釋》,第884頁。
③ 《曾鞏集》,第27頁。
④ 《無上秘要》,第1170頁。

·456·

迴，即之雲昏。"① 羽 612 號前文亦云："左迴九天，傎倒七曜。"天本右轉，左行爲倒轉，故稱"左迴"。"九天爲之巔佪"與"天迴""左迴九天"義同，"顛迴"近義連文。《洞真太上説智慧消魔真經》卷一："若欲白日昇天，北詣玉皇，策龍飛景，宮館上清，倒擲瓊輪，巔迴五辰，合日揚光，入月徹明者，當得玉清隱書，佩神金虎符。"（D33，p. 600）"巔迴"，《真誥》卷十八作"顛迴"②。"巔迴五辰"與前"倒擲瓊輪"義近，"巔迴"正是指倒轉。文獻中又或作"巔佪"，除前揭例外，又如《雲笈七籤》卷八十四"尸解次第事迹法度"："所謂化遯三辰，巔佪日精，呼吸萬變，非復故形者也。"③ 或作"顛佪"，朱熹《步虚詞》："宴罷三椿期，顛佪瞖滄流。"④ 又或作"巔回"，《雲笈七籤》卷三一引《九真帝君九陰混合縱景萬化隱天訣》："左佩隱符，右帶虎文。銜火戴斗，手把絶幡。傍麾八風，四掣景雲。逍遥天綱，化蕩七元。蔽伏山河，巔回五辰。日月塞暉，列宿失真。"⑤ 又作"迴巔"，《上清化形隱景登昇保仙上經》："九晨迴巔，隱化无方。"（D33，p. 834）可見敦煌本作"巔佪"是，"九天爲之巔佪"指九天反方向旋轉。《道藏》本作"低回"非。

【尪殘】

羽 612 號《洞真高上玉帝大洞雌一玉檢五老寶經》："又生死父母，並獲罪於地獄，受考毒於三官，尪殘彫零，載禍大冥矣。"《道藏》本"尪殘"作"狂殘"（D33，p. 381）。

按：敦煌本作"尪"是。"尪殘"即"尪殘"，指身體受到殘害，殘廢。《魏書·靈徵志》："徐州鹽蛾喫人，尪殘者一百一十餘人。"⑥《黄帝九鼎神丹經訣》卷十："若刑餘之人，六根不具，耳聾眼瞎，痼

---

① 《文選》，第 76 頁。
② 《真誥》，第 327 頁。
③ 《雲笈七籤》，第 1896 頁。
④ 朱熹：《晦庵先生朱文公文集》，《朱子全書》第 20 册，第 252 頁。
⑤ 《雲笈七籤》，第 706 頁。
⑥ 《魏書》，第 2922 頁。

瘵尫殘，雖有景行，亦不堪也。"（D18，p.826）"尫殘"與"六根不具"等並列，正指殘廢。《雲笈七籤》卷六五《太清金液神丹經》："是以數凶其心，而犯其炁，屢淫其神，而彫其命。不愛其靜而不守其真者，固不免於尫殘。"① 陸修靜《洞玄靈寶齋説光燭戒罰燈祝願儀》："不愛其靜，存（不）守其真，故致於尪殘也。"（D9，p.822）與《太清金液神丹經》相近，正作"尪殘"。文獻中又有"彫尪"一詞，《漢武帝内傳》："泄之者身死道路，受土形而骸裂。閉則目盲耳聾於來生，命彫尪而卒没。"（D5，p.55）"彫尪"正即"尪殘彫零"。《道藏》本作"狂"，當爲"尪"之形訛。

【嗟】

P.2576v《上清三真旨要玉訣》："白浩結羅，素雲玄阿。西岳万精，乘炁逸波。元始告命，制御三華。四域八炁，悉爲我家。有干者斬，有犯者嗟。"《洞真太上三九素語玉精真訣》有此文，"嗟"作"刑"（D33，p.501）。

按：此咒語前半押歌戈韻，後半押家麻韻，若作"刑"則出韻。另外，P.2576v前文已有"有干者戮，有犯者刑"，此處不當與之重複。但"嗟"字義不可通。今疑"嗟"當讀作"槎"。《説文·木部》："槎，衺斫也。"段玉裁注："《魯語》里革曰'山不槎蘖'……《周禮》有柞氏。《周頌》曰'載芟載柞'，毛云：'除木曰柞。'柞皆即槎字。"② 《後漢書·馬融傳》載融《廣成頌》："冒櫳柘，槎棘枳。"李賢注："槎，斫也。"③ "有犯者槎"，蓋即指有干犯者則斫砍之，與前"有干者斬"同義。

《集韻·皆韻》："搓，推擊也。"④ 該詞蓋與"摵""扠"等字同源。《玉篇·手部》："摵，以拳加人也。"⑤《集韻·佳韻》："扠，

---

① 《雲笈七籤》，第1433頁。
② 《説文解字注》，第269頁。
③ 《後漢書》，第1962—1963頁。
④ 《宋刻集韻》，第33頁。
⑤ 《宋本玉篇》，第124頁。

打也。"① P. 2653《燕子賦》："不問好惡，拔拳即差。""差"亦當讀作"搓""攃"。前引道教咒語之"嗟"讀作"搓"似亦可通，但不若讀作"槎"更爲允帖。

【目辰】【眼辰】

P. 2576v《上清三真旨要玉訣》："眉後小空中爲上元六合之府，主化生眼暉，和瑩精光，長珠撤童，保練目辰，是真人坐起之上道也。"《洞真西王母寶神起居經》（D33，p. 461）、《真誥》卷九②"目辰"皆作"目神"。

P. 2751《紫文行事決》："手把真精，頭巾華冠。左佩玉暎，右帶虎文。下坐日月，口吐紫烟。周帀齒舌，朝溉眼辰。出丹入虛，呼魄召魂。"《九真中經》卷上"眼辰"作"眼脣"（D34，p. 35）。

按：從"辰"之字多有邊緣之義，如屋邊謂之"宸""振"，《説文·宀部》"宸，屋宇"，段玉裁注："屋者，以宮室上覆言之。宸謂屋邊，故古書言'棜振'者，即棟宇也。"③ 口邊謂之"脣"，《説文·肉部》"脣，口耑也"，段玉裁注："口之厓也。假借爲水厓之字，鄭注《乾鑿度》引詩'寘之河之脣'。"④ 水邊謂之"漘"，謂之"派"，又謂之"陙"，《説文·水部》："漘，水厓也。"⑤《集韻·諄韻》："漘派，《説文》'水厓也'……漘或省。"⑥《正字通·阜部》："陙，同漘。"⑦

此處"目辰""眼辰"之"辰"蓋與"宸""脣""漘"等字義相近，指眼睛周邊的區域。P. 2751 前文稱"又使吐紫炁，繞兩目，内外九重"，注稱"其外邊九重，出在眼外也"，此蓋"朝溉眼辰"之義，指滋潤眼睛周圍。P. 2576v《上清三真旨要玉訣》又云："阿母

---

① 《宋刻集韻》，第60頁。
② 《真誥》，第147頁。
③ 《説文解字注》，第338頁。
④ 《説文解字注》，第167—168頁。
⑤ 《説文解字》，第232頁。
⑥ 《宋刻集韻》，第35頁。
⑦ 《正字通》，第1237頁。

云：'人之將老，面皮（皺）先從兩目下始。'又：'人之體衰炁少者，先從兩鼻間始也。'謂此二處皮（皺）衰之户牖、炁力之關津，故起居常行此法，以辟皮（皺），而炁力常保康和也。"道教之所以要"保練目辰"，或即與"面皺先從兩目下始"之説有關。

"辰"字此義後世多或寫作"脣"。《幼幼新書》卷三三《胎赤眼第二》："《張氏家傳》小兒、孩兒赤眼爛眼羞明方：黄連半兩，末；輕粉一錢；生雞子殼一個，末之，又研極細。右再研令匀，安在大口瓶子内，用布蓋，星月下露一宿。來日再研匀，用少許津調，敷眼脣上。"該書又有"《莊氏家傳》小兒眼脣赤爛方"①。該卷於標題"胎赤眼第二"下有云"緣目有瘡而赤者是"②，可知所謂"眼脣赤爛"即"緣目赤爛"。敦煌文獻中的"目辰""眼辰"正與《幼幼新書》的"眼脣"文義一致。《九真中經》作"眼脣"，正用此後起用法。《真誥》等書作"目神"，蓋後世不知"辰"字此義而改作音近的"神"字。

【欻悦】

P.2751《紫文行事決》："然存想互用，欻悦不恒，一離一合，在其所念。"

按："欻悦"一詞義不可通。P.2751下文云："陟降欻悦，出有入无。"則"悦"當爲"怳"字之誤。"欻怳"雙聲，係聯綿詞，義爲迅速，或指極短的時間，或指遊移不定。《太平御覽》卷六六五引《東鄉序》云："神奇欻怳，變動無方，非復物理所期。"③ 此即"欻怳不恒"之義。《弘明集》卷一三顏延之《庭誥二章》："靈性密微，可以積理知；洪變欻怳，可以大順待。"④ "洪變欻怳"亦與"欻怳不恒"義通。該詞音轉則爲"欻忽""歘忽"，《太平廣記》卷四八

---

① 《幼幼新書》，第1313頁。
② 《幼幼新書》，第1307頁。
③ 《太平御覽》，第2968頁。
④ 《弘明集校箋》，第732—733頁。

460

二引王嘉《拾遺記》："或長數分，或復數寸，神怪欻忽。"①《初學記》卷一五引，作"歘忽"②。又音轉作"欻吸"，《文選》卷三一江淹《雜體詩三十首·王徵君》："寂歷百草晦，欻吸鵾雞悲。"李善注："欻吸，疾貌。"③又音轉作"嘑吸"，《隸釋》卷八《慎令劉脩碑》："人命嘑吸，不欲煩擾。"④又音轉爲"恍惚"，《文選》卷二八鮑照《升天行》："翩翩類迴掌，恍惚似朝榮。"⑤又作"惚怳"，《文選》卷一二木華《海賦》："廓如靈變，惚怳幽暮。"李善注："惚怳之頃，而又幽暮也。"⑥因此，前揭 P.2751 之"悦"必當爲"怳"字之誤。

【霄霞】

P.4659《太上洞玄靈寶自然至真九天生神章》："淡遊初無際，繁想洞九遐。飛根散玄葉，理反非有他。常能誦玉章，玄音徹霄霞。甲申洪灾至，控翻王母家。永享无終紀，豈知年劫多。"《道藏》本"霞"作"遐"（D5，p.847）。

按：董思靖《洞玄靈寶自然九天生神章經解義》云："人能以常爲法，誦玉章之文，行玉章之道，則功行顯著，自可以上徹九霄之遐遠也。"（D6，p.422）如此則似作"遐"字是。其實作"遐"似是而實非。"霄霞"此處爲一詞，本指天界的雲氣，如《洞真太上太霄琅書》卷四："別有芙蕖之冠，周人謂爲委貌，裝製小異，體用大同，本是諸天神聖高德之冠，皆結三素紫雲，或七色霄霞，或九光精炁，自然成冠。"（D33，p.663）"霄霞"與"紫雲""精炁"義近。由此義引申，又借指天界，《太上玉珮金璫太極金書上經》："能修之者，皆上步霄霞，遨遊太極，寢宴九空，遊行紫虛也。"（D1，p.901）"霄

---

① 《太平廣記》，第3971頁。
② 《初學記》，第375頁。
③ 《文選》，第453頁。
④ 《隸釋　隸續》，第96頁。
⑤ 《文選》，第405頁。
⑥ 《文選》，第181頁。

拘校道文

霞"與"太極""九空""紫虛"之義相同，皆指天界。《洞真太上紫度炎光神玄變經》："清朝服一丸，合三日服三丸，即能乘空步虛，出有入無。令七日合服七丸，即自浮景霄霞，騰身五嶽，五色神官五萬人衛從身形。"（D33，p. 562）"浮景霄霞"即P. 2576v《上清三真旨要訣》的"浮景紫清"，指昇上天界。《雲笈七籤》卷一〇一《元始天王紀》："散形靈馥之煙，栖心霄霞之境。"①"霄霞之境"亦指仙界。P. 3282《自然齋儀》："夫發音誦詠，則聲聞九霄，響徹諸天。""玄音徹霄霞"即"聲聞九霄，響徹諸天"，指誦玉章之音上達天界。《道藏》本改作"霄遐"，誤。由前引董思靖《洞玄靈寶自然九天生神章經解義》可知，至遲在宋代已誤。

【家】

BD14841L《太上洞玄靈寶黃録簡文三元威儀自然真經》："國主公王悉用紫文，以法天家；庶民則用隨命所屬正方之色，以置中央。"《無上秘要》卷五十四引，"家"作"象"②。

按：道教文獻中多見"天家"一詞。P. 2406《太上洞玄靈寶明真經科儀》："龍用上金，命繒用紫文，法天家□□（之重）。"P. 2865《太上靈寶洞玄滅度五練生尸經》："天子用信匹數，公王國主則用丈數，悉用文繒、上金，以法天家之信。"皆作"天家"。"天家"猶上天。中古漢語或在名詞、代詞後加"家"字，表示某一方，"家"爲助詞，沒有實際意義。如S. 3491v《破魔變》："蓋爲父王恩義重，不料魔家力未強。"P. 3079《維摩詰經講經文》："我要修於佛果，汝須速上天宮，莫將諸女厭陳，我家當知不受。"均其例。道教文獻中亦時見用例，如S. 1351《太極左仙公請問經》："夫道家所先，莫近乎齋。"又云："道家經之大者，莫過《五千文》、大洞玄真之詠也。"BD14841L"天家"之"家"蓋亦同此。

---

① 《雲笈七籤》，第2188頁。
② 《無上秘要》，第848頁。

第七章　敦煌道教文獻與語言文字研究

【損棄】【散乞】

P.2352《洞玄靈寶長夜之府九幽玉匱明真科》："生世願樂，宗奉至經，供養三寶，廣開法門，損棄財物，散乞貧民，供師法服，建立治堂，明燈照夜，九幽之中，見世光明，死升福堂。"《道藏》本"損棄"作"捐棄"，"散乞"作"散施"（D34，p.381）。

按：中古文獻中多用"損"表示花費，在宗教文獻中則指減割己身財物以用布施，如 P.2461《太上洞玄靈寶智慧上品大戒》云："施散衆生，損己餉食，一錢以上，皆六千二百倍報。"又云："見人窮乏，飢寒困急，損身布施，令人富貴。"S.1605《太上洞玄靈寶真一勸戒法輪妙經》："若能長齋，燒香礼拜，廣救万物，［功］濟衆生，損身布施，行人所不能行，爲人所不能爲，懷人所不能懷，忍人所不能忍，衆行合法，剋得上仙，坐降雲龍，飛行太空也。""損身"即減少己身所用。P.2466《大道通玄要》卷五引《靈寶經勸誡法輪卷》："上士懃尚，廣開法門，先人後身，救度國王，損口救乏，裸形衣寒，仁及鳥獸，惠逮有生。""損口"即減損食物，亦即"損己餉食"。"損"或與"減"組合成近義連文，如 P.5563《太上洞玄靈寶智慧定志通微經》云："滅（減）損身口，以用受經，財報无盡。"P.2352"損棄"亦近義連文，即"減損"之義。因此，P.2352 作"損"當更符合《明真科》原貌。

與"損"相近的又有"破"字，亦可表示花費，敦煌籍賬文書中習見，如 S.3793《辛亥年團家三等食料案》："十月局席，破麦壹碩五斗，油五升；破粟兩碩捌斗。已上三等破用，壹仰一團人上。"又有"破除""破用""破費"等詞，"破用"如前 S.3793 例，"破費"今猶沿用，"破除"如 P.2942《唐永泰年間河西巡撫使判集》："甘州請肅州使司貯糧：肅州寄貯，其數頗多；近日破除，實將稍廣。終宜減割，以救時須；不可告勞，道今乏絕。仰百方圓融一千石，依前轉送。"

"乞"有給予之義，古或施受同詞，給予、求乞均可稱"乞"，《漢書·朱買臣傳》："妻自經死，買臣乞其夫錢，令葬。"[①] "乞"亦給予

---

① 《漢書》，第2793頁。

· 463 ·

之義。P. 2352 稱"散乞"，正近義連文。《真誥》卷二十《翼真檢》："其後事佛出家，悉分散乞人都盡。"①"散乞"即"分散乞人"。P. 2352 下稱"受經法信，當十分折二送祖師，又折二散乞貧人、山棲道士。"亦"散乞"連言。文獻中習見"散乞"一詞，《北堂書鈔》卷三九引《東觀漢記》云："梁高（商），饑年穀貴，有餓餒，輒遣蒼頭以車載米鹽菜錢，於四城散乞貧民。"②《北史·藝術傳·李順興》："得人所施，輒散乞貧人。"③ 道教文獻中亦多有用例，如 S. 3061《太上洞玄靈寶中元玉京玄都大獻經》："割奪功德，以饒一身，不肯布施，散乞貧人。"《洞真太上素靈洞元大有妙經》："依科當以秘④寶散乞貧民。"（D33，p. 420）因此，P. 2352 作"散乞"當是，《道藏》本作"施"，蓋不知"乞"之古義而妄改。

【墮生】

P. 2461《太上洞玄靈寶智慧上品大戒》："在所墮生，常值聖世，與靈寶法教相值不絶。"《道藏》本"墮"作"托"（D3，p. 391）。

P. 2348《天尊爲一切衆生説三塗五苦存亡往生救苦拔出地獄妙經》："一万以上，報不可勝，願在處墮生，恒得富貴，衣食自然。"《道藏》本《太上洞玄靈寶往生救苦妙經》有此文，"墮"作"托"（D6，p. 282）。

按：作"墮生"是。中村 173 號《龍沙開寶》第二卷第 1 號《護身命經》即改造自《太上洞玄靈寶智慧上品大戒》，彼經亦作"墮生"。"墮"即"墮"之俗寫，"墮生"即"墮生"。"墮生"義即生，二字近義連文。"墮"亦有出生之義。P. 2461《太上洞玄靈寶智慧上品大戒》："勸助法師法服，令人世世長雅，逍遥中國，不墮邊夷，男女端正，冠冕玉珮。""不墮邊夷"即"不生邊夷"。P. 2468《太上消魔寶真安志智慧本願大戒上品》："若於今世忍苦吞分，悔往脩來，趣求奉

---

① 《真誥》，第 348 頁。
② 《唐代四大類書》，第 142 頁。
③ 《北史》，第 2929 頁。
④ 秘，《太上九真明科》作"私"，當是。

第七章 敦煌道教文獻與語言文字研究

法，以自解脱者，亦見世漸報，來生將受大福，當隨富貴侯王之家。"
"隨"當讀作"墮"①，即生之義。"墮"字此義在佛經也多有用例，
如支謙譯《惟日雜難經》："後世不欲墮貧家，墮貧家無所有，便墮
惡因緣；墮富家者意安隱，不隨（墮）奸惡。"（T17，p. 608）"墮
生"一詞在佛經在也較多見，如佛陀耶舍、竺佛念譯《長阿含經》
卷七："諸沙門、婆羅門各懷異見，説有他世，言不殺……者，身壞
命終，皆生天上。我初不信，所以然者，初未曾見死已來，還説所
墮處。若有人來説所墮生，我必信耳。今汝是我所親，十善亦備，
若如沙門語者，汝今命終，必生天上，今我相信，從汝取定。"（T1，
p. 43）"所墮生"即前"所墮處"，即指前"生天上"。支謙譯《佛
説維摩詰經》卷一《菩薩品》："行俗數中，不斷無想；在所墮生，
不斷無願；護持正法，不斷力行。"（T14，p. 525）鳩摩羅什譯本
"在所墮生不斷無願"作"示現受生，而起無作"（T14，p. 543），
玄奘譯本作"以故作意受生，行相引修無願"（T14，p. 566），可知
"墮生"即受生之義。又竺法護譯《正法華經》卷二《應時品》：
"若後壽終，即當墮生，邊夷狄處。"（T9，p. 79）總體上看，"墮
生"一詞多見於早期譯經，鳩摩羅什及以後似已少見。《道藏》本
多將"墮生"改作"托生"，蓋正因後世此詞少見，抄刻者不知其
義而妄改。

【憤潰】

P. 2461《太上洞玄靈寶智慧上品大戒》："第四戒者，口無貪味，
脂薰之屬，濁注五神，藏府憤潰。""憤"，P. 2358、S. 5746 同，《道
藏》本作"潰"（D3，p. 392）。

按："藏府"即"臟腑"，藏臟、府腑古今字。"憤潰"則古有是
詞。《韓詩外傳》卷六："比周憤潰以離上。"許維遹引郝懿行曰：

---

① "隨"古多通作"墮"，參王念孫《讀書雜志・管子第七》"不隨"條（《讀書雜志》，
第470頁）。

· 465 ·

"'賁'與'奔'古字通。賁潰謂奔走潰散而去也。"① 是"憤潰"即"奔潰"。又作"賁潰",前引《韓詩外傳》文又見《荀子·彊國》,彼文即作"賁潰"②。文獻中則以"奔潰"更爲習見,如《三國志·吳書·陸遜傳》:"及方略大施,備果奔潰。"③《後漢書·西羌傳》:"於是勒姐、當煎大豪東岸等愈驚,遂同時奔潰。"④《太上洞玄靈寶智慧上品大戒》"藏府憤潰"之"憤潰"亦即"奔潰",指臟腑之神逃散。《洞真太上太霄琅書》卷三:"不得飲酒,大醉溢盈,齡倒藏府,五神飛驚。"(D33,p.657)"藏府憤潰"亦即"齡倒藏府,五神飛驚"。

P.2456《大道通玄要》卷六《度生戒品》引此文,"憤"作"潰"。"憤""潰""奔"音皆相近。蓋《道藏》本之祖本正作"潰",後世不知"潰"當讀作"奔",而誤改作形近之"潰"。

【洽没】

P.t.560v《太上洞玄靈寶真文度人本行妙經》:"是時,國王百口登樓而漂,洽没敖敖,不能得度。""洽没敖敖",《無上秘要》卷十五作"漂淪没歔"⑤,《雲笈七籤》卷一〇一作"漂没歔"⑥。

按:"洽"字《説文》不載,《玉篇·水部》:"洽,水和泥。"⑦於此顯然不可通。P.t.560v之"洽"當讀作"涵"或"陘"。《方言》卷十:"潛、涵,沉也。楚郢以南曰涵,或曰潛。"錢繹箋疏:"《衆經音義》卷十六云:'洽又作涵,同。'引《方言》'洽,沈也',云'字體作陘,船没也'……沈謂之潛,又謂之涵,亦謂之洽也。"⑧ 是"洽"讀作"涵",義爲沉没。錢繹所引玄應《一切經音義》爲《善見律毗婆沙》第十卷音義,彼經云:"若造作讚死經……若遭洽或遺

---

① 《韓詩外傳集釋》,第234頁。
② 《荀子集解》,第293頁。
③ 《三國志》,第1347頁。
④ 《後漢書》,第2886頁。
⑤ 《無上秘要》,第136頁。
⑥ 《雲笈七籤》,第2198頁。
⑦ 《宋本玉篇》,第359頁。
⑧ 《方言箋疏》,第568頁。

落去失，有人拾得，依經取死，造經比丘得波羅夷罪。"（T24，p.752）"浛"正淪没之義。錢繹所引字形稍誤，玄應《音義》"䧟"作"阺"，《廣韻·覃韻》："阺，船没。"① 文獻中少見"阺"字，多通用"浛"，《集韻·覃韻》："浛阺湡浛淦湛，《方言》沈也。"② 蓋因本爲方言記音字，故字形多樣。但《集韻》列"浛"於首，則已以"浛"爲通用字。"浛"字文獻中多有用例，除前引《善見律毗婆沙》外，又如P.2392《太玄真一本際經》卷一："若復大水，洪注滔天，連陰不解，人民浛没。"P.2860《太玄真一本際經》卷六："又數洪潦，淹漬國堺，浛没衆生。"杜光庭《道教靈驗記》卷二《洪州鐵柱驗》："後人壞我柱者，城池浛没，江波泛溢。"（D10，p.775）同書卷九《明州象山縣門陶真人畫像驗》："一旦隨船過海，將及縣步，忽颶風大起，船勢飄蕩，垂欲浛没。"（D10，p.799）③ 皆用"浛没"一詞。至於"敖敖"，當讀作《詩經·鴻雁》"哀鳴嗷嗷"之"嗷嗷"，蓋狀國王哀號之貌。《無上秘要》《雲笈七籤》與P.t.560v之異文，恐怕皆因後人不知"浛没"之義而妄改④。

【藏舉】

P.2337《三洞奉道科誡儀範》卷五："道士、女官法衣，皆不得冒犯穢惡，假借他人，須箱匧藏舉，冠履亦然。"《道藏》本《三洞奉道科戒營始》"藏舉"作"藏揲"。

按：S.425《太極真人問功德行業經》："若抄寫潢治三洞經教，常住流通，人間山岳，安置藏舉，講讀開化，永劫住持，此爲中下。"又《道藏》本《三洞奉道科戒營始》卷三《寫經品》："裝潢條軸，函笥藏舉，燒香禮拜，永劫供養，得福無量，不可思議。"（T24，p.749）

---

① 《廣韻校本》，第224頁。
② 《宋刻集韻》，第82頁。
③ 羅爭鳴整理本皆將"浛"錄作"潯"（《杜光庭記傳十種輯校》，第169、236頁），當非。
④ 可相對比的是，《雲笈七籤》卷一一七收録了前引《道教靈驗記》卷二《洪州鐵柱驗》條，"浛没"即改作"潯没"（D22，p.811）。

皆有"藏弆"一詞，是作"弆"較爲近古。

此"弆"字當讀作"弆"。《説文》無"弆"字，古多書"去"。《説文·去部》："去，人相違也。"朱駿聲《説文通訓定聲》："叚借爲笎，或爲胠。《左》昭十九傳'紡焉以度而去之'，襄二十傳'則去其肉，而以其洎饋'，閔二傳'衛侯不去其旗'，《釋文》皆曰'藏也'。《漢書·蘇武傳》'掘野鼠去中實而食之'，《游俠傳·陳遵傳》'主皆藏去以爲榮'。字亦作'弆'，《通俗文》：'密藏曰弆。'"① 其説是。笎、胠、弆同源，古多借"去"。但文獻中也多借"弆"爲"弆"，《法苑珠林》卷六四《慈悲篇·國王部》引《雜寶藏經》："兄得此肉，藏弆不敢食之。"② 《大正藏》本《雜寶藏經》作"藏弃"（T4，p. 458），"弃"正"弆"字形訛。《大正藏》本《法苑珠林》卷七四《十惡篇·互用部》："又營事比丘數得僧物，慳惜藏弆。"（T53，p. 844）《大正藏》校記謂宋、元、明本作"弆"。《大正藏》本《續高僧傳》卷二九釋僧明條："齊滅周廢，爲僧藏弆，大隋開教，還重興世。"（T50，p. 892）《大正藏》校記謂宋、元、明、宫本"弆"作"弆"。此皆"弆""弆"通用之例。佛教譯經中"藏弆"一詞極爲習見，如姚秦竺佛念譯《出曜經》卷十三："復當次學在家田業，收拾藏弆。"（T4，p. 678）北魏瞿曇般若流支譯《正法念處經》卷十六："得財自供，不行布施，藏弆積聚。"（T17，p. 94）此類之例極多，不煩再舉。前揭例中，《道藏》本作"揲"，即今疊衣之"疊"，義雖可通，但似因"弆"字不通而改，非復古貌。

【首寫】

BD14841H《太上洞玄靈寶業報因緣經》卷五："塗炭者，牢獄疾病，考責幽魂，苦痛難堪，万救无效，投告首寫，生死愆尤，解其急厄，最爲第一。""寫"，異本BD5995同，《道藏》本作"謝"。

京都252《太上業報因緣經》卷八："抄寫此經，晝夜念誦，首謝

---

① 《説文通訓定聲》，第437頁。
② 《法苑珠林》，第1929頁。

諸天，三日、七日，乃至百日，捨其家資寶貨……種種布施，詭對諸天，首寫所犯，三官即放其魂魄，延年益算，使得更生。"《道藏》本"寫"作"謝"。

按：道教文獻中有不少"首寫"一詞的用例，如：

P.2474《太上洞玄靈寶昇玄內教經》卷八："若能悟此玄旨，尋其由來之惡，簿狀首寫，伏誓三官，不敢復犯。"

《洞真太上太霄琅書》卷三："若志尚自勵，首寫七玄重罪，施散功德，拔出幽魂，披靈（露）已身於三光之下，散髻叩頭，三年不倦，自賫重化（信），投之九江，贖解前咎。"（D33，p.659）

《登真隱訣》卷下："素君五人，官將百二十人，治上靈宮，主男人百病，令得首寫。白素君五人，官將百二十人，治陽明宮，主女人百病，令得首寫。"①

杜光庭《太上宣慈助化章》卷二《道士天地水三官手書錄狀章》："某今疾病，手書自證，首寫過咎輕重好醜種數，名列如牒。"（D11，p.319）

此類之例還有一些，不再列舉。從前舉京都252號一例來看，"首謝"與"首寫"顯然不同，"首謝"的對象是"諸天"，而"首寫"的賓語是"所犯"。《洞真太上太霄琅書》卷三下文云"若苦志吐首，效功施德，披靈（露）三光……"，可知"首寫"當與"吐首"義近。"首"指伏罪自首，"寫"指傾吐、披露、寫下。"首寫"二字近義連文，指披露自己的罪行。"投告首寫""首寫所犯"也就是《三國志·魏書·張魯傳》所說的"有病自首其過"。這與"首謝"的意思相近，但又略有不同。文獻流傳過程中，"首寫"多被改作"首謝"。除前引兩例《太上業報因緣經》外，又如《洞真太上素靈洞玄大有妙經》（D33，p.418）及《太上九真明科》（D34，p.364）有與前引《太霄琅書》卷三相近的內容，"首寫"皆作"首謝"。從後世"首謝"一詞極爲習見來看，敦煌本作"首寫"應該更爲近古。

---

① 《登真隱訣輯校》，第83頁。

拘校道文

【非可目銘】【非可目詺】

P. 2795《太玄真一本際經》卷三："諸天瓔珞、繒憎（幡）垂下，種種莊嚴，非可目銘。""非可目銘"，P. 2357 同，BD14841B、P. 2398 "銘"作"詔"。

天理大學藏《太玄真一本際經》卷十："幡花亂眼，精光煒燁，非可目詺。""非可目詺"，S. 2999、S. 1932、BD9771 同，P. 2665、羽 615 "詺"作"照"。

按：傳世道教文獻中習見"不可目名"或"非可目名"，如：

《太上靈寶五符序》卷上："及道邊有房室亭傳，奇瑋珦鏤，不可目名。"（D6，p. 317）

《太上洞玄靈寶智慧定志通微經》："化人見大威變極道之姿，侍從僚屬，鈞天大樂，非可目名，反于上方。"（D5，p. 895）

《太上大道玉清經》卷一："於是天尊放身香光遍照世界，其光萬變，非可目名。"（D33，p. 288）

《老君音誦戒經》："我出之時，乘駕九龍之車，龍有九色連錢斑文，車有羽蓋十二出，檀梓爲車，飾以金銀珠玉，雜色奇異，不可目名。"（D18，p. 212）

《雲笈七籤》卷一〇六："客到，輒令明生出外別室，或立致精細厨食，肴果非常，香酒奇漿，不覺而至，不可目名。"①

從句意看，"不可目名"即"不可名狀"之義。"名"爲稱説之義，"目"蓋品題之義，與"名"近義連文。《本際經》作"銘"、作"詺"，當皆"名"字之借。其作"詔"、作"照"當皆"詺"字形訛。

【委厄】

S. 930《洞淵神呪經》卷六："今日主人爲疫鬼所中，委厄困篤，命在須臾。"《道藏》本作"委厄"作"危厄"。

P. 2444《洞淵神呪經》卷七："若有病人、官事、刑獄之者，一一令解了得出，病愈无他。无他之日，鬼王上遷。若不差委厄者，大魔王

---

① 《雲笈七籤》，第 2302 頁。

毛帝等頭破作九十分矣。""委厄",S.318同,《道藏》本作"危厄"。

按:"委厄"之"委"當讀作"萎",即委頓之義。"委厄"即指委頓困厄,在中古文獻中較爲習見,如:

漢曇果、康孟詳譯《中本起經》卷下:"中道乏糧,遙望彼樹,想有流泉,馳趣樹下,了無所見,窮困斯澤,飢渴委厄。"(T4,p.156)

晉竺法護譯《生經》卷一:"吾爲賈客,衆人之導,從某國來,多致財寶,道遇惡賊,悉見劫奪,皆失財業,貧窮委厄,無以自活。"(T3,p.72)

晉法炬、法立譯《法句譬喻經》卷二:"婆羅門等舉聲大哭,飢渴委厄,窮死斯澤。"(T4,p.591)

《宋書·鄧琬傳》:"京師諸王,並見囚逼,委厄虎口,思奮莫因。"[1]

唐柳宗元《弔萇弘文》:"陷瑕委厄兮,固衰世之道。"[2]

此類之例尚多,今不再舉。《道藏》本《洞淵神呪經》作"危厄",蓋後世不知"委厄"之義而妄改。百衲本《晉書》卷六二《劉琨傳》載琨上表:"及其在者,鬻賣妻子,生相捐棄,死亡委厄,白骨横野,哀呼之聲,感傷和氣。"金陵書局本"委厄"作"委危",亦係妄改。

三　道教特殊詞語與經書校勘

道教文獻中有一些特殊的詞語,在一般文獻中較爲罕見。因此,需要對道教文獻做全面考查,掌握這些詞語的特殊用法,然後纔能對這批文獻做出正確的校勘。

【柔魄】

羽612號《洞真高上玉帝大洞雌一玉檢五老寶經》:"三元柔魄,天皇授經,所向諧合,飛仙上清。"《真誥》卷九有相近之文,與此同[3]。《雲笈七籤》卷四五引,亦大致相近(D22,p.324)[4]。《道藏》

---

[1]《宋書》,第2130頁。
[2]《柳宗元集》,第514頁。
[3]《真誥》,第156—157頁。
[4] 整理本校改作"三元守魄",非是。

拘校道文

本則"柔"作"守"（D33, p. 390）。

按："柔"字俗寫或作"𮈔"（見 P. 2453《太玄真一本際經》卷一），與"守"字略似。但此處異文除形近外，更與道教法術變遷有關。道教認爲，三魂、七魄或遊走身外，則可致病，P. 2751《紫文行事決》引《靈書紫文經》："其爽靈、胎光、幽精三君，是三魂之神名也……其夕皆棄身遊敖，飈逝本室；或爲他魂外鬼所見留制；或爲魅物所得收錄……七魄流蕩，遊走穢濁，或交通血食，往鬼來魅，或死屍共相關入……諸殘病生人，皆魄之罪；樂人之死，皆魄之性；欲人之敗，皆魄之疾。"所以應設法檢制。檢制之法，即"練魄和柔"。前引書下文即云："素烝九回，制魄耶凶，天狩守門，驕女執關，練魄和柔，與我相安。"《洞真上清青要紫書金根衆經》亦云："流霞玄注，水母凝神，和魂柔魄，内外同煙，仰餐丹華，口啜日根，靈芝盈溢，面發金仙。"（D33, p. 425）一些上清法術的目的也是使魂魄和柔，如《真誥》卷十《協昌期》："此太極上法，常能行之，則魂魄和柔，尸穢散絕，長生神仙，通焏徹視。"[①] 魂魄和柔之後則可登仙，P. 2576v《上清三真旨要玉訣》："魂魄柔練，五神安寧。迴飈靈輪，北謁玉清。上升太无，與日合并。遂爲真人，帝君合冥。"《洞真太上素靈洞元大有妙經》亦云："練濯七魄，和柔三魂，神靈奉衛，使我飛仙。"（D33, p. 407）因此，前引敦煌本之"柔魄"即"練魄和柔"。早期上清經中有以魂守魄之説，羽612號《洞真高上玉帝大洞雌一玉檢五老寶經》即云："大洞真玄，張練三魂，弟一魂速守七魄，弟二魂速守泥丸，弟三魂受心節度。"但並未見以神守魄之説。因此，《道藏》本之"守"當即"柔"之誤字。

【潔鮮】

P. 2728《金真玉光八景飛經》："保精練氣，五藏潔鮮，紫氣流映，洞得御神，驂乘飛景，上晏瓊軒。""五藏潔鮮"，《無上秘要》卷

[①]《真誥》，第186頁。

九九作"五臟潔鮮"①,《道藏》本(D34,p.56)、《雲笈七籤》卷五三②作"五華結鮮"。

按:《黃庭内景經》"調理五華精髮齒",梁丘子注:"五華,五藏之氣。"③《黃庭中景經》"上有元一五華君",李千乘注:"元一五華,五藏神也。"(D34,p.285)可見五華即五藏(臟),五藏(臟)、五華均可通。

"潔鮮",《道藏》本作"結鮮",當非。道教認爲,修煉道法應潔淨五藏,P.2459失題道教類書引《天師指教經》云:"淨意潔五内,攝情脩齋直。身固殊金剛,壽命无終極。""五藏潔鮮"即"潔五内"。《上清高聖太上大道君洞真金玄八景玉錄》:"精暉内映,三館潔鮮,千痾不兆,故有常痊。"(D34,p.147)"三館"當即泥丸、絳宫、丹田三宫,"五藏潔鮮"與"三館潔鮮"同例。另外值得注意的是,道教認爲,如果五臟有"結",反而會導致疾病。《上清大洞真經》卷三《青靈陽安元君道經第十》:"五藏百結,生此衆疾,玄一林虛,開關解結,結絶病散,神精盈溢。"(D1,p.528)因此,《道藏》本作"結鮮"無論如何是不可通的。

《廣韻》中"潔""結"音同,文獻中二字或互誤,S.2503《大乘無生方便門》:"蓮花雜處於水,不被水之所染,見聞覺知自在用,不被六塵所染,如蓮華開敷香結,人天之所愛敬,所以舉之爲喻。"該號抄《大乘無生方便門》兩遍,此爲第二遍,第一遍中"香結"正作"香潔"。《道藏》本《金真玉光八景飛經》"潔鮮"之作"結鮮"正與此同例。

另外值得注意的是,道經中又有臟腑"結仙"之説。《上清元始變化寶真上經九靈太妙龜山玄籙》卷上:"迴真混合,使我成神,三宫安鎮,九孔結仙,四時變化,與帝合真。"(D34,p.185)《太上洞玄靈寶諸天内音自然玉字》卷二亦云:"又以七月七日朱書第五、第

---

① 《無上秘要》,第1110頁。此卷在《正統道藏》中爲卷九九,整理本據敦煌本《無上秘要》目錄改作卷九十。
② 《雲笈七籤》,第1172頁。
③ 《雲笈七籤》,第272頁。

· 473 ·

六、第七、第八四字，向太歲服之，五內結仙，項有圓像，萬神侍衛，羽儀自生，位登真人，遊宴太清也。"（D2，p. 539）P. 2431《洞玄靈寶諸天內音自然玉字》亦有"万神安鎮，［□□］結仙"之文。至於"結仙"之義，《上清元始變化寶真上經九靈太妙龜山玄籙》卷下有"練骨結仙筋，治兆昇三清"（D34，p. 221）之語，則"結仙"蓋指產生"仙筋"或類似具有"仙"屬性的東西。《道藏》本作"結鮮"，可能也是受"結仙"影響導致的錯訛。

【章衣】

P. 2576v《上清三真旨要玉訣》："（前缺）色无縫章衣，左手捧日精，右手執月光，填我上府泥丸宮中。"此引《洞真太上三九素語玉精真訣》，彼經"章衣"作"單衣"（D33，p. 498）。

按："章衣"，又稱"章服"，指古代的冕服。《周禮·司服》"王之吉服，祀昊天上帝，則服大裘而冕"，鄭玄注："《書》曰：'予欲觀古人之象，日、月、星辰、山、龍、華蟲作繢，宗彝、藻、火、粉米、黼、黻希繡。'此古天子冕服十二章。"[①] 是冕服將所繪花紋分成若干章，故稱"章服"或"章衣"。後世或稱官員所穿官服爲"章服"，如《後漢書·儒林傳·董鈞》："時草創五郊祭祀，及宗廟禮樂，威儀章服，輒令鈞參議，多見從用。"[②] 又《後漢書·方術傳·費長房》："汝南歲歲常有魅，僞作太守章服，詣府門椎鼓者，郡中患之。"[③] 皆其例。道教在其仙真神話中借用了世俗制度，故稱神真所著法服亦爲"章服"，或稱"章衣"，又或簡稱"章"，如：

《洞真上清神州七轉七變舞天經》："若未能變景騰霄，故在人中修行此道，九天父母上皇紫晨，亦以法服飛仙羽章給子之身，但不顯於囂塵之中耳。子修此道，當常存己身著此章服，乘龍御雲，七年尅得真靈見形，上升紫晨也。"（D33，p. 545）

[①] 《十三經注疏》，第 1686 頁。
[②] 《後漢書》，第 2577 頁。
[③] 《後漢書》，第 2744 頁。

《太上玉珮金璫太極金書上經》:"上元中真一君……頭建五色紫陽之幘,戴玄元無極之冠,衣五色无縫黄錦章衣,腰帶七色之綬、龍淵命仙之劍。"(D1,p.898)該經九仙君均衣"章衣"。

《上清胎精記解行事訣》:"目神名虚監生,字道童。形長三寸,衣五色章衣,頭戴通天之冠。"(D34,p.83)

《上清高上玉晨鳳臺曲素上經》:"父諱青罡,著九元碧寶玄冠,翠羽章衣,手執青精保命秘符。"(D34,p.6)

《上清元始變化寶真上經九靈太妙龜山玄籙》卷下:"秋三月,頭建三氣玄晨飛冠,衣九色百變壽命章衣。"(D34,p.213)

《洞真上清青要紫書金根衆經》:"太上大道君授君飛雲羽蓋,流紫鳳章,金真玉光豁落七元金神虎符,流金火鈴青精玉璽,九色無縫之章,單青羽裙,飛行上清。"(D33,p.423)

P.2751《紫文行事決》:"存神上著鳳文披,下著龍文衣,並五色采章,紫領青帶。"

此類之例極多,不煩再舉。《道藏》本《洞真太上三九素語玉精真訣》作"單衣",蓋即因不知"章衣"之義而誤。

【滎輸】

P.2751《紫文行事決》:"人體有尊神,其居無常,展轉滎輸,流注元津。"

按:此文係引用《九真中經》,今本《九真中經》"滎輸"作"滎輸"(D34,p.33)。P.2751下文云:"凡諸脩事,無不有閉炁閉息者,至於此卷獨說其法,當以存神吐炁,周行藏府,流轉滎輸,並與人炁相通,故弥宜綿微,不可使驚振喘愬故也。""流轉滎輸"即"展轉滎輸"。"滎輸"當作"滎輸",中醫用來指兩種穴位,《靈樞·九鍼十二原》:"所出爲井,所溜爲滎,所注爲輸。"馬蒔注:"水從此而流,則爲滎穴。滎者,《釋文》爲小水也,如肺經魚際之類。又從此而注,則爲輸穴。輸者,注此而輸運之也,如肺經太淵之類。"[1] "木"

---

[1] 《黄帝內經靈樞注證發微》,第7頁。

· 475 ·

旁"水"旁形近易混,故"滎"或誤作"榮",P. 2751 又將"輸"誤作"輪",致此文不可讀。

【灌】

P. 2751《紫文行事決》:"養光大神,來入脾中。身披綠衣,頭巾蓮冠。左佩玉鈴,右帶威神。口吐綠華,養脾灌魂。黃藏自生,上爲真人。"

按:此係引《九真中經》,《道藏》本此經"灌"作"滯"(D34, p. 34)。前第一真法云"口吐紫華,養心凝魂","滯"與"凝"字義略近,於此似可通。但道教文獻中"滯"字多用於"壅滯""結滯""遲滯"等含有負面意義的詞,如:

P. 2728《金真玉光八景飛經》:"迴真下降,解我宿滯,廕以飛雲,覆以紫蓋。"

《上清大洞真經》卷三:"使上帝玉華光映神門之下,玉晨正炁流入丹元之宮,令七祖父母解散胎結之滯,受生太上之鄉。"(D1, p. 531)

《上清九丹上化胎精中記經》:"其結胎受化,有吉有凶,有壽有夭,有短有長,皆稟宿根結氣不純,藏胃積滯,六府敗傷,形神不固,體不受靈,死氣入竅,何由得存。"(D34, p. 82)

《洞真太一帝君太丹隱書洞真玄經》:"九炁不變,則三一亦結,結滯日積,則生炁泄出,而故炁運入。故炁運入,將病將死之始也。"(D33, p. 530)

《真誥》卷十《協昌期》:"灸氣得溫浮,上臂血得風痺,故宜三過灸,乃得補定流津,使筋屬不滯也。"①

上清經還特別重視解決"血滯"的問題,如《上清大洞真經》有"解胞散滯血,百節生正神"(D1, p. 523)、"流風斷血滯,玄葉得黃寧"(D1, p. 535)等文,類似之例極多,不煩再舉。

因此,此處不當用"滯"字。"灌"字則多用來指帶來正面結果的澆灌、澡浴等意義,如 P. 2751 下第七真法云"口吐倉華,灌腎靈

---

① 《真誥》,第179頁。

第七章　敦煌道教文獻與語言文字研究

根",正用"灌"字。上清經中此類之例極多,又如:

P. 2751 前文云:"靈元居中部之中英(央),理胃生肌,和血灌津,消實散堅,凝精形神,百疾滅隊,固魄練魂,耳目聰明。"又云:"若道士有行還精之道,徊黄轉赤,朝精灌命,注津既(溉)液,使男女共丹,面生玉澤者,宜知大君之要,服象符以不老矣。"

P. 2732《登真隱訣》:"四明上元,日月氣分,流光煥曜,灌液凝魂。"

《黄庭内景經·上有章》:"紫煙上下三素雲,灌溉五華植靈根。"①

《洞真高上玉帝大洞雌一玉檢五老寶經》:"又於所住六合紫房中,各吐紫炁,以灌我五臟中,鬱然如日之初出,洞暎腹内,通徹萬節。"(D33,p. 392)

《上清高上金元羽章玉清隱書經》:"靈灌七關府,返老化嬰童。"(D33,pp. 777–778)

《上清元始變化寶真上經九靈太妙龜山玄籙》:"紫童揚香以却穢,神妃散華以灌真。"(D34,p. 178)

因此,從道教文獻的慣常用法來看,此經應以作"灌"者為是。

【南冶】

P. 2399《太上洞玄靈寶空洞靈章》:"諸苦拔難,長離北酆。冠帶南冶,沐浴朽容。枯骸起灰,飛登太空。逍遥玄虚,衣食福堂。元始同緣,世世仙王。"S. 2915 及《無上秘要》卷二九(D29,p. 94)②引,"南冶"作"南治"。

按:"南冶"或"南治"均不見於他經,P. 2399 上文有"滅落九夜,斷除胞根。名度南宫,保命三便"之文,與前揭"諸苦拔難,長離北酆,冠帶南冶,沐浴朽容"句意較為相近,則"南冶(治)"當即"南宫"。

南宫有仙人名籍,將成仙者或死魂更生者則南宫記名,P. 2431《洞玄靈寶諸天内音自然玉字》:"又以太歲日朱書其下四字,向本命服之,百日,三官除地簡,南宫記仙名。"又云:"又以七月七日子

---

① 《雲笈七籤》,第 201 頁。
② 整理本《無上秘要》改"治"為"冶",其説是。

時，朱書其下三字，向北服之，九幽削長夜之録，南宮記更生之名。"

將成仙者或將更生者應先升入南宮，P. 2461《太上洞玄靈寶智慧上品大戒》："能如是者，見世門户，咸得康强，地祇侍衛，三界司迎，七祖魂神，上升南宮。"P. 2352《洞玄靈寶長夜之府九幽玉匱明真科》："身行善功，大建福田，廣度一切，惠流衆生，仙運未滿，法應更滅，死升南宮，即得更生，還在貴門，帝王宫中，適意縱容。"皆其例。

南宫有"流火之庭"，得道之人及將更生之死魂升入南宫需到此處受煉。P. 2256《通門論（擬）》："南宫有流火之庭，金門有治（冶）練之池也。凡〔生〕而肉飛登天者，亦先詣火庭練池，練其形神也。死而升天者，亦先詣池庭（庭池），練其鬼（魂）骸。練魂骸者，升仙則更升福堂，升仙降〔□〕，隨其功業也。"《太上洞玄靈寶諸天内音自然玉字》卷三："諸是學人，始得道者，皆詣流火之庭，受煉而成真，然後而得進入洞陽之宫。玉眸，流火之膏也。既受火煉，體生玉光，絳府充溢，萬神並歸，侍衛身形，輔翼羽衣，位登上真，遊宴紫微。道業未備，運應滅度，魂經洞陽則受煉而洗，塵埃澄蕩，早還更生，輪轉三界，無有罣礙。"（D2，p. 551）P. 2606《太上洞玄靈寶无量度人上品妙經》："制魔保舉，度品南宫。死魂受煉，仙化成人。"薛幽棲注："既修誦此經，使身得道，飛昇仙域，受煉南宫。夫魂魄昇仙，則火煉鬼質；生身得道，則火煉垢穢。初故皆入南宫，然後登其本位，此上士之格也。"（D2，p. 196）

因南宫火煉的這一功能，故道籍中多有"煉質南宫""南宫煉化"等語，如《真誥》卷一三："洞玄，即大洞玄經，讀之萬徧，七祖已下，並得煉質南宫，受化胎仙。"[1] 杜光庭《廣成集》卷五《王承鄖爲亡考修明真齋詞》："南宫闢煉化之庭，丹簡啓超昇之籍。"[2]

大概正因爲南宫中有"煉化"這一程序，故《太上洞玄靈寶空洞靈章》稱"南宫"爲"南冶"，S. 2915 及《無上秘要》卷二九作

---

[1] 《真誥》，第224頁。
[2] 《廣成集》，第75頁。

"治"乃是訛形。《無上秘要》對於此句的含義大概已不能理解，故下句的"沐浴"又誤作"林落"，致全句完全不可解。

可能爲求語言的錯落，《空洞靈章》中多用異稱，除"南宫""南冶"外，又有"南堂"，P. 2399 前文云："南堂多福賓，世爲歡樂庭。"又有"南陵"，P. 2399 前文云："太一保命録，南陵拔夜居。"這應均是"南宫"的異名。"南陵"之名於道經中尚多見，而"南堂"則與"南冶"一樣僅見於《空洞靈章》，恐怕也是臨時造的一個詞。

【灰】

P. 2399《太上洞玄靈寶空洞靈章》："枯骸起灰，飛登太空。"異本 S. 2915 "灰"作"步"；《無上秘要》卷二九引，"枯骸起灰"作"朽骸起步"①。

按："起步"意思較通，但"灰"亦未必爲錯字。《空洞靈章》前文又有"枯魂升陽，灰骸還人""司命拔死，生骸起灰"等文，與此意思相近。《太上洞玄靈寶三元品戒功德輕重經》云："死則滅壞，歸於寄胎父母。罪緣未盡，不得歸於真父母也。神充塗役，形成灰塵。"（D6, p. 884）是道教認爲人死之後，形骸化爲灰塵。道教以保存肉身爲修行目的之一，故修道者多有"形骸不灰"之驗，如 P. t. 560v《太上洞玄靈寶真文度人本行妙經》："曝露死屍三十餘年，形骸不灰，光色鮮明，无異生時。"又云："露尸絶丘之下，經一百餘年，死而不灰。"《太上洞玄靈寶三元品戒功德輕重經》亦云："身神並一，則爲真身，歸於始生父母，而成道也，無復患也，終不死也。縱使滅度，則神往而形不灰也。"（D6, p. 884）"形骸不灰"也成爲向神真祈願的内容之一，如 P. 2865《太上靈寶洞玄滅度五練生尸經》："今有太上清信弟子王甲，滅度五仙，託尸太陰，今於某界安宫立室，庇形后土，明承正法，安慰撫卹，赤靈哺飴，三炁丹池，精光充溢，練餝形骸，骨芳宍香，億劫不灰。"之所以追求"形骸不灰"，是爲了之後起死回生。P. 2256《通門論（擬）》："滅度形不灰也，死則暫遊太陰……不

---

① 《無上秘要》，第414頁。

久而受化更生也。"

正因有"形成灰塵"的觀念，道經中多有以"灰"喻指死亡之例，如《洞真太上八道命籍經》卷下："雖有玄記，空失玉名，神昇上宮，身灰幽冥，恍惚延年，焉得久停。"（D33，p.508）"身灰"即"身死"。"灰"與"滅""亡""落"等字還可以組成詞，表示死亡。《太上洞玄靈寶智慧罪根上品大戒經》卷上："我過去後，天地破壞，無復光明，男女灰滅。"（D6，p.886）《上清三元玉檢三元布經》云："神與邪交，則有灰落之期。"又云："身無檢仙之文，而輕命仙官，搖動九天，仙不爲降，天不爲納音，魂飛魄散，神驚氣奔，宮宅振潰，赤子擾喪，天魔生禍，身則灰亡。"（D6，p.217）

"起灰"，指已成灰塵之形得重起復生，即《空洞靈章》前文的"迴骸起死"之義。P.2606《太上洞玄靈寶无量度人上品妙經》云"枯骨更生"，與此文義大致相近。因此，P.2399作"灰"恐怕不是誤字，很可能更接近於《空洞靈章》原貌。

【拂塵】

P.2399《太上洞玄靈寶空洞靈章》："秀樂劫運，禁上迴神。周歷諸天，三十二關。輪儴空洞，儵欻上軒。諸聖朝慶，齊礼玉門。飛行步虛，蕭條靈篇。慶霄流明，反香拂塵。月水瑩華，日精練仙。"《無上秘要》卷二九引，"拂塵"作"瑞塵"①。

按：《空洞靈章》前文云"華光飾發，反香拂塵"，亦稱"反香拂塵"。《太上洞玄靈寶智慧罪根上品大戒經》云："神風四會，流香拂塵，紫雲吐暉，絳霞敷天。"（D6，p.885）語義亦與此處相近，是P.2399作"拂"字是。

道教中多以"塵"喻指穢惡，《太上洞玄靈寶真文要解上經》云："吐日精以却穢，散月華以拂塵。"（D5，p.903）"拂塵"與"却穢"對文，義正相近。P.2606《太上洞玄靈寶无量度人上品妙經》："天无氛穢，地无妖塵。"亦"塵"與"穢"對文。P.2461《太上洞玄靈寶

---

① 《無上秘要》，第414頁。

智慧上品大戒》云："欲得長壽，過度諸患，當受是戒，以制心神，除情遣欲，棄塵入請（清）。""棄塵入清"即"棄穢入清"。

道經中又有"垢塵""塵穢""穢塵""塵濁"等詞，如 P. 2399 前文云："天無氣翳，地無垢塵。" P. 2431《洞玄靈寶諸天内音自然玉字》："其第三、第四二字，書大羅之上通真之房，主諸塵穢之炁，捻得度人名。" S. 1605 + S. 1906《太上洞玄靈寶真一勸戒法輪妙經》："若見行香，思念无量，普入芳盛，身與我神，不履穢塵。" P. 2865《太上靈寶洞玄滅度五練生尸經》："先功未滿，履在穢世，塵濁所染，應在滅度。"

因此，"塵"在道經中基本爲貶義，不當有"瑞塵"之類的詞。"反香拂塵"一語雙關，指反香之草拂去旅途之塵，亦指去除身體之穢惡。故下句云"月水瑩華，日精練仙"，與"拂塵"義正相關。

【朝形】

P. 2431《洞玄靈寶諸天内音自然玉字》："又以立冬之日，朱書苐三、苐四二字，向東北服之，百日，万鬼朝形，敢爲干試，學道自正，神真自降。""朝形"，《道藏》本作"束形"（D2，p. 540），《靈寶無量度人上經大法》卷十七引作"朝見"（D3，p. 717）。

按：作"束形"、作"朝見"義皆可通，但 P. 2431 作"朝形"可能更符合文獻原貌。道經中習見"朝形"一詞，《上清外國放品青童内文》卷上："得受玉音，當燒香寂室，禮願修行，詠之一遍，萬真交會，五老朝形，天魔伏首，千妖喪精。"（D34，p. 9）又云："此上相出遊威神大呪，行之制六國，伏萬靈，致仙官，來朝形，變化無方，上昇太清。"（D34，p. 16）《道樞》卷二四："修金丹者，九年既成，其氣自盈，其神自靈，五霞攢頂，萬景朝形者也。"（D20，p. 725）皆其例。

《道藏》本《洞玄靈寶諸天内音自然玉字》前文"清明何童天音玉訣"云："向北服之百日，三界神真來朝己形，生死逍遙七寶林中。"（D2，p. 537）《太上洞玄靈寶淨明飛仙度人經法》卷五《字訣章》於"阿奕"二字亦云："服之，神真來朝己形，生死逍遥。"（D10，

p. 563）可知"朝形"即"朝己形"。P. 2431下文云"万神朝己"，可知"朝形"即"朝己"。下文又云"万神朝門"，"朝門"當即"朝己之門"，與"朝形"句法一致。《上清外國放品青童内文》卷上："修行其道，致偣老仙官來朝己身。"（D34，p. 13）"致偣老仙官來朝己身"即"致仙官，來朝形"的具體内容。由此可知，"朝形"與上下文句法一致，合乎南北朝道經的慣用法，當近於《洞玄靈寶諸天内音自然玉字》的原貌。

【轉輪】

P. 2468《太上消魔寶真安志智慧本願大戒上品》："上士受誦，爲太上仙王；中士受誦，爲飛仙；下士受誦，轉輪聖王家，不經地獄，常生福國，命過之時，天帝云車迎其魂神，安處福堂也。"《道藏》本"轉"上有"生"字（D6，p. 158）。

按："轉輪聖王"是地道的佛教詞彙，指佛教的理想統治者，《雜阿含經》卷十："復百千反，作轉輪聖王，領四天下，正法治化，七寶具足……千子具足，皆悉勇健；於四海内，其地平正，無諸毒刺，不威不迫，以法調伏。"（T2，p. 67）道經中的"轉輪聖王"顯然是受佛教影響的產物，但可能由於誤讀或道教故意的區別，該詞在道經中產生了不同的意思。

"轉輪"在佛經中一般指轉法輪，在道經中則多用作"輪轉"之倒，即輪回之義，如P. 2431《洞玄靈寶諸天内音自然玉字》："万鬼束形，三官攝妖，魔精自滅，神真降身，轉輪運足，尅成上仙。"P. 2352《洞玄靈寶長夜之府九幽玉匱明真科》："運未升度，應經轉輪，死升天堂，衣食自然。"P. 3022v《太上洞玄靈寶真文度人本行妙經》："如是復有轉輪，天尊是何劫生，值遇真文，得今太上之任？"此類之例極多，不煩再舉。

由此引申，則"轉輪"有轉生之義，如P. 3022v《太上洞玄靈寶真文度人本行妙經》："今當投［身］碧海，歸命十天，冀我神魂，早得轉輪。"P. 2474《太上洞玄靈寶昇玄内教經》卷八："三掠既畢，方入三惡非人之道，轉輪畜身、牛馬猪羊，以力償嘖（債），以宍謝負。"

前揭 P. 2468《太上消魔寶真安志智慧本願大戒上品》上文云："其行也，上可升仙度世，下［可］轉輪富貴，生爲人尊，容貌偉出。"類似之例較多，茲不再舉。

　　因此，"轉輪聖王家"，即轉生至聖王家。S. 1351《太極左仙公請問經》："夫人脩善精進，慈心觸物，奉受大經，於家禮拜，專心不息，亦必獲滅度，得无爲之道，會當升仙，世世生王侯家，是謂轉輪聖王家，終入真仙之道也。""轉輪聖王家"即"世世生王侯家"，尤可見"轉輪聖王家"之義。又或稱"轉輪聖王"，即轉生爲聖王，如 P. 2461《太上洞玄靈寶智慧上品大戒》："使生者見道，身脱八難，死者歡樂，飲食天堂，早生人中，轉輪聖王。"又云："即生人中，轉輪聖王，恒落福門。"津藝 176《太上洞玄靈寶昇玄内教經》卷七："或補仙品，或生聖王，更須轉輪。"下有"更須轉輪"，可見所謂"或生聖王"亦即"轉輪聖王"。又或稱"轉輪國王"，即轉生爲國王，如 S. 1605 + S. 1906《太上洞玄靈寶真一勸戒法輪妙經》："若見宫闕，思念无量，☐（普）得瞻仰，身與我神，轉輪國王。"

　　但較晚產生的道經完全接受了佛教"轉輪王"的概念，如 S. 3705v《太上一乘海空智藏經》卷四："以是因緣，如轉輪王，未降伏者，能命降伏；已降伏者，力能守護，令不更動。"《道藏》本《太上一乘海空智藏經》卷二："如是因緣，名爲無上轉輪聖王，位於七寶，妙麗希有。"（D1，pp. 622－623）《太上靈寶元陽妙經》卷八："或見諸真人之像、轉輪聖王形像。"（D5，p. 969）皆其例。或許受此類道經影響，或許受日益壯大的佛教影響，後世道教徒已將"轉輪聖王"視作一詞，對早期道經中"轉輪聖王"的含義已非常陌生，故於"轉"字上妄增一"生"字。

參考文獻

一 古代典籍

《道藏》,文物出版社、上海書店、天津古籍出版社1988年版。
張繼禹主編:《中華道藏》,華夏出版社2004年版。
《藏外道書》,巴蜀書社1992—1994年版。
《大正新脩大藏經》,新文豐出版公司1983年版。
《中華大藏經》,中華書局1994—1997年版。
《十三經注疏》,中華書局2009年版。
《山海經》,上海古籍出版社1989年版。
楊伯峻:《春秋左傳注》,中華書局1990年版。
楊伯峻:《列子集釋》,中華書局1979年版。
(漢)韓嬰撰,許維遹校釋:《韓詩外傳集釋》,中華書局1980年版。
(漢)劉安編,何寧校釋:《淮南子集釋》,中華書局1998年版。
(漢)司馬遷撰:《史記》,中華書局1959年版。
(漢)劉向撰,向宗魯校證:《說苑校證》,中華書局1987年版。
(漢)揚雄撰,鄭萬耕校釋:《太玄校釋》,中華書局2014年版。
(漢)揚雄編,華學誠匯證,王智群、謝榮娥、王彩琴協編:《揚雄方言校釋匯證》,中華書局2006年版。
(漢)班固撰:《漢書》,中華書局1962年版。
(漢)許慎撰,(宋)徐鉉校定:《說文解字》,中華書局1963年版。
(漢)許慎撰,(清)段玉裁注:《說文解字注》,上海古籍出版社1988

年版。

（漢）荀悦撰，（明）黄省曾注，孫啓治校補：《申鑒注校補》，中華書局 2012 年版。

王卡點校：《老子道德經河上公章句》，中華書局 1993 年版。

王明編：《太平經合校》，中華書局 1960 年版。

《黄帝内經素問》，人民衛生出版社 1963 年版。

（晉）陳壽撰：《三國志》，中華書局 1959 年版。

（晉）郭象注，（唐）成玄英玄疏，曹礎基、黄蘭發點校：《南華真經注疏》，中華書局 1998 年版。

（晉）葛洪撰，王明校釋：《抱朴子内篇校釋》，中華書局 1985 年版。

（北魏）崔鴻撰，（清）湯球輯補：《十六國春秋輯補》，《叢書集成初編》本，中華書局 1985 年版。

（南朝宋）范曄撰，（唐）李賢等注：《後漢書》，中華書局 1965 年版。

（南朝梁）蕭統編，（唐）李善注：《文選》，中華書局 1977 年版。

（南朝梁）蕭統編，（唐）李善、吕延濟、劉良、張銑、吕向、李周翰注：《六臣注文選》，中華書局 1987 年版。

（南朝梁）蕭子顯撰：《南齊書》，中華書局 1972 年版。

（南朝梁）顧野王撰，（唐）孫强增加字：《宋本玉篇》，北京市中國書店 1983 年版。

（南朝梁）陶弘景撰，趙益點校：《真誥》，中華書局 2011 年版。

（南朝梁）陶弘景撰，王家葵輯校：《登真隱訣輯校》，中華書局 2011 年版。

（南朝梁）陶弘景集，王家葵校注：《養性延命錄校注》，中華書局 2014 年版。

（南朝梁）陶弘景纂，（唐）閭丘方遠校定，王家葵校理：《真靈位業圖校理》，中華書局 2013 年版。

（南朝梁）釋僧祐撰，李小榮校箋：《弘明集校箋》，上海古籍出版社 2013 年版。

（南朝梁）釋僧祐撰，蘇晉仁、蕭鍊子點校：《出三藏記集》，中華書局 1995 年版。

（南朝梁）釋慧皎撰，湯用彤校注，湯一玄整理：《高僧傳》，中華書局1992年版。

（北齊）魏收撰：《魏書》，中華書局1974年版。

（北齊）顏之推撰，王利器集解：《顏氏家訓集解》，中華書局1993年版。

（北周）宇文邕編，周作明點校：《無上秘要》，中華書局2016年版。

（隋）虞世南撰：《北堂書鈔》，《唐代四大類書》第一卷，清華大學出版社2003年版。

（隋）杜臺卿撰：《玉燭寶典》，藝文印書館1970年版。

（唐）陸德明撰，黃焯斷句：《經典釋文》，中華書局1983年版。

（唐）長孫無忌等撰，劉俊文點校：《唐律疏議》，中華書局1983年版。

（唐）魏徵等撰：《隋書》，中華書局1973年版。

（唐）房玄齡等撰：《晉書》，中華書局1974年版。

（唐）李延壽撰：《北史》，中華書局1974年版。

（唐）李百藥撰：《北齊書》，中華書局1972年版。

（唐）慧能著，郭朋校釋：《壇經校釋》，中華書局1983年版。

（唐）玄奘、辯機原著，季羨林等校注：《大唐西域記校注》，中華書局2000年版。

（唐）道宣撰，郭紹林點校：《續高僧傳》，中華書局2014年版。

（唐）道宣撰，劉林魁校注：《集古今佛道論衡校注》，中華書局2018年版。

（唐）釋道世著，周叔迦、蘇晉仁校注：《法苑珠林校注》，中華書局2003年版。

（唐）義凈著，王邦維校注：《南海寄歸內法傳校注》，中華書局1995年版。

（唐）徐堅等：《初學記》，中華書局1962年版。

（唐）張九齡著，熊飛校注：《張九齡集校注》，中華書局2008年版。

（唐）李林甫等撰，陳仲夫點校：《唐六典》，中華書局1992年版。

（唐）蕭嵩監修：《大唐開元禮（附大唐郊祀錄）》，民族出版社2000年版。

（唐）慧超原著，張毅箋釋：《往五竺國傳箋釋》，中華書局2000年版。

（唐）玄應撰：《一切經音義》，《中華大藏經》第56—57卷，中華書局1984—1996年版。

（唐）慧琳撰：《一切經音義》，《中華大藏經》第57—59卷，中華書局1984—1996年版。

（唐）杜佑撰，王文錦、王永興、劉俊文、徐庭雲、謝方點校：《通典》，中華書局1988年版。

（唐）白居易：《白居易集》，中華書局1979年版。

（唐）沈亞之著，肖占鵬、李勃洋校注：《沈下賢集校注》，南開大學出版社2003年版。

（唐）韓愈著，劉真倫、岳珍校注：《韓愈文集彙校箋注》，中華書局2010年版。

（唐）柳宗元：《柳宗元集》，中華書局1979年版。

（新羅）崔致遠撰，黨銀平校注：《桂苑筆耕集校注》，中華書局2007年版。

[日]圓仁撰，顧承甫、何泉遠點校：《入唐求法巡禮行記》，上海古籍出版社1986年版。

（唐）張參撰：《五經文字》，《叢書集成初編》第1064册，商務印書館1936年版。

（唐）李商隱著，（清）馮浩詳注，錢振倫、錢振常箋注：《樊南文集》，上海古籍出版社1988年版。

（唐）段成式撰，方南生點校：《酉陽雜俎》，中華書局1981年版。

（唐）杜光庭撰，羅爭鳴輯校：《杜光庭記傳十種輯校》，中華書局2013年版。

（唐）杜光庭撰，董恩林點校：《廣成集》，中華書局2011年版。

（後晉）劉昫等撰：《舊唐書》，中華書局1975年版。

（五代）孫光憲撰，賈二强點校：《北夢瑣言》，中華書局2002年版。

（遼）釋行均編：《龍龕手鏡》，中華書局1985年版。

（宋）李昉等撰：《太平御覽》，中華書局1960年版。

（宋）李昉等編：《太平廣記》，中華書局1961年版。

（宋）李昉等編：《文苑英華》，中華書局1966年版。

（宋）王溥撰：《唐會要》，中華書局1957年版。

（宋）郭忠恕編：《汗簡》，（宋）夏竦編：《古文四聲韻》，李零、劉新光整理，中華書局2010年版。

（宋）陳彭年等編，周祖謨校：《廣韻校本》，中華書局2011年版。

（宋）丁度等編：《宋刻集韻》，中華書局2005年版。

（宋）王欽若等編：《冊府元龜》，中華書局1960年版。

（宋）贊寧撰，范祥雍點校：《宋高僧傳》，中華書局1987年版。

（宋）釋道誠撰，富世平校注：《釋氏要覽校注》，中華書局2014年版。

（宋）張君房編，李永晟點校：《雲笈七籤》，中華書局2003年版。

（宋）歐陽修、宋祁撰：《新唐書》，中華書局1975年版。

（宋）歐陽修著，李逸安點校：《歐陽修全集》，中華書局2001年版。

（宋）宋敏求編：《唐大詔令集》，中華書局2008年版。

（宋）司馬光等編：《類篇》，中華書局1984年版。

（宋）韋驤著，李玲玲、郜同麟點校：《錢唐韋先生集》，《杭州文獻集成》第14冊，杭州出版社2014年版。

（宋）王安石：《臨川先生文集》，中華書局1959年版。

（宋）蘇軾撰，（明）茅維編，孔凡禮點校：《蘇軾文集》，中華書局1986年版。

（宋）黃庭堅撰，（宋）任淵、史容、史季温注，劉尚榮校點：《黃庭堅詩集注》，中華書局2003年版。

（宋）曾鞏撰，陳杏珍、晁繼周點校：《曾鞏集》，中華書局1984年版。

（宋）郭茂倩編：《樂府詩集》，中華書局1979年版。

（宋）劉昉撰：《幼幼新書》，人民衛生出版社1987年版。

（宋）黃朝英撰，吳企明點校：《靖康緗素雜記》，中華書局2014年版。

（宋）洪興祖撰，白化文、許德楠、李如鸞、方進點校：《楚辭補注》，中華書局1983年版。

（宋）洪遵撰：《翰苑羣書》，《景印文淵閣四庫全書》第595冊，臺灣商務印書館1986年版。

（宋）曾慥編：《類説》，文學古籍刊行社1956年版。

（宋）李廌、朱弁、陳鵠撰，孔凡禮點校：《師友談記 曲洧舊聞 西塘集耆舊續聞》，中華書局 2002 年版。

（宋）王銍撰，朱杰人點校：《默記》，中華書局 1981 年版。

（宋）洪邁撰，孔凡禮點校：《容齋隨筆》，中華書局 2005 年版。

（宋）洪适編：《隸釋・隸續》，中華書局 1986 年版。

（宋）程大昌撰，黃永年點校：《雍錄》，中華書局 2002 年版。

（宋）陳騤、佚名撰，張富祥點校：《南宋館閣錄・續錄》，中華書局 1998 年版。

（宋）朱熹：《晦庵先生朱文公文集》卷一，《朱子全書》第 20 冊，上海古籍出版社、安徽教育出版社 2002 年版。

（宋）莊綽撰，蕭魯陽點校：《雞肋編》，中華書局 1983 年版。

（宋）戴侗撰：《六書故》，上海社會科學出版社 2006 年版。

（宋）史繩祖撰：《學齋佔畢》，《叢書集成初編》第 313 冊，商務印書館 1939 年版。

（宋）志磐撰，釋道法校注：《佛祖統紀校注》，上海古籍出版社 2012 年版。

（元）馬端臨：《文獻通考》，中華書局 1986 年版。

（明）馬蒔撰：《黃帝內經靈樞注證發微》，人民衛生出版社 1994 年版。

（明）張自烈等編：《正字通》，中國工人出版社 1996 年版。

（明）梅膺祚、（清）吳任臣撰：《字彙　字彙補》，上海辭書出版社 1991 年版。

（明）蘭陵笑笑生著，陶慕寧校注：《金瓶梅詞話》，人民文學出版社 2000 年版。

（明）臧晉叔編：《元曲選》，中華書局 1958 年版。

（清）董誥等編：《全唐文》，中華書局 1983 年版。

（清）何焯著，崔高維點校：《義門讀書記》，中華書局 1987 年版。

（清）桂馥撰：《說文解字義證》，中華書局 1987 年版。

（清）王念孫：《廣雅疏證》，中華書局 2004 年版。

（清）王念孫撰：《讀書雜志》，江蘇古籍出版社 2000 年版。

（清）馬瑞辰撰，陳金生點校：《毛詩傳箋通釋》，中華書局 1989 年版。

（清）王筠撰：《說文解字句讀》，中華書局 1988 年版。

（清）朱駿聲編著：《說文通訓定聲》，中華書局 1984 年版。

（清）高翔麟：《說文字通》，《續修四庫全書》第 222 册，上海古籍出版社 2002 年版。

（清）錢坫：《說文解字斠詮》，《續修四庫全書》第 211 册，上海古籍出版社 2002 年版。

（清）鄭珍：《說文新附考》，《續修四庫全書》第 223 册，上海古籍出版社 2002 年版。

（清）鈕樹玉：《說文新附考》，《續修四庫全書》第 213 册，上海古籍出版社 2002 年版。

（清）毛際盛：《說文新附通誼》，《說文解字研究文獻集成·古代卷》第 3 册，作家出版社 2007 年版。

（清）錢繹撰集：《方言箋疏》，上海古籍出版社 1984 年版。

（清）王先謙撰，沈嘯寰、王星賢點校：《荀子集解》，中華書局 1988 年版。

二　現代著作

Kristofer Schipper and Franciscus Verellen, *The Taoist Canon*, Chicago: The University of Chicago Press, 2004.

[法] 伯希和（Paul Pelliot）、沙畹（Emmanuel-èdouard Chavannes）撰：《摩尼教流行中國考》，馮承鈞譯，上海古籍出版社 2014 年版。

[法] 索安（Anna Seidel）：《西方道教研究編年史》，吕鵬志、陳平等譯，中華書局 2002 年版。

[荷蘭] 許里和（Erik Zürcher）：《佛教征服中國——佛教在中國中古早期的傳播與適應》，李四龍、裴勇等譯，江蘇人民出版社 1998 年版。

[美] 柏夷（Stephen R. Bokenkamp）：《道教研究論集》，孫齊、田禾、謝一峰、林欣儀譯，秦國帥、魏美英、紀贇、謝世維校，中西書局 2015 年版。

[日] 大淵忍爾：《敦煌道經目録編》，福武書店 1978 年版。

[日] 大淵忍爾：《道教とその經典》，創文社 1997 年版。

[日] 大淵忍爾：《敦煌道經目録編》，雋雪艷、趙蓉譯，齊魯書社 2016

年版。

［日］福井康順：《道教の基礎的研究》，書籍文物流通會1965年版。

［日］吉岡義豐：《道教と佛教》，日本學術振興會1959年版。

［日］吉岡義豐：《スタィソ將來大英博物館藏敦煌文獻目錄——道教の部》，東洋文庫，1969年。

［日］前田繁樹：《初期道教經典の形成》，汲古書院2004年版。

［日］石井昌子：《敦煌と中國道教》，大東出版社1983年版。

［日］矢吹慶輝：《三階教研究》，岩波書店1927年版。

［日］藤枝晃：《トルフアン出土仏典の研究——高昌殘影釈錄》，株式會社法藏館2005年版。

［日］小林正美：《六朝道教史研究》，李慶譯，四川人民出版社2001年版。

［日］小田義久等編：《大谷文書集成》，法藏館1983年版。

［英］阿爾弗雷德·諾思·懷特海（Alfred North Whitehead）：《宗教的形成 符號的意義及效果》，周邦憲譯，譯林出版社2014年版。

巴宙譯：《南傳彌蘭王問經》，中國社會科學出版社1997年版。

白化文、周紹良編：《敦煌變文論文錄》，明文書局1985年版。

曹凌：《中國佛教疑僞經綜錄》，上海古籍出版社2011年版。

陳國燦、劉安志主編：《吐魯番文書總目（日本收藏卷）》，武漢大學出版社2005年版。

陳國符：《道藏源流考》，中華書局1963年版。

陳國符：《道藏源流續考》，明文書局1983年版。

陳佳榮、謝方、陸峻嶺：《古代南海地名彙釋》，中華書局1986年版。

陳文龍：《王契真〈上清靈寶大法〉研究》，齊魯書社2015年版。

陳垣：《陳垣史學論著選》，上海人民出版社1981年版。

陳垣：《敦煌劫餘錄》，《敦煌叢刊初集》第三、四冊，新文豐出版公司1985年版。

陳允吉：《佛教與中國文學論稿》，上海古籍出版社2010年版。

程樂松：《中國道教類書與道教思想》，宗教文化出版社2017年版。

丁培仁：《增注新修道藏目錄》，巴蜀書社2008年版。

敦煌研究院編：《敦煌遺書總目索引新編》，中華書局 2000 年版。
方廣錩：《敦煌佛教經錄輯校》，江蘇古籍出版社 1997 年版。
方廣錩：《中國寫本大藏經研究》，上海古籍出版社 2006 年版。
馮利華：《中古道書語言研究》，巴蜀書社 2010 年版。
侯沖：《中國佛教儀式研究——以齋供儀式爲中心》，上海古籍出版社 2018 年版。
胡吉宣：《玉篇校釋》，上海古籍出版社 1989 年版。
黄侃：《爾雅音訓》，上海古籍出版社 1983 年版。
黄征：《敦煌俗字典》，上海教育出版社 2005 年版。
黄徵、吴偉：《敦煌願文集》，岳麓書社 1995 年版。
姜亮夫：《敦煌學論文集》，《姜亮夫全集》第十三册，雲南人民出版社 2002 年版。
李守奎：《楚文字編》，華東師範大學出版社 2003 年版。
李小榮：《敦煌道教文學研究》，巴蜀書社 2009 年版。
劉綸鑫：《魏晉南北朝詩文韻集與研究（韻集部分）》，中國社會科學出版社 2001 年版。
劉屹：《敬天與崇道——中古經教道教形成的思想史背景》，中華書局 2005 年版。
劉屹：《經典與歷史——敦煌道經研究論集》，人民出版社 2011 年版。
劉屹：《神格與地域——漢唐間道教信仰世界研究》，上海人民出版社 2011 年版。
劉屹：《敦煌道經與中古道教》，甘肅教育出版社 2013 年版。
劉屹：《六朝道教古靈寶經的歷史學研究》，上海古籍出版社 2018 年版。
逯欽立：《先秦漢魏晉南北朝詩》，中華書局 1982 年版。
逯欽立：《逯欽立文存》，中華書局 2010 年版。
吕鵬志：《唐前道教儀式史綱》，中華書局 2008 年版。
羅常培、周祖謨：《漢魏晉南北朝韻部演變研究（第一分册）》，中華書局 1958 年版。
牛尚鵬：《道經詞語考釋》，中國社會科學出版社 2017 年版。
潘重規：《敦煌變文集新書》，文津出版社 1994 年版。

任繼愈主編，鍾肇鵬副主編：《道藏提要》，中國社會科學出版社 1991 年版。

榮新江：《敦煌學十八講》，北京大學出版社 2001 年版。

榮新江：《吐魯番文書總目（歐美收藏卷）》，武漢大學出版社 2007 年版。

榮新江主編：《向達先生敦煌遺墨》，中華書局 2010 年版。

湯用彤：《漢魏兩晉南北朝佛教史》，武漢大學出版社 2008 年版。

湯用彤：《隋唐佛教史稿》，北京大學出版社 2010 年版。

湯用彤：《往日雜稿　康復札記》，生活・讀書・新知三聯書店 2011 年版。

唐長孺：《魏晉南北朝史論拾遺》，中華書局 2011 年版。

王承文：《敦煌古靈寶經與晉唐道教》，中華書局 2002 年版。

王承文：《漢晉道教儀式與古靈寶經研究》，中國社會科學出版社 2017 年版。

王國維：《觀堂集林（附別集）》，中華書局 2004 年版。

王皓月：《析經求真：陸修靜與靈寶經關係新探》，中華書局 2017 年版。

王家葵：《陶弘景叢考》，齊魯書社 2003 年版。

王卡：《敦煌道教文獻研究——綜述・目錄・索引》，中國社會科學出版社 2004 年版。

王卡：《道教經史論叢》，巴蜀書社 2007 年版。

王力：《王力文集》第十八卷，山東教育出版社 1991 年版。

王明：《王明集》，中國社會科學出版社 2007 年版。

王三慶：《敦煌佛教齋願文本研究》，新文豐出版股份有限公司 2009 年版。

王重民編：《敦煌遺書總目索引》，商務印書館 1962 年版。

魏斌：《"山中"的六朝史》，生活・讀書・新知三聯書店 2019 年版。

吳羽：《唐宋道教與世俗禮儀互動研究》，中國社會科學出版社 2013 年版。

夏先忠：《六朝上清經用韻研究》，西南交通大學出版社 2010 年版。

項楚：《柱马屋存稿》，商務印書館 2003 年版。

項楚：《敦煌變文選注》，中華書局 2006 年版。

蕭登福：《道家道教與中土佛教初期經義發展》，上海古籍出版社 2003 年版。

蕭登福：《正統道藏總目提要》，文津出版社 2011 年版。

謝世維：《大梵彌羅：中古時期道教經典當中的佛教》，臺灣商務印書館 2013 年版。

新疆維吾爾自治區吐魯番學研究院、武漢大學中國三至九世紀研究所編：《吐魯番柏孜克里克石窟出土漢文佛教典籍》，文物出版社 2007 年版。

徐在國：《隸定古文疏證》，安徽大學出版社 2002 年版。

楊文和主編：《中國歷史博物館藏法書大觀》第 11 卷，柳原書店 1999 年版。

姚平主編：《當代西方漢學研究集萃·宗教史卷》，上海古籍出版社 2012 年版。

葉貴良：《敦煌道經寫本與詞彙研究》，巴蜀書社 2007 年版。

葉貴良：《敦煌道經詞語考釋》，巴蜀書社 2009 年版。

湛如：《敦煌佛教律儀制度研究》，中華書局 2011 年版。

張廣達：《文書、典籍與西域史地》，廣西師範大學出版社 2008 年版。

張小貴主編：《三夷教研究——林悟殊先生古稀紀念論文集》，蘭州大學出版社 2014 年版。

張小艷：《敦煌書儀語言研究》，商務印書館 2007 年版。

張勛燎、白彬：《中國道教考古》，綫裝書局 2006 年版。

張涌泉師：《敦煌俗字研究》，上海教育出版社 2015 年版。

張澤洪：《道教齋醮科儀研究》，巴蜀書社 1999 年版。

張政烺：《張政烺文史論集》，中華書局 2004 年版。

真大成：《中古文獻異文的語言學考察》，上海教育出版社 2020 年版。

周西波：《杜光庭道教儀範之研究》，新文豐出版有限公司 2003 年版。

周祖謨：《魏晉南北朝韻部之演變》，東大圖書出版社公司 1996 年版。

周祖謨：《周祖謨語言文史論集》，學苑出版社 2004 年版。

朱大星：《敦煌本〈老子〉研究》，中華書局 2007 年版。

三　論文

（一）學位論文

陳榮子：《〈老子中經〉研究》，碩士學位論文，臺灣輔仁大學，2012年。

胡百濤：《六朝道教上清派存思道法研究》，博士學位論文，中國社會科學院研究生院，2013年。

李静：《古上清經史若干問題的考辨》，博士學位論文，復旦大學，2009年。

劉永海：《略論武則天稱帝與祥瑞》，碩士學位論文，首都師範大學，2008年。

路旻：《晉唐道教天界觀研究》，博士學位論文，蘭州大學，2018年。

伍小劼：《〈大灌頂經〉研究》，博士學位論文，上海師範大學，2010年。

謝明：《宋前道書疑難字詞考釋》，博士學位論文，浙江大學，2017年。

忻麗麗：《中古靈寶經詞語考釋》，碩士學位論文，南開大學，2012年。

鄭玉敏：《傳入與發展——西方星占宮位制在古代中國》，碩士學位論文，中國科學技術大學，2016年。

周學峰：《道教科儀經籍疑難語詞考釋》，博士學位論文，南開大學，2013年。

（二）期刊論文

Erik Zürcher, "Buddhist Influence on Early Taoism", *T'oung Pao*, 66, 1980.

［法］穆瑞明（Christine Mollier）：《道佛關係的圖像學研究：唐玄宗時期的四川摩崖造像》，胡鋭譯，《宗教學研究》2019年第4期。

［荷蘭］施舟人（Kristofer M. Schipper）：《〈老子中經〉初探》，載《道家文化研究》第十六輯，生活·讀書·新知三聯書店1999年版。

［荷蘭］施舟人：《道教儀式的疏文》，彭澤安譯，載［美］武雅士（Arthur P. wolf）編，彭澤安、邵鐵峰譯，郭瀟威校《中國社會的宗教儀式》，江蘇人民出版社2014年版。

［美］戴思博（Catherine Despeux）、孔麗維（Livia Kohn）：《〈道教中的女性〉前言》，載姚平主編《當代西方漢學研究集萃·宗教史

卷》，上海古籍出版社 2012 年版。

［美］太史文（Stephen Teiser）：《試論齋文的表演性》，載《敦煌吐魯番研究》第十卷，上海古籍出版社 2007 年版。

［日］大淵忍爾著，劉波譯，王承文審校：《論古靈寶經》，載《道家文化研究》第十三輯，生活·讀書·新知三聯書店 1998 年版。

［日］加藤千惠：《〈老子中經〉與内丹思想的起源》，《宗教學研究》1997 年第 4 期。

［日］秋月觀暎：《敦煌發見神人所説三元威儀觀行經斷簡と大比丘三千威儀：大英博物館所藏スタイン將来漢文々書第五三〇八號》，《弘前大學人文社會》第十九號。

［日］神塚淑子：《〈海空智藏經〉與〈涅槃經〉——唐初道教經典的佛教受容》，《日本東方學》第一輯，中華書局 2007 年版。

［日］石井昌子：《〈九真中經〉考》，《創價大学人文論集》第十二號。

［日］石井昌子：《〈靈書紫文〉考》，《創價大学人文論集》第十四號。

［日］窪德忠：《中國における仏教と道教》，《駒澤大學佛教學部論集》第十七號。

［日］張娜麗：《西域発見の文字資料［四］——「大谷文書集成」參讀後劄記》，《學苑·總合教育セソタ》第 764 號，2004 年 5 月。

［日］中嶋隆藏：《〈海空智藏經〉管窺——主要思想和所據佛典》，《宗教學研究》1998 年第 4 期。

包曉悦：《日本書道博物館藏敦煌吐魯番"寫經殘片册"的文獻價值》，《文獻》2015 年第 5 期。

曹凌：《敦煌本〈十方千五百佛名經〉雜考》，《敦煌研究》2014 年第 4 期。

曹凌：《中古佛教齋會疏文的演變》，載《魏晉南北朝隋唐史資料》第 33 輯，上海古籍出版社 2016 年版。

曹凌：《敦煌本〈元陽經〉研究——佛道經典比勘研究之一例》，《文史》2020 年第 2 輯。

曹凌：《敦煌遺書中所謂道教齋文的名與實》，載賈晉華、白照傑主編《中國宗教研究新視野——新語文學的啓示》，宗教文化出版社

2020年版。

曹凌：《宋代齋醮青詞的形成》（未刊稿）。

杜斗城：《"七七齋"之源流及敦煌文獻中有關資料的分析》，《敦煌研究》2004年第4期。

方廣錩：《〈敦煌願文集〉書評》，載《敦煌吐魯番研究》第二卷，北京大學出版社1996年版。

郭在貽：《魏晉南北朝史書語詞瑣記》，《古漢語研究》1990年第3期。

郭在貽：《魏晉南北朝史書語詞瑣記》，《中國語文》1990年第5期。

郝春文：《關於敦煌寫本齋文的幾個問題》，《首都師範大學學報》1996年第2期。

何江濤：《〈老子中經〉成書年代芻議》，《宗教學研究》2014年第4期。

黃征：《敦煌願文散校》，《敦煌研究》1994年第3期。

姜伯勤：《敦煌本宋文明道教佚書研究》，載《慶祝吳其昱先生八秩華誕敦煌學特刊》，文津出版社2000年版。

李剛：《也論〈太平經鈔〉甲部及其與道教上清派之關係》，載《道家文化研究》第四輯，上海古籍出版社1994年版。

林世田：《敦煌所出〈普賢菩薩說證明經〉及〈大雲經疏〉考略》，載《文津學誌》第一輯，北京圖書館出版社2003年版。

林世田：《武則天稱帝與圖讖詳瑞——以S6502〈大雲經疏〉爲中心》，《敦煌學輯刊》2002年第4期。

劉林魁：《佛教僞史〈漢法本內傳〉與佛道論爭》，《雲南社會科學》2009年第2期。

劉屹：《評〈敦煌道教文獻研究——綜述·目錄·索引〉》，載《敦煌吐魯番研究》第九卷，中華書局2006年版。

劉屹：《古靈寶經"未出一卷"研究》，《中華文史論叢》2010年第4期。

劉屹：《向達先生摹抄本〈上元金籙簡文〉殘卷重識》，載《敦煌文獻·考古·藝術綜合研究——紀念向達先生誕辰110周年國際學術研討會論文集》，中華書局2011年版。

劉屹：《敦煌本"靈寶經目錄"新見問題釋疑——以"第五篇目"與"未出一卷"爲中心》，《宗教學研究》2020年第4期。

劉永明：《〈老子中經〉形成於漢代考》，《蘭州大學學報》2006年第4期。

劉永明：《日本杏雨書屋藏敦煌道教及相關文獻研讀劄記》，《敦煌學輯刊》2010年第3期。

劉永明：《P.3562V〈道教齋醮度亡祈願文集〉與唐代敦煌道教（一）》，《敦煌學輯刊》2013年第4期。

劉永明：《P.3562V〈道教齋醮度亡祈願文集〉與唐代敦煌道教（二）》，《敦煌學輯刊》2014年第1期。

柳存仁：《〈老子化胡經〉卷八的成立時代》，載《新世紀敦煌學論集》，巴蜀書社2003年版。

呂德廷：《〈敦煌秘籍〉部分佛教與道教文書定名》，《敦煌寫本研究年報》第八號。

呂鵬志：《靈寶三元齋和道教三元節——〈太上洞玄靈寶三元品戒經〉考論》，《文史》2013年第1期。

孟憲實：《武則天時期的"祥瑞"——以〈沙州圖經〉爲中心》，載《敦煌吐魯番研究》第十四卷，上海古籍出版社2014年版。

饒宗頤：《談佛教的發願文》，載《敦煌吐魯番研究》第四卷，北京大學出版社1999年版。

容志毅：《〈太微靈書紫文琅玕華丹神真上經〉出世朝代及外丹黃白法考》，《宗教學研究》2009年第3期。

榮新江：《柏林通訊》，載《學術集林》卷十，上海遠東出版社1997年版。

榮新江：《德國吐魯番收集品中的漢文典籍與文書》，載《華學》第三卷，紫禁城出版社1998年版。

榮新江：《唐代西州的道教》，載《敦煌吐魯番研究》第四卷，北京大學出版社1999年版。

勝義：《〈俄藏敦煌文獻〉第十二册校讀記（上）》，載《戒幢佛學》第二卷，岳麓書社2002年版。

石東梅：《敦煌遺書中珍貴的唐人寫本〈三洞珠囊〉》，《文物與收藏》2013年第5期。

石立善：《敦煌寫本失題道經五種定名》，載《百年敦煌文獻整理研究國際學術研討會論文集》，2010年。

史樹青：《"陸離"新解》，《文史》第11輯。

孫齊：《古靈寶"未出經"研究》，《中外論壇》2021年第1期。

萬毅：《敦煌本道教〈昇玄內教經〉的文本順序》，《敦煌研究》2000年第4期。

汪泛舟：《敦煌道教與齋醮諸考》，載《1994年敦煌學國際研討會文集·宗教文史卷上》，甘肅民族出版社2000年版。

王皓月：《再論〈靈寶經〉之中"元始舊經"的含義》，《世界宗教研究》2014年第2期。

王惠民：《〈太上洞玄靈寶天尊名〉初探》，載《道藏文化研究》第十三輯，生活·讀書·新知三聯書店1998年版。

王卡：《敦煌道經校讀三則》，載《道家文化研究》第十三輯，生活·讀書·新知三聯書店1998年版。

王卡：《〈敦煌道教文獻研究·目錄〉補正》，《敦煌學輯刊》2007年第3期。

王三慶：《日本天理大學天理圖書館典藏之敦煌寫卷》，載《第二屆敦煌學國際研討會論文集》，漢學研究中心1991年版。

王維誠：《老子化胡經說考證》，《國學季刊》1934年第4卷第2號。

吳羽：《敦煌所出〈十戒經〉盟文中朱筆的宗教意義——兼論晉唐道經的保存與流傳》，載《敦煌吐魯番研究》第十六卷，上海古籍出版社2016年版。

伍小劼：《〈大灌頂經〉的宗教思想》，《史學月刊》2012年第3期。

武紹衛：《敦煌本〈普賢菩薩說此證明經〉經本研究》，《敦煌學》第三十輯。

許蔚：《〈慈善孝子報恩成道經〉的成立年代及相關問題》，《敦煌研究》2014年第4期。

顏廷亮：《敦煌文化中的道教及文化》，《敦煌研究》1999年第1期。

楊剛：《〈普賢菩薩說證明經〉研究》，《中國俗文化研究》第十八輯。

楊聯昇：《老君音誦誡經校釋——略論南北朝時代的道教清整運動》，載《"中研院"歷史語言研究所集刊》第28本上，1956年。

葉貴良：《〈俄藏敦煌文獻〉道經殘卷考述》，載《浙江與敦煌學》，浙江古籍出版社2004年版。

游自勇：《吐魯番所出〈老子道德經〉及其相關寫本》，《中華文史論叢》2017年第3期。

曾良、郭磊：《略談明清小説俗寫釋讀——爲紀念蔣禮鴻先生誕辰一百周年而作》，《漢語史學報》第十八輯。

湛如：《論敦煌齋文與佛教行事》，《敦煌學輯刊》1997年第1期。

張慕華：《論歸義軍時期敦煌道教齋文的演變》，《敦煌研究》2011年第2期。

張曉雷：《〈老子中經〉相關問題新考》，《宗教學研究》2018年第4期。

張涌泉師：《史書俗字辨考五題》，《語言研究》2004年第4期。

趙洋：《唐代西州道經的流佈》，《中華文史論叢》2017年第3期。

趙洋：《新見旅順博物館藏吐魯番道經敘錄》，載《敦煌吐魯番研究》第十七卷，上海古籍出版社2017年版。

鄭阿財：《敦煌本〈慈善孝子報恩成道經〉考論》，載《敦煌學國際研討會論文集》，北京圖書館出版社2005年版。

周西波：《敦煌道教齋文的内容與意義》，《文學新鑰》2011年第13期。

周西波：《俄藏敦煌道經略考》，載［俄］波波娃、劉屹主編《敦煌學：第二個百年的研究視角與問題》，聖彼得堡東方學文獻研究所2012年版。

周西波：《中村不折舊藏敦煌道經考述》，《敦煌學》第二十七輯。

卷號索引

卷號	頁碼
BD110v	96
BD1017	290, 293, 294, 406, 410, 420, 421, 423, 430, 431
BD1034	257, 260, 271
BD1218	13, 48, 109 – 111, 113, 304, 340, 419
BD2983	45, 349, 397, 408, 432
BD3818	13, 48, 109 – 111, 113, 296, 304, 340
BD4047	13, 48, 109 – 112, 114, 304, 340
BD5417	27
BD8410v	11
BD9852	23
BD10266	84, 392 – 394
BD10466	18, 19, 100
BD11193	200, 214, 215, 217
BD11751	13, 109, 113, 304
BD12139	18, 19, 200
BD13208E	257, 303
BD14841K	30, 45, 195, 349, 397
BD14841L	30, 45, 195, 349, 397, 462
BD15423	350
BD15636	45, 312, 339, 349, 352, 353, 365, 397, 401
BD16088	2, 100
BD16559	100, 187, 189, 190
P.2004	104 – 106, 285, 316, 337, 420, 440, 441
P.2007	316, 317, 348
P.2256	116, 117, 121, 159, 160, 162, 190, 264, 299, 314, 325, 354, 478, 479
P.2257	107, 206
P.2326	293
P.2337	84, 103 – 106, 117, 130, 189, 265, 340, 367, 370, 429, 467
P.2340	258, 259, 261, 267, 279, 281, 282, 289
P.2343	408, 410
P.2348	266, 296, 298, 301, 312, 314, 464
P.2352	198, 295, 298, 299, 339, 412, 419, 420, 434, 455, 463, 464, 478, 482
P.2355	91
P.2356	153, 197, 256, 299 – 301, 342
P.2357	263, 470

拘校道文

P. 2358　82，465
P. 2366　14，33，257，262，265，266，270-273，282，285，418，419
P. 2370　14
P. 2380　107
P. 2383　314
P. 2385　285
P. 2386　120，437
P. 2391　8，57，267
P. 2393　19，20
P. 2396　16，17，92，93
P. 2399　186，195，198，293，299，408，421-423，425，430，433，436，477，479-481
P. 2406　3，4，45，82，83，197，349，351，365，371，397，398，417，462
P. 2409　47，292，293，435
P. 2410　13，257，260，261，264-266，268，269，273-275，278，280，281
P. 2426　291
P. 2429　93，455
P. 2431　117，126，180，187，263，312，435，436，454，474，477，481，482
P. 2433　257，263，303，305，306
P. 2436　340，349
P. 2440　138，187，255，290，408，418，419
P. 2442　51，75，298，455
P. 2444　432，470
P. 2445　43
P. 2450　14，259，262，271

P. 2452　166，175，294，355，373，416，431
P. 2454　7，8，79，167，292，314，431
P. 2455　45，312，339，349，352，353，365，397，401
P. 2457　107，339
P. 2461　81，82，187，293，299，313，463-465，478，480，483
P. 2468　7，290，294，296，298，464，482，483
P. 2474　9，10，291，293，298，469，482
P. 2559　267，408
P. 2576v　157，412，435，450，451，458，459，462，472，474
P. 2606　37，40，41，61，67，122，187，191，196，299，339，407，435，437，439，478，480
P. 2724　7
P. 2728　296，298，420，429，431，437，472，476
P. 2730　50，51，61，77，82，194，198，290，314
P. 2749　338
P. 2751　121，131，200，255，295，422，453，459-461，472，475-477
P. 2793　338
P. 2828　257
P. 2842v　291，293
P. 2848　296，298，421，422
P. 2860　21，22，467

P. 2861　7，30，55，116，117，159，160，162，190，264，299，354
P. 2865　62，157，168，195，266，462，479，481
P. 2868　63，64，257，302 – 304，306，308
P. 2920　452
P. 2959　93，94，432
P. 2989　85，86，388，397，402
P. 3022v　5，6，60，62，65，166，187，277，437，482
P. 3026　11
P. 3091　93
P. 3148　30，45，195，349，397
P. 3200　425，439 – 441
P. 3233　337，408，432
P. 3280　24，25
P. 3282　45，312，339，349，352，353，365，397，401，462
P. 3310　21
P. 3344　94
P. 3362　92，93
P. 3371　19，311，314
P. 3404　285，316，341，342
P. 3435　255，290，421，425，429，435
P. 3484　45，349，397，432
P. 3487　326
P. 3556v　350
P. 3562v　315，350，351，363 – 367，370，371，373，377，378
P. 3663　30，45，195，349，353，397
P. 3675　17，92，93

P. 3725　107
P. 3755　13，48，109 – 115，304，340
P. 3784v　224
P. 4053　350
P. 4071　39
P. 4618　291
P. 4659　70，71，186，338，430，461
P. 4690　86
P. 4836　19，20
P. 4965　377，387，388，390 – 392，394 – 403，413，416
P. t. 560v　5，6，58，60，62，65，166，277，435，466，467，479
S. 75　71，73，419
S. 80　192，195
S. 482　13，257 – 259，261，262，266，267，279，281，282，289
S. 861　93
S. 930　69，70，470
S. 1267　257
S. 1906　187，191，193，263，277，291，293，410，451，481，483
S. 2081　316，334，420
S. 2122　17，18
S. 2658　347，395
S. 2999　26，290，470
S. 3016　13，257，261
S. 3140　257
S. 3722　291，293
S. 3863　83，84
S. 4226　207，216
S. 4314　200

· 503 ·

拘校道文

S. 4610	423, 438–441	S. 12800	17, 18, 100
S. 4652	377, 387, 388, 390–392, 394–403	S. 12802	25, 26, 100
		S. 12896	26, 27, 101
S. 5308	13, 257	S. 12946	16, 101
S. 5840	2	S. 12950	14, 15, 101
S. 6009v	94	S. 13248	14–16
S. 6193	200	S. 13581	14, 101
S. 6659	89, 120	S. 13615	14, 101
S. 6841	45, 312, 339, 349, 352, 353, 365, 376, 397, 401	S. 13675C	26, 27, 101
		Дx110	257, 258, 260
S. 6963v	285, 316, 326, 348	Дx158	30, 45, 195, 349, 397
S. 8076	26, 27	Дx517	10, 11
S. 9047	26, 27	Дx556	81, 82
S. 9764V	93	Дx643	13, 101, 257
S. 10576	85, 392, 393	Дx769	94, 316
S. 10605	85, 390–394, 396, 403	Дx1630D	92, 96
S. 10714	91	Дx1888	9
S. 10906	13, 100, 113	Дx1893	87, 88
S. 10918	106	Дx2008	9
S. 10936	13, 100, 106	Дx2063	9
S. 11026A	106	Дx2763	92, 93, 96
S. 11931v	3, 4	Дx3790	33
S. 11969	29, 30	Дx4336	33
S. 12029	96	Дx4809	11, 101
S. 12074	9, 10, 100, 293, 298	Дx4887	89, 101
S. 12140	96	Дx4974	5
S. 12187	97	Дx5385	89, 90, 101
S. 12268	14, 100	Дx5392	89, 90, 101
S. 12361	21	Дx5452	89, 90
S. 12609	95, 96	Дx5628	45, 349, 397, 432
S. 12698	16, 100	Дx5652	7, 101
S. 12734	21, 100	Дx5913	117

Дx6046	27
Дx6447	65
Дx6478	3，101
Дx6626A	98
Дx6928	6，101
Дx7072	5
Дx7243	11
Дx7570	97
Дx8201	8，101
Дx8750A	20
Дx8789	34
Дx9027	24，25
Дx9107	22，23，257
Дx9123	22，23，257
Дx10182	27－29
Дx10195	10，11，101
Дx11606	83
Дx15486	93
Дx18031	8，101
Дx18532	7，101
北大 171	353，357，365
北大 172	293
北大 179	25，26
敦研 376	93，94
故宮博物院藏本	105
國家博物館藏本	76
津藝 116	22，23，257，258，264，265，270，271，276，278
津藝 176	49，50，483
津藝 184	410
津藝 289	410
臺北 4717	14

向達摹寫本	191，401，416
WB32（30）－1	227
京都 252	11，73，107，311，468，469
京都 253	87－89
龍谷 539	257，263
天理大學藏《太玄真一本際經》	106，470
羽 72B	350，358
羽 459	326
羽 589－13	87，88，101
羽 589－16	33，101
羽 612	147，408，412，433，453，456，457，471，472
羽 613	23，36
羽 673R	85
羽 704R	85，101
2002TJI：034a	80
80TBI：060b	79，80
80TBI079a	79，80
Ch/So10334	55
Ch/So18255	55
Ch130	98
Ch243	35
Ch286	35，36
Ch349	36，37，295
Ch353	39
Ch759	40，41，107
Ch773v	41
Ch935	43
Ch1002	36，37，295
Ch1025	43
Ch1245v	99

Ch1331v　46
Ch1344　57
Ch1607　43
Ch2401　47－49，63
Ch3023　99
Ch3095　49
Ch3521　50
Ch5641　54
Ch5646　51，53，54
MIK Ⅲ 7484　40，107
n296　55
SyrHT3　55
中村 174　73－75
中村 176　83，102
殘影 236　73
殘影 237　73
大谷 3289　58，59，61，62，65，66，68
大谷 3528　59，61，62，65，66
大谷 4085　59
大谷 4395　59

大谷 4399　60
大谷 4410　60，74
大谷 4451　60，62，65
大谷 4470A　61，65
大谷 4667　48，62
大谷 4859v　63
大谷 4974　63
大谷 5005　65
大谷 5050　59，61，62，66
大谷 5161　66
大谷 5383A　66
大谷 5383B　66，67
大谷 5384　66，67
大谷 5790　59，61，62，65，66，68
大谷 8103　68
大谷 8104　69
大谷 8105　70
大谷 8111　71
大谷 8116　71
大谷 8120　72

經名索引

經名　　　　　　　　　　　頁碼

八道命籍經（參見"洞真太上八道命籍經"）　141－143，293，294，360
長樂經　423，425，438－441
赤松子章曆　339，354，357，359，360，373
慈善孝子報恩成道經　103－105，107
雌一玉檢五老寶經（參見"洞真高上玉帝大洞雌一玉檢五老寶經"）　116，144－158，201－204，206，208，211，215，217，221－223，408，412，433，453，456，457，471，472，477
大道通玄要　60，74，97，191，463，466
大洞金華玉經　145－148，158
大洞真經（參見"上清大洞真經"）　116，133－135，144－149，151－154，157，158，200，213－215，221－223，428，434
大有妙經（參見"洞真太上素靈洞元大有妙經"）　145，146，152，153，157，214
道德經　14，33，39，60，68，73，92，100，101，107，149，160，234，235，237，242，251，324，455，456
道德經河上公章句　72，73，235
登真隱訣　147，208，217，220，222，412，427，428，433，469，477
洞神八帝妙精經　212，214
洞玄靈寶長夜之府九幽玉匱明真科（參見"明真科"）　3，4，50，61，77，83，101，187，194，264，290，295，298，299，314，339，351，397，412，419，420，434，455，463，478，482
洞玄靈寶玉京山步虛經　165，175，186，294

洞玄靈寶自然九天生神章經　71，168，198，425，436

洞玄靈寶自然九天生神玉章經解　207

洞淵神呪經　26，27，69，93，94，101，337，338，340，348，408，432，433，470，471

洞真高上玉帝大洞雌一玉檢五老寶經（參見"雌一玉檢五老寶經"）　116，144，151，157，201，408，412，433，453，456，457，471，472，477

洞真上清青要紫書金根衆經　205，208，405，406，452，472，475

洞真上清神州七轉七變舞天經　203，405，474

洞真太上八道命籍經（參見"八道命籍經"）　141，153，417，480

洞真太上八素真經服食日月皇華訣　152，208，406，422

洞真太上說智慧消魔真經　2，100，152，154，457

洞真太上素靈洞元大有妙經（參見"大有妙經"）　213，246，464，472

洞真太上太霄琅書（參見"太霄琅書"）　78，150，176，359，360，430，461，466，469

洞真太上紫度炎光神玄變經　128，205，206，430，462

洞真太一帝君太丹隱書洞真玄經（參見"太丹隱書"）　83，133，213，410，414，420，476

度人經（參見"太上洞玄靈寶无量度人上品妙經"）　52，116，120，122，179，191，196，300，301，438，481

皇天上清金闕帝君靈書紫文上經（參見"靈書紫文經"）　200

混元聖紀　177，180，234，317，335－337

金真玉光八景飛經（參見"上清金真玉光八景飛經"）　47，296，298，405，420－422，429－431，437，472，473，476

九幽玉匱罪福緣對拔度上品　82，290

九真中經（參見"上清太上帝君九真中經"）　116，130－144，151，203，210，215，217，218，222，223，295，423，438，441，459，460，475，476

老君安宅八陽經　95，96

老君觀天太清中經　231，238

老君中經（參見"老子中經""太上老君中經"）　229

老子道德經序訣　71，73，75，116，235，419

老子觀身太清中經　231，242

老子化胡經　86，94，104，106，136，283，285，288，316－318，323，324，330－

經名索引

332，334－337，340－342，347，348，420，438，440－442，445，446

老子歷藏中經　227－229，232，233，247，248，251

老子十方像名經　94，425

老子像名經　51－53，107

老子中經（參見"老君中經""太上老君中經"）　160，224－227，231－235，237－242，244－251，418

歷藏經　227，229，232－235，240

靈寶經目錄　7，116，117，121，125，126，130，159，160，164－168，170－173，175－186，188－190，197，199，264，299，354

靈寶經目序　164，165，167，169－171，173，174，177，179，181，182，189

靈寶煉度五仙安靈鎮神黃繒章法　157

靈寶威儀經訣　355，356，373

靈寶真一五稱經（參見"太上洞玄靈寶大道无極自然真一五稱符上經"）　138，187，255，290，408，418，419

靈書紫文經（參見"皇天上清金闕帝君靈書紫文上經"）　152，160，200，204，207，210，212，215－218，220，222，223，472

明真科（參見"洞玄靈寶長夜之府九幽玉匱明真科"）　3，50，75，82，83，119，187，194，195，197－199，357，397，398，400－402，463

南華真經注疏　41，42

三百六十應感天尊輔化秘籙　51，54

三洞奉道科戒營始　88，98，104，112，117，202，225，232－235，240，242，251，363，467

三洞奉道科誡經　84，101，106，265，340，367，370

三洞奉道科誡儀範　84，104，117，125，130，429，467

三洞珠囊　84，86，117，127，128，150，151，156，157，216，217，219－222，227，337，341，347，348

三天內解經　169，170，235－237

上清八道秘言圖　132

上清大洞真經（參見"大洞真經"）　130，133，147，409，430，431，473，476

上清高聖太上大道君洞真金玄八景玉錄　145，221，411，431，456，473

上清後聖道君列紀　207，216，219

上清黃氣陽精三道順行經　202，208，405，430

· 509 ·

上清金真玉光八景飛經（參見"金真玉光八景飛經"）　143，153，205，407

上清三元玉檢三元布經　155，456，480

上清三真旨要玉訣　157，412，427，435，450，458，459，472，474

上清太極隱注玉經寶訣　39，354，355，360，410

上清太上八素真經　202

上清太上帝君九真中經（參見"九真中經"）　130，204，295

上清太上開天龍蹻經　174，240，246，247

上清僊府瓊林經　146，150，154，217

上清玉帝七聖玄紀迴天九霄經　207，431，432

上清元始變化寶真上經九靈太妙龜山玄籙　255，290，406，407，421，429，430，434，473－475，477

上清衆經諸真聖秘　131，207

上清諸真章頌　290，293，294，411，420

神人所説三元威儀觀行經　13，101，257，260，261，264－266，268，269，273－276，278－281

神仙中經　238，240，251

宿命因緣經　7，101

太丹隱書（參見"洞真太一帝君太丹隱書洞真玄經"）　83，133，135，138，200，213，215

太平經　78，79，176，215，216，244，253，255，287

太平經鈔　207，208，215－217，223，253

太清金闕玉華仙書八極神章三皇內秘文　212

太清五十八願文　33，294

太清元君中經　239，251

太清中黃真經　211

太清中經　240－242，251

太上慈悲道場消災九幽懺　112－114

太上慈悲九幽拔罪懺　49，64，111－114，304，315

太上大道玉清經　107，206，417，470

太上洞玄靈寶本行因緣經　292

太上洞玄靈寶大道无極自然真一五稱符上經（參見"靈寶真一五稱經"）　161，187

太上洞玄靈寶飛行三界通微內思妙經　168，248－250

經名索引

太上洞玄靈寶黃録簡文三元威儀自然真經　45，187，349，351，462

太上洞玄靈寶金録簡文三元威儀自然真經　191，349，351，396，416，417

太上洞玄靈寶浄土生神經　314

太上洞玄靈寶空洞靈章　161，186，196，198，293，299，408，421－423，430，433，436，477－480

太上洞玄靈寶妙經衆篇序章（參見"衆篇序章"）　87－89，101，198，434，437

太上洞玄靈寶滅度五煉生尸妙經　157

太上洞玄靈寶明真經科儀　3，4，45，82，83，100，349，351，365，371，397，417，462

太上洞玄靈寶三十二天天尊應號經　47－49，62，63

太上洞玄靈寶昇玄内教經　8－10，43，49，50，57，59，60，74，89，90，100，101，266，267，291，293，298，408，410，420，469，482，483

太上洞玄靈寶授度儀　118，123，124，128，168，170，178，179，182，294，416，437

太上洞玄靈寶宿命因緣明經　7

太上洞玄靈寶天尊名　13，48，100，109，113，114，296，304，314，340，419

太上洞玄靈寶投簡符文要訣　123，124，128

太上洞玄靈寶无量度人上品妙經（參見"度人經"）　36，122，162，187，191，299，339，407，435，437，439，478，480

太上洞玄靈寶五篇真文赤書　71，72，87－89，126

太上洞玄靈寶真文度人本行妙經　5，55，58－62，65，66，68，158，166，187，197，277，435，437，466，479，482

太上洞玄靈寶真一勸戒法輪妙經　33，47，187，191，263，264，277，291，293，301，410，463，481，483

太上洞玄靈寶智慧上品大戒經　81，82，188

太上洞玄靈寶智慧罪根上品大戒經　82，160，190，410，480

太上洞玄靈寶中元玉京玄都大獻經　8，101，464

太上洞玄靈寶諸天内音自然玉字　56，77，78，116，117，125，161，166，180，185，187，297，338，431，473，478

太上洞玄靈寶轉神度命經　313

太上洞玄靈寶自然至真九天生神章　70，71，161，186，338，430，461

太上洞淵三昧神咒大齋儀　45，397，408，433

· 511 ·

拘校道文

太上洞真賢門經　111，113

太上九真明科　202，464，469

太上老君中經（參見"老子中經""老君中經"）　224，240

太上靈寶洞玄滅度五練尸經　157

太上靈寶老子化胡妙經　316，334，420

太上靈寶上元天官消愆滅罪懺　51

太上靈寶中元地官消愆滅罪懺　51

太上靈寶下元水官消愆滅罪懺　51

太上妙法本相經　16，17，92，93，96，100，101，263，340，410，455

太上明鑑真經　245，246

太上三元賜福赦罪解厄消災延生保命妙經　55

太上說轉輪五道宿命因緣經　7

太上太極太虛上真人演太上靈寶洞玄真一自然經訣　153，166，175，198，256，294，342，416，431

太上消魔寶真安志智慧本願大戒上品　6，7，164，198，199，290，294，296，298，464，482，483

太上玄一真人說妙通轉神入定經　193，451

太上玄一真人說勸誡法輪妙經　193

太上玄一真人說三途五苦勸誡經　78，193

太上業報因緣經　11，46，66，73，93，98，100，101，105－107，311，468，469

太上一乘海空智藏經　27，28，100，257，260，271，483

太上玉晨鬱儀結璘奔日月圖　210，223

太上玉佩金鐺太極金書上經（參見"太上玉珮金璫太極金書上經"）　47，121，292，293，435

太上玉珮金璫太極金書上經（參見"太上玉佩金鐺太極金書上經"）　202，208，209，429，461，475

太上元陽經　13，33，100，106，257－259，261，262，265－267，270－273，279，281，282，289，330

太微靈書紫文琅玕華丹神真上經　200，218

太微靈書紫文仙忌真記上經　200

太霄琅書（參見"洞真太上太霄琅書"）　153，292－294，421，469

太玄真一本際經　18－25，36，55，56，59，100－102，106，257，258，260，264－

經名索引

266，270，271，276－278，290，311，314，325，408，418，419，452，467，470，472

太真玉帝四極明科經　133，192，201，339，430

唐玄宗道德真經疏　68

天尊說隨願往生罪福報對次說預脩科文妙經　49，63，64

天尊爲一切衆生說三塗五苦存亡往生救苦拔出地獄妙經　266，296，298，301，312，314，464

通玄真經　79，107

無上秘要　6，10，11，29，30，33，45－47，55，59，65，82，83，100，102，111，112，118，119，126－128，131，143，148，150，151，176，191－193，195，196，200，201，207，211，217，218，220－222，227，235，242，244，248，290，291，293，294，299，355，357－360，362，397，399－402，405，412，421，427，428，433，435，437，452，456，462，466，467，472，473，477－480

西王母寶生无死玉經　157

仙公請問本行因緣衆聖難　7，79，164，167，292，314，431

要修科儀戒律鈔　10，11，65，79，84，294，354，356，361，451

玉歷經　225，232，235，241，251

玉曆經　225，230－234，240，241，251

玉曆中經　180，233－235，237，238，240，241，251

元始五老赤書玉篇真文天書經　48，65，72，87，88，125，201，206，338，339，407，409，434，437

閱紫錄儀三年一說　107

真誥　3，116，131，144，151，154，155，159，160，170，188，200，208－210，218，221，223，226，241，242，248，301，338，414，422，427，429，434，435，444，453，457，459，460，464，471，472，476，478

衆篇序章（參見"太上洞玄靈寶妙經衆篇序章"）　125

紫文行事決　121，131－143，200，202，203，209，211－215，217－222，255，295，422，453，459，460，472，475，476

紫陽真人內傳　131，201，218，223，412

自然齋儀　45，312，339，340，349，352－354，356，357，365，376，397，401，402，462

· 513 ·

後　　記

　　2012年冬天的一個晚上，許建平老師打來電話，大意説《敦煌子部文獻合集》要收録道經，但原來的作者因故退出，問我"能不能占用一兩個月時間"接手做完。本師下顧，我自然欣而應命。没想到的是，研究對象是"天書"，許老師用的時間也是"天時"，天上一日，地下一年。從此我就跳進了道經研究的"大坑"裏，到現在已有十年了。

　　進入這一課題後發現，敦煌道經的世界既困難重重，又精彩紛呈。除可從綴合、題名、録文、校勘等傳統的文獻學角度開展工作之外，敦煌道經還涉及道教文獻的生成、發展等一系列複雜問題。有鑒於此，我以"敦煌吐魯番道教文獻綜合研究"爲題申請了2016年度國家社科基金，本書正是該項目的結項成果。所謂"綜合"，其實是對"大雜燴"的飾詞。本書正是盡可能多地塞進了我關於敦煌道經的研究成果，盡可能多地呈現我對敦煌道經所能開展的研究角度。當然，這個"大雜燴"中也有一條主線在，正是許建平老師序中所説的"文本演變"問題。

　　感謝許建平老師，是他讓我闖進這一片全新的世界，並爲本書賜序。在我研究敦煌道經的過程中，許老師提供了大量的資料，連這次寫序都順手提供了一條材料。不過許老師提到的這件殘片内容上的道教色彩似乎並不太明顯，在不能見到原件的情況下無法確定它與道教的關係，斟酌再三，本書最後還是没有收録。感謝張涌泉老師，本書中用的不少研究方法都是來自他的教導，我也曾就本書中的許多具體問題向他請教。感謝汪桂平、周廣榮、陳懷宇、張小艷、金少華、曹

後　記

凌、王皓月、孫齊、張鵬等先生，我在本書寫作過程中多次向他們請益，收穫頗多。感謝社科基金的匿名評審專家，他們對本書提出了許多寶貴建議。感謝社科院文學所的領導和同事，他們對我的研究工作提供了大量的幫助和支持。感謝研究生王宇傑同學，她幫我校對了一遍文稿，使本書避免了不少嚴重的問題。感謝研究生黃漢同學，他幫我從敦煌道經中輯出了書名所用的四個字。

本書的部分章節曾在《世界宗教研究》《世界宗教文化》《宗教學研究》《中國本土宗教研究》《文獻》《中國典籍與文化》《古典文獻研究》《出土文獻研究》《出土文獻綜合研究集刊》《文津學誌》《敦煌研究》《敦煌學輯刊》《西域研究》《敦煌吐魯番研究》《唐研究》《中國俗文化研究》等刊物發表，這些刊物的評審專家和編輯多提出過寶貴的意見和建議，謹致謝忱。有些刊物的退稿意見也很中肯，但畢竟是退稿，礙於面子，這裏就不一一具名致謝了。至於連退稿信也沒有的刊物，我想大概就不必謝了，畢竟連激勵一下的作用也沒起到。

本書的寫作過程中，小兒誕生了。雖然"要不是他，這本書早就寫出來了"，但他帶來的歡樂是遠遠超過寫出一本書的。特別感謝父母和妻子，他們承擔了絕大部分的家務，盡量多地留給我工作的時間，大大提前了本書的面世時間。